E   N   S   I   N   O

IMPRENSA DA UNIVERSIDADE DE COIMBRA
COIMBRA UNIVERSITY PRESS

EDIÇÃO
Imprensa da Universidade de Coimbra
Email: imprensa@uc.pt
URL: http//www.uc.pt/imprensa_uc
Vendas online: http://livrariadaimprensa.uc.pt

COMISSÃO CIENTÍFICA
Aires do Couto (U. Católica Portuguesa)
Isabel Moreno (U. de Salamanca)
João Nunes Torrão (Universidade de Aveiro)
Marc Mayer (U. de Barcelona)
Paulo Estudante (U. de Coimbra)
Pedro de Carvalho (U. de Coimbra)
Sandra Bianchet (U. F. de Minas Gerais)
Virgínia Pereira (U. do Minho)

COORDENAÇÃO EDITORIAL
Imprensa da Universidade de Coimbra

CONCEÇÃO GRÁFICA
Imprensa da Universidade de Coimbra

INFOGRAFIA
Mickael Silva

EXECUÇÃO GRÁFICA
KDP

REVISÃO
Ália Rodrigues e Débora Santos

ISBN
978-989-26-1781-7

ISBN DIGITAL
978-989-26-1782-4

DOI
https://doi.org/10.14195/978-989-26-1782-4

PUBLICAÇÃO INTEGRADA NO PROJETO
Rome our Home: (Auto)biographical Tradition and the Shaping of Identity(ies).
(PTDC/LLT-OUT/28431/2017)

© JANEIRO 2020, IMPRENSA DA UNIVERSIDADE DE COIMBRA

BRANDÃO, José Luís, e outro

História de Roma antiga / José Luís Brandão, Francisco Oliveira. – v.. - (Ensino)
2º v.: Império romano do ocidente e romanidade hispânica. - p. -

ISBN 978-989-26-1781-7 (ed. impressa) ;
ISBN 978-989-26-1782-4 (ed. eletrónica)

I – OLIVEIRA, Francisco

CDU 94(37)

JOSÉ LUÍS BRANDÃO
FRANCISCO OLIVEIRA
(COORDS.)

IMPRENSA DA
UNIVERSIDADE
DE COIMBRA

COIMBRA
UNIVERSITY
PRESS

HISTÓRIA DE
ROMA
ANTIGA

VOLUME II

IMPÉRIO E
ROMANIDADE
HISPÂNICA

SUMÁRIO

INTRODUÇÃO (J. L. Brandão – F. Oliveira) 7

PARTE I. DE AUGUSTO AO FIM DO IMPÉRIO DO OCIDENTE 11
1. O PRINCIPADO DE AUGUSTO (J. L. Brandão – D. Leão) 13
2. SOCIEDADE E CULTURA NA ÉPOCA DE AUGUSTO (F. Oliveira) 47
3. OS JÚLIO-CLÁUDIOS (F. Joly – F. Faversani) 79
4. GALBA, OTÃO E VITÉLIO:
    A CRISE E EXPERIÊNCIAS DE 68-69 (J. L. Brandão) 97
5. OS FLÁVIOS (N. S. Rodrigues) 111
6. LITERATURA E PODER EM ROMA NO SÉC. I D.C. (P. S. Ferreira) 143
7. OS ANTONINOS: O APOGEU E O FIM DA *PAX ROMANA* (D. V. Gaia) 175
8. OS JOGOS DE GLADIADORES (R. S. Garraffoni) 217
9. OS SEVEROS (A. T. Gonçalves) 233
10. A ANARQUIA DO SÉCULO III (C. A. Teixeira) 248
11. O EXÉRCITO ROMANO:
    DA MATRIZ HOPLITA À AMEAÇA BÁRBARA (J. G. Monteiro) 283
12. DIOCLECIANO E CONSTANTINO (A. de Man) 311
13. A ECONOMIA NO PERÍODO IMPERIAL (P. P. Funari – C. U. Carlan) 325
14. A EMERGÊNCIA DE UM IMPÉRIO ROMANO CRISTÃO:
    DE CONSTANTINO A TEODÓSIO (P. B. Dias) 339
15. VIDA E MORTE DO IMPÉRIO DO OCIDENTE (C. V. Mantas) 363
16. RECONQUISTAS DE JUSTINIANO NO OCIDENTE (L. V. Baptista) 395
17. A MÚSICA NO PERÍODO IMPERIAL:
    A ICONOGRAFIA DE AQUILES *MOUSIKOS* (F. V. Cerqueira) 407

PARTE II. ROMANIDADE HISPÂNICA 433
1. DIVERSIDADE LINGUÍSTICA DA HISPÂNIA PRÉ-ROMANA (A. Guerra) 435
2. POVOAMENTO RURAL NA *LUSITANIA* (A. Carneiro) 453
3. URBANISMO E ARQUITETURA NA *LUSITANIA* IMPERIAL (V. Mantas) 471
4. AS VIAS DE COMUNICAÇÃO TERRESTRES,
    FLUVIAIS E MARÍTIMAS DA HISPÂNIA ROMANA (V. Mantas) 493
5. CIRCULAÇÃO DE CERÂMICA ROMANA NA HISPÂNIA (R. Morais) 511

Introdução

O presente volume surge na sequência da *História de Roma Antiga. Vol. I. Das origens à morte de César* (2015), por nós coordenado, e do já publicado Vol. III, *O sangue de Bizâncio*, coordenado por João Gouveia Monteiro (2017). A continuidade em relação ao *Vol. I* é visível também na equipa, mas a diversidade de épocas e de temas levou ao acrescento de novos colaboradores, incluindo mais brasileiros. Os capítulos são assinados pelos autores, de acordo com a sua especialização e/ou com a investigação desenvolvida no âmbito da respetiva participação em diversos projetos do Centro de Estudos Clássicos e Humanísticos e de outras unidades de investigação.

O volume divide-se em duas grandes partes. A primeira, mais cronológica, abarca um amplo espetro "De Augusto ao fim do Império do Ocidente", numa sequência de dinastias, imperadores, crises e momentos de transição até desaguar na queda do Império do Ocidente e reconquistas de Justiniano.

Apesar da prevalência de capítulos de tratamento mais cronológico, de acordo com a sucessão de imperadores e respetivas políticas, procurámos integrar outros de organização sistemática, de forma a introduzir temas transversais. Num volume pensado como um manual de História Antiga, pretende-se com estes capítulos sistemáticos, integrados no estudo do progresso histórico, fornecer ao aluno-leitor momentos estáticos de reflexão e consolidação.

Com esse fito, depois do tratamento do império de Augusto, é apresentada uma síntese sobre as transformações da sociedade e da cultura na época; após a exposição sobre a dinastia dos Flávios, inclui-se um capítulo sobre a relação da literatura com o poder ao longo do séc. I; abordados os Antoninos e as propensões lúdicas de Cómodo, integramos um estudo sobre os jogos e gladiadores; analisada a crise do séc. III, perante o papel dos exércitos e das transformações que vão sofrendo, pareceu-nos adequado introduzir um capítulo sobre o exército; depois de Diocleciano e Constantino e das reformas monetárias que levaram a cabo, surge uma contribuição sobre a economia; e, no final desta parte, após os conflitos que levaram à deposição do último imperador e as reconquistas de Justiniano, inclui-se um estudo da música com base na iconografia. Trata-se, pois, não de capítulos estanques, mas de estudos que retomam por vezes os mesmos temas abordados segundo outras perspetivas.

A segunda parte, menor – "Romanidade Hispânica"–, centra-se na região do Império que nos dirá mais respeito e que torna mais "nosso" e especial este livro de história do Império Romano. Trata-se de temas que vão desde os substratos linguísticos pré-romanos aos efeitos da romanização no povoamento rural e urbano, nas vias de comunicação e na circulação de bens, com base em estudos sobre cerâmica. Muitos outros se poderiam incluir. Mas o objetivo foi deixar alguns exemplos das origens da unidade e diversidade Ibérica a que Portugal pertence e que se estenderá mais tarde para a América Latina.

Estão presentes os elementos culturais e valores identitários do Império Romano que deram forma à Europa, no que toca ao legado histórico, a instituições políticas, a valores e a pessoas. Antes de mais, há uma galeria de "homens ilustres", para usar um terminologia da tradição biográfica romana. Há nomes que se destacam e que, em contraste com capítulos mais genéricos ou dedicados a dinastias, aparecem individualizados pelo seu relevo e pela marca que deixaram: Augusto, Constantino, Diocleciano, Teodósio, personagens que por diversas obras induziram mudança na forma de conceber o Império – as instituições políticas, religiosas e jurídicas que nos legaram. Depois há os outros aspetos que informam as sociedades e a cidade, como as manifestações de cultura, em que se enquadra a literatura, mas também os elementos lúdicos, os exércitos, e a economia.

Tornam-se marcantes na primeira parte os momentos de crise e transformação a que é dado o relevo que pareceu adequado por trazerem redefinições ao projeto de Augusto. Desde logo a passagem da República ao Império, mas também a crise de 68-69 dC., que sobreveio depois do suicídio de Nero, momento em que os imperadores se sucedem em Roma, porque, como diz Tácito, se revelou então um arcano do Império: o imperador podia ser criado em outros locais que não em Roma. Mais tarde, a crise do século III, na sequência da morte de Alexandre, o último dos Severos: uma espécie de obscura anarquia militar em que é difícil distinguir imperadores e usurpadores. Assinalam-se as transformações que levaram à imposição do cristianismo, dando vénia à história de uma das bases identitárias da Europa, desde a liberdade de culto, concedida por Constantino, até ao estatuto de religião oficial do Império, obra de Teodósio. Finalmente, são tratadas as vicissitudes que levaram ao fim do Império do Ocidente, bem como as "tentativas" vãs de Justiniano para o restabelecer.

A organização deste volume tornou-se um dos fatores de agregação que levaram ao projeto em curso *Rome our Home: (Auto)biographical Tradition and the Shaping of Identity(ies)* (PTDC/LLT-OUT/28431/2017), pelo que acaba por ser uma sua causa e um seu resultado, e dos primeiros. Por um lado, há um grupo consistente de colaboradores do volume que integra a equipa do referido projeto. Por outro, as fontes biográficas foram (ainda que não exclusivamente) bastante usadas nos textos, como Plutarco, Suetónio e a *História Augusta*. Por fim, pareceu adequado centrar-se a análise em aspetos relacionados com a biografia, género adequado à história do império, no qual o ciclo anual dos cônsules já não tinha a importância que assumiam agora a pessoa e o carácter do imperador. Esta metodologia parece fundamentar-se em Tácito quando diz que, num Império pacificado e não expansionista, falta a matéria nobre da antiga historiografia (como guerras infindáveis, expugnações de cidades, destituição de reis, lutas sociais), o que leva os historiadores a lançarem mão de assuntos menores, aqueles que, por tradição[1], eram considerados mais objeto da biografia.

O referido projeto veio, pois, dar coesão ao presente volume, pela proximidade das fontes, das temáticas e de algumas metodologias, e sobretudo pela organização final, onde se pôs claramente como critério a definição da identidade imperial e da identidade regional da Hispânia.

José Luís Brandão & Francisco Oliveira

---

[1] Exposta em Plutarco (*Alex.* 1), precisamente quando trata de estabelecer a diferença entre História e Biografia.

PARTE I

DE AUGUSTO AO FIM DO IMPÉRIO DO OCIDENTE

1. O Principado de Augusto

José Luís Brandão
Universidade de Coimbra
Centro de Estudos Clássicos e Humanísticos
ORCID: 0000-0002-3383-2474
iosephus@fl.uc.pt

Delfim F. Leão
Universidade de Coimbra
Centro de Estudos Clássicos e Humanísticos
ORCID: 0000-0002-8107-9165
leo@fl.uc.pt

Sumário: A ascensão de Octávio e a consolidação do poder pessoal depois das lutas do triunvirato. A criação do Principado e a institucionalização dos poderes do *princeps* no que toca à Urbe e ao governo das províncias. A cidade e o mundo: o papel de Agripa, Tibério, Druso, Gaio e Lúcio Césares. A administração: o relacionamento de Augusto com os grupos sociais e com as instituições do Estado romano, Roma e províncias. Aspetos ideológicos e propagandísticos do Principado e seus valores: a passagem do modelo republicano ao estabelecimento do poder dinástico – a família no centro, a *pax Augusta* e a religião oficial[1].

1. A ascensão de Octávio

1.1. O herdeiro de César

Gaio Octávio nascera a 23 de setembro de 63 a.C. (ano do tumultuoso consulado de Cícero) numa família equestre, de *homines noui*, da antiga aristocracia

---
[1] Trabalho realizado no âmbito do Projeto *Rome our Home: (Auto)biographical Tradition and the Shaping of Identity(ies)* (PTDC/LLT-OUT/28431/2017).

de Velitras². Era filho de Gaio Octávio, pretor em 61 a.C., e de Átia, sobrinha de César³. Perdeu o pai aos 4 anos, pelo que foi educado pela família da mãe. Teve a sua primeira aparição pública aos 12 anos, quando proferiu o elogio fúnebre da avó Júlia, irmã de César, um ato tanto político como de *pietas*, paralelo ao que César tinha efetuado para com Júlia, esposa de Mário. É provável que só tenha contactado diretamente com o tio avô pelos 15 ou 16 anos⁴; acompanhou César no triunfo de 46 a.C.; foi ter com ele à Hispânia em 45⁵, embora se manifestasse já então a sua natureza enfermiça; nesse ano foi enviado para Apolónia, na costa da Macedónia, para completar os estudos e treino militar, na companhia de Agripa e Mecenas⁶. Octávio encontrava-se ali quando soube da morte de César e, ao regressar a Itália, ficou a conhecer o testamento do *dictator*, que o adotara e tornara seu principal herdeiro. Octávio mudou então o nome, de acordo com o costume, para Gaio Júlio César⁷ e apressou-se a reclamar a herança, que envolvia legados materiais e imateriais, como amizades, fator importante na política romana.

Depois da morte de César, Marco António, enquanto cônsul, tinha tomado conta da situação: chegou a uma solução de compromisso que implicava não considerar César um tirano (para evitar a anulação dos seus atos), mas também não perseguir os cesaricidas. Na prática, autorizado pelo senado a executar os planos do ditador, António aproveitava para fortalecer o seu poder, procurando passar para o seu controlo a Gália Cisalpina e a Comata, através de um plebiscito. O tal compromisso era ainda ameaçado pelo propósito de Octávio de vingar o pai adotivo. A princípio António parecia cooperar; o confronto deu-se quando este não quis, ou talvez não pudesse⁸, entregar-lhe a herança que o testamento determinava. A propaganda de Octávio encarregou-se de tornar António no vilão junto dos soldados

---

² Segundo relata Suet. *Aug.* 1-4. Como fontes da vida de Augusto, temos sobretudo a biografia completa de Suetónio (Suet. *Aug.*). Da autoria de Nicolau de Damasco, cortesão de Herodes o Grande, sobrevive uma parte da *Vida de Augusto* (Nic.Dam. *Vit.Caes.*), mas deve ser lida com reserva, porque se baseia na autobiografia perdida do *princeps*, naturalmente tendenciosa. Outros autores trataram o mesmo período, como Apiano (App. *B.C.*), Díon Cássio (D.C.), Veleio Patérculo (Vell.) e Plutarco (Plu. *Ant.*).

³ Com a qual Gaio Octávio tinha casado em segundas núpcias. Este já tinha uma filha, conhecida como Octávia Maior, de um anterior casamento com Ancária. Átia era filha de Átio Balbo, parente de Pompeio, e de Júlia, irmã de César.

⁴ Em 47 foi nomeado prefeito da cidade durante a celebração das *Feriae Latinae*, cargo muito antigo que se tinha tornado então puramente honorífico, sem o peso que veio a ter durante o Império.

⁵ Nicolau de Damasco (*Vit.Caes.* 7-8) diz que o jovem tinha influência na intercessão junto de César.

⁶ Há mesmo indícios de que terá sido indicado para o cargo de *magister equitum* (App. *BC* 3.9; D.C. 43.51.7-8), embora tal seja objeto de discussão. Vide Southern 1998 20.

⁷ Mas não acrescentou *Octavianus*, como era hábito nestas mudanças de nome por adoção (Cf. C. Cipião Emiliano, filho natural de L. Emílio Paulo), embora alguns autores antigos o designassem por este nome, para salientar a sua origem pouco nobre; e também muitos historiadores modernos, seguindo a tradição anglo-saxónica, para o distinguirem de Júlio César.

⁸ Havia despesas avultadas em curso e não era rigorosa a divisão entre propriedade de César e pública: vide Southern 1999 33.

de César: e quando António, decidido a tomar conta da Gália Cisalpina[9], se dirige a Brundísio, para receber as legiões da Macedónia, duas destas passam-se para Octávio. Paralelamente, este ia mantendo vivo o nome de César e a sua divindade, usando o símbolo de um cometa, e preparando o caminho para se apresentar, mais tarde, como *Diui Filius*. Na luta de influências que se segue, Octávio reúne um exército a expensas próprias e, com o patrocínio de Cícero[10], alia-se ao senado contra António, que cercara o cesaricida Décimo Bruto em Mútina[11]. Apesar de não ter idade para obter magistraturas, Octávio é investido como propretor, cargo que lhe garantia o *imperium* para poder comandar o exército, e passa a ter assento no senado. Na segunda batalha deste conflito, António é vencido, e Octávio torna-se dispensável para o senado, uma vez que este conflito acabou. A Oriente, Cássio fortificava-se na Síria, e Bruto toma conta ilegalmente da Macedónia, mas em breve o senado lhe atribui também a Grécia e Ilíria, tal como ratificou o comando de Cássio e um acordo deles com Sexto Pompeio para controlo dos mares.

Octávio precisava de outra estratégia para aumentar o seu poder. Tendo ficado vago o consulado[12], o jovem reclama-o e, em vez de colaborar com Décimo Bruto e perseguir António, que se juntara a Lépido na Gália Transalpina, avança sobre Roma com 8 legiões. Foi eleito cônsul[13], com Quinto Pédio, no mês *sextilis* de 43, mês que, por isso, levaria mais tarde o nome de Augusto. Pôde assim recompensar os soldados, ratificar a sua adoção[14], julgar e condenar os assassinos de César e seus cúmplices, na ausência destes, e revogar a lei que declarava António e Lépido como inimigos públicos. Entretanto, António tinha conseguido o apoio de Asínio Polião e Munácio Planco.

1.2. O triunvirato

Estava aberto o caminho para o entendimento. Deixando o colega em Roma, Octávio avança contra Décimo Bruto, que, abandonado pelos

---

[9] Onde estava Décimo Bruto, governador por decisão de César, e que se recusava a entregar o comando a António.

[10] Cícero estaria convencido de que poderia usar o jovem em proveito próprio ou do senado. Mas Octávio tinha consciência disso.

[11] Mais tarde, logo no início das *Res Gestae*, lembrará esta ação, como a libertação da República da tirania de uma fação.

[12] Nesta guerra morrem os dois cônsules: Pansa, por ferimentos na batalha de *Forum Gallorum*, junto de Mútina, a 15 de abril de 43 a.C.; e Hírcio, na batalha de Mútina, a 21 de abril. Surgem rumores infundados sobre a culpa de Octávio naquelas mortes (Suet. *Aug.* 11).

[13] O pretor urbano nomeou dois homens com poderes consulares temporários para presidir às eleições (D.C. 46.45.3). O normal seria a nomeação de um *interrex*, mas tal implicaria que todos os magistrados patrícios resignassem, e alguns estavam ausentes de Roma. Vide Southern 1998 49.

[14] Na verdade, a adoção através de testamento era rara e colocava problemas, ao ponto de Octávio a procurar ratificar por uma *lex curiata*. Vide Southern 1998 34-35, 51.

soldados, é assassinado por gauleses, ao que parece por ordem de António[15]. Octávio encontra-se, então, com este e com Lépido perto de Bonónia, numa ilha no meio de um rio, segundo consta. Dali nasce o chamado 2º triunvirato, oficialmente designado por *tresuiri rei publicae constituendae*, ('três homens para a consolidação do Estado')[16], com poderes de cônsules e governos provinciais exercidos através de legados, por cinco anos: António ficava com as duas Gálias, Cisalpina e Transalpina; Lépido com a Narbonense e a Hispânia; e Octávio com a Sicília, Sardenha e África. O último ficaria assim com o controlo do fornecimento de cereais a Roma, mas também com o problema de enfrentar Sexto Pompeio. Coube-lhe de momento a tarefa do estabelecimento de veteranos em 18 cidades de Itália, medida difícil de executar e impopular. Fazem-se também alianças matrimoniais: a Octávio é prometida Clódia, filha do anterior casamento da esposa de António, Fúlvia, enlace que ele descarta depois; e Lépido torna-se noivo da filha de António. Um efeito imediato foram as cruentas proscrições, que visavam prevenir ataques dos opositores das classes senatorial e equestre[17]. Além do objetivo principal da eliminação dos inimigos de cada um dos triúnviros, as proscrições forneciam-lhes recursos resultantes das confiscações e venda das propriedades dos proscritos. A vítima mais ilustre foi Cícero, que pronunciara recentemente as *Filípicas* contra António e lhe executara o padrasto sem julgamento na repressão da conjura de Catilina, em 63 a.C..

As magistraturas tradicionais mantinham-se. Mas trataram de garantir que os cônsules, e outros magistrados, para os cinco anos seguintes lhes eram favoráveis, antes de partirem para o Oriente a enfrentar Bruto e Cássio. A bandeira de César, agora divinizado, é determinante para motivar os soldados e justificar o ataque como um ato de *pietas* do filho e do triunvirato[18]. Enfrentam Bruto e Cássio em Filipos em outubro de 42 a.C., em duas batalhas; e vencem graças a António: na primeira houve um empate (António capturou o acampamento de Cássio, e Bruto o de Octávio[19]); Cássio, derrotado, suicidou-se, julgando que Bruto também tinha sido derrotado. Este será vencido dias mais tarde, acabando também por se suicidar. César estava vingado e a resistência republicana aniquilada, com exceção de Sexto Pompeio. Este é um dos marcos mais importantes para o fim da República.

---

[15] App. *BC* 3.98.

[16] Oficialmente aprovado pela *Lex Titia* em novembro de 43 a.C..

[17] Como se lê no texto das proscrições, que Apiano transcreve (App. *BC* 4.8-9). Os números variam entre 300 senadores e 200 *equites* (App. *BC* 4.5) e 130 senadores (Liv. *Epit.* 120). Alguns escaparam (D.C. 47.9). Vide Southern 1998 57-60.

[18] Sobre a deificação de César, vide Southern 1998 61-63.

[19] Octávio estava com uma das suas crises e, por sorte, não foi aprisionado no acampamento. Nas suas memórias dirá que foi um sonho que o salvou: Plu. *Ant.* 22; App. *BC* 4.110; D.C. 47.41; Suet. *Aug.* 13.1.

António fica no Oriente a pacificar a região e a arranjar recursos para pagar aos soldados[20]. Ao tentar resolver a questão premente do estabelecimento dos veteranos, Octávio não contentou nem estes nem os agricultores expropriados, ao mesmo tempo que a esposa de António (Fúlvia) e o irmão deste (Lúcio, que era cônsul em 41) lhe colocavam obstáculos (com ou sem a conivência de António) por a distribuição de terras ser feita sem intervenção dele. Esta situação culmina na dura **guerra de Perúsia**, de que resultou o incêndio da cidade. Já nesta guerra se manifestou o talento militar de Marco Agripa[21].

Com a morte de Lúcio, pouco depois, e de Caleno, que governava a Gália em nome de António, Octávio passa a dominar o Ocidente e envia Lépido para África, enquanto António, sentindo perder influência, se alia a Sexto Pompeio[22] e a Domício Aenobarbo, e ataca Brundísio, que lhe fechava as portas. Mas, por pressão dos soldados, acabaram por celebrar o **acordo de Brundísio**[23], em 40 a.C.. Como resultado, Octávio ficou com o Ocidente, incluindo Ilíria e Dalmácia, e António com o Oriente. Este, tendo enviuvado recentemente, casa com Octávia, irmã de Octávio[24].

Mas S. Pompeio, descontente, corta o fornecimento de cereais a Roma, causando duras revoltas contra os triúnviros no fórum, problema resolvido no **acordo de Miseno** (39 a.C.), entre Sexto, Octávio e António, que alargava a zona de influência de Sexto à Sardenha e Córsega, com a promessa, nunca cumprida, do Peloponeso[25]. Mas Pompeio rapidamente retoma o embargo, ao mesmo tempo que recrudesce também a tensão entre Octávio e António. Octávio é derrotado por Sexto na batalha naval de Cumas e perde o que restava da frota numa tempestade. Na vida pessoal as coisas corriam melhor: é nesta altura que Octávio se casa com Lívia[26].

Em 37, dá-se o **encontro de Tarento** entre Octávio e António e a celebração de um novo pacto: este fornece 120 navios com as tripulações em troca de 20 000 homens, que nunca receberá, para a campanha contra os Partos. Além disso, o triunvirato, que tinha expirado no final de 38 a.C., é alargado por mais cinco anos (até ao final de 33, ou mesmo 32). Sexto Pompeio, depois de alguns

---

[20] Mas há um novo arranjo dos comandos do Ocidente em prejuízo de Lépido, suspeito de negociações secretas com Pompeio: António retém a Gália Cisalpina e absorve também a Narbonense de Lépido. A Hispânia passa de Lépido para Octávio, e a África passa para Lépido.

[21] Surgem rumores infundados de sacrifício de 300 nobres: cf. Suet. *Aug.* 15; D.C. 48.14.4. Vide Pelling 2008 14-17.

[22] Que acolhera Júlia, mãe de António, depois da batalha de Perúsia, e a conduzira ao filho.

[23] Nas negociações, António foi representado por Asínio Polião, Octávio por Mecenas. Nerva manteve-se neutral.

[24] Sexto Pompeio é confirmado na Sicília e Aenobarbo é enviado para a Bitínia.

[25] Sexto é incluído no senado e na agenda dos cônsules para 33.

[26] Contribuía para o conflito o afastamento de Escribónia, sobrinha de Escribónio Libão, sogro de Pompeio. Com ela se casara Octávio em 40.

êxitos contra Octávio, é definitivamente vencido por Agripa na **batalha naval de Náuloco** (36 a.C.) e é assassinado pouco depois, talvez por ordem de António, após tentar vender os seus serviços aos Partos.

Durante a rendição de Messina, **Lépido** tentara apoderar-se da Sicília, mas foi traído pelos soldados, que se passaram para Octávio. Lépido foi destituído dos poderes de triúnviro, mantendo, porém, o cargo de Pontífice Máximo até à morte, em 12 a.C.. Esta guerra termina com a recompensa dos soldados (que já se amotinavam), captura e recondução aos donos dos escravos fugitivos que militavam no exército de Sexto Pompeio e crucifixão dos que não foram reclamados. A vitória sobre Pompeio acabou com a pirataria (Aug. *Anc.* 25), restabeleceu o comércio e reforçou a posição de Octávio, que é recebido como herói e cumulado de honras[27].

António, com um desastroso **ataque à Pártia**, em 36, falha a empresa que o tornaria inigualável no panorama militar. Em contrapartida, Octávio, que terá começado a usar o *praenomen* de *imperator* logo depois do acordo de Brundísio (40 a.C.)[28], regressa vitorioso de uma campanha na Ilíria depois de resgatar os estandartes que Aulo Gabínio tinha perdido na campanha de 48-47 e é honrado com um triunfo, que decide adiar. Depois dedica-se à restauração da cidade. Pelo contrário, António está longe do centro de poder, e a sua ligação a Cleópatra (iniciada em 41 a.C. e vista como sujeição a uma rainha bárbara), o repúdio da esposa romana Octávia e a celebração de um triunfo no Egito pela conquista da Arménia são circunstâncias empoladas pela propaganda do novo César, acentuando o contraste com o êxito e evergetismo deste[29]. Com a expiração do prazo do triunvirato, a situação de Octávio tornava-se incerta e os campos extremam-se[30]. A leitura do testamento de António[31], considerado desonroso para um romano, permitiu levar a opinião pública a

---

[27] Octávio teria recebido, entre outras honras, a sacrossantidade dos tribunos e o direito de usar a coroa de louros (D.C. 49.15), e Agripa, o estratega da vitória, foi honrado com a *corona classica* ou *naualis* (Vell. 2.81.3). Discute-se se Octávio recebeu nesta altura a *tribunicia potestas* para a vida (como sugere App. *BC* 5.132), ou se esta lhe foi ao menos oferecida, mas é pouco provável, uma vez que ele próprio só contará os anos do poder tribunício a partir de 23 a.C.. Vide Southern 1998 85-86.

[28] O título aparece pela primeira vez em cunhagens de 38 a.C.. Vide Southern 1998 79.

[29] Houve um investimento de Octávio e seus generais no embelezamento da cidade, com o restauro de monumentos; sobretudo Agripa (edil em 33), que tratou do abastecimento de água e melhoramento dos esgotos. Vide Southern 1998 90-93; Goldsworthy 2014 171-180.

[30] Discute-se se terminava em 33, em 32, ou se se mantinha. Como os cônsules de 32, Gaio Sósio e Domício Aenobarbo eram apoiantes de António, há uma medição de forças. Os ataques (para nós incertos) de Sósio foram vetados pelo tribuno Nónio Balbo. Octávio, ao entrar no senado, senta-se entre os cônsules, alardeando o poder, e os cônsules, intimidados, vão ter com António. Octávio permitiu a quem quisesse juntar-se a António, que o fizesse: c. de 300 senadores.

[31] O testamento terá sido revelado a Octávio por Tício e Planco, desertores de António, e incluía, entre outros pormenores, o desejo de ser enterrado em Alexandria.

aceitar uma declaração de guerra contra Cleópatra, mitigando o odioso de outra guerra civil com aparência formal de um conflito externo[32]. A **Batalha de Áccio** teve lugar a 2 de setembro de 31 a.c., sendo marcada pela desorganização no lado de António e Cleópatra. Na confusão, Cleópatra logra romper o bloqueio imposto pela frota de Agripa e escapa para o Egito, no que é seguida por António, que deixa o resto da frota e o exército nas mãos de Octávio. Um ano depois caía Alexandria, e António e Cleópatra optam pelo suicídio. Octávio concede-lhes honras fúnebres, mas executa Cesárion, suposto filho de César, e Antilo, filho de António[33]. No Egito, transformado em novo celeiro de Roma, ficaram três legiões e tropas auxiliares sob o comando do prefeito Cornélio Galo, de origem equestre, que depois haveria de cair em desgraça. E em Roma, fecharam-se as portas do templo de Jano, por decreto do senado, significando a paz no império.

2. Consolidação do poder de um governante único

2.1. De triúnviro a *princeps*

Os atos de Octávio no Oriente são ratificados em Roma[34]. São-lhe concedidas imensas honras (cf. D.C. 51.19-20): como dois triunfos (Áccio e Alexandria), a confirmação do título de *imperator*, que já usava por herança de César[35], o direito de criar patrícios, aparentemente a extensão do direito tribunício de *auxilium* (sem ser tribuno) para além dos limites da cidade, o direito de julgar casos de apelo, o "voto de Minerva" (poder de perdoar) em julgamentos públicos. Ao regressar a Roma em agosto de 29, é recebido com pompa em Itália, e celebra (de 13 a 15) o adiado triunfo da Dalmácia, seguido daqueles dois últimos[36]. Dedica, nessa altura, o templo do *Divus Iulius* e a Cúria Júlia.

---

[32] Ao mesmo tempo promove um juramento de toda a Itália a si próprio, como chefe desta "cruzada", dispensando os clientes de António de o fazerem. Por isso, dirá mais tarde que obteve o poder supremo por consenso universal (*per consensum universorum potitus rerum omnium*) (Aug. *Anc.* 34)

[33] A filha de António e Cleópatra, Cleópatra Selene, foi dada em casamento ao rei Juba da Mauritânia. Os restantes filhos de António foram criados por Octávia.

[34] É confirmado o poder de reis clientes. Herodes vê o seu poder reforçado como recompensa pelo seu apoio. É concedido a Éfeso e a Niceia erigirem templos ao *Divus Iulius* e a Roma. Os não cidadãos romanos de Pérgamo e Nicomédia podem erigir templos a Roma e a Augusto. Vide Southern 1998 105-107; Goldsworthy 2014 208-210.

[35] As cunhagens já atestam o uso deste *praenomen* em 38 a.C., mas talvez já o utilizasse desde o pacto de Brundísio, em 40 a.C.. Vide Southern 1998 79, 107.

[36] No triunfo de Alexandria, desfilaram com troféus os gémeos Alexandre Hélios e Cleópatra Selene, juntamente com uma efígie da mãe e uma pintura desta, preparando-se para o suicídio com uma serpente. Octávio parece ter só participado no terceiro, acompanhado, à esquerda, do

Além disso, era preciso restabelecer a administração de Roma e de Itália, organizar as províncias e licenciar os veteranos do exército. Leva então a cabo um vasto programa de estabelecimento de veteranos em Itália e nas províncias, através de um processo que ele próprio financiou de fundação de colónias (ou atribuição do estatuto de colónias a comunidades provinciais)[37].

Uma vez que se encontrava sozinho no poder, e terminada a validade dos poderes de triúnviro, Octávio via-se na necessidade de justificar e consolidar do ponto de vista legal o seu *imperium*. Por outro lado, passada a guerra civil, parecia conveniente retomar as formas tradicionais do poder. A propaganda, patente em cunhagens, fala da restituição da *res publica*, o que implicava o compromisso de Octávio se comportar dentro dos limites dos poderes atribuídos pela lei aos magistrados republicanos[38]. Para se distanciar do triunvirato, anula os atos dos triúnviros, significando que não haveria retorno a tais horrores. Partilha o sexto consulado, de 28 a.C., com Agripa[39], no qual acumularam também poderes de censores desgarrados da magistratura, levando a cabo um recenseamento da população[40] e uma *lectio* do senado, para reduzir a dimensão deste órgão[41]. Nesse processo, Octávio torna-se *princeps senatus*[42], ganhando assim a primazia no uso da palavra. Começa um programa de restauro das instituições — escolhe um pretor urbano, retoma o funcionamento dos tribunais permanentes, renova cultos religiosos —, mas também de restauração dos edifícios[43]. Terá por essa altura adotado o título de *princeps* ('o primeiro'), oriundo da tradição republicana[44], que veio a consagrar o novo regime como 'Principado'.

---

enteado, Tibério, e, à direita, do sobrinho, M. Cláudio Marcelo. Das honras oferecidas a que lhe agradou mais, segundo Díon Cássio (51.20.4), foi o encerramento do templo de Jano e a tomada do *augurium salutis*, então caído em desuso. Vide Jones 1970 44; Southern 1998 107-108; Goldsworthy 2014 211-212.

[37] Vide Jones 1970 44; Southern 1998 108-109.

[38] Por exemplo, um *aureus* cunhado em 28 a.C. na província da Ásia apresenta no anverso Augusto coroado de louro, com a inscrição IMP CAESAR DIVI F COS VI 'Imperador César, filho do Deus, cônsul pela sexta vez'; e no anverso a figura de Augusto envergando a toga e sentado na cadeira curul, envolvido pela inscrição: *leges et iura PR restituit* 'restituiu as leis e os direitos ao povo romano'. British Museum, 1995,0401.1. http://www.britishmuseum.org/research/collection_online/collection_object_details/collection_image_gallery.aspx?partid=1&assetid=22107001&objectid=1480000. Vide este e outros exemplos em Moatti 2018 255-257.

[39] Retomaram a prática, abandonada durante o triunvirato, do governo em meses alternados.

[40] Registaram-se 4 063 000 cidadãos com as respetivas propriedades. Vide questão da demografia no capítulo seguinte, 2: Oliveira § 4.

[41] Alguns senadores renunciaram voluntariamente, outros foram removidos.

[42] Cf. D.C. 53.1.3. Esta distinção talvez já viesse de 29.

[43] Vide Jones 1970 45; Goldsworthy 2014 222-224.

[44] Não confundível com o *princeps senatus*, mas abreviatura de *princeps ciuitatis* ('o primeiro da cidade'), título que tinha sido aplicado a outros e não implicava poderes concretos, mas se baseava unicamente na *auctoritas*. Vide Jones 1970 85.

2.2. A *res publica restituta* e a definição dos poderes de Augusto em 27 a.C

Um momento que acaba por se tornar determinante na definição do poder é a sessão do senado dos idos (13) de **janeiro de 27 a.C.**, na qual Octávio, cônsul pela sétima vez (e com Agripa como colega), profere um discurso em que restaura (ou finge restaurar) a forma tradicional de governo[45]. Nas *Res Gestae* ou *Monumentum Ancyranum* (*Anc.* 34), afirmará que no seu sétimo consulado passou a *res publica* do seu poder para o do senado e do povo romano[46]. Mas parece ter sido mais um ato teatral concertado. Suetónio (*Aug.* 28.1), realista, fala apenas da intenção, depois duas vezes abandonada, de restaurar a República[47]. Com efeito, na sessão seguinte (dia 16), o senado ratificou o comando extraordinário e pediu-lhe que aceitasse a proteção e defesa do Estado; e ele disse que não aceitaria todas as províncias, pelo que se deu uma partilha (D.C. 53.12). O senado ficaria com as pacificadas[48] e ele com as províncias não completamente pacificadas ou ameaçadas por um perigo exterior ou de recente aquisição, isto é, por aquelas que contavam com a presença regular de um exército: Gália, Hispânia (com exceção da Bética), Síria, Cilícia e Egito. Na verdade, os senadores ficavam quase desarmados, como comenta Díon Cássio (53.12.3). A proteção implicava a manutenção dos poderes militares extraordinários (o *imperium*) de Augusto, um comando de dez anos, com direito a nomear legados (de categoria consular ou pretória), de fazer guerra e celebrar tratados. O tipo de *imperium* que ele detinha a partir de 27 tem sido objeto de discussão (se *i. consulare, i. proconsulare* ou *i. proconsulare maius*), mas parece sobretudo basear-se na influência pessoal, uma vez que a sua autoridade se estenderia às restantes províncias.

Além disso, concederam-lhe naquelas sessões do senado novas honras, entre as quais se contava o título de *Augustus* — termo de difícil definição, de âmbito religioso, conectado com augúrio e com *auctoritas*[49] —, como reconhecimento

---

[45] Uma versão ficcional do discurso é-nos apresentada por D.C. 53.2-12.

[46] Veleio (2.89.3), contemporâneo e leal a Augusto, é ainda mais assertivo: diz que a República foi restaurada.

[47] Com um comentário que, embora ambíguo, parece sugerir que tal atitude foi tão boa como a decisão final: 'é duvidoso se foi melhor o resultado ou a intenção' (*dubium euentu meliore an uoluntate*).

[48] Governadas por um cônsul ou pretor. À frente da África e da Ásia estava um cônsul; e um pretor (com a designação de procônsul) ficava responsável pelas seguintes: Bética, Sicília, Sardenha e Córsega, Ilíria, Macedónia, Acaia, Creta e Cirena, Bitínia e Ponto.

[49] A proposta terá partido de Munácio Planco (Vell. 2.91). O termo estava associado à fundação de Roma, a qual segundo os *Anais* de Énio, se processou com um Augusto Augúrio: cf. Suet. *Aug.* 7.2. A interpretação deste termo, de carácter estritamente religioso, continua a levantar dificuldades, mas aplicava-se até aí unicamente a Júpiter, pelo que elevava o seu portador acima da simples condição humana. Rocha Pereira 2009 230 n.8 salienta que o sentido originário do termo é 'consagrado', 'sublime' e está etimologicamente ligado a *augeo* e *augur*. A propaganda parece querer fazer passar a imagem de um refundador. Na altura da proposta do nome de Augusto, alguns sugeriam o nome

por ter restaurado a República. Além de coroarem os umbrais da casa de louro, ofereceram-lhe significativamente a *corona ciuica*, atribuída a quem tinha salvo a vida de cidadãos. Foi colocado na Cúria Júlia um "escudo das virtudes" como testemunho do seu valor (*uirtus*), clemência (*clementia*), justiça (*iustitia*) e devoção (*pietas*). Houve também a preocupação de voltar às práticas tradicionais: o número dos magistrados anuais, que atingira números exorbitantes, volta ao habitual (do tempo de Sula): os questores reduzem de 40 para 20; e os pretores de 16 para 8[50]. Ele próprio dirá (*Anc.* 34) que se encontrava à frente dos demais em capacidade de influência (*auctoritas*), isto é, por um prestígio derivado dos méritos morais e políticos, sublinhando embora que não detinha maior poder efetivo (*potestas*) que os colegas de magistratura[51]. Assim, este ato de 27 não representava uma verdadeira restauração da *res publica*, não um retorno ao passado sem mais, mas antes um compromisso entre Augusto e o senado, entre tradições republicanas, bastante enraizadas na educação da aristocracia, e a influência do imperador que contava com a lealdade das tropas e o consenso dos cidadãos de Itália e das províncias[52]. Suetónio cita um documento oficial, a partir do qual define Augusto como o "autor" de um "novo regime" (*nouus status*) (*Aug.* 28.2):

> "Assim me seja permitido consolidar o Estado são e salvo nos seus fundamentos e daí recolher o fruto que almejo, de ser proclamado autor do melhor regime (*optimus status*) e de levar comigo, ao morrer, a esperança de que permanecerão no seu lugar os alicerces do estado que eu tiver lançado". Ele mesmo se encarregou a si próprio do voto, esforçando-se de todos os modos por que ninguém ficasse insatisfeito com o novo regime.

Ao classificar Augusto como *auctor*[53], o biógrafo sublinha que se trata de uma ordem nova, baseada na *auctoritas*, neste caso congruente com o que Augusto afirma no referido passo das *Res Gestae*, de que está acima de todos em autoridade e não em poder. Há, no entanto, focos de tensão entre a hegemonia dos antigos generais

---

de Rómulo, como segundo fundador (Suet. *Aug.* 7.2). Uma continuidade de Rómulo a Augusto, a culminar na batalha de Áccio, está representada no escudo de Eneias, na *Eneida* (Livro 8). Suetónio, Apiano e Díon Cássio atestam que, no seu primeiro consulado, apareceram no céu abutres (6 ou 12), como outrora a Rómulo, certamente uma encenação dos partidários. Cf. Suet. *Aug.* 95; App. *BC* 3.94; D.C. 46.46.2-3. Vide Southern 1998 50 e n.6, 214-215.

[50] Cf. Vell. 2.89. Veleio engana-se ao dizer que foram acrescentados 2 pretores, o que só aconteceu em 23 a.C..

[51] Vide Jones 1970 46-49, 78-81; Southern 1998 101-114; Goldsworthy 2014 230-238.

[52] Vide Jones 1970 82-83; Roldán Hervás 1995 261-262. A sigla *SPQR* (*senatus populusque Romanus*), usada a partir de 19-18 a.C., em cunhagens e textos epigráficos (particularmente onde se refere atribuição de honras à família imperial), torna-se a expressão da legitimidade do imperador, baseada no consenso do senado e do povo romano, pelo que, na opinião de Moatti 2018 259-269, a sigla será uma invenção do próprio Augusto, para salientar a legalidade da ação do *princeps* depois da restituição da *res publica*.

[53] É uma possível alusão etimológica ao cognomen de *Augustus* que lhe foi votado em 27 a.C. Vide Wardle 2014 220.

e as prerrogativas do *princeps*. É por esta altura que se coloca o problema de Licínio Crasso, neto do aliado de César, que vem reclamar juntamente com o triunfo a honra dos *spolia opima* ('espólios ricos'), por ter morto ele próprio um comandante adversário. Augusto nega-lhe esta honra, argumentando que tal feito se realizou sob os seus próprios auspícios e não sob os de Crasso[54]. A disputa torna patente a hegemonia de Augusto. Similar questão estaria na origem, em 27 ou 26, da obscura transgressão de Cornélio Galo, poeta e prefeito do Egito, que termina com o suicídio deste, provavelmente por ter usurpado honras indevidas[55]. Desta época (26-25) são as expedições na Arábia (executada por Élio Galo, sucessor de Cornélio no Egito), na Etiópia (comandada por Gaio Petrónio, sucessor de Élio), bem como a expedição contra os Ástures e os Cântabros, na Hispânia, em que intervém Augusto[56].

2.3. Definição de poderes de 23 a.C. e (con)sequências

Em 23, Augusto cai gravemente doente e, convencido de que ia morrer, chega a entregar o sinete a Agripa e os relatórios da administração ao colega de consulado, Pisão. Com este ato mostra que não pretende nomear um sucessor, embora parecesse claro que o sobrinho Marcelo (edil em 23 e genro do *princeps*) estava na melhor posição[57]. Nesta altura colocam os autores modernos também a conspiração de Fânio Cepião e de Varrão Murena, embora possa ser ligeiramente posterior[58]. Estas circunstâncias poderão estar na origem do **segundo momento de instituição do poder**, em 23 a.C.. Então, Augusto abdicou do consulado, que tinha assumido ano após ano[59], mas não ficou desprovido de poderes, nem na cidade nem nas províncias.

---

[54] Cf. D.C. 51.23.2-27. Descrição dos argumentos técnicos e das razões pessoais e políticas da recusa em Goldsworthy 2014 226-229.

[55] Cf. D.C. 53.23.5-7.

[56] Em 25 a.C. é estabelecida a colónia de veteranos de Emérita Augusta. Vide Jones 1970 48-50; Southern 1998 115-117; Goldsworthy 2014 252-253.

[57] Cf. D.C. 53.30.1-2. Depois de recuperar, Augusto propõe-se ler o testamento no senado para mostrar que não nomeara sucessor: D.C. 53.31.1.

[58] Cf. D.C. 54.3.2-8. Na sequência da condenação de M. Primo que, enquanto procônsul da Macedónia, fez ilegalmente guerra na Trácia (em Ódrisas). Alegou ter agido por ordem de Augusto (ou de Marcelo), mas foi desmentido por este. Tal seria problemático, tratando-se de uma província senatorial. O cônsul designado para 23 com Augusto, Terêncio Varrão Murena, ou, mais provavelmente o irmão deste, Lúcio Varrão Murena, defendeu Primo em vão, mas de forma agressiva para com Augusto. Na sequência do acontecimento, houve a obscura conspiração de Fânio Cepião, na qual Murena foi envolvido e depois executado. Dependendo da altura do ano em que ocorreu, o conluio pode ser uma causa ou um resultado do estabelecimento de 23: vide Jones 1970 52-54; Southern 1998 120-121 n.19. Goldsworthy 2014 278-283 prefere situar o acontecimento depois da reorganização de poderes de 23 a.C.

[59] Para o lugar dele entrou L. Sêxtio, que lutara com Bruto e continuava a honrar a sua memória. Augusto não mostrou desagrado, pois até aprovava tal devoção. Pretendia, assim, abrir o consulado a um maior número de candidatos fora do seu círculo restrito: D.C. 53.32.3-4.

Para poder continuar a ter poder dentro da cidade, não sendo já cônsul, foi-lhe garantida por lei a *tribunicia potestas*, os poderes dos tribunos, mas agora separados da magistratura e a título vitalício, o que era realmente uma inovação[60]. Tal poder, usado por Augusto e pelos sucessores (D.C. 53.32.6), torna-se de futuro 'designativo do mais elevado poder' (Tac. *Ann.* 3.56.2: *summi fastigii uocabulum*), e representava a capacidade de manter o equilíbrio entre nobres e as classes populares. Na prática, permitia convocar o senado (com o privilégio de apresentar em cada sessão qualquer assunto), agir em favor da "plebe", propor leis e vetar, embora Augusto nunca usasse o veto.

No que toca ao governo das províncias, recebeu um *imperium proconsulare*, ou *imperium proconsulare maius* como sugere Díon Cássio (53.32.5); mais provavelmente um *imperium proconsulare aequum*, isto é, igual aos dos outros procônsules[61], à semelhança dos comandos especiais concedidos anteriormente. A diferença (e privilégio) estava em que ele podia exercer o poder nas várias províncias ao mesmo tempo, desde que dentro do limite temporal definido, e não perdia os poderes ao atravessar o *pomerium*, conseguindo governar a partir da Urbe e não precisando de os renovar sempre que saía dela[62]. Graças à *auctoritas*, podia intervir também nas províncias senatoriais. Mas, embora insistisse na legalidade, a verdade é que Augusto atingira um poder tal que dele não quereria (ou não poderia) desistir[63].

Nesse mesmo ano (23 a.C.), depois da recuperação do *princeps*, Agripa, que recebera um *imperium* proconsular por 10 anos[64], parte para o Este por motivos para nós pouco esclarecidos. É difícil de aceitar que fosse ressentimento em

---

[60] Discute-se se ele já teria os poderes dos tribunos na totalidade antes desta data, ou se estes lhe foram sendo atribuídos de forma faseada, ou ainda se deteria até então apenas a sacrossantidade dos tribunos. Apiano (*BC* 5.548) diz que, depois de derrotar Sexto Pompeio, lhe foi concedida a magistratura de tribuno para toda a vida, em 36, no que é secundado por Orósio (6.18.34). Contudo, Díon Cássio (49.15.6) afirma que, em 36 a.C., recebeu a sacrossantidade dos tribunos e o direito de auxílio (*ius auxilii*). O mesmo autor sugere (51.19.6) que, em 30 a.C., recebeu os poderes de tribuno para toda a vida, e que estes foram estendidos para além do *pomerium*, algo que era inusitado; e repete (53.32.5) a mesma atribuição em 23. Ou Díon Cássio confunde a magistratura com a sacrossantidade e poder de auxílio, em 30, ou Augusto recusou a oferta nessa altura. De qualquer modo, Augusto conta os anos da *tribunicia potestas* desde 23 a.C.. Vide Jones 1970 44 e 55; Southern 1998 85-86 e 123; Wardle 2014 212-213; Moatti 2018 257 n. 4.

[61] Um *imperium maius*, cuja existência é hoje negada por diversos autores, entraria em conflito com a afirmação de Augusto nas *Res Gestae* de que não tivera poderes acima dos colegas de magistratura (*Anc.* 34), como argumenta Southern 1998 122. Para esta autora, *imperium proconsulare aequum* está mais de acordo com a prática republicana. Posição diferente está espelhada em Jones 1970 59-60.

[62] Vários autores sugerem que exercia o poder em Roma, o que parece contraditório, porque tal poder entra na competência do *imperium consulare*, não *proconsulare*.

[63] Como diz Goldsworthy 2014 282. Nessa altura, passa as províncias da Gália Narbonense e de Cipro para a tutela do senado, demonstrando que só as mantivera enquanto precisavam de proteção militar: vide Jones 1970 55.

[64] Persistem, também, no caso de Agripa, as dúvidas sobre se era *imperium proconsulare maius* ou *aequum*. Vide Southern 1998 125 n. 21.

relação à preferência de Augusto por Marcelo, como sugerem Suetónio e Díon Cássio[65]; é mais provável que se tratasse de um comando que talvez tivesse que ver com o jogo de relações com a Pártia rival; regressará em 21. Ainda em finais de 23, morre Marcelo, o mais plausível herdeiro, e levantam-se suspeitas, certamente infundadas, em relação a Lívia[66].

A partir daqui reduzem-se visivelmente os cônsules de substituição (*suffecti*) e o consulado fica aberto à antiga aristocracia sobrevivente, mas Augusto atingira um prestígio tal, que ninguém podia já rivalizar com ele[67]. Ele era o garante de que a guerra civil não voltaria, pelo que a aristocracia aceitava o novo regime como inevitável. Nesse mesmo ano de 23 aumenta o número de pretores de 8 para 10, colocando dois nas finanças. Mas tal parece não ser suficiente para as massas, que preferem que Augusto tome as rédeas da situação, pelo que, em 22, por altura de uma carência, oferecem-lhe a ditadura (que ele recusa de forma teatral[68]), o consulado e a censura vitalícios, que ele rejeita – aceita apenas a *cura annonae*, a responsabilidade pelo fornecimento de cereais, que exerce por apenas algumas semanas[69].

Acontece mesmo que o povo, inconformado com a desistência de Augusto do consulado e tentando forçá-lo a aceitar, se recusa a eleger nos *comitia centuriata* dois cônsules para 21, e depois para 19 a.C., precisamente numa altura em que Augusto está fora de Roma. Neste último ano, dá-se o caso de Egnácio Rufo, pretor que se tinha tornado muito popular por ter criado um grupo de bombeiros quando era edil e que agora queria candidatar-se ao lugar vago de cônsul antes de ter a idade regulamentar. Apoiado num bando intimidatório, provocou uma sedição tal que teve de ser reprimida por um *senatus consultum ultimum* (decretado então pela última vez) sob a direção do único cônsul eleito, Gaio Sêncio Saturnino: Egnácio e seus sequazes foram executados[70].

Chega a surgir a ideia de haver 3 cônsules, Augusto continuamente e mais dois eleitos, mas terá sido posta de lado, em proveito de um poder pessoal, não ligado a qualquer cargo, mas assinalado pelos símbolos[71]. Tudo parece, pois, indicar que, neste ano, recebeu, sem assumir a magistratura, um *imperium consulare*, para toda

---

[65] Cf. Suet. *Aug.* 66.3; D.C. 53.32.1.

[66] Porque teria interesse em promover os filhos, Tibério e Druso. Cf. D.C. 53.33.4. Augusto honra o sobrinho com uma biblioteca e dando o nome ao Teatro de Marcelo. Vide Jones 1970 56; Southern 1998 124-125; Goldsworthy 2014 272-275.

[67] Vide Goldsworthy 2014 262-272 e 285.

[68] Cai de joelhos e desnuda o peito, deixando cair a toga dos ombros: Suet. *Aug.* 52.

[69] Vide Jones 1970 56 e 75.

[70] As fontes (Vell. 2.91.3-4; Suet. *Aug.* 19.1; D.C. 53.24.4-6) tratam o incidente como uma conspiração contra o próprio Augusto. Vide Southern 1998 128-129; Goldsworthy 2014 285 e 301.

[71] Díon Cássio (54.10.5) diz que ele tem direito aos 12 líctores e a sentar-se entre os cônsules numa cadeira curul. Goldsworthy 2014 318.

a vida ou pontualmente (a discussão permanece[72]), o que permite explicar os poderes que detinha também em Roma quando não era cônsul[73].
Em 18, o *imperium proconsular* é prolongado por mais 5 anos, juntamente com Agripa, tal como os poderes de censor; e renovado o título de *princeps* (que detinha havia 10 anos) por mais 5[74].
Quanto ao governo das províncias, a distribuição provincial de 27 entre Augusto e o senado foi sofrendo alterações: a Gália Narbonense e Cipro transitaram para o controlo do senado em 22 a.c., e a província senatorial da Ilíria passa a ser imperial devido à ameaça da Panónia. Augusto governa através de legados por ele nomeados, enquanto os senatoriais são escolhidos por sorteio. Mas a sua influência exerce-se sobre todo o império: recebe embaixadas e os exércitos juram fidelidade ao imperador. O imperador domina a política externa: pode fazer tratados em seu nome com monarcas submetidos.

3. Entre a urbe e o orbe

3.1. Com a colaboração próxima de Agripa

No Oriente. Augusto ia alternando as visitas a Roma com longos períodos de permanência nas províncias, pelo que, como salienta Goldsworthy 2014 284, o regime por ele criado desenvolveu-se em grande parte na sua ausência. Augusto viaja para a Sicília (22-21 a.C.), depois para a Grécia, instalando-se em Samos, e depois para a Ásia (D.C. 54.7). No Leste, não se faziam sentir os pruridos da constituição romana, pelo que Augusto era um monarca para todos os efeitos. Apareciam templos a Augusto e Roma e cidades com o nome de Cesareia (Suet. *Aug.* 60). A cidadania torna-se cada vez mais uma forma de premiar soldados na altura do licenciamento, cidadãos distintos e comunidades leais. A estes cidadãos se juntavam outros provenientes de Itália em programas de colonização[75].
Nessa altura (em 21), regulou a questão da Arménia, combinando diplomacia e demonstração de força. Mandou o jovem enteado Tibério, à frente de um

---

[72] Díon Cássio (54.10.5) diz que ele recebeu o *imperium* consular para toda a vida (juntamente com os 12 lictores), mas tal não é confirmado por outras fontes, pelo que os críticos modernos se dividem. Também em Suetónio (*Aug.* 27.5) se lê que ele recebeu a supervisão dos costumes e das leis para toda a vida, contra os 5 anos indicados por Díon Cássio. Vide Jones 1970 59-60.

[73] Com a vantagem de que acalmava também a populaça que, não confiando na aristocracia, o reclamava repetidamente para o cargo: vide Southern 1998 132-134 e n.2. A autora defende que foi para toda a vida. Augusto diz (*Anc.* 8) que fez censos em 8 a.C. e em 14 d.C. com base no seu poder consular.

[74] D.C. 54.12.4-5.

[75] Vide Goldsworthy 2014 297-298.

exército, conduzir Tigranes (refugiado em Roma) ao trono da Arménia[76], estado--tampão que era alvo da disputa de influência pela Pártia e por Roma. A nenhum dos lados interessava a guerra, pelo que os Partos aceitaram devolver as águias e estandartes tomados a Crasso e António, e ainda libertar prisioneiros de guerra. O facto foi capitalizado por Augusto como uma verdadeira vitória sobre a Pártia, porque recuperava sem luta o que tinha perdido em batalha, como assinala Díon Cássio[77]. Tal devolução ficou imortalizada nos relevos da couraça da conhecida estátua de Prima Porta, bem como em cunhagens com a legenda *signis receptis*; e os símbolos recuperados foram colocados no templo de Marte Vingador (*Mars Vltor*), inaugurado em 2 a.C., no Fórum de Augusto.

Regressado a Samos, continua a receber embaixadas, entre as quais se conta uma da Índia que impressiona as fontes antigas e é sinal do prestígio ecuménico de Augusto: delegações, pedidos de amizade, súplicas e envio voluntário de reféns que ele próprio regista nas suas *Res Gestae*[78]. Na viagem de regresso morre o poeta Virgílio ao chegar a Brundísio.

Durante o regresso a Roma, em 19, uma delegação vai ao seu encontro com o problema criado por Egnácio Rufo, e Augusto nomeia cônsul um dos enviados, Quinto Lucrécio (um dos antigos proscritos). Na mesma altura, aceita o voto do templo da *Fortuna Redux*.

No Ocidente. De 16 a 13, visita a Gália, a Germânia e a Hispânia. Depois de nomear um prefeito da cidade, Estatílio Tauro, que fica também encarregado da Itália[79], Augusto, em 16, dirige-se para a Gália, enquanto Agripa se dirige para o Leste. Discute-se a razão desta ausência[80], mas é nesta altura que se dá a derrota de Lólio, que perdera uma águia no confronto com povos germânicos[81]. Uma das razões para as campanhas na Germânia pode ter sido a proteção da Gália, como César já tinha feito antes, mas também pode ser uma forma de justificar a existência de um exército fiel e preparado[82]. Em 15 foram levadas a cabo, por Druso e Tibério, as campanhas para pacificação das comunidades alpinas que cobravam a passagem e faziam razias nos vales[83] (Fig. 1). Depois, Augusto dirige-se

---

[76] A pedido dos Arménios. Cf. Vell. 2.94.4; D.C. 54.9.4-6.

[77] D.C. 54.8.1-3. Cf. Vell. 2.91.1; Sut. *Aug.* 21.3; *Tib.* 9.1; Aug. *Anc.* 29.2. Vide Jones 1970 57-58; Southern 1998 126-127; Goldsworthy 2014 302-305.

[78] Aug. *Anc.* 31-32. Cf. D.C. 54.9.7-10; Suet. *Aug.* 21.3.

[79] Díon Cássio (54.19.6.) Talvez seja um precedente para a futura reativação do prefeito da cidade, com 3 coortes ao seu dispor. Tibério é neste ano pretor urbano.

[80] D.C. 54.19.1-3 fala de afastamento propositado da cidade por causa da impopularidade que a legislação moral causou. Outra hipótese, pouco credível, seria de poder fruir da presença de Terência, esposa de Mecenas, longe de olhares indiscretos.

[81] Usípetes e Tencteros. Revés pouco credível para Díon Cássio (54.20.5-6), mas uma das calamidades (*clades*) para Suetónio (*Aug.* 23.1), embora 'mais desonrosa que lesiva' (*maioris infamiae quam detrimenti*). Augusto leva Tibério com ele.

[82] Como nota Southern 1998 154-156.

[83] O feito foi comemorado no troféu de Augusto que ainda se pode ver em La Turbie (nos

à Hispânia. Dessa altura (14 a.C.) são a fundação da colónia de *Caesaraugusta* (atual Saragoça) e melhoramentos de *Augusta Emerita* (Mérida), fundada em 25.

Fig 1. Troféu de Augusto, comemorativo da subjugação das tribos dos Alpes.
La Turbie, Alpes Marítimos. Foto de António Brandão

Em 13, regressa a Roma e é decretada pelo senado a construção da *Ara Pacis* (inaugurada depois em 9 a.C.). Nessa altura, o seu império proconsular é prorrogado por mais 5 anos. A Agripa, que regressa do Leste, é prolongada a *tribunicia potestas* e acrescentado um *imperium proconsulare* semelhante ao de Augusto[84]. E, em 12 a.C., por morte de Lépido, Augusto é investido no cargo religioso de Pontífice Máximo, mas em vez de ir residir para a casa oficial, junto ao templo de Vesta, entrega a moradia às vestais e permanece na sua residência do Palatino.

3.2. Feitos dos filhos de Lívia: Tibério e Druso.

A morte inesperada de Agripa, em 12 a.C., aumenta as responsabilidades de Tibério (cônsul pela primeira vez em 13, com a idade de 29 anos) e Druso, dois Cláudios, filhos de Tibério Cláudio Nero, o anterior marido de Lívia. Estes

---

Alpes Marítimos), no qual se cataloga a subjugação de 48 povos alpinos. Vide Jones 1970 64-65; Southern 2014 340.

[84] Vide Goldsworthy 2014 353.

vão trabalhar ativamente no alargamento de fronteiras e consolidar os seus estatutos de generais experimentados: Druso avança para além do Reno; e Tibério subjuga revoltas na Ilíria e conquista a Panónia. Enquanto isso, Augusto instala-se na Gália Lugdunense. A dedicação em 9 a.C. do Altar da Paz (*Ara Pacis*) vem sublinhar a ideologia da *Pax Romana*, apesar de continuarem guerras nas fronteiras distantes.

Druso morre em 9 a.C., no regresso de uma campanha em que atingira o Elba, assegurando a boa fama dos que morrem cedo, por comparação com a de Tibério. Este foi transferido para a fronteira do Reno, para desencorajar investidas dos Germanos, e elevado à categoria de *Imperator*, título que partilha agora com Augusto. Logo que pode, Augusto junta-se ao teatro de operações na Gália, levando consigo o neto Gaio, então com 12 anos.

Mas, em 8, Augusto perde o seu outro amigo e colaborador, Mecenas, o diplomata, cujos conselhos tinham um efeito suavizante sobre o temperamento do imperador[85]. Ainda nesse ano, Augusto leva a cabo um censo da população[86], reforça as margens do Tibre, alarga o *pomerium* de Roma e procura regular a corrupção eleitoral. O mês *sextilis*, em que inaugurara o seu 1º consulado, em 43, e em que anexara o Egito, em 30, recebe o seu nome, que mantém até hoje.

Em 7 a.C., Tibério (cônsul pela segunda vez) celebrará um triunfo pelas campanhas na Germânia e restaura o templo da Concórdia. Depois regressa à Germânia (D.C. 55.1-8), pelo que tem agora um papel e poderes semelhantes aos que Agripa tivera. Com efeito, tendo desempenhado os anteriores comandos como *legatus Augusti pro praetore*, Tibério recebe, em 6 a.C., uma missão diplomática no Este, na Arménia, e o poder tribunício por cinco anos, mas, neste cume de glória, introduz na carreira uma pausa mal explicada que terá irritado Augusto.

3.3. Promoção dos netos: Gaio e Lúcio

Começam a promover-se as carreiras de Gaio e Lúcio Césares, filhos de Agripa e Júlia[87]. Num paralelo com Agripa em 23, Tibério, em 6 a.C., retira-se para Rodes de forma mal explicada. Suetónio (*Tib.* 10) faz uma súmula das possíveis razões: desgostoso com o casamento com Júlia, para fazer sentir

---

[85] Prevenindo inconvenientes explosões públicas de cólera, como exemplifica Díon Cássio (55.7.1.) O poeta Horácio morre no mesmo ano.

[86] Conta 4 233 600 sem que se saiba quanto do acréscimo se deve a crescimento demográfico, a concessão da cidadania ou a manumissão de escravos, como observa Jones 1970 68.

[87] Em 6, Gaio, com 14 anos, foi, sem ser candidato, eleito pelos *comitia centuriata* para o consulado (D.C. 55.9.1-4), cargo que Augusto, zangado (fingida ou sinceramente: cf. Tac. *Ann.* 1.3), diferiu para quando ele tivesse a idade de 21. Vide Southern 1998 172-173.

a sua falta em Roma, ou ainda para deixar o caminho livre a Gaio e Lúcio Césares (motivo oficial que o próprio Tibério deu mais tarde)[88]. Na ilha de Rodes, Tibério vive como simples particular, mantendo apenas a *tribunicia potestas* que expiraria em 1 a.C.. No final cai em desgraça, disfarçada pelo título de *legatus* de Augusto, e chega a temer pela vida[89].

Em 5 a.C., pelo décimo segundo consulado de Augusto, Gaio, depois de receber a *toga uirilis*, torna-se *princeps iuuentutis*, e Lúcio recebe o mesmo título uns tempos depois, sendo uma honra que os assinalava como potenciais sucessores. Em 2 a.C., Augusto torna-se cônsul mais uma vez para introduzir Lúcio na vida pública. Neste ano é dedicado o templo de Marte Vingador e Gaio e Lúcio presidem aos jogos. O senado concedeu a Augusto o título de Pai da Pátria[90]. Mas é também deste ano o exílio de Júlia, como veremos à frente.

Deverá ser igualmente deste ano a instituição de 2 prefeitos como comandantes dos pretorianos. Já a partir de 5, torna-se comum a prática (que não era nova) de nomear cônsules substitutos (*suffecti*), para fornecer pessoal de categoria consular para os cargos administrativos.

3.4. A hora de Tibério e Germânico

Entretanto, em 1 a.C., Gaio recebe um *imperium* e é enviado para o Oriente para resolver o problema do trono da Arménia, que caíra de novo sob a influência dos Partos, e morre em consequência de um ferimento, em 4 d.C.; também Lúcio morre em Massília, em 2 d.C.. Tibério, embora mostrasse vontade de regressar a Roma, só é autorizado a fazê-lo em 2 d.C., com a condição de não participar na vida pública. Mas as mortes prematuras de Lúcio

---

[88] Cf. Suet. *Tib.* 11-13; Tac. *Ann.* 1.53.1; D.C. 55.9.4-7; Vell. 2.100.3-5. Southern (1998 173-176) sugere uma razão diferente e artificiosa: Tibério teria sido enviado para Rodes, por esta ilha se encontrar numa posição estratégica, numa espécie de missão secreta para controlar a transmissão do poder no trono da Arménia, de modo a restabelecer o equilíbrio entre Roma e a Pártia. Tibério já tinha experiência nesta matéria pois havia negociado o estabelecimento de Tigranes no trono da Arménia e a devolução dos estandartes tomados pelos Partos a Crasso e a António. Para Goldsworthy (2014 388-391), a explicação é mais simples: teria a ver com o seu carácter avesso à vida pública e com o cansaço de uma carreira política começada muito cedo e que não prometia descanso de futuro, a par do desgosto pela perda do irmão e da má relação com Júlia.

[89] Já se derrubavam as suas estátuas em Nemauso, dando-o como caído em desgraça. Vide Goldsworthy 2014 415-416.

[90] Segundo Salmon (1956 456-478), o título de *Pater Patriae*, normalmente visto como puramente honorífico, é, de facto, o culminar do principado de Augusto (mais do que em 19 a.C. com a atribuição do que Díon Cássio, 54.10.5, chama 'poder dos cônsules'). O próprio Augusto termina as *Res Gestae* com a sua citação como Pai da Pátria, o que deixa a impressão de que é para ele a acme da sua carreira.

e de Gaio lançam-no definitivamente como principal herdeiro, pelo que vai ser adotado por Augusto e recebe de novo os poderes anteriores. Entre 4 e 6 d.C. continuam as campanhas na Germânia. Mas, a partir de 6, acontecem diversas revoltas: houve uma crise militar com tensões na fronteira do Reno e uma revolta grave na Panónia e na Dalmácia (mas também noutras partes[91]) que colocavam de novo a Itália em perigo (ou pelo menos explorou-se tal receio). A situação obrigou à presença de Tibério e do sobrinho Germânico. O próprio Augusto, em 8, se desloca para Arímino (atual Rimini), para estar mais próximo do teatro de operações[92]. Lança recrutamentos em Itália, sem êxito, pelo que tem de recrutar unidades de libertos e escravos libertados dos seus donos[93]. Para fazer face às despesas criou, em 6 d.C., o tesouro militar (*aerarium militare*), o que levou a lançar novos impostos, que naturalmente constituíram medidas impopulares. Por essa altura (em 6), terão também sido criados os *uigiles* (mencionados à frente), para controlar a ameaça do fogo na cidade, subsidiados por um imposto sobre a venda de escravos. Tudo isto, agravado por carências de cereal (em 7 d.C.), terá conduzido a distúrbios e aparentemente a conjuras[94].

Mais gravoso foi o massacre de 3 legiões comandadas por Quintílio Varo na floresta de Teutoburgo, numa emboscada preparada por Armínio, chefe dos Queruscos e cavaleiro romano[95]. O desastre perturbou profundamente Augusto e levou-o a repensar a estratégia[96]: o recuo na política expansionista terá, como salienta Vasco Mantas (2009 67-77), determinado para sempre as fronteiras da latinidade no Reno, o que constituía um retrocesso em relação a estabelecimentos anteriores. Tibério e Germânico foram enviados de novo para a Germânia, mas mais para tentar restabelecer o prestígio de Roma do que para reconquistar, pelo que foi abandonada a ideia da fronteira do Elba[97]. Germânico visitará mais tarde o campo de batalha e prestará honras aos mortos, cujos restos ainda encontra espalhados.

Em 13 d.C., os poderes de Augusto e Tibério foram renovados por mais dez anos, entregando-se a Tibério um *imperium* igual ao de Augusto, bem como a

---

[91] Judeia e Mauritânia.

[92] Cf. D.C. 55.28-56.18. Depois de debelada a rebelião na Panónia, Tibério foi agraciado com um triunfo e Germânico com os *ornamenta triumphalia*.

[93] Criou assim as *cohortes ciuium Romanorum ingeniorum* (de cidadãos livres) e as *cohortes ciuium Romanorum uoluntariorum* (de antigos escravos).

[94] Vide Jones 1970 74-75; Goldsworthy 2014 433-439 e 443.

[95] Cf. Vell. 2.117-119; Tac. *Ann.* 1.61-62; D.C. 56.18-22. Tratou-se das legiões XVII, XVIII e XIX, designações não mais usadas por serem consideradas pressagas.

[96] Suetónio apresenta uma versão dramática (*Aug.* 23.2): 'Diz-se que ficou tão transtornado que, durante meses a fio, deixando crescer a barba e o cabelo, batia de quando em quando com a cabeça nas portas e bradava: "Quintílio Varo, devolve as legiões!"'. Cf. D.C. 56.18-23. Augusto aconselhará mais tarde o sucessor a não expandir o império: cf. Tac. *Ann.* 1.11; C.D. 56.33.5-6.

[97] Como salienta Jones 1970 76-77.

tribunicia potestas. Em 14, o príncipe ainda levou a cabo um censo com o sucessor. Mas a 19 de agosto desse ano, quando Tibério já se dirigia para a Ilíria, Augusto adoece e falece pouco depois na sua propriedade de Nola – para Suetónio uma morte serena, própria de um sábio, interrogando os presentes sobre se tinha representado bem o mimo da vida[98].

4. Administração augustana

Depois de passada em revista a vida e feitos do fundador do Principado, vejamos, em síntese, as alterações operadas no funcionamento das instituições: a forma que assumia o novo Estado a que se refere Suetónio (*Aug.* 28.1) pela redistribuição de competências entre as instituições republicanas e o *princeps*[99]. As reformas são sobretudo fundamentadas em antigas tradições.

4.1. Augusto e os poderes tradicionais do Senado

Augusto fixa o senado em 600 membros (embora pretendesse inicialmente reduzi-lo a 300), e tenta, em 18 a.C., uma rebuscada seleção por delegação, em que, a partir de um grupo de 30 candidatos previamente escolhidos por ele, iam escolhendo uns aos outros. O processo correu mal e o próprio Augusto teve de concluir as escolhas[100]. Como o interesse pelas reuniões do senado decrescia[101], fixou em 9 a.C. o calendário das reuniões (dois dias por mês em que não podia haver outras reuniões nem julgamentos)[102]. Em 4 d.C. volta a fazer uma purga do senado com um método semelhante ao de 18 a.C.: muitos renunciaram voluntariamente, outros foram excluídos[103].

---

[98] Suet. *Aug.* 99. Tácito (*Ann.* 1.5.4) menciona um rumor sobre a responsabilidade de Lívia. Além disso, deixa a suspeita de que, quando Tibério chegou a Nola, Augusto já teria morrido havia vários dias, e que Lívia mantivera a sua morte em segredo para assegurar a sucessão ao filho. Díon Cássio (56.30.2) sugere que Lívia lhe teria dado figos envenenados, num flagrante decalque da tradição sobre a morte de Cláudio com um cogumelo. Vide Martin 1955 123-128; Questa 1959 41-55; Fornaro 1988 155-167; Martin 1991 350-352; Néraudau 1996 41-2; Wardle 2014 549-552; Brandão 2014 61-73.

[99] Vide síntese destes aspetos em Jones 1970 86-89; Scullard 1982 219-231; Montenegro Duque 1983 208-211; Roldán Hervás 1995 263-269.

[100] A seleção terá sido feita em 3 ocasiões, segundo ele próprio diz (*Anc.* 8): a primeira vez em 28 (remoção de 190 senadores); a segunda em 18, onde se tentou o sistema de cooptação para a redução a 600; a terceira em 13 ou 11. O processo de 18 a.C., impopular, provocou as naturais resistências. Até o triúnviro Lépido foi indicado, o que irritou o *princeps*. Cf. Suet. *Aug.* 35 e 54; D.C. 54.13-15. Vide Carter 2003 145-146; Southern 1998 143-144 3 n. 11; Goldsworthy 2014 318-319.

[101] Foi preciso aumentar as multas por falta às sessões: D.C. 54.18.3.

[102] Cf. D.C. 55.3.

[103] Cf. D.C. 55.13.3.

Entre 27 e 18 a.c., instituiu o ***consilium principis***[104], formado por representantes dos magistrados (um ou dois cônsules, um pretor, um edil, um questor, e talvez um tribuno da plebe) e 15 senadores tirados à sorte, que mudariam semestralmente. A tarefa seria preparar os assuntos para os levar ao senado e prever as reações deste, como uma espécie de representação daquele órgão junto do imperador[105]. Em 13 d.c., reestrutura este conselho, por lhe ser penoso deslocar-se às sessões do senado, alargando o número de senadores para 20, por ele escolhidos, e o seu período de permanência de seis meses para um ano. Tibério, Germânico e Druso tornam-se conselheiros e as decisões equivaliam a decretos do senado[106].

O senado deixa de ter poder militar, como vimos. Mas Augusto tratava este conselho com grande respeito e partilhava com ele a administração, embora a preponderância efetiva seja desigual. O conselho viu restaurado o prestígio e influência que tinha perdido no final da República. Além da reconhecida capacidade consultiva, algumas resoluções tornam-se lei sob Augusto[107].

Os tribunais (as *quaestiones* organizadas por Sula) continuam a existir, mas as atividades judiciais do imperador e do senado aumentam com a criação de novos tribunais[108]. Por outro lado, a *prouocatio ad populum* é substituída pela *appellatio ad Caesarem*, provavelmente criada em 30 a.C., em consequência de os poderes dos governadores provinciais estarem submetidos ao *imperium* de Augusto[109].

Também as questões fiscais são partilhadas entre o senado e Augusto[110]. Mas a criação do *aerarium militare* (administrado por 3 ex-pretores) permitia mitigar a ligação que, desde Mário, existia entre general e soldados. Também no que respeita às cunhagens a situação é desigual: o imperador cunha moedas de ouro e prata (com efeitos propagandísticos), enquanto os *tresuiri monetales* ('triúnviros responsáveis pela cunhagem'), sob a alçada do senado, cunham em bronze e cobre.

Augusto partilha ainda com o senado a administração da Urbe, de Itália e das províncias, mas os cargos de nomeação vão substituindo a intendência do senado: *praefecti* e *curatores*. Com tal distribuição de cargos, Augusto criou uma série de postos para integrar largo número de senadores, ex-magistrados e cavaleiros.

---

[104] Ou os *amici principis*.

[105] Cf. Suet. *Aug.* 35.4; D.C. 53.21.4-5.

[106] D.C. 56.28.2. Vide Jones 1970 91-93; Goldsworthy 2014 461.

[107] A partir de Antonino Pio, séc. II, os *senatus consulta* tornam-se formalmente lei.

[108] Os casos de alta traição de aristocratas são julgados em dois novos tribunais superiores não sujeitos a apelo: um diante do conselho do imperador; outro no senado, sob a presidência dos cônsules. Augusto detém, como se viu (supra secção 2.1.), o "voto de Minerva", pelo qual pode perdoar os que foram condenados pelos tribunais.

[109] O caso mais célebre será o apelo de S. Paulo em 58 d.C.. Vide Jones 1970 124-130; Scullard 1982 220-221.

[110] A comum divisão entre *aerarium* para as receitas proveniente das províncias senatoriais e o *fiscus* para a das províncias imperiais é demasiado simplista e não abarca os procedimentos existentes, que eram mais complexos. Vide Jones 1970 117-123; Scullard 1982 221.

Quanto à **ordem equestre** (*equites*), é incluída por Augusto nas tarefas administrativas, pelo que também sai dignificada. O número dos cavaleiros é alargado de 1800 para 5000: recebem cavalo público, anel de ouro e *angustus clauus*. O imperador restaura a inspeção anual da ordem em Roma, altura em que expulsa os indignos e inclui os novos. Para serem incluídos devem possuir no censo 400.000 sestércios[111]. Organizados como uma classe distinta, os cavaleiros tinham acesso a postos militares e governos de pequenas províncias (como procuradores), aos comandos da armada (*praefectus classis*)[112] e sobretudo às quatro grandes prefeituras: a da vigilância e incêndios (*uigiles*), a do provimento de cereais (*annona*), a do pretório e a do Egito[113]. Com sorte e empenho podiam aspirar ao senado, contribuindo para a renovação deste órgão conservador[114].

4.2. Novas competências dos magistrados

As magistraturas tradicionais continuam a existir, mas conhecem novas atribuições ou perdem outras. Para combater a corrupção eleitoral, Augusto promulga em 18 a.C. a *lex Iulia de ambitu*. Além de ter capacidade para nomear ou rejeitar candidatos, podia fazer campanha pelos seus, como, de resto constituía prática entre outros aristocratas, embora o peso não fosse o mesmo. Já vimos que o povo chega a tentar forçar a eleição de Augusto (em 21 e 19 a.C.).

Os Cônsules (idade mínima: 42 anos) vêem a duração do cargo encurtada para 6 meses (a partir de 5 a.C.). O próprio Augusto ocupa o cargo por diversas vezes, como antes se observou. Aos *consules ordinarii* seguem-se os *consules suffecti* (i.e. cônsules substitutos), de modo a haver mais oficiais de categoria consular disponíveis para cargos públicos: legados nas províncias imperiais, procônsules nas províncias senatoriais, *curatores* em Roma ou até prefeitos da cidade.

Quanto aos **Pretores** (idade mínima: 30 anos), em 23 a.C., passaram de 8 para 10, e, nos últimos anos do seu governo, Augusto subiu esse número para 12. Continuam a ter a jurisdição urbana e peregrina e a presidência dos *iudicia publica*. Verifica-se, no entanto, um reforço das suas funções: 2 deles superintendem o tesouro a partir de 23 a.C. (em lugar dos questores) e, a partir de 22, oferecem jogos e festivais. O cargo habilitava-os a serem, depois, procônsules em províncias senatoriais ou legados nas províncias imperiais.

---

[111] Entre os cavaleiros incluem-se os filhos de senadores até à idade de 25 anos. A designação *equites* era por vezes usada em sentido lato, abarcando libertos possuidores de riqueza igual ou superior a 400.000 sestércios.

[112] Uma esquadra em Miseno e outro em Ravena, designadas por *classes praetoriae*.

[113] Inovação introduzida depois da batalha de Áccio. A partir de 6 d.C., também a Judeia é governada por um prefeito da ordem equestre, como se verifica no conhecido caso de Pilatos. A partir de Cláudio estes prefeitos passam a ser designados por *procuratores*.

[114] Vide Jones 137-138; Southern 1998 149-150.

Os tribunos da plebe mantêm os poderes apenas formalmente, pelo que a aristocracia perde o interesse por tal magistratura, não obrigatória no *cursus honorum*, a ponto de, em 13 e 12 a.c., ser necessário tomar medidas para suprir a falta de candidatos.

O mesmo acontece com os **Edis** (6), cujas funções são reduzidas: em 22 a.c., perdem o controlo fornecimento de trigo e a oferta de jogos; em 11 a.c., a responsabilidade pela água (aquedutos); e em 6 d.C. o combate do fogo. Mantêm a competência dos mercados, a reparação das ruas e as questões sumptuárias. A perda da superintendência dos jogos corta-lhes a possibilidade de ganharem com isso nomeada para concorrer à pretura, pelo que por vezes os lugares tiveram de ser sorteados entre ex-questores e ex-tribunos.

Os **Questores** (20; idade mínima: 25 anos) perdem para os pretores a gestão do erário de Saturno; continuam a dar assistência aos governadores provinciais nas províncias senatoriais; e podem ser legados do procônsul. O cargo mantém-se como pré-requisito para entrar no senado.

4.3. A administração da Urbe e da Itália

A administração da cidade, que antes estava a cargo do senado e dos magistrados, é colocada nas mãos de funcionários nomeados diretamente para os cargos. O governo da cidade, na ausência do imperador, fica sob alçada do prefeito da cidade (*praefectus Vrbi*), senador, que comandava 3 *cohortes urbanae*. Era responsável também por um tribunal para crimes menores. Trata-se da restauração de uma instituição antiga que caíra em desuso. O primeiro foi Messala Corvino, que abdicou pouco depois por considerar inconstitucional esta função.

Surge uma série de *curatelae* que entrega a senadores: os *curatores* para o abastecimento de águas, edifícios, vias, saneamento. No que toca aos cuidados de manutenção e segurança da cidade, em 20 a.C., Augusto indica funcionários de origem pretoriana como *curatores uiarum*. Para combate aos frequentes incêndios, já em 21 entregara aos edis 600 escravos que estão na origem dos *uigiles*. E, em 7 a.C., reestrutura a estratégia, dividindo a cidade em 14 regiões, e estas em *uici* supervisionados pelos *magistri uici*: passa então para a tutela destes os escravos públicos treinados para o combate aos incêndios (antes sob alçada dos edis)[115]. Finalmente, foram criados os *uigiles* em 6 d.C.[116]: 7 coortes (1 coorte para cada 2 regiões), cada coorte com 1000 homens, recrutados entre libertos, que acumulavam também funções policiais e estavam sob a superintendência geral de um prefeito da ordem equestre (*praefectus uigilum*).

---

[115] Cf. Suet. *Aug.* 30.1; D.C. 55.8.6. Os altares das encruzilhadas (os *Lares Compitales*) ficam ligados ao culto imperial: passam a designar-se por *Lares Augusti*.

[116] Na sequência de um incêndio: cf. D.C. 55.26.4-5.

Quanto ao fornecimento de cereais, em 22, depois de ter assumido por breve trecho a *cura annonae*, Augusto entregou-a a ex-pretores, substituídos em 6 d.C. por dois ex-cônsules. Finalmente, entre 8 e 14 d.C., o aprovisionamento de trigo, bem como de artigos de primeira necessidade da Urbe, é finalmente entregue a um prefeito da classe equestre: *praefectus annonae*[117]. No décimo terceiro consulado, em 2 a.C., tinha limitado a distribuição de cereal a 200.000 beneficiários.

Agripa tinha sido desde 34 a.c. o responsável pelos aquedutos e esgotos, que mantinha e construía a expensas próprias. Com a morte deste, Augusto entregou a tarefa a três *curatores aquarum* chefiados por um *curator* de categoria consular — o primeiro foi Messala Corvino, de 11 a.C. a 13 d.C.. A partir de 11 d.C., Augusto transfere a responsabilidade pelos edifícios públicos para dois ex-pretores ou ex-cônsules (*curatores operum publicorum*). As cheias do Tibre passaram, a partir de 15 d.C., a ser reguladas por cinco *curatores riparum Tiberis*, sob a presidência de um ex-cônsul.

Para a sua proteção pessoal, Augusto escolhe uma guarda de elite: 9 coortes pretorianas dirigidas por um prefeito da ordem equestre – o prefeito do pretório – que, com o tempo, há-de adquirir enorme prestígio no império.

A Itália foi dividida em 11 regiões administrativas. O estabelecimento de numerosas colónias de veteranos contribuía para manter a ordem. Continua a ser respeitada a autonomia dos órgãos locais em relação ao poder central, pelo menos teoricamente, embora alguns setores que transcendem a responsabilidade da comunidade sejam supervisionados por funcionários imperiais, como as vias e os correios (o *cursus publicus*, criado por Augusto), com despesas partilhadas entre o tesouro público e as localidades por onde passavam[118].

4.4. Administração das províncias

As chamadas províncias senatoriais mantiveram a aplicação das normas republicanas: os *proconsules* continuavam a receber o cargo por sorteio (entre ex-cônsules e ex-pretores), tal como os questores. O cargo era anual e exercido 5 anos depois da magistratura em Roma. Tinham direito a escolher legados, que os assistiam nos comandos e nos assuntos civis: os ex-cônsules tinham 3, e os ex-pretores apenas 1. O senado administrava os impostos que iriam para o *aerarium*, da responsabilidade do senado. No entanto, *procuratores* equestres estavam encarregados das propriedades imperiais existentes nestas províncias, das minas e da recolha de alguns impostos dependentes do imperador.

As províncias imperiais eram governadas por legados de Augusto (*legati Augusti pro praetore*), escolhidos entre ex-cônsules e ex-pretores, normalmente

---

[117] Vide Southern 1998 183-184.

[118] Os *curatores* hão de assumir, a partir de finais do séc. I a.C., competências administrativas nas cidades. Vide sínteses de Scullard 1982 230-231; Roldán Hervás 1995 266.

por 3 anos. Estes tinham um *imperium* subordinado ao poder do *princeps* (e, destes, só os de categoria consular tinham legados militares, sendo 1 por legião). Não tinham questores. As funções da administração eram resolvidas por funcionários imperiais, geralmente com competências financeiras.

No âmbito das províncias do imperador podemos considerar as *prouinciae procuratoriales,* províncias recentes e pequenas, confiadas a membros da ordem equestre (*procuratores*)[119]. O caso do Egito constituía uma situação especial: era governado por um prefeito equestre (*praefectus Aegyti*), sendo proibida a presença de qualquer membro da ordem senatorial sem autorização expressa do imperador. A Judeia foi, à semelhança do Egito, entregue a um perfeito em 6 d.C..

Os governadores de província administram também a justiça, embora haja notícias de júris de cidadãos romanos, à semelhança dos tribunais de Roma.

Desta forma, Augusto controlava a grande maioria das províncias, embora não as mais ricas, que estavam sob a alçada do senado. Controlava ainda os reinos clientes: no Ocidente, a Mauritânia e, no oriente, múltiplos reis, etnarcas, tetrarcas e dinastas, que tinham um papel importante de colaboração com Augusto na segurança das fronteiras do império e na romanização, visto que os príncipes eram frequentemente educados em Roma[120].

5. Orientações ideológicas e propagandísticas da política augustana

O principado de Augusto consolida-se ideologicamente sob o lema do retorno aos valores tradicionais. Ele próprio salienta, nas *Res Gestae* (*Anc.* 34), as virtudes do escudo de ouro com que o senado o honrara: valor (*uirtus*), clemência (*clementia*), justiça (*iustitia*) e devoção (*pietas*). A *pietas* é um elemento importante, explorado na *Eneida* de Virgílio. Também na vida privada, Augusto procurava passar uma imagem de moderação a vários níveis[121], de acordo com o *mos maiorum*: na comida, na forma de trajar, com roupas confeccionadas pela esposa e pela filha, nas residências da Urbe e nas de férias.

5.1. Legislação moral e social

Embora Suetónio (*Aug.* 27.5) diga que Augusto aceitou perpetuamente a superintendência das leis e dos costumes (*morum legumque regimen*), o próprio Augusto o desmente (*Anc.* 6), acrescentando que introduziu a legislação pedida pelo senado através do seu poder tribunício. Mas talvez o negue de forma

---

[119] Como os Alpes, Récia e Nórico.
[120] Vide Jones 1970 94-109; Montenegro Duque 1983 210-211; Roldán Hervás 1995 266-267.
[121] Como procura demonstrar Suetónio (*Aug.* 72-78).

exagerada, por modéstia, porque Díon Cássio (54.10.5) diz que ele recebeu a supervisão dos costumes (e a censura) por cinco anos quer em 18 a.C., quer em 13 (D.C. 54.30.1). Terão sido, portanto, poderes temporários. Além disso, a *auctoritas* podia ser determinante neste caso[122].

A preocupação com a restauração moral, depois das guerras civis, levou-o a promulgar leis sumptuárias[123], leis contra a corrupção eleitoral[124], e leis para favorecer o casamento[125] e reprimir o adultério[126] – estas últimas foram mal aceites, sobretudo pelos *equites*[127]. Além disso, proibiu o casamento de senadores com libertas, preocupado com a restauração das virtudes da *dignitas* e *grauitas* da classe senatorial[128].

Promoveu leis para limitar a manumissão de escravos, sobretudo para regular a libertação informal, a percentagem de escravos a libertar de cada vez, bem como a idade do senhor e do escravo em causa[129]. Diz Suetónio (*Aug.* 40.3-4) que Augusto procura manter a pureza de sangue, contendo as misturas com elementos estrangeiro e servil[130], mas tratar-se-ia antes de regular a entrada de novos cidadãos, cujo número aumenta drasticamente nos censos. Procura manter também a distinção de status, no que respeita ao tratamento dos libertos (Suet. *Aug.* 74), embora os incluísse em atividades importantes[131].

5.2. Família e poder: a consolidação de uma dinastia

Uma dimensão importante da *pietas* diz respeito à família. Vimos que a ascensão de Octávio se fez sob a bandeira de Júlio César divinizado, determinante para motivar os soldados e justificar o ataque contra Bruto e Cássio

---

[122] Vide Carter 2003 125-126; Southern 1998 145-146 e n.12; Goldsworthy 2014 318-319; Wardle 2014 214-215.

[123] *Lex Iulia sumptuaria* de 18 a.C..

[124] *Lex Iulia de ambitu* de 18 a.C..

[125] Com benefícios para os pais de três ou mais filhos e penalizações para os solteiros e sem filhos.

[126] *Lex Iulia de adulteriis coercendis* de entre18 e 16 a.C..

[127] A *Lex Iulia de maritandis ordinibus* (18 a.C.), depois temperada com a reformulação de 9 d.C.: *Lex Papia Poppaea*. Não é impossível que existisse um programa moral já antes de 18, como sugere D.C. 53.13.1-2. Os cavaleiros protestaram: Suet. *Aug.* 34. O próprio Augusto era conhecido como adúltero inveterado: Suet. *Aug.* 59 e 71.1. Vide Jones 1970 62-63 e 131-132; Southern 1998 146-149 e n. 13; Goldsworthy 2014 324-326.

[128] Vide cap. seguinte: Oliveira § 4.

[129] *Lex Iunia* (25 ou 17 a.C.), *Lex Fufia Caninia* (2 d.C.), *Lex Aelia Sentia* (4 d.C.): propostas pelos cônsules à época.

[130] Cf. D.C. 56.33.3. Segundo Tompson (1981 35-46), os critérios de Augusto (assim como a interpretação do biógrafo) não são racistas, mas culturais e morais. Vide Gascou 1984 744.

[131] Vide Jones 1970 133-140; Southern 1998 151-152. Em muitas cidades itálicas existiam os *seuiri Augustales*, colégio de 6 libertos dedicado ao culto imperial.

como um ato de *pietas*[132]. Normalmente os críticos tendem a mostrar um posterior distanciamento em relação a Júlio César, por causa da rejeição da ditadura e da opção pelo título de *princeps*. Mas, segundo Goldsworthy 2014 410, os autores modernos podem ter exagerado, porque no geral ele valoriza a herança política anterior, como patenteia o nome César, pelo qual é conhecido – ele e os sucessores.

Uma prova de que Augusto não pensava restaurar a República é que ele vai continuamente assegurar a sucessão dentro da sua família, através de casamentos ou de adoção[133]. Em 21 a.c., Agripa casa em terceiras núpcias com Júlia, filha de Augusto, que ficara recentemente viúva de Marcelo. Em 20, Júlia dá à luz Gaio e, em 17, Lúcio, que Augusto adota como filhos, reforçando a intenção dinástica. Em 18, Agripa, que já tinha *imperium* proconsular, recebe também a *tribunicia potestas* por cinco anos, de forma a assegurar a continuidade do poder na família, em caso da morte de Augusto.

Depois da morte de Agripa em 12 a.c., Tibério é forçado, aparentemente a contragosto, a divorciar-se de Vipsânia (filha de Agripa) e a casar com Júlia, em 11[134] – enlace que fracassa, como vimos, mas que o lançara como via alternativa a Gaio e Lúcio. A morte de Lúcio, em 2 d.C., e de Gaio, em 4 d.C., virá precipitar a adoção de Tibério como razão de Estado. Primeiro, este, além de ter já um filho, adota também Germânico, filho do irmão Druso, de modo a garantir a cadeia da sucessão. Depois, Augusto adota Tibério e Agripa Póstumo, filho de Agripa e Júlia. Assim, Augusto passa a ter dois filhos, mas também dois netos, Druso, filho de Tibério, e Germânico, por este adotado. Tibério torna-se claramente o herdeiro, depois que lhe é conferida a *tribunicia potestas* e o *imperium*, poderes que tivera antes de se exilar em Rodes[135]. A sua escolha é apresentada, talvez injustamente, pelas fontes como um mal necessário[136]. Mas, apesar dos rumores de maquinação e pressões de Lívia, a verdade é que Tibério era quem estava em melhor posição.

Suetónio e Tácito dizem que a Fortuna frustrou as esperanças que Augusto colocara na família[137], e não foram só as mortes a abalar os planos de Augusto.

---

[132] Sobre a deificação de César, vide Southern 1998 61-63.

[133] Como observa Jones (1970 78-79).

[134] A escolha deste enteado como substituto de Agripa e sucessor é apresentada pelas fontes como forçada pelas circunstâncias, mas tal parece ser um exagero criado a partir da posterior apreciação do principado de Tibério. Cf. D.C. 54.31.1. Para uma crítica da suposta relutância de Augusto na escolha de Tibério, vide Levick 1999 161-162 e n. 2, onde se referem relevantes teorias modernas sobre o assunto.

[135] Vide Goldsworthy 2014 427-430. Como nota este autor, o estatuto de Tibério seria semelhante ao de Agripa com a diferença de que este sucessor era genro, enquanto Tibério é filho por adoção.

[136] Cf. Suet. *Tib.* 21.2 e 23; Tácito (*Ann.* 1.10.7) é secundado por Díon Cássio (56.45.3) na sugestão de que a escolha de Tibério foi uma forma de Augusto assegurar a sua boa fama, por comparação com a crueldade e arrogância de Tibério.

[137] Suet. *Aug.* 65.1 e 4; Tac. *Ann.* 3.24. Vide Goldsworthy 2014 443-445.

Enquanto Gaio e Lúcio progrediam na vida pública, dá-se (em 2 a.C.) o escândalo que levou ao exílio de Júlia, fosse apenas por conduta imoral, contrária à legislação, por traição ou ainda por tentativa de golpe de Estado[138]. Agripa Póstumo, cuja promoção não teve paralelo com a dos irmãos, é, em 6 d.C., emancipado e banido por razões obscuras[139]. Também Júlia, irmã de Póstumo, é exilada, em 8 d.C., a pretexto de adultério, escândalo a que se costuma associar o desterro do poeta Ovídio, ocorrido na mesma altura[140].

Verdade é que a vida familiar de Augusto tinha sido feliz noutro aspeto: o seu casamento com Lívia (Suet. *Aug.* 62.2), que se mostrou digna do seu papel e grande colaboradora, apesar dos rumores sobre crimes para favorecerem a ascensão de Tibério[141]. E é deste enlace que nascerá a dinastia dos Júlio-Cláudios, através de Agripina, filha de Júlia e Agripa e dos filhos do primeiro casamento de Lívia com Tibério Cláudio Nero: Tibério e Druso[142]. A família continua a ser promovida em bloco: Germânico é cônsul em 12 e Druso, filho de Tibério, em 15.

Com a morte de Augusto, o governo transita naturalmente para Tibério, que detinha os referidos poderes militares e civis, embora as fontes falem de uma farsa em que ele simula hesitação – certamente uma interpretação posterior à luz da má fama que ele alcançou[143]. De qualquer modo, tal transição "monárquica" era inusitada e teria os seus perigos, apesar de ninguém querer voltar às lutas civis. O incómodo Agripa Póstumo foi prontamente eliminado, e Tibério negou ter nisso qualquer responsabilidade[144]. Houve motins nos exércitos, na

---

[138] Foi enviada para a ilha de Pandatária, eventualmente por estar em causa a desobediência a leis, que Augusto impusera com grande oposição das classes elevadas (*Aug.* 34.1). Southern (1998 179) não considera ser necessário envolver Júlia, juntamente com os amantes, numa teoria da conspiração, pelo que a questão moral seria suficiente. Diferente posição tem Néraudau (1996 227-231), pois Júlia reunia à sua volta um grupo de potenciais agitadores executados depois, entre os quais se contava Iulo António, filho sobrevivente de António e Fúlvia, que foi morto ou cometeu suicídio. Vide Jones 1970 69; Goldsworthy 2014 396-401.

[139] A razão oficial foi o carácter intratável de Agripa (Suet. *Aug.* 65; D.C. 55.26.4-5). Há rumores vagos de conspiração: um plano para a evasão de Agripa e Júlia (talvez a mãe) e para os apresentar aos exércitos (Suet. *Aug.* 19.2). Vide Jones 1970 70-71; Levick 1972 674-97; Néraudau 1996 250; Southern 1998 186 e n. 7, 253-254.

[140] Júlia suportou vinte anos de exílio sustentada pela caridade de Lívia Augusta, como refere Tácito (*Ann.* 4.71.4), e foi impedida de criar a filha que deu à luz depois. Ao amante Décimo Júnio Silano foi sugerido o exílio voluntário. O marido, Lúcio Emílio Paulo, foi acusado de conspiração (Suet. *Aug.* 19.1) e não se lhe conhece o destino.

[141] Vide Goldsworthy 2014 377-380.

[142] Quanto aos futuros imperadores desta dinastia, Calígula, sendo filho de Germânico e Agripina, será neto de Druso + Antónia e de Júlia + Agripa; Cláudio é filho de Druso + Antónia; Nero, sendo filho de Agripina II + Domício Aenobarbo, é, por parte da mãe, neto de Germânico + Agripina I e bisneto de Druso + Antónia e de Júlia + Agripa, mas também filho de Cláudio por adoção.

[143] Cf. Suet. *Tib.* 24. Suetónio segue uma tradição hostil: Vide Cascou 1984 264-265. No entanto, Tibério estaria a tentar definir o significado do seu poder. Vide Seager 1972 56-57; Syme 1974 485-486; Timonen 1993 133-148; Levick 1999 76.

[144] Suet. *Tib.* 22. Este foi, segundo Tácito *Ann.* (1.6.1), "o primeiro crime do novo Principado".

Germânia: Germânico chegou a ser proclamado *princeps*, mas ele próprio restabeleceu a ordem, mostrando lealdade, com risco da própria vida.

5.3. Engrandecimento da Urbe eterna

A tutela paternalista implica o cuidado da pátria, imaterial e física, que ele se empenha em restabelecer, dando expressão a um outro âmbito da *pietas*. Ao longo da vida, Augusto, assumindo o papel de novo fundador[145], leva a cabo (ele próprio ou através dos colaboradores) vastas obras de construção e reconstrução tendo em vista o embelezamento e engrandecimento da Urbe, imagem visível da deusa Roma: numerosos templos, bibliotecas, teatros, banhos, esgotos e outras estruturas de uso público. Entre as maiores obras, destacam-se o templo de Apolo no Palatino, a conclusão do Fórum de César, com o templo deste, a construção do Fórum de Augusto, cujas representações celebram o lugar central do *princeps* na gloriosa história de Roma[146], com o templo de Marte Vingador (*Vltor*), e a conclusão do Teatro de Marcelo, em honra do sobrinho e genro. As termas de Agripa foram construídas por este seu colaborador e genro, bem como o Panteão.

O papel da família é assim exaltado, tendo o mausoléu como corolário. Junto a ele faz gravar a síntese dos seus feitos (*Res Gestae*) e, perto, o Altar da Paz (*Ara Pacis*), decorado com cenas litúrgicas onde figuravam as deusas Roma e Terra, a família imperial e os seus ancestrais, Eneias, Rómulo e Remo[147]. Pôde depois dizer que encontrou a cidade de tijolo e a deixou de mármore (Suet. *Aug.* 28.3), em sentido real, mas também metafórico, com os aperfeiçoamentos institucionais. Em 17 a.C., organiza os Jogos Seculares para celebrar a grandeza de Roma, para os quais Horácio compôs o *carmen saeculare*, simbolizando o início de uma nova era[148].

5.4. Uma era de paz e prosperidade

A dedicação do Altar da Paz pelo senado é o testemunho de que, depois de tantos anos de guerra civil, Augusto introduz com mérito na propaganda a ideia da *pax Augusta*: um período que se prolongará até ao final dos Antoninos.

O assunto ainda não é pacífico e as culpas continuam a dividir-se. Sobre a culpa de Tibério, vide Detweiler 1970 289-295; Paladini 1954 313-329. Pelo contrário, Jameson (1975 287-314) acha que Salústio Crispo, tendo uma posição de conselheiro semelhante à que teve Mecenas, agiu por sua iniciativa, na ânsia de dar uma ajuda ao novo regime. Vide Levick 1972 674-697.

[145] Vide Lott 2004 82.

[146] Cujas representações celebram o lugar central de Augusto na história de Roma, como mostra Goldsworthy 2014 403-409.

[147] Vide Goldsworthy 2014 358-359.

[148] Vide Goldsworthy 2014 329-333.

Ele próprio se vangloria nas *Res Gestae* (*Anc.* 14) de ter fechado por três vezes as portas do templo de Jano, simbolizando o fim de todas as guerras no império, circunstância que durante a República só ocorrera duas vezes. Além do mais, propalava a ideia de um império universal mantido com base na justiça, dizendo que preferia preservar que destruir os povos (*Anc.* 3) e levando a cabo a missão divina expressa poeticamente por Virgílio na *Eneida* (6.852-3): "e impor a civilização pela paz; poupar os submissos e derrubar os insolentes".
Augusto procura, pois, consolidar as fronteiras, a organização política e a coesão de um império que tinha crescido de forma desorganizada. O êxito que obteve nas províncias deveu-se ao facto de garantir a paz e a prosperidade (pois, apesar de ocorrerem algumas revoltas graves, no geral a situação era vantajosa), de introduzir um esquema mais justo de tributação, de garantir um salário aos governadores, desincentivando a rapina[149], e de instituir um serviço de correio público (primeiro com estafetas, que passavam as mensagens aos seguintes, e depois com mudas de transporte, de modo a levar o mesmo mensageiro até ao final), o que facilitava a comunicação com a administração central de Roma[150].

5.5. Religião e universalismo

A *pietas* pressupunha, antes de mais, a relação com os deuses. E Augusto apresenta-se como um restaurador da religião, numa perspetiva antiquária[151]: retoma cultos, santuários, irmandades, sacerdócios caídos em desuso[152]. Promoveu também o culto a Marte, a Apolo e o de César (*diuus Iulius*). Embora resistisse, por precaução ou por modéstia, à divinização em vida, acaba por se tornar inevitavelmente objeto de veneração. Em Roma, o culto pessoal em vida era matéria sensível, conotada com a prepotência tirânica. Para evitar o culto à pessoa do imperador, promoveu-se o culto ao seu *Genius*. Os cultos ligados às encruzilhadas (*Lares Compitales*) foram também associados ao Génio de Augusto, pelo que se chamaram *Lares Augusti*[153].
Nas províncias, o culto e a divinização eram mais aceitáveis. No Oriente aceitou o culto a si próprio, desde que associado ao de Roma divina (*dea Roma et Augustus*). Mas o culto imperial desenvolveu-se também nas províncias ocidentais,

---

[149] Provavelmente iniciou a prática de julgar os casos de concussão junto do senado (com Augusto a presidir ou a assistir), de modo a evitar a corrupção dos tribunais antes existentes para julgar esses crimes. A formação de *concilia* para o culto de Roma e Augusto também terá favorecido a perseguição judicial dos governadores por extorsão.

[150] Vide Jones 1970 94-97; Roldán Hervás 1995 268-269; Rocha Pereira 2009 231-232.

[151] Augusto foi investido como *pontifex maximus* em 12 a.C..

[152] Como o *flamen Dialis*, cujos diversos impedimentos o tornavam pouco atrativo para a aristocracia. Em relação aos cultos estrangeiros, manifesta respeito reverente pelas práticas religiosas antigas e consagradas, como os mistérios de Elêusis, e desprezo pelas restantes (Suet. *Aug.* 93).

[153] Vide Lott 2004 81ss.

como atesta o Altar das Três Gálias (*Ara trium Galliarum*) em Lugduno e o Altar dos Úbios (*Ara Ubiorum*) em Colónia[154]. Já nos antecedentes do relato da morte, Suetónio acolhe um episódio que significa o reconhecimento do orbe ao poder de Augusto. Aparentemente, a expressão de um credo religioso e político que retoma um tema recorrente da propaganda augustana — a paz universal e a segurança dos mares de que Augusto é o garante (*Aug.* 98.2):

> Quando atravessava, um dia, a baía de Putéolos, os passageiros e os tripulantes de um navio de Alexandria, que acabara justamente de aportar, vestidos de branco e coroados com grinaldas, não só lhe ofereceram incenso, como também o cumularam de bons augúrios e de extraordinários louvores: "Por ele viviam, por ele navegavam; da liberdade e da felicidade por ele fruíam."[155].

Fig. 2. Templo de Évora, dedicado ao culto de Augusto. Créditos Filipe Teixeira Lopes

Conclusão

Como forma de honrar Augusto o senado escolheu, logo após a morte do imperador, a designação *Saeculum Augustum* para indicar o período de 57 anos em que ele governou o mundo. Muitas das fontes antigas, como Suetónio, Tácito, Apiano, Díon Cássio, escrevem numa altura em que Augusto há

---

[154] Vide Jones 1970 147-152; Roldán Hervás 1995 280-281; Southern 1998 195.

[155] Trata-se de uma cerimónia litúrgica, pelo aparato (roupas, flores, incenso) e pelo ritmo da invocação, um eventual reflexo do culto imperial que se praticava nas províncias; Vide Rocca-Serra 1974 671-680; Wardle 2014 542-543.

muito tinha atingido proporções sobrenaturais. Independentemente dos métodos que usou, teve o mérito de transformar a política romana, que soçobrava entre as disputas dos poderosos aristocratas, em algo de mais coerente e unitário, com objetivos mais definidos. Conseguiu canalizar as motivações políticas e experiência dos mais poderosos para o serviço da missão romana. Augusto teve a fortuna de viver tempo suficiente para se transformar de facto em novo fundador, um dos construtores da civilização ocidental. Muito contribuiu para definir a identidade do Império Romano, as fronteiras e a síntese do legado clássico que está na base da identidade cultural, política e jurídica da Europa.

Tábua Cronológica

63 a.C. – Nascimento de Octávio
44 a.C. – Assassinato de Júlio César
43 a.C. – Primeiro consulado de Octávio. Formação do II triunvirato: Octávio, M. António e Lépido
42 a.C. – Batalha de Filipos: morte de Cássio e Bruto
40 a.C. – Acordo de Brundísio: M. António casa com Octávia
39 a.C. – Acordo de Miseno entre os triúnviros e Sexto Pompeio. Nascimento de Júlia
38 a.C. – Casamento de Octávio com Lívia Drusila
37 a.C. – Tratado de Tarento. Renovação do triunvirato
36 a.C. – Derrota de Sexto Pompeio. Lépido é afastado do poder
31 a.C. – Batalha de Áccio.
30 a.C. – Morte de António e Cleópatra. Anexação do Egito
28 a.C. – Octávio é intitulado *princeps*
27 a.C. – Primeira definição dos poderes. Octávio recebe o título de Augusto
23 a.C. – Segunda definição dos poderes. Recebe o poder tribunício para toda a vida. Morte de Marcelo
21 a.C. – Agripa casa com Júlia
17 a.C. – Augusto adota os dois filhos de Agripa e Júlia: Gaio e Lúcio. Jogos Seculares
13 a.C. – Morte de Lépido
12 a.C. – Augusto eleito Pontífice Máximo. Morte de Agripa
11 a.C. – Casamento de Tibério com Júlia
9 a.C. – Dedicação da *Ara Pacis*. Morte de Druso
6 a.C. – Tibério recebe a *tribunicia potestas* e retira-se para Rodes
2 a.C. – Augusto recebe o título de Pai da Pátria. Exílio de Júlia
2 d.C. – Morte de Lúcio. Retorno de Tibério a Roma
4 d.C. – Morte de Gaio. Tibério adota Germânico e Augusto adota Tibério e Agripa Póstumo
6 d.C. – Criação do *aerarium militare* e dos *uigiles*
7 d.C. – Exílio de Agripa Póstumo
8 d.C. – Exílio de Júlia, neta de Augusto, e de Ovídio
9 d.C. – Desastre de Teutoburgo: Quintílio Varo perde 3 legiões
13 d.C. – Tibério recebe poderes iguais aos de Augusto
14 d.C. – Morte de Augusto e aclamação de Tibério

Bibliografia

Béranger, J. (1953), *Recherches sur l'aspect idéologique du principat*. Basel: Friedrich Reinhardt.
Beard, M. (2016), *SPQR. Uma história de Roma Antiga*. Trad. portuguesa. Lisboa, Bertrand

Brandão, J. L. (2009), *Máscaras dos Césares. Teatro e moralidade nas Vidas suetonianas*. Coimbra, Coimbra University Press.
Brandão, J. L. (2014), "Páginas de Suetónio: a morte de Augusto ou o 'mimo da vida'", *Boletim de Estudos Clássicos* 59 61-73.
Brandão, J. L. - Leão, D. (2016), "Augusto em Suetónio" in R. Morais - M. Bandeira - M. J. Sousa, coords., *Celebração do Bimilenário de Augusto. Ad Nationes. Ethnous Kallaikon*. Braga 17-31.
Carter, J. M. (2003), *Suetonius: Divus Augustus*. Edited with Introduction and Commentary. Bristol, Bristol Classical Press.
Cary, E, *Dio's Roman History*. Vols. IV (1916), V-VI (1917), VII (1924). Cambridge MA, Harvard University Press.
Detweiler, R. (1970), "Historical perspectives on the death of Agrippa Postumus" *CJ* 65 289-295.
Eck, W. (1998), *The Age of Augustus*. Translated by Deborah Lucas Schneider. New material by Sarolta A. Takács (2003). Oxford, Blackwell.
Fornaro, P. (1988), "Una vita senza maschera, Suet. *Aug*. xcix, l", *CCC* 9 155-167.
Franco, C. (1989), "Il lungo sonno di Ottaviano", *Studi Classici e Orientali* 39 257-264.
Galinsky, K. (1996), *Augustan Culture. An interpretive Introduction*. Princeton. Princeton University Press.
Gascou, J. (1984), *Suétone historien*. Paris, De Boccard.
Goldsworthy, A. (2014), *Augustus. From Revolutionary to Emperor*. London, Weidenfeld & Nicolson
Grimal, P (1999), *O império Romano*. Trad. port. Lisboa, Edições 70.
Grimal, P. (1986), "Suétone historien dans la Vie d'Auguste", Rome. *La littérature et l'histoire* 2. Paris / Roma. École Française de Rome, II, 729-738.
Grimal, P. (1997), *O Século de Augusto*. Trad. port. Lisboa, Edições 70.
Hellegouarc'h, J. (1987), "Suétone et le principat d'après la *Vie* d'Auguste", *Filologia e forme letterarie. Studi offerti a F. della Corte*, Urbino, Quattro Venti, IV, 79-94.
Ihm, M. (1908), *C Suetoni Tranquilli Opera*, I: *De vita Caesarum: libri VIII*, recensuit, editio minor; Stuttgart et Lipsiae, Teubner (reimpr. de 1993).
Jackson, J. (1937), Tacitus. *The Annals*. Latin With an English Translation. Loeb Classical Library Ediction. Cambridge MA, Harvard University Press.
Jameson, S. 1975, "Augustus and Agrippa Postumus", *Historia* 24 287-314.
Jones, A. H. M. (1970), *Augustus*. London, Chatto & Windus.
Kessissoglu, A. I. (1988), "Mimus vitae", *Mnemosyne* 41 385-388.
Levick, B. (1972), "Abdication and Agrippa Postumus", *Historia* 21 674-697.
Levick, B. (1999), *Tiberius the Politician*. London / New York, Routledge.
Lorsch, R. S. (1997), "Augustus' conception and the heroic tradition", *Latomus* 56 790-799.
Lott, B. (2004), *The Neighborhoods of Augustan Rome*. Cambridge, Cambridge University Press.
Magnino, D. (1986), "Una testimonianza dall'autobiografia di Augusto?", *Athenaeum* 64 501-504.
Mantas, V. (2009) "Uma batalha há dois mil anos: Teutoburgo", *Boletim de Estudos Clássicos* 52 67-77.
Martin, R. (1955), "Tacitus and the death of Augustus", *CQ* 49 (5, new ser.) 123-128.
Martin, R. (1991), *Les douze Césars: du mythe à la réalité*. Paris. Les Belles Lettres.
Moatti, C. (2018), Res Publica. *Histoire romaine de la chose publique*. Paris, Fayard.
Montenegro Duque et al. (1983), *Manual de Historia Universal. Vol. IV. Roma*. Madrid, Nadjera.
Néraudau, J. P. (1996), *Auguste. La brique e le marbre*. Paris, Les Belles Lettres.
Paladini, M. L. (1954), "La morte di Agrippa Postumo e la congiura di Clemente", *Acme* 7 313-329.
Pelling, C. (2008), "The triumviral period" in A. Bowman, E. Champlin, & A. Lintott, *The Cambridge Ancient History*. Vol. X. *The Augustan Empire, 43 B.C—A.D. 69*. Cambridge, CUP 1-69.
Perrin, B. (1920), *Plutarch's Lives*. Vol. IX. *Demetrius and Antony. Pyrrhus and Gaius Marius*. With an English Translation. Loeb Classical Library edition. Cambridge MA, Harvard University Press.
Questa, C. (1959), "La morte di Augusto secondo Cassio Dione", *PP* 14 41-55.
Rocca-Serra, G. (1974), "Une formule cultuelle chez Suétone (*Divus Augustus*, 98,2)", *Mélanges de philosophie, de littérature et d'histoire ancienne offerts à P. Boyancé*. Rome, Palais Farnèse, 671-680.
Rodrigues, N. S. (2002), "O retrato de Augusto em Flávio Josefo", *De Augusto a Adriano. Actas de colóquio de Literatura Latina (Lisboa, 2000. Novembro 29-30)*, 89-102.
Roldán Hervás, J. M. (1995), *Historia de Roma*. Salamanca, Ediciones Universidad.

Rolfe, J. C. (1913-1914), *Suetonius*, I e II. The Loeb Classical Library (reimpr. de 1979) Cambridge (Mass.), Harvard University Press / London, Heinemann.
Salmon, E. T. (1956), "The evolution of Augustus' principate", *Historia* 5 456-478.
Scullard, H. H. (^{5}1982), *From the Gracchi to Nero*. London, Routledge.
Seager, R. (1972), *Tiberius*. London, Eyre Methuen.
Southern, P. (1998), *Augustus*. London/New York, Routledge.
Syme, R. (1974), "History or biography. The case of Tiberius Caesar", *Historia* 23 481-496.
Timonen, A. (1993), "Emperors *ars recusandi* in biographical narrative", *Arctos* 27 133-148.
Tompson, L. A. (1981), "The concept of purity of blood in Suetonius' life of Augustus", *MusAfr* 7 35-46.
Vasto, F. di (1985), "Il soprannome di Augusto e un'osservazione sull'itinerario di C. Ottavio", *PP* 40 39-40.
Wardle, D. (2012), "Suetonius on Augustus as god and man", *CQ* 62 307-326.
Wardle, D. (2014), *Suetonius*. Life of Augustus. Translated with introduction and historical Commentary. Oxford, OUP.

2. SOCIEDADE E CULTURA NA ÉPOCA DE AUGUSTO

Francisco Oliveira
Universidade de Coimbra
Centro de Estudos Clássicos e Humanísticos
ORCID: 0000-0003-4871-243X
foliveir@ci.uc.pt

Sumário: Para compreender a sociedade augustana são abordados os seguintes temas: a crise institucional e política; o alargamento da literacia em especial às mulheres; a evolução da moral sexual e das formas de relacionamento amoroso; os problemas demográficos e tentativas para os resolver; a questão do regime e sua legitimação, incluindo repressão e condicionamento da opinião (*lex maiestatis*); e as consequências psicológicas, sociológicas e literárias da evolução do otimismo augustano para um pessimismo visível numa reação literária anticlássica.

1. Introdução[1]

Mesmo quando juramos cautela, a compartimentação de épocas, tanto em literatura como em história, por vezes torna difícil perceber que muito daquilo que consideramos próprio de uma época não é mais do que o ponto de chegada ou a síntese de tendências, soluções ou problemas que têm uma já longa elaboração.

Por isso, uma súmula sobre a sociedade augustana não pode ignorar desenvolvimentos sociais e políticos cujas raízes se encontram na longínqua época das Guerras Púnicas — trate-se da crise institucional e política, do alargamento da literacia em especial às mulheres, da evolução da moral sexual e das

---

[1] Trabalho desenvolvido no âmbito do projeto UID/ELT/00196/2013, financiado pela FCT – Fundação para a Ciência e a Tecnologia, publicado em Oliveira 2010 e revisto para a presente edição integrada no Projeto *Rome our Home: (Auto)biographical Tradition and the Shaping of Identity(ies)* (PTDC/LLT-OUT/28431/2017).

formas de relacionamento amoroso, visíveis tanto no teatro como nos elegíacos, dos problemas demográficos e constrangimentos e tentativas para os resolver, da questão do regime e da sua legitimação, incluindo as formas de repressão e condicionamento da opinião, de que o célebre degredo de Ovídio seria um caso tão complexo, quão exemplar.

Aliás, dois dos grandes lemas dessa época, o regresso ao passado e a ficção republicana[2], justificam metodologicamente uma atenção a essas mesmas raízes.

2. A crise institucional e cívica de fins da República

A sociedade augustana é o resultado imediato da crise de finais da República, que se estendia da política à literatura, da filosofia ao quotidiano. E os romanos não ignoraram essa crise, pois tentaram encontrar respostas várias, em todos os campos onde ela se mostrava.

Lucrécio, apoiado na filosofia epicurista, propôs uma verdadeira rutura. Mas o ideal quietista da escola, mesmo condenando a ambição política, a guerra ofensiva e o expansionismo[3], não vai impedir a intervenção cívica, que deve cingir-se à defesa da pátria quando esta é ameaçada. No âmbito da política externa, este posicionamento afronta o cerne do belicismo e do imperialismo romanos. Quanto à política interna — a ser verdade que a invocação de Vénus Genetriz na abertura do *De rerum natura* de Lucrécio é um eco de simpatia cesarista, por oposição à Vénus *Victrix* cultuada pelos Pompeianos, e, apesar dos tratados epicuristas sobre a realeza, como o de Epicuro ou, mais provavelmente, o de Filodemo de Gádaros —, o apregoado quietismo da seita filosófica não impediu que um epicurista, Cássio, fosse um dos assassinos de Júlio César. Talvez pensasse que a pátria estava em perigo, o que legitimava tanto a intervenção política como o assassínio do tirano. Recorde-se cic. *Rep.* 2.46, sobre Lúcio Bruto e o derrube dos Tarquínios:

> Então um homem eminente pelo génio e pela virtude, Lúcio Bruto, afastou dos seus concidadãos aquele jugo injusto de uma dura servidão.

Também o poeta neotérico Catulo vai apresentar uma solução. Contra a severidade dos velhos que olham com desdém os novos costumes, contra os ideais de

---

[2] Bradley 1997 364, sobre Pompeu: "he wanted his appointments to appear constitutional"; Tac. *Ann.* 1.3.7, sobre Augusto: "Eram os mesmos os nomes das magistraturas"; 1.81.3: "propósitos pomposos em palavras, mas ocos ou enganadores quanto a factos, e quanto mais se cobriam com a aparência da liberdade, tanto mais desembocariam numa servidão bem funesta"; 4.19.4: "Era característico de Tibério cobrir crimes recém-inventados com palavras antigas".

[3] Ver passos como Lucr. 2.38 *gloria regni* 'a glória de reinar', com reinterpretação racionalista do mito de Sísifo em 3.995-1002; e, para o expansionismo, 1.29-30 "Faz com que, entretanto, as ferozes empresas militares por mares e terras se deixem aplacar"; e 2.13 *rerumque potiri* 'apoderar-se do poder'. Cf. Oliveira 2015.

participação política tradicionais, representados por oradores como Cícero, contra as ligações políticas baseadas no conceito de *amicitia* 'amizade', Catulo propõe um valor novo, o amor único e obsessivo, celebrado num pacto de amizade sensual. Com esta reformulação de conceitos, Catulo postula uma verdadeira revolução de valores e costumes, numa sociedade que não valorizava o amor-paixão como fundamento de uma ligação entre homem e mulher. Esta perspetiva vai ser continuada por elegíacos como Cornélio Galo, Tibulo e sobretudo Propércio, no contraponto da visão do amor em Lucrécio, Horácio e Ovídio (Oliveira, F. 2009). Todavia, tanto nos neotéricos como em Horácio, por escolha estética, a mensagem seria destinada a um público intelectual restrito.

Outra proposta de solução da crise foi a apresentada por Cícero, numa linha de pensamento que posso considerar restauracionista. Esta expressão é metafórica, como se depreende do prólogo do livro V do *Tratado da República*, e na prática tem algumas confluências com as ideias de Salústio e de Tito Lívio sobre os inconvenientes das lutas entre fações, sobre a necessidade de regeneração moral e de uma *concordia ordinum* 'concórdia entre ordens', ou seja, entre *equites* 'cavaleiros' e aristocracia conservadora (*boni*). Na sua visão moralista, Cícero tem consciência muito aguda de que os tempos não iam a favor dos valores republicanos, subvertidos por tentativas de poder pessoal e abusivo, como no caso do poder tribunício, por decadência de costumes, e em especial pelo desinteresse dos melhores em relação à participação política. O proémio do livro I afronta exatamente as variadas controvérsias e doutrinas que favoreciam o afastamento da ação política.

Uma delas é o já referido quietismo político implícito no ideal epicurista de *voluptas*, que concebe o prazer como critério de felicidade e que Cícero integra na sua argumentação, quando escreve (Cic. *Rep.* 1.1):

> Só quero tirar a seguinte conclusão: ao género humano foram dados pela natureza tanta necessidade de virtude e tanto amor ao bem-estar comum, que essa força venceu todos os atrativos do prazer e do ócio[4].

Cícero tem de confrontar-se também com os estoicos que identificavam virtude e saber, sábio e filósofo, mas que, com a sua teoria dos indiferentes, reduziam a política a participação virtual e hipotética em casos extremos, mas que dificilmente identificariam. Esses estoicos respaldavam-se num ideal contemplativo e intelectual que, na verdade, os levava a desdenhar o vulgo, isto é, a fugirem de se relacionar, na ação política, com os não sábios.

Mas Cícero, além de afrontar esses posicionamentos filosóficos que apelavam à inação ou confinavam a intervenção cívica a uma capacidade de agir meramente teórica, tem de esconjurar também a experiência prática daqueles que,

---

[4] A ideia é reforçada em Cic. *Rep.* 1.3, que concebe a ação política como fonte de prazer: "somos incitados a este prazer pelos estímulos da própria natureza".

afinal, na política só tinham encontrado ingratidão. Trata-se, aqui, de um registo verdadeiramente inglório —por vezes traduzido no tema do exílio —, sentido como verdadeira chaga que nem o cosmopolitismo cínico nem a teoria estoica dos indiferentes fariam sarar em almas tão arreigadas à urbe como a de Cícero[5] e a de Ovídio[6], ou mesmo a do Melibeu de Virgílio (*Ecl.*1). Nesse aspeto, todos caminhavam na senda dos neotéricos, urbanos e requintados, consagrando a grande característica da civilização romana, a cultura urbana[7].

Por esse motivo, no célebre *Sonho de Cipião*, que encerra o livro VI e o *Tratado da República*, numa verdadeira temática em anel, Cícero vê-se obrigado a reformular o conceito de glória para atrair os sábios e os melhores cidadãos à política ativa, e fá-lo prometendo-lhes a verdadeira imortalidade, aquela que colheriam quando, no momento estabelecido, a alma se libertasse do corpo e fosse recolhida entre os astros (Oliveira, F. 2010a).

Esta aposta final torna-se universalmente convincente, pois tanto satisfaz os políticos sem preocupações filosóficas como todos aqueles cujas doutrinas inquiriam sobre a justificação da ação política. Este registo sincrético abrange as tonalidades órfico-pitagórica, platónica e aristotélica, com reminiscências de todas as filosofias helenísticas, incluindo o cinismo, e de teorias científicas várias[8]. E esse mesmo sincretismo quadrava muito bem com a mentalidade prática e não especulativa romana, onde retórica e diatribe funcionavam como cadinhos amalgamadores. De resto, mesmo sob o ponto de vista linguístico, epicurismo e evemerismo encontravam na heroização ou divinização do filantropo e do bom governante uma imagem e uma conceção que lhes não repugnava (cf. Lucr. 5.1-21).

Mas a proposta de Cícero também se focaliza na figura do governante supremo, cuja panóplia de designações varia conforme a perspetiva — moral, económica, metafórica —, mas que, no plano da teoria política, provavelmente se reduzia a duas hipóteses, *princeps* 'príncipe' e *rector* 'regedor'. Por razões que não vou aqui explanar, penso que, no plano meramente teórico, o registo seria preferentemente *rector*[9]; no plano prático, admito que a hipótese *princeps*,

---

[5] Ver *Tratado da República*, em especial 1.5-6 e *Pro domo sua*.

[6] E.g. *Tr.* 4.10.113-114: não tem ouvintes; 5.12: estiola o engenho; e *Cartas do Ponto*.

[7] Citroni 2006 362 para os neotéricos; a diatribe cínica não considerava o exílio um mal (cf. Oltramare 1926 47, tese 19); o exilado Musónio Rufo exemplificou no fr.9 que o sábio é feliz onde quer que esteja, porque todo o mundo é sua pátria, ideia nos antípodas de Ovídio, que parece utilizar clichés tradicionais na literatura do exílio. A primazia da cultura urbana não impede por vezes uma saudade nostálgica do refúgio campestre (cf. Hor. *S.* 2.6 e em especial Tibulo, e.g. 2.3).

[8] Nesta questão, o ecletismo e o frouxo rigor científico vergam-se ao primado do objetivo ético: cf. Oliveira 2008a 280 n.422; Nicolet 1988 69-95, que acentua o carácter político da geografia entre os Romanos.

[9] Ov. *Tr.* 2.37-40: *genitorque deum rectorque ... patriae rector ... paterque* 'progenitor dos deuses e seu regedor ... regedor da pátria ... e pai'; *Met.* 15.858-860; Plin. *Nat.* 2.18, sobre Vespasiano; Tac. *Ann.* 3.59.6: a Druso, sucessor de Tibério, chamam *rectorem generis humani* 'regedor do género humano'.

que segundo alguns teria servido de matriz à titulatura dos imperadores romanos, também quadraria com os precedentes existentes (*princeps civitatis* 'príncipe da cidade', *princeps senatus* 'príncipe do senado')[10].
Por outro lado, o regime que se adivinha — onde um único detentor concentra o poder supremo, uma monocracia que só partilha algumas tarefas com um corregente quando tem em vista preparar um sucessor, ou hipotéticos sucessores —, necessita de estabelecer a sua própria legitimação e vai fazê-lo através da força das armas, da legalização de magistraturas extraordinárias (II Triunvirato), do assumir de poderes especiais ou magistraturas que garantem ascendente ou capacidades essenciais (*tribunicia potestas* 'poder tribunício', *cura annonae* 'curatela da anona sc. abastecimentos públicos', *praefectura morum* 'prefeitura dos costumes', consulado). Ora, neste caso, a manutenção da designação republicana não esconde a alteração das caraterísticas, em especial da anuidade e da colegialidade das magistraturas, antes disfarça a modificação do conteúdo e até o seu esvaziamento. Mas tudo isso tinha precedentes, desde Cipião Emiliano com o seu comando supremo entre 210 e 201, a Sila (ditador entre 82 e 80), a Pompeu (poderes extraordinários e sem base legal, cônsul único em 52), a Júlio César (*praefectura morum* em 46, *tribunicia potestas* em 45 e ditadura perpétua em 44)[11], sem que, durante um século, o senado tivesse conseguido impor-se a todos os arrivistas e ambiciosos que se sucederam.

Sidus Iulium, representado em denário de 36 a.C.,
©Wikimedia Commons

---

[10] Tac. *Ann.* 1.9.7, sobre Augusto: "Que todavia o Estado não estava organizado como reino ou sob uma ditadora, mas sob o nome de um príncipe"; 3.53.4: por comparação com edis, pretores ou cônsules, "ao príncipe era exigido algo maior e mais relevante". Nos *Anais*, Tácito reserva o termo *rector* para algo como precetor de um jovem príncipe (1.24: Sejano, de Druso; 3.48: Sulpício Quirino, de Gaio César); em 3.56.1-2 sobre a *tribunicia potestas* de Augusto, escreve: "Foi essa a expressão que Augusto encontrou para o poder supremo, para não assumir o título de rei ou de ditador".

[11] Suet. *Jul.* 76 desenvolve o caso dos poderes extraordinários de Júlio César.

Nesse novo regime, a necessidade de legitimação leva a reforçar ou criar um sistema global de propaganda que utiliza todos os canais possíveis para reforçar a mensagem, da arquitetura à numismática, da literatura à religião, da arte ao espetáculo[12], sem esquecer o culto imperial enquanto forma de lealdade entendida como exaltação de evergetas e benfeitores da humanidade, no sentido em que Lucrécio declarava Epicuro um deus e em que Cícero e Ovídio estabelecem um paralelo entre Júpiter e o governante máximo[13].

Este sistema de propaganda, que de qualquer forma tem antecedentes, em especial em Júlio César[14], vai assumir duas formas específicas: o histrionismo do poder e o mecenatismo literário.

Sobre o histrionismo do poder pretendo designar três realidades, e todas implicam a consciência de que o poder tem necessidade de contacto direto com as grandes massas. A primeira faceta é a da promoção de jogos, com o próprio imperador a aparecer como *editor*[15], substituindo nessa função edis e pretores. Augusto recorda nos seus *Feitos* essa realidade, que mesmo o imperador Tibério, pela generalidade das fontes considerado severo e pouco sociável e afável (Plin. *Nat.* 35.20), não deixou de incentivar[16].

A segunda implica a construção de recintos e locais adequados. Na ótica da vida quotidiana, a inauguração do primeiro teatro permanente, o de Pompeu, logo seguido de outros, como o de Marcelo e o de Balbo, forneceu espaços

---

[12] Uma boa perspetiva geral sobre a arte como veículo da propaganda augustana pode encontrar--se em Zanker 1992, mas até nesse domínio é muito útil o livro de Galinsky 1996.

[13] Lucr. 5.1-54; já o Salsicheiro de Aristófanes surge como numa teofania para salvar a pólis (*Eq.* 146-149 *soter* ... *phaneis* 'revelando-se ... como um salvador'); o próprio Augusto, que tão bem soube aproveitar o aparecimento de um cometa, o *Sidus Iulium* (cf. Verg. *Ecl.* 9.47-49) em favor da divinização do seu pai adotivo, em privado faria uma interpretação muito mais racionalista (Plin. *Nat.* 2.93-94; Suet. *Jul.* 88 *persuasione vulgi* 'por crença do vulgo'; Oliveira 1992 250-251 n.417 e 2016 47-48). Ver eventuais referências astrológicas e ideia de apoteose em Verg. *Ecl.* 4 e 5; Hor. *Ep.* 16.

[14] Já nomeado ditador por 10 anos, César deixa-se eleger cônsul em 46 e 45, e, novidade absoluta no mundo romano para um líder em vida, em 44 permite que a sua efígie apareça em moedas (cf. Galinsky 1996 31). A importância da religião para a organização do Estado foi bem entendida tanto por Júlio César, o reorganizador do calendário a quem Varrão dedica as *Antiquitates* 'Antiguidades', como por Augusto, que bem o testemunha nas *Res Gestae*, e.g. *Anc.* 19, 21 e 24; recorde-se a importância do seu Sumo Pontificado.

[15] Cf. *Anc.* 20.1 (restauro do Teatro de Pompeu), 21.1 (Teatro de Marcelo), 22-23 (jogos vários, incluindo naumaquias).

[16] Segundo Plin. *Nat.* 34.62, Tibério foi pressionado no teatro, pelo clamor do povo, a restituir uma estátua de Lisipo, o Apoxiómeno; Tac. *Ann.* 4.2.4: Tibério recebe o epíteto *facilis* 'sociável', relacionado com teatro (cf. 3.72, onde a comitas ou afabilidade é atribuída a Germânico); em 1.54 apresenta alguma condescendência perante dissensões entre atores, mas só o fazia por fingimento, para não romper uma tradição de tolerância herdada de Augusto, e mesmo neste caso por atenção aos gostos de Mecenas; 1.76, Tibério não assiste a jogos de gladiadores presididos por Druso, fosse por desprazer por multidões, fosse para não suscitar manifestações do público ou dos atores e suas claques, como as relatadas no § seguinte; Suet. *Tib.* 34 (regulamenta mas não proíbe).

vocacionados para pontos de encontro galantes que são dos lugares preferidos por Ovídio para conquistas amorosas[17]. E é essa mesma realidade que permite a Ovídio responder à objeção dos que acusam a sua *Arte de Amar* por convidar ao vício (*Tr.* 2.277), com uma conclusão surpreendente: a ser assim, Augusto teria que arrasar os lugares de encontro, a começar pelos teatros (*Tr.* 2.280; 2.313 ss.)! E, respondendo a outra acusação, se a *Arte de Amar* promove o deletério ou *nimia lascivia* 'excessiva lascívia' (2.509 ss.), que dizer da política augustana, que consente jogos, inclusive com mimos a representar cenas de adultério e com donzelas, matronas e crianças na assistência, perante a passividade do imperador (*Tr.* 2.514)?!

A terceira refere-se tanto ao ambiente teatral e de simulação que regulava as relações na corte imperial, como tão bem se anota nos *Anais* de Tácito, em especial no tocante a Tibério, como ao facto de o imperador não desdenhar apresentar-se ele próprio como atleta, artista ou ator, como Calígula e Nero[18]. No aspeto sociológico, esta realidade permitiu a Paul Veyne 1976 defender que os jogos contribuíam para a apolitização das massas. Com tal afirmação, parece esquecer que tais espetáculos suscitavam importantes movimentos de oposição ao poder ou, pelo menos, funcionaram como barómetro de popularidade. Assim, tanto no consulado de Júlio César em 59 a.C., como em 57 a.C., quando alusões ao exílio de Cícero se transformaram em manifestações a favor do seu regresso, contra a vontade de Clódio (Cic. *Sest.* 115-132), em 57 e 55 a.C. com manifestações relacionadas com Pompeu[19], como no final da ditadura de Júlio César (Suet. *Jul.* 80.4), no reinado de Augusto, quando os manifestantes gritaram contra as leis sobre o casamento (Suet. *Aug.* 34.3), ou no de Tibério, obrigado por constantes reclamações do povo no teatro a restituir uma estatueta que o imperador desviara para uso privado, exatamente o Apoxiómeno de Lisipo (Plin. *Nat.* 34.62).

Quanto ao mecenatismo, fenómeno extremamente estudado e nem por isso menos controverso, trata-se de um movimento de proteção aos intelectuais que se afirma quando se pretende reenquadrar ou retomar a "tradição da literatura dirigida à comunidade política", cuja ligação fora subvertida pelos neotéricos, poetas no geral ricos e podendo descartar protetores[20]. Torna-se evidente que

---

[17] Ov. *Ars* 1.89-100; *Rem.* 751-756 (não frequentar o teatro é um remédio contra o amor).

[18] Para Calígula, ver Suet. *Cal.* 32.5 (treina-se com um gladiador mirmilão), 54 (suas exibições em espetáculos vários); para Nero, abone-se com Suet. *Nero* 10.5, 11, 20-25, 49 (célebre exclamação *Qualis artifex pereo*! 'Que grande artista morre comigo!').

[19] Segundo Cic. *Att.* 2.19.3, no ano de 59 a.C., apesar de manipular *contiones* 'reuniões e assembleias informais' e *comitia* 'comícios, assembleias', César, mal acolhido no teatro, reage com desagrado, escrevendo a Pompeu, também ele visado; segundo Lucano, 7.9-12, na noite anterior à batalha de Farsalo, Pompeu sonha com os aplausos recebidos no teatro. Sobre as manifestações e sua eficácia, ver Oliveira 1993.

[20] Citação de Citroni 2006 256-257. Sobre o estatuto social dos neotéricos, cf. Griffin 1985 116. A nível institucional, o precedente está na proteção do Estado romano a Lívio Andronico e à corporação dos

os mecenas procuravam fomentar nos seus protegidos manifestações consentâneas com os seus gostos e ideais; mas também é certo que isso não impediu recusas ou escusas (*recusatio*), ou concretizou-se em meros apontamentos ocasionais[21], e que, em última instância, o protegido tinha a faculdade de mudar de protetor. É o caso de Virgílio e de Horácio, que transitam do círculo de Polião para o de Mecenas, tendo Asínio Polião e Messala uma sensibilidade menos empenhada em relação ao novo regime[22].

No caso de escritores sem desafogo económico, a questão tem a ver com a inexistência de quadro legal que permitisse a um escritor receber direitos de autor, tornando-o dependente do apreço, da boa vontade e das benesses dos grandes[23].

Mas não se pode entender mecenatismo, e refiro-me diretamente ao caso de Mecenas, como puro policiamento e condicionamento da arte, pois que, ao aceitar determinado mecenas, qualquer artista ou literato romano sabia que ia estabelecer relações de clientela, desde os mais remotos tempos republicanos reguladas por deveres e direitos mútuos, em especial a troca de serviços e apoios[24]. Assim, ao integrar determinado círculo, o artista automaticamente fazia a sua opção ideológica, uma opção consequentemente não imposta, mas consentida e consciente. O caso é tanto mais interessante quanto Virgílio, o cantor dos valores nacionais e da nova ordem nas *Geórgicas* — com homenagens a Octávio e a Mecenas estrategicamente colocadas ao longo da obra, desde a abertura ao fecho —, o cantor da gesta romana e da *gens Iulia* na *Eneida*, fora amigo de Asínio Polião e de Cornélio Galo[25]. Por sua vez, em Horácio, o poeta do *Carmen Saeculare*, perpassa tanto a ideologia augustana (proteção de Febo Apolo, aproximação de Augusto à divindade, otimismo da nova idade do ouro, virtudes do bom governante) como especificamente a ideologia do Principado (imagem do governante como médico, com os registos linguísticos inerentes, como *fessus* 'esgotado, cansado', *salutaris* 'salutar'), e em composições como o *Epodo 9*, as

---

escribas; a nível privado, na colocação da estátua de Énio no túmulo dos Cipiões e no próprio Círculo dos Cipiões; ver *entourage* de letrados de grandes personagens como Sila e Quinto Lutácio Cátulo.

[21] Hor. *Epod.* 14; *Carm.* 1.6 e 12, 4.15 e S. 2.1.10-20; genericamente, a opção neotérica pela poesia menor implica a recusa dos géneros maiores; Propércio, e.g. 2.1, 3.1, 4.1, irá nobilitar a poesia erótica, em consonância com a valorização que faz do amor como opção vivencial. Tal não o impediu de ocasionalmente cantar Augusto e um tema tão significativo como a batalha de Áccio; cf. Cairns 1984 129-168.

[22] Prop. 3.9.47-60: apesar da *recusatio* da épica, Propércio anuncia alguns temas patrióticos que tratará no livro IV, desde que Mecenas lhe manifeste o seu agrado; cf. Gil 1985 133.

[23] Habinek 1998 106, recorda tanto o pouco dinheiro pela venda dos livros como as queixas de Juvenal em relação às benesses recebidas dos protetores.

[24] Para a inclusão do mecenatismo nas relações de clientela, ver Saller 1982 7-39 e, em geral, Galinsky 1996 225-287 e 245 ("The poets had their own minds").

[25] Recorde-se a hipótese de as *Geórgicas* terminarem com um elogio de Cornélio Galo, depois da sua queda política substituído pelo episódio de Aristeu e Orfeu; cf. Griffin 1985 180-182.

Odes Cívicas e em especial as *Odes Romanas*[26]. Ora esse mesmo Horácio lutara em Filipos, em 42 a.c., do lado republicano[27]. Por outro lado, o mecenatismo terá correspondido essencialmente a uma primeira fase do período augustano, aquela em que a memória das guerras civis era ainda muito viva e experienciada pelos intelectuais em causa, em especial Virgílio e Horácio. Num segundo momento, depois da consolidação desse processo e já sem a memória direta dessa fase conturbada e traumática, e particularmente após algum afastamento e a morte de Mecenas[28], o próprio regime poderá ter enveredado por uma atitude de censura e até de rigor em relação aos intelectuais que gravitavam em torno de Valério Messala Corvino, como o elegíaco Ovídio em 8 d.C., o historiador Tito Labieno em 12 d.C., o orador Cássio Severo entre 8 e 12 d.C.[29]. Consolidado o regime, talvez os próprios literatos sentissem menos necessidade de o celebrarem ou entendessem que era tempo de dar voz a outras realidades sociais, o que justificaria atitudes como as de Horácio, o qual "só se tornou poeta lírico depois de Áccio" (Citroni 2006 522; cf. 439-440).

O próprio Ovídio, sendo de família equestre e por isso economicamente independente[30], mesmo na sua temática amorosa condena o amor-paixão e, de acordo com a moral tradicional, apresenta exemplos de harmonia conjugal[31]. Neste aspeto, o relato da partida de Ovídio para o desterro, com a consequente despedida da esposa, na elegia *Tr.* 1.3, é uma soberba proclamação de um exemplo do amor conjugal romano, o do próprio Ovídio e de Fábia, na qual a realidade romana se entrecruza com os motivos da amante elegíaca, das heroínas épicas e trágicas, numa linha de continuidade que liga, na exaltação

---

[26] *Hor. Carm.* 3.1-6 (em especial sobre a primeira, ver Woodman 1984 83-94); cf. 4. 5 e 15.

[27] *Hor. Carm.* 2.7. Veja-se DuQuesnay 1984 57: "after Philippi, Horace changed sides. He joined Maecenas and that means that he committed himself to support of the Triumvirs and of Octavian".

[28] Refiro-me aos anos 23/22 e 8 a.C.; cf. Tac. *Ann.* 3.30; Suet. *Aug.* 66.6.

[29] Ver Cizec 2008 140-142, para quem Cremúcio Cordo foi vítima do ódio de Sejano; Citroni 2006 642-643. Em relação a Cássio Severo (cf. infra n.99), diz Tac. *Ann.* 1.72 que, por iniciativa de Augusto, ele foi a primeira vítima de uma interpretação abusiva da antiga *lex maiestatis*, sendo condenado ao exílio, provavelmente em 8 d.C., por ter escrito libelos difamatórios contra particulares. Quanto a Labieno, cujos escritos não seriam libelos, mas teriam dignidade literária, vendo os seus livros queimados, encerrou-se no túmulo, onde se deixou finar. Ver Gil 1985 139-140.

[30] Para a independência de autores de origem equestre ou aristocrática, como o mimógrafo Labério, Varrão, Ático e os poetas neotéricos, cf. Citroni 2006 356-357. Parece que devemos enquadrar aqui figuras tão relevantes como Messala, Asínio Polião, Salústio e Tito Lívio.

[31] Catul. 61 e 68.73-76 (Protesilau e Laodamia); Cic. *Att.* 1.18.1 e *Fam.* 14.1; Tib. 2.2; Prop. 1.15 e 2.9 (exemplos mitológicos), 3.12 e 4.3.49: "todo o amor é grande, mas é maior o amor às claras por um cônjuge"; Ov. *Am.* 3.13; *Ars* 3.15ss.; *Tr.* 3.3 à sua excelente esposa (*optima coniunx*); *Met.* 8, e.g 631ss. (caso de Filémon e Báucis); Tac. *Ann.* 1.33: Agripina caracterizada por *castitate et mariti amore* 'pela castidade e amor ao marido'; 1.41.3: por *praeclara pudicitia* 'por uma preclara castidade'; 3.33-34: discurso de Valério Messalino e de Druso contra a proposta de impedir os governadores de província de levarem as esposas no séquito. Para exemplos de amor conjugal e adultério em Ovídio, ver Frécaut 1972 232 e, no geral, Griffin 1985 112 ss., em esp. 141 n.95.

do *amor socialis* 'amor conjugal', a Aretusa de Propércio às protagonistas das *Heroides*, em especial Laodamia³².
Para além de supor a ideia de um governante único para o corpo do império (cf. *Tr.* 2.231-234), Ovídio também apresenta consonâncias frequentes com os lemas da política augustana³³, particularmente na primeira versão dos *Fastos*, anterior ao exílio e dedicada a César Augusto, conforme o próprio autor confessa em *Tr.* 2.549-553, onde a afirmação da religião como *instrumentum regni* 'instrumento de poder' contraria a mensagem lucreciana e se aproxima do movimento restauracionista religioso de Augusto³⁴, cuja divinização é referida no final de *Fastos*³⁵ e cantada no fecho das *Metamorfoses* (15.745-870), onde, sob a tutela de Vénus e em ligação com a lenda troiana (cf. *Fast.* 4.120-124), o *sidus Iulium* assinala a divinização de Júlio César e a futura apoteose de Augusto, sem que se possa em qualquer desses momentos encontrar sinal de insinceridade. Daí afirmar Galinsky: "It makes no sense to call him anti-Augustan or un-Augustan; in a way, he is the truest product of the Augustus age"³⁶.
Note-se ainda que até no registo linguístico e concetual Ovídio compreendeu a essência do regime augustano: assim, em *Fast.* 1.282, o tema do encerramento das portas do Templo de Jano (*Caesareoque diu numine clausus ero*); em *Fast.* 1.617-636, a exaltação e justificação do cognome de *Augustus*, partilhado com Júpiter³⁷; em *Fast.* 1.709-724, o tema da Paz simbolizado pelo Altar da Paz ou *Ara Pacis*; em *Fast.* 5.545 ss., a referência ao Templo de Marte Vingador e à recuperação dos estandartes perdidos por Crasso frente aos Partos; em *Fast.* 2.119-142, a analogia entre Júpiter e Augusto, explorada a favor deste, com ênfase no título de *pater patriae* 'Pai da Pátria' e de *princeps* 'Príncipe', por oposição a *dominus* 'Senhor' (Ov. *Tr.* 2.39 e 181). Deste modo Ovídio perfilha

---

³² Prop. 4.3, carta da esposa Aretusa ao marido Licotas, ao gosto das *Heroides* de Ovídio; Ov. *Ep.* 13 (Laodamia e Protesilau), *Tr.* 4.3 (Fábia como esposa fiel e amante elegíaca), 5.14.28 e 36; *Met.* 7.800; *Pont.* 3.1.73 e 105 ss.; cf. Fedeli 2008, esp. 109-110 n.78.

³³ Ov. *Tr.* 2.61-64 afirma que os seus livros estão cheios de elogios de Augusto, tanto os que foram objeto de reprovação passada como os que se anunciam para as *Metamorfoses* (*Tr.* 2.555-562), que receberam inspiração do mesmo Augusto, a quem dedicara os *Fastos* (*Tr.* 2.547-552; em 14 d.C., em nova edição, a dedicatória passa para Germânico). Independentemente da discussão sobre a natureza da *adulatio* 'adulação, lisonja' ou até sobre alguma ironia, certo é que o mesmo Ovídio dirá que Augusto estaria pronto a perdoar (*Pont.* 4.6.13-16), como escreve Luisi 2008 37 ("Lo stesso Ovidio ebbe sentore del perdono di Augusto"), relacionando com a hipotética reaproximação de Augusto a Agripa Póstumo nos anos 7 e 8 d.C., promovida por Quinto Fábio Máximo (cf. Plin. *Nat.* 7.150; Tac. *Ann.* 1.5; D. C. 56.30).

³⁴ *Fast.* 3.420 sobre a importância do título de Pontífice: "aos títulos foi acrescentada a honra do Pontificado".

³⁵ *Fast.* 4.954, que associa Febo, Vesta e Augusto: "uma casa única alberga três deuses eternos".

³⁶ Galinsky 1996 228. McKeown 1984 187, referindo-se aos *Fastos*, fala em "inability to accomodate such passages to the general spirit of the poem".

³⁷ *Fast.* 1.587 ss. sobre os títulos do imperador, em esp. 608: "ele partilha o título com o supremo Júpiter" (sc. *Augustus*).

uma visão republicana e benévola do poder de Augusto, na linha do que Cícero escreve em *Rep.* 1.64 seguindo Énio e tendo Rómulo como paralelo:

> Não chamavam 'donos' nem 'senhores' àqueles a quem haviam obedecido, de acordo com a justiça, enfim nem sequer 'reis', mas 'guardiões da pátria', mas 'pais', mas 'deuses'.

Gera-se mesmo a ideia de um vicariato de Júpiter[38], igualmente em paralelo com o preceituado em Cícero para o governante ideal, o qual recebeu a missão de "zelar por aquele globo que vês no meio deste templo e que se chama Terra"[39]. Em suma, como escreve J.-P. Martin (2006-2008 88), "Ovide a réalisé là le travail de compréhension le plus précis qui ait jamais été fait de la pensée et des désirs d'Auguste".

De resto, os amores galantes e sem compromisso afetivo que Ovídio apresenta em *Amores*, *Arte de Amar* e *Remédios de Amor*[40], têm por objeto uma *amica* 'amiga, amante', *meretrix* 'meretriz, cortesã', ou *puella* 'jovem, donzela', cuja caraterística básica é a infidelidade ou a partilha do seu amor, caraterísticas da *meretrix* já retratadas no teatro plautino e terenciano. Desse modo, dificilmente podiam ser ofensivos da moral[41], tradicionalmente tolerante com esses amores desde que

---

[38] Em *Tr.* 2.54-55 refere-se-lhe como *deus* 'deus' e *vir maxime* 'o maior dos homens' onde *deus* é, portanto, elogio hiperbólico na linha do evemerismo, a exemplo de Verg. *Ecl.* 1.6-8 (*deus*) vs 1.42 (*illum ... iuvenem* 'aquele ... jovem'), como observa Ramage 1987 100 n.243. Para a apoteose de Augusto, cf. Hor. *Ep.* 1.17.33-35 (alusão) e, para o vicariato de Júpiter, *Carm.* 1.12; Plin. *Nat.* 27.3 em relação ao Império Romano.

[39] Cic. *Rep.* 6.13-15, em conjugação com 1.50 e 56; cf. Oliveira 2008a 254 n.115 e 2011 23; Hor. *Carm.* 1.12 e 3.5; Ov. *Tr.* 2.33-40 e *Fast.* 2.131-132.

[40] Frécaut 1972 230: "Ovide annonce dès l'abord son dessein qui est d'étudier uniquement la technique des liaisons galantes, d'en dégager des règles qui serviront à l'édification des libertins; sans doute, il délimite clairement son champ d'observation d'où il veut bannir tout ce qui se rapporte au mariage, à la famille, à l'adultère". Opinião contrária tem Boyd 1997 16: "Ovid uses the normally conservative role of didactic poet to challenge and subvert the moralizing legislation characteristics of Augustus' reign ... cause of eventual exile". Por outro lado, a condenação da poesia erótica em *Rem.* 757-766 é justamente feita no quadro da cura do amor-paixão, que em Verg. *Ecl.*10 aparece sem remédio. Ver infra n.70.

[41] Especificamente em relação à *Ars* e em resposta aos seus detratores, que pelos vistos eram antigos (cf. Ov. *Rem.* 361-398), o próprio Ovídio abona com uma autocitação de *Ars* 1.51-54, afirmando que o imperador "não encontraria nenhum motivo de acusação na minha *Arte de Amar* ... nada contrário às leis ... nada para além das escapadelas consentidas" (*Tr.* 2.239 ss.; cf. *Pont.* 3.3.69). Nos v.305-306 escreve: "E para longe da minha *Arte de Amar*, escrita somente para meretrizes, logo a primeira página afasta mãos bem nascidas". O problema era essencialmente ideológico: a *levitas* 'leveza, leviandade' e o *otium* 'ócio, lazer' neotéricos — e Ovídio insiste no carácter de devaneio e jogo, com frequência irónico, da sua poesia erótica, tal como o seu epitáfio quadraria com a epígrafe "CANTOR DE TERNOS AMORES", de acordo com *Tr.* 3.3.73-75, cf. 4.10.1 —, contradiziam a *gravitas* 'gravidade', a *severitas* 'severidade' e o *onus* 'ónus' ou *pondus* 'peso' tradicionais (Ov. *Tr.* 2.213 ss.). Apesar disso, mesmo na elegia por vezes ocorrem tonalidades épicas (cf. Tib. 1.7, a Messala) e os elegíacos ocasionalmente avançam para estilos mais elevados, como na narrativa das *Metamorfoses*, concebida como uma alternativa à *Eneida*, no dizer de Galinsky 1996 262.

não estivesse em causa o património familiar, a reputação ou o cumprimento dos deveres cívicos[42]. É essa logo a afirmação inicial da *Arte de Amar*, onde, consciente de ausência de algo ilícito ou de contrário à ideologia augustana, afirma que o seu livro não se destina nem a donzelas honradas nem a castas matronas, as que usavam fitas (*vittae*) e toga ou túnica comprida (*instita longa*), nem canta amores adúlteros, que, pelos perigos de castigo inerentes, não eram seguros (*Ars* 1.31-34):

> Mantenham-se longe, ó delicadas fitas do cabelo, insígnia do pudor,
> e tu, ó larga toga, que desces até meio das pernas.
> Nós vamos cantar uma Vénus segura e escapadelas consentidas,
> e no meu canto não haverá qualquer motivo de acusação.

E não me parece fácil contestar que, sob o ponto de vista da temática amorosa, Ovídio não diz nada que não tivesse já sido dito por neotéricos e elegíacos, herdeiros da poesia alexandrina e da Antologia Palatina, e de forma muito mais ofensiva para a ideologia augustana[43], ou mesmo que não estivesse já delineado na comédia nova, na comédia latina[44], na sátira de Lucílio, em Lucrécio e Horácio (Oliveira, F. 2009).

E até mais do que nos precedentes literários, o tema dos amores galantes fazia parte da vida quotidiana, que convivia com profusa iconografia de exemplos de amores ligeiros reminiscentes da mitologia, do drama, da épica, da pintura e da escultura[45].

3. Alargamento da cultura. Literacia feminina

Uma das grandes características do final da República e início do Principado é uma verdadeira explosão da divulgação da cultura e da literacia, que, sendo comprovada inclusive com a descoberta de bibliotecas em campos militares, do

---

[42] Cf. Ov. *Fast.* 4.133-164, sobre Vénus *Verticordia*, a que muda os corações; Cic. *Cael.* 28, 42-43, 48 ss.

[43] Ov. *Tr.* 2.361: "Enfim, não fui o único a cantar ternos amores". Neste ponto, concordo com Habinek1998 155-156: a auto-defesa de Ovídio oferece a Augusto uma oportunidade para alterar o castigo.

[44] O próprio Ovídio o recorda em *Tr.* 2.369: "Não há comédia do popular Menandro despojada de temática amorosa, / e ele é correntemente lido por rapazes e donzelas". A relação entre comédia, e mesmo tragédia, e elegia está bem documentada em Griffin 1985 203-210, e cito p.207: "These ressemblances between Comedy and Elegy are more than verbal echoes. They relate to central ideas and attitudes of the genre".

[45] Cf. Pl. *As.* 174-175: figura da meretriz em escultura e pintura; Ter. *Eu.* 583-589: contemplação de pintura de Júpiter e Dânae prepara o estupro (cf. Prop. 2.32.59-60 e Griffin 1985 139: "a woman taking money"); carme 64 de Catulo (bodas de Peleu e Tétis, com écfrase de pintura do mito de Teseu e Ariadne a ilustrar os perigos do adultério); Prop. 2.6.27 ss., sobre pintura erótica de paredes; Ov. *Met.* 10.242-297: estátua feita por Pigmalião ('womanufacture', como escreve Wyke 2002 161-163); *Tr.* 2.420, 521-528: pintura erótica exposta em público e em privado; cf. Plin. *Nat.* 35.17-18, 70 e 72; 36.22 e, para as artes decorativas, 14.140: "vasos gravados com adultérios", e 33.4: "O estímulo dos vícios fez crescer até a arte: tornou-se moda gravar motivos libidinosos em taças e beber por obscenidades".

Eufrates à Britânia[46], se estende de modo especial ao público feminino e fornece uma explicação sociológica para o facto de a mulher se ter tornado fonte de inspiração na elegia amorosa[47].

No caso da cultura feminina, os precedentes explícitos não são muitos, mas existem, com registos em Lucílio, em Terêncio, no epitáfio de Cornélia mãe dos Gracos, do séc. II a.C. ("aprazível a sua fala")[48].

Sendo certo que a poesia neotérica supõe um círculo literário restrito onde a mulher era elemento ativo, todavia, a obra de Ovídio é, nesse aspeto, a mais clara afirmação da importância dos novos públicos, não pela inexistência de precedentes isolados de voz feminina[49], mas por um conjunto de fatores explícitos que claramente lhe permitem definir um público-alvo feminino e generalizado: a dedicatória do livro III da *Arte de Amar*; o facto de o destinatário implícito de *Remédios de Amor* ser também feminino; o surgimento de uma literatura com voz e pontos de vista femininos nas *Heroides*[50]. E é extremamente sintomático que Ovídio tenha consciência desta realidade sociológica irreversível quando se defende dos detratores que, embora concedendo que o público de Ovídio não são as matronas, o acusam de permitir que estas aprendam as malas artes dos amores lascivos junto daquelas a quem o livro é destinado. Contrapõe ele que isso seria supor que uma matrona ficaria impedida de ler o que quer que fosse (v.265: 'motivo de acusação, qualquer livro o tem'), pois nos mais insuspeitos autores, como Énio, iria encontrar histórias de devassidão[51].

Sendo este o exemplo sociologicamente mais relevante dos novos públicos, não é de menos importância a feitura das obras em função de um público de não especialistas, o que supõe uma vertente de divulgação que encontramos em

---

[46] Habinek 1998 118. A inscriçao de Vipasca é também elucidativa.

[47] Cf. Prop. 2.1.4: é a amada que dá inspiração; Griffin 1985 54-55.

[48] Sobre a cultura feminina, em especial da matrona de classe elevada, ver Hemelrijk 1999.

[49] Sobre o círculo catuliano, cf. Citroni 2006 347. Recordem-se a poesia neotérica das filhas de Hortênsio e de Cornifício (Citroni 2006 356); a Semprónia de Sal. *Cat.* 25 (*posse versus facere*); a *saphica puella* de Catul. 35; o epitáfio de Cornélia em Prop. 4.11; a carta de Aretusa a Licotas em 4 3; a poesia de Sulpícia (Tib. 3 8-18). Em relação à maioria destas vozes femininas, poesia de autoria masculina, Habinek 1998 122 ss., e.g. 130, usa a expressão 'ventriloquism' para se referir à inexistência de expressão oral feminina e de falta de visibilidade social própria (casos das *Heroides* de Ovídio e da Élia Gala de Prop. 3.12); uma perspetiva feminista encontra-se em Wyke 2002, esp. 155-191.

[50] Prop. 2.13.11-12: "Que o meu prazer seja recitar versos no regaço de uma jovem culta, / e ver os meus poemas aprovados pelos seus ouvidos sinceros"; 2.24.22; 3.3.19: "se uma multidão de donzelas aprecia os meus versos?"; cf. Ov. *Tr.* 2.435-436: referência a Perila, um caso bem destacado; Habinek 1998 134-136, na p.124 observa que, no geral, "learned women are not in turn authors".

[51] Ov. *Tr.* 2.253-264; em *Pont.* 3.3.49-69, Amor atesta que não ensinou adultérios a matronas; cf. Tib. 3.1.7-8, atribuído a Lígdamo: "As formosas seduzem-se com um poema, as avaras com o pagamento". Todavia, o argumento é essencialmente formal; cf. Hemelrijk 1999 80: "the type of the *docta puella* poetry adored in love poetry may have inspired some upper-class women to follow their example in certain respects". A meu ver, está aqui implícito o receio de confusão entre matrona e *meretrix*; cf. Wyke 2002 35 para a conexão entre amante elegíaca e mulher augustana e 113-114, sobre a Cíntia e a Aretusa de Propércio; e Oliveira 2009.

Cícero, com a escolha do diálogo como forma de cativar público vasto em obras como *Tusculanae, de senectute, de amicitia*; no Horácio das *Sátiras*; em Varrão, no *de vita populi Romani* e nas *Sátiras Menipeias*; em Tito Lívio; em Higino; em Germânico e em Plínio o Antigo, que escreve:

> Existe, além disso, um generalizado repúdio pelos mais eruditos. Usa-o até Marco Túlio, que está acima de qualquer suspeita quanto ao seu talento, e, para nossa maior admiração, defende-se com um advogado: Não é para os mais doutos. † Eu não quero Mânio Pérsio a ler isto; quero Júnio Congo. Ora se Lucílio entendeu falar assim ...[52].

Tal alargamento torna possível a decisão de Ovídio de não dedicar a sua obra a um destinatário individualizado, mas ao público em geral, indeterminado e vasto.

No final da República, o interesse pela cultura alarga-se extraordinariamente e abrange campos que vão da pintura à geografia e etnografia e se espelham em excursos astronómicos, geográficos e etnográficos de autores tão diversos como Cícero, Salústio, Júlio César, Ovídio, Séneca[53] ou Tácito, e em domínios tão variados como os *exempla* retóricos, os *mirabilia*, a mitologia, a botânica, a astrologia e a zoologia, assumindo uma vertente unificadora no enciclopedismo de Varrão e de Plínio o Antigo.

O incremento da cultura era de tal modo forte que Roma se sente guindada à condição de centro cultural, ideia a que Cícero dá voz no *Discurso em Defesa do Poeta Árquias*, ao atribuir a Roma a capacidade de exercer uma arbitragem ou julgamento sobre o talento (*ingenii arbitrium / iudicium*), isto é, de valorar, premiar e consagrar a qualidade artística, destinando à imortalidade o poeta que, ao celebrar Roma, também a destinara à perenidade[54]. É esta a essência do discurso, que sintomática e coerentemente desvaloriza o caso jurídico em apreço.

É também revelador que a própria anomia de algumas ordens sociais, incluindo a dos *equites* — que se virá a transformar numa elite funcional fortemente empenhada na produção intelectual e na promoção da cultura —, gerará um desenvolvimento cultural de extrema amplitude, que se traduz na exposição pública e privada de obras de arte, mapas arquitetónicos, leituras públicas com respetivos auditórios, bibliotecas públicas — como a projetada por César e Varrão e depois aberta por Asínio Polião no templo de Apolo no Palatino, em 28 a.C., a suceder às bibliotecas privadas ou semi-públicas anteriormente existentes, como a de Luculo, cenário dos livros III e IV do *de finibus* de Cícero —, e se alarga à movimentação editorial implícita tanto nos *Paedagogia* de Ático como nas sucessivas reedições de Ovídio. Recordem-se

---

[52] Ver Cic. *Rep.* 1. fr.1c = Plin. *Nat. pr.* 7: a procura de destinatários que não são "os mais doutos" liga sintomaticamente Lucílio a Cícero e Plínio o Antigo.

[53] Para citar um único exemplo, veja-se o catálogo das cidades gregas em Sen. *Tro.* 814-861, onde a curiosidade geográfica das troianas quase esconde as suas dores de cativas.

[54] A expressão *ingenii iudicium ou ingenii arbitrium* é-me sugerida por Plin. *Nat. pr.* 6 e 7.108.

ainda os livros ilustrados, as esferas e planisférios para estudar astronomia, as técnicas de restauração, o surgimento de museus e parques zoológicos[55]. Tão grande fermentação intelectual, que transforma a cultura em moda, com o inerente snobismo e exagero de alguns (cf. Cic. *Fin.* 1.10), implicava porventura uma cultura livresca que por vezes seria mais superficial do que profunda, fornecida por cartilhas, coletâneas, pintura, prontuários de leitura rápida, catálogos de *exempla* 'exemplos' retóricos tipificados e repetitivos. Seria este tipo de cultura, de que recordamos os *Erotika Pathemata* 'Padecimentos de Amor' do poeta helenístico Parténio, que em parte tornava possível uma literatura como as *Metamorfoses* e *Fastos* de Ovídio, os *Feitos e ditos dignos de memória* de Valério Máximo, dedicados a Tibério, e a sobredose de referências mitológicas nos elegíacos em geral, com exceção de Tibulo, que haveria de provocar uma completa expurgação posterior de todo o aparato mitológico em Lucano.

Por outro lado, o interesse do grande público pela cultura tornava a própria cultura ainda mais apetecível como arma de condicionamento da opinião, através da propaganda e do mecenatismo cultural. Horácio revela consciência desse movimento, no qual todavia vê necessidade de acautelar a escolha criteriosa dos veículos da mensagem[56].

4. Demografia

No plano demográfico, o final da República e inícios do Principado é também um momento de crise, tanto na questão da natalidade como na taxa de mortalidade. O problema demográfico torna-se de importância acrescida por razões de recrutamento de tropas, sendo por isso mais agudo em momentos de guerras prolongadas e em especial durante as proscrições e guerras civis, mas também por necessidade de recrutamento de pessoal administrativo para gerir um império cada vez mais largo e em vias de centralização burocrática, e não apenas política.

Para resolver o problema da base de recrutamento militar, os Romanos, que não tinham a tradição de utilizar tropas mercenárias, encontraram várias soluções: a imposição de obrigações militares nos tratados celebrados aquando da *deditio* ou da integração no Estado Romano; o alargamento da base de recrutamento com a remuneração do serviço militar; a extensão da duração do serviço; e, sobretudo, o recrutamento de tropas auxiliares, que eram as primeiras a entrar

---

[55] Depois da primeira em 39 a.C., a abertura de bibliotecas públicas teve seguimento imediato com as instaladas por Augusto no Templo de Apolo em 28 a.C. e no Pórtico de Octávia em 23 a.C ; sobre a presença de temática amorosa em todos os géneros e autores, cf. Ov. *Tr.* 2. 419-420: "E esses temas, misturados com as obras de doutos varões, / foram postos à disposição do público graças à munificência dos chefes". Habinek 1998 103-121 procura demonstrar que a aristocracia curou de enquadrar tal movimento de modo a continuar a sua hegemonia.

[56] Hor. *Ep.* 2.1, 2.2.1-140, 2.3 (Carta aos Pisões); cf. Habinek 1998 88-102.

em combate⁵⁷, com os legionários a serem lançados na batalha somente em situações mais difíceis (Tac. *Ag.* 18, 32, 35-36) — prática que os inimigos dos romanos viam como sinal de fraqueza⁵⁸.

Uma consequência lateral desta situação concretizou-se na devoção dos militares ao seu chefe, aquele que lhes garantia o pagamento do soldo e, sobretudo, de um montante significativo no termo do serviço, que significava de facto o pecúlio da reforma⁵⁹. Não podemos esquecer que a noção de segurança social ou Estado providencial não existia e que a satisfação das expectativas das tropas era uma condição de segurança que, à falta de pagamento em espécie, era satisfeita com a distribuição de terras, muitas delas confiscadas ou expropriadas. Foi o que sucedeu na Campânia, em 59 a.c., para os veteranos de Pompeu, e depois da batalha de Filipos em 42 a.c., com desapossamentos que deixaram eco nos *Rerum rusticarum libri* de Varrão, atingiram a propriedade do poeta Virgílio (cf. *Ecl.* 1 e 9) e acaso também a de Horácio, e são referidas por Suet. *Jul.* 38. Foi o que também sucedeu quando Augusto desmobilizou 32 legiões após a batalha de Áccio⁶⁰.

Mas se para o recrutamento militar se iam encontrando várias soluções, já o fomento da natalidade de cidadãos e a sua preparação ou educação para tarefas de cidadania e de exercício de funções administrativas e dirigentes se revelava mais difícil. A situação já se colocara durante a II Guerra Púnica, por 131 a.C., certamente perante um quadro demográfico negativo relacionado com as inúmeras guerras e a necessidade de governar mais territórios, tendo Quinto Cecílio Metelo Macedónico pronunciado um discurso em defesa da natalidade (*de prole augenda*), conhecido através de Aulo Gélio e com eco em Lucílio, fr.678-9 M:

> Os homens para si mesmos preparam esta moléstia, e mais que isso,
> a maior das desgraças: arranjam mulher, geram
> filhos e, com eles, tais desgraças fabricam.

---

⁵⁷ Cf. Tac. *Ann.* 3.45.1: contra Sacrovir, Sílio "avança com duas legiões precedidas de tropas auxiliares".

⁵⁸ Ver Tac. *Ann.* 3.40.5 (discurso de Sacrovir): "nos exércitos de Roma não havia ninguém válido para além dos estrangeiros". Para os problemas militares em geral, remeto para Varandas 2010.

⁵⁹ Os *Commentarii* de Sila e de Júlio César, ao fixarem nomes de simples soldados, deixam perceber essa realidade; Sal. *Cat.* 11.5-6 culpa Sila pela perversão do exército para assegurar a sua lealdade (cf. *Jug.* 96); Tac. *Ann.* 1.17.6-9 testemunha a rebelião de tropas por causa do soldo; cf. Suet. *Jul.* 25.5 (César duplicou o soldo), *Aug.* 49.3: "fixou uma tabela fixa de estipêndios e prémios"; *Nero* 32.1: "a ponto de se tornar necessário suspender e adiar os estipêndios e os benefícios dos veteranos".

⁶⁰ Ver Hor. *S.* 2.6.55 ss.; *Anc.* 3 (instalação de 300.000 veteranos em colónias, que terão sido 28), 15.3, 16 e 17; Bradley 1997 463). A devoção ao chefe era uma consequência tanto da reforma militar mariana, com recrutamento de *capite censi* e respetivo pagamento, como dos precedentes de recrutamento privado de legiões para intervenção em favor do Estado, sejam os casos de Pompeu durante a Guerra Social (Plin. *Nat.* 7.95-98) e de Júlio César nas campanhas da Gália (Suet. *Jul.* 24.2).

Tal situação agravara-se posteriormente, a partir da época dos Gracos, com a violência política, as proscrições de Sila e posteriormente dos triúnviros, a Guerra Social, as revoltas do escravos e, finalmente, as Guerras Civis, a afirmação de Augusto e do seu regime, circunstâncias que provocaram dizimações por toda a Itália e em escala inaudita, com as proscrições do II Triunvirato a liquidarem, só por si, 300 senadores, entre eles Cícero, e 2.000 *equites*. Mesmo quando essas guerras fratricidas, *plus quam civilia* 'mais do que civis' (Luc. 1.1), se passavam fora de Itália, como em Dirráquio, Farsalo, Filipos e Útica, os seus agentes eram cidadãos romanos e as chefias das camadas dirigentes.

A situação era agravada por dificuldades e obstáculos insuspeitos à procriação: pesadas restrições, inclusive de ordem económica, como a limitação da fortuna à propriedade fundiária, recaíam sobre os senadores; novas regras de higiene, como os banhos quentes, provocavam infertilidade masculina, e a água canalizada fazia grassar o saturnismo; hábitos alimentares prejudiciais, como os banquetes (*cenae*) recheados de iguarias exóticas, causavam graves problemas de saúde[61]; filosofias que apregoavam a misantropia, como o cinismo, ou que consentiam o casamento mas sem entusiasmo, como o epicurismo, ou que, no caso de alguns estóicos, celebravam ideais teóricos e contemplativos, constituíam obstáculos pouco consentâneos com apego à família ou preocupações com a procriação.

É também de admitir que a mesma consequência resultasse da nova ênfase no amor-paixão, que está presente em Virgílio, tanto na figura trágica de Dido na *Eneida* como nas *Bucólicas* e até com tonalidades homo-eróticas, como nas *Ecl.* 2.8 e 10 ou em Catulo e Tibulo, inclusive na arte de amar pederástica da elegia 1.4. Esse novo ideal viria a ser transposto para o interior da relação matrimonial e nesta buscaria os modelos de conjugalidade e fidelidade inerentes aos códigos do amor elegíaco, em especial com Propércio, o qual "procurou recuperar, na nova ética do amor livre, certos valores específicos do casamento e investi-los daquele calor passional que, no matrimónio, era normalmente desvirtuado"[62]. Ora, para além de retardar o casamento, tal ênfase levaria à preferência por uniões em que a procriação era uma impossibilidade ou um inconveniente, sobretudo para a mulher, ou que, mesmo dando filhos, não produziam cidadãos[63].

---

[61] Cf. Catul. 44.1-9; Hor. *S.* 2.2.70 ss.; Plin. *Nat.* 9.104, sobre a moda de peixes e mariscos: "em toda a natureza, o mar é a coisa que mais dano causa ao ventre, e de várias maneiras"; 14. 37 ss.; 26.43: "os costumes chegaram a um ponto tal que a comida é a principal causa de morte".

[62] Veja-se Tib. 3.3.31-32, atribuído a Lígdamo: "Cultivem outros esses desejos; a mim, seja-me consentido, vivendo na modéstia, poder fruir em segurança da minha querida esposa"; cf. Citroni 2006 567. Por outro lado, o modelo elegíaco vai colorir a relação conjugal, como quando Ovídio transforma a *uxor amans* 'esposa amante' Fábia em heroína elegíaca (cf. *Tr.* 1. 3; Fedeli 2008 90-94 e 111).

[63] Cf. Ov. *Am.* 2.13 e 14. Para uma abordagem do problema do aborto e da contraceção, ver Oliveira 2008b, em esp. p.73, 77 e 81-82 e notas correspondentes.

Aduzo uma última razão para a dizimação da camada dirigente e o desaparecimento de famílias da aristocracia e da nobreza: a anomia decorrente, por um lado, dos novos papéis, mais ativos, igualitários e masculinizados da mulher, que poderia provocar algum desconforto e arrepio em homens incapazes de se adaptarem a essa intrusão na esfera do masculino[64], e, por outro, a dificuldade de adaptação a um novo tipo de relacionamento com a comunidade cívica e com o regime, o que, mesmo descontando a *clementia* de César e em parte de Augusto, levou a oposições e, sobretudo, à banalização do suicídio, muitas vezes aceite em alternativa à execução, outras vezes adotado como protesto, e em consequência exercido num ambiente encenado (cf. Tac. *Ag.* 42 *ambitiosa morte* 'morte cheia de fausto'). De outra forma, os processos movidos por delatores de classes elevadas contra os seus pares, que têm precedentes na época dos Gracos, anunciam uma verdadeira autofagia no ambiente da corte ou no senado, que julgava as causas onde os senadores estavam implicados[65].

A *relegatio* 'relegação, desterro' de Ovídio pode ser exatamente relacionável com esta anomia, se porventura o *crimen* 'crime' praticado tem a ver com conhecimento ou implicação nalguma conjura[66], ou mesmo se, como me parece mais provável, as opiniões de Ovídio se inclinaram para o elogio de uma linha política antoniana, hostil a Tibério e favorável a Germânico, ou foram consideradas *convicium* 'vitupério' contra a pessoa do príncipe e portanto sancionadas com base na *lex maiestatis* existente desde tempos republicanos[67].

---

[64] Para o importante papel social e político desempenhado pelas mulheres dos exilados e para a imagem da mulher masculinizada e castradora em Ovídio, ver Oliveira – Torrão 2010; Fedeli 2008 103-104 observa que o argumento da *utilitas* 'utilidade' justifica que Fábia não se suicide para poder prestar auxílio a Ovídio exilado. O igualitarismo sexual, por vezes sob a forma de primazia, iniciativa e violência da mulher, é um pressuposto em Lucrécio e na imagem da Lésbia de Catulo, e.g. 8, 107 e 109; Tib. 1.6.67-72, 2.1.75-78, 2.3.79 (*imperium dominae* 'o poder da senhora'; cf. Cic. *Cael.* 67, *imperatrix* para definir Clódia) e 2.4; Prop. 2.20.27: "Apesar de muitos te procurarem, tu só a mim procuravas"; diria mesmo que é a condição do *servitium amoris* 'serviço amoroso' elegíaco, também conhecido como milícia erótica, e dos motivos do *exclusus amator* 'amante posto fora da porta' e do *paraklausithyron* 'serenata diante de uma porta fechada'. Ver Griffin 1985 54-55 (capacidade de a mulher dizer não ao amante); 206-207 (a sujeição do amante à mulher tem origem na comédia plautina).

[65] Tac. *Ann.* 3.66.1: "Depois passavam pouco a pouco do indecoroso ao perigoso"; Citroni 2006 239-240: delatoresn lançam ataques contra a aristocracia senatorial na época dos Gracos. A *lex Paedia de interfectoribus Caesaris* de 43 a.C. punia com interdição de água e fogo e confiscação de bens dos cesaricidas, recompensando os delatores (crime tipificado como *parricidium publicum*); Rotondi 1966 435; Suerbaum 1971 61-99, esp. 69 n.21.

[66] O *error* 'erro, engano', distinto de *scelus* 'delito', referido em *Trist.* 2.109 e 208, 4.10.90.

[67] A suposição de um erro político real e enquadrável no crime de *maiestas* 'lesa-majestade' (ver, entre outros passos, *Tr.* 1.5.84: *laesi ira dei* 'a ira de um deus lesado'; 2.108: *laeso numine* 'lesado um ente numinoso'; 2.123-4: *laesi Caesaris ira* 'a ira de César lesado'; 3.6.23: *numinis ut laesi ... ira*; 4.10.8: *laesi principis ira* 'a ira do príncipe lesado') parece-me defendida com bastante lógica por Luisi 2008, esp. p.23-25 (sobre o triângulo amoroso entre Helena, Menelau e Páris) e 31-45.

Como procurou Augusto resolver estes problemas demográficos? Antes de mais, repita-se que o que preocupava Augusto era a carestia de cidadãos, e, antes de mais, de cidadãos da elite, conforme decorre do clausulado da legislação que promulgou sobre adultério e casamento em 18/17 a.C. (*lex Iulia de adulteriis coercendis* e *lex Iulia de maritandis ordinibus*), e que veio a reformular em 9 d.C. com a *lex Papia Poppaea*, com o objetivo de regular a moral sexual e incrementar a natalidade. Mas torna-se difícil imaginar Augusto ofendido por uma *Arte de Amar* publicada por Ovídio entre 1 a.C. e 1 d.C., pior ainda reagindo uns sete anos depois da sua publicação e um quarto de século distante da primeira legislação moral[68].

Este raciocínio parece-me igualmente válido mesmo no caso de se admitir que o poeta finge quando insistentemente apregoa que o seu amor galante não é o amor procriativo e regulado pelo casamento, mas o amor multívago de Lucílio, de Lucrécio e de Horácio, em suma, o amor vulgar e até meretrício. E cabe recordar, a este propósito, que a ocorrência de termos como *matrona* 'matrona' *vir* 'homem, marido' *uxor* 'esposa' não se refere necessariamente a uma relação matrimonial, menos ainda quando Propércio, antecedido por Catulo, transfere a linguagem e os conceitos matrimoniais para o âmbito do amor-paixão[69].

Além disso, também como Lucrécio e Horácio, e de certo modo como Propércio, 1.4, Ovídio vai oferecer, em *Remédios de Amor*, os meios para a cura do amor--paixão e medicar aqueles que, contra o objetivo explicitado no prólogo da sua *Ars* 1.1-34, se tinham desviado de um amor guiado pela razão. Este papel de mestre e de médico do amor é rastreado na recorrência dos termos *ars* 'arte' como em *arte regendus Amor* 'O amor deve ser regido com arte' (*Ars* 1.4), *doctus* 'douto', *magister* 'mestre', *praeceptor* 'precetor', *peritus* 'perito' e em metáforas várias[70]. Poderíamos mesmo acrescentar que o amor meretrício, tal como em numerosas comédias plautinas e terencianas, poderia implicitamente funcionar como uma espécie de iniciação erótica e sentimental pré-matrimonial dos adolescentes romanos[71].

Também nesta questão demográfica o imperador soube recorrer ao passado, mas introduzindo algumas nuances e até inovações. É mesmo impressionante a arte com que Augusto inovou sem poder ser acusado de não ter precedente

---

[68] Ov. *Tr.* 2.543-544: "Assim, escritos que julguei não me iriam prejudicar, sendo eu um jovem pouco prudente, me prejudicam agora que sou velho"; cf. Gil 1985 140-141; Galinsky 1996 268-269.

[69] Cf. Galinsky 1996 272 ss.; ver Tib. 1.6.15: "Mas tu, incauto esposo de uma jovem pérfida"; Prop. 2.6.42: "serás sempre a minha amada, e sempre também a minha esposa"; o amor é fidelidade e aliança (*fides* e *foedus*) duradouros em Prop. 2.20.34: "no final, a minha fidelidade será idêntica à inicial"; o uso do termo para uniões entre escravos é atestado em inscrições e já é causa de controvérsia em Pl. *Cas.* e.g. 69: "Uns escravos vão casar-se ou vão pedir alguém em casamento?" (trad. A. Couto: *Plauto, Cásina*, Lisboa, 2006).

[70] Este raciocínio arreda a hipótese de os *Remédios de Amor* serem uma palinódia ou *retractatio* 'retratação' (Frécaut 1972 235). Referindo-se às suas obras eróticas, o próprio Ovídio proclama que a maior parte é *mendax* e *ficta* 'mentirosa e fictícia' (*Tr.* 2.355).

[71] Oliveira 2006 333-355, onde se recorda Ter. *Eu.* 930-940 (amor meretrício é uma prevenção para o futuro) e *Ad.* 149-152 (rito de passagem).

republicano. De facto, o novo poder vai perfilhar inicialmente a clemência de César para justificar o perdão concedido a muitos pompeianos — e estava mesmo disposto a poupar Catão de Útica se este não se tivesse suicidado —, assim preservando famílias à custa da expectativa de futura não oposição ao regime; nalguns casos, o imperador vai refazer a fortuna de membros da elite para garantir o censo necessário à manutenção do *status* senatorial[72]; promover elites municipais e provinciais, num movimento iniciado por Júlio César[73] e apoiado por Salústio; estabelecer programas de enquadramento da juventude através do *lusus Troiae* (parada de jovens no festival oficial chamado Jogo de Troia) e, posteriormente, da juventude neroniana (*Iuventus Neroniana*), e da criação de apoios para formação de jovens (*alimenta*); e dar isenções fiscais e visibilidade social aos progenitores de famílias numerosas.

Que a preocupação de Augusto era essencialmente com a classe dirigente, ressalta com clareza da já referida legislação sobre moralidade e natalidade: por um lado, os privilégios concedidos são diretamente proporcionais ao *status* social, e, quando não são contestados[74], tornam-se apetecidos simplesmente porque davam visibilidade social, como no caso do *ius trium liberorum*, ou implicavam vantagens políticas ao descerem a idade mínima de acesso a magistraturas[75]; por outro, as leis sobre manumissão procuram evitar libertações em massa, em especial as testamentárias, dificultando o acesso de ex-escravos à cidadania. É o caso da lex *Fufia Caninia de manumissionibus*, de 2 a.C., e lex *Aelia Sentia de manumissionibus*, de 4 d.C.[76].

Um outro aspeto curioso é que, tendo por objetivo moralizar uma sociedade que caíra na lassidão de costumes, sendo limitativa da liberdade individual e defensora de ideais tradicionais, como a estabilidade e a fidelidade conjugal consagradas nos ideais da *univira* e do homem de um só matrimónio[77], afinal de

---

[72] Ver Suet. *Aug.* 40; Tac. *Ann.* 2.37, sobre Marco Hórtalo: "pelo divino Augusto aliciado, graças a uma generosa oferta de um milhão de sestércios, a procurar esposa, a ter filhos, para que não se extinguisse a sua ilustríssima família"; 2.48: Tibério por um lado ajuda financeiramente, por outro deixa sair livremente do senado os que haviam perdido a qualificação do censo necessário. Esta auto-exclusão parece uma das facetas da anomia da classe senatorial.

[73] A promoção de elites provinciais é representada na Hispânia pelos *Bocchi* de *Salacia* e pelos *Balbi* de Gades; e, de origem turdetana, pelos *Senecae* de *Corduba*, os *Trahii* de *Italica*. Quanto à política de Júlio César, cf. Suet. *Jul.* 76.5 e 80.3-4.

[74] Para a controvérsia sobre leis de fomento de natalidade, cf. Prop. 2.7: alegra-se com a abolição de uma lei que obrigaria os celibatários a casar e que, por isso, o liberta de dar filhos e soldados à pátria; tratar-se-ia de um projeto de 28 a.C., que enfrentou oposição; cf. Hor. *Carm.* 3.24; Tac. *Ann.* 3.28; Suet. *Aug.* 34.1-4 (lei contornada); Griffin 1985 23-24; Galinsky 1996 128 ss.

[75] É o caso implícito em Tac. *Ag.* 6; Plin. *Ep.* 10.94 pede tal distinção para Suetónio Paulino, que não tem filhos.

[76] Sobre a legislação referida e seu conteúdo, ver Rotondi 1966; Galinsky 1996 128-140.

[77] Em Tac. *Ann.* 2.73.3, Germânico é elogiado por "um único casamento, filhos com toda a certeza seus"; o termo *certus* ocorre em Ov. *Med.* 45 (*Certus amor morum est*), ideia que tem continuidade nos v.49-50.

contas essa mesma legislação dificulta a oposição do progenitor ao casamento; estabelece prazos curtos para que viúvos e viúvas tornem obrigatoriamente a casar, assim contrariando a imagem de fidelidade ao defunto marido prometida pela Dido virgiliana, sem a poder louvar pelos amores com Eneias[78]; impede um senador e seu descendente até ao 3º grau de desposar uma liberta; afrouxa a tutela sobre a mulher e, no fim de contas, mitiga as sanções sobre o divórcio. Legislação posterior virá mesmo a desvalorizar o casamento por *confarreatio*[79].

Nesta medida, a legislação augustana, na sua pouca eficácia demográfica, mais não fazia do que reconhecer a realidade também constante da literatura, a progressiva emancipação feminina[80], a desenvoltura de costumes e o desaparecimento das formas de casamento mais tradicionais, como o casamento *in manum* e a sua forma mais solene e elitista, a *confarreatio*.

Tal desenvoltura aparece referida em autores insuspeitos, como Horácio, *Carm*.3.5, onde o elogio da idade de ouro trazida por Augusto, com a sua regeneração de costumes, vem a par de uma preterição de realidades que se pretendem esconder — lassidão de costumes, adultérios, incestos, maridos complacentes, de tal modo que o fecho parece um grito interior que adivinha um futuro bem pior ("uma progénie ainda mais viciosa") —, como que antecipando os comportamentos relatados por Juvenal (1.55-57) ou por Tácito: mulheres casadas, e até da ordem equestre, a reivindicarem o direito de se prostituírem, e maridos a consentirem (Tac. *Ann*. 2.85); mulheres voluntariosas e imperialistas, que, no séquito dos generais, até dão ordens às tropas ou que, se deixadas em casa, logo se dariam ao adultério (*Ann*. 3.33-34).

Ora a verdade é que, na sua própria vida privada, a *domus Caesaris* dava exemplo claro tanto de lassidão de costumes como da importância política das mulheres da *familia Caesaris*, agentes efetivos de poder e da sua legitimação, a par com o exército, o Prefeito do Pretório e os libertos imperiais[81].

---

[78] A coloração elegíaca de Dido refere-se naturalmente ao canto IV da *Eneida*; cf. Wyke 2002 97-98.

[79] Refiro-me a uma *lex de flaminica diali* hipoteticamente de 24 d.C.. Tac. *Ann*. 4.16 dá a explicação sociológica para a decadência do casamento solene por *confarreatio* (aspersão com farinha), adivinhando-se a resistência das mulheres a tal estatuto, que juridicamente as inferiorizava.

[80] A emancipação feminina tanto está ligada a normativos jurídicos (a viuvez e o divórcio transformavam a mulher em *sui iuris*, isto é, mulher juridicamente independente, sem necessidade de tutor, ajudando a explicar mulheres emancipadas como a Lésbia de Catulo (provavelmente a Clódia que Cícero denigre no *pro Caelio* com laivos de *exclusa amica* 'amante abandonada'), como ao poderio económico feminino (Cic. *Rep*. 3.17: controvérsia sobre as heranças femininas), já visível na comédia nova e na comédia plautina e terenciana, com a figura da esposa com dote (*uxor dotata*). No final da República e início do Principado, a popularidade crescente do mimo atesta seguramente a temática da mulher, com atrizes, costumes soltos, homo-erotismo, adultérios e maridos traídos (cf. Ov. *Tr*. 2.497 ss.), pendente libidinoso do ardente serviço amoroso feminino cantado por Sulpícia (Tib. 3.11-13).

[81] Ver Tac. *Ann*. 2.43.6-7: a corte está dividida entre dois possíveis herdeiros de Tibério (Germânico e Druso): "rivalidade feminina ... De facto, a corte estava dividida e desunida por

Terá a *relegatio* de Ovídio sido causada por essa nova realidade[82]? Pelo menos parece deduzir-se que fatais acontecimentos muito recentes (*Tr.* 2.97-99) são bastante posteriores à data da publicação da *Ars* e haviam sido causados por um golpe da *fortuna* (*Tr.* 2.85 e 107), por um acaso (*casus*, v.108), por uma calamidade (*Tr.* 2.100 *procella*)[83], o que é claramente incompatível com a publicação de livros que, tratando-se de *Ars* ou *Amores*, haviam tido várias datas de saída a público e já teriam sido objeto de nota censória ou de exclusão de bibliotecas[84]. Ovídio queixa-se, em consequência, de ter o destino que não tiveram Tibulo — e quem não pensará na arte de amar homo-erótica da elegia 1.4.7-72, ou nas elegias 1.2 e 1.6.9? —, nem Propércio (*Tr.* 2.463-466), nem Virgílio (*Tr.* 2.533-538).

Mas, até pela incompatibilidade com necessidades de curto prazo, as restrições legais ou a censura moral não conseguem resolver o déficit demográfico, menos ainda problemas tão importantes como o da sucessão imperial, vendo-se o imperador na necessidade de fomentar a mobilidade social recorrendo a mecanismos já existentes na tradição romana, como a adoção, a manumissão, a promoção de famílias equestres, de veteranos, de domésticos e sobretudo de libertos, e até de provinciais, como já visionara Júlio César.

Horácio, enquanto filho de um liberto, é um exemplo claro de alguém que, de ascendência itálica ou servil, chegou ao convívio com a nata da aristocracia, mas que, quando Augusto quis ir buscá-lo ao Círculo de Mecenas, viu ser-lhe oferecida uma função sem dúvida elevada, mas também marcada pela ligação a uma classe social inferior — situação tanto mais irónica quanto o próprio Horácio procura ignorar esse seu estigma pessoal (Hor. *S.* 1.6.89 ss.). O mesmo problema de aceitação plena terá Sejano: quando pede a Tibério para casar com Livila, a filha do falecido Germânico e então viúva de Druso, depara com uma recusa cortês mas bem justificada[85], certamente fundada numa realidade que nem o próprio imperador conseguia evitar — o inconformismo social existente,

---

simpatias secretas a favor de Druso ou de Germânico"; 2.72.1: antes de morrer, Germânico recomendara a Agripina "que não hostilizasse os mais poderosos rivalizando em influência"; 3.64: relações conflituosas entre Tibério e sua mãe Júlia Augusta; 4.39-40: influência de Sejano; quanto à desvergonha reinante, cf. 3.24 *impudicitia*.

[82] Ov. *Tr.* 2.137: *relegatus, non exul* 'relegado, não exilado'; cf. 5.11.21; *Pont.* 4.15.2: *relegatus Naso* 'Nasão, o relegado'.

[83] A singularidade do delito é expressa por várias expressões latinas: *Tr.* 2.109: *illa namque die*; 121-122: *sub uno / sed non exiguo crimine*; 210: *semel*.

[84] *Tr.* 2.7-8; 211-212: "pelo meu torpe poema sou acusado de me ter tornado mestre de obscenos adultérios"; 3.1.65-68 e 5.12.67-68: exclusão das bibliotecas.

[85] Tac. *Ann.* 4.39-40; cf. 3.36: desdém por libertos e escravos; Tac. *Ann.* 3.75, sobre mobilidade social: Ateio Capitão chega ao senado graças a Augusto, mas era descendente de centurião, gerando *odium ex invidia* 'ódio por inveja'; Suet. *Aug.* 63.3: Augusto procurou casar Júlia mesmo na ordem equestre; já Salústio propugna o alargamento e a regeneração moral da classe dirigente defendendo uma aristocracia da *virtus*, cf. Citroni 2006 422-423.

exemplificado pela influência e pela promoção de libertos, em particular os libertos imperiais[86].

5. Delito de opinião (*lex maiestatis*)

A propósito da época de Augusto e início do Império, e tendo em vista tanto a *relegatio* de Ovídio como os julgamentos por lesa-majestade no tempo de Tibério, muito se tem discutido sobre a existência de delito de opinião nessa época. Cita-se amiúde o julgamento de Cremúcio Cordo como um apelo à liberdade de expressão[87]. Ora, Cremúcio Cordo publicara ainda no tempo de Augusto e não fora então perseguido por ter elogiado Bruto e exaltado Cássio, elogio que estava longe de ser inusitado, para não dizer que era recorrente e se enquadrava bem na ficção republicana do regime. Por isso, Cordo defende-se dizendo que a *lex maiestatis* só o poderia visar se ele tivesse atacado o príncipe ou a sua progenitora, e por atos, não por escritos (Cizec 2008 208, n.146-151).

Efetivamente, na análise de factos como o delito de opinião e as acusações com base na *lex maiestatis*, não podemos esquecer que a condenação à morte por injúrias contra alguém em sua vida já estava prevista na Lei das Doze Tábuas e que essa medida é louvada por Cícero (*Rep.* 4.12). Neste passo, o contexto parece ter na mira a *vituperatio* em ambiente de representação cénica, onde seria especificamente proibido o ataque a altos magistrados como os Cipiões ou Catão, entendimento que já está implícito nas tentativas de limitação do ataque nominal (*onomasti komodein*) na Atenas clássica, pois a confusão entre dirigentes e Estado é fácil de fazer[88].

De qualquer forma, o legalismo romano, e em especial no Principado, não permitiria condenações sob a *lex maiestatis* sem fundamento, pelo menos sem cumprir formalidades e tipificar o crime, cuja legalidade poderia advir somente da existência de precedente[89].

---

[86] Plin. *Nat.* 33.32-36 sobre os *equites* e o direito ao anel de ferro e sua perversão por libertos; 33.134-135 e 35.201.

[87] Sobre toda esta problemática, remeto para Suerbaum 1971 61-99, muito bem fundamentado, e para Haffter 1971 104-110. O texto clássico base é Tac. *Ann.* 4.34.1: "Cremúcio Cordo é processado por um crime novo e pronunciado então pela primeira vez, a saber: por, nos anais que publicou, ter louvado Marco Bruto e afirmado que Gaio Cássio era o último romano"; cf. 3.76 (efígies de Cássio e Bruto consentidas por Tibério nos funerais de Júnia) e 16.7 (Nero reprova a ostentação de tais bustos). Cf. Cizec 2008 146-151.

[88] Cic. *Rep.* 4.11. Cf. Suerbaum 1971 81-82 e em esp. n.60, a propósito da invocação das práticas gregas por Cremúcio Cordo em Tac. *Ann.* 4.35.1 (por conveniência de argumentação, Cordo silencia as tentativas de limitação da invetiva nominal ou *onomasti komodein*). Gil 1985 114 ss., relaciona a severidade da pena com eventual ligação a práticas mágicas.

[89] Tac. *Ann.* 4.69.1: na época da primazia de Sejano, os delatores de Tício Sabino têm consciência

Tácito acusa Tibério de ter, por instigação do cônsul Pompeu Macro, restaurado a ancestral *lex maiestatis*, mas dando-lhe um conteúdo diferente do antigo, a exemplo de Augusto, que fizera condenar Cássio Severo por vituperar varões e mulheres ilustres com seus libelos difamatórios e escritos provocadores[90]. É que também Tibério se sentia ofendido com versos anónimos que atacavam a sua crueldade, a sua soberba e as discordâncias com sua mãe[91].

Para Tácito, estas parecem ser inovações, pois a prática anterior, de ascendência republicana, visaria somente traição militar, sedição popular ou má gestão. Parece tratar-se de pura parcialidade de Tácito, pois as leis republicanas sobre *maiestas*, como a *lex Cornelia de iniuriis*, de 81 a.C., já sancionavam *libelli famosi* 'panfletos difamatórios', tal como eram punidas as ofensas a magistrados e particulares pela *lex Cornelia de maiestate*, do mesmo ano, que se aplicaria tanto ao domínio privado como ao público, usa o termo *declamari* e estabelece a pena de interdição de água e fogo, também prevista na *lex Iulia de maiestate*, de 46 a.C..

Estes e outros dados permitem a L. Gil afirmar que "el estado republicano contaba desde muy antiguo con las bases legales suficientes para una enérgica represión de estos excesos que el principado no tuvo más que repristinar para cortarlos de raíz" e considerar que a *lex Cornelia de iniuriis* constituía o instrumento legal para justiçar libelos difamatórios[92]. E, para além da história do encarceramento de Névio por ofensa aos Metelos, existe ainda notícia de que Pompeu fizera condenar à morte Valério Sorano por ter revelado em escrito o nome secreto de Roma, o que obviamente se enquadra no conteúdo mais tradicional do conceito de crime de *maiestas*[93]. Entre outros exemplos referidos por Cremúcio Cordo, César e Octaviano teriam perdoado os ataques políticos de Catulo e de Fúrio Bibáculo, parecendo implícita uma distinção entre literatura e puro denegrimento vexatório e panfletário, do qual a historiografia partidária adversa se poderia aproximar[94].

Assim, nem Augusto, com a *lex Iulia maiestatis* de 8 a.C. — que dá continuidade à referida lei cesariana de 46 a.C. e visa ofensas à pessoa ou nome

---

de que seria improcedente qualquer acusação sem número adequado de testemunhas ("como fazer chegar esses propósitos ao ouvido de muitos"). Mas Tácito insiste nas inovações penais feitas por Tibério (*Ann.* 2.27.2, sobre Libão Druso: 'foi então pela primeira vez inventado'; 2.30.5: 'o espertalhaço e inventor de um direito novo, Tibério'; 4.34.1, sobre Cremúcio Cordo: 'processado por um crime novo e pronunciado então pela primeira vez').

[90] Tac. *Ann.* 1.72.4.

[91] Tac. *Ann.* 1.72.5. Sobre as formas e a terminologia da maledicência e da invetiva (*carmen, dictum, epigramma, factum, famosus, flagitium, flagitare, incantare, infamia, libellus, liber, occentatio, probrosus*, etc.), cf. Haffter 1971 100-110; Gil 1985 112-122.

[92] Gil 1985 112, 118 e 137-138 (reforço da *lex Cornelia*; para a legislação citada, ver Rotondi 1966).

[93] Ver Gil 1985 109 e 115-116; Citroni 2006 234.

[94] Tac. *Ann.* 4.34; Suet. *Aug.* 55-56. Cf. Suerbaum 1971 78-80; Gil 1985 133-134 (tratar-se-ia de aparência externa a encobrir a política augustana de repressão ou censura literária).

do imperador, sancionando com exílio e confiscação de bens qualquer ataque e reservando a pena capital para crimes de *perduellio* 'alta traição ou delito contra o Estado' —, nem Tibério no ano 15 d.C., criaram algo de novo. De resto, é o próprio Tácito a recordar que no julgamento de Apuleia Varila, Tibério não quis que fossem sancionados impropérios ofensivos contra si ou sua mãe (*Ann.* 2.50: *probrosis sermonibus*). Podendo este facto ser entendido como uma decisão pessoal de não utilizar todas as possibilidades e interpretações legais, também fica claro que a grande novidade não era a existência de legislação nova contra quem atacasse um alto magistrado, mas o facto temível de "haber acaparado el príncipe en su persona toda la maiestas del estado", mesmo quando não intervinha pessoalmente na repressão para se proteger politicamente (Gil 1985 129 e 138).

Deste modo, os testemunhos existentes parecem claramente indicar que o delito de opinião expressa em forma escrita não era passível de originar acusação, julgamento e condenação a não ser quando implicasse ofensa dirigida a alta personalidade e, tendo em conta os procedimentos legais, designando-a pelo nome, para fazer prova inequívoca em caso de citação em tribunal. Daí se compreender que Ovídio, quando insiste em atribuir a relegação a um *carmen*, não deixa de o mencionar para provar a falta de fundamento da acusação, como se, em pura tática, antes procurasse esconder o motivo real[95].

É evidente que os poderosos, como acontecera em Atenas, encontram forma de reinterpretar a lei ou tipificar a acusação de acordo com o seu propósito de penalizar os oponentes políticos. Parece ser essa a razão pela qual frequentemente a acusação é dupla, misturando, por exemplo, crime de adultério ou práticas mágicas com *maiestas* ou *perduellio*[96]. Logicamente, também os acusados procuravam distinguir entre ditos e atos, subtilizar conceitos jurídicos, enfatizar precedentes, de modo a conseguir a ilibação ou, pelo menos, a condenação por um crime de moldura penal menos gravosa.

Estas razões explicam a narrativa de Tácito sobre o processo de Clutório Prisco: quando foi acusado de ter preparado um elogio fúnebre para o caso de o enfermo Druso morrer, encontrou um único oponente à condenação à morte proposta no senado, Mânio Lépido, que argumentou serem as palavras coisa diferente de atentados (Tac. *Ann.* 3.50.2). Certamente por realismo, mas também sem êxito, Lépido dispôs-se a votar a pena de exílio como se efetivamente tivesse havido crime de *maiestas*. A reação de Tibério foi de censura contra os

---

[95] Ov. *Tr.* 2.2-4: "... eu que pereci, ai de mim, vítima do meu próprio talento?!"; cf. 2.207 (*duo crimina, carmen et error* 'dois delitos: um poema e um erro'); que se trata da *Ars*, é reiterado em *Tr.* 2.7-8, 240, 345-346.

[96] Cf. Suerbaum 1971 98-99 (Appendix); Gil 1985 118 ss. sobre os conceitos de *maiestas* e *perduellio*, e 130 sobre a elasticidade do conceito de magia.

senadores, por entender que simples palavras não deviam merecer penas tão severas (Tac. *Ann.* 3.51.2)[97].

Também Cremúcio Cordo (Tac. *Ann.* 4.35.3-4), para cercear qualquer perseguição contra intelectuais, e em especial historiadores e poetas, argumentou que seria improcedente qualquer condenação: se o maledicente era de má qualidade, não se justificava o castigo, pois não teria eco ou eficácia; se era de boa qualidade, o castigo era ineficaz, pois o nome do eventual réu, pela sua qualidade artística, seria eternamente recordado; e apagar a memória de um talento era coisa que nem reis estrangeiros haviam tentado fazer[98]. Parece ser também esse o raciocínio subjacente em Ovídio quando, para além de silenciar o *error*, quanto a mim a causa do degredo, e insistir num delito com pouca ou nenhuma substância, intenta reversão da pena ou, pelo menos, a sua mitigação[99].

Teríamos que admitir, em consonância, que condenações de intelectuais como Cássio Severo[100], Ovídio ou Cremúcio Cordo, mais do que censura literária, seriam motivados por participação em ofensas explícitas à figura dos governantes ou da *familia Caesaris*, com agravamento no caso de serem dirigidas contra Augusto divinizado, ou em conhecimento ou participação em círculos de oposição e conjura — o *error* que Ovídio silencia? —, tudo matérias que a lei sobre *maiestas* contemplava desde tempos republicanos.

De facto, a argumentação expendida arreda a hipótese de Ovídio ter sido condenado por motivos literários, se o motivo invocado fosse a sua temática amorosa. Se o motivo foi dissonância e até hostilização da política augustana, então, ironia das ironias, o degredo de Ovídio serviu fortemente essa mesma política: do seu exílio em Tomos, com *Tristezas* e *Cartas do Ponto*, o Sulmonense contribuiu fortemente para o projeto Romano de colonização, contra as tentativas locais de enfermar a estabilidade do regime imperial, pese embora o facto de poder ter sido vítima de ação direta do imperador, o que prenunciava um regime mais duro e personalizado[101].

---

[97] É idêntico o raciocínio de Cremúcio Cordo quando elogia a liberdade de expressão em Atenas, onde a um dito se responde com outro dito (Tac. *Ann.* 4.35.1: "ou, se se prestar atenção, de uma palavra vingavam-se com outra palavra").

[98] Tac. *Ann.* 4.35.3-7: no fundo, a condenação funciona como um *ingenii iudicium* 'julgamento sobre o talento', para usarmos a expressão de Plin. *Nat. pr.* 6 e 7.108.

[99] Ov. *Tr.* 2.118: "todavia tenho uma grande nomeada em todo o orbe".

[100] Cássio Severo, *RE* 89, foi condenado ao exílio e seus livros queimados (Tac. *Ann.* 1.72; sobre a sua personalidade, cf. Tac. *Dial.* 19.1 e 26.4; Sen. *Con.* 3 *pr.*5, 10 *pr.*8; Suet. *Aug.* 56.6). O mesmo destino terão os livros de Cremúcio Cordo (Tac. *Ann.* 4.35.5: "O senado foi de parecer que os livros deviam ser queimados a mando dos edis; mas eles continuaram a existir e a ser publicados em segredo"; cf. Suet. *Tib.* 61.10). Sobre queima de livros, ver Suerbaum 1971 93 e n.84.

[101] Ver Gil 1985 140-141 (represália pessoal de Augusto fosse qual fosse o crime); Habinek 1998 13-14 e 151-169.

Estátua de Augusto de Prima Porta
@ Wikimedia Commons

6. Do otimismo ao pessimismo

Da transição da República para o Principado, com a *Pax Augusta*, o fecho do Templo de Jano e a celebração do regresso da idade do ouro nos Jogos Seculares, a que Horácio forneceu a força do seu talento e que Virgílio anunciava na *Bucólica* IV, vai nascer um otimismo que se espelha na crença de que a produção da época augustana atingira o esplendor máximo (ver Galinsky 1996 90-121).

Penso que esse tema de uma sociedade primeva se concretizou na literatura em expressões tão diversas como os motivos da idade do ouro, o tema da *Pax*, o elogio da vida campesina e correspondente autarcia, e em manifestações tão diferentes como o *de senectute* de Cícero, o quadro idílico das *Bucólicas* e o tratado técnico *As Geórgicas*, em vários cenários campesinos de Horácio[102], e

---

[102] Hor. *S.* 1.6, esp. v.100 ss., 1.8, com oposição Tíbur/Roma, 2.6, *Ep.* 1.7 sobre a quinta da Sabina, *Epod.* 2, apesar do final paródico.

mesmo em elegíacos como Propércio (2.19: no campo não há corruptores), Tibulo (1.1, 10, 2.1, 3 e 5) ou o próprio Ovídio. Deste, recordo *Amores*, 3.13, uma viagem com a esposa para ver uma festa campesina em honra de Juno, a divindade do casamento. O reflexo da dualidade cidade/campo e o registo de uma imagem de supremacia poderão encontrar-se nos elogios da Itália e de Roma (*Romae / Italiae laudes*), que se distribuem por autores tão diversos como Cícero, Varrão, Virgílio, Tito Lívio, Manílio, Séneca, Plínio o Antigo.

Um ato significativo dessa nova época de paz, consentida pela ausência de guerra, consistiu no já referido fecho simbólico do Templo de Jano, em 29 a.C.. Com esse gesto bem registado em *Res Gestae*[103], Augusto criou uma situação irreversível que foi confirmada com a adoção de uma política de contenção imperialista, em favor da paz, do comércio e da diplomacia[104]. Ora, a problemática do imperialismo, e consequentemente da guerra, era uma questão na ordem do dia, presente em Lucrécio, analisada no livro III do *Tratado da República* através dos discursos duplos de Carnéades, que num dia pôs a justiça na base do império, e no seguinte demonstrou exatamente o contrário, subjacente ao discurso de Mémio em Salústio (*Jug.* 31)[105]. Se Augusto propagandeava uma época de paz, como poderia ele ficar ofendido com a recusa da musa épica?

Este cúmulo de felicidade e bem-estar respondia à restauração postulada por Cícero e implicava, por isso, a crença no regresso de uma idade do ouro que assumia também a faceta de retorno ao passado enquanto modelo ético e político, o qual, por influência retórica e de acordo com tradição que já vinha dos Gregos[106], simultaneamente funcionava como crítica contra os desmandos do presente. Não admira, por isso, que o elogio de uma fase primitiva da natureza, de uma vida de tipo *theriodes* 'selvagem', frugal, ascética, agradasse a pensadores

---

[103] *Anc.* 13; em Ovídio o tema da Paz, por vezes em ligação ao fecho das portas do Templo de Jano, ocorre em *Fast.* 1.277-282, 701-704, 709-724 (*Ara Pacis*), 3.881-882 (com *Concordia* e *Salus*); cf. Suet. *Aug.* 22.

[104] Cf. *Anc.* 27.2 (política de diplomacia na região da Arménia), 31-33 (diplomacia e política de protetorados; cf. Suet. *Aug.* 60). Sobre abusos dos Romanos nas províncias, ver Sal. *Hist.* 6, Carta de Mitridates; discurso de Carnéades em favor da injustiça em Cic. *Rep.* 3.20-28; Tac. *Ag.* 19 e 30. Augusto teria deixado, em *Res Gestae* e outros documentos, orientações para o sucessor, incluindo a suspensão da política expansionista: cf. Tac. *Ag.* 13 e *Ann.* 1.11; Vell. 2.124.3; Strab. 6.4.2 e 7.1.4; D. C. 56.33.3. Ver Ramage 1987 115.

[105] Sobre a génese do imperialismo romano, ver Oliveira 2015 233-241 e bibliografia aí indicada.

[106] Veja-se o elogio aristofânico dos heróis de Maratona, época idealizada em passos como *Ach.* 181, 697-698 e *Nu.* 986; cf. Salústio, *Cat.* e.g. 5.9 e 6-13; Cícero, para além do elogio geral do *mos maiorum* 'costumes dos antepassados' (*Rep.* 3.41 e 5.1-2), parece colocar também os costumes na origem do direito (*Rep.* 1.2 e 2.64). Em *Leg.* 1.43 ss., 2.11 ss., enfatiza a necessidade de a natureza confirmar o direito, o que, segundo 2.23, teria acontecido tanto na constituição como no edifício jurídico romano tradicional.

e intelectuais tão diferentes como Lucrécio[107], Tibulo[108], Propércio, em particular 4.11 sobre as virtudes tradicionais romanas, e Ovídio (*Ars* 2.467-492, 621-624), se traduzisse em manifestações tão diferentes como o interesse pela arqueologia de Roma, exemplificado no livro II do *Tratado da República*, nas *Antiquitates* de Varrão, nas lendas das origens de Roma em Tito Lívio, e em trechos tão diversos como o Canto VIII da *Eneida* (visita a Evandro), elegias várias do livro IV de Propércio, nas *Metamorfoses* e nos *Fastos* de Ovídio, e tornado visível na reconstituição por Augusto, no cimo do Palatino, da *casa Romuli*.

Mas, ao dar resposta a essa crise de valores tão bem ilustrada por Lucrécio ou por Catulo e mesmo entrevista em Ovídio[109], o otimismo augustano, que vai propagandear ter o regime de Augusto trazido a perfeição em todos os domínios, supõe a cura dos males existentes e com isso, paradoxalmente, funda os alicerces de um pessimismo que levará a correntes estéticas adversas. Trata-se de algo semelhante ao afirmado por Cícero a propósito da decadência expectável da oratória a partir do cesarismo, depois de a mesma ter atingido o seu zénite[110]. Tal otimismo tem, no campo literário, aflorações muito ricos, mesmo antagónicos, como se adivinha: assim, apesar do ideal de regresso ao passado, a época augustana vai substituir o *pater Ennius* 'pai Énio', verdadeiro fundador e clássico da literatura latina até então, por um astro literário coevo, Virgílio[111] — e nisso dá seguimento às preferências estéticas neotéricas contra as quais Cícero se rebelara (*Tusc.* 3.45)[112]; vai fomentar a emulação dos literatos no sentido de reivindicarem a criação de novas espécies literárias, como no caso de Horácio quando se proclama o Arquíloco latino esquecendo Catulo,

---

[107] Lucr. 5./83 ss., 925 ss., onde, todavia, a idealizaçao retórico-filosófica do passado nao impede a crença no progresso, tendo em conta a juventude da terra (5.330-332: "A verdade é que, a meu parecer, tudo tem novidade e é recente a natureza do mundo, e não teve o seu começo há muito tempo. Por isso agora certas artes se embelezam, agora também se desenvolvem"; cf. 5.780; a ideia de progresso acentua-se na fase civilizada, onde, como remédio para os erros, o verdadeiro prazer (5.1433 *vera voluptas*) não impede o progresso contínuo (5.1453), graças à descoberta da verdadeira moral por Epicuro, em Atenas (6.4 *solacia dulcia vitae* 'doces refrigérios da vida', 6.24 *veridicis dictis* 'palavras verdadeiras', 6.28 *recto cursu* 'o caminho direto', expressões que remetem para 3.1-30: ver 3.2 *commoda vitae* 'o agradável da vida', 3.9 *rerum inventor* 'inventor da realidade', 3.12 *aurea dicta* 'palavras de ouro', 3.28 *divina voluptas* 'o prazer divino').

[108] Tib. 1.3.35-50, 1.10.1-12, 2.1.37-78, 2.3, esp. v.35-49 e 68-80; cf. Galinsky 1996 270 ss. (Tibulo não rejeita os valores augustanos).

[109] Cf. Citroni 2006 363-363 para Catulo e 394-395 para Lucrécio; Ov. *Med.* 11-25 contrapõe a beleza rústica das Sabinas aos excessos de *toilette* das mulheres e até dos homens da sua época.

[110] Cic. *Brut.* 1-6; Citroni 2006 288.

[111] Neste aspeto, Cecílio Epirota é um inovador, ao abrigar autores contemporâneos no currículo pedagógico; cf. Hor. *Ep*.2.1, uma espécie de querela entre antigos e modernos, Habinek 1998 106-107.

[112] Também Tac. *Ann*. 3.55, elogia Vespasiano e mostra que a sua época forneceu exemplos que não ficam atrás dos do passado ('nem tudo no passado era melhor'); Plínio, no geral elogiando o passado, ocasionalmente também o censura (*Nat*. 36.4), acabando por fazer uma síntese na figura de Vespasiano (*Nat*. 2.18: 'os líderes romanos ... agora Vespasiano'; cf. Oliveira 1992 129 n.231, 288-289); ver Lucr. 3.1024 ss.: desprezo pelas grandes figuras da antiguidade.

ou no de Ovídio a propósito das *Heroides*, mesmo quando a novidade não é absoluta[113]. Ora, a crença no progresso alcançado irá esgotar a veia clássica e gerar um pessimismo que se virá a traduzir em anseios artísticos anti-clássicos, como no caso de Lucano, o qual arreda toda a maquinaria mitológica tão cara aos autores tardo-republicanos e augustanos, de Cícero a Virgílio e a Ovídio.

Será que esta reação, consequência fatal da própria crença implícita no devir cíclico, já se adivinhava quando o regime augustano terá infletido a sua política de mecenatismo prazenteiro para uma veia mais autoritária, após o afastamento de Mecenas por 23 a.C. e a sua morte em 8 a.C.? Pelo menos, não se pode negar que tanto as *Geórgicas* como a *Eneida* têm suscitado leituras que vão nesse sentido[114].

Tábula Cronológica

82 a.C.: Sila nomeado ditador sem termo certo
81 a.C.: *lex Cornelia de maiestate*
52 a.C.: Pompeu cônsul único
48 a.C.: batalha de Farsalo
46 a.C.: *praefectura morum* de Júlio César; *lex Iulia de maiestate*
45 a.C.: Júlio César cônsul único, assume a *sacrosanctitas* dos tribunos da plebe
44 a.C.: Júlio César ditador perpétuoCesaricídio
43 a.C.: *lex Paedia de interfectoribus Caesaris*; II Triunvirato
42 a.C.: batalha de Filipos
31 a.C.: batalha de Áccio
29 a.C.: fecho do Templo de Jano
27 a.C.: Augusto renuncia a todos os seus poderes e províncias; título de *Augustus*; reorganização constitucional e do senado
26 a.C.: poeta Cornélio Galo cai em desgraça
23 a.C.: Augusto renuncia ao consulado; recebe *imperium proconsulare maius* e *tribunicia potestas*
18 a.C.: *lex Iulia de adulteriis coercendis; lex Iulia de maritandis ordinibus*
17 a.C.: *ludi saeculares; carmen saeculare* de Horácio
12 a.C.: Augusto torna-se *Pontifex Maximus*
8 a.C.: *lex Iulia maiestatis*; morte de Mecenas
2 a.C.: Augusto recebe título de *Pater Patriae*
4 d.C.: Augusto adota Tibério
8 d.C.: desterro de Ovídio
9 d.C.: *lex Papia Poppaea*; dedicação da *Ara Pacis*
14 d.C.: morte de Augusto, Sucede-lhe Tibério
20 d.C.: processo e suicídio de Pisão
21 d.C.: julgamento e execução do poeta Clutório Prisco
25 d.C.: processo e suicídio do historiador Cremúcio Cordo
c.32-35 d.C.: orador Cássio Severo morre no exílio
37 d.C.: morte de Tibério; sucede-lhe Calígula

---

[113] Para Horácio, cf. *Ep.* 1.19, Citroni 2006 518; para Ovídio, ver *Ars* 3.341-346; cf. Prop. 4.3: carta de Aretusa a seu marido.

[114] Tac. *Ann.* 3.30, a propósito de Salústio Crispo, e a exemplo de Mecenas e do seu relacionamento com os imperadores: "em idade avançada, gozou mais de aparência de amizade do que da influência inerente".

Bibliografia

Boyd, B. W. (1997), *Ovid's Literary Loves. Influence and Innovation in the* Amores. Ann Arbor, the University of Michigan Press.
Bradley, P. (1997), *Ancient Rome. Using Evidence*. Rydalmere, Hodder Education (repr. 1990).
Brown, R. P. (1987), *Lucretius on Love and Sex*. Leiden.
Cairns, F. (1984), "Propertius and the battle of Actium (4.6)" in T. Woodman – D. West ed, *Poetry and politics in the age of Augustus*. Cambridge, Cambridge University Press 129-168.
Cizec, E. (2008), "Une polémique. Tacite par rapport à Velleius Paterculus et à Valère-Maxime. Le contexte", *Studii Clasice* 42-44 139-151.
Citroni, M. – Consolini, E. E. – Labate, M. – Narducci, E. (2006), *Literatura de Roma Antiga* (trad. M. Miranda e I. Hipólito, revisão de W. Medeiros). Lisboa, Fundação Calouste Gulbenkian.
DuQuesnay, I. M. Le M. (1984), "Horace and Maecenas: The propaganda value of *Sermones* I" in T. Woodman – D. West, eds *Poetry and politics in the age of Augustus*. Cambridge, Cambridge University Press 19-58.
Fedeli, P., Nascimento, A. A. (2002), *Propércio, Elegias*. Lisboam Centro de Estudos Clássicos (usadas algumas traduções).
Fedeli, P. (2008), "L'ultima notte romana di Ovidio, fra epos ed elegia: una rilettura di *Trist*. 1.3" in A. A. Nascimento – M. C. S. Pimentel, coords *Ovídio: exílio e poesia. Actas do Colóquio no bimilenário da "relegatio"*. Lisboa, Centro de Estudos Clássicos 83-112.
Flury, M. (1986), *Liebe und Liebessprache bei Menander, Plautus und Terenz*. Heidelberg, Carl Winter.
Frécaut, J.-M. (1972), *L'esprit et l'humour chez Ovide*. Grenoble, Presses Universitaites de Grenoble.
Galinsky, K. (1996), *Augustan Culture. An Interpretive Introduction*. Princeton, Princeton University Press.
Gigante, M. (1987), *La bibliothèque de Philodème et l'épicurisme romain*. Paris., Les Belles Lettres.
Gil, L. (1981), *Censura en el mundo antiguo*. Madrid, Alianza (^{1}1966).
Gold, K. (1982), *Literary and Artistic Patronage in Ancient Rome*. Austin, University of Texas Press.
Gregoris, R. L. (2002), *El amor en la comedia latina. Análisis lexico y semántico*. Madrid, Ediciones Clásicas.
Griffin, J. (1985), *Latin Poets and Roman Life*. London, Duckworth.
Grimal, P. (1991), *O amor em Roma*. São Paulo, Martins Fontes.
Habinek, Th. N. (1998), *The Politics of Latin Literature. Writing, Identity, and Empire in Ancient Rome*. Princeton, Princeton University Press.
Haffter, H. (1971), "Pasquill, Pamphlet und Invektive bei Tacitus" in G. Radke, ed, *Politik und literarische Kunst im Werk des Tacitus*. Stuttgart, Klett 100-110.
Hemelrijk, E. A. (1999), *Matrona Docta. Educated women in the Roman élite from Corneli to Julia Domna*. London, Routledge.
Labate, M. (1984), *L'arte di farsi amare. Modelli culturali e progetto didascalico nell'elegia ovidiana*. Pisa, Giardini.
Luisi, A. (2008), "La culpa silenda di Ovidio: nel bimillenario dell' esilio" in A. A. Nascimento – M. C. S Pimentel, coords. *Ovídio: exílio e poesia. Actas do Colóquio no bimilenário da "relegatio"*. Lisboa, Centro de Estudos Clássicos 19-45.
Martin, J.-P. (2008), "Les Fastes d'Ovide: une oeuvre 'augustéenne'?", *Studii Clasice* 42-44 77-88.
McKeown, J. C. (1984), "Fabula proposito nulla tegenda meo: *Ovid's* Fasti *and Augustan politics*" in T. Woodman – D. West, eds *Poetry and politics in the age of Augustus*. Cambridge, Cambridge University Press 169-187.
Nicolet, Cl. (1988), *L'inventarie du monde. Géographie et politique aux origines de l'Empire romain*. Paris, Fayard.
Oliveira, E. M. R. – Torrão J. M. N. (2010), "Cícero e Ovídio: o poder da *uxor* em contexto de exílio" in Pimentel, M. C. S. – Rodrigues, N. S., coords. *Sociedade, poder e cultura no tempo de Ovídio*. Coimbra, Centro de Estudos Clássicos e Humanísticos 145-171.
Oliveira, F. (1992), *Les idées politiques et morales de Pline l'Ancien*. Coimbra, Instituto Nacional de Investigação Científica.
_____ (1993), "Teatro e poder em Roma", in J. Torrão, ed *As Línguas Clássicas. Investigação e Ensino*. Coimbra, Instituto de Estudos Clássicos 121-142.

_____ (2006), "Amor em Terêncio" in A. Pociña – B. Rabaza – M.F. Silva, eds *Estudios sobre Terencio*. Granada, Universidad de Granada 333-356.
_____ (2008a), Cícero: *Tratado da República*. Lisboa, Círculo de Leitores / Temas e Debates.
_____ (2008b), "Misoginia clássica. Perspectivas de análise" in C. Soares – I. C. Secall – M. C. Fialho, eds *Norma e Transgressão*. Coimbra, Imprensa da Universidade de Coimbra 65-91.
_____ (2009), "Amor na sátira de Horácio e seus predecessores" in M. H. Rocha Pereira, J. Ribeiro Ferreira, F. Oliveira, eds, *Horácio e a sua Perenidade*. Coimbra, Centro de Estudos Clássicos e Humanísticos 21-53.
_____ (2010a), "O *Sonho de Cipião*. Um programa de cidadania e liderança" in V. S. Pereira, ed *O além, a ética e a política. Em torno do Sonho de Cipião*. Braga, Húmus 65-86.
_____ (2010b), "Sociedade e cultura na época augustana" in M. C. S. Pimentel – N. S. Rodrigues, coords *Sociedade, poder e cultura no tempo de Ovídio*. Coimbra, Centro de Estudos Clássicos e Humanísticos 11-36.
_____ (2015) , "Consequências da Expansão Romana" in J. L. Brandão – F. Oliveira, eds, *História de Roma Antiga*. I vol. *Das origens ao fim da República*. Coimbra, Imprensa da Universidade de Coimbra 237-315.
_____ (2016), "Augusto em Plínio o Antigo" in R. Morais – M. Bandeira – M. J. Sousa, eds, *Celebração do Bimilenário de Augusto. Ad nationes. Etnous Kallaikon*. Braga, Câmara Municipal de Braga 40-53.
Oltramare, A. (1926), *Les origines de la diatribe romaine*. Genève, Imprimeries populaires.
Ramage, E. S. (1987), *The Nature and Purpose of Augustus' Res Gestae*. Stuttgart, F. Steiner Verlag.
Ramírez de Verger, A. (2005), *Publio Ovidio Nasón, Obras completas*. Madrid, Consejo Superior de Investigaciones Científicas.
Rotondi, G. (1966), *Leges publicae populi romani*. Hildesheim, G. Olms.
Rudd, R. (1966), *The Satires of Horace*. Cambridge, Cambridge University Press.
Suerbaum, W. (1971), "Der Historiker und die Freiheit des Wortes. Die Rede des Cremutius Cordus bei Tacitus, Ann. 4,34/35" in G. Radke, ed. *Politik und literarische Kunst im Werk des Tacitus*. Stuttgart, Klett, 61-99.
Varandas, J. (2010), "Legiões em Marcha no Tempo de Ovídio" in M. C. S. Pimentel – N. S. Rodrigues, coords, *Sociedade, poder e cultura no tempo de Ovídio*. Coimbra, CECH, 221-240.
Williams, G. (1978), *Change and Decline. Roman Literature in the Early Empire*. Berkeley, University of California Press.
Winkes, R. (1985), *The Age of Augustus. The Rise of Imperial Ideology*. Louvain-la-Neuve.
Woodman, T. (1984), "Horace's first Roman ode" in T. Woodman – D. West, eds *Poetry and politics in the age of Augustus*. Cambridge, Cambridge University Press, 83-94.
Wyke, M. (2002), *The Roman Mistress*. Oxford, Oxford University Press.
Zanker, P. (1992), *Augusto y el poder de las imágenes*. Madrid, Alianza Editorial (trad. da ed. alemã, de 1987).

Imagens:

Fonte: *Wikimedia Commons*
Fig. 1: *Sidus Iulium*: https://commons.wikimedia.org/wiki/File:RSC_0090.2.jpg
Fig. 2: Estátua de Augusto: https://commons.wikimedia.org/wiki/File:Statue-Augustus.jpg

3. Os Júlio-Cláudios

Fábio Duarte Joly
Universidade Federal de Ouro Preto
ORCID: 0000-0001-6549-3094
fabio.joly@ufop.edu.br

Fábio Faversani
Universidade Federal de Ouro Preto
ORCID: 0000-0002-3464-1020
faversani@ufop.edu.br

Sumário: Os Júlio-Cláudios: o poder de uma *domus*. Tibério e a tentativa de equilíbrio entre senado e *princeps*. Calígula e a tensão desnuda do Principado. Cláudio e a afirmação de uma corte imperial. Nero e o ocaso de uma dinastia. Conclusão: a consolidação da ideia de dinastia[1].

1. Uma dinastia do Palatino

A dinastia Júlio-Cláudia foi um momento chave na consolidação do Principado não só pelas rupturas que impôs em relação à República, mas sobretudo pelas continuidades que persistiram entre esses dois períodos da história romana (Faversani 2013). Como nos lembra Fergus Millar (1998 123), a história de Roma, no Alto Império, é "a história de um tipo anômalo e estranho de cidade-Estado", cuja "anomalia mais acentuada era, naturalmente, de que era agora governada por um imperador, e todas suas complexas instituições sofreram transformações por esse fato". Uma transformação importante se refere à própria estrutura das *domus* aristocráticas. Embora na República tardia, as casas dos *nobiles* republicanos já apresentassem uma

---

[1] Trabalho realizado no âmbito do Projeto *Rome our Home: (Auto)biographical Tradition and the Shaping of Identity(ies)* (PTDC/LLT-OUT/28431/2017). A pesquisa para este capítulo também contou com o apoio do CNPq (Bolsa de Produtividade 2, processo 302301/2018-6, F. D. Joly).

tendência a serem pequenas "cortes", no Principado isso passa paulatinamente a ser visto como prerrogativa dos imperadores.

Augusto, quando saiu vitorioso das guerras civis em 31 a.C., não estabeleceu o poder de um só homem, mas de uma casa dinástica, uma *domus* que tinha uma identidade coletiva e onde as mulheres tinham papéis públicos e homens jovens eram promovidos como potenciais sucessores imperiais (Rowe 2002). Também escravos e libertos (a chamada *"familia Caesaris"*), por sua integração à casa imperial, passaram a ter posições públicas. A casa imperial, ao assumir um peso extraordinário na administração do Estado, fez com que libertos e mulheres, que, em geral, se limitavam à esfera privada de cada casa aristocrática, tivessem funções públicas e papel político cada vez mais relevantes.

De Augusto a Nero, ocorreu a progressiva institucionalização de uma corte imperial (*aula Caesaris*), distinguindo a casa dos imperadores das demais casas aristocráticas (Winterling 1999). Ao longo da dinastia Júlio-Cláudia, nota-se igualmente uma crescente "provincialização" na orientação da política imperial. Se, com Tibério, Roma continua o foco das atenções, sob Cláudio e Nero, o quadro muda, prefigurando uma visão mais compósita do Império.

O presente texto busca apresentar uma interpretação geral desse período, focando mais na construção da trama dinástica do Principado e nas linhas de força da ação política de cada imperador.

2. Tibério[2]

Tibério Cláudio Nero nasceu em 16 de novembro de 42 a.C. em Roma, filho de Tibério Cláudio Nero e Lívia Drusila. A família refugiou-se na Sicília em 40 a.C. por conta da oposição de seu pai a Otaviano, o futuro Augusto. Após o retorno da família a Itália em 39 a.C., Tibério tornou-se herdeiro de um certo Marco Gálio – provavelmente amigo de seu pai e, como ele, apoiador de Antônio –, mas não tomou seu nome. Nesse mesmo ano, Lívia divorciou-se de Tibério Nero e casou-se com Otaviano. Com a morte de Tibério Nero em 33 ou 32 a.C., Otaviano ficou como guardião de seus filhos e Tibério foi logo prometido para desposar Vipsânia Agripina, filha de Agripa, então com apenas um ano de idade.

Após 30 a.C., com Augusto detendo o poder de fato, Tibério aparece associado ao imperador, mas não gozando do mesmo prestígio daqueles que eram parentes de sangue. Em 29 a.C. Tibério tomou parte no triunfo de Otaviano pela vitória em Ácio e, em 26-5 a.C., acompanhou-o como tribuno militar na guerra contra os Cântabros. Em 20 a.C. retornou Tigranes ao seu reino da Armênia e conseguiu que o rei parto Fraates devolvesse os estandartes de Marco

---

[2] Sobre o reinado de Tibério as principais fontes são Tácito (*Ann.* 1-6), Suetônio (*Tib.*), Díon Cássio (57-58) e Veleio Patérculo (2, 123-131). Seguimos Eck 2006a; Kienast 2011 76-79; Levick 1999; Shotter 2004; Wiedemann 1996 198-221.

Licínio Crasso, perdidos na batalha de Carrae em 53 a.C.. Por este motivo recebeu os *ornamenta praetoria* no ano seguinte. Foi pretor com Augusto em 16 a.c. na Gália, colaborando na reorganização da província. Em 13 a.c. foi cônsul ordinário e, em 12 a.c., com a morte de Agripa, tomou seu lugar nas campanhas para a conquista da Panônia, encerrada em 9 a.c.. Com a morte de seu irmão Druso nesse mesmo ano, Tibério assumiu o comando de legiões na Germânia e pacificou-a a ponto de, em 7 a.C., ser-lhe permitido um triunfo.

Tibério chegou a ser apontado como herdeiro político de Augusto em 6 a.c., visto que recebeu a *tribunicia potestas* por um período de cinco anos. O casamento com Júlia, filha de Augusto, em 12 a.c., também era um indicativo. Porém, a promoção dos filhos de Júlia, Gaio e Lúcio, que Augusto adotara, marcou um revés nesse sentido. Tibério retirou-se para Rodes, onde passou sete anos. Voltou a Roma em 2 d.C. (já divorciado de Júlia, devido aos escândalos em que ela se envolvera), mas apenas em 4 d.C., com a morte de Gaio César, Augusto nomeou Tibério seu sucessor e adotou-o. Por sua vez, antes dessa ocasião, Tibério teve que adotar o filho de seu irmão e sobrinho-neto de Augusto, Germânico. Tibério recebeu a *tribunicia potestas* por um período de dez anos e o *imperium* como procônsul. Ele comandou o exército e a província da Germânia entre 4 e 6 d.C., consolidando a fronteira do Reno entre 10 e 12 d.C.. Em 13 d.C. recebeu novamente a *tribunicia potestas* por outro período de dez anos e o *imperium* como procônsul, de modo que, quando Augusto morreu em 14 d.C., na Campânia, não havia dúvidas de que Tibério seria o novo *princeps*.

Tibério tomou assim controle da casa imperial e iniciou a transição de reinado, escrevendo primeiramente aos exércitos romanos. Em seguida, não se sabe se com a ciência de Tibério ou não, Agripa Póstumo, terceiro filho de Agripa e Júlia, e adotado por Augusto em 4 d.C., foi executado na ilha de Planásia, onde estava exilado desde 7 d.C. (Wiedemann 1996 202).

Tibério acompanhou o traslado do corpo de Augusto até Roma e o funeral público foi decretado numa sessão do senado em setembro, convocada por Tibério por conta de sua *tribunicia potestas*. O testamento de Augusto foi lido no senado, confirmando Tibério como seu principal herdeiro. Coube-lhe dois terços dos bens de Augusto, o restante sendo destinado a Lívia.

Tendo sido apresentadas as linhas gerais do contexto dinástico que possibilitou a ascensão de Tibério, cabe observar agora os pontos mais relevantes de sua relação com o senado, um parceiro importante do imperador no governo do império. Do ponto de vista da composição social do órgão, Tibério mostrou-se avesso a se admitir de forma indiscriminada novos membros ao senado, e preferiu se limitar a indivíduos oriundos da Itália, que, à época, incluía a Gália Cisalpina. Já no tocante ao trato com esse órgão, a historiografia moderna tem indicado a preocupação desse *princeps* em revitalizar o senado para que agisse de forma mais eficiente na condução dos assuntos públicos (Levick 1999 70-3). Um primeiro passo constou da reformulação do *consilium* formal que Augusto instituíra para preparar a agenda levada ao senado.

A partir de 13 d.C. esse grupo era formado por vinte senadores, com mandatos anuais, cônsules, cônsules designados, Tibério e seus filhos, e outros membros escolhidos *ad hoc*. As decisões ali tomadas pesavam no debate no senado e, antes de 13 d.C., suas resoluções tinham até mesmo o status de *senatus consulta*, diminuindo, portanto, a autoridade do senado. Tibério aboliu este comitê, mantendo um outro tipo de *consilium*, constituído de seus amigos de confiança, além de vinte lideranças escolhidas pelo senado. Esses vinte membros eram representantes permanentes do senado para aconselhar Tibério em questões administrativas. Tratava-se, pois, de uma configuração que garantia o prestígio do senado e não impedia necessariamente a deliberação senatorial. Outra medida na direção de um fortalecimento controlado do senado nota-se na transferência das eleições dos *comitia centuriata* e *tributa* do povo para o senado (Tac. *Ann.* 1.81). O povo perdia, assim, sua voz nas eleições e o senado votava agora nos candidatos a magistraturas, produzindo uma lista com o número necessário para o preenchimento das vagas. A competição por cargos era decidida nos bastidores, entre os senadores, e o imperador recebia os nomes dos candidatos e lia a lista no senado. Em suma, o *princeps*, com Tibério, obtinha um papel formal no processo eleitoral.

Contudo, no que dizia respeito às finanças do Império e ao controle do exército, Tibério deixou o senado em segundo plano, mesmo sem alijá-lo de todo. Na crise financeira de 33 d.C. (Tac. *Ann.* 6.16-17; Suet. *Tib.* 48; D.C. 58.21) Tibério desembolsou dinheiro próprio para contemplar proprietários fundiários, mas concedeu a gestão da distribuição do recurso aos senadores. Mesmo nos casos de processos de lesa-majestade (*maiestas*), em que as propriedades dos condenados eram confiscadas pelo Estado, o direcionamento dos valores, sob Tibério, tendia a ir para o Fisco imperial – controlado diretamente pelo *princeps* – e não para o erário público, formalmente da alçada do senado (Levick 1999 77; 104). Estes confiscos concentrados levaram, em larga medida, à própria crise financeira de 33 d.C. (Gaia 2014).

No plano provincial, embora Tibério tenha enfrentado revoltas na Gália em 21 d.C. (Tac. *Ann.* 3.40-46) e na África entre 17 e 25 d.C. (Tac. *Ann.* 2.52; 3.20; 4.13; 24-26), no geral o Império manteve-se pacificado e coeso. Duas inovações marcaram seu Principado. Primeiro, o longo mandato de alguns governadores de províncias, e, segundo, o governo de províncias sem a presença física de legados do imperador. Foi o caso de Lúcio Élio Lamia, legado da Síria entre 21 e 32, e de Lúcio Arrúncio, legado da Tarraconense entre 23 e 33 d.C. (Levick 1999 97). Tratar-se-ia, portanto, de uma tentativa de administração centralizada, com o *princeps* em Roma administrando as províncias. O próprio Tibério não visitou qualquer província após sua nomeação como imperador, recorrendo inicialmente a membros da casa imperial, como Germânico que realizou campanhas na Germânia e no Oriente. No geral, a visão que Tibério tinha do Império estava muito centrada em Roma e na Itália, com as províncias entendidas ainda basicamente como fontes de tributos. Tampouco gozou de popularidade com a plebe de Roma – ponto ressaltado por Suetônio (*Tib.* 75) – e mostrou-se preocupado em expandir os limites territoriais do Império. Manter a paz das regiões conquistadas era seu objetivo, em sintonia com as recomendações do testamento de Augusto.

Um ponto de inflexão em seu reinado é a ida para Capri em 27, estabelecendo aí sua corte e não mais ficando acessível diretamente ao senado como anteriormente. Nesse contexto ganhou proeminência Lúcio Élio Sejano, comandante da guarda pretoriana. Sejano chegou a ter uma grande influência junto ao senado, articulando inclusive uma sucessão de acusações de *maiestas* contra seus opositores, em geral partidários de Agripina, esposa de Germânico. Em 29 conseguiu a deportação de Agripina e seu filho Nero, e Druso, seu segundo filho, foi aprisionado no palácio em 30. Sejano tentou obter de Tibério consentimento para se casar com Lívia, viúva de Druso, filho de Tibério, mas não logrou êxito. Em 31, quando Sejano tentou eliminar Calígula, terceiro filho de Agripina, foi acusado de conspiração perante o senado e executado.

No período em que Sejano atuou como intermediário entre o senado em Roma e Tibério em Capri, esse órgão viu-se mais envolvido em disputas dinásticas e sua posição política viu-se enfraquecida com o centro do governo afastado. Se a própria retirada de Tibério do contato mais imediato com os senadores teve por meta estimular a independência do senado, fato que se observa desde o início de seu reinado, o resultado obtido foi diferente.

Tibério morreu em 37 d.C., em Miseno, provavelmente pelas mãos de Calígula, que então ascenderia ao trono. A imagem que os escritores do século II, como Tácito e Suetônio, nos deixaram aproximam Tibério de um tirano. Todavia, seu governo, como aqueles dos demais Júlio-Cláudios, deve ser entendido como um momento de experimentação política, em que se buscava parâmetros de governabilidade tendo em vista a confluência de uma nova cultura política imperial – cujo centro era a casa imperial – com os elementos institucionais do período republicano (Campos 2013 11-12).

2. Calígula[3]

Gaio César Germânico nasceu em 31 de agosto de 12 d.C. em Antium, filho de Germânico e Agripina Maior. O apelido de Calígula foi dado pelos soldados da frente renana, onde esteve com sua mãe em 14 d.C. – e ele, como sói ocorrer, não gostava do apelido. Calígula, que já era sobrinho-neto de Augusto, também se tornou seu neto quando Germânico foi adotado por Tibério. Em 17 d.C. Calígula acompanhou o triunfo de seu pai sobre as tribos germânicas. Em 18 d.C. Germânico partiu com a família para Oriente, pois o

---

[3] Sobre o reinado de Calígula as principais fontes são Suetônio (*Cal.*) e Díon Cássio (59). Seguimos Eck 2006b; Kienast 2011 85-89; Barrett 2001; Winterling 2011; Wiedemann 1996 221-229.

conjunto das províncias orientais fora-lhe confiado com um *maius imperium*. Com a morte de seu pai em 19 d.C., em Antioquia, Calígula e Agripina retornaram a Roma. Com o exílio da mãe, foi educado por sua avó Lívia e depois por Antônia. Em 31 d.C. Tibério levou-o para Capri, e apontou-o, junto com o neto Tibério Gemelo, seu herdeiro. Calígula esteve envolvido na conspiração contra Tibério em 37 d.C., tanto que, no mesmo dia da morte do imperador, a 16 de março, soldados em Miseno aclamaram-no *imperator*, e, dois dias depois, o senado acompanhou o gesto. Logo assumiu todos os títulos individuais que foram de Tibério, com a exceção de *pater patriae* (que tomaria depois). Foi cônsul *suffectus* nesse ano de 37 e cônsul em 39, 40 e 41 (Eck 2006).

De acordo com Suetônio (*Cal.* 13), a ascensão de Calígula ao poder foi comemorada pela população de Roma, pelos soldados que o conheceram quando criança e pelos habitantes das províncias. Seu primeiro discurso no senado – na versão de Díon Cássio (59.6) – teve um tom conciliatório, afirmando que governaria juntamente com os senadores e colocaria um fim nos processos de lesa-majestade (*maiestas*). No discurso fúnebre de Tibério, pronunciado em abril de 37, ressaltou sua vinculação a Augusto e Germânico, e, a despeito do fato de o testamento de Tibério ter sido invalidado, honrou seu conteúdo: doações à guarda pretoriana, ao povo de Roma e às coortes urbanas (uma espécie de força policial).

Outro ato simbólico de reverência à sua família imediata foi sua ida às ilhas onde sua mãe e irmão pereceram no exílio. Calígula retornou a Roma com seus restos mortais e depositou-os no mausoléu de Augusto. Na cerimônia, membros proeminentes da ordem equestre carregaram as urnas em liteiras normalmente destinadas para transportar estátuas de deuses. Cabe ressaltar que, durante o principado de Calígula, as mulheres da família imperial receberam até então o mais público reconhecimento de seu poder e importância dinástica. As honras conferidas a suas irmãs (Agripina, Drusila e Júlia Livila) e à mãe destacam-se na primeira cunhagem de moedas inteiramente devotadas (isto é, tanto no anverso quanto no reverso) a uma mulher (um sestércio dedicado a Agripina, a Velha); pelo fato de terem sido as primeiras mulheres vivas representadas e nomeadas numa emissão de moedas romanas imperiais (as três irmãs de Calígula num sestércio de 37-8 d.C.); as primeiras mulheres cujos nomes foram incluídos em juramentos públicos junto com aqueles endereçados ao imperador; as primeiras mulheres a deterem os direitos de virgens vestais (suas irmãs e Antônia Menor, sua avó); a primeira mulher (Drusila) a ser nomeada no testamento de um imperador como herdeira de seu *imperium*, bem como a primeira a ser deificada (Wood 1995; Griffin 1984 26).

Embora tais atos tenham sido interpretados pelos autores antigos – e por parte da historiografia moderna que subscreve a imagem de Calígula como um "imperador louco"[4] –, observa-se na ênfase de Calígula em suas irmãs uma

---

[4] Para uma crítica desse tipo de abordagem, não só para o caso de Calígula, mas também de Nero e Domiciano, ver Winterling 2012.

certa racionalidade no sentido de que honrá-las publicamente era honrar o remanescente da família de Agripina e Germânico, alvo de perseguições por Sejano sob Tibério. Significava, assim, preparar o público para a aceitação de qualquer filho de suas irmãs como potenciais herdeiros do trono. Como nos ensina Saller (1994 95ss), a família como entidade composta por parentescos consanguíneos vai perder importância no Império. Passam a ter cada vez mais peso as relações de parentescos ágnatas, geradas por casamentos e adoções, por exemplo. A família vai deixando de ser progressivamente o resultado de uma ascendência genética – a respeito da qual nada se pode fazer – para corresponder a um conjunto de relações que se pode construir.

Isto se revela sobretudo no caso de Drusila. Ainda que casada com Lúcio Cássio Longino, Calígula uniu-a com Marco Emílio Lépido, membro de uma prestigiosa família republicana e de longa data associada a Augusto. Seu pai (cônsul em 6 d.C.) teria sido considerado por Augusto como *capax imperii* (cf. Tac. *Ann.* 1.13). A irmã de Lépido, Emília Lépida, fora esposa de Druso, irmão de Calígula. A confiança de Calígula em Lépido transparece, ademais, no fato de ter-lhe dado o sinete durante sua convalescência em 37 d.C., indicando que Lépido, como marido de Drusila, deveria administrar a casa imperial se Calígula falecesse (Wiedemann 1996 224). Se entende, então, que a morte de Drusila em setembro de 38 tenha impactado as pretensões de Calígula.

No entanto, o ponto de virada de seu governo é localizado em 39, quando Calígula alegou a descoberta de uma conspiração para derrubá-lo. As circunstâncias desse evento não são muito claras, mas um dado de relevo é que os indivíduos envolvidos não eram velhos rivais da família de Germânico e tampouco partidários de Tibério Gemelo, que Calígula eliminara em 37 (Winterling 2011 94). À frente estariam Lépido e Cneu Cornélio Lentulo Getúlico, cônsul em 26 d.C. e comandante das legiões da Germânia superior desde 30. A presença de Lépido confere um conteúdo dinástico a essa conspiração, visto que fora casado com Drusila e a morte dela não o distanciou das pretensões ao poder supremo. Dessa maneira, a conspiração de 39 foi o primeiro momento em que Calígula viu-se impelido a defender sua posiçao no plano da casa imperial. Esse foi o momento também em que Calígula rompeu o estado de conciliação com o senado, acusando os senadores de odiá-lo e planejarem sua morte (D.C. 59.16.2-7). Então, como sintetiza Aloys Winterling (2012 12), "ele rompeu o complexo e ambíguo sistema de comunicação e trouxe à cena a questão central que, durante décadas, e com grande esforço, fora mantida latente na comunicação entre imperador e senadores: a discrepância fundamental entre o poder imperial e os interesses da aristocracia, a falta de aceitação do imperador e a ameaça a sua pessoa representada especificamente pelos senadores". Este quadro se repete no caso de outros "maus imperadores", notadamente Nero e Cômodo.

Lépido e Getúlico foram executados, enquanto que Agripina e Livila, acusadas de adultério com Lépido, foram exiladas. Essas ações foram tomadas por

Calígula a caminho das legiões do Reno, com o objetivo primevo de conter uma possível rebelião liderada por Getúlico. O imperador, após executá-lo, substitui-o por Sérvio Sulpício Galba, e reorganiza as tropas, dispensando um número de centuriões e também comandantes de outras legiões de províncias que teriam chegado tarde à Germânia. Calígula acreditava que havia uma rebelião de Getúlico, mas o cenário que encontrou não foi de resistência. Ao lado de Galba, Calígula chefiou algumas expedições ao longo do Reno.

O imperador deixou a fronteira renana e passou o inverno de 39-40 em Lyon, capital da província da Gália Lugdunense. Nessa localidade Calígula organizou dois leilões, um com as posses de suas irmãs, outro com pertences da família imperial. As fontes que reportam esses eventos – Suetônio (*Cal.* 39.1) e Díon Cássio (59.21) –, apesar de, em parte, aproveitarem a oportunidade para enfatizar o comportamento tirânico de Calígula, que teria dispensado bens do povo romano por ganância, também permitem vislumbrar uma preocupação do imperador em ganhar apoio das elites gaulesas, permitindo-lhes que tivessem acesso a bens da família imperial. O segundo leilão, sobretudo, poderia assim ser compreendido como um ritual de conciliação num momento de enfrentamento de conspirações e necessidade de dinheiro. Cabe lembrar que, na Gália, Calígula concebe a ideia de uma conquista da Bretanha, além de medidas para assegurar a posição romana no limite renano (Kleijwegt 1996).

Ambas as regiões estavam estrategicamente ligadas, embora não se possa asseverar que Calígula tivesse por pretensão uma grande ofensiva na Germânia. Garantir a frente oriental contra incursões germanas significava possibilitar uma campanha na Bretanha sem o risco de cortes nos suprimentos. De toda a sorte, qualquer plano de invasão da ilha parece ter sido adiado e Calígula retornou a Roma em agosto de 40 (Barrett 2001 129-138), colocando em prática, até sua morte em janeiro de 41, uma política de enfrentamento com a aristocracia senatorial, a ponto de colocar a guarda pretoriana posicionada no senado e promover uma degradação cerimonial no trato com os aristocratas. O auge dessa conjuntura ocorreu quando Calígula permitiu que a aristocracia o venerasse como divino, um fato inédito até então. Em suma, o que se observa doravante no comportamento de Calígula é a tentativa de aniquilar a hierarquia aristocrática e obter uma posição de honra para si mesmo para além daquela hierarquia baseada nas honras republicanas ligadas a magistraturas (Winterling 2012 14).

O resultado final dessa tensão entre *princeps* e aristocracia foi a eliminação do próprio Calígula por uma conspiração em 24 de janeiro de 41, quando também pereceram sua esposa Milônia Cesônia e a filha Júlia Drusila.

Do ponto de vista da história dos Júlio-Cláudios, o reinado de Calígula permite vislumbrar, com suas frequentes alusões ao passado da dinastia e importância das mulheres da família imperial, um momento crucial para o estudo da legitimidade dinástica (Cogitore 2002 202), aspecto este que continuará candente sob os imperadores seguintes, Cláudio e Nero, quando também entram em cena os libertos imperiais.

3. Cláudio[5]

Nascido em 10 a.c., em Lugdunum (Lyon), Tibério Cláudio Druso era o filho mais jovem de Cláudio e Antônia Menor, irmão de Germânico, sobrinho de Tibério e tio de Calígula. Embora intimamente vinculado à *domus Augusta*, Cláudio permaneceu uma figura de segundo plano. Augusto conferiu-lhe o augurado, mas Cláudio não ingressou no senado. Continuou como membro da ordem equestre e, após a morte de Augusto, tornou-se *sodalis Augustalis*.

Quando Calígula se tornou imperador em 37, designou Cláudio como co--cônsul, mas, a nos fiarmos em Suetônio (*Cl.* 9.2), apenas para rebaixá-lo, consultando-o sempre por último nas sessões do senado. Desde 39/40, Cláudio esteve casado com Valéria Messalina, de quem teve Otávia, em 40, e Britânico em 41. Foi aclamado imperador pelos pretorianos (e logo depois pelo senado) em 41, em seguida à morte de Calígula (da qual provavelmente foi cúmplice, cf. Levick 1990 35). Cláudio recebeu a *tribunicia potestas* e o *imperium proconsulare*, além de ser *pontifex maximus*. Foi cônsul quatro vezes e recebeu o título de *pater patriae* já em 42 (Eck 2006).

A tradição literária – em especial, Sêneca, Suetônio e Tácito – sobre Cláudio é particularmente hostil, embora permitam vislumbrar pontos positivos de seu governo. Prepondera, contudo, a imagem de um imperador "fraco", sem muita iniciativa própria, refém de suas esposas e libertos. A historiografia mais recente tem buscado rever essa interpretação, tomando os anos de reinado de Cláudio como ponto de partida para uma análise do desenvolvimento da cultura política imperial num momento ainda incipiente de institucionalização do Principado (Osgood 2011 22).

Nesse sentido, um fato digno de menção foi o apoio dos pretorianos a Cláudio, que deixou o senado sem alternativa a não ser proclamá-lo imperador. O débito de Cláudio com a guarda pretoriana revela-se nas moedas do início de seu governo (que mostram imagens do imperador com os soldados), e cuja cunhagem objetivou pagar o donativo sem precedentes de quinze mil sestércios aos pretorianos (Wiedemann 1996 232). Contudo, não apenas uma lógica pecuniária explica a posição da tropa, visto que já revela a atuação do exército na fabricação do *princeps*, um dado que retornará de forma mais incisiva após a morte de Nero em 68.

Do ponto de vista dinástico, Cláudio, assim como seus antecessores, buscou reforçar sua posição por alianças familiares. Em 42 Ápio Júnio Silano foi chamado de seu governo na Tarraconense para se casar com a mãe de Messalina, Domícia Lépida, filha da sobrinha de Augusto, Antônia Maior. A filha de Cláudio com Élia Petina, Antônia, foi casada com Pompeu Magno, filho de

---

[5] Sobre Cláudio as principais fontes são Sêneca (*Apoc.*), Suetônio (*Cl.*), Tácito (*Ann.* 11-12) e Díon Cássio (60). Seguimos Eck 2006c; Kienast 2011 90-92; Levick 1990; Osgood 2011; Wiedemann 1996 229-241.

Marco Licínio Cássio Frugi, cônsul em 27 d.C.. Otávia, filha de Cláudio e Messalina, com dois anos foi comprometida com Lúcio Júnio Torquato Silano. Cláudio também permitiu o retorno do exílio de Júlia Livila e Agripina. Livila foi executada pouco depois de sua volta, mas Agripina recuperou a guarda de seu filho, Domício Aenobarbo, o futuro imperador Nero, e sua propriedade, confiscada por Calígula, voltou às suas mãos. Casou, então, com Gaio Salústio Passieno Crispo, filho adotivo de Gaio Salústio Crispo, conselheiro de Augusto. Como notou Barbara Levick (1990 46), "a proeminência das mulheres nos principados de Gaio e Cláudio mostra o quanto de progresso ocorreu em direção de se tornar a posição suprema virtualmente a posse hereditária de uma única família". Todavia, dentro desse mesmo processo, já em 42 Cláudio veio a enfrentar conspirações. A primeira, com Ápio Silano, acima citado, e a segunda, liderada pelo legado da Dalmácia, Lúcio Camilo Escriboniano. Ambos acabaram mortos (Wiedemann 1996 253-4).

Um segundo aspecto que confere uma certa peculiaridade ao principado claudiano é o papel desempenhado pela chamada *família Caesaris*. Com Cláudio, alguns libertos assumiram um maior papel político-administrativo devido a uma associação entre procuradores equestres e procuradores libertos para a administração de assuntos financeiros e provinciais. Cabe notar que as carreiras de cavaleiros e libertos sempre se mantiveram rigidamente separadas (Weaver 1981), de maneira que as críticas dirigidas aos libertos imperiais pela aristocracia em Roma visavam mais à atribuição de honrarias a esse segmento pelo imperador, que costumeiramente cabiam a senadores. Essa dissonância de status, sublinhada pelos autores antigos, não nos deve fazer esquecer a função dos libertos na gerência da casa e propriedades imperiais. Os numerosos testemunhos epigráficos, estudados sobretudo por Boulvert (1970) e Weaver (1972), documentam esse ponto. E mesmo informações fornecidas pela literatura permitem vislumbrar tal papel. Para o caso específico do principado de Cláudio, pode-se citar o *senatus consultum Claudianum*, de 52 d.C. (cf. Gaius *Inst.* 1.84), que, conforme Tácito (*Ann.* 12.53), foi apresentado ao senado como uma proposta do liberto Palas, encarregado das finanças imperiais. O objetivo último da lei era regular os casamentos na *família Caesaris*, resguardando os interesses do *fiscus*, ao reduzir as esposas, nascidas livres, de escravos imperiais à condição de escravas imperiais (*Caesaris servae*), e todos os seus filhos ao *status* de escravos também (*Caesaris vernae*) (Weaver 1972 168).

Além dessa maior importância dos libertos e escravos do imperador, observa-se também, no governo de Cláudio, uma redefinição das atribuições da ordem equestre. Por um lado, em Roma, Cláudio reduziu a idade de 25 para 24 anos para os cavaleiros comporem tribunais de justiça, um campo que particularmente interessou Cláudio. Por outro lado, no tocante à organização das províncias (a conquista da Bretanha foi seu maior triunfo), enquanto anteriormente os cavaleiros enviados para governar províncias menores ou distritos como a Judeia e a Récia ganhavam o título militar de prefeito, que conferia certo prestígio, com Cláudio ocorreu uma substituição dos prefeitos por procuradores, como, por exemplo, nas novas províncias da Mauritânia Caesariense e Mauritânia Tingitana (Levick 1990 48-49; Osgood 2011 113). O uso do título *procurator* enfatizava o controle pessoal de Cláudio sobre as províncias, uma vez que os *praefecti* eram usualmente apontados pelo comandante senatorial que subjugara o território. Esse maior controle imperial também se nota na transferência, em 44 d.C., da responsabilidade pelo *aerarium Saturni* de uma dupla de pretores (que era escolhida anualmente por sorteio, desde 23 a.C.)[6] para uma outra de questores, agora apontados pelo *princeps*, e na transferência da responsabilidade pelo pagamento das distribuições de trigo do *aerarium* para o *fiscus*, ou seja, para o tesouro imperial. Essas medidas todas foram tomadas por alguns estudiosos, como Arnaldo Momigliano (1961), como reveladoras de uma tendência centralizadora de Cláudio, confrontando a autonomia senatorial.

No entanto, há registros também de muitas questões que Cláudio poderia ter resolvido sozinho, mas que remeteu ao senado (Eck 2006). Por exemplo, ele fez o senado confirmar a autoridade de procuradores na administração da justiça (Tac. *Ann.* 12.60), assim como possibilitou o ingresso de alguns aristocratas gauleses no senado, com a aquiescência desse órgão (Tac. *Ann.* 11.23-25; *CIL* XIII 1668 = *ILS* 212; ver Griffin 1982). Mesmo no caso de Palas, acima citado, foi o senado quem conferiu os *ornamenta praetoria* (Tac. *Ann.* 12.53; para indignação de Plínio, o Jovem, *Ep.* 7.29.2).

Ao invés de se falar em centralização do poder – algo que é inerente ao governo de qualquer imperador – é preciso atentar para o principado de Cláudio como um período importante na institucionalização de uma corte (*aula*). Isso se nota na configuração das residências imperiais no monte Palatino, onde, de Augusto a Nero, as casas de outros aristocratas foram, sucessivamente, deslocadas pelas *domus* dos *principes*.

Sob Cláudio, a chamada *domus Tiberiana*, uma construção palaciana, cujas dimensões mediam 117 por 132 metros, desenvolveu-se na parte setentrional da colina, rompendo – assim, como, mais tarde, sob Domiciano, a *domus Augustana* na parte meridional do Palatino – do ponto de vista qualitativo e quantitativo com os padrões das residências aristocráticas de então, impondo um caráter à parte para a casa imperial (Winterling 1999 64). A partir de Cláudio, a corte assumiu um papel central na tomada de decisões políticas e que afetavam os rumos dinásticos do Principado (Michel 2015). Isso fica bem ilustrado pela movimentação na corte que se seguiu a uma conspiração contra o imperador, quando sua esposa, Messalina, pretendeu desposar um jovem aristocrata, de nome Gaio Sílio. O problema não foi a infidelidade de Messalina, mas a formação de laço matrimonial, reforçando nossa hipótese de que as famílias governantes ganhavam destaque em detrimento de indivíduos. E, na composição das famílias, casamentos e adoções são fundamentais. Após a eliminação de ambos, de acordo

---

[6] Vide cap. 1, Leão e Brandão, § 4.2 e 4.4.

com Tácito, os libertos de Cláudio discutiram entre si, sobre a futura esposa do imperador (*Ann.* 12.1). O casamento de Cláudio com Agripina em 48 d.C., sob instigação de Palas, abriu caminho para que seu filho, Domício Aenobarbo, fosse designado como sucessor ao trono. Em 49 foi prometido a Otávia, filha de Cláudio, e, em 50, foi adotado pelo imperador. Cláudio acabou morto, envenenado pela própria Agripina em 54 (Tac. *Ann.* 12.66-69; Suet. *Cl.* 44).

4. Nero[7]

Nascido em 15 de dezembro de 37, em Antium, Lúcio Domício Aenobarbo era filho de Cneu Domício e Agripina Menor. O pai de Nero morreu em 40 e sua mãe foi banida por Calígula, fazendo com que Nero fosse inicialmente criado por sua tia, Domícia Lépida. Quando Agripina retornou do exílio em 41, Nero, como descendente de Augusto, ficou visado como sucessor ao trono. Isso apenas foi reforçado por sua adoção por Cláudio em 50, quando tomou o nome de Nero Cláudio César Druso Germânico. Em 51 Nero foi designado *princeps iuventutis*, e, em 53, casou-se com Otávia, filha de Cláudio. Embora Cláudio tivesse um filho próprio, Britânico, Agripina conseguiu afastá-lo. A morte de Cláudio em 54 selou a ascensão de Nero. Em 13 de outubro de 54 Nero foi aclamado pelos pretorianos, cujo prefeito, Afrânio Burro, era aliado de Agripina. Outro suporte importante vinha de Sêneca, cuja volta do exílio imposto por Cláudio fora orquestrada por Agripina. O senado logo conferiu a Nero a *tribunicia potestas* e o *imperium proconsulare*, tradicionais atributos que confirmavam o poder imperial. Em 55 Nero assumiu seu primeiro consulado; os seguintes ocorreram em 57, 58, 60 e 68. Em 55 aceitou o título de *pater patriae*, após uma vitória diplomática contra os Partos (Elvers - Eck - Eder 2006).

Embora Agripina tenha estado à frente para elevar Nero ao poder imperial, após 55 ocorre um paulatino enfraquecimento de sua influência. O assassinato de Britânico nesse ano consolidou a posição de Nero, assim como o afastamento, nesse mesmo ano, do liberto Palas de seu posto de *a rationibus*. A ligação de Nero com uma liberta, Acte, também é relacionada por Tácito e Díon Cássio a uma perda do controle da mãe sobre o filho. Acte aparece logo em 55, como amante do imperador (*Ann.* 13.12), com a ciência de Sêneca e Burro, e Díon Cássio (61.71), remontando a ascendência de Acte a Átalo III, rei de Pérgamo, afirma que o imperador amava-a mais que a Otávia, sua esposa.[8] O assassinato

---

[7] Sobre Nero as principais fontes são Suetônio (*Nero*), Tácito (*Ann.* 13-16) e Díon Cássio (61-63). Seguimos Champlin 2003; Elvers - Eck - Eder 2006; Griffin 1984; Kienast 2011 96-98; Wiedemann 1996 241-255.

[8] Escrava libertada por Cláudio ou Nero, Acte recebeu de Nero vastas propriedades fundiárias no Lácio (em Velletri), na Campânia (em Pozzuoli), talvez no Egito e principalmente na Sardenha (em Ólbia) (Mastino – Ruggeri 1995).

de Agripina em 59 constituiu o auge desse processo de separação de Nero das suas ligações com a família Júlio-Cláudia, ainda mais intensificado ao se divorciar de Otávia, e bani-la de Roma em 62, para se casar com Popéia Sabina, oriunda de uma família sem ancestralidade senatorial, de Pompéia (Griffin 1984 101-102). O assassinato de Agripina, se confiarmos em especial no relato de Tácito, contou com largo apoio dos soldados, das municipalidades e, por fim, do próprio senado (Tac. *Ann*. 14.10-13). Já o banimento de Otávia encontrou resistência (Tac. *Ann*. 14.61). Avaliamos que ambos os movimentos, de apoio e resistência, têm a mesma origem: uma preocupação com o enfraquecimento da família imperial.

Sêneca e Burro destacam-se, portanto, como as principais personalidades dos anos iniciais do principado neroniano, tanto que, como ponderou Anthony Barrett (1999 159), "a natureza da influência de Sêneca e Burro sobre Nero e suas contribuições no declínio do papel de Agripina representam o mais difícil problema histórico dos primeiros anos do reinado de Nero". No caso específico de Sêneca, é comum atribuir-lhe, seguindo Tácito, a elaboração de uma proposta de governo para Nero sintonizada com um ideal senatorial, que postulava, acima de tudo, uma colaboração entre imperador e senado, como se o *princeps* fosse um *primus inter pares*, qualificada especialmente na literatura anglófona como um *quinquennium Neronis* (para uma crítica desta concepção, ver Faversani 2014). A leitura da obra de Sêneca, como seu *De clementia*, contudo, não corrobora essa tese, visto que Sêneca aí avança um ideal de principado que o tornava mais autocrático e centralizado (Faversani 2007).

De qualquer forma, Nero não deixou de reconhecer a dignidade das ordens equestre e senatorial. Suetônio cita o fato de não ter admitido no senado filhos de libertos e o costume de fazer ler por um cônsul suas mensagens na cúria (*Nero* 15) como exemplos de seu respeito pela instituição do consulado. Na descrição suetoniana dos espetáculos oferecidos por Nero em Roma continua a predominar a ênfase no respeito do imperador frente à aristocracia, como nos *Iuvenales* (*Nero* 11). Os *Iuvenales* foram instituídos em 59 d.C. (Tac. *Ann*. 14.15; D.C. 61.19-21) e pelo menos até antes de 64 esses jogos foram realizados anualmente. Além dos *Iuvenales*, a participação de aristocratas no palco ou na arena é atestada para os anos 57 (Tac. *Ann*. 13.31), 59 (Tac. *Ann*. 14.14; D.C. 61.17), 60 (Tac. *Ann*. 14.20; D.C. 61.21) e 63 (Tac. *Ann*. 15.32). Sobre os jogos quinquenais em 60 d.C., Tácito reconhece que muitos, inclusive senadores, apoiavam a iniciativa de Nero (*Ann*. 14.21). Sobre os jogos denominados *Neronia*, Suetônio acrescenta ainda que Nero deu lugares de honra aos senadores e aos cavaleiros e determinou que consulares fossem sorteados como juízes dos concursos (*Nero* 12) (cf. Joly 2005 117-119).

Essa preferência de Nero pelo campo artístico, longe de ser uma mera excentricidade do imperador, revela uma forma de se inserir no ambiente de competição intra-aristocrática de Roma e uma certa concepção do Principado (Manning 1975). De acordo com Aloys Winterling, "com Nero, não é a referência à *res publica* que serve como base para a posição imperial. A hierarquia política tradicional, em que a honra social resultava de cargos políticos, ou seja, a partir de conquistas para a comunidade política, e em que o imperador não encontrava um lugar, aqui aparece anulada e substituída por uma alternativa. Um tipo de meritocracia permanece como a base da classificação social. Não honras de cargos públicos, mas vitórias nas competições aparecem como a base da glória imperial, e antigos ideais aristocráticos gregos servem como ponto de referência" (Winterling 2012 14).

Essa escolha, todavia, não impediu um certo isolamento do imperador frente a setores da aristocracia e sobretudo frente ao exército (a despeito das vitórias na Bretanha sobre Boudica por Suetônio Paulino em 60, e sobre os Partos com Domício Corbulão em 63). Em especial com a plebe de Roma Nero gozava de popularidade[9]. Em 65 arma-se uma conspiração contra Nero para tentar colocar no poder C. Calpúrnio Pisão, de uma família nobre. Tácito qualifica essa conspiração de *militaris conspiratio* (*Ann.* 15.66) pelo envolvimento de pretorianos (ver também Suet. *Nero* 36.1-2; D.C. 62.24-27). Delatada a conjura por um liberto dos senadores envolvidos, seguiu-se uma dura repressão com a morte de cavaleiros e senadores. O próprio Sêneca, e seu sobrinho, o poeta Lucano, pereceram nessa ocasião. Outro fator importante de instabilidade do principado de Nero foi o grande incêndio de Roma em 64. Além de ter gerado importantes problemas fiscais sobre os quais as fontes falam pouquíssimo, trouxe uma agudização das diferenças hierárquicas entre imperador e os demais aristocratas com a construção da monumental *Domus Aurea*. Para se ter uma ideia, sob Vespasiano, a construção do magnífico Coliseu foi celebrada como a retomada para o público daquilo que havia sido apropriado por um privado. A tensão entre público e privado no que se refere às posses e atuação tanto do imperador quanto daqueles que lhe são próximos, seguirá sendo um tema central de conflitos ao longo de todo o principado.

Desde então a posição de Nero em Roma fragiliza-se, tanto que, em 66, parte para a Grécia, para participar em concursos artísticos, deixando seu liberto Hélio em Roma como informante do estado de coisas. Retornou a Roma apenas em 68, quando teve notícias da sublevação de Júlio Vindex, apoiado por Galba, na província da Gália Lugdunense. Ninfídio Sabino, prefeito do Pretório, percebendo que Nero estava isolado, juntou-se a Galba com os pretorianos. Em 8 de junho de 68, o senado declarou Nero inimigo público. Um dia depois, fora de Roma, Nero comete suicídio, auxiliado por um de seus libertos.

Seguiu-se à morte de Nero uma guerra civil que perduraria até a vitória final de Vespasiano em 69, em que os envolvidos clamavam estar libertando Roma da opressão de um tirano. Moedas com as legendas *Libertas Restituta* e *Adsertor Libertatis Publica* foram cunhadas por Júlio Civil, Galba, Vitélio e Vespasiano, sugerindo que certos grupos antes se viam como "escravos" de Nero (Roller 2001

---

[9] A relação da plebe de Roma, bem como o apelo popular desse imperador, até mesmo depois de sua morte, é um ponto desenvolvido por Champlin 2003.

261). Ainda no século IV, Aurélio Vitor, em seu *Epitome de Caesaribus*, uma compilação de eventos dos reinados de Augusto a Teodósio, apresenta o comportamento da plebe de Roma, quando da morte de Nero, como um ritual de libertação de escravos[10]. Com o fim de Nero, encerrava-se a dinastia Júlio-Cláudia.

Tácito, quando narra, nas *Histórias*, os eventos da guerra civil de 68-69, que se seguiu à morte de Nero, afirma que então fora desvelado um dos *arcana imperii*: o imperador agora poderia ser feito fora de Roma (*Hist.* 1.4)[11]. Se esse comentário, por um lado, revela o peso maior dos exércitos na indicação do *princeps* após os Júlio-Cláudios, por outro, não significa que deitou por terra a ideia de dinastia. Vespasiano, que saiu vitorioso da guerra civil, foi sucedido por seus filhos, Tito e Domiciano.

Um aspecto interessante quando estudamos os principados dos Júlio-Cláudios é o afastamento entre o que dizem as fontes de sua própria época e aquelas posteriores. Isto já havia sido apontado por Tácito quando cunhou sua famosa legenda "*sine ira et studio*". Mas cumpre destacar que é um campo fértil para reflexão tanto que os imperadores bons foram se transformando pelas fontes em imperadores perfeitos (sendo todas as críticas pouco a pouco esquecidas, como no caso de Augusto) e os maus foram feitos intoleráveis – mesmo tendo governado por mais de década em alguns casos, como Nero e Domiciano (sendo suas qualidades totalmente apagadas com o passar das gerações). Esta ilusão produzida pelas fontes de uma divisão enorme entre bons e maus imperadores se tornou algo corrente para o público, mas vem sendo intensamente revisada pela historiografia recente.

Tábua cronológica

19 de agosto de 14 d.C. – morte de Augusto
10 de outubro de 19 d.C. – morte de Germânico
26 d.C. – Tibério deixa Roma
27 d.C. – Tibério se fixa em Capri
31 d.C. morte de Sejano
16 de março de 37 d.C. – morte de Tibério
39 d.C. – exílio de Agripina e Livila, irmão de Calígula
24 de janeiro de 41 d.C. – assassinato de Calígula
43 d.C. – conquista da Bretanha por Cláudio
50 d. C. – adoção de Nero por Cláudio
13 de outubro de 54 d.C. – morte de Cláudio
Março de 59 d.C. – assassinato de Agripina, mãe de Nero
19 de junho de 64 d.C. – início do incêndio de Roma, sob Nero, que duraria cerca de nove dias
65 d.C. – conspiração de C. Calpúrnio Pisão contra Nero
Setembro de 66 d.C. – ida de Nero à Grécia para participar em jogos
09 de junho de 68 d.C. – suicídio de Nero

---

[10] *Epit.* 8-9: *ut plebs induta pilleis manumissionum tamquam saevo exempta domino triumpharet.*

[11] Sobre este assunto, vide cap. seguinte, Brandão.

Bibliografia

Barrett, A. A. (1999), *Agrippina: sex, power, and politics in the Early Empire*. London, Routledge.
_____ (2001), *Caligula: The Corruption of Power*. London, Routledge.
Boulvert, G. (1970), *Esclaves et affranchis impériaux sous le Haut-Empire: rôle politique et administratif*. Napoli, Jovene.
Campos, R. C. (2013), *Entre Roma e Capri: o afastamento de Tibério César como ponto de inflexão política durante seu Principado*. Tese de doutorado, Faculdade de Filosofia, Letras e Ciências Humanas, Universidade de São Paulo.
Cary, E. – Foster, H. (1924), Cassius Dio. *Roman History*, vol. VIII (books 56-60), ed., trad. Massachusetts, Harvard University Press.
_____ (1925), Cassius Dio. *Roman History*, vol. VIII (books 61-70), ed., trad. Massachusetts, Harvard University Press.
Champlin, E. (2003), *Nero*. Massachusetts, Belknap Press/Harvard University Press.
Cogitore, I. (2002), *La légitimité dynastique d'Auguste à Néron à l'épreuve des conspirations*. Roma, École Française de Rome.
Eck, W. (2006a), "Tiberius", in H. Cancik - H. Schneider, eds. *Brill's New Pauly*. Leiden, Brill.
_____ (2006b), "Caligula", in H. Cancik - H. Schneider, eds. *Brill's New Pauly*. Leiden, Brill.
_____ (2006c), "Claudius", in H. Cancik - H. Schneider, eds. *Brill's New Pauly*. Leiden, Brill.
Elvers, K.-L. - Eck, W. - Eder, W. (2006), "Nero", in H. Cancik - H. Schneider, eds. *Brill's New Pauly*. Leiden, Brill.
Faversani, F. (2007), "Tácito, Sêneca e a historiografia", in F. D. Joly, ed., *História e retórica: Ensaios sobre a historiografia antiga*. São Paulo, Alameda Casa Editorial 137-146.
_____ (2013), "Entre a República e o Império: apontamentos sobre a amplitude desta fronteira", *Mare nostrum* 4 100-111.
_____ (2014), "*Quinquennium Neronis* e a ideia de um bom governo", *Phoînix* 20-1 158-177.
Gaia, D. V. (2014), "*Inopia nummorum*: Uma leitura da crise financeira de 33 d.C.", *Phoînix* 20-1 144-157.
Goelzer, H. (1953), Tacite. *Annales*, vols. I-III, ed., trad. Paris, Les Belles Lettres.
_____ (1953), Tacite. *Histoires*, vols. I-II, ed., trad. Paris, Les Belles Lettres.
Griffin, M. T. (1982), "The Lyons Tablet and Tacitean Hindsight", *Classical Quarterly* 32 404-418.
_____ (1984), *Nero: the end of a dynasty*. London, B. T. Batsford.
Joly, F. D. (2005), "Suetônio e a tradição historiográfica senatorial: uma leitura da Vida de Nero", *História* 24 111-127.
Kienast, D. (2011), *Römische Kaisertabelle: Grundzüge einer römischen Kaiserchronologie*. Darmstadt, WBG.
Kleijwegt, M. (1996), "Caligula as auctioneer", *Acta Classica* 39 55-66.
Levick, B. (1990), Claudius. London, B. T. Batsford.
_____ (1999), *Tiberius, the Politician*. London, Routledge.
Manning, C. E. (1975), "Acting and Nero's Conception of the Principate", *Greece & Rome* 22(2) 164-175.
Mastino, A. – Ruggeri, P. (1995), "Claudia Augusti liberta Acte, la liberta amata da Nerone ad Olbia", *Latomus* 54(3) 513-545.
Michel, A-C. (2015), *La cour sous l'empereur Claude*: les enjeux d'un lieux de pouvoir. Rennes, Presses Universitaires de Rennes.
Millar, F. (1998), "The Roman city-state under the emperors, 29 BC-AD 69", *Prudentia* supplementary number 113-134.
Momigliano, A. (1961) *Claudius: The Emperor and his Achievement*. Cambridge, W. Heffer & Sons.
Osgood, J. (2011), *Claudius Caesar. Image and Power in the Early Roman Empire*. Cambridge, Cambridge University Press.
Rolfe, J. C. (1914), Suetonius. *Lives of the Caesars*, vol. I (*Julius. Augustus. Tiberius. Gaius. Caligula*), ed., trad. Harvard University Press.
_____ (1914), Suetonius. *Lives of the Caesars*, vol. II (*Claudius. Nero. Galba. Otho, and Vitellius. Vespasian. Titus, Domitian.*), ed., trad. Harvard University Press.

Roller, M. (2001), *Constructing autocracy: aristocrats and emperors in Julio-Claudian Rome*. Princeton, Princeton University Press.
Rowe, G. (2002), *Princes and Political Cultures: The New Tiberian Senatorial Decrees*. Ann Arbor, The University of Michigan Press.
Saller, R. (1994), *Patriarchy, property and death in the Roman family*. Cambridge, Cambridge University Press.
Shotter, D. (2004), *Tiberius Caesar*. London, Routledge.
Weaver, P. R. C. (1972), Familia Caesaris: *a social study of the emperor's freedmen and slaves*. Cambridge, Cambridge University Press.
_____ (1981), "Movilidad social en el Alto Imperio Romano: la evidéncia de los libertos imperiales y los esclavos", in M. I. Finley, ed., *Estudios sobre Historia Antigua*. Madrid, Akal Editor 137-156.
Wiedemann, T. E. J. (1996), "Tiberius to Nero", in A. K. Bowman - E. Champlin - A. Lintott, eds. *The Cambridge Ancient History*. vol. X: The Augustan Empire, 43 B.C.-A.D. 69. Cambridge, Cambridge University Press 198-255.
Winterling, A. (1999), Aula Caesaris: *Studien zur Institutionalisierung des römischen Kaiserhofes in der Zeit von Augustus bis Commodus (31 v. Chr.-192 n. Chr.)*. München, R. Oldenbourg Verlag.
_____ (2011), *Caligula: A Biography*. Berkeley, University of California Press.
_____ (2012), "Loucura imperial na Roma antiga", *História* 31(1) 4-26.
Wood, S. (1995), "Diva Drusilla Panthea and the sisters of Caligula", *American Journal of Archaeology* 99(3) 457-482.

4. GALBA, OTÃO E VITÉLIO: A CRISE E EXPERIÊNCIAS DE 68-69

José Luís Brandão
Universidade de Coimbra
Centro de Estudos Clássicos e Humanísticos
ORCID: 0000-0002-3383-2474
iosephus@fl.uc.pt

Sumário: A aclamação de Galba, governador da Hispânia Tarraconense. O principado de Galba e a influência dos seus satélites. A austeridade de Galba e o descontentamento dos exércitos. A aclamação de Vitélio pelos exércitos da Germânia. A adoção de Pisão como herdeiro de Galba, o golpe de Estado de Otão e morte de Galba no Foro. O principado de Otão e a guerra com Vitélio. A vitória deste e o seu avanço até Roma. A atuação de Vitélio e a aclamação de Vespasiano no Oriente. A guerra e a morte de Vitélio. O significado da crise.[1]

Entre o fim dos Júlio-Cláudios e a aclamação dos Flávios estende-se um período de 18 meses que vale a pena tratar aqui por implicar uma concentração de sucessivos imperadores com diversas motivações e políticas, bases de apoio diversas e descentralizadas e diferentes tentativas de definição da identidade do poder imperial.

A partir do momento em que Nero perdeu o apoio do senado, do povo, dos exércitos e dos pretorianos, estava aberto o caminho para a guerra civil que havia de se estender pelo ano e meio a seguir à morte do último representante da dinastia júlio-cláudia, em junho de 68 d.C.. Neste breve trecho, desfilaram em Roma quatro imperadores: Galba, Otão, Vitélio e, por fim, Vespasiano, o único que se impôs e deu início à dinastia dos Flávios. Por isso, o ano de 69 fica conhecido como "o ano dos quatro imperadores", porque os abarcou a

---

[1] Trabalho realizado no âmbito do Projeto *Rome our Home: (Auto)biographical Tradition and the Shaping of Identity(ies)*. (PTDC/LLT-OUT/28431/2017).

todos, incluindo os últimos dias de Galba e os primeiros de Vespasiano. O modelo de governo imperial sofre como que a primeira grande crise de identidade, pelo que parece necessitar de uma redefinição[2].

1. A linha dura tradicional: Galba, um imperador aclamado na Hispânia

A revolta contra Nero tinha estalado na Gália, na Primavera de 68 d.C., com Víndex. Mas, se este governador da Gália Lugdunense, de ascendência gaulesa, não punha em risco o trono do filho de Agripina – por enquanto, a Urbe estava habituada a ter *principes* da mais pura nobreza romana –, quando Galba, a convite de Víndex, se aliou à revolta, a situação tornava-se mais séria: o velho general, que então governava a Hispânia, era oriundo de uma linhagem de distintos políticos do passado; tinha sido próximo da casa de Augusto, através do favor de Lívia; prestara grandes serviços e acumulara honras nos principados de Calígula e Cláudio; dera provas de possuir excecionais dotes administrativos e rigor no governo das províncias; era um paladino dos costumes antigos – não fora a sua idade avançada e o facto de não ter filhos e encarnaria o príncipe ideal.

Foi cônsul, em 33, e governador da Aquitânia. Depois, colocado por Calígula à frente do exército da Germânia, em lugar de Getúlico, restabeleceu imediatamente a disciplina[3]. Durante o seu proconsulado de África, Galba procedeu com justiça e rigor[4]. Depois governou a Hispânia Tarraconense, com alguma indolência, talvez pela idade ou para não se tornar notado para Nero[5].

Galba não hesita muito tempo e aceita a proposta de Víndex, alegando que intercetara cartas secretas de Nero com ordem de o liquidar (Suet. *Gal.* 9.2). Trata então do recrutamento de tropas, instituição de uma espécie de senado, seleção de um corpo de guarda entre jovens cavaleiros, expedição de éditos a pedir apoio às províncias[6].

À revolta aderiu imediatamente M. Sálvio Otão, antigo companheiro de Nero, de carácter perdulário. Tendo embora sido enviado para a Lusitânia por Nero, no que era percebido como um exílio, aparentemente por razões passionais

---

[2] Como fontes principais para este período temos Suetónio, *Vidas de Galba, de Otão e de Vitélio*; Plutarco, *Vidas de Galba e Otão*, a parte sobrevivente das suas biografias de imperadores, a começar em Augusto e a terminar em Vitélio. Da historiografia antiga temos as *Histórias* de Tácito e a *História Romana* de Díon Cássio.

[3] Suetónio (*Gal.* 6.2) diz que logo se difundiu pelo acampamento o verso: *'disce miles militare: Galba est, non Gaetulicus'* ("Aprende, tropa, a andar na tropa: este é Galba, não Getúlico").

[4] Cf. Tac. *Hist.* 1.49.4.

[5] Cf. Suet. *Gal* 9.1. Cf. D.C., 63.23; Plu. *Gal.* 4.1.

[6] Cf. Suet. *Gal.* 10.2-3.

relacionadas com Popeia Sabina, mas encapotado sob a aparência de promoção[7], governou bem a província durante dez anos[8]. Entretanto Víndex é derrotado por Virgínio Rufo, comandante da Germânia Superior, numa batalha talvez forçada pelos soldados, o que deixa Galba completamente desmoralizado e inclinado ao suicídio (Suet. *Gal.* 11). Porém, o movimento já estava em marcha: rapidamente a revolução atinge o coração do Império: os pretorianos abandonam Nero e o senado declara-o inimigo público, empurrando, assim, para o suicídio o último dos Júlio-Cláudios. E eis que Galba, reconhecido pelo senado, faz a sua caminhada triunfal para Roma, sob o lema da *libertas restituta* 'a liberdade restituída', depois da tirania de Nero[9]. A entrada em Roma é particularmente sangrenta, o que não augurava nada de bom[10].

Com a mudança dos tempos, os velhos valores já não eram percebidos da mesma maneira. A proverbial parcimónia de Galba, elogiada por Tácito, leva-o a tomar, quando imperador, atitudes de contenção de despesas, como a revogação das liberalidades de Nero[11], que, agravadas por incoerência e submissão, como diz Suetónio, aos caprichos dos agentes (Tito Vínio: senador, responsável pelas finanças; Cornélio Lacão: cavaleiro, prefeito do pretório, e Ícelo: um liberto)[12], o tornam impopular[13]. A corrupção destes gerou injustiças em rendimentos e isenção de

---

[7] Porque Otão tinha sido apenas questor e a Lusitânia era por norma governada por antigos pretores.

[8] Cf. Suet. *Otho* 2.2-3.2; Tac. *Hist.* 1.13 e *Ann.* 13.46; Plu. *Gal.* 19-20. A revolta de Galba oferecia-lhe por assim dizer a oportunidade de vingança, como sugere Suetónio (*Otho* 4.1).

[9] Toma o título *Caesar* (cf. Suet. *Gal.* 11; D.C. 63.29.6) e põe-se a caminho de Roma, vestido com o manto do general e um punhal, pendurado ostensivamente ao pescoço e pendente sobre o peito, motivo de ridículo para Díon Cássio (64.3.4). Segundo Poulle (1997 243-252), Galba estaria a lembrar que o seu bisavô estivera entre os conjurados dos idos de Março (Suet. *Gal.* 3.2). Galba retoma a propaganda monetária dos assassinos de César: um *pileus* rodeado de dois punhais com a legenda *libertas restituta* (de facto, temos notícia de que, divulgada a morte de Nero, alguns festejaram-na colocando o *pileus*: cf. Suet. *Nero* 57.1)

[10] Perecem o prefeito do pretório Ninfídio Sabino, que tentou um novo golpe de estado: segundo Plutarco (*Gal.* 14-15), morto pelos soldados no campo pretoriano (enquanto Galba ordenou a morte dos aliados dele, Cingónio Varrão, cons. designado para 69, e de Mitridates do Ponto, rei cliente do Bósforo residente em Roma); o legado da Germânia, Fonteio Capitão, segundo o rumor, por não conseguirem persuadi-lo a revoltar-se contra Galba; o legado de África, Clódio Macro, que se revoltara contra Nero promovendo embargo de cereais – este por ordem directa de Galba (Tac. *Hist.*1.7.1). Petrónio Turpiliano, cons. de 61, também viria a morrer por continuar leal a Nero (Tac. *Hist.*1.6.1). Acresce o massacre, às portas da Urbe, de uns marinheiros que Nero tinha convertido em soldados e vinham reclamar a confirmação do novo estatuto. Perante a insistência deles, Galba mandou a cavalaria carregar sobre eles (Suet. *Gal.*12.2). Por isso, Tácito (*Hist.* 1.37.3) e Plutarco (*Gal.* 15.6-8) sublinham o terror da entrada de Galba em Roma. Vide Morgan 2006 42-43.

[11] Cf. Plu. *Gal.* 16; Tácito, *Hist.* 1.20; Suet. *Gal.* 12-13; 15.1. Sobre as políticas de Galba, vide Sancery 1983 97-119.

[12] Suet. *Gal.* 14.2. Cf. Plu. *Gal.* 17.1; Tácito, *Hist.* 1.13.1. Vide Sancery 1983 121-124; Martin 1991 286-287.

[13] Suet. *Gal.* 14.1. Cf. Tácito, *Hist.* 1.7.2.

impostos e arbitrariedade em algumas execuções[14]. A ideia de que era um bom cidadão privado, mas mau imperador, vem expressa em Tácito (*Hist.* 1.49.4) de forma arguta e humorada: "era por consenso universal apto para o império, se não fosse imperador!". Suetónio (*Gal.* 12.1) é mais negativo, pois considera-o essencialmente avaro e cruel. Mas foi muito prejudicial para Galba o facto de não atribuir aos soldados pretorianos o donativo que o prefeito do Pretório, Ninfídio Sabino, lhes tinha prometido, para os convencer a abandonarem Nero e prestarem o seu juramento a Galba, como se tornara habitual depois de Cláudio[15].

Também o exército da Germânia Superior se agitava por se ver defraudado nas suas aspirações, depois de ter vencido Víndex, e por o seu popular comandante, Virgínio Rufo, ter sido substituído de modo pouco honroso (depois de haver recusado o cargo de imperador que os soldados lhe ofereciam). Rejeitavam, pois, um imperador eleito na Hispânia[16]. A revolta alastrou ao exército da Germânia Inferior, comandado por Aulo Vitélio, que, embora dado aos prazeres da comida e da bebida, era o mais ilustre cepa romana, sendo ele próprio próximo de Calígula, de Cláudio e de Nero[17].

Pensava Galba que o problema era o facto de ser idoso e não ter filhos, pelo que tratou de adotar um jovem nobre, que seria o seu sucessor. A escolha de Galba recaiu sobre L. Calpúrnio Pisão Frúgi Liciniano, jovem ilustre que dava provas de grande elevação moral, mas pouco conhecido. A família fora duramente reprimida por Cláudio e por Nero. Ao fazer tal escolha Galba estaria a pensar no interesse do Estado, mas o exército preferia Otão. E este esperava vir a ser adotado, pelo que não se poupava a despesas para conciliar o favor dos pretorianos com generosos donativos. Ao desapontamento de Otão por ter sido preterido, associou-se o ressentimento dos pretorianos, por Galba nem sequer nessa altura, ao anunciar a adoção diante da parada, lhes conceder o donativo[18].

Em poucos dias, como nota Plutarco, o golpe de estado foi perpetrado de uma forma aparentemente temerária: era de tal modo reduzido o número de soldados que aclamaram primeiramente Otão no Foro, que o próprio acreditava que estava

---

[14] Com castigo de inocentes e, em contrapartida, impunidade para certos agentes de Nero, contra o parecer do povo romano, como o eunuco Haloto e Tigelino, prefeito do pretório de Nero desde 62. Cf. Suet. *Gal.* 15.2; Plu. *Gal.* 17.4-7. Suetónio apresenta a versão mais desfavorável, porque silencia o aplauso do povo pela eliminação dos agentes de Nero: Hélio, Policlito; Petino; Patróbio; Locusta e outros, referidos em Plu. *Gal.* 17.2-3 e D.C. 63.3.4. Vide Morgan 2006 45-46.

[15] Galba replica que "costuma recrutar e não comprar os soldados". O célebre dito é transmitido pelas várias fontes: Plu. *Gal.* 18.4; Tac. *Hist.* 1.5.2 e Suet. *Gal.* 16.1. Ninfídio Sabino tinha-lhes prometido um donativo elevado. Cf. Plu. *Gal.* 2.1-2 e 8.2.

[16] Cf. Plu. *Gal.* 18.7-9; Suet. *Gal.* 16.2. Segundo Tácito (*Hist.* 1.12.1), as legiões da Germânia Superior entregavam a eleição ao senado e ao povo romano, para atenuarem o carácter insurreccional do movimento.

[17] Cf. Tac. *Hist.* 1.55-57; Plu. *Gal.* 22; Suet.*Vit.* 8.1-2. Sobre os relatos da aclamação, vide Venini 1974 997-2000; Venini 1977 118-119; Sancery 1983 137-145; Martin 1991 229-230.

[18] Cf. Plu. *Gal.* 23; Tac. *Hist.* 1.18; Suet. *Gal.* 17; *Otho* 5.

perdido. Mas, no caminho, outros se lhes juntaram e, uma vez no aquartelamento, a generalidade dos soldados foi-se aliando por inércia, por medo ou por convicção[19]. Nesse mesmo dia, 15 de janeiro de 69 d.c., Galba e Pisão foram assassinados e decapitados no Foro e, com eles, outros apoiantes: entre estes Vínio, Lacão e Ícelo[20]. Afinal o tiranicida libertador também se transformara em tirano, segundo as fontes, por causa dos que o rodeavam e da condição dos tempos, que eram outros[21].

2. A linha moderada: Otão, um imperador dos pretorianos

O novo príncipe, garantindo no senado que fora como que raptado na rua e forçado a assumir o *imperium*, mas que o governaria de acordo com o arbítrio de todos[22], conseguiu granjear o favor daquele órgão[23] e do povo ao castigar Tigelino[24], o prefeito do pretório culpado de muitas atrocidades durante o principado de Nero, e ao proceder com moderação e justiça. Ao mesmo tempo, terá empreendido uma política conciliatória: não recusou o nome de Nero com que a plebe o apelidou e até o terá usado em salvo-condutos e cartas[25]; não se opôs à reposição das estátuas daquele imperador, restabeleceu os seus *procuratores* e libertos[26] e promoveu a conclusão da *Domus Aurea*[27]. Mas, por outro

---

[19] Plu. *Gal.* 25.1-6; Tac. *Hist.* 27; Suet. *Otho* 6.3.

[20] Vínio talvez estivesse implicado na conspiração, como terá alegado em vão perante os algozes. Plu. *Gal.* 27; Tac. *Hist.* 1.41-43 e 46; Suet. *Gal.*20. Vide Sancery 1983 157-169; Morgan 2006 57-63; Brandão 2010 39-46.

[21] Plutarco (*Gal.* 29.4-5) expressa admiração por este homem cuja virtude entrara em desuso: "Daí que, na intenção não de tomar os afazeres do governo em seu proveito, mas antes de se entregar a si próprio aos afazeres, pensava comandar os homens domesticados por Tigelino e Ninfídio, como Cipião, Fabrício e Camilo tinham comandado os Romanos de antanho. E, apesar de debilitado pela velhice, até nas armas e nos exércitos ele era um imperador íntegro e à moda antiga".

[22] *Otho* 7.1. Em D.C. 64.8, Otão diz, no seu discurso ao senado, que correria perigo de vida, se se opusesse aos soldados.

[23] Plutarco (*Gal.* 28.1-2) assinala a volubilidade do órgão: "O senado imediatamente aplaudiu, e, como se tivessem transformado noutros, ou os deuses tivessem mudado, reuniam-se para prestar a Otão o juramento, que ele próprio tinha prestado (a Galba), sem o ter observado. E proclamavam--no César e Augusto, ainda os cadáveres decapitados jaziam nas suas roupas consulares no Foro." Ideia semelhante em Tac. *Hist.* 1.47.1.

[24] Cf. Plu. *Oth.* 2; Tac. *Hist.* 1.72.3.

[25] Informação de Clúvio Rufo (governador da Hispânia depois de Galba), segundo Plu. *Oth.* 3.2. Plutarco acrescenta que Otão renunciou a esta prática ao ver o descontentamento que gerava. Talvez fosse um boato posto a circular pelos opositores para o inibir de cometer exageros: vide Morgan 2006 99.

[26] Provavelmente por necessidade, pois não poderia confiar nos governadores de Galba, numa altura em que as posições das províncias se extremavam entre ele e Vitélio: cf. Tac. *Hist.* 1.76. Este autor salienta a celebração da aclamação de Otão por parte de um liberto de Nero. Vide Murison 1992 110-111.

[27] Suet. *Otho* 7.2. Cf. Tac. *Hist.* 1.78.2; Plu. *Oth.* 3.1-2.

lado, adotou um estilo de vida austero que o próprio Tácito, apesar de não ser benevolente com ele, reconhece[28].

O clima de insegurança era perpetuado pelos próprios soldados pretorianos que quase levaram a cabo uma matança de senadores, num banquete no palácio, a pretexto de que estes conspiravam contra o novo imperador. Foi o próprio Otão que a custo os protegeu[29]. Paralelamente, havia o problema de Vitélio, entretanto também aclamado na Germânia. Foram enviadas cartas conciliadoras, mas, como não foi possível um acordo entre as duas partes, a guerra estava de novo no horizonte[30].

Os exércitos encontraram-se no norte de Itália e a batalha principal deu-se em Betríaco, pequena cidade perto de Cremona. Embora as circunstâncias aconselhassem a esperar, Otão, incapaz de suportar por mais tempo um desfecho, ou pressionado pelos soldados, que desejavam travar combate e regressar a Roma, ordenou o ataque, enquanto ele próprio se retirava para Brixelo com um poderoso contingente militar, cometendo assim mais um erro ao retirar aos soldados a motivação da sua presença. A batalha, embora desfavorável para Otão, ocorreu de forma difícil de esclarecer e os relatos divergiam, pelo que o resultado não se apresentava definitivo. Além disso, estavam a caminho tropas da Mésia. Mas Otão tomou uma decisão que havia de ser considerada pelas fontes a mais nobre da sua vida: decidiu sacrificar-se em prol do Estado, para que não houvesse mais guerra civil por sua causa. Considerava que, vivo, não seria tão útil à *res publica* como seria a sua morte, geradora de concórdia. E, depois de tratar da salvaguarda dos senadores e amigos que com ele estavam, suicidou-se, trespassando o peito com um punhal. O seu funeral torna patente a devoção dos soldados com manifestações efusivas de pesar, incluindo suicídios[31]. As várias fontes estão de acordo sobre a nobreza da morte, em contraste com a vida. Suetónio é quem demonstra maior admiração, para o que não seria alheio o facto de o pai do biógrafo ter sido tribuno angusticlavo no exército de Otão[32].

---

[28] Tac. *Hist.* 1.71.1. Suetónio silencia os outros factos, mesmo os favoráveis a Otão, como o castigo de Tigelino (*Hist.* 1.72.3. Wellesley (2000 60) nota que a conexão com Nero tornou Otão politicamente suspeito, apesar da moderação que adotava de momento. Vide Morgan 2006 95.

[29] Cf. Plu. *Oth.* 3.3-13; Tac. *Hist.*1.80-85; Suet. *Otho* 8.2.

[30] Suet. *Otho* 8.1. Cf. Plu. *Oth.* 4.4-6; Tac. *Hist.* 1.74.1; D.C. 64.10.1. Suetónio refere até a oferta de Otão a Vitélio de uma aliança através do casamento com a filha do último.

[31] Cf. Suet. *Otho* 9-12; Plu. *Oth.* 15-18; Tac. *Hist.* 2.46-50; D.C. 64.11-15. Vide Martin 1991 364-367; Harris 1962-63 73-77; Gascou 1984 295-316.

[32] Como observa Gascou (1984 311-312), Suetónio (*Otho* 12) não partilha a severidade dos outros autores em relação à vida de Otão: apenas opõe o modo de vida efeminado a uma morte viril; Tácito (*Hist.* 2.50.1) contrasta a morte digna de Otão com o infame assassínio de Galba; Plutarco (*Oth.* 18.3) diz que não viveu mais honestamente que Nero, mas morreu mais nobremente; Díon Cássio (64.15.2) opõe a morte à impiedade e perversidade de Otão, uma morte ótima a uma vida péssima. Suetónio (*Otho* 12.2) vai ao ponto de justificar a morte de Galba pelo desejo de restituir a *res p. ac libertas* ao povo romano. Para uma análise das razões e do significado do suicídio de Otão, vide Morgan 2006 139-146.

Os senadores que estavam em Mútina ficaram longo tempo indecisos e receosos e recuaram para Bonónia antes de tomarem qualquer decisão, até que receberam, por Valente, a confirmação da derrota e suicídio de Otão. A partir daí, decidiram conceder a Vitélio todas as honras que os imperadores tinham acumulado.

3. Vitélio: imperador imposto pelos exércitos da Germânia

Vitélio tivera o favor de Calígula, Cláudio e Nero, por, segundo diz Suetónio, favorecer os vícios destes[33]. A gula é o seu principal defeito, bem realçado na biografia de Suetónio[34]. Contra todas as expetativas, Galba, talvez com a conivência de Tito Vínio, enviara-o para a Germânia Inferior mais por desprezo que por favor: porque, dizia, os homens menos perigosos são os que só pensam em comer; e com a abundância da província podia satisfazer a sua gula insaciável[35]. Dado o seu carácter afável, foi recebido com entusiasmo por um exército já desejoso de revolta[36], e, como se disse atrás, foi aclamado, no movimento de reação à aclamação de Galba[37]. Tomou o cognome de Germânico, adiou o de Augusto e recusou para sempre o de César, assinalando um corte com os Júlio-Cláudios[38]. De facto, Vitélio demonstra intenção de fundar uma dinastia através dos filhos[39]. E foi o primeiro imperador que não buscou o reconhecimento do senado em Roma.

Impressionou as fontes a sua caminhada para a Urbe com os seus exércitos indisciplinados, acompanhada de pilhagens, rixas entre legionários e tropas auxiliares e banquetes do imperador[40]. Quando chega ao campo de Betríaco,

---

[33] O favor de Gaio pela comum paixão pelas corridas do circo; o de Cláudio, pela paixão pelo jogo dos dados; o de Nero, pelas mesmas paixões e porque, ao presidir aos jogos Neronianos, juntara os seus rogos aos do povo para que o imperador participasse no concurso dos citaredos — o que Nero desejava, mas se não atrevia a fazer: cf Suet. *Vit.* 4.

[34] Para este período não podemos contar com o testemunho de Plutarco, pois a *Vida de Vitélio* perdeu-se, tal como as suas restantes *Vidas dos Césares* de Augusto a Nero.

[35] Suet. *Vit.* 7.1.

[36] Particularmente os comandantes da Germânia Inferior, Fábio Valente, e da Germânia Superior, Alieno Cécina, que tinham razões de queixa de Galba. Cf. Tac. *Hist.* 1.56.

[37] Greenhalgh (1975 115-115) procura entrever os méritos que, apesar da hostilidade das fontes, ele possuiria para ter sido aclamado pelas duas Germânias, apenas um mês depois de chegar, graças à sua integridade e firmeza na abolição das práticas corruptas no exército.

[38] Suet. *Vit.* 8.2. Cf. Tac. *Hist.* 1.62.3 e 2.62.2. Vide Greenhalgh 1975 117-118; Murison 1992 152. Terá adiado o título de Augusto devido às suas intenções dinásticas (apesar de declarar a sua mãe Augusta e de ser admirador de Nero), ou talvez esta ideia fosse criada por retroprojeção pelo facto de aceitar o título por pressão popular. Para Morgan (2006 149) as contradições resultam das indecisões e incongruências do próprio Vitélio.

[39] Nomeou o filho de 6 anos herdeiro e casou a filha com Décimo Valério Asiático, governador da Bélgica.

[40] Cf. Suet. *Vit.* 9; Tac. *Hist.* 1.61ss.

cerca de 40 dias depois da batalha, profere, segundo Suetónio, palavras ímpias e insolentes sobre os mortos e a memória de Otão. Vejamos a viva descrição, reveladora dos excessos da guerra civil (*Vit.* 10.3):

> Quando chegou aos campos onde se travara o combate, ousou encorajar os que se afastavam dos cadáveres em decomposição com estas palavras abomináveis: 'Muito bem cheira um inimigo morto, e ainda melhor se for um concidadão'. E, facto não menos grave, para suavizar a violência do odor, bebeu bastante vinho puro, à vista de todos, e distribuiu-o em redor. Com a mesma jactância e insolência, ao olhar a lápide escrita à memória de Otão, disse que 'ele era digno de tal mausoléu'; e o punhal com que o antecessor se tinha matado, enviou-o para Colónia Agripinense, para ser dedicado a Marte. E no cume dos Apeninos celebrou mesmo uma vigília.[41]

Depois assiste aos espetáculos oferecidos pelos seus dois generais rivais: Cécina, em Cremona, e Valente, em Bonónia[42]. A caminhada até Roma continua marcada por conflitos, desta vez entre a imensa horda de soldados e civis provocadores, e a entrada na Urbe foi uma parada militar impressionante[43], marcada, segundo Suetónio (*Vit.* 11), por falta de moderação[44].

Quanto ao principado, ainda é mais difícil de caracterizar que o de Galba e Otão, como nota Morgan (2006 148). O governo de Vitélio fora iniciado, ainda na Gália, com medidas louváveis: segundo Suetónio (*Vit.* 10.1), licenciou as coortes pretorianas[45], pelo seu péssimo exemplo (subentende-se a traição a Nero e a Galba), e condenou à morte os que tinham pedido a Otão uma recompensa por terem participado na morte de Galba. Diz o biógrafo que "procedia com nobreza, no fim de contas, e com grandeza, ao ponto de criar até a esperança num eminente príncipe, se, quanto ao resto, não agisse mais segundo a natureza e a vida anterior que segundo a majestade do império". Tácito (*Hist.* 2.62) acrescenta, como ações positivas, que expulsou os astrólogos e proibiu a participação de cavaleiros em combates de gladiadores, degradantes para a ordem[46].

Já em Roma, terá oferecido no campo de Marte um sacrifício aos Manes de Nero, para que, no entender de Suetónio, não houvesse dúvidas sobre o modelo

---

[41] Cf. Tac. *Hist.* 2.70. Tácito descreve a cena macabra sem mencionar as palavras ímpias, embora note o contraste entre atitude dos que choravam e a atitude prazenteira do imperador. Vide Morgan 2006 157.

[42] Cf. Suet. *Vit.* 9-10; Tac. *Hist.* 2.68-71.

[43] Cf. Tac. *Hist.* 2.88-89.

[44] Segundo o biógrafo, levavam as armas à vista. Mas uma versão mais próxima da legalidade é apresentada em Tácito (*Hist.* 2.89.1): Vitélio, que se dispunha a entrar na cidade em traje militar, deixa-se convencer pelos amigos a vestir a toga *praetexta*, e os oficiais levam uma veste branca, enquanto em Suetónio envergam o *sagum*, hábito de guerra contraposto à toga. Vide Venini 1977 125-126.

[45] Segundo Tácito (*Hist.* 2.67.2), o licenciamento deu-se por fases.

[46] Os astrólogos fomentavam problemas dinásticos com as suas previsões. Vide Morgan 2006 152.

do seu governo, o que agradava ao povo simples mas não à aristocracia[47], e pediu a um citaredo que, num banquete solene, cantasse uma composição da autoria daquele imperador.

Suetónio, nítido admirador de Otão, exagera os defeitos de Vitélio. Diz (*Vit.* 12.1) que este administrou o império segundo a vontade dos mais vis histriões e aurigas e sobretudo do liberto Asiático, mas parece haver exagero[48]. Na verdade, Vitélio até entregou aos cavaleiros as secretarias que antes eram confiadas a libertos[49]. Um dos problemas é que, enquanto imperador, era uma criação das legiões da Germânia (como nota Murison 1992 153), pelo que acabava por obsequiar estes soldados e dispersar os de Otão, o que criava conflitos e indisciplina. Para Tácito, as transferências que fez, através dos seus generais, enfraqueceram as suas legiões, a cavalaria e os pretorianos, com efeitos negativos para o próprio[50].

Segundo Suetónio, os vícios principais são a sumptuosidade (*luxuria*) e a crueldade (*saeuitia*)[51]. A sumptuosidade concretiza-se na gula. Criticava-se o hábito de fazer um banquete de cada uma das refeições do dia e de recorrer ao vómito para aguentar[52]. Salientam-se avultados gastos com pratos enormes e requintados, tal o refinamento das iguarias vindas dos extremos do império e de fora dele e através dos meios do Estado[53]. Para Tácito o banquete era o caminho mais rápido para chegar ao imperador (*Hist.* 2.95). Mas há aqui muito de estereótipo.

Quanto à crueldade, soa a exagero a sentença de Suetónio de que é exercida contra quem quer que seja e a qualquer pretexto[54]. Sabe-se que até poupou inimigos[55], pelo que se tratará mais de fama resultante de generalizações. Só se conhecem duas vítimas ilustres: Cornélio Dolabela, ligado a Galba e marido da primeira mulher de Vitélio, que parece estar envolvido em traição (Tac. *Hist.* 2.63-64), e Júnio Bleso, governador da Gália Narbonense (Tac. *Hist.* 2.38-39)[56].

---

[47] Suet. Vit. 11.2. Cf. D.C. 65.7.3. Tácito (*Hist.* 2.95.1) fala de altares e sacrifícios, mas não integra o facto num programa de governo.

[48] Baseado na admiração que o imperador nutria por histriões e aurigas, o que levava a que viessem ao seu encontro quando ia a caminho de Roma: cf. Tac. *Hist.* 2.87. Mas a corrupção de Asiático é denunciada também em Tácito: Tac. 2.95.2. Vide Murison 1992 158-159; Venini 1977 128.

[49] Cf. Tac. *Hist.* 1.58.1. Vide Greenhalgh 1975 119-120.

[50] Cf. Tac. Hist. 2.94.

[51] *Vit.* 13.1.

[52] Cf. D.C. 65.4.3.

[53] Vit. 13.2-3. Cf. Plin. *Nat.* 35.163ss; D.C: 65.3.

[54] *Vit.* 14.1: *Pronus uero ad cuiuscumque et quacumque de causa necem atque supplicium* Parece ser uma forma de o conotar com estereótipos de Nero, cf. *Nero* 37.1: *Nullus posthac adhibitus dilectus aut modus interimendi quoscumque libuisset quacumque de causa.*

[55] Díon Cássio (66.6.2) nota que suprimiu reduzido número de otonianos.

[56] Embora neste caso seja incerto se havia indício de conjura. Vide Murison 1992 162-163; Greenhalgh 1975 120-122.

As notícias de requintes de malvadez (a um doente que, durante um acesso de febre, lhe pedia água, o próprio Vitélio deu veneno num copo de água fria; e de que, a outra vítima, depois de a condenar, manda reconduzi-la de novo à sua presença e, quando todos celebravam já a sua clemência, ordena que a matem à sua frente, porque, de acordo com a sua gula, "queria dar alimento aos olhos") parecem sugerir, por comparação com Tácito, a utilização para diversas vítimas de elementos da mesma narrativa da morte de Júnio Bleso[57].

Mas, no Oriente, as tropas e o prefeito do Egito (Tibério Alexandre) aclamaram Vespasiano, que antes se tinha mostrado favorável a Otão. De novo se prepara uma luta titânica entre os exércitos do Este e Oeste[58]. Eclodiu de novo a guerra e, depois do avanço de António Primo (comandante da Panónia) sobre Roma e de uma feroz luta nas ruas da cidade, Vitélio é linchado no Foro de forma aviltante, perante os insultos da multidão, em dezembro de 69 d.C.[59]. Pelo meio ficou um terrível saque de Cremona, depois da segunda batalha de Betríaco, e o incêndio do Capitólio, onde os apoiantes e Vespasiano em Roma (entre os quais estavam o irmão deste, Flávio Sabino, que era o prefeito da cidade, e Domiciano, o filho mais novo de Vespasiano) se tinham fortificado. A estabilidade viria com a dinastia dos Flávios (Suet. *Vesp.* 8.1), que se finaria em 96 com o assassínio de Domiciano. Mas esse será o assunto do próximo capítulo deste volume.

Conclusão: o significado da crise

Um período tão terrível, e ainda relativamente próximo da altura em que Plutarco, Tácito e Suetónio relatavam os factos, provocou transformações que levarão estes autores a interrogarem-se sobre as razões da crise e a natureza das mudanças. No primeiro capítulo da *Vida de Galba*, Plutarco atribui, antes de mais, as culpas da situação aos impulsos irracionais dos soldados, que põem à prova o carácter dos generais, à sua avidez desenfreada, e à falta de bons líderes capazes de imporem a necessária disciplina[60]. Como resultado, os imperadores são comparados por Plutarco a tiranos cénicos que se sucedem no palco como atores.

Para o religioso Suetónio, a par do carácter das personagens históricas, a tónica é colocada no fim de um ciclo, bem delimitado pelo destino, como o

---

[57] Suet. *Vit.* 14.1-2. Cf. Tac. *Hist.* 3.39.1. Murison 1992 162-163. Do mesmo modo não se pode dar crédito à notícia de que manda executar uns homens da plebe por terem caluniado a facção azul nas corridas (*Vit.* 14.3). Soa a decalque de Calígula, que se ofende por a plebe apoiar outra equipa (Suet. *Cal.* 30.2).

[58] Como nota Greenhalgh 1975 123.

[59] Cf. Suet. *Vit.* 17.1-2; Tac. *Hist.* 3.84.5-85; D.C. 65.21.2). Tácito censura a volubilidade da multidão, que antes o aplaudia e agora o vilipendiava. Vide Cizek 1975 125-130; Martin 1991 380-385; Murison 1992 173; Brandão 2015 71-84.

[60] Vide Scuderi 1995 405-406; De Blois 2008 6 ss..

será, depois, o tempo da dinastia dos Flávios, determinado logo no início da *Vida de Vespasiano* (*Ves.* 1). Este autor começa precisamente a *Vida de Galba* com a queda da casa dos Césares (da *progenies Caesarum*, e não apenas de Nero), prevista desde o princípio e anunciada com evidentes sinais (*signa euidentissima*)[61]. Através destes sinais sagrados, o biógrafo latino salienta o tremendo impacto psicológico que o fim da linhagem de Augusto teve sobre os Romanos[62]. Além disso, acrescenta que o templo dos Césares foi atingido por um raio (*tacta de caelo*) e o cetro foi arrebatado das mãos de Augusto, evento cujo simbolismo é evidente. Acabado o tempo que os deuses destinaram a esta dinastia, havia que começar de novo. Suetónio vai multiplicar os presságios, que, na *Vida* de Galba, são particularmente numerosos. Um papel importante será atribuído à Fortuna, cujo favor garante a ascensão de Galba[63] enquanto o desfavor lhe provoca a queda[64], sendo ambas as situações anunciadas através de sonhos.

Para o historiador Tácito, os conflitos surgiam devido a tensões sociais e à condição dos tempos, a sentimentos diversos nos vários setores da sociedade romana. Entre as legiões e seus comandantes, foi revelado um segredo do império - "o *princeps* podia ser aclamado em outro lado que não em Roma" (*Hist.* 1.4.2) – abriu-se assim uma brecha no sistema que tornava o império frágil, pois facultava o caminho a usurpadores. Está, pois, em causa a investidura imperial[65]. Mas a oposição passado/presente, em termos de degeneração, é um fator determinante para o historiador: constata que, na cidade, os pretorianos já não suportam a austeridade de Galba e desprezavam a antiga disciplina, habituados aos vícios de Nero (*Hist.* 1.5.2).

Trata-se sobretudo das consequências do extinguir de uma dinastia cuja autoridade segurava a construção e equilibrava as forças. Com a morte de Nero, vieram ao de cima tensões representadas pelo senado, pelas províncias, pelos exércitos, pelos soldados pretorianos. O senado perde peso. Se Galba e Otão se preocupam em ser legitimados pelo senado (e Galba até criou uma "imitação"

---

[61] Recuando ao momento da fusão dos Júlios com os Cláudios, pelo casamento de Augusto e Lívia, Suetónio conta a história da galinha branca que uma águia (ave associada ao poder supremo) deixou cair no regaço de Lívia com um ramo de louro no bico. A galinha, matriarca de vasta prole de galináceos, trazia um ramo de louro no bico, que, depois de plantado, ficou ligado à família júlio-cláudia. Os ramos, retirados dos triunfos, eram plantados de novo no lugar. De cada vez que morria um imperador secavam as pernadas que tinha plantado. Verificou-se que, no último ano de Nero, secou toda a moita e morreram todas as galinhas – diz Suetónio, exagerando: afirmação desautorizada por Plínio, *Nat.* 15.136-137, onde consta que são os harúspices que aconselham Lívia a preservar a galinha e a sua descendência e a cuidar religiosamente do ramo. Vide Flory 1988-1989 343-356; Murison 1992 26-27.

[62] Como nota Flory 1988-1989 347.

[63] Cf. Suet. *Gal.* 4.3; D.C. 54.1.2. Durante o Principado, a Fortuna é, com a Vitória, um preeminente atributo da casa imperial; vide Murison 1992 35.

[64] Suet. *Gal.* 18.2.

[65] Vide Scuderi 1995 405; Schettino 2005 354-355.

de senado na Hispânia), Vitélio já não procura tal ratificação. E Vespasiano irá institucionalizar o seu poder com uma lei, embora não saibamos bem se a *lex de imperio* já era habitual para os imperadores anteriores[66]. Por seu turno, o órgão mostra-se servil para com os sucessivos imperadores cedendo simplesmente aos vencedores. Aclama Otão ainda com os cadáveres dos senadores no foro, como diz Plutarco. Depois, os senadores que acompanhavam Otão no norte de Itália, ficam hesitantes e receosos na certeza do desfecho, até que outorgam a Vitélio todos os poderes dos antecessores, e o mesmo fazem depois com Vespasiano. De qualquer modo, não houve tentativas de retorno à República; já se não põe em causa o regime imperial.

Os exércitos provinciais passam a ser uma preocupação maior. A aclamação pelas legiões passa a ter um papel importante[67]. Se é verdade que houve tentativas anteriores, estas agora tiveram êxito e criaram um precedente. As províncias parecem querer fazer ouvir a sua voz e participar mais na política central; revelam-se tensões entre forças militares (pretorianos; soldados regulares; marinheiros; tropas auxiliares), entre províncias e entre Oriente e Ocidente. Mas não se punha em causa a unidade do império.

A escolha de Pisão por adoção, apesar de fatídica para o próprio e para elementos da sua família, faz Tácito (*Hist*. 1.15-16) colocar na boca de Galba um discurso sobre a vantagem da escolha do melhor, mas fora da própria família, algo de semelhante ao que Nerva será forçado a fazer mais tarde, depois do assassinato de Domiciano em 96. Vitélio e Vespasiano preferem a linha hereditária, porque a questão é se há filhos de sangue ou não.

Esta crise trouxe sobretudo modificações determinantes nas marcas identitárias da pessoa do imperador. A antiga aristocracia republicana, anterior a Augusto, representada por Galba e por Pisão (o herdeiro escolhido), não logra os seus intentos: Galba é um homem do passado, pela família e pela forma como pretende aplicar as virtudes romanas. Otão e Vitélio, membros da Aristocracia que singrou a partir de Augusto, também não obtêm melhores resultados: tornou-se claro que a árvore genealógica já não é o principal critério para fazer imperadores. Nos antípodas de Galba, que expôs a sua árvore genealógica no átrio, fazendo remontar a família a Pasífae[68], Vespasiano não só não tinha antepassados ilustres, como se mostrava orgulhoso das suas origens humildes[69], certamente porque seria uma forma de exaltar o seu mérito pessoal[70]. Mas, sendo de família equestre, representa uma revolução social no acesso ao

---

[66] Sobre este assunto, vide, a seguir, cap. 5, Rodrigues § 1.1.

[67] Sancery 1983 171-176; Vide Morgan 2006 263-267; Moatti 2008 265-266.

[68] E não se tratará de uma efabulação dele próprio, mas provavelmente de documentos recolhidos dos arquivos de família da época republicana.

[69] Cf. Suet. *Ves*. 1.1; 2.1.

[70] Vide Morgan 2006 262-263.

poder supremo, com a ascensão de uma espécie de burguesia[71]. E sendo de origem sabina, Vespasiano abria caminho para a aclamação de imperadores oriundos de outras regiões.

Tábua cronológica

Junho de 68 – Reconhecimento de Galba como imperador; suicídio de Nero
Janeiro de 69 – Aclamação de Vitélio pelas legiões das Germânia
– Aclamação de Otão pelos pretorianos
– Morte de Galba no Foro
– Reconhecimento de Otão pelo senado
Abril de 69 - Derrota de Otão na batalha de Betríaco
– Suicídio de Otão
Junho de 69 – Vespasiano é aclamado imperador pelas tropas do Oriente
Dezembro de 69 – Vitélio é morto no Foro Romano
– Vespasiano é declarado imperador pelo senado

Bibliografia

Bassols de Climent, M. (1970), *C. Suetonio Tranquilo. Vida de los Doce Césares*. (vol. IV). Testo revisado y traducido. Barcelona, Alma Mater.
Braithwaite, A. W. (1927), *C. Suetoni Tranquilli Diuus Vespasianus*. Edited with introduction and commentary. Oxford, Clarendon Press.
Brandão, J. L. (2012), *Plutarco. Vidas de Galba e Otão*. Tradução do grego, introdução e notas. Coleção de autores gregos e latinos. Coimbra, IU; S. Paulo, Annablume.
_____ (2015), "Páginas de Suetónio: a morte ignóbil de Vitélio", *Boletim de Estudos Clássicos* 60 71-84.
_____ (2009), *Máscaras dos Césares. Teatro e moralidade nas* Vidas *suetonianas*. Coimbra, CECH-*Classica Digitalia*.
_____ (2010), "Galba e Otão: duas perspectivas biográficas", *Cadmo* 20 543-560.
_____ (2010), "Páginas de Suetónio: a morte de Galba", *Boletim de Estudos Clássicos* 53 39-46.
Cesa, M. (2000), *Svetonio. Vita di Vespasiano*. Bologna, Cappelli.
Cizek, E. (1975), "La mort de Vitellius dans les *Vies des douze Césars* de Suétone", *REA* 77 125-130.
De Blois, L. (2008), "Soldiers and leaders in Plutarch's *Galba* and *Otho*" in H. M. Shellenberg – V. E. Hirschmann – A. Kriechhaus, eds *A Roman Miscellany. Essays in honor of Anthony R. Birley on his seventieth birthday*. Gdansk 5-13.
Flacelière, R. – Chambry , E. (1979), *Plutarque, Vies*, tome XV. Texte établi et traduit. Paris, Les Belles Lettres.
Flory, M. B. (1988-1989), "Octavian and the omen of the *gallina alba*", *CJ* 84 343-356.
Gascou, J. (1984), *Suétone historien*. Paris, Editions de Boccard.
Giua, M. A. (1990), "Aspetti della biografia latina del primo impero", *RSI* 12 535-559.

---

[71] Diz Suetónio (*Ves*. 4.3) que teve de dedicar-se ao tráfico (*ad mangonicos quaestus*) de animais, como sugere a alcunha de *mulio*, para poder manter a quantia que exigia o censo senatório. O expediente parece contraditório com a *dignitas* que pretende manter, pelo que deve ter sido posto a circular pelos opositores, mas seria certamente rentável. Vide Levick 1999 24. De facto Suetónio (*Ves*. 2.2) também diz que Vespasiano desdenha muito tempo o cargo de senador; e Jones & Milns (2002 44) sugerem que Vespasiano se atrasa em requerer tal *status* por interesses materiais.

Godolphin, F. R. B., (1935), "The source of Plutarch's thesis in the Lives of Galba and Otho", *AJPh* 56 324-328.
Greenhalgh, P. A. L. (1975), *The Year of the Four Emperors*. London, Weidenfeld and Nicolson.
Harris, B. F. (1962-63), "Tacitus on the death of Otho", *CJ* 58 73-77.
Hershbell, J. P. (1997), "Plutarch's concept of history: philosophy from examples", *AnSoc* 28 225-243.
Ihm, M. (1908), *C Suetoni Tranquilli Opera*, I : *De Vita Caesarum: libri VIII*, editio minor. Stuttgart et Lipsiae, Teubner (usada a reimpr. de 1993).
Jones, B. – Milns, R. (2002), *Suetonius: the Flavian emperors, a historical commentary*. London, Bristol Classical Press.
Koestermann, E. (1969), P. *Cornelii Taciti libri qui supersunt*, tom. II, fasc. I: *Historiarum libri*. Lipsiae, Teubner.
Levick, B. (1999), *Vespasian*. London / New York, Routledge.
Little, D. – Ehrhardt, Chr. (1994), *Plutarch, Lives of Galba & Otho*. Translation and commentary. London, Bristol Classical Press.
Martin, R. (1991), *Les douze Césars: du mythe à la réalité*. Paris, Les Belles Lettres.
Moatti, C. (2008), *Storia romana. Dalle origine alla tarda antichità*. Roma, Carocci editore.
Morgan, G. (2006), *69 A.D. The year of Four Emperors*. Oxford, OUP.
Murison, Ch. L. (1992), *Suetonius Galba, Otho, Vitellius*. Edited with introduction and notes, London, Bristol Classical Press.
Perrin, B. (1926), *Plutarch's Lives*. With English translation. XI. London, Loeb.
Poulle, B. (1997), "Les poignards de l'année 68-69", *RPh* 71 243-252.
Raoss, M. (1958), "La rivolta di Vindice ed il sucesso di Galba", *Epigraphica* 20 46-120.
Rolfe, J. C. (1913-1914), *Suetonius*, I e II. The Loeb Classical Library (reimpr. de 1979) Cambridge (Mass.), Harvard University Press / London, Heinemann.
Sancery, J (1983), *Galba. Ou l'armée face au pouvoir*. Paris, Les Belles Lettres.
Schettino, M. T. (2005), "I Soggetti politici e i conflitti civili del 68/69 d.C. in Plutarco" in De Blois et alii eds, *The statesman in Plutarch's works. Proceedings of the sixth international conference of the international Plutarch society. Vol. II: The statesman in Plutarch's Greek and Roman* Lives. Leiden/ Boston, Brill 351-361.
Scuderi, R. (1995), "Le *Vite* Plutarchee di Galba e di Otone: teoria e prassi politica nella successione imperiale", in I. Gallo – B. Scardigli (cura), *Atti del V convegno plutarcheo*. Napoli, M. D'Auria Editore 399-413.
Stadter, Ph. A. (2005), "Revisiting Plutarch's *Lives of the Caesars*" in A. Pérez Jiménez – F. Titchener, *Studi offerti al professore Italo Gallo dall' The International Plutarch Society*. Málaga-Logan, 419-435.
Tagliasachi, A. M. (1960), "Plutarco e la tragedia greca", *Dioniso* 34 125-142.
Venini, P. (1974), "Sulle *Vite* suetoniane di Galba, Otone e Vitellio", *RIL* 108 991-1014.
Venini, P. (1977), *C. Svetonio Tranquillo.Vite di Galba, Ottone, Vitellio*. Con comm. Torino, Paravia.
Wellesley, K. (^{3}2000), *The year of the four emperors*, with a new introduction by B. Levick. London / New York, Routledge.

5. Os Flávios

Nuno Simões Rodrigues
Universidade de Lisboa
CECH-UC/CH-ULisboa/CEC-ULisboa
ORCID: 0000-0001-6109-4096[1]
nonnius@fl.ul.pt

Sumário: Depois dos Júlio-Cláudios e do ano marcado pela sucessão de quatro imperadores, a segunda dinastia imperial romana assumiu o poder em 69 d.C., com Vespasiano, e terminou em 96 d.C., com a morte de Domiciano, filho daquele. Entre um e outro, Tito governou um curto período de dois anos (79-81 d.C.). Apesar de, no essencial, o regime político ter-se mantido inalterado, com os Flávios houve algumas intervenções, significativas, sobretudo ao nível da administração, da gestão do território e da reestruturação das forças armadas. Este texto apresenta uma síntese do processo político vigente durante este período.

0. Os Flávios ou a continuidade na mudança

Após a morte de Nero e ainda no decurso do conturbado ano 69 d.C., uma nova dinastia assumiu o controlo do governo de Roma e do mundo romano: os Flávios. Com a acessão do primeiro príncipe flávio começou a segunda dinastia imperial romana. Esta nova dinastia, que governou o Império Romano entre 69 e 96 d.C., contou com apenas três príncipes: Vespasiano (69-79 d.C.) e os seus dois filhos, Tito (79-81 d.C.) e Domiciano (81-96 d.C.). Ainda assim,

---

[1] Este estudo é financiado por Fundos Nacionais através da FCT – Fundação para a Ciência e a Tecnologia, I.P., no âmbito dos projectos *Rome our Home: (Auto)biographical Tradition and the Shaping of Identity(ies)* (PTDC/LLT-OUT/28431/2017) do Centro de Estudos Clássicos e Humanísticos da Universidade de Coimbra, UID/HIS/04311/2013 do Centro de História da Universidade de Lisboa e UID/ELT/00019/2013 do Centro de Estudos Clássicos da Universidade de Lisboa.

O período flávio foi de relativa prosperidade e, sobretudo, de consolidação das instituições e do regime autocrático inaugurado apenas algumas décadas antes por Octávio Augusto. Tendo sido a segunda dinastia imperial vigente em Roma, os Flávios tiveram também o papel de confirmar que a *Vrbs* e os territórios a ela associados ou dela politicamente dependentes não eram mais administrados por uma república, em que o povo e suas assembleias tinham palavras a dizer, mas por um regime dinástico, cada vez mais marcado pela linha determinada pelo sangue ou pela família e centrado na figura do *princeps* que, entre outras coisas, era também *imperator* e *pontifex maximus*. Com os Flávios, Roma e os Romanos ganharam consciência de que a *Res Publica* era cada vez mais uma história associada aos seus antepassados e que, apesar do que as instituições persistiam em tentar mostrar, estavam de novo mais próximos dos tempos de Rómulo e dos Tarquínios do que dos de Catão-o-Censor ou dos Gracos.

1. *Titus Flauius Sabinus Vespasianus* (69 d.C.-79 d.C.)[2]

Os *Flauii* eram uma família não aristocrática, originária da região de Reate, na Sabina (Suet. *Ves*. 1.2; 2.1). Tito Flávio Sabino Vespasiano nasceu no ano 9 d.C., sendo filho de Tito Flávio Sabino. Este tinha sido publicano no Oriente e veio a exercer a atividade bancária entre os Helvécios (Suet. *Ves*. 1.2). Terá sido nessa qualidade que Flávio Sabino angariou alguma fortuna, o que lhe permitiu ingressar na ordem equestre. Por seu lado, a mãe de Vespasiano, Vespásia Póla, de quem ele herdou o seu *cognomen Vespasianus*, pertencia a uma família de *equites*, sendo que um dos seus tios tinha sido já senador (Suet. *Ves*. 1.3).

Apesar de não ser das mais ilustres de Roma, a família de Vespasiano cultivava patrocínios e mantinha contactos sociais que se revelaram da maior importância. Da rede social dos *Flauii* destacam-se, além de outros, os *Pomponii*, os *Plautii* e os *Vitellii*[3]. A este propósito, parece-nos pertinente citar uma frase de Tácito, que diz que *Vespasianus... Vitellii cliens, cum Vitellius colega Claudio foret* ("Vespasiano era cliente de Vitélio, quando Vitélio era colega de Cláudio", Tac. *Hist*. 3.66). A afirmação de Tácito parece sintetizar bem a rede clientelar em que o futuro imperador de Roma radicava e em que se movimentou e que deverá ter contribuído para a sua acessão.

Mas, de todos os Flávios, Vespasiano não terá sido o que melhor impressão causou nas esferas do poder durante esse período. Com efeito, o irmão de Tito Flávio Sabino Vespasiano, conhecido apenas como Flávio Sabino, terá tido um percurso a todos os níveis mais exemplar e proeminente, no final da governação da dinastia júlio-cláudia, vindo a morrer às mãos dos apoiantes de Vitélio. Se

---

[2] As datas indicadas junto ao nome de cada um dos imperadores flávios dizem respeito ao período de exercício do principado.

[3] Jones 1992 3-4; Levick 1999 23-25; Vervaet 2016.

Vespasiano chegou a ser imperador, o irmão dele foi antes disso legado na Mésia (49 e 56 d.C.), cônsul sufecto no tempo de Nero e prefeito de Roma no tempo de Otão (Tac. *Hist.* 1.46).

Ainda assim, não será de excluir a hipótese de que terá sido sob o governo de Nero que Flávio Vespasiano fez germinar aquilo que viria a ser conhecido como as *partes Flauianae* ou "partido flaviano", que o viriam a apoiar na sua acessão imperial. De facto, Tito Flávio Sabino Vespasiano iniciou a sua carreira política sob o principado de Nero.

Por outro lado, parece ser também ponto assente entre os historiadores contemporâneos que parte considerável do reconhecimento de Vespasiano se deveu às qualidades do homem como militar e político[4]. Uma dessas qualidades parece ter sido o sentido de retribuição que Flávio Vespasiano demonstrou para com os seus apoiantes, cujas competências e lealdade ele percebeu sempre no momento oportuno. Não raramente, Vespasiano parece ter reconhecido quem o apoiou com a retribuição e devolução de maiores responsabilidades ainda, o que se traduziu em usufruto de mais poderes também[5].

Por outro lado, não deixa de ser pertinente referir que terá sido a falta de nobreza da família de Vespasiano que terá acabado por favorecê-lo sob o principado de Nero, visto que essa característica tê-lo-á isentado de ser um alvo preferencial a abater, na eventualidade de alimentar algum tipo de concorrência política no espírito do último dos Júlio-Cláudios.

No seu percurso biográfico, não será ainda de desconsiderar a relação que o Flávio manteve com Antónia Cénis. Vespasiano casou-se com uma mulher da sua própria família, Flávia Domitila, que era filha de Flávio Liberal, de quem teve três filhos: Tito Flávio Vespasiano (n. 39 d.C.), Domitila Menor (n. 45 d.C.) e Tito Flávio Domiciano (n. 51 d.C.). A mulher e a filha de Vespasiano morreram ainda antes de ele se tornar imperador (Suet. *Ves.* 3). A vida amorosa deste Flávio, no entanto, parece ter sido dominada sobretudo por uma liberta de Antónia Menor[6]. Antónia Cénis era assim uma mulher bem relacionada com a casa imperial, em particular com os Júlio-Cláudios, não tendo por certo sido estranha à emergência política do primeiro imperador flávio. B. W. Jones vai mais longe, ao afirmar que todas as relações matrimoniais e amorosas da família de Vespasiano tiveram objetivos bem concretos: o avô casou-se com Tertula, de quem recebeu o dinheiro; o pai com Vespásia Pola, de quem recebeu o estatuto; Vespasiano relacionou-se com Antónia Cénis, através de quem conseguiu influência política (D.C. 65.14)[7].

---

[4] Nicols 1978; Nicols 2016 61-62.

[5] Nicols 2016 62.

[6] A filha de Marco António e Octávia, mulher de Druso (filho de Lívia e enteado de Augusto), mãe do imperador Cláudio e avó do imperador Gaio Calígula. Sobre esta princesa, vide e.g. Kokkinos 1992 e Meise 1969 93-139.

[7] Jones 1992 4.

Foi assim, graças a esta herança, que tanto Vespasiano como o irmão mais velho, Tito Flávio Sabino, acabaram por seguir uma carreira pública, militar e administrativa, a qual, por sua vez, lhes permitiu atingir cargos de topo no Estado romano.

A proclamação de Vespasiano como príncipe de Roma ocorreu a 1 de julho de 69 d.C., o primeiro momento em que as tropas estacionadas no Oriente o aclamaram *imperator* (Suet. *Ves.* 6.3). A confirmação oficial do senado, porém, só aconteceu cerca de meio ano depois, em dezembro de 69 d.C[8]. Entre a aclamação militar e a confirmação senatorial manteve-se um clima de guerra civil que culminou com a ocupação da Urbe pelos Flávios[9]. Quando foi aclamado pelas suas tropas, o próprio Vespasiano estava no Oriente, mais concretamente na Judeia, juntamente com o filho Tito. Os Flávios eram apoiados por outros centros militares localizados nas regiões da Síria (com guarnições comandadas por Gaio Licínio Muciano) e ao longo do Danúbio, na Europa Central. Tais apoios revelaram-se fundamentais para enfrentar a crise política e militar, sobretudo, e económica e social, por arrasto, que desde a morte de Nero, pelo menos, se tinha instalado no império. Como nota J. Nicols, um dos pontos fracos da administração de Nero, primeiro, e das tentativas de implementação de Galba, Otão e Vitélio, depois, foi precisamente a alienação da elite administrativa que criou uma lacuna nos apoios necessários aos príncipes em exercício ou potencialmente governantes[10].

Com efeito, antes de se ter tornado imperador de Roma, Vespasiano exerceu outros cargos públicos, nomeadamente: pretor (40 d.C.), legado da legião II *Augusta* durante a invasão da Britânia sob o principado de Cláudio (ocasião em que angariou os ornamentos triunfais e dois sacerdócios), cônsul sufecto (51 d.C.) e procônsul da África (que era em 63 d.C.)[11]. Em 66 d.C., Vespasiano acompanhou Nero à Grécia. Suetónio conta que foi nessa ocasião que, por ter adormecido durante uma das exibições artísticas do então *princeps*, Flávio Sabino Vespasiano teria caído em desgraça (Suet. *Ves.* 4.4). Mas algo mais haverá de ter estado por detrás desse processo, pois parece-nos fraca a justificação que Suetónio dá para o afastamento daquele que viria a inaugurar a segunda dinastia imperial. De qualquer modo, em 67 d.C., Nero voltou a atribuir funções políticas ao Flávio, entregando-lhe o comando das tropas encarregadas de dominar a rebelião que tinha eclodido no ano anterior na Judeia (J. *BJ* 3.3-4)[12].

---

[8] Levick 1999 79.

[9] Há que não esquecer a turbulência política vivida por Roma e pelos Romanos nesse ano de 69, justamente conhecido como o "Ano dos Quatro Imperadores", em que os centros de poder se formavam à custa dos apoios militares e se distribuíam pelas várias regiões do império. Sobre esta questão, vide Brandão: capítulo anterior neste volume.

[10] Nicols 2016 62-63.

[11] Levick 1999 23-42; Griffin 2000 2-3.

[12] Sobre a rebelião judaica, Rodrigues 2007 759-762.

Foi precisamente esta comissão ao serviço do principado que acabou por ser decisiva no processo de proclamação e de entronização de Vespasiano como imperador[13]. Foi a vez de Flávio Vespasiano encontrar apoio no exército romano estacionado no Oriente. Aparentemente, o primeiro candidato dessas tropas terá sido não Vespasiano, mas Gaio Licínio Muciano, então governador da Síria. Este, porém, terá recusado a honra que o exército lhe oferecia (Tac. *Hist.* 1.10). Por conseguinte, os legionários teriam depositado a sua confiança em Flávio Vespasiano.

Segundo os textos antigos, Flávio Vespasiano não terá aceitado o poder imperial de ânimo leve, chegando a invocar-se elementos tópicos para a descrição do processo de aceitação[14]. O general ter-se-á rodeado de apoios estratégicos de modo a garantir o êxito da sua proclamação. Entre esses apoios estavam o próprio filho de Vespasiano, Tito Flávio Vespasiano, assim como Gaio Licínio Muciano e Tibério Júlio Alexandre, o então prefeito do Egito, que era de origem judaica, e que foi o primeiro governador a autoproclamar-se pró-flávio (Tac. *Hist.* 2.79; Suet. *Ves.* 6). Com efeito, nas calendas de julho de 69 d.C., Tibério Júlio Alexandre reconheceu Flávio Vespasiano imperador, com o apoio das legiões estacionadas na Síria, no Egito e na Judeia, bem como com o das restantes províncias e reinos aliados do Oriente (angariados por Tito como resultado de um excelente golpe de diplomacia), e ainda o dos legados provinciais e líderes religiosos da Ásia e da Acaia[15]. O apoio de Júlio Alexandre revestia-se de um significado acrescido, visto que o controlo do Egito, fonte de abastecimento de cereal a Roma, era estrategicamente fundamental num processo desta natureza.

A forma de garantir o trono de modo efectivo passava por eliminar Aulo Vitélio, tarefa de que Gaio Licínio Muciano se encarregou, enquanto Vespasiano se refugiava em Alexandria, no Egito. Mais do que uma mera escolha idílica derivada das paisagens e do clima egípcio, a opção de Vespasiano por se refugiar no Egito traduz uma ação essencialmente política. Com efeito, uma vez em Alexandria, Vespasiano tinha precisamente a capacidade de controlar o abastecimento de trigo a Roma. Ao mesmo tempo, sob o comando de Marco António Primo, as legiões estacionadas nas regiões do Danúbio, e que antes haviam sido apoiantes de Otão e do próprio Vitélio, passaram-se para o lado de Vespasiano

---

[13] Essa ação veio a acontecer depois de uma guerra civil em Roma, que, além de fragilizar o aparelho estatal e favorecer a rebelião dos povos entretanto dominados, resultou nas mortes de todos os anteriores candidatos (Galba, Otão e Vitélio) e levou Tácito a caracterizar o momento como um período "rico em desastres e terrível em batalhas" (Tac. *Hist.* 1.2) – assunto desenvolvido por Brandão no capítulo 4.

[14] Referimo-nos, por exemplo, ao passo em que Suetónio refere que Cláudio se estaria escondido atrás de um reposteiro quando a guarda imperial o aclamou imperador, Suet. *Cl.* 10.1-2; vide ainda Rodrigues 2007 754-755.

[15] Rodrigues 2007 757-758.

e avançaram sobre Roma. Estas defrontaram os apoiantes de Aulo Vitélio em Cremona, em 69 d.C., infligindo-lhes uma derrota decisiva[16].

Em Roma, contudo, o processo não foi tão fácil. O irmão de Vespasiano, T. Flávio Sabino, tentou resolver a questão de forma diplomática, mas o então *praefectus urbis* teve de se refugiar juntamente com o sobrinho e filho mais novo de Vespasiano, Tito Flávio Domiciano, no Capitólio. A colina, porém, foi atacada em dezembro de 69 d.C. e Flávio Sabino acabou por sucumbir no ataque, enquanto Domiciano fugia. Dias depois, M. António Primo entrou em Roma e vingou a morte de Flávio Sabino, eliminando Aulo Vitélio, cujo corpo acabou por ser lançado ao Tibre. Antes da intervenção de António Primo, contudo, já o senado tinha proclamado Vespasiano imperador, entregando-lhe, e ao filho Tito Flávio Vespasiano, o consulado *in absentia* (Tac. *Hist.* 4.38, 51-52; D.C. 66.1.1)[17].

Na sequência destes acontecimentos e depois de ter submetido praticamente todo o território judaico, com a exceção de Jerusalém, Vespasiano entregou o controlo da província oriental ao filho mais velho e viajou para Roma, onde o seu partido estava representado pelo filho mais novo e por Gaio Licínio Muciano. Em setembro de 70 d.C., Vespasiano entrou em Roma como imperador. Ao fazê-lo, o Flávio dava início à segunda dinastia imperial ao mesmo tempo que assegurava a continuidade do regime político inaugurado por Augusto cerca de um século antes. O êxito da manutenção desse regime deve-se não apenas ao apoio militar que os Flávios obtiveram durante todo o processo, mas também ao facto de não ter existido então uma vontade de regressar ao regime republicano. A verdade é que durante o período de Augusto e dos príncipes júlio-cláudios criou-se uma elite político-económica, saída das aristocracias municipais itálicas e provinciais, cuja prosperidade, imanente à sua entrada na ordem equestre e, eventualmente, no senado, se devia essencialmente ao regime do Principado. Foram, pois, também os membros dessa elite que apoiaram a manutenção do regime, apesar da mudança de dinastia. Aliás, em boa verdade, o próprio Flávio Vespasiano era um dos representantes dessa mesma ordem social[18]. Assim, se por um lado a dinastia flávia significou a manutenção de um regime na mudança dinástica, por outro, ela traduz uma novidade socio-política, evidência de que o Principado continuava a evoluir e, com isso, a fazer História.

1.1 A legitimação do poder

Uma das consequências que a crise do sistema político romano nos anos 68-69 d.C. trouxe foi a perceção de que o governo do Império não estava vedado a

---

[16] Levick 1999 50.
[17] Jones 1984 81.
[18] Castillo 1989 180.

indivíduos provenientes de outros espaços que não Roma. Aliás, o próprio Tácito se dá conta disso nas *Histórias* (Tac. *Hist.* 1.4.2). Esse facto mostra também que o regime do Principado estava ainda numa fase de ajustamento e de consolidação, depois do que o sistema implementado por Augusto tinha significado de novo para o Império. Outra novidade que deve ser assinalada é o facto de ter sido com os Flávios que uma dinastia imperial obedeceu a um regime efetivo e diretamente hereditário, pois só com estes imperadores o poder passou para os seus sucessores de forma legítima direta, i.e. de pai para filhos "naturais", visto que, com Augusto e os Júlio-Cláudios, a transmissão do trono imperial se fez sempre ou de pai para filhos adotivos (os casos de Tibério e Nero) ou para familiares indiretos (os casos de Gaio e Cláudio). A este processo junta-se o facto de ter sido também durante o período flávio que as elites itálicas, e algumas províncias, participaram pela primeira vez de uma forma mais ativa no governo do império.

Como qualquer dinastia recém-empossada, Vespasiano teve também de lidar com a questão da legitimação do poder. O facto é que, ao contrário dos chamados Júlio-Cláudios, em que todos eram descendentes diretos ou indiretos de Augusto (um Júlio) e de Lívia (uma Cláudia), os Flávios traduziam uma rutura com a continuidade familiar e gentílica anterior, essa sim, inaugurada por Octávio Augusto. A legitimação do poder e do seu consequente exercício foi, por conseguinte, um aspeto da maior importância, com o qual os Flávios, Vespasiano em particular, tiveram de lidar.

J. Nicols enuncia esta problemática de uma forma bastante clara: de que modo garantiria Vespasiano a sua autoridade perante o exército e os militares? As estruturas urbanas e as províncias do império? E o senado e as elites intelectuais e económicas?[19] Com efeito, eram estes os três pilares perante os quais Vespasiano teria de se afirmar se queria manter-se no poder e governar com eficácia.

Assim, a primeira preocupação do partido flaviano, especialmente de Flávio Vespasiano, depois dos confrontos fratricidas entre os exércitos romanos, foi a reconciliação das forças em confronto. Dificilmente Vespasiano se conseguiria afirmar como príncipe em Roma se não terminasse de vez com o clima de guerra civil que então se vivia. Tácito fornece um bom testemunho de como o processo decorreu através do discurso atribuído a Quinto Petílio Cereal (possivelmente genro de Vespasiano pelo seu casamento com Domitila Menor), através do qual, na região do Reno, o general romano salienta os benefícios da administração romana (*Hist.* 4.73-74). O objetivo central do discurso parece ser a promoção da unidade e da reconciliação, as quais eram de facto uma prioridade para alcançar a estabilidade governativa. Para isso, contribuiu também uma política de apaziguamento que evitou castigar com a pena capital os oficiais e comandantes das fações opostas e derrotadas, de modo a transmitir o tão desejado sentimento de reconciliação. Simultaneamente, fez-se um esforço para aumentar o pagamento dos legionários, de modo a consolidar o seu

---
[19] Nicols 2016 63.

apoio e a evitar a secessão. A este propósito, B. Levick escreve pertinentemente sobre a existência de um equilíbrio entre esperança e medo que se teria instalado entre as camadas militares neste período, mas que parece ter funcionado para bem da nova dinastia[20]. Há também que não esquecer que Vespasiano tinha uma forte experiência militar o que lhe proporcionou armas suplementares, especialmente ao nível da psicologia social, para lidar com a situação.

No processo de instituição da nova dinastia, salienta-se, por conseguinte, a necessidade de assegurar a *auctoritas*. Suetónio nota que esse terá sido um dos principais problemas com que Vespasiano deparou com a acessão imperial (Suet. *Ves.* 7.2). É verosímil que a célebre *lex rogata* conhecida como *lex de imperio Vespasiani* tenha consistido numa atribuição de poderes específicos ou extraordinários ao novo imperador (*CIL* 6.930[21]), mas o facto é que os investigadores também têm discutido se as *leges de imperio* não seriam votadas pelo senado sempre que um novo imperador acedia ao trono, com o objetivo de ratificar os poderes constitucionais do príncipe, nomeadamente o poder de *imperium* e a *tribunicia potestas* (cf. *Dig.* 40.1.14.1). Se assim for, a *lex de imperio Vespasiani* não seria mais do que o cumprimento de uma rotina política instituída com Augusto. Assim sendo, não é de ignorar a hipótese de Vespasiano ter acabado por legitimar o seu poder com base no apoio militar e, por conseguinte, senatorial, sem necessidade de uma constituição específica para tal. A questão, contudo, permanece em aberto[22].

No processo de legitimação do imperador, há, contudo, uma outra questão que merece a nossa atenção particular. Trata-se da literatura e das tradições de cariz messiânico entretanto associadas a Vespasiano. As fontes referem uma tradição que correria então pelo Império e que assegurava que o vindouro governador do mundo sairia da Judeia. Alguns desses textos dariam justificação ao facto de os Judeus terem matado o governador romano da Síria no tempo de Nero. No entanto, não devemos desconsiderar a hipótese de a morte daquele ter na verdade sido um ato de insurreição e rebelião por parte de Judeus, essencialmente afetos aos que conhecemos como sicários e zelotas, a que se terá vindo a juntar posteriormente a justificação político-messiânica. A profecia seria assim, naturalmente, feita *a posteriori*. Seja como for, na sequência do assassínio do governador da Judeia, o da Síria interveio, mas essa intervenção não foi suficiente, forçando o imperador a enviar reforços para a região. O apoio concretizou-se precisamente na comissão de Vespasiano em 67 d.C., que se fez acompanhar de duas legiões (Suet. *Ves.* 4.5-6; Tac. *Hist.* 1.10). Estas viriam a ser fulcrais, dois anos mais tarde, para a proclamação do Flávio como imperador. De igual modo, parece que o partido flávio veio a rentabilizar também a mesma

---

[20] Levick 1999 107-116.
[21] Vide e.g. Gaudemet 2002 289-290.
[22] Brunt 1977.

tradição que dava conta de que o futuro governo do mundo emergiria da Judeia. Pelo menos, a tradição historiográfica posterior fê-lo. A literatura greco-romana veio a preencher esse espaço messiânico com a figura do próprio Vespasiano. Alguns Judeus, porém, reagiram, recusando esta proposta e apostando no anúncio de um regresso apocalíptico de Nero[23].

É também neste ponto que entronca a questão de Josefo. O judeu José ben Matias ter-se-á rendido nessa ocasião àquele que veio a ser imperador de Roma. Um dos primeiros confrontos das tropas comandadas por Vespasiano na Judeia ocorreu em 67 d.C., em Jotapata, fortificação em que se havia refugiado um grupo significativo de Judeus revoltosos. Segundo conta o próprio Josefo, este ter-se-ia dirigido para a cidade fortificada com o objetivo de levantar o moral dos sitiados. Ao fim de um longo cerco, com vicissitudes várias (como o ferimento do próprio Vespasiano, o processo de suicídio em massa dos sitiados e o balanço de mais de quarenta mil mortos), a fortaleza acabou por cair nas mãos dos romanos. Josefo, contudo, escapou ao massacre e aparece nos textos já ao lado dos romanos, a cujos generais, Vespasiano e Tito, profetiza um futuro político brilhante como imperadores. Isso valeu-lhe uma generosa recompensa, que consistiu em benesses como a cidadania romana e um lugar de destaque na corte imperial (J. *BJ* 3.399-401)[24]. Aquele que viria a ser um dos historiadores oficiais dos Flávios autoapresenta-se como emissário da Providência divina, que o teria enviado a comunicar aos futuros patronos qual viria a ser o destino deles. O passo inscreve-se, portanto, no contexto antes referido. E não deixa de ser interessante que, num contexto profético sobre a acessão dos Flávios à púrpura imperial, Suetónio confirme as palavras do historiador judeu (Suet. *Ves.* 5.6), o que muito provavelmente denuncia que a obra de Josefo poderá ter sido uma das suas fontes ou que a história messiânica em torno de Vespasiano se teria tornado proverbial em setores estratégicos da sociedade romana (Suet. *Ves.* 5). Seja como for, o aproveitamento propagandístico do episódio parece-nos evidente[25].

Por fim, associadas a este processo, se não no tempo do próprio imperador, em fase já posterior, difundiram-se também várias ideias que tinham como ponto comum o carácter sotérico e até taumatúrgico de Vespasiano (D.C. 65.8-9). A estas correntes dificilmente terão sido estranhos o contexto judaico e a relação que o flávio teve com esse povo e o seu território. Acresce que o tempo dos Flávios é também o tempo da emergência do cristianismo como religião, a que as categorias enunciadas não são alheias, e consequente processo de separatismo relativamente ao judaísmo. Devemos, aliás, entender neste quadro uma

---

[23] Esta é uma questão pertinente e com bastante bibliografia associada. Vide Hadas-Lebel 1990 118-121; Levick 1999 145; Rodrigues 2007 766 e fontes e bibliografia aí citadas.

[24] Sobre a relação de Josefo com os Flávios, vide e.g. Rodrigues 2007 771-781.

[25] Suetónio refere inclusive uma consulta oracular no Monte Carmelo e uma tradição talmúdica recupera o episódio referido quer por Josefo quer por Suetónio; vide ainda D.C. 65.1.4; e Rodrigues 2007 773-775; Saulnier 1989 1991.

criação literária tardo-medieval, de essência antijudaica, conhecida como *História do mui nobre Vespasiano Imperador de Roma*, impressa em Lisboa em 1492 e que, basicamente, faz do imperador flávio um convertido ao cristianismo por intermédio de uma figura da tradição cristã, a Verónica, e, simultaneamente, um braço armado de Deus contra os Judeus[26].

Mas se, parte desse soterismo/messianismo se vislumbra numa clara associação ao universo semítico, é também inegável, como enunciámos, que existem vestígios de uma agenda ideológica semelhante nas fontes greco-latinas sem, pelo menos aparente, relação direta com a questão judaico-cristã. Em Suetónio (*Ves.* 25) e em Díon Cássio (65.12), por exemplo, lemos que, baseado no seu horóscopo, Vespasiano teria afirmado que os seus filhos deveriam ser os seus sucessores; caso contrário, ninguém lhe sucederia[27]. Numa primeira leitura, esta afirmação parece ser, naturalmente, uma daquelas interpolações posteriores ao imperador, de modo a valorizá-lo ou, até, a legitimar os seus sucessores. Assim sendo, não teria sido Vespasiano o autor de tal afirmação, mas um zeloso cronista ou historiador que lhe terá sobrevivido ou vivido depois dele. No entanto, no seguimento de interpretações como a apresentada por M. P. Charlesworth[28], não é de desprezar a proposta que entende esta afirmação não num sentido soteriológico ou messiânico, mas essencialmente político e pragmático (sem prejuízo do facto de as soteriologias e os messianismos serem essencialmente políticos, naturalmente). Assim, o que Vespasiano pretenderia dizer era que ou a dinastia flávia se manteria ou a anarquia se instalaria rapidamente em Roma. Por conseguinte, torna-se verosímil que tenha sido o próprio imperador a fazer tal afirmação, a qual será ao mesmo tempo sintoma da sua lucidez política[29].

1.2 A ação política de Vespasiano

Vespasiano parece ter sempre tido noção da importância do senado na estrutura socio-política romana. É nesse sentido que as fontes apontam, ao sugerirem que, da parte do novo imperador, terá sempre havido uma predisposição para as boas relações com aquele órgão constitucional. Para isso, Vespasiano terá recolocado a instituição numa posição de prestígio (e.g. Suet. *Ves.* 9.2), procurando recuperar uma linha política que tinha sido inaugurada com Augusto, e feito uso da sua função como *censor*, manipulando as listas senatoriais e introduzindo novos membros, naquele organismo. Estes, provenientes da ordem

---

[26] Machado 2007; Martins 1956.

[27] "Todos concordam que ele tinha tanta confiança no que se dizia em torno do seu nascimento e no dos seus filhos, que depois de tantas conspirações contra si chegou a afirmar perante o senado que ou os seus filhos lhe sucederiam ou não lhe sucederia ninguém" (Suet. *Ves.* 25).

[28] Charlesworth 1936 6.

[29] Sobre esta problemática, vide Schalit 1975.

equestre e das elites e oligarquias municipais de Itália e de algumas províncias (Gália, Hispânia, Egito), eram indivíduos essencialmente afetos ao imperador, criando assim uma rede clientelar que, evidentemente, contribuiu para fazer do senado um órgão de apoio à governação flávia e não de oposição. Paralelamente, o imperador apoia-se nos *equites*, o que se manifesta também nas nomeações que Vespasiano faz para a administração imperial.

Já o contrário parece não ter sido regra. Isto é, nem sempre os senadores foram fervorosos apoiantes de Vespasiano ou dos Flávios. Isso deverá explicar, aliás, o facto de alguns senadores, como membros de outros grupos, terem sido perseguidos sob este imperador. Tal deverá ter sido o caso de Helvídio Prisco, por exemplo, genro do malogrado Trásea Peto (Suet. *Ves.* 15; cf. Tac. *Ann.* 16.21).

Naturalmente, a atenção do novo imperador também se focou na organização militar do Império. Logo em 69 d.C., houve a preocupação de reduzir os membros da guarda pretoriana, cujo número de efetivos havia sido particularmente inflacionado sob o curto governo de Vitélio. Vespasiano reduziu a quantidade de pretorianos para os valores que essa guarda de elite conhecera no tempo de Augusto, recrutando os homens que viriam a exercer essas funções nas regiões itálicas e nas províncias mais romanizadas, como a Hispânia e a Gália[30]. Um dos objetivos desta medida foi neutralizar as pressões militares, evitando que o exército governasse ou que conseguisse manter algum tipo de controlo sobre o poder político através de si ou de qualquer outro no seu lugar. Na verdade, com esta medida, Vespasiano conseguiu reintroduzir uma forte hierarquia militar, colocando no topo homens da sua absoluta confiança política, concordes em submeter o poder militar ao poder político. Além disso, o imperador nomeou o filho Tito prefeito do pretório, passando este a ser o único homem a desempenhar essa função[31].

Já a administração militar de Vespasiano pôs em prática um aumento das unidades auxiliares, de forma a garantir a estabilidade política a elas associada. Sob Flávio Vespasiano, as legiões ascenderam, portanto, ao número de 29[32]. Com a exceção das legiões VII *Gemina*, que se manteve estacionada na Hispânia, da X *Fretensis*, instalada na Judeia, e da III *Augusta*, em África, todas as forças militares se concentraram em zonas fronteiriças, criando assim o que alguns autores chamam de "*limes* fortificado"[33]. Esta política era, portanto, uma inovação relativamente ao que se verificara com os Júlio-Cláudios, que haviam apostado num sistema de Estados-tampão, estrategicamente colocados entre os

---

[30] Levick 1999 152-155.

[31] Jones 1984 84-85.

[32] Castillo 1989 185. Como nota este autor, Vespasiano suprimiu quatro legiões renanas, por terem sido derrotadas ou se terem aliado a Júlio Civil: I *Germanica*, IV *Macedonica*, XV *Primigenia* e XVI *Gallica*; manteve as duas criadas por Nero e a que Galba formou na Hispânia: I *Italica* e I *Adiutrix* e VII *Gemina*; e criou ainda três novas: II *Adiutrix*, IV *Flauia Felix* e XVI *Flauia Firma*.

[33] E.g. Castillo 1989 185; Dart 2016.

limites do Império e os chamados territórios bárbaros. Naturalmente, esta opção política teve também como consequência um relativo desinvestimento no povoamento e controlo militar das regiões do interior, o que só deverá ter sido possível depois de assegurada uma paz generalizada.

Uma das exceções foi precisamente a Judeia, o que deverá justificar a manutenção da legião X *Fretensis* nessa região. Mas houve mais casos. Há que referir três focos de conturbação política no tempo de Vespasiano, além do bem conhecido caso judaico. O primeiro desses focos é o do reino do Ponto, onde, na sequência da incumbência de governar que Roma recebeu como herança, em 63 d.C., após a morte do rei Pólemon II, espoletou uma rebelião independentista, liderada por um liberto de nome Aniceto, que controlava a costa meridional do Mar Negro. Além de representar uma ameaça ao domínio imperial e à unidade do território governado por Roma, o movimento encabeçado por Aniceto punha também em perigo as rotas comerciais que passavam pela região pôntica, nomeadamente o comércio de cereais, cuja importância não devia jamais ser mitigada. Por conseguinte, Vespasiano apressou-se a tratar de esmagar a rebelião de Aniceto e a reassegurar o controlo do território por parte de Roma[34].

O segundo foco de conturbação militar foi o do reino dos Partos. Apesar de Vespasiano ter tentado manter a política de neutralidade em relação a esse território, o facto é que o processo não se revelou de fácil concretização. O problema, porém, era de vital importância, até porque da estabilidade na região dependia também a segurança da fronteira oriental do Império. Vologeso I ainda atacou as guarnições romanas instaladas na Síria, mas o exército comandado pelo *legatus* Marco Úlpio Trajano, pai do futuro imperador Trajano, acabou por conter os ataques. Na sequência dessas investidas, Vespasiano decidiu reforçar as fronteiras da região, anexando a Arménia Menor e Comagene, aumentando desse modo a zona de influência romana no território e transformando o Eufrates no *limes* natural do Império relativamente aos Partos. Deste modo, também, Vespasiano não abdicou em absoluto da política de criação de Estados-tampão, por reconhecer a sua eficácia em alguns casos. Aparentemente, este seria um deles. Na sequência da reorganização administrativa de toda a região, Vespasiano criou a província da Cilícia, que passou a incluir a Capadócia, a Galácia, a Lícia e a Panfília[35].

O terceiro foco de distúrbios militares foi a Germânia e a região do Danúbio. Estes confrontos, porém, radicaram mais nas rebeliões militares romanas de 69 d.C. do que propriamente em problemas autonomistas ou independentistas, como de certo modo podemos caracterizar as causas judaica e pôntica da mesma época. Ainda assim, isso não significa que não se tenham verificado então movimentos separatistas que tiveram o apoio das elites militares locais, como parece ter sido a proclamação do *imperium Galliarum*. As posições extremadas

---

[34] Levick 1999 115, 167.
[35] Levick 1999 152-169.

nessa ocasião, porém, não foram unânimes, pelo que estas tentativas de secessão acabaram votadas ao desaire. O genro de Vespasiano, Quinto Petílio Cereal, foi o general romano encarregado de neutralizar esses movimentos ao comando de oito legiões, o que conseguiu com o arrependimento de alguns dos insurretos e a derrota de outros. Aparentemente, em 70 d.c., tudo estava sob controlo[36].

Relativamente às linhas marítimas, há que salientar a manutenção das frotas adriáticas, sendo claro o objetivo de assegurar as rotas de abastecimento de trigo proveniente do norte de África a Itália e, em particular, a Roma. O progressivo aumento da importância das *classes Siriaca* e *Pontica*, contudo, permite-nos pensar que as rotas de abastecimento provenientes do Oriente e do Mar Negro deverão ter ganhado significado nesse mesmo período, até pelo contexto gerado pelos conflitos pôntico e pártico, acima mencionados[37].

As medidas que Vespasiano tomou para travar o crescimento de *latifundia* parecem vir na sequência da necessidade de evitar a concentração de propriedade nas mãos de uma elite económica que se visse depois capaz de criar monopólios e, desse modo, controlar preços de bens essenciais. Com efeito, a *lex Manciana* é essencialmente uma tentativa de proteção dos pequenos proprietários agrícolas[38]. Por outro lado, o *princeps* flávio parece ter favorecido alguns dos territórios provinciais com projetos de urbanização e a promoção do estatuto jurídico de algumas cidades. Como foi já notado por alguns historiadores, este último aspeto parece ter sido dirigido sobretudo para cidades da parte ocidental do Império, a cujos municípios outorgou o estatuto de cidadania. Desse modo, Vespasiano integrou no sistema jurídico romano parte das elites locais e indígenas[39]. Plínio-o-Velho afirma, e.g., que o príncipe teria promulgado um *edictum* através do qual concedeu o direito latino a toda a Península Ibérica (*Nat.* 3.3.30[40]). Por detrás destas medidas não deverá ter sido estranha a necessidade de angariar apoios para a continuidade dos Flávios no poder.

Um outro problema com o qual Vespasiano deparou assim que assumiu a cadeira curul foi o das finanças públicas. Com efeito, sob Nero, o Estado romano tinha entrado praticamente na bancarrota e, com os confrontos que opuseram os vários candidatos ao poder no ano 69 d.C., o *deficit* aumentou consideravelmente, pelo que urgia tomar medidas drásticas nesse domínio. E a verdade é que a imagem de Vespasiano viria a ficar definitivamente marcada por essa faceta da sua administração.

Uma das primeiras medidas do novo imperador foi controlar os gastos da casa imperial, não só porque com isso dava o exemplo, naturalmente, mas também

---

[36] Levick 1999 108-111.
[37] Dart 2016 211, 219-220.
[38] Levick 1999 100-101.
[39] Levick 1999 134-151.
[40] "Apesar de sacudido por tormentas, o imperador Vespasiano Augusto atribuiu o direito latino a toda a Hispânia.".

porque essa fora, desde os Júlio-Cláudios, uma das principais fontes de despesa do Estado. As leis sumptuárias de César e de Augusto, as *leges Iuliae sumptuariae* de 46 e de 18 a.C., denunciavam na ocasião uma necessidade contenção de gastos do erário público que, ao que parece, não terá sido particularmente observada sob os principados que lhe sucederam, muito em particular no tempo de Nero. Vespasiano teve de regressar ao espírito de contenção.

Não é impossível que esta nova filosofia económica se tenha manifestado inclusive ao nível da moda. Com efeito, o período flávio é conhecido pelos historiadores da arte e pelos arqueólogos como particularmente expressivo ao nível dos retratos femininos, sobretudo no que diz respeito aos penteados. É deste período que, por norma, são datados os bustos e retratos de mulheres que exibem o chamado penteado com topete ou em "ninho de vespa"[41]. Mulheres da casa imperial, como Domícia Longina ou Júlia *Titi*, aparecem representadas com os cabelos penteados dessa forma. Uma das mais célebres obras de arte desse período, o conhecido Busto Fonseca, é mesmo considerado emblemático quer para a História da Arte Romana em geral, quer para o período flávio em particular[42]. Vários trabalhos começaram por associar esta moda a um estilo de vida ocioso, frívolo e sobretudo luxuoso, ainda que usado apenas em ocasiões formais e oficiais. Esta conceção, porém, espoletou alguns problemas aos historiadores, uma vez que o período flávio é precisamente conhecido pela austeridade e pelo regime conservador, impostos e assumidos pela casa imperial. Aqueles teriam sido em parte derivados da política de censura então em voga, em parte reação ao estilo entendido como "decadente" que se teria difundido nos últimos anos dos Júlio-Cláudios. De facto, a mensagem que subjaz à política atribuída a Vespasiano não se coaduna com a alegada imagem de luxo transmitida pelos penteados em topete, em especial quando interpretados em representações de mulheres que na sociedade em causa deveriam constituir autênticos *exempla* de comportamento[43].

Contudo, como assinalaram recentemente investigadores como E. D'Ambra e E. Bartman, elaborar um penteado com uma grinalda de caracóis, em várias filas, sobrepostas na testa, e prender um carrapito com trança na parte posterior da cabeça exigia tempo, disponibilidade e mão-de-obra relativamente especializada; mas eventualmente pouco ou nenhum recurso extraordinário ou desperdício que se pudesse definir como luxo[44]. Com efeito, se analisarmos bem a questão,

---

[41] Rodrigues (no prelo).

[42] Busto que representa uma dama do período flávio e que foi propriedade do português D. José Maria Ribeiro da Fonseca de Évora, bispo do Porto e embaixador de D. João V em Roma, que teria comprado a escultura na cidade italiana e depois oferecido ao papa Bento XIV, em 1740, para o espólio do Museu Capitolino. Sobre esse processo, ver Marlowe 2013 1622. Não raramente, a figura representada pelo busto é identificada como sendo Júlia *Titi*. Todavia, não há qualquer fundamento para essa identificação.

[43] Abbema 2016.

[44] D'Ambra 2013; Bartman 2001 1-2, 8.

o mais provável é que as coroas de caracóis usadas por estas senhoras tivessem como objetivo substituir, através da ilusão, a aplicação de joias, como diademas e coroas de metais e pedras preciosas, que, essas sim, seriam sintoma de gasto e de efetivo luxo[45]. Levando em conta o contexto político-económico da época, a hipótese parece-nos não só verosímil, como uma evidência da política de austeridade de Vespasiano.

Para atingir o reequilíbrio das contas públicas, Vespasiano começou por revogar isenções, como as que Nero havia concedido a algumas cidades gregas e Galba havia atribuído às províncias da Gália e da Hispânia. Depois, veio o inevitável aumento de impostos, diretos e indiretos, como as taxas aduaneiras. São dois os casos recorrentemente citados como exemplos dos impostos criados durante o principado de Vespasiano e que mostram bem a necessidade de reinventar formas de aumentar o rendimento do Estado. Referimo-nos, claro, ao *fiscus Iudaicus* e ao *uectigal urinae*. Mais do que do impacte que estas medidas terão tido no tesouro público romano, a fama destas duas propostas para diminuir o *deficit* orçamental deverá advir do seu carácter extraordinário e ao mesmo tempo inusitado.

O *fiscus Iudaicus* consistia numa taxa cobrada aos Judeus e que se compreende no contexto político imperial de então, nomeadamente da neutralização da revolta judaica e consequente destruição do templo de Jerusalém em 70 d.C. Antes da destruição do templo, todos Judeus que habitavam no *limes* imperial romano estavam obrigados a pagar anualmente a Javé um tributo de duas dracmas. Depois da destruição, o tributo passou a reverter para o templo de Júpiter Capitolino, o que foi particularmente ofensivo para os Judeus. O impacte que o judaísmo veio a ter na História tornou o *fiscus Iudaicus* particularmente célebre; no entanto, esta não foi a única taxa de natureza "étnica", digamos assim, criada por Vespasiano. Com efeito, o imperador flávio criou também na mesma ocasião o *fiscus Alexandrinus*, que deveria estar relacionado com o abastecimento de trigo a Roma, e o *fiscus Asiaticus*, que, tal como a taxa alexandrina, estava relacionado com o *aerarium populi Romanorum*[46].

Quanto ao *uectigal urinae*, trata-se, basicamente, de uma taxa aplicada à urina. Dito desta forma, poderá parecer que um imposto desta natureza seria, no mínimo, patético, fazendo dele um instrumento de arremesso fácil à figura e ação política de Vespasiano. Suetónio dá conta dessa instrumentalização ao contar como Tito teria ficado indignado com a medida tomada pelo pai, repreendendo-o por isso. Num ato teatral, porém, Vespasiano teria posto uma moeda proveniente desse imposto junto ao nariz do filho, perguntando-lhe se

---

[45] Ideia desenvolvida por D'Ambra 2013 523-524. No caso das figuras imperiais, poderia ser acrescentado um diadema de facto ao penteado, com o objetivo de as dignificar no seu estatuto imperial.

[46] Heemstra 2010 11-12; Levick 1999 98-99, 101.

o cheiro o incomodava. Perante a resposta negativa de Tito, Vespasiano teria replicado: "Pois provém da urina" (Suet. *Ves*. 23.3)[47].

O *uectigal urinae*, no entanto, foi sobretudo a demonstração do espírito pragmático do *princeps*, bem como do seu sentido de administração pública. Com efeito, o que passou a pagar-se foi não propriamente um imposto sobre a urina, mas sim sobre as ânforas que eram colocadas nas esquinas das ruas da cidade e que tinham como objetivo recolher os fluídos humanos que eram depois utilizados pelos curtidores no trabalho dos curtumes[48]. Deste modo, o imperador conseguiu não só uma forma de assegurar a manutenção da recolha dessa matéria-prima, como obteve um imposto indireto sobre o rendimento dos curtidores e, portanto, uma mais-valia para o Estado.

O novo imperador determinou ainda que fossem restituídas ao Estado as propriedades públicas que haviam sido transferidas para mãos privadas. Para isso, Vespasiano ordenou que se cadastrasse o *ager publicus*. Ao mesmo tempo, reformou a administração das propriedades estatais, tanto dos *latifundia* imperiais como de outras possessões, como minas. As da Lusitânia não deverão ter sido exceção[49].

No seu conjunto, estas reformas implicaram uma substituição, em alguns casos radical, dos *procuratores* imperiais assim como dos *conductores* ou arrendatários do Estado, de modo a garantir e assegurar um controlo efetivo desses rendimentos.

Importa salientar que, no seu conjunto, as medidas de Vespasiano tiveram um êxito significativo, contribuindo de forma eficaz para a recuperação económica do Estado. Mas, como notou A. del Castillo, há que não esquecer que a paz que o *princeps* impôs no império foi também determinante para esse restabelecimento da economia[50]. Sem guerras ativas e rebeliões particularmente significativas e com as ameaças fronteiriças contidas, Britânia incluída, os gastos estatais estavam mais controlados e nem os pagamentos que a lealdade dos legionários e dos pretorianos exigiu do imperador foram suficientes para evitar o reequilíbrio financeiro.

Eventualmente, terá sido esta política que permitiu a Vespasiano investir na sua imagem pública, o que, para um estadista do seu tempo, não significava pouco em termos de afirmação política e de exercício do poder.

---

[47] Díon Cássio refere-se ao mesmo episódio, contando que o imperador teria colocado moedas provenientes do imposto frente ao filho e ter-lhe-ia dito que não deitavam qualquer cheiro. O texto grego reza εἴ τι ὄζουσιν (*ei ti ozousin*); mas a expressão que se tornou proverbial foi uma versão latina, *non olet* (cf. D.C. 65.14).

[48] Na ausência de possibilidade de sintetizar ureia de modo químico-artificial, a urina era no período romano uma fonte deste sal. Quando armazenada durante longos períodos, a ureia transforma-se em amónia ou amoníaco. A sua aplicação a peles e couros era, portanto, de grande utilidade para o tratamento dos curtumes.

[49] Levick 1999 100-101.

[50] Castillo 1989 185.

1.2.1 As obras públicas de Vespasiano

Apanágio dos estadistas romanos, as empresas de obras públicas tinham naturalmente um objetivo de serviço público, mas não deixavam de ter também uma função eminentemente política, pela forma como contribuíam para a construção da imagem de quem a promovia, como tão bem demonstrou P. Zanker[51]. Não raramente, aliás, as obras públicas andavam associadas a práticas de evergetismo, fenómeno particularmente estudado por P. Veyne[52].

Vespasiano não parece ter escapado a esta regra. A construção do foro que acabou associado ao seu nome é disso exemplo. Mas este não é caso único. A ele deve juntar-se a reconstrução de parte do Teatro de Marcelo (Suet. *Ves.* 19), a intervenção no templo dedicado a Cláudio, a renovação da estátua colossal que havia sido antes dedicada a Nero na *Domus Aurea* e, claro, o restauro do Capitólio, que tinha sido particularmente danificado durante o conflito de 69 d.C. (Suet. *Ves.* 8.5).

Algumas das cidades da Ásia Menor também deverão ter assimilado parte das receitas estatais ao terem sido incluídas em projetos de restauro e reconstrução, na sequência de abalos sísmicos que atingiram a região nos tempos de Nero e do próprio Vespasiano (Suet. *Ves.* 17). Além destes gastos extraordinários, a administração vespasiana assumiu a continuidade de políticas de investimento em infraestruturas dentro do *limes* imperial, continuando a construção de vias e até de fortificação de zonas fronteiriças.

A maior das empresas, porém, deverá ter sido a edificação do Anfiteatro Flávio no mesmo lugar em que, no tempo de Nero, se localizava a *Domus Aurea*. Note-se aqui o contraste que terá tido um impacte significativo na época: enquanto a grande obra de Nero tinha sido o seu palácio, a Casa Dourada, algo do foro privado, a de Vespasiano era uma enorme estrutura para usufruto da população – um anfiteatro bem no centro de Roma[53]. A edificação do anfiteatro, com capacidade para 45-50 mil espectadores, foi ordenada por Vespasiano, mas o edifício foi concluído apenas durante o governo do seu filho. Não será demais recordar, porém, o contributo que os espólios trazidos das campanhas orientais deverão ter dado para estes projetos. Efetivamente, temos indícios de que esta infraestrutura foi financiada com o espólio judaico de 70 d.C. Uma inscrição de bronze, colocada na arquitrave do edifício e substituída já no século V d.C., referia-o[54].

É provável que o saque judaico tenha igualmente sido utilizado para a construção de um templo novo, o *Templum Pacis*, erguido para comemorar a vitória sobre os Judeus e exaltar a paz assim imposta. Este templo foi inaugurado em 75 d.C., localizando-se no antigo *macellum* de Augusto, entre a Basílica

---

[51] Zanker 2008.
[52] Veyne 1995.
[53] Alston 1998 176; Gunderson 2003.
[54] Rodrigues 2007 768, onde se pode ler o que diz a inscrição, e bibliografia aí citada.

Emília e o Argileto, bairro que se situava perto do Palatino. O novo templo terá recebido tesouros de Jerusalém, além de outros (J. *BJ* 7.158-162)[55].

2. *Titus Flauius Vespasianus* (79-81 d.C.)

Como vimos, quando Vespasiano se viu forçado a abandonar a Judeia sem ter assegurado o controlo de Jerusalém, de modo a concentrar esforços na conquista da púrpura imperial, coube ao seu filho Tito dirigir as operações (J. *BJ* 4.62-365). O facto é que a cidade foi tomada apenas em setembro de 70 d.C., na sequência de um cerco que durou cinco meses. Tomada e incendiada, Jerusalém foi praticamente destruída, incluindo o templo de Javé, que havia sido restaurado por Herodes-o-Grande no século I a.C. A resistência judaica durou ainda alguns anos, terminando apenas em Masada, em 74 d.C.[56] Para os Judeus, os acontecimentos que culminaram na destruição do templo, no cerco de Masada e em mais uma diáspora forçada e massiva foram dramáticos.

Mas, tal como Vespasiano, foi com esse processo que Tito granjeou todo o carisma militar e político de que necessitava para legitimar a sucessão do seu pai no trono imperial. A edificação do chamado *Arcus Titi*, ao cimo da Via Sacra, em Roma, entre 82 e 83 d.C., já no tempo de Domiciano, é um dos testemunhos da importância desse acontecimento na carreira política de Tito. Outro testemunho assenta na descrição que Josefo faz do desfile triunfal que Vespasiano e o filho mais velho fizeram em Roma, na companhia do filho e irmão mais novo, Domiciano, no Verão de 71 d.C., para celebrar em forma de propaganda a conquista de Jerusalém e a derrota dos Judeus (J. *BJ* 7.118--152). É possível que os medalhões com relevos no interior do Arco de Tito evoquem a forma como o desfile terá então decorrido em Roma[57]. Podemos citar ainda um terceiro exemplo que nos parece pertinente neste contexto: trata-se de um sestércio, cunhado em 71 d.C., sob Vespasiano, portanto, que pretende celebrar a derrota dos Judeus, representando Tito em traje militar enquanto fita uma mulher que chora, sentada junto a uma palmeira. A mulher simboliza a Judeia, o que uma legenda confirma: *Iudaea capta, s.c.* ("A Judeia aprisionada, decreto do senado")[58].

---

[55] Rodrigues 2007 769. Sobre o principado de Vespasiano, vide ainda Homo 1949; Levick 1999; Griffin 2000 146 e Nicols 2016.

[56] Na sequência da destruição do templo de Jerusalém, Vespasiano ordenou também o encerramento do templo judaico de Onias. Este era o único templo judaico fora da Judeia, construído pela comunidade de judeus de Leontópolis e que, neste contexto, emergia como ameaça de se tornar um foco de resistência a Roma, organizada sobretudo por sicários e zelotas. Com efeito, os focos de revolta não terminaram repentinamente com a destruição de Jerusalém. Sobre esta questão, vide Rodrigues 2007 765-780.

[57] Rodrigues 2007 766-767, 769-770.

[58] Rodrigues 2007 786.

Foi, pois, a este património carismático entretanto angariado que, em parte, Tito apelou quando, na sequência da morte do pai em junho de 79 d.C.[59], subiu ao trono imperial de Roma. Tito, contudo, não era politicamente inexperiente. O pai tinha-o nomeado *princeps iuuentutis* logo em 69 d.C., o que fazia dele "o primeiro dos jovens de Roma" e, ao mesmo tempo, *particeps imperii*, uma espécie de corregente, como mostra o facto de ter chegado a redigir éditos ou lido discursos no senado em nome do próprio pai (Suet. *Tit.* 6.1)[60]. Além dessa função, Tito Flávio Vespasiano exerceu ainda os cargos de cônsul com o pai, por sete vezes (em 70, 71, 73, 74, 76, 77 e 79 d.C.) – o que aponta para o projeto de instituir uma dinastia –, e de censor, em 73 d.C. A partir de 70 d.C., Tito usufruiu da *tribunicia potestas*, além de ter sido prefeito do pretório em 71 d.C., o que, segundo Suetónio, teria sido uma novidade constitucional, visto que até Tito nenhum indivíduo que não fosse unicamente um *eques* teria exercido esse cargo (Suet. *Tit.* 6).

É também Suetónio que afirma que, durante o exercício da prefeitura do pretório, Tito Flávio foi particularmente agressivo e cruel nos seus comportamentos ("mostrou-se duro e violento", *Tit.* 6.1). As fontes não dão conta de que Tito tivesse mantido esse tipo de atitudes durante o exercício do principado, mas o facto é que este *princeps* apenas governou dois anos, pelo que há uma grande probabilidade de não ter havido tempo para que ele se revelasse de outra forma. Recordamos que Suetónio afirma que poucos príncipes deveriam ter chegado ao trono com tantos a odiá-lo como Tito (Suet. *Tit.* 6.2) e, segundo Josefo, depois da conquista de Jerusalém, o príncipe condenou à arena mais de dois mil e quinhentos prisioneiros judeus para celebrar o aniversário de Domiciano (J. *BJ* 6.418-419; 7.23-24, 37-40). De qualquer modo, estas são opções que também devem ser entendidas no contexto socio-político e mental da época.

No entanto, a maioria das notícias que nos chegam parece dizer respeito apenas ao que frequentemente se chama "estado de graça" de um governante. Os textos referem-se à atenção que prestou aos interesses das camadas populares de Roma, parecendo ter havido a preocupação de alimentar e satisfazer ânimos com demonstrações públicas de evergetismo, a que não terá sido estranha uma forma de *captatio beneuolentiae* da população romana. Foi sob o seu principado, em 80 d.C., que o anfiteatro Flávio foi inaugurado e esse acontecimento terá tido um impacte especial na população e na forma como esta encarou o príncipe. Os *ludi* então organizados foram verdadeiramente grandiosos, tendo durado cem dias, entre abril e julho, noite e dia, e incluído naumaquias, combates de gladiadores e condenações *ad bestias*. Suetónio conta que num só dia foram abatidas cinco mil feras (Suet. *Tit.* 7.7) e Díon Cássio fala mesmo de nove mil (66.25). Eventualmente, haverá algum exagero nas cifras, mas as fontes, e o próprio edifício, deixam perceber que as cerimónias de inauguração

---

[59] Vespasiano morreu aos 69 anos, na sequência de uma doença súbita, Suet. *Ves.* 24.
[60] Jones 1984 79, 82, 85-87.

terão de facto sido magníficas. Muito certamente, Tito aproveitou-as para demonstrar o poder imperial e os benefícios que a nova dinastia trazia a Roma e aos Romanos, num claro exercício de propaganda e de contraste com o que tinham sido os últimos anos dos Júlio-Cláudios. Só o facto de se exibirem no anfiteatro animais provenientes de todos os cantos do Império era uma forma de propagandear o poder e os domínios do imperador e sua família. O célebre *Livro dos Espetáculos* de Marcial testemunha bem o acontecimento[61].

A este tipo de "ação social", Tito associou uma baixa de impostos, o que só foi possível graças às políticas de contenção e de austeridade levadas a cabo por Vespasiano. Nesse aspeto, Tito beneficiou de uma conjugação de fatores. Note-se que mesmo a inauguração do anfiteatro Flávio em 80 d.C. só foi possível porque a construção do edifício se iniciara no tempo do pai, também. No entanto, nem só de aspetos positivos foi preenchido o curto principado de Tito. Efetivamente, foi no tempo deste imperador que o império sofreu alguns desastres naturais, que abalaram consideravelmente a sociedade de então. Esses acontecimentos não deixaram de ter impacte na economia, sobretudo, visto ter-se espoletado a emergência e a urgência dos auxílios estatais.

Além de uma epidemia que grassou por parte considerável do território imperial e de um incêndio que atingiu Roma, que ainda não havia recuperado completamente do fogo que havia destruído cerca de dois terços da cidade em 64 d.C., logo no ano em que Tito se sentou na cadeira imperial, a região da Campânia foi atingida por uma erupção do Vesúvio, que fez milhares de mortos e destruiu por completo três das cidades da baía de Neápolis: Pompeios, Herculano e Estábias. Esta região havia sido atingida por um violento sismo ainda no tempo de Nero, entre 62 e 63 d.C. As cidades campanenses não se tinham, portanto, restabelecido ainda do impacte que esse cataclismo lhes tinha causado, quando foram atingidas pela erupção do Vesúvio. Segundo a interpretação tradicional, baseada no texto de Plínio-o-Jovem, a erupção vulcânica terá ocorrido no dia 24 de agosto de 79 d.C. (Plin. *Ep.* 6.16.20). Mas a investigação mais recente tem posto em causa este dado cronológico[62].

Num contexto deste tipo, percebe-se também mais facilmente que o retrato de Tito não tenha sido feito de forma negativa, justificando-se assim também as tão citadas palavras com que Suetónio abre a biografia deste imperador: *amor ac deliciae generis humani* ("a adoração e a delícia do género humano", Suet. *Tit.* 1).

---

[61] Pimentel 2000 19-38; Rodrigues 2007 768-769; Tuck 2016.

[62] Dúvidas relativas à leitura paleográfica dos números registados nos manuscritos medievais que transmitiram as epístolas de Plínio, os vestígios de frutos outonais que se encontraram durante as sondagens arqueológicas de Pompeios, as roupas – inusitadas para o Verão mediterrâneo – feitas de lã que estavam a ser usadas por muitas vítimas no momento do cataclismo, o achado na cidade de uma moeda romana cunhada não antes de setembro de 79 d.C. e o estudo da orientação dos ventos da região têm sido os argumentos que têm contribuído para pôr em causa a data tradicional de agosto de 79 d.C. É, antes, verosímil que a erupção tenha ocorrido entre setembro e outubro desse mesmo ano. Sobre esta questão vide Rodrigues 2012.

Um outro elemento, o romanesco, acabou por cunhar a imagem de Tito na tradição ocidental. Trata-se da relação que terá mantido com Júlia Berenice, princesa judia. Berenice fora, juntamente com o irmão Agripa II e outros reis--vassalos orientais (Soemo de Émesa e Antíoco IV de Comagene), uma das apoiantes de Vespasiano em 69 d.C. (Tac. *Hist.* 2.81), constituindo o que parece ter sido uma autêntica *factio* oriental de apoio aos Flávios[63]. Mas, ao que parece, o papel da princesa na vida do *princeps* foi muito além disso.

2.1 O "caso Berenice" e suas consequências políticas

Tito casou-se com pela primeira vez em 63 d.C., ainda no tempo de Nero, depois de regressar a Roma, vindo da Germânia e da Britânia. Esse primeiro casamento foi com Arrecina Tertula, filha de Marco Arrecino Clemente, um *eques* que havia sido prefeito do pretório. Dessa união, Tito terá tido pelo menos uma filha, Júlia Flávia. Um passo de Filóstrato, porém, sugere que ele deverá ter sido pai de mais do que de uma única rapariga (Philostr. *VA* 7.7). Tertula, contudo, morreu em 65 d.C. e Tito voltou a casar-se depois disso com uma senhora chamada Márcia Furnila, de quem acabou por se divorciar e de quem terá tido também uma filha (Suet. *Tit.* 4.2).

As fontes fornecem pouca informação acerca das esposas legítimas de Tito. Nos anais da História, e decerto por alguma razão, destaca-se sobretudo a relação que o imperador terá mantido com a filha de Marco Júlio Agripa (também conhecido como "Herodes" Agripa), Júlia Berenice, sem prejuízo para o facto de Suetónio destacar o seu gosto por práticas sexuais alternativas com jovens rapazes e eunucos (Suet. *Tit.* 7.1). Estas observações do historiador, porém, devem ser lidas no contexto antigo, em que amor e sexualidade não eram duas realidades necessariamente coincidentes. Os ecos historiográficos da relação de Tito com Berenice ganharam particular relevo porque ela motivou uma tradição literária na cultura europeia, eventualmente, só comparável à que conhecemos para António e Cleópatra e Herodes e Mariame[64]. Mas essa tradição não deixa de radicar num facto politicamente pertinente que marcou a dinastia flávia no tempo de Tito. De facto, a relação de Tito e Berenice deverá ter tido um impacte político no seu tempo semelhante ao da de António e Cleópatra nos alvores do Principado[65]. Mommsen chamou mesmo a Berenice: "Kleopatra im kleinen"[66].

---

[63] Jones 1989 127-134.

[64] Akerman 1978.

[65] A bibliografia sobre Tito e Berenice e sobre a receção do tema é imensa. O leitor pode encontrar uma súmula dos principais títulos em Rodrigues 2007 781-798.

[66] Apud Perea Yébenes 2000 94.

A história conhece vários contornos, interessando destacar aqui sobretudo as suas implicações políticas. Sendo filha de Marco Júlio Agripa, bisneta de Herodes-o-Grande e irmã de Agripa II, Júlia Berenice era uma figura proeminente da casa real dos Judeus. Acresce que a princesa tinha sido casada com Marco Júlio Alexandre, um judeu irmão de Tibério Júlio Alexandre, o homem que havia proclamado Vespasiano imperador em Alexandria (J. *AJ* 19.274-277). Ao pertencer à elite política judaica do seu tempo, Berenice também se distinguia das forças que haviam desencadeado o movimento de rebelião contra Roma, as quais eram essencialmente constituídas, como referimos, por zelotas e sicários. Isso significa que Berenice não estaria necessariamente ao lado do movimento de rebelião, tal como, aliás, dificilmente estaria qualquer um dos membros da família real judaica. Pelo contrário, sendo culturalmente helenística, Júlia Berenice identificava-se e estaria mais próxima dos círculos do poder em Roma.

O papel político desta princesa na conjuntura flávia é inegável. Uma interpretação atenta dos medalhões interiores do Arco de Tito parece sustentar esta ideia: sob o braço erguido de Tito, num dos relevos, podemos ver as efígies de um homem e de uma mulher que se afrontam: muito provavelmente, Berenice e Agripa II, como que submetidos pelo *imperator* romano, mas não deixando de estar no horizonte dele.

A influência de Júlia Berenice na corte dos Flávios parece ter-se intensificado a partir de 75 d.C. As fontes contam que Tito pretendia casar-se com Berenice (e. g. Suet. *Tit.* 7) e Díon Cássio refere mesmo a existência de uma relação de concubinato entre o *imperator* e a princesa. É provável, pois, que tenha havido uma relação de tipo marital entre Tito e Berenice, que teria começado antes de o romano se ter tornado imperador, mas tudo aponta para que o casamento *de iure* nunca se tenha concretizado[67]. De facto, condicionalismos jurídicos e religiosos derivados das origens romanas e judaicas dos intervenientes colocavam diversos obstáculos a uma união legal.

A verdade é que, tal como Cleópatra VII cerca de cem anos antes, Júlia Berenice era essencialmente uma *persona non grata* aos Romanos. Berenice representava os inimigos de Roma, uma cultura estranha aos Romanos e a possibilidade constante da traição. Estes factos parecem justificar o passo de Suetónio: "Mandou Berenice imediatamente para longe de Roma, contra a vontade de um e a do outro" (Suet. *Tit.* 7.2). Na verdade, Berenice era mais apropriada para desfilar no triunfo de Tito como espólio do que para aparecer como imperatriz. Além disso, a *factio* política a que se associava era foco de discórdia em Roma. Ora, Tito era uma pedra angular da nova dinastia, por conseguinte, não poderia deixar que se abrissem fendas na muralha que Vespasiano tinha começado a construir.

Talvez a expulsão de Berenice em 79 d.C. tenha sido uma tentativa de reconciliação política de Tito com os seus adversários políticos. De facto, aos

---

[67] Rodrigues 2007 790.

Flávios, não bastava a *auctoritas*; eram necessários *amici*. E todo este processo comprova que o "caso Berenice" interferiu de modo determinante no projeto político dos Flávios[68].

No final da biografia de Tito, Suetónio escreve o seguinte: "não se arrependia de nenhum ato da sua vida, à exceção de um" (Suet. *Tit.* 10.1). Segundo o mesmo historiador, nesse momento, alguns pensaram que o imperador se referia a uma alegada relação amorosa que teria mantido com a cunhada, Domícia Longina. Esta, porém, negou que fosse isso. Não podemos deixar de pensar que Tito se referia à forma como tratara Berenice[69].

3. *Titus Flauius Domitianus* (81-96 d.C.)

Segundo as fontes, uma das primeiras preocupações de Tito Flávio Domiciano após a morte do irmão em 81 d.C., vítima talvez de uma febre (Suet. *Tit.* 10.1), talvez de envenenamento (Aur. Vict. *De Caes.* 10.11; Philostr. *VA* 6.32)[70], foi entregar aos guardas pretorianos um donativo equivalente ao que o seu próprio pai lhes havia dado em ocasião semelhante. Depois de o fazer, Domiciano apresentou-se perante o senado, que imediatamente confirmou os seus poderes fazendo dele *princeps* aos 30 anos de idade.

Os autores que se têm dedicado à personalidade deste imperador são praticamente unânimes em considerá-lo um indivíduo brilhante, com uma inteligência acima da média. Outros referem a possibilidade de Domiciano padecer de algum "complexo de secundogénito", que se teria refletido nas suas ações políticas[71]. Outros ainda salientam a sua propensão para a psicopatia, baseados, todavia, em fragmentos literários eventualmente demasiado incipientes ou inconsistentes, como os passos em que Suetónio conta que o príncipe se entretinha a torturar moscas ou a inventar formas de tortura particularmente cruéis (Suet. *Dom.* 3.1; 10.5). Não nos parece impossível que assim fosse em termos psicoanalíticos, mas estas opiniões dificilmente poderão ser comprovadas e passar de mera especulação, dado o estado da informação que possuímos acerca destes indivíduos. Mas não deixam de ser válidas enquanto conclusões meramente opinativas e retiradas após uma leitura mais ligeira das fontes.

Com efeito, ao contrário do irmão, o retrato de Domiciano nos textos antigos não lhe é muito favorável. Este imperador aparece como um homem perturbado, com tiques de tirano, no sentido pejorativo do termo, e senhor de uma *crudelitas* que deveria ser o oposto do príncipe ideal. Tornaram-se célebres,

---

[68] Crook 1951.
[69] Sobre o principado de Tito, vide ainda Jones 1984; Griffin 2000 46-54 e Murison 2016.
[70] Jones 1984 154-156.
[71] E.g. Castillo 1989 190.

por exemplo, a referência à condenação que terá feito das vestais acusadas de praticarem atos sexuais (D.C. 67.3.3) e a tenacidade com que teria reforçado as leis contra o adultério ou contra atos homossexuais com homens nascidos livres[72]; e tanto Suetónio como Díon Cássio referem que o *princeps* fazia questão de ser tratado como *dominus et deus*[73]. Curiosamente, este seria um retrato mais facilmente enquadrável em Tito, dadas as suas afinidades com o Oriente, de que a relação com Júlia Berenice é uma das manifestações, do que com Domiciano. Note-se, contudo, que este esteve no poder década e meia e não apenas dois anos, como Tito. Uma quantidade de tempo como a que Domiciano governou possibilitou um tipo de avaliação diferente daquela a que Tito foi sujeito. Por outro lado, há que não esquecer que Domiciano foi assassinado, o que poderá traduzir hostilidades pessoais, mas também, e sobretudo, oposições políticas. Estas, porém, podem não ter sido necessariamente resultado de comportamentos de vilania. Bastaria a cobiça do poder para que surgissem. Mas deverão, certamente, ter estado por detrás das intenções de construir um retrato negativo do último imperador flávio.

Parte significativa dessa oposição terá advindo, naturalmente, da ordem senatorial. Uma primeira fase do governo de Domiciano terá mantido privilégios e prerrogativas dos senadores e respetivas famílias. Nesses primeiros tempos, o imperador terá, portanto, mantido a política de proteção senatorial que, afinal, deveria ter um efeito mútuo relativamente ao príncipe. Mas tudo leva a crer que, paulatinamente, Domiciano tenha optado por um regime político de maior concentração no *princeps*, à semelhança, aliás, do que outros, como Gaio Calígula, teriam já feito. Note-se, por exemplo, como, a partir de 84 d.C., Domiciano não deixou de exercer o cargo de censor, o que lhe conferia o privilégio de decidir continuamente sobre a composição do senado. A par desse facto, o príncipe terá introduzido nesse órgão vários elementos que lhe eram próximos, de modo a garantir a manutenção dos seus poderes e o apoio de que necessitava. Ao mesmo tempo, o imperador percebeu que se hostilizava os senadores teria de encontrar partidários noutras fontes. O exército e os cavaleiros revelaram-se as opções mais eficazes como apoios (ao contrário de Cláudio, por exemplo, que se apoiou sobretudo num grupo de libertos e, por conseguinte, indivíduos infiltrados na corte e muito próximos da família imperial). Por isso, também, o príncipe aumentou o número de pretorianos[74]. Uma política deste tipo não terá estado isenta de fortes oposições e elas deverão ter-se feito sentir. Essa oposição manifestou-se também nas perseguições que Domiciano acabou por levar a cabo.

---

[72] A velha *lex Scantinia*; cf. Suet. *Dom.* 8.3; D.C. 67.12.1; Stat. *Silu.* 5.2.102; Mart. 7.7, 22, 45; Juv. 2.29. Griffin 2000 79.

[73] Suet. *Dom.* 13.2. Cf. D.C. 67.4.7, onde se lê καὶ δεσπότης καλούμενος καὶ θεός, *kai despotes kaloumenos kai theos*.

[74] Como nota Castillo 1989 191, em 83 d.C., Domiciano criou, também, uma nova legião: a I *Flauia Minerua*, posteriormente conhecida como I *Flauia Minerua Pia Fidelis Domitiana*.

A rebelião de 88 d.C., protagonizada por Lúcio António Saturnino na Germânia, terá sido uma das mais importantes, não só pelo que significou em termos de oposição a Domiciano, mas também pelo temor e cautela que terá inculcado a partir daí no imperador. Considera-se mesmo que, a partir de então, terá aumentado a função e o número de delatores na corte imperial, depois de os ter reprimido (Suet. *Dom.* 9.3). Os julgamentos por crimes de *maiestas* aumentaram bem como a perseguição a alguns grupos específicos[75]. Os textos referem em especial os que se identificavam com os intelectuais gregos e algumas minorias étnico-religiosas, como os Judeus[76]. Não deixa de ser curioso que as notícias que possuímos acerca de Flávio Josefo parem quase em simultâneo com o final da governação de Domiciano, que parece ter mantido alguma hostilidade para com indivíduos associados aos Judeus ou ao judaísmo. Não podemos deixar de pensar na possibilidade de existir alguma relação entre os dois factos. Neste âmbito, há que referir que alguma tradição cristã considerou desde muito cedo que Domiciano terá sido um opositor do cristianismo, associando-o mesmo a uma das tradicionalmente tidas como primeiras grandes perseguições, bem como às condições que levaram à composição do livro do *Apocalipse*[77]. Este fator terá sido também determinante na imagem que a tradição ocidental construiu do último dos Flávios.

No entanto, há que notar que muito dificilmente, no tempo de Domiciano e em particular na corte imperial, se faria já alguma distinção entre Judeus e cristãos. Muito provavelmente, para os Romanos do tempo de Domiciano, como para o próprio príncipe, Judeus e cristãos seriam o mesmo ou, quanto muito, estes não passariam de uma seita de origem oriental derivada daqueles. Para o Estado romano, o delito comum a Judeus e cristãos seria apenas o de *impietas*[78]. Nem sempre, porém, a acusação de que se era alvo traduziria as verdadeiras motivações de quem acusava e o facto de os acusados Clemente e Domitila pertencerem à família imperial e de Domiciano ser um zeloso defensor do poder centralizado na figura do *princeps*, motivando assim oposições e ódios políticos, deve ser levado em conta neste contexto. Note-se que, antes de Flávio Clemente, outro parente do imperador, Tito Flávio Sabino, tinha sido já acusado e condenado à morte. E as oposições dentro da própria casa imperial parecem manifestar-se também nos processos políticos em que a própria mulher

---

[75] Jones 1992 182-192.

[76] Esta hostilidade em relação aos Judeus sob Domiciano poderá ser paradoxal relativamente ao apoio que o pai desse imperador terá tido por parte de alguns Judeus, como Tibério Júlio Alexandre ou até mesmo Flávio Josefo. Haverá, contudo, que levar em conta os contextos específicos de cada circunstância. Vide e.g. Rodrigues 2007 756-758, 767-768.

[77] Rodrigues 2007 766, 809.

[78] Sob essa acusação terão caído nomes como Acílio Glabrião (banido e executado), Tito Flávio Clemente (condenado à morte) e Flávia Domitila (exilada em Pandatária), estes últimos membros da própria família imperial (D.C. 67.14). Jones 1992 114-116. Não confundir esta Flávia Domitila com a mulher de Vespasiano, de quem era neta. Vide Eracle 1964.

do imperador, Domícia Longina, terá estado envolvida. Suetónio refere um caso passional como motivo para o exílio da imperatriz, que depois acabou por regressar à corte (Suet. *Dom.* 3.1). Mas não deixa de ser significativo que talvez tenha sido em torno dela que se tenha formado a conspiração da qual resultou o assassínio de Domiciano (D.C. 67.15).

Há que recordar ainda que Domiciano chegou a ser usado pelo próprio pai como instrumento de consolidação dinástica. Em 70 d.C., Vespasiano tentou casar o filho mais novo com uma das suas netas, filha de Tito e, portanto, sobrinha do próprio Domiciano: Júlia Flávia, também conhecida como Júlia *Titi* (Suet. *Dom.* 22.1). As fontes dão conta, no entanto, que, nessa ocasião, Domiciano estaria interessado numa outra dama da corte, Domícia Longina, uma descendente de Augusto, filha de Gneu Domício Corbulão e antes mulher de Lúcio Élio Pláucio Lâmia Eliano (Suet. *Dom.* 1.2; 22.1). Obtido o divórcio do primeiro casamento de Domícia, Domiciano casou-se então com esta senhora em 71 d.C., vindo depois a conseguir a sua proclamação como *Augusta* (Suet. *Dom.* 3.1). A vida conjugal de Domiciano e Domícia Longina, contudo, não foi um êxito. Em 83 d.C., Domiciano ordenou o exílio da mulher, talvez por causa de adultério por ela cometido com um ator então famoso (Suet. *Dom.* 3.1). Segundo as fontes, Domiciano ter-se-ia envolvido então com a sobrinha, a mesma Júlia com quem Vespasiano desejara que ele se casasse. E mesmo depois de Domícia Longina ter regressado à corte na sequência do perdão imperial, Domiciano manteve a relação amorosa com Júlia *Titi*, o que deverá não ter sido alheio ao facto de Domícia Longina se ter envolvido na conspiração que levou à morte do próprio marido (Suet. *Dom.* 17; D.C. 67.3.1-2; 67.15.2)[79].

3.1 A ação política de Domiciano

Uma das medidas que se impôs no tempo deste imperador foi o controlo eficaz dos governadores provinciais. O imperador não podia esquecer que parte significativa da riqueza do Estado romano provinha das províncias e que eram esses mesmos territórios que poderiam tornar alguém particularmente poderoso se, ao invés de enviar para Roma os impostos devidamente coletados, se apoderasse deles em proveito próprio. Além disso, havia o perigo de conseguir alianças com elites políticas, económicas e militares locais, que poderiam pôr em causa o poder do *princeps*. A proclamação de Vespasiano em 69 d.C. mostrava essa possibilidade sem equívocos. Domiciano terá levado em conta todos

---

[79] Sintomaticamente, Suetónio conta que, depois da morte do príncipe, as cinzas dele foram recolhidas pela sua ama, que as depositou no templo dos Flávios, misturando-as com as de Júlia *Titi*, a quem ela também criara e que morrera na sequência de um aborto mal-sucedido. Júlia estava grávida de Domiciano e terá sido ele próprio a exigir a interrupção da gravidez da amante (Suet. *Dom.* 17.3; 22; D.C. 67.18).

esses fatores, o que também se deverá relacionar com o facto de ter prestado particular atenção à atribuição do direito de cidadania a vários provinciais e de ter criado cargos como o dos *curatores reipublicae*, essencialmente procuradores do Estado, função também exercida pelos *equites*[80].

De um modo geral, Domiciano parece ter compreendido e continuado o pensamento e a ação política do seu pai, Vespasiano. Isto significa que manteve a perceção da necessidade de continuar a fortificar os *limites* imperiais, recorrendo não apenas a uma maior concentração de tropas nessas regiões, como também a uma intensificação das fortificações aí instaladas. Na região renana, por exemplo, aplicou esse princípio, reforçando as medidas com incentivos à instalação de populações agrícolas locais, ou deslocadas de outros territórios como a Gália, de modo a criar aí comunidades que viessem a ganhar um sentido de identidade e de pertença com o território ao ponto de o defenderem como seu. Assim, lutando pelo próprio espaço, esses grupos defendiam as fronteiras do próprio império. Desta forma, o imperador reforçava de modo significativo os espaços de liminaridade. Acresce que estes grupos tinham ainda como contrapartida o pagamento de uma taxa de 10% dos seus rendimentos ao Estado romano, o que perfazia uma fonte de rendimento extraordinária muito bem-vinda[81].

Do pai, Domiciano parece ter herdado também a competência na administração financeira, visto que, sob o seu domínio, a moeda terá parado de desvalorizar[82]. No que diz respeito à política económica, é de destacar o *edictum* de 92 d.C., com o qual o imperador assegurou medidas com vista a baixar o preço dos cereais. Com efeito, aparentemente, o comércio do vinho tinha-se tornado particularmente rentável nos anos que precederam o governo de Domiciano. Esse fator terá levado muitos agricultores a investirem na vide e na vinha de modo a tornarem-se produtores vinícolas. Esta medida levou, por um lado, a uma baixa dos preços do vinho, consequência de uma maior oferta deste produto nos mercados. Mas, por outro, levou também a uma carestia cerealífera, uma vez que a maioria dos agricultores preferia plantar vides, colher uvas e produzir vinho a semear trigo ou outros cereais. A falta de cereal, portanto, levou a um encarecimento significativo desse bem, assim como à necessidade de mais importação a partir das províncias, o que não favorecia o preço por que era depois vendido em Roma, por exemplo. Com o *edictum* de 92 d.C., Domiciano proibiu o plantio de novos pés de vide na Itália e ordenou que metade das vinhas da Ásia Menor e de outras províncias fosse arrancada[83]. Apesar de, a uma primeira leitura, esta medida parecer uma forma de protecionismo dos produtores itálicos de vinho, ela deverá ser preferencialmente

---

[80] Griffin 2000 78.
[81] Castillo 1989 192; Fernández Uriel 2016 185-186.
[82] Fernández Uriel 2016 198-201.
[83] Jones 1992 77-79; Fernández Uriel 2016 194-196.

entendida como uma solução para aumentar a produção de cereal e, por consguinte, baixar o seu preço e o do pão dele derivado[84].

Em termos de ação militar, Domiciano enfrentou problemas com os Dácios, chefiados por Decébalo, entre 85 e 89 d.C. Estes confrontos foram umas vezes favoráveis aos Romanos, outras aos Dácios, que se aliaram a outros povos e tribos, como os Sármatas, os Quados e os Marcomanos[85]. Roma chegou mesmo a perder duas das suas legiões nesses confrontos. Por fim, acabou por acordar tréguas com Decébalo, assinando um tratado que concedia ao rei dácio privilégios comerciais e o direito à exploração de territórios agrícolas, além de uma pensão anual. Além do mais, deste modo, Decébalo constituía-se também como rei-cliente ou vassalo de Roma, interessado em defender os seus próprios interesses[86]. Como nos parece evidente, a administração de Domiciano limitou-se a reproduzir aqui o modelo usado de um modo mais geral nas regiões de *limes*. Naturalmente, esta solução ter-se-á revelado mais rentável para Roma do que a manutenção do conflito, cujo desenlace não seria certo.

Já na fronteira mais ao oriente, mantiveram-se as linhas definidas por Vespasiano, assim como na mais ao norte, na Britânia. Domiciano decidiu, aliás, parar com as ofensivas nessa região, comandadas por Júlio Agrícola, decerto por razões económicas[87].

Na sequência deste conjunto de medidas, o último dos Flávios reorganizou a província da Germânia em Germânia Superior e Germania Inferior, nomeando *legati Augusti pro praetore*. Estes territórios, contudo, mantiveram-se ligados aos da Gália Bélgica, para efeitos de gestão financeira, para a qual Domiciano nomeou um *procurator prouinciae Belgicae et utriusque Germaniae*[88]. O mesmo foi feito com a Mésia, então dividida em Mésia Superior e Mésia Inferior, províncias que passaram a ser administradas por *legati* consulares[89]. Esta reorganização administrativa teve também como consequência o crescente aumento das elites provinciais no contexto do império.

Tal como os seus dois predecessores, Domiciano percebeu a importância do evergetismo e das obras públicas enquanto formas de construir uma imagem política. Este imperador terá assim investido parte da sua atividade política em projetos urbanísticos de utilidade essencialmente pública, desde edifícios destinados

---

[84] Jones 1992 78. Há que notar, contudo, que esta medida não foi posta em prática de forma pacífica, visto que o imperador encontrou oposição em vários grupos cujos interesses económicos estavam precisamente ou na exploração da vinha ou na (pouca) produção cerealífera. A medida proclamada pelo *edictum* de 92 d.C., no entanto, esteve em vigor até ao principado de Marco Aurélio (280 d.C.).

[85] Fernández Uriel 2016 266.

[86] Jones 1992 138-139, 141-143, 150-155.

[87] Castillo 1989 193.

[88] Morelli 2014 212-226; Dart 2016.

[89] Jones 1992 150-155; Morelli 2014 206-212.

a banhos públicos a teatros e circos, passando por templos, entre os quais um dedicado ao próprio pai, Vespasiano[90].

4. O fim da dinastia flávia

Em setembro de 96 d.C., uma conspiração formada talvez em torno da imperatriz Domícia Longina (ou pelo menos com o seu conhecimento), e que envolveu pessoas da *família* imperial bem como elementos da guarda pretoriana e membros do senado, foi bem sucedida em montar uma armadilha e assassinar Domiciano. Suetónio conta o episódio sob uma perspetiva quase cinematográfica (Suet. *Dom.* 17). Segundo este biógrafo romano, um liberto de Flávia Domitila, a sobrinha que ele tinha exilado em Pandatária, chamado Estéfano aproximou-se do imperador, com o pretexto de lhe denunciar uma conspiração. O pretexto era, de facto, verdadeiro, mas a conspiração não seria desmascarada, visto ser precisamente a que estava em curso. Apoiado por um militar de nome Clodiano, por um liberto chamado Máximo, por um criado da câmara do imperador e por um gladiador, Estéfano apunhalou Domiciano até à morte (cf. D.C. 67.15-17). Segundo Díon, nessa ocasião, em Éfeso, Apolónio de Tíana, um filósofo da época, teria gritado: "Boa, Estéfano! Excelente, Estéfano!" (D.C. 67.18).

Os conjurados decidiram que o sucessor de Domiciano seria um membro da família dos *Cocceii* e antigo cônsul sufecto, no tempo de Gaio Calígula: Nerva. Por sua vez, o senado decretou que Domiciano fosse votado à *damnatio memoriae* (Suet. *Dom.* 23.1)[91]. A dinastia dos Flávios tinha chegado ao seu termo.

Tábua cronológica:

9 d.C. – nascimento de Vespasiano
37 d.C. – Flávio Sabino é *quaestor*
39 d.C. – nascimento de Tito; Flávio Sabino é *aedilis*
40 d.C. – Flávio Sabino e Vespasiano são *praetores*
41 d.C. – morte de Gaio Calígula
45 d.C. – nascimento de Domitila Menor
47 d.C. – Flávio Sabino é *consul suffectus*
49 d.C. – Flávio Sabino é *legatus* na Mésia pela primeira vez
51 d.C. – nascimento de Domiciano; Vespasiano é *consul suffectus*
56 d.C. – Flávio Sabino é *legatus* na Mésia pela segunda vez
63 d.C. – Vespasiano é *proconsul* de África; Tito casa-se com Arrecina Tertula; sismo violento na Campâ-

---

[90] Uma lista de obras levadas a cabo por Domiciano pode ser lida em Alston 1998 187. Sobre o principado de Domiciano, vide ainda Jones 1992; Griffin 2000 54-83; Morelli 2014; Fernández Uriel 2016 e Galimberti 2016.

[91] Fernández Uriel 2016 274-279.

nia atinge Pompeios, Herculano e Estábias
65 d.C. – morte de Arrecina Tertula; Tito casa-se com Márcia Furnila
66 d.C. – Vespasiano acompanha Nero à Grécia
67 d.C. – Vespasiano assume o comando das tropas romanas na Judeia; cerco e massacre de Jotapata
68 d.C. – morte de Nero
Antes de 69 d.C. – morte de Domitila e de Domitila Menor
69 d.C. – Flávio Sabino é *praefectus* de Roma; principado de Galba, de Vitélio e de Otão; principado de Vespasiano; batalha de Cremona; morte de Flávio Sabino
70 d.C. – Vespasiano entra em Roma como imperador; cerco e destruição de Jerusalém e do Templo às mãos de Tito; primeiro consulado de Tito; Tito detém a *tribunicia potestas*; provavelmente, Tito conhece Júlia Berenice
71 d.C. – desfile triunfal de Vespasiano e Tito pela conquista de Jerusalém; segundo consulado de Tito; Tito é prefeito do pretório; casamento de Domiciano com Domícia Longina
73 d.C. – Tito é *censor*; terceiro consulado de Tito
74 d.C. – conquista, saque e massacre de Masada; quarto consulado de Tito
75 d.C. – inauguração do Templo da Paz
79 d.C. – morte de Vespasiano; principado de Tito; sétimo consulado de Tito; Tito expulsa Júlia Berenice de Roma; erupção do Vesúvio; destruição de Pompeios, Herculano e Estábias
80 d.C. – inauguração do Anfiteatro Flávio
81 d.C. – morte de Tito; principado de Domiciano
82-83 d.C. – edificação do Arco de Tito; exílio de Domícia Longina; Domiciano envolve-se com Júlia *Titi*
85 d.C. – guerra contra os Dácios
88 d.C. – rebelião de L. António Saturnino
89 d.C. – tratado com Decébalo, rei dos Dácios
92 d.C. – *edictum* de Domiciano sobre o cultivo de cereais e o plantio de vinha
95 d.C. – condenação de Flávio Clemente à pena capital; exílio de Flávia Domitila em Pandatária
96 d.C. – conspiração contra Domiciano; morte de Domiciano; principado de Nerva.

Bibliografia

Abbema, L. K. van (2016), "Women in Flavian Rome" in A. Zissos, ed., *A Companion to the Flavian Age of the Imperial Rome*. Oxford, Blackwell-John Wiley & Sons 296-312.
Akerman, S. (1978), *Le mythe de Bérénice*. Paris, Éditions A.-G. Nizet.
Alston, R. (1998), *Aspects of Roman History AD 14-117*. London/New York, Routledge.
Bartman, E. (2001), "Hair and the Artifice of Roman Female Adornment", *AJA* 105 125.
Beard, M. (2003), "The Triumph of Flavius Josephus" in A. J. Boyle – W. J. Dominik, eds, *Flavian Rome. Culture, Image, Text*. Leiden/Boston, Brill 543-558.
Bernstein, N. W. (2016), "Epic Poetry: Historicizing the Flavian Epics" in A. Zissos, ed., *A Companion to the Flavian Age of Imperial Rome*. Oxford, Blackwell-John Wiley & Sons 395-411.
Blake, S. H. (2016), "The Aesthetics of the Everyday in Flavian Art and Literature" in A. Zissos, ed., *A Companion to the Flavian Age of Imperial Rome*. Oxford, BlackwellJohn Wiley & Sons 344-360.
Boyle, A. J. & Dominik, W. J., eds., *Flavian Rome. Culture, Image, Text*. Leiden/Boston, Brill.
Brunt, P. A. (1977), "Lex de imperio Vespasiani", *JRS* 67 95-116.
Castillo, A. del (1989), "La dinastía Flavia" in J. M. Roldán – J. M. Blázquez – A. del Castillo, *Historia de Roma. Tomo II – El Imperio Romano (siglos I-III)*. Madrid, Cátedra 175-193.
Chapman, H. H. – Rodgers, Z., eds (2016), *A Companion to Josephus*. Oxford, Blackwell-John Wiley & Sons.
Charlesworth, M. P. (1936), "The Flavian Dynasty" in S. A. Cook – F. E. Adcock – M. P. *Charlesworth*, eds, *The Cambridge Ancient History*, vol. XI: *The Imperial Peace AD 70–192*. Cambridge, Cambridge University Press 1-45.
Croisille, J.-M. (1982), *Poésie et art figuré de Néron aux Flaviens. Recherches sur l'iconographie et la correspondance des arts* a l'époque impériale. Bruxelles, Latomus.

Crook, J. A. (1951), "Titus and Berenice", *AJPh* 72/2 162-175.
D'Ambra, E. (2013), "Mode and Model in the Flavian Female Portrait", *AJA* 117/4 511525.
Dart, C. J. (2016), "Frontiers, Security, and Military Policy" in A. Zissos, ed., *A Companion to the Flavian Age of the Imperial Rome*. Oxford, Blackwell-John Wiley & Sons 207-222.
Dominik, W. J. (2003), "Hannibal at the Gates: Programmatising Rome and *Romanitas* in Silius Italicus' *Punica* 1 and 2" in A. J. Boyle & W. J. Dominik, eds., *Flavian Rome. Culture, Image, Text*. Leiden/Boston, Brill 469-498.
Eracle, J. (1964), "Une grande dame de l'ancienne Rome: Flavia Domitilla, petite fille de Vespasien", *Echos de Saint-Maurice* 62 109-134.
Fernández Uriel, P. (2016), *Titus Flavius Domitianus. De* Princeps *a* Dominus: *un hito en la transformación del Principado*. Madrid/Salamanca, Signifer Libros.
Franchet d'Espèrey, S. (1986), "Vespasien, Titus et la literature", *ANRW* II.32.5 3048-86.
Galimberti, A. (2016), "The Emperor Domitian" in A. Zissos, ed., *A Companion to the Flavian Age of the Imperial Rome*. Oxford, Blackwell-John Wiley & Sons 92-108.
Gallia, A. B. (2016), "Remaking Rome" in A. Zissos, ed., *A Companion to the Flavian Age of the Imperial Rome*. Oxford, Blackwell-John Wiley & Sons 148-165.
Gaudemet, J. (^{7}2002), *Les institutions de l'Antiquité*. Paris, Éditions Monchréstien.
Griffin, M. T. (^{2}2000), "The Flavians" in A. K. Bowman, P. Garnsey, D. Rathbone, eds., *The Cambridge Ancient History*, vol. *XI*: *The High Empire A.D. 70-192*. Cambridge, Cambridge University Press 1-83.
Gunderson, E. (2003), "The Flavian Amphitheatre: All the World as Stage" in A. J. Boyle & W. J. Dominik, eds., *Flavian Rome. Culture, Image, Text*. Leiden/Boston, Brill 637658.
Hadas-Lebel, M. (1990), *Jérusalem contre Rome*. Paris, Éditions du Cerf.
Heemstra, M. (2010), *The* Fiscus Iudaicus *and the Parting of the Ways*. Tübingen, Mohr Siebeck.
Homo, L. (1949), *Vespasien, l'empereur du bom sens (69-79 apr. J.C.)*. Paris, Albin Michel.
Kokkinos, N. (1992), *Antonia Augusta: Portrait of a Great Roman Lady*. London, Routledge.
Jones, B. W. (1984), *The Emperor Titus*. London/Sydney, Croom Helm.
Jones, B. W. (1989), "Titus in Judaea, A. D. 67", *Latomus* 48 127-134.
Jones, B. W. (1992), *The Emperor Domitian*. London/New York, Routledge.
Levi, M. A. (1975), "I Flavi", *ANRW* II.2 177-207.
Levick, B. M. (1999), *Vespasian*. London/New York, Routledge.
Machado, J. B. (2007), *História do mui nobre Vespasiano Imperador de Roma*. Introdução, edição e lematização de José Barbosa Machado. Braga, Edições Vercial.
Markus, D. D. (2003), "The Politics of Epic Performance in Statius" in A. J. Boyle – W. J. Dominik, eds, *Flavian Rome. Culture, Image, Text*. Leiden/Boston, Brill 431468.
Marlowe, E. (2013), *Shaky Ground. Context, Connoisseurship and the History of Roman Art*. London/New York, Bloomsbury Academic.
Martins, M. (1956), "Em torno de Jerusalém" in M. Martins, *Estudos de Literatura Medieval*. Braga, Livraria Cruz 48-59.
Mason, S. (2003), "Flavius Josephus in Flavian Rome: reading on and between the lines" in A. J. Boyle & W. J. Dominik, eds., *Flavian Rome. Culture, Image, Text*. Leiden/Boston, Brill 559-590.
Meise, E. (1969), *Untersuchungen zur Geschichte der Julisch-Claudischen Dynastie*. München, Verlag C. H. Beck.
Morelli, U. (2014), *Domiziano. Fine di una dinastia*. Wiesbaden, Harrassowitz Verlag.
Murison, C. L. (2016), "The Emperor Titus" in A. Zissos, ed., *A Companion to the Flavian Age of the Imperial Rome*. Oxford, Blackwell-John Wiley & Sons 76-91.
Newton, H. C. (1901), *The Epigraphical Evidence for the Reigns of Vespasian and Titus*. St. Andrews, MacMillan.
Nicols, J. (1978), *Vespasian and the Partes Flavianae*. Wiesbaden, Franz Steiner.
Nicols, J. (2016), "The Emperor Vespasian" in A. Zissos, ed., *A Companion to the Flavian Age of Imperial Rome*. Oxford, Blackwell-John Wiley & Sons 60-75.
Perea Yébenes, S. (2000), *Berenice, reina y concubina*. Madrid, Alderabán.
Pimentel, M. C. (1993), *A adulatio em Marcial*. Lisboa, Faculdade de Letras da Universidade de Lisboa.
Pimentel, M. C. S., Leão, D. F., Brandão, J. L., Ferreira, P. S. (2000), *Marcial. Epigramas. Vol. I*. Lisboa, Edições 70.

Rodrigues, N. S. (2007), *Iudaei in Vrbe. Os Judeus em Roma de Pompeio aos Flávios*. Lisboa, Fundação Calouste Gulbenkian/Fundação para a Ciência e Tecnologia.
Rodrigues, N. S. (2012), "Sodoma e Gomorra em Pompeios" in J. R. Carbó, ed., *El Final de los Tiempos. Perspectivas religiosas de la catástrofe en la Antigüedad*. Huelva: Publicaciones de la Universidad de Huelva (= *ARYS* 10) 259-274.
Rodrigues, N. S. (no prelo), "A Mulher de Milreu: anatomia e recepção de um penteado", *O Arqueólogo Português*.
Saulnier, C. (1989; 1991), "Flavius Josèphe et la propagande Flavienne", *RBi* 96/4 545562; 98/2 199-221.
Schalit, A. (1975), "Die Erhebung Vespasians nach Flavius Josephus, Talmud und Midrasch. Zur Geschichte einer messianischen Prophetie", *ANRW* II.2 208-327.
Tuck, S. L. (2016), "Imperial Image-Making" in A. Zissos, ed., *A Companion to the Flavian Age of the Imperial Rome*. Oxford, Blackwell-John Wiley & Sons 109-128.
Vasunia, P. (2003), "Plutarch and the Return of the Archaic" in A. J. Boyle – W. J. Dominik, eds, *Flavian Rome. Culture, Image, Text*. Leiden/Boston, Brill 669-390.
Vervaet, F. J. (2016), "The Remarkable Rise of the Flavians" in A. Zissos, ed., *A Companion to the Flavian Age of the Imperial Rome*. Oxford, Blackwell-John Wiley & Sons 43-59.
Veyne, P. (1995), *Le pain et le cirque*. Paris, Seuil.
Wilson, M. (2003), "After the Silence: Tacitus, Suetonius, Juvenal» in A. J. Boyle & W. J. Dominik, eds., *Flavian Rome. Culture, Image, Text*. Leiden/Boston, Brill 523-542.
Zanker, P. (2008), *Augustus und die Macht der Bilder*. München, Verlag C. H. Beck.
Zissos, A. (2003), "Spectacle and Elite in the *Argonautica* of Valerius Flaccus" in A. J. Boyle – W. J. Dominik, eds, *Flavian Rome. Culture, Image, Text*. Leiden/Boston, Brill 659-684.
Zissos, A., ed. (2016), *A Companion to the Flavian Age of the Imperial Rome*. Oxford, Blackwell-John Wiley & Sons.

6. LITERATURA E PODER EM ROMA NO SÉC. I D.C.

Paulo Sérgio Margarido Ferreira
Universidade de Coimbra
Centro de Estudos Clássicos e Humanísticos
ORCID: 0000-0003-4244-5625
pmf@fl.uc.pt

Sumário: O estudo procura traçar a evolução da concentração aristocrática do saber e do poder até à perseguição dos imperadores a indivíduos que ensombravam os seus dotes oratórios e artísticos; refletir sobre a literatura de cariz senatorial, a falta de liberdade de expressão e as consequências ao nível da eloquência, e, por fim, sobre a literatura panegírica, o *speculum principis* e a *adulatio* aos imperadores[1].

1. Da unidade aristocrática entre saber e poder à dispersão por áreas que pouco tinham que ver com a filosofia

Ao considerar os tipos de poder subjacentes ao modo como o homem romano se relacionava com os diversos saberes durante a República e nos inícios do Império, sustentou Narducci que, se até aos anos 90 do séc. I a.C. prevaleceu uma tradição aristocrática que encarava o poder e o saber como uma unidade, já a partir do referido momento se assistiu a uma progressiva especialização[2]. Para chegar a esta conclusão, baseou-se o investigador sobretudo no *De Oratore* de Cícero, que, escrito embora em 55 a.C., recriava ficcionalmente um diálogo ocorrido em 91, onde Lúcio Licínio Crasso, porta-voz do próprio autor, lamentava a cisão socrática entre filosofia e retórica (3.60), e, depois de observar que o orador devia ter

---

[1] Trabalho desenvolvido no âmbito do projeto UID/ELT/00196/2013, financiado pela FCT – Fundação para a Ciência e a Tecnologia.
[2] Narducci 1989 536.

uma formação semelhante à do político dirigente, concluía que ambos deviam aliar a uma vasta cultura geral um eficaz domínio da palavra (3.132ss.).

Apesar disso, a personagem que, pela formação, pelas qualidades de orador e prosador e pelos feitos militares praticados, melhor haveria de resolver a velha oposição literária *arma/ toga* haveria de ser Gaio Júlio César[3]. O *dictator* ainda confiou a Varrão o encargo de criar a primeira biblioteca pública romana e concebeu o projeto de conceder a cidadania a todos os intelectuais gregos presentes em Roma (*Jul.* 42.2). Não se pense, contudo, que a conciliação, em César, da acumulação aristocrática dos diversos saberes com o que parece ser um esforço no sentido de tornar a cultura acessível ao maior número, reflete uma concessão do general às suas origens políticas, nomeadamente aos ideais dos *populares*, mas, como notou Narducci, "un tentativo di rivitalizzare la tradizione dell'evergetismo aristocratico"[4].

Como César saiu de Roma para estudar oratória, também Augusto foi estudar para Apolónia (*Aug.* 8.2)[5], aprendeu retórica com Apolodoro de Pérgamo e hospedava em sua casa um filósofo grego[6]. Escreveu poesia, de que se destaca um poema sobre a Sicília, epigramas e ainda uma tragédia incompleta, escreveu cartas, 13 livros de *Commentarii de uita sua* e uma inscrição funéria, *res gestae Diui Augusti*, que veiculava o seu testamento político e foi reproduzida em diversas partes do império[7]. Entre as razões que levaram Augusto a poupar a cidade de Alexandria contava-se, segundo Díon 51.16.4, o facto de Areu, filósofo estoico, ser natural dessa cidade. Se César confiou a Varrão o encargo de criar a primeira biblioteca pública romana, quem a inaugurou, entre 39/ 38 e 28 a.C., no *Atrium Libertatis*, junto do Foro de César, foi Asínio Polião, e Augusto criou outras duas, uma no templo de Apolo, no Palatino, em 28 a.C., e outra no pórtico de Otávia, ao Campo de Marte, em 23 a.C[8]. Se, no caso de César, o desejo

---

[3] Rocha Pereira 2009 236. Além de, na sua juventude, ter tido aulas com o orador Apolónio Mólon em Rodes (Suet. *Jul.* 4.1), César não só levou a cabo a conquista da Gália entre 58 e 52, a invasão da Itália, decidida em janeiro de 49, e a batalha de Farsalo, na Tessália, em agosto de 48, onde derrotou Pompeio, como também justificou os feitos militares praticados nos *commentarii*. Entre as obras de César, conta também Suetónio, da fase da juventude, umas *Laudes Herculis*, uma tragédia *Oedipus* e uns *Dicta Collectanea*, e, da fase adulta, um tratado gramatical *De analogia*, um *Anticato*, ambos em dois livros, um poema intitulado *Iter* e cartas a diversos destinatários (*Jul.* 56.5ss.).

[4] Narducci 1989 569. Sobre a "exaltação de evergetas e benfeitores da humanidade" no âmbito do culto imperial que servia a legitimação do governante que detinha o poder supremo, v. Oliveira 2010 14.

[5] Brandão 2005 57. O investigador já chamara a atenção para o facto de Suetónio se servir dos mesmos critérios para caracterizar o modo como cada césar se relacionava com a cultura e as humanidades.

[6] Citroni et al. 2006 442.

[7] Citroni et al. 2006 442 e 642-3. Suet. *Aug.* 85, ainda alude concretamente a *Rescripta Bruto de Catone*, a umas *Hortationes ad philosophiam*, aos volumes de uma autobiografia (*De uita sua*), e a uma tragédia destruída sobre Ájax.

[8] O referido limite temporal para a criação da primeira biblioteca pública é proposto por Dalzell 1955 27, mas não existe consenso quanto à data, pois se André 1949 117 já afirmara: "La date est postérieure à son triomphe d'octobre 39 sans que l'on puisse fixer le *terminus ante quem*",

de criação de uma biblioteca pública decorria da necessidade de reabilitar a tradicional proteção que a aristocracia exercia sobre os seus dependentes, já, no de Augusto, a divulgação das obras literárias, o apoio, por intermédio de Mecenas, aos escritores e a monumentalidade de Roma estavam ao serviço da propaganda política de regresso à moral tradicional e de exaltação do *princeps*.

Na esteira do mecenatismo augustano, promoveram Tibério (imperador 14-37) e Cláudio (imperador 41-54) uma literatura comprometida com os valores dos respetivos regimes, de que se destacam as obras de autores como Veleio Patérculo e Valério Máximo. Como Augusto, na fase final da sua vida, também os referidos imperadores, com Calígula (imp. 37-41) exerceram repressão sobre os escritores. Embora Ovídio mencione, em *Pont.* 4.16, cerca de trinta poetas contemporâneos, a verdade é que deles pouco ou nada se conhece. Se excetuarmos as *Controuersiae* e as *Suasoriae* de Séneca-o-Velho, as *Fabulae* de Fedro, alguma poesia épica e didascálica, certas obras de pendor histórico, outras de natureza científica e prática, o que resta da época são indicações sobre a formação dos imperadores e nomes de autores e obras.

Tibério foi estudar filosofia para Rodes (*Tib.* 11.3), dedicou-se aos estudos em grego e latim, tentou, sem sucesso, seguir Messala Corvino na oratória, compôs um poema intitulado *Conquestio de morte L. Caesaris* ("Lamento pela morte de Lúcio César"), versos gregos à maneira de Riano, Euforião e Parténio – poetas helenísticos difíceis, eruditos e rebuscados que inspiraram os *poetae noui* latinos –, era obcecado pelo estudo da mitologia e dirigia aos gramáticos capciosas perguntas sobre o tema (*Tib.* 70.1), falava e escrevia fluentemente grego, mas evitava usá-lo em muitas ocasiões, nomeadamente na atividade senatorial (70.2)[9].

Quanto a Calígula, com uma educação pautada pela sucessiva perda de figuras familiares e tutelares (*Cal.* 10.1) e dotado embora de palavra fácil e eloquência pronta (*Cal.* 53.1), não era culto (*Cal.* 53.1), mas, em contrapartida, era um apaixonado pelo canto, pela dança, que inclusivamente cultivou, pela luta, pela condução de carros de cavalos em competição (*Cal.* 11 e 54.1)[10] e pelo jogo de dados (Séneca, *Dial.* 11.17.4).

Consciente da popularidade da eloquência senequiana e do fascínio que esta exercia junto da juventude (Quintiliano, *Inst.* 10.1.125-127, Suetónio, *Cal.* 53), Calígula dizia que as composições de Séneca não passavam de exercícios escolares e de "areia sem cal" (*Cal.* 53)[11]. Díon Cássio, que escreveu a sua história de Roma no início do séc. III d.C., conta, em 59.19.7-8, que, depois de assistir a uma

---

e Citroni et al. 2006 441 se limitam a afirmar que Polião fundou a primeira biblioteca pública com as receitas da campanha na Ilíria, em 39, Rocha Pereira 2009 210-211 situa a inauguração da biblioteca em 38. Sobre a presença de bibliotecas em campos militares e sobre a precedência de bibliotecas privadas e semipúblicas relativamente às públicas, v. Oliveira 2010 20 e 22.

[9] Brandão 2005 59 e 65, e Citroni et al. 2006 661-2.
[10] Brandão 2005 57.
[11] Pimentel 2000 15.

brilhante defesa por parte de Séneca de um ponto de vista no senado, o imperador o tinha condenado à morte e de tal havia sido dissuadido por uma de suas amantes que, ao invocar a debilidade física do Filósofo e a sua tuberculose, o tinha convencido de que o Cordubense não haveria de durar muito. É certo que Griffin recorda os argumentos de quantos cuidam que se trata de uma invenção, e Sørensen nem sequer alude ao episódio[12], mas, com base no testemunho de Séneca, *Ep.* 78.6[13], acredito, com Segurado e Campos, e Pimentel, que a informação de Díon corresponda à realidade, tanto mais que Séneca não só se vê obrigado a abandonar a prática judicial pouco depois de a iniciar (*Ep.* 49.2), como, provavelmente recordado desse episódio, haverá de proibir Nero de estudar os antigos oradores (*Nero* 52)[14]. Daqui se depreendem os malefícios da dispersão por áreas do saber que não estão ao serviço da filosofia e de uma formação integral do homem, mas que, encaradas isoladamente, podem exacerbar as paixões humanas.

No caso de Cláudio, não consta que tenha invejado os feitos oratórios alheios, mas se o seu aspeto físico, o seu apreço pela língua grega e pelo jogo de dados lhe valeram uma sátira menipeia, paródica e caricatural, feita por Séneca na *Diui Claudii Apocolocyntosis*[15], a verdade é que a sua prolífica produção literária também o não impediu de exercer de forma parcial a justiça e condenar à morte diversos familiares de Augusto e muitas outras pessoas em processos onde os sentenciados nem chegavam a ser ouvidos[16].

---

[12] Sobre o assunto, v. Griffin 1976 53ss. Segurado e Campos (1991 330 n. 21) admite a possibilidade de a referida amante de Calígula ser Agripina. Sørensen 1988.

[13] Na sua juventude, Séneca teria, segundo *Ep.* 78, ficado quase tuberculoso. Sobre o recurso à doença para evitar punição e como estratégia política, v. Griffin 1976 54, que aduz o caso de Tigelino (Plut. *Galba* 17).

[14] Segurado e Campos 1991 330 n. 21; Pimentel 2000 15-16.

[15] A *Diui Claudii Apocolocyntosis* zomba da instituição imperial da apoteose do imperador morto. Cláudio morre a escutar comediantes. É descrito como uma criatura de boa estatura, de cabelos completamente brancos, que abana a cabeça com ar ameaçador, arrasta o pé direito e profere sons confusos numa voz indistinta, que não soa a língua alguma conhecida (*Apoc.* 4.2 e 5.2). Hércules receia estar perante o seu décimo terceiro trabalho, mas conclui tratar-se de um homem e interpela--o em grego (*Il.* 1.170). Cláudio exulta com a presença de letrados no céu e a possibilidade de aí fazer ler as suas histórias, e responde com duas citações de Homero, onde confessa a sua crueldade (*Od.* 9.39 e 9.40; *Apoc.* 5.4; cf. Suetónio, *Cl.* 42). Sem lugar entre os Olímpicos, julgado pelo tribunal infernal de Éaco e sem direito a defesa, vê-se Cláudio condenado, em clara caricatura da mofa que fizera das leis contra jogo de dados, e numa paródia da obra que tinha escrito sobre esse divertimento (*Cl.* 5 e 33.2, *Vit.* 4; v. Eden 1984 135 e 148-9), a jogar com copo sem fundo (*Apoc.* 14.5; v., sobre a influência helénica nesta área, Wallace-Hadrill 1983 185).

[16] Sob a orientação de Tito Lívio, começou a escrever obras históricas ainda jovem, escreveu ainda uma autobiografia em oito livros, marcada por bom estilo e mau gosto, uma *Ciceronis defensionem aduersus Asini Galli libros* ("Defesa de Cícero contra os escritos de Asínio Galo"), cheia de erudição, uma teoria sobre três novas letras que acrescentou ao alfabeto e cujo uso tentou introduzir quando se tornou imperador (*Cl.* 41), respondeu no senado a embaixadores gregos com discursos preparados, citava Homero em tribunal, escreveu em grego vinte livros de história etrusca e oito de cartaginesa (*Cl.* 42). Para o longo rol de vítimas de Cláudio, v. *Apoc.* 8.2, 10.4, 11.1-2, 13.4-6.

Da *Consolatio ad Heluiam* (*Dial.* 12.17) e de *Ep.* 95.9-10, é possível depreender que o estudo das artes tradicionalmente tidas por liberais – que, de acordo com *Ep.* 88, compreendiam, entre outras disciplinas, a gramática, a música, a geometria, a astronomia, a pintura, a escultura e a luta – seria o meio preferido por Séneca para se alcançar a arte liberal, isto é, libertadora por excelência, a filosofia, que, por sua vez, tornaria o homem verdadeiramente livre de paixões. Tomando isto em consideração, facilmente se percebe que o que Séneca pretende, com a *Apocolocyntosis*, dizer ao jovem Nero, a quem a mãe privara do estudo da filosofia (*Nero* 52), é que a grande cultura geral não é suficiente para se ser um bom imperador e que dela, como já dizia Crasso, se não devia dissociar a filosofia e a prática governativa.

Educado por um bailarino, por um barbeiro (*Nero* 6.3) e pelo filósofo Séneca (*Nero* 7.1), Nero cultivou artes, como o canto (*Nero* 20ss.), a música (*Vit.* 3-4, cf. *Nero* 30.2), a pintura e a escultura (*Nero* 52)[17]. O imperador teria começado a sua atividade de *citharoedus* em Nápoles, durante um tremor de terra (*Nero* 20.2), e teria desempenhado os papéis de *Canace parturiens, Orestes matricida, Oedipus excaecatus, Hercules insanus* (*Nero* 21.3), *Thyestes, Alcmaeon* (Díon 63.9.4), *Antigone, Melanippe* (Juvenal 8.228-29) e, por último, *Oedipus exsul* (*Nero* 46.3)[18], sobretudo em competições ocorridas na Grécia após 65 d.C. Teria sido também vestido de *citharoedus* que ele teria recitado, durante o incêndio de Roma (64 d.C.), a *Halosis Iliou* (Díon 61.20.1-2; 62.18.1, Suetónio, *Nero* 38.2), que talvez correspondesse aos *Troica* ou fizesse parte dos referidos *Troica* que Juvenal diz terem sido escritos por ele e cuja identificação faz oscilar os críticos modernos entre um poema épico, como os *Augonautica* de Apolónio de Rodes ou a obra homónima Valério Flaco, e um conjunto de poemas mais breves (cf. Díon 62.29.1), como os *Amores*, os *Tristia* ou as *Heroides* de Ovídio[19].

Do exposto, importa, desde já, notar que a recitação de poesia por parte de Nero durante catástrofes como o tremor de terra e o incêndio, a ser verdadeira, se revela pouco digna de um rei que Séneca pretendia *proficiens*. Mas o problema é mais complexo, porquanto, se o imperador tolerava versos recriminatórios (*Nero* 39), já o êxito alheio nas áreas artísticas por ele cultivadas o deixava louco de inveja e de cólera, como nos dizem Suetónio, *Nero* 33.2, a propósito da rivalidade com Britânico por causa da voz deste, Tácito, *Ann.* 14.52.3-4, na alusão, por parte dos adversários de Séneca, aos *carmina* do Filósofo para explorar a inveja do imperador[20], e provavelmente Vero Filóstrato, pai do biógrafo Apolónio, em (Pseudoluciano,) *Nero* 9: a grande ovação com que o público de certo concurso

---

[17] Brandão 2005 57-58, 60 e 65.

[18] Kelly 1979: 28 n. 26 e 29 n. 33.

[19] Kelly 1979 29-30. Ao comparar a Nero o matricida Orestes, Juvenal 8.220-21 escreve: *In scaena numquam cantauit Orestes, Troica non scripsit.*

[20] Sobre a possibilidade de, por *carmina*, se entenderem algumas tragédias de Séneca, v. Ferreira 2011 43.

grego brindara um *tragoedus* do Epiro, deixara Nero tão cego de raiva que, depois de ter enviado um secretário para o convencer a desistir em seu favor, e confrontado com a exigência por parte do epirota de dez talentos, enviou para a plataforma os seus próprios atores que, após se terem ocupado a escrever em placas de marfim como se fizessem parte do espetáculo, encostaram o *tragoedus* a uma coluna e, com os rebordos das placas, lhe destroçaram a garganta.

Habinek observa:

> "Much like the emperor Augustus before him, who, as Andrew Wallace-Hadrill has recently argued, sought to coordinate the separate, specialized expertises of law, philology, and antiquities in the interests of the Roman state, so Seneca seeks to subsume dogmatic philosophy in his cultural project of offering moral advice."[21]

Se, por "antiquities", entenderem Wallace-Hadrill e Habinek um regresso a valores dos antepassados, como a *pietas*, a *moderatio*, a *iustitia*, a *frugalitas*, a *parsimonia* e, ao cabo, o *mos maiorum*, facilmente se conclui que esta perspetiva de progresso subjacente à política augustana, pelo menos na teoria, não andaria longe do governo que, segundo Séneca, presidiria à sociedade primitiva (*Ep.* 90.4-6):

> "Os primeiros homens, os homens da geração seguinte que, ainda incorruptos, obedeciam à natureza, tinham um só chefe e uma só lei: confiar-se às decisões do melhor, já que a lei natural é que os inferiores se submetam aos melhores. Nos bandos de animais, são os mais fortes ou mais corajosos que assumem a chefia: quem guia a manada não é o touro fraco, mas sim o que se avantaja aos outros machos na corpulência e na força; entre os elefantes, o chefe é o de maior estatura; entre os homens, a chefia competia, não ao mais forte, mas ao moralmente superior. O chefe era eleito pelas suas qualidades, e por isso os antigos povos viviam em perfeita felicidade, já que era impossível ao mais poderoso não ser simultaneamente o melhor. Um homem que entende o dever como limite rigoroso ao poder, pode exercer o seu poder sem perigo para os demais. Naquela época a que soe chamar-se 'a idade de ouro', o governo estava nas mãos dos sábios: tal é a opinião de Posidónio. Os sábios impediam a violência, protegiam os mais fracos dos mais fortes, indicavam o que se devia ou não fazer, apontavam o que tinha ou não utilidade. Graças à sabedoria, providenciavam para que nada faltasse ao seu povo; graças à coragem, mantinham afastados os perigos; por meio dos seus benefícios, distribuíam bem-estar e prosperidade entre os súbditos. Para eles, governar era o exercício de um dever, e não a mera posse do poder. Ninguém tentava experimentar contra eles as suas forças, pois a eles deviam essas forças; ninguém tinha a ousadia de os injuriar, nem para tal havia motivo, pois é fácil obedecer a quem governa com justiça; a maior ameaça que o rei podia fazer aos seus súbditos era a de retirar-se do poder.

---

[21] Habinek 1998 140.

Quando a gradual irrupção dos vícios transformou a realeza em tirania, e se tornou necessário o recurso às leis, foi inicialmente aos sábios que se recorreu para as elaborar."[22]

O Filósofo exemplifica com Sólon, Licurgo, Zaleuco e Carondas, antes de dizer que até aqui está de acordo com Posidónio.

Se o leitor se der ao prazeroso trabalho de cotejar as ideias expostas em *De clementia* com as veiculadas nos três parágrafos transcritos, facilmente concluirá que muitas são as afinidades entre ambos os textos, mas o contexto em que são expostas é que diverge substancialmente: em contraste com o chefe da idade do ouro e com os elogios feitos a Nero no referido *speculum principis*, o filho de Agripina, na altura em que Séneca escreve esta carta, já tinha, sob o mínimo pretexto, condenado à morte quem lhe apetecera (Suet. *Nero* 37.1), já mostrara que *princeps* algum conhecera toda a extensão do seu poder e movera uma intensa perseguição aos senadores (Suet. *Nero* 37.5). Este seria seguramente um dos motivos pelos quais não poderia Séneca concordar com Posidónio, quando este defendera que os filósofos tinham inventado as artes liberais e as tecnologias durante a idade do ouro. É certo que Nero ainda estaria longe de pronunciar a famosa frase *qualis artifex pereo* (Suet. *Nero* 49.1), mas a verdade é que Séneca, neste contexto, não poderia admitir qualquer ligação entre a filosofia, criada para combater no homem a força do desejo, e as artes liberais que, no caso de Nero, estavam ao serviço de paixões humanas como o desejo e a vaidade. Mas, conforme notou Fabre-Serris, o que está em confronto são a *ars* e a *natura* e, ao cabo, duas formas de entender os primórdios da humanidade: de um lado a augustana e senequiana e, do outro, a ovidiana e neroniana. Como a *lena* ovidiana Dipsas qualifica de *immundae* as Sabinas que no tempo de Tito Tácio se não tinham querido entregar a vários homens (*Am.* 1.8.39-40); caricatura Penélope, ao afirmar, em clara conotação sexual, que usara o arco para testar o vigor dos jovens (*Am.* 1.8.47-48); e, entretanto, sustenta: "são dadas ao prazer as mulheres belas; casta é aquela a quem ninguém cortejou"[23] (*Am.* 1.8.43) –; estava Nero, de acordo com Suet. *Nero* 29.2, convencido de "que nenhum homem era casto ou puro em nenhuma parte do corpo, na verdade a maior parte dissimulava o vício e habilmente ocultava". Por isso, perdoava a todos os que diante dele confessassem a sua lubricidade. Do mesmo modo que Ovídio fala em *simplicitas rudis* (*Ars* 3.113) para caracterizar os tempos antigos; se congratula por ter nascido num tempo em que Roma acumula riquezas e comodidades e, ao cabo, num momento mais propício ao seu feitio (*Ars* 3.121-122); elogia a cosmética – que diz *ars* que deve ser mantida discreta – porque favorece a beleza (*Ars* 3.209-210); recomenda ao amante que elogie a mulher desejada, que tenha o cuidado de não denunciar o fingimento das suas palavras, pois a *ars* é útil, se se mantiver camuflada (*Ars* 2.311-313); equaciona a relação *ars/natura* quando descreve a gruta do

---

[22] Trad. de Segurado e Campos 1991 439-440.
[23] Trad. de André 2006 47.

banho de Diana ou a de Tétis respetivamente em *Met.* 3.159 e 11.235-236; assim procurou Nero, no parque da *Domus Aurea*, recorrer aos mais requintados luxos e às mais ousadas inovações arquitetónicas (cf. *Cenatio rotunda*); misturar ambientes selvagens, domésticos e urbanos; nas pinturas, articular, nas mesmas figuras, o animal, o humano e o vegetal; nas festas que organizava à noite, propiciar todos os tipos de relações físicas, independentemente do sexo e do estatuto social; e desempenhou os papéis de incestuoso, matricida, parricida e assassino de familiares, para tentar, por meio da *ars*, recriar os caos primordial sem regras nem limites[24].

No fundo, em vez de servirem para os diversos imperadores alcançarem a arte liberal por excelência, isto é, a filosofia, funcionavam as artes tradicionalmente tidas por liberais como critério para acicatar rivalidades, invejas e, ao cabo, a crueldade e a lubricidade dos imperadores. Os maus exemplos de Calígula e de Cláudio, em vez de ajudarem Nero a proceder de modo diferente, parece que lhe serviam de estímulo para fazer pior[25].

2. A falta de liberdade de expressão, as conspirações contra os imperadores e as condenações dos autores

Como César e Augusto, assim Tibério e Cláudio escreveram (*commentarii*) *De uita sua* (*Aug.* 85.1; *Tib.* 61.1; *Cl.* 41.3), e Vespasiano (imp. 69-79) e Tito (imp. 79-81), de acordo com Flávio Josefo, *Ap.* 1.10 [56], *Vit.* 342 (cf. 358), também teriam sido autores de ὑπομνήματα '*commentarii*[26]. Além de estas e outras obras já anteriormente mencionadas revelarem, desde logo, a preocupação do *dictator* e dos *principes* com a imagem que deixariam à posteridade, a verdade é que a justificação da respetiva atuação política e militar indicia, de igual sorte, a existência de uma tradição adversa e de cariz eminentemente senatorial.

Embora haja quem, como Séneca-o-Velho nas suas *Historiae ab initio bellorum ciuilium* e na interpretação que delas faz Canfora, faça remontar a perda de liberdade de expressão à *seditio Gracchana*[27] e quem, como Tácito, lhe procure as origens na batalha de Áccio (31 a.C.) (Tácito, *Hist.* 1.1), a verdade é que Asínio Polião, que tratou sem medos as guerras civis desde o primeiro triunvirato (60

---

[24] Muita da informação dos últimos parágrafos pode ser encontrada em Fabre-Serris 2003.

[25] Suetónio, *Nero* 7.3, conta que, na noite posterior ao momento em que lhe confiaram a educação de Nero, Séneca sonhou que o tinham feito precetor do jovem Calígula.

[26] Brandão 2005 62-3.

[27] No exórdio de Séneca, *De uita patris*, conforme a reconstrução de Studemund (apud Canfora 1998 165), é com efeito possível, acerca de Séneca-o-Velho, ler o seguinte: "Quem quer que tivesse lido as suas Histórias desde o início das guerras civis, a partir do momento em que pela primeira vez a verdade retrocedeu, quase até ao dia da sua morte, muito haveria apreciado saber de que pais tinha nascido aquele que a história de Roma…". Há, no entanto, quem não interprete as palavras acerca de Séneca-o-Velho da mesma forma: Griffin 1976 33, p. ex., entende que a obra começaria "with the great Civil Wars, taking as its opening date 49 B.C., or perhaps the death of Caesar in 44, and ended with the death of Tiberius."

a.C.) até à batalha de Filipos (42), segundo McDonald e Spawforth[28], ou ao episódio de Áccio, segundo Canfora[29], e elogiou os cesaricidas, ainda conseguiu publicar a obra no rescaldo deste antes de 27/ 25 a.C. (sobre os perigos em que incorrera, v. Horácio, *Carm.* 2.1.6-8, talvez de 23 a.C.).

Da obra de Tito Lívio, intitulada *Ab Vrbe condita*, que retrataria em 142 livros a história de Roma desde as origens até 9 a.c., restam os livros 1 a 10 e 21 a 45, mas sabe-se que o último livro publicado em vida de Augusto foi o 120, uma vez que o 121, sobre as proscrições, só logrou ver a luz do dia após a morte do referido imperador.

Sobre as perseguições que foram movidas aos intelectuais que gravitavam em torno de Valério Messala Corvino, um admirador confesso dos cesaricidas, e sobre as circunstâncias que levaram o historiador Cremúcio Cordo a cometer suicídio no tempo de Tibério, mais precisamente em 25, já F. Oliveira refletiu no capítulo 2 deste volume. Tácito (*Ann.* 6.29.3) e Suetónio (*Tib.* 61.3) informam que o verdadeiro motivo da condenação de Mamerco Emílio Escauro foi a inimizade de Macrão, que, por sua vez e como pretexto para o incriminar, recitou versos de uma tragédia do primeiro que acusavam Agamémnon e facilmente podiam ser voltados contra Tibério (*additis uersibus qui in Tiberium flecterentur*), mas, em julgamento, o que seus acusadores, Servílio e Cornélio, alegaram, foi adultério com Livila, sobrinha de Tibério, e práticas de magia. A morte ocorreu em 35 d.C[30].

Consciente de que a obra histórica de Tito Labieno tinha sido queimada e de que o autor havia cometido suicídio (*Con.* 10 *praef.* 5), Séneca-o-Velho não publicou em vida as suas *Histórias*, que, por sua vez, talvez tenham sido publicadas pelo filho, Séneca Filósofo, assim que Calígula subiu ao poder. No propósito de agir de modo diferente do seu antecessor, Calígula começou por conceder aos autores alguma liberdade que possibilitou a publicação das obras de Cássio Severo, de Tito Labieno e, com alguma censura, de Cremúcio Cordo (Tac., *Ann.* 4.34-35; Suet., *Cal.* 16.1; Quint., *Inst.* 10.1.104).

A prática de publicar obras depois da morte do imperador nelas visado pela negativa é relativamente comum em Séneca: sucede com o *De ira*, provavelmente publicado entre 41 e 52 e onde Calígula aparece como um exemplo acabado do referido *affectus*, e com a *Diui Claudii Apocolocyntosis*, dada à luz depois da morte do imperador a 13 de outubro de 54, e onde Augusto acusa Cláudio de exceder Calígula em crueldade e condenar à morte muitas pessoas sem instruir os respetivos processos (*Apoc.* 10.4 e 11.2).

Agripina chamou Séneca para alcançar o apoio da oposição senatorial, tão debilitada pela ação de Messalina e dos libertos de Cláudio, e para educar

---

[28] McDonald and Spawforth 2012 184.

[29] Canfora 1998 163.

[30] Para melhor contextualizar esta informação, vale a pena ler, no cap. 2 § 5, a reflexão de Oliveira sobre o "delito de opinião (*lex maiestatis*)".

Nero. Séneca foi um dos grandes responsáveis pela boa governação do filho de Agripina durante os cinco primeiros anos de reinado (*quinquennium Neronis*, 54-59 d.C.). O Filósofo escreveu o discurso com que Nero, depois do assassínio de Cláudio por instigação de Agripina, prometeu ao senado uma recuperação de prerrogativas perdidas (Tac. *Ann.* 13.4) e uma governação *ex Augusti praescripto* (Suet. *Nero* 10.1). Séneca foi um dos beneficiários da distribuição por parte de Nero, depois do assassinato de Britânico, dos bens deste pelos amigos do imperador. Consciente de que Nero se comportava como um tirano, o precetor não abandonou o barco e tentou minorar os efeitos negativos da ação política do imperador (*Dial.* 9.4-5). Séneca é acusado por Díon Cássio (62.12.1) de ter sido o mentor do assassinato de Agripina e, por Tácito (*Ann.* 14.11.3) de ter sido o autor do texto com que Nero justificou ao senado a execução da mãe por conspiração e atentado. Apesar deste percurso, com a morte de Burro em 62, a nomeação de Tigelino para prefeito da guarda pretoriana e um adverso ambiente de intrigas que procura acicatar no *princeps* sentimentos de inveja e rivalidade (Tac. *Ann.* 14.52.1-4), também Séneca se começa a sentir isolado na corte, mas, sem o acordo do imperador para se retirar, por causa da sua influência junto do senado, trata de apresentar desculpas para se dedicar ainda mais à escrita em sua casa (*Naturales Quaestiones, De Beneficiis*, algumas das suas tragédias[31], e, entre outras obras, *Ad Lucilium epistulae morales*). Por fim, em contexto de proliferação das condenações por crimes *de maiestate*, o Filósofo vê-se injustamente condenado por envolvimento na conspiração liderada pelo cônsul Calpúrnio Pisão, descoberta em abril de 65, e obrigado a cometer suicídio[32].

Por semelhante motivo foram condenados seus dois irmãos, Aneu Mela e Aneu Novato, e seu sobrinho, Marco Aneu Lucano (39-30.4.65 d.C.), a quem Nero proporcionara a admissão ao colégio dos áugures e, de forma precoce, o acesso à questura; que, nos jogos de 60 em honra de Nero (*Neronia*), havia recitado umas *Neronis laudes*; que escrevera, talvez para deleite do imperador, um *Iliacon* (cf. Nero, *Troica*); cujo talento a Antiguidade diz ter sido invejado pelo filho de Agripina e cujo afastamento da corte talvez se tenha ficado a dever a tendências republicanas reveladas no seu poema épico intitulado *Bellum ciuile*, ou, por leitura abusiva de 9.985s., *Pharsalia*.

---

[31] Na cronologia mais aceite pelos autores anglófonos, o *Thyestes* e as *Phoenissae* (Fitch 1981 291). As outras seis peças senequianas (*Agamemnon, Phaedra, Oedipus, Medea, Troades* e *Hercules furens*) seriam anteriores a 54. É tentador ver, na ausência de odes corais das *Phoenissae*, um reflexo da morte forçada de Séneca, mas não existe consenso quanto ao caráter inacabado da obra nem, para os que consideram a obra posterior a 60 ou a 62 (data proposta para o *Thyestes*), ao momento preciso da sua composição.

[32] Toda esta informação pode ser encontrada, de forma mais desenvolvida, em Pimentel 2000 23-66. A condenação por parte de Nero ao exílio de um ator de atelanas, que o acusava de cometer crimes familiares, revelava, no entender de Suetónio, *Nero* 39.3, desdém por qualquer tipo de insulto ou a tentativa de evitar, pela manifestação de desagrado, algum incentivo à prática.

Do mesmo modo que o Júpiter virgiliano prenunciara, em *A.* 1.291ss., que, com a chegada de Augusto ao poder, se acabariam as guerras civis e uma nova idade do ouro começaria, assim Lucano, depois de apresentar o tema do seu *Bellum ciuile*, diz que as guerras civis se não devem lamentar, pois foram a forma encontrada pelo destino para levar Nero ao poder e a cumprir, mais que Augusto, a profecia de Júpiter (1.33ss.). Apesar, no entanto, dos começos auspiciosos, o Eneias virgiliano acaba por matar o suplicante Turno, mas, pese embora esta disforia final, a verdade é que a *Aeneis* já havia recorrido à mitologia para dar legitimação divina ao poder do *princeps*. É então por meio da eliminação da mitologia e de uma técnica de alusão "antifrástica", que consiste na manipulação do texto virgiliano de modo a subverter ou inverter as expressões, afirmações e situações da *Aeneis*[33], que Lucano procura denunciar certo encobrimento por parte de Virgílio da destruição augustana das instituições republicanas, do desrespeito por valores morais, do triunfo da injustiça, da perda da liberdade e, ao cabo, da implementação de uma tirania disfarçada.

Talvez se deva a esta visão negativa do principado o facto de, segundo a biografia de Lucano atribuída a Vaca, Nero não ter permitido ao autor a publicação de mais do que os três primeiros livros do *Bellum ciuile*. Também Eumolpo, uma das personagens do *Satyricon* de Petrónio, depois de considerar os requisitos necessários à escrita de um bom poema, há de, a título de exemplo, recitar um improviso sobre a guerra civil que, como o próprio reconhecerá, ainda não recebera a última demão (118.6). Ora, se este for o poema que Eumolpo tentava terminar em pleno naufrágio, cujo final o Bom Cantor confessava estar encravado e cuja conclusão fora obrigado a interromper (Petrónio 115.1-5), talvez seja possível, com Connors, ver, na alusão de Petr. 124, v. 293, às *Epidamni moenia* não só um eco da situação desesperada de César em Alexandria – onde vislumbrava, no meio das tropas acossadas, Ceva, que, nos campos de Epidamno, tinha mantido o cerco a Magno que pisava as muralhas (Luc. 10.543-6) – mas também uma evocação ficcional da conjuntura que teria impedido Lucano de acabar o poema e de o publicar na totalidade[34].

O tema da obra inacabada talvez fosse caro a Petrónio pela situação do seu próprio *Satyricon*, que, para Schmeling, seria uma *Odisseia* paródica de que restam parte do livro 14, o 15 e parte do 16[35]. Ao relatar a morte do Árbitro (em *Ann.* 16.18-20.2), alude Tácito à inveja de Tigelino, ao suborno de um escravo que denunciou a amizade entre Petrónio e Cevino, à retenção do Árbitro em Cumas, à abertura das veias por parte deste, à atenção prestada a quem recitava poemas ligeiros e divertidos, à distribuição de recompensas e castigos

---

[33] Citroni et al. 2006 783.
[34] Connors 1994 232, 1998 101, 139-141.
[35] Schmeling 1996 457-490, esp. 460-461. Com recurso ao tema da homossexualidade (Encólpio – Gíton – Ascilto/ Eumolpo), a obra parodia, segundo alguns, o triângulo amoroso caraterístico do romance sentimental (moço – moça – homem mais velho).

pelos escravos, à participação num banquete e à entrega ao sono – para que a morte parecesse acidental (ficção de morte) –, à recusa em adular os responsáveis pela sua situação e em os contemplar no seu testamento, ao registo escrito, disfarçado por nomes de promíscuos e prostitutas, do rol de depravações e excessos do *princeps*, ao envio do texto selado a Nero, à destruição do sinete – para não causar vítimas –, à condenação por parte do imperador de Sília ao exílio por ter supostamente sido responsável pela divulgação das depravações noturnas de Nero. Petrónio cometeu suicídio na primavera de 66 d.C.

Trásea Peto, estoico, defensor da liberdade senatorial, celebrante do aniversário de Bruto e Cássio (Juvenal 5.36-37), e autor de uma biografia de Catão de Útica[36], começou por cooperar com Nero, mas, consciente da incapacidade de travar o servilismo senatorial, acabou por recorrer à abstenção para marcar a sua oposição e viu-se condenado por Nero em 66, ano em que cometeu suicídio[37].

Neste mesmo ano, o *delator* Éprio Marcelo criticou Cúrcio Montano por ser autor de *detestanda carmina* (Tácito, *Ann.* 16.28.1). Exilado por ter exibido a sua genialidade em poesia não caluniosa (16.29.2), foi perdoado por Nero sob condição de desistir da sua carreira pública (16.33.2). Tácito (*Hist.* 4.42.5-6) conta que, em 70 d.C., já no governo de Vespasiano (69-79 d.C.), Montano instara o senado a fazer o mesmo que se fizera no dia a seguir à morte de Nero, isto é, a pedir a cabeça dos *delatores*, para que o bom imperador de então se não tornasse um tirano.

Com base nas semelhanças entre os sucessos de Montano inicialmente referidos e parte do percurso de vida de Materno, conforme é descrito no *Dialogus*, e a partir da crítica de ambos aos informadores neronianos e das associações de ambos a Helvídio Prisco, admitiu Bartsch a possibilidade, indemonstrável, de o segundo não passar de "a fictional character meant to evoke his parallel from the *Histories* who turns up there, oddly enough, in the same paragraph as Vipstanus Messala, our friend from the *Dialogus*, now defending his *delator* half-brother Regulus"[38].

Em Tácito (*Dial.* 11.2), confessa Materno que começou a ganhar prestígio com a recitação de tragédias quando atacou o poder de Vatínio *in Nerone(m)*,

---

[36] Para a escrita da biografia do Uticense, Trásea baseou-se em outra de Munácio Rufo (séc. I a.C.), e a obra de Trásea haveria de servir a Plutarco de fonte de inspiração para o seu *Cato Minor* (25, 37).

[37] Suetónio (*Nero* 37.1) informa que, por alturas da condenação de Trásea, foi também condenado Cássio Longino, um jurista, por ter em sua casa e entre as imagens dos antepassados, o cesaricida Cássio. Titínio Capitão, secretário imperial durante os reinados de Domiciano, Nerva e Trajano, era um patrono das letras e conservava as estátuas de Bruto, Cássio e M. Pórcio Catão em sua casa (Plínio, *Ep.* 1.17).

[38] Bartsch 1994 260-1 n.68. Recorda, além disso, que "Marcus Aper, who has no existence outside the *Dialogus*, seems curiously evocative of the *delator* Domitius Afer, both men marked by Gallic birth (cf. *Dial.* 10.2) and a vehement speaking style; and, as A. Riggsby points out to me (personal correspondence, August 1992), Afer appears in the company of Julius Secundus and Vibius Crispus at Quint. *Inst.* 10.1.118-119 e 12.10.11."

ou, segundo L. Müller, *imperante Nerone*[39]. O problema é que não há certezas sobre se Materno o fez durante ou após o reinado de Nero, se *Nero* seria o título da peça ou a personagem da *praetexta Octauia*, se se trataria da peça *Domitius* e se a recordação da gloriosa ação de L. Domício Enobarbo, cônsul em 54 a.C. e antepassado de Nero, serviria para envergonhar o descendente e nele suscitar um desejo de emulação[40].

De Curiácio Materno, conta ainda Tácito, *Dial.* 2.1ss., que tinha lido publicamente a sua *praetexta Cato* e encarnado a personagem principal de tal forma que os poderosos tinham ficado melindrados. No dia seguinte à *recitatio*, Marco Apro e Júlio Secundo, dois eminentes advogados, dirigiram-se a casa do autor, que tinha a obra na mão, confrontaram-no com as críticas de seus detratores, e perguntaram-lhe, em toada sugestiva, se não estaria disposto a cortar os passos que tinham dado azo a deturpação e, ao cabo, a demarcar-se da resposta do público, para depois publicar a obra (3.2). Materno respondeu aos dois advogados que o tinha feito por uma questão de consciência e que, se de algo se tinha esquecido, haveria de aparecer no *Thyestes* (3.3). Posteriormente, ainda há de Apro dizer que, mais grave do que a escolha de um amigo, é a de Catão, que se reveste de grande autoridade, e adivinhar que, em sua defesa, há de Materno reconhecer a cedência a temas do gosto do público, como a crítica anti-imperial à tirania, e, por conseguinte, ao aplauso fácil e ao falatório da assistência (10.6-7). Embora haja quem, com base nas palavras dos advogados e na conclusão do primeiro discurso de Materno, admita como forte a hipótese de uma morte prematura, esta ideia não é consensual[41].

O referido episódio de Materno não pode deixar de nos trazer à memória outro, cujo protagonista havia sido Helvídio Prisco, que costumava celebrar o aniversário dos cesaricidas (Juv. 5.36-37), rivalizava com eles (Tac. *Hist.* 4.8) e, em 70 d.C., ousara, qual *rediuiuus* Catão (Tác. *Hist.* 4.8.3) e dando voz à revolta senatorial contra os *delatores*, invetivar Éprio Marcelo. A liberdade de expressão só durou até às ameaçadoras intervenções de Vespasiano e Licínio

---

[39] Ap. Bartsch 1994 200.

[40] Para uma síntese do estado da questão, com indicação da bibliografia, v. Bartsch 1994 200-2.

[41] T. J. Luce ap. Bartsch 1994 104-5. Bartsch 1994 105 recorda protagonistas que encontraram a morte pouco depois da data dramática das obras: Sócrates (Platão, *Phaedo*), Crasso (Cícero, *De Oratore*) e Cipião Emiliano (Cícero, *De Republica*). Há quem faça coincidir este Materno com o *scholasticus* (grego *sophistes*) referido por Díon 67.12.5 (Winterbottom 2012 399); quem defenda que a propaganda antidomiciânica lhe teria valido a morte em 91 ou 92; quem sustente que não teria sido condenado por propaganda antidomiciânica (Hartman ap. Bartsch 1994 249 n.8); e quem diga que o dramaturgo é referido por Marcial (1.96, 4.60, 10.37) e teria morrido em 88 d.C. de morte natural (Herrmann ap. Bartsch 1994 249 n.). Bartsch 1994 94-95 e 248 n. 8 sustenta que se não trata da personagem referida por Díon, aduz um certo distanciamento da personagem em relação à retórica (p. ex., Tác. *Dial*. 11.3 e 5.4; cap. 11 e 42), recorda que não fazia sentido a preocupação dos amigos com uma morte de um homem de meia idade, que só aconteceria 16 ou 17 anos depois, e a presença, na tradição epigráfica, de dois Curiácios Maternos que nada têm que ver com a personagem do *Dialogus*.

Muciano na reunião seguinte do senado, e tais continuaram a ser as críticas de Helvídio ao imperador que o primeiro acabou condenado ao exílio em 75 e depois executado.

Domiciano (imp. 81-96) condenou à morte Hermógenes de Tarso por alusões na sua história e mandou crucificar os copistas da obra (Suet. *Dom.* 10.1); condenou, em 93, Aruleno Rústico, fervoroso adepto do estoicismo, por causa de um panegírico em honra de Trásea Peto, de quem era amigo e seguidor; e, depois de processo movido por Mécio Caro, condenou Herénio Seneção, que se recusara a candidatar-se a um posto mais elevado e tinha escrito uma *Vida de Helvídio Prisco*, e acabou por morrer no final de 93 (Tácito, *Ag.* 2.1).

Embora Materno nunca associe explicitamente a eloquência contemporânea à atividade dos *delatores*, é, com efeito, possível, na sequência das ousadas respostas aos advogados, ver, em *Dial.* 12.2 – onde a referida arte da palavra aparece descrita como lucrativa, manchada de sangue, decorrente da pérfida natureza humana e arma de arremesso – e em 13.4 – onde Víbio Prisco e Éprio Marcelo, apresentados por Apro como modelos de sucesso, não são considerados melhores que escravos, pois inspiram temor e receiam pelas próprias vidas – indícios da referida ligação. Apesar disso, o discurso final do diálogo critica a licenciosidade, a que os parvos chamam "liberdade", e que permitira o florescimento da oratória na época republicana (*Dial.* 40.2). Para efetuar esta crítica, Materno altera ligeiramente um passo ciceroniano (*Brut.* 45), onde, da eloquência, se dissera ser companheira da paz e do *otium* e fruto de um estado bem organizado. Ao comentar a atitude aparentemente contrastante de Materno, não só demonstrou Bartsch, de forma convincente, que o elogio de Materno deve ser entendido à luz da técnica do chamado "doublespeak" ("duplo sentido"), como também que o *Dialogus* deve ter sido escrito na época de Nerva e que semelhante interpretação se deve fazer dos elogios que, em *Agricola* e *Historiae*, Tácito respetivamente dirige, por meio de outras pessoas, a Nerva (imp. 96-98) e a Trajano (imp. 98-117)[42].

3. As figuras da República e os imperadores nas obras dos autores

Lactâncio recordou Séneca para estabelecer um paralelo entre as idades de Roma e as seis idades do homem (*Diu. Inst.* 7.15.14)[43]:

> "Não foi de forma inábil que Séneca distribuiu por "idades" a história da cidade de Roma: disse, com efeito, que a primeira foi a infância sob o mando de Rómulo, pelo qual não só foi gerada, mas também criada. Depois veio a meninice sob os restantes reis, que a fizeram crescer e a instruíram com competências e costumes. Mas pelo con-

---

[42] Bartsch 1994 110-125.
[43] *L. Annaei Senecae Historiae ab initio Bellorum Ciuilium*, frg. 1 *HRR*.

trário, no reinado de Tarquínio, como já começasse a ser quase adulta, não suportou a servidão e, rejeitado do soberbo domínio o jugo, preferiu obedecer às leis a obedecer aos reis. E como tivesse a sua adolescência terminado com o fim das Guerras Púnicas, ao cabo confirmadas as forças, começou a chegar à juventude. Submetida com efeito Cartago, que por muito tempo émula foi de seu poder, estendeu suas mãos por terra e mar a todo o orbe, até que, subjugados todos os reis e nações ao seu poder, como já faltasse ocasião para a guerra, de suas forças mau uso fazia, pelas quais ela própria se aniquilou. Esta foi a sua primeira velhice, quando por guerras civis lacerada e por males internos oprimida sem demora tornou a cair no governo de um único homem como se regressada a outra infância. Perdida com efeito a liberdade, que sob o comando e a ação de Bruto tinha defendido, assim definhou como se ela própria não tivesse forças para se sustentar, a menos que brilhasse com o apoio dos regentes."

O passo citado é deveras importante para o tema que nos ocupa porquanto se a maior parte de editores e críticos o diz extraído das *Historiae ab initio bellorum ciuilium*[44], de Séneca-o-Velho, Griffin, depois de afirmar que nada do que tem sido aduzido é suficientemente consistente para pôr em causa a atribuição a Séneca Filósofo, observa: "there is probably no thought in it that was not already current by the triunviral or early Augustan period – but it can show how the passage fits with Seneca's thought and, for those who accept the philosopher as the author, add to our knowledge of Seneca's political attitudes."[45]. É certo que Lactâncio cita vários passos de uma obra perdida de Séneca, intitulada *Moralis philosophiae libri*, e seguramente conheceria muito bem os restantes escritos do Filósofo, mas, uma vez que se não conhece obra historiográfica senequiana onde o referido passo coubesse, tendo, com a maioria dos editores e investigadores, para a atribuição a Séneca-o-Velho.

Embora o autor do passo revele clara preferência pela República, uma vez que nela as leis estão acima de todas as pessoas e a liberdade é uma garantia[46], a verdade é que não deixa de ver o regresso a um sistema próximo do monárquico como uma espécie de inevitabilidade e de reconhecer à monarquia o mérito de ter dotado Roma de *disciplinae plures institutaque*. Como a monarquia do passado descambara, com Tarquínio, em soberba e opressão contra o povo, a ação de Lúcio Júnio Bruto na expulsão do tirano e em defesa da liberdade aparece elogiada. Uma vez que, na monarquia, o rei está acima da lei, importa retomar a velha ideia platónica do filósofo-rei e, ao cabo, tornar indissociável, da avaliação moral, a política do governante.

Embora o Séneca-o-Velho aluda às lealdades pompeianas do historiador Labieno (*Con.* 10 praef. 5), Sussman vê, no envio de Séneca para uma escola

---

[44] *HRR*; edição da Loeb; Cânfora 1998 162-3, 165.

[45] Griffin 1976 195-6.

[46] Sobre a importância das leis e da *aequalitas iuris ciuilis* como alicerces da República, v. *Ben.* 2.20.2 e *Ep.* 86.2-3.

em Roma após os acontecimentos de 43 a.C., um sinal de que o património dos Aneus de Córduba se mantinha de boa saúde depois das guerras civis, e, na proximidade relativamente a Clódio Turrino e a Asínio Polião, indícios de ligações cesarianas e de uma aliança com Augusto[47].

Séneca Filósofo revela uma visão profundamente negativa da coligação formada por César, Pompeio e Crasso em 60 a.C. Em *Ben.* 5.16.4, acusa, com efeito, Pompeio de ingratidão para com Roma, uma vez que, como recompensa dos três consulados, dos três triunfos e de inúmeras honras precoces, se tinha associado a comparsas para a tomar e, na esperança de se ver menos invejado, tinha repartido por três as províncias e a república, de modo que ao povo não deixara outra hipótese de salvação que não fosse a servidão[48]. Desta perspetiva difere a de Lucano, que, em 9.192-6, pela boca de Catão, elogia Pompeio por, com condições para se tornar senhor de Roma, ter preferido continuar como simples cidadão, chefe de um senado soberano, por nada ter tentado obter por meio da guerra e por ter dado às pessoas a liberdade de lhe negarem o que ele queria.

Em *Dial.* 2.2, Séneca critica, pela voz de Catão Uticense, a ambição, um mal multiforme, e a imensa sede de poder que a divisão do orbe em três não pode saciar. Em *Ep.* 94.64, sustenta o Filósofo que não tinha sido a virtude ou a razão, mas o desejo de prolongar o seu poder e o receio – contrário à opinião geral – de não ser suficientemente grande, que tinham levado Pompeio a participar em guerras nas mais diversas partes do mundo então conhecido. Se Pompeio era ingrato, ingrato também se revelava, de acordo com *Ben.* 5.16.5, César, partidário do povo, que, da Gália e da Germânia, havia trazido a guerra a Roma (49 a.C.) e tinha instalado o seu acampamento no circo Flamínio, mais próximo portanto que o de Porsena[49]. Também Lucano (1.183ss., 2.519-21, 5.12-14) condena o avanço de César sobre Roma e o desrespeito revelado pelo senado.

Em *Ep.* 94.65, atribui Séneca ao desejo de glória, à ambição, à ânsia de superar os demais e à incapacidade de se ver ultrapassado por quem quer que fosse, a ação de César que tinha conduzido à sua queda e à da República. Na esteira de Séneca (*Dial.* 6.14.3 e *Ep.* 94.64-5), afirma Lucano (1.125-6): "Não pode César suportar mais alguém superior/ Pompeio, alguém igual."

Apesar disso, talvez mercê de eventuais tendências cesaristas de seus antepassados, é possível ver em Séneca maior simpatia por César do que por Pompeio: depois de falar da ingratidão de ambos, reconhece, no entanto, que, em contraste com os que tinham saciado de sangue as suas espadas e depois as tinham

---

[47] Sussman 1978 29. A amizade com Polião devia remontar a 43, quando este vivia em Córduba.

[48] A ideia de que Pompeio, César e Crasso se não conluiaram pela defesa da liberdade, mas para reduzirem o povo à servidão é ainda sugerida em *Ep.* 104.29.

[49] A crítica senequiana à ação militar de César, apoiado pela plebe e por todos quantos desejavam a revolução, e à de Pompeio, seguido pelas classes senatorial e equestre, ocorre em *Ep.* 104.30, onde se conclui que Catão de Útica havia sido o único que realmente tentara defender a república.

deposto, César usara de moderação no momento da vitória e só matara os que estavam armados (*Ben.* 5.16.5). Em *Dial.* 4.2.23.4, conta que, depois de aceder às cartas que a Pompeio tinham enviado pessoas não-alinhadas e os adversários políticos de César, este queimara a referida correspondência e assim revelara clemência (cf. Plínio, *Nat.* 7.94, que situa este gesto em Farsalo). Se Séneca revela mais simpatia por César, já Lucano, um pouco em contraciclo com a tradição familiar, não deixa de manifestar preferência por Pompeio, de sentir as já esperadas dificuldades em o reabilitar e de (em 1.146ss. e 7.797ss.) criticar a cólera patológica de César.

Na esteira de autores politicamente comprometidos com as ideias políticas de Tibério e Cláudio, como Veleio Patérculo (2.56) e Valério Máximo (1.5.7, 1.8.8, 1.6.13), considera Séneca o assassínio de César uma injustiça, desde logo porque era um homem grande em outros aspetos e poderia ter sido um monarca justo (*Ben.* 2.20.2), o homicídio decorria das ambições desmedidas dos seus amigos (*Dial.* 5.3.30.4), Bruto não agia em conformidade com os preceitos estoicos (*Ben.* 2.20.2), revelava a incoerência de António, que o desaprovava, mas dava aos cesaricidas províncias (*Ben.* 5.16.6), e, ao cabo, não recuperava em definitivo o modo de vida republicano e a liberdade perdida, uma vez que outro viria ocupar o seu lugar (*Ben.* 2.20.2). Lucano (8.610) recorda que havia quem considerasse o assassínio de César um *nefas*, e Tácito (*Ann.* 4.34.3) sustenta que fora uma injustiça[50].

Discordante, embora, do assassínio de César, Séneca considera Bruto um *uir magnus* (*Dial.* 12.9.5) e iliba-o da acusação de ingratidão (*Ben.* 2.20.2). Quanto a Catão Uticense, é a figura que maior consenso reúne junto de Séneca--o-Velho, Séneca Filósofo e Lucano; não lhe encontra Séneca defeitos, e tanto a sua vida como a sua morte foram, para o Filósofo, absolutamente exemplares. Posto inúmeras vezes à prova por uma fortuna adversa, nomeadamente com a guerra civil em gestação, Catão revelou sempre enorme coerência e coragem na sua vida, nomeadamente na oposição ao primeiro triunvirato, na defesa isolada da *publica libertas* e da república, nos desafios e nas acusações a Pompeio e a César, na tentativa de que ambos depusessem as armas e no terrível infortúnio que o obrigou a fugir do segundo e a seguir o primeiro[51]. Embora Séneca (*Ep.* 71.8) pareça sugerir que, no caso de Pompeio vencer, Catão teria um papel relevante na reconstrução de Roma, Bruto, em Lucano (2.277-84), diz ao Uticense que Pompeio é um *dux priuatus* e que, para combater pela liberdade, deve seu interlocutor enfrentar o vencedor do confronto entre César e Pompeio. Catão, de acordo com Séneca (*Ep.* 104.32-33), dissera que, se César vencesse,

---

[50] Com Lucano concordam Petrónio 120.64 e autor de *Oct.* 498ss., e, com Tácito, Díon 44.1-2, Apiano, *BC* 4.134.

[51] *Ep.* 104.29ss., cf. *Dial.* 1.3.14, 1.2.10, 2.2.1-2, 6.20.6, *Ep.* 24.6-7, 95.70. Em Lucano 2.319-23, a justificação apresentada para a opção por Pompeio é a de que, no caso de este ganhar a guerra com César, não poder dizer que o tinha feito sozinho.

se suicidaria, e, se o vencedor fosse Pompeio, optaria pelo exílio, e, no cumprimento da sua promessa, morreu e, desse modo, se eximiu à servidão.

Ao considerar as causas do declínio da eloquência em Roma, Séneca-o-Velho alude à decadência moral da época, e, por conseguinte, talvez considere um logro o programa augustano de regresso aos valores tradicionais (*Con.* 1 praef. 6-10); ao sustentar que a eloquência é mal remunerada e, por isso, usada com propósitos menos dignos e mais lucrativos, talvez esteja a pensar na atividade dos *delatores* e tenha consciência de que, uma vez perdida a liberdade, a atividade forense nada pode contra os referidos agentes. É por isso que Séneca adverte os filhos do perigo em que incorre quem optar por uma carreira política no Império (*Con.* 2 praef. 3-4)[52]. Assim se justifica, no caso de Séneca-o-Velho, ser o autor do longo passo traduzido e conforme notou Archambault, a inclusão, na velhice romana, do reinado de Augusto e a perspetiva de que se trata de um regresso à infância[53]. E a crítica é tanto mais pertinente quanto *infantia* se relaciona com *infans* que é aquele que não fala (*in* + *fari*).

Na esteira de Séneca-o-Velho, entende o Filósofo que, na época de Augusto, as palavras já eram *molesta* (*Ben.* 3.27.1), mas se, na fase da conquista do poder, Augusto lhe serve de exemplo *a contrario sensu* para educar Nero, já no Principado, é visto, salvo raras exceções, como um modelo de virtude que deve ser imitado e superado por Cláudio e pelo filho de Agripina. Em *Cl.* 1.9.1, diz que, com 19 anos – talvez a idade não esteja correta e o limite de 21 anos seja mais preciso –, já Augusto tinha assassinado os cônsules Hírcio e Pansa na guerra de Módena, já tinha maquinado a morte de M. António, e sido colega deste nas proscrições (43 a.C.). Após escapar a diversos atentados, com mais de quarenta anos e por sugestão de sua esposa Lívia, não só perdoou ao conspirador Lúcio Cina como lhe concedeu o consulado, o contou entre seus amigos íntimos, foi seu único herdeiro e, deste modo, acabou com as conspirações contra si. Augusto revelou tato político na escolha de Agripa (*Ep.* 94.46, *Ben.* 3.32), mas não na de Mecenas (*Ep.* 114.6) e muito menos na revelação pública dos despudorados escândalos de sua filha, que, em vez de resolver a situação, antes a agravou, e o levou a lamentar, já de cabeça fria, não ter dado ouvidos a Agripa ou Mecenas (*Ben.* 6.32.1ss.; cf. *Cl.* 1.10.3)[54]. Se se tomar em consideração que *De beneficiis* teria sido escrito numa fase de progressivo afastamento relativamente à vida política, talvez o passo sirva de aviso a Nero quanto às consequências de não ouvir o seu precetor.

---

[52] Sobre este assunto, v. Sussman 1978 32-3.

[53] Archambault 1966 197. Não será, de resto, por acaso que Suetónio, *Aug.* 7.2, haverá de informar que alguns cuidavam que Augusto, na qualidade de segundo fundador da cidade, se deveria chamar Rómulo.

[54] O que Séneca, no fundo, pretende dizer é que, se não é vergonhoso ser ultrapassado por poderosos governantes na concessão de benefícios e se os filósofos se devem sentir reconhecidos pelo *otium* que aqueles lhe concedem (*Ep.* 73.6-9, *Ben.* 6.18-24), os referidos filósofos também podem ajudar *reges* e *principes* a tomarem melhores decisões (*Ben.* 5.4.2-3).

Veleio Patérculo (n. 25-20 a C.) celebra a ação de Tibério na reorganização do estado durante os primeiros anos do seu principado, e Valério Máximo escreve nove *Factorum ac dictorum memorabilium libri*, que, dedicados ao seu mecenas, Tibério, dele faziam um deus e um depositário dos valores veiculados por mais de mil histórias verídicas e destinadas à formação dos estratos ligados à administração imperial. Séneca estabelece uma ligação entre o fim do reinado de Augusto e o início do de Tibério (*Cl.* 1.1.6; Tac. *Ann.* 1.11-12), parece apreciar o humor do *princeps* (*Ep.* 122.10), considera-o exemplo de amor pelos filhos mortos, pela mãe e pelo irmão morto e, pela voz de Cláudio, elogia-lhe os feitos militares praticados (*Dial.* 6.4.2, 6.15.3 e 11.15.5), mas considera-o rude na concessão de benefícios (*Ben.* 2.7.2), acusa-o de ingratidão para com quem o ajudara antes de se tornar imperador (*Ben.* 5.25.2), não esquece que deixara o vegetarianismo pela perseguição do *princeps* aos adeptos dos cultos exóticos (*Ep.* 108.22) e não deixa de notar que, na época do referido imperador, as palavras eram *periculosa* (*Ben.* 3.27.1), e tal era a sanha delatora, que, qual praga, não poupava o discurso dos ébrios, nem piadas inocentes (*Ben.* 3.26.1-2)[55].

Calígula, de acordo com Séneca, carateriza-se pela loucura[56], pela irascibilidade[57], pela inveja e requintada crueldade[58], por humilhar familiares mais velhos e pessoas ilustres, entre as quais senadores[59], por ter, algum tempo depois da subida ao trono, coartado a liberdade de expressão[60], por ter sido um exemplo acabado de tirano[61], por ter esbanjado o património do estado e ter reduzido à servidão o povo romano[62], e por ser uma figura ridícula[63]. Embora Suetónio (*Tib.* 59) observe que

---

[55] Séneca-o-Velho, *Suas.* 2.12, informa que Átalo, professor do filho, tinha sido exilado por maquinações de Sejano.

[56] A sua chegada ao trono, como a de Arrideu, meio-irmão de Alexandre Magno com perturbações mentais, suscita em Séneca interrogações sobre os propósitos da Providência, tanto mais que Gaio estava sedento de sangue humano (*Ben.* 4.31.1-2).

[57] *Dial.* 2.18.4 e 3.1.20.9 (irritação de Calígula com os céus e com Júpiter por este perturbar a atuação de pantomimos e aterrorizar as suas orgias).

[58] Por inveja do requinte e do cabelo cuidado do filho de Pastor, mandou-o prender e, mal o pai intercedeu por ele, ordenou que fosse sentenciado, convidou o pai para um festim e colocou uma pessoa junto dele para ver se manifestava algum pesar pelo filho ou revolta contra o imperador, coisas que Pastor não fez porque tinha outro filho (*Dial.* 4.2.33; cf. 9.14.5). V. outros exemplos em Séneca, *Dial.* 5.3.19.5, 9.11.12, e Suetónio, *Cal.* 26.1 e 35.1.

[59] Após conceder a vida a Pompeio Peno (Cartaginês), um velho senador, obrigou-o a beijar o pequeno soco de ouro adornado de pérolas que trazia calçado no pé esquerdo (*Ben.* 2.12.1-2); v. outras humilhações em *Dial.* 2.18.1-3, Suet. *Cal.* 56.2; e os castigos aplicados aos senadores em *Dial.* 5.3.19.1-2; Suet. *Cal.* 30, Díon 59.13.6.

[60] Ordena que se coloque uma esponja ou os trapos das vestes dos condenados na boca destes para que, nem na hora da morte, possam ter liberdade de expressão (*Dial.* 5.3.19.3-4).

[61] Calígula era comparado a Fálaris de Agrigento em *Dial.* 4.2.5.1 (cf. 9.14.4).

[62] *Dial.* 5.3.19.2, 10.18.5, 12.10.4, *Ben.* 2.12.1-2, Suet. *Cal.* 30, Díon 59.13.6.

[63] Tendia a ser impertinente com toda a gente, e a sua loucura manifestava-se numa palidez desagradável, nos seus olhos turvos e escondidos sob uma testa senil, na deformidade da cabeça

Tibério costumava repetir a famosa frase do *Atreus* de Ácio, "que me odeiem, desde que me temam", Séneca (*Dial.* 5.3.20.4) só a põe na boca de Gaio (cf. Suet. *Cal.* 30). Em *Cl.* 1.12.4 e 2.2.2, a afirmação é vista como um traço característico de um tirano, e, em conformidade, Calígula acabou assassinado por alguns daqueles a quem ofendera[64], o que dele fez um exemplo completo daquilo que Cláudio e Nero deviam tentar evitar (*Dial.* 11.13.1).

Nos dois livros da obra que nos deixou (*Historia Romana*?), Veleio Patérculo dá uma imagem positiva e mais realista da figura de Cláudio.

Díon Cássio (61.10.2) conta que, durante o exílio na Córsega (41-49 d.C), Séneca enviou para Roma uma obra onde adulava Messalina e os libertos de Cláudio, e disso se teria arrependido e teria repudiado a obra. Talvez se tratasse da *Consolatio ad Polybium* (41-43 a.C., 42?), onde, sob o pretexto de consolar o secretário *a libellis* de Cláudio pela morte do irmão, o filósofo não só adula o liberto, mas também o imperador. Em *Dial.* 11.12.3, Séneca, com efeito, confia Políbio, com seu sofrimento, à figura de Cláudio, de quem diz que exerce um poder mais baseado na bondade do que nas armas; exorta-o a erguer-se e, cada vez que as lágrimas lhe vierem aos olhos, a dirigi-los a César, pois a contemplação de uma divindade suprema e preclara não só os secará como impedirá que olhem para qualquer outra coisa (cf. *diuinae manus*, 11.13.2; *diuina.... auctoritas*, 11.14.2). O Filósofo ainda manifesta, em *Dial.* 11.12.5, o desejo de que Cláudio pratique feitos semelhantes aos de Augusto e o supere em longevidade, de que, enquanto viver, não morra ninguém da sua família, e de que seus netos conheçam o dia, oxalá distante, em que a sua linhagem o reclame para o céu.

Os elogios a Cláudio e os votos pelo imperador continuam, mas, do confronto das ideias expostas com outras presentes na *Diui Claudii Apocolocyntosis*, facilmente se vislumbram as contradições em que Séneca se enredou. Na sátira menipeia, considera o narrador que a morte do imperador marca o início de um século deveras feliz (*initio saeculi felicissimi*, 1.1), e, depois de revestir Augusto de grande autoridade, faz de seu testemunho um momento decisivo na assembleia dos deuses que rejeita a pretensão de Cláudio a se tornar um deus. Cláudio ainda é acusado de ter condenado à morte muitos dos seus familiares sem instruir os respetivos processos (*Apoc.* 10.3-4).

A morte de Cláudio marca o início de um século muito feliz porque abre a porta do poder a Nero, a quem o Apolo da *Diui Claudii Apocolocyntosis* deseja que ultrapasse a duração de uma vida mortal, e de quem diz que se lhe assemelha em aspeto e em beleza, que nada lhe fica a dever no que toca a voz e canto, que trará séculos afortunados aos homens cansados e acabará com o

---

calva, com cabelos ralos, na cerviz repleta de cerdas, nas pernas delgadas e nos desmesurados pés (*Dial.* 2.18.1).

[64] *Dial.* 2.18, 3.1.20.9, *Ep.* 4.7. Como era louco, o assassinato foi um bem que lhe fizeram (*Ben.* 7.20.3).

silêncio das leis (4.1). A ideia de que Nero resgatou as leis de que Cláudio fizera letra morta será retomada por Séneca numa obra intitulada *De clementia* (1.1.4 e 1.1.8), que, na esteira da tradição platónica do filósofo-rei, da perspetiva de Posidónio sobre a naturalidade da monarquia (Sén. *Ep.* 90.4-6)[65] e dos escritos "Sobre a realeza" até então publicados, não só pretende servir de espelho da boa consciência, do tipo de pessoa em que Nero se poderá tornar e, ao cabo, do tipo de felicidade que poderá alcançar (1.1.1), mas também apresentar, ao *princeps* e *rex*, o *sapiens* como modelo a seguir (2)[66].

No caso de Nero, as expectativas são grandes, pois, com a idade que Augusto tinha quando já havia cometido um conjunto de crimes (*Cl.* 1.9.1-1.11.1), revela grande bondade natural e, como o próprio confessa, não cede à cólera na aplicação de castigos injustos, nem aos impulsos juvenis, nem à rebeldia dos homens, nem ao exibicionismo pela prática do terror, mas mantém a espada na bainha, respeita os homens de mais baixa condição e faz-lhes, bem como aos de condição elevada, concessões, exerce autocontrolo como se estivesse sob o domínio das leis, facilmente se comove com a pouca ou muita idade das pessoas, e, quando não tem de que se compadecer, revela respeito por si próprio (*Cl.* 1.1.3-4). Séneca diz que Nero mantém em segurança o Estado que lhe foi confiado, se caracteriza pela *innocentia*, que etimologicamente traduz a atitude de não causar dano (*in* + *nocere*), é apreciado, como nenhum outro alguma vez foi, pelo povo romano, revela uma bondade inata, é fator de estabilidade, pois não se esquecerá da sua essência, não faz o povo romano desejar mais, mas apenas a manutenção da situação em que se encontra, isto é, da mais próspera forma de governo, manifesta uma clemência que toca os homens da mais baixa à mais alta condição social (*Cl.* 1.1.5-9). Para ilustrar a referida bondade, ainda tratará Séneca de recordar que, para não ter de tomar medidas contra dois malfeitores, havia Nero manifestado o desejo de não saber escrever e uma inocência digna da Idade do Ouro (2.1.2). Convém, por isso, que Nero transforme o simples impulso natural, por meio da consciencialização, em critério e em virtude profícua. É que da bondade natural se distingue a clemência por decorrer de uma atitude consciente, do *iudicium* e ter um caráter ativo (*Cl.* 2.2.2). Entre a secção inicial e esta, havia Séneca, em *Cl.* 1.3.3, comparado, ao Sol, Nero que, estando acima das pessoas, as protege e por elas é protegido (cf. 1.8.4). Em contraste com a deformidade física de Calígula e de Cláudio, que refletia a deformidade

---

[65] No passo citado, estabelece Posidónio o paralelo entre o poder do animal dominante em muitas das espécies e a superioridade dos primitivos reis. Sobre este assunto, v. Díon Crisóstomo, περὶ βασιλείας 3.41ss., 3.50, Platão, *Plt.* 267d ss., 301b, *Lg.* 3.690a-c, Políbio 6.4.2, Séneca, *Cl.* 1.19.2. Griffin 1976 205 n. 7 observa que passo algum dos referidos sustenta que a monarquia é a melhor forma de governo. Sobre os perigos da monarquia se transformar em tirania, v. p. ex. Cícero, *Rep.* 1.61, 65.

[66] Importa, no entanto, ter presente que, para o Estoicismo Médio, a melhor constituição é a mista. Mas, embora admirassem Esparta, Cleantes, Perseu e Esfero escreveram tratados περὶ βασιλείας (Griffin 1976 204).

moral de cada um e se prestava ao tratamento caricatural por parte de Séneca, é Nero, com influência da tradição oriental do culto de Mitra, comparado a Apolo e ao Sol, e a sua beleza física, de acordo com os princípios da fisiognomonia, traduz a sua elevação moral, pelo menos na fase da juventude, embora a sua ação futura contradiga os princípios da referida perspetiva.

Séneca chega a dizer, em *Cl.* 1.11.2, que a clemência do filho adotivo de Cláudio era a verdadeira, pois nunca tinha derramado o sangue de cidadão algum. Se esta afirmação for verdadeira, a obra será anterior ao assassínio de Britânico entre finais de 55 e inícios de 56 (cf. Tácito, *Ann.* 13.15ss.), mas, no caso de ser falsa, revela um Séneca capaz de sacrificar a verdade ao seu desejo de influência política, embora diga preferir, a uma atitude adulatória, valorizada pelos poderosos, ofender com verdades (*Cl.* 2.2.2), e atribua ao seu Etéocles, depois de este ter afirmado que o ódio é indissociável da realeza, a seguinte conclusão (*Phoen.* 664): "O poder vale bem qualquer preço."

Plínio Naturalista (Como, 23 ou 24 – Estábias, 79) disse de Nero que era "inimigo do género humano" (*Nat.* 7.46), e, talvez em consequência desta avaliação ou por uma questão de coerência política, ora terá passado, como oficial, os anos do principado do filho de Agripina nas campanhas na Germânia, sob o comando de Domício Corbulão e, de seguida, de Pompónio Secundo, tragediógrafo, seu amigo e protetor, ora no exercício da atividade de advogado. Foi durante o principado de Vespasiano que, na qualidade de procurador (cargo administrativo da ordem equestre), exerceu funções na Hispânia, em África e provavelmente na Gália Narbonense e na Bélgica. Do seu intenso estudo, em grande parte realizado à noite e nos intervalos dos seus afazeres e das reuniões com Vespasiano, e da consciência aguda dos seus deveres para com a sociedade, resultou uma extensa obra enciclopédica, a *Naturalis historia*, em 37 livros.

Quanto à personalidade de Sílio Itálico (n. 25-29, m. 101-104), não gera consenso entre os investigadores: provavelmente baseados em Plínio-o-Moço (*Ep.* 3.7.3), Citroni et al. sustentam que "foi delator (...) ao serviço de Nero, que, por sua vez, o designou cônsul para o ano 68"[67]; fundados em Tácito (*Hist.* 3.65), observam que geriu bem a amizade com Vitélio na crise de 69 e participou nas negociações secretas entre este e o irmão de Vespasiano; viu o seu prestígio e riquezas acrescentados com proconsulado da Ásia (c. 77), com a nomeação do seu filho para *consul suffectus* no tempo de Domiciano (93 d.C.); e, ao cabo, se revelou "um hábil oportunista"[68]. Depois de afirmar que Sílio Itálico tinha sido centúnviro, um reputado advogado e um notável orador; tinha seguido na época dos Flávios (Vespasiano, Tito e Domiciano, 69-96) um brilhante *cursus honorum*; tinha, nos seus *Punica* (mais 12 000 versos em 17 livros), sobre a II Guerra Púnica (218-201 a.C.), repetidamente distorcido a

---

[67] Citroni et al. 2006 857.
[68] Citroni et al. 2006 857.

verdade e prestado "alguma vénia a Domiciano (*Pun.* 3.607ss.)"[69]; e, em corajosa e serena morte estoica, se deixara morrer de fome (com 76 anos, talvez em 103) – justificou Pimentel, à luz da fidelidade do épico à memória do falecido Domiciano e da recusa a adular Trajano (imp. 98-117), traduzida desde logo na de se deslocar a Roma em 99 para receber o novo *princeps*, a crítica que Plínio lhe dirigiu e os louvores que teceu a quem, como ele, apoiava Trajano, ou, como Régulo e Veientão, passara a apoiar o novo *princeps*[70].

Na época de Vespasiano, procurou o senado punir os delatores do tempo de Nero, mas M. Aquílio Régulo, defendido por Vipstano Messala, seu irmão, e acusado por Cúrcio Montano, acabou, com a sua retórica asianista, por continuar em funções dentro do referido órgão de estado (70)[71]. Suetónio (*Ves.* 18) informa que Vespasiano tornou regularmente remunerado o ensino da retórica por professores gregos e latinos, e, segundo Pimentel, teria distinguido Quintiliano por esse processo[72]. Da admiração que o *princeps* seguramente nutria por alguns oradores asianistas que da retórica se serviam para a atividade delatória dá seguramente conta a articulação do testemunho de Quintiliano, que (em *Inst.* 5.13.48, 10.1.119 e 12.10.11) recorda Quinto Víbio Crispo como um magnífico orador, com os Tácito, em *Hist.* 2.10 e 4.41-3, onde Víbio mais se distingue pela riqueza, pelo poder e pelo engenho entre os notáveis do que entre as pessoas de bem; e em *Dial.* 8, onde a personagem e Éprio Marcelo se contam entre as personalidades que fizeram fortuna à custa dos imperadores e, em particular no caso da primeira, de Vespasiano. No fundo, Víbio Crispo foi um delator que, com a referida atividade, enriqueceu e progrediu politicamente.

Foi já postumamente que Marcial, que teria vindo de Bílbilis para Roma por volta de 64 e teria tido por patronos Séneca Filósofo e Sílio Itálico, entre outros, adulou Vespasiano (imp. 69-79), para realçar as semelhanças com Domiciano. Quando notou o contraste entre o primeiro e o terceiro dos Flávios, foi sempre em benefício deste[73].

Augusto projetou, Vespasiano iniciou a construção do Anfiteatro dos Flávios, e Tito (imp. 79-81) concluiu, em 80, o edifício que posteriormente se haveria de chamar Coliseu. À referida data remonta o início oficial da carreira literária de Marcial, pois, no rescaldo dos jogos oferecidos pelo imperador quando da inauguração do Anfiteatro, escreveu um *Epigrammaton liber*, que, numa edição de 1602, haveria de aparecer com o título de *Liber de spectaculis* e onde louvou o caráter divino, a benevolência e a *clementia* do

---

[69] Vale, no entanto, a pena notar que, em *Pun.* 3.593-629 o louvor abarca toda a dinastia flávia.

[70] Pimentel 1993 13-14.

[71] Pimentel 1993 31. A investigadora ainda informa que foi um dos principais delatores no tempo de Domiciano e se manteve no senado sob Nerva e sob Trajano.

[72] Pimentel 1993 27.

[73] Pimentel 1993 9 e 12.

princeps (v., p. ex. *Spect*. 12.6, 20 e 23). Em *Spect*. 4, elogia Marcial o facto de Tito ter exibido os delatores na arena e os ter condenado ao exílio em terras africanas, mas, a julgar por Suetónio e Díon, talvez fossem de baixa condição como os que foram vendidos como escravos e exilados para inóspitas ilhas[74]. Vespasiano e Tito contavam, entre os seus amigos, alguns delatores do tempo de Nero (p. ex. Éprio Marcelo e Víbio Crispo). Tito (imp. 79-81) concedeu a Marcial o "direito dos três filhos" (*ius trium liberorum*), embora o poeta nunca tenha casado. Apesar de ter havido um grande incêndio na época de Nero (64) e outro na de Tito, não referiu Marcial, em contraste com Suetónio (*Tit*. 8.10), os esforços do último *princeps* para aliviar o sofrimento da população, antes tratou de louvar a ação de Domiciano na reconstrução das partes destruídas (Marcial 5.7). Ao referir o triunfo de Vespasiano e Tito sobre os Judeus em 71, o que Marcial pretende, em 2.2, é dizer que fica muito aquém dos feitos de Domiciano, que, com 18 anos, no ano 70, participou numa campanha vitoriosa contra os Germânicos e, em 82/83, triunfou dos Catos, o que lhe valeu o *cognomen* de *Germanicus*[75]. Talvez por Domiciano ter acompanhado, a cavalo, os carros em que, no triunfo de 71, se deslocaram Vespasiano e Tito, e por Vespasiano não ter consentido em que Domiciano fosse apoiar os Partos nas lutas contra os Alanos, a verdade é que a memória do pai e a do irmão não eram caras a Domiciano, o que talvez justifique as poucas referências aos dois na obra de Marcial. Apesar disso, não deixará Domiciano de criar o colégio dos *Flauiales Titiales*, que tinha por missão zelar pelo culto da dinastia flávia. Tito, "a partir de 81 e do Livro I dos *Epigramas*, servirá de termo de comparação para a grandeza do irmão (ou para a sua desgraça, após 96, cf. *Spect*. 33) ou assumirá apenas, juntamente com Vespasiano e com ele eternamente agradecido pela *pietas* de Domiciano, o honorífico mas apagado papel de divindade tutelar do chefe de Roma e do mundo (VIII 53(55))". Pimentel ainda recorda que Quintiliano, em contraste com a opinião pública romana, defendeu Berenice, a irmã de M. Júlio Agripa por quem Tito se havia apaixonado enquanto estivera na Judeia, em 67-70, e com quem viveu em Roma (75-)[76].

Suetónio (*Dom*. 2.4) e Tácito (*Hist*. 4.86) informam que, para compensar a frustração resultante da atenção dada pelo pai ao irmão e dos feitos cometidos por ambos, se dedicou Domiciano à poesia; o primeiro biógrafo, no referido passo, sustenta que o *princeps* simulou modéstia e interesse pela poesia, arte que lhe era algo alheia e que viria a abandonar –, e observa que o imperador chegou a dar leituras públicas; em *Dom*. 20.1-3, que Domiciano, no início do seu principado, descurou as artes liberais, e, embora se tenha

---

[74] Ver, respetivamente, Suetónio, *Tit*. 8.14 e Díon, 66.19.3.

[75] As qualidades militares de Domiciano revelaram-se em numerosas campanhas e valeram-lhe um segundo triunfo, em 89, agora sobre Marcomanos e Quados, na Panónia, (cf. OCD s.v. Domitian).

[76] Pimentel 1993 27 (cf. *Inst*. 4.1.19). Vide capítulo anterior, Rodrigues, §2.1.

esforçado por repor os volumes destruídos pelo incêndio da biblioteca e tenha inclusivamente enviado a Alexandria copistas para reproduzir e corrigir obras, a verdade é que nunca mostrou grande interesse em saber história, conhecer poesia ou adquirir um bom estilo, mas os *commentarii et acta*, "as memórias e as atas" de Tibério eram a sua leitura de eleição, e o *princeps* confiava a outros a escrita das suas cartas, discursos e éditos. Em contraste com estas informações, sugere Marcial (p. ex. em 4.27, 5.6, 6.64, 7.99, 8.82) que Domiciano teria um genuíno interesse por poesia e os poetas em grande consideração; recorda Suetónio (*Dom.* 9.1, 12.7 e 18.3) momentos onde o imperador respetivamente cita de cor e a propósito Virgílio (*G.* 2.537) e Homero (*Il.* 2.204 e 21.108) e reconhece ao *princeps*, em *Dom.* 20.4, um discurso elegante e ditos notáveis, dos quais regista alguns. Plínio (*Nat. praef.* 5), Estácio (*Ach.* 1.15), Sílio Itálico (3.621), Quintiliano (*Inst.* 10.1.91-2) realçam as qualidades poéticas e a eloquência de Domiciano; e, conforme se depreende de Marcial (5.5.7), de Valério Flaco (*Argon.* 1.10.12) e de Suetónio (*Dom.* 18.3) teria respetivamente o *princeps* escrito um poema sobre o cerco do Capitólio pelos apoiantes de Vitélio em dezembro de 69, "um poema sobre a tomada de Jerusalém, em que decerto não escamoteava o valor bélico do irmão e do pai"[77], e, dada a sua própria calvície, um *libellus de cura capillorum*. Quanto à contradição entre a simulação de interesse pela poesia e a citação de Virgílio e Homero de cor, talvez se possa admitir a possibilidade de Domiciano os ter estudado por uma coletânea de sentenças. Além disso, se se tomar em consideração que Domiciano teria encomendado a Marcial e a Estácio poemas sobre o jovem Eárino, e teria confirmado o *ius trium liberorum* concedido por Tito a Marcial, facilmente se conclui que apreciaria a poesia e os poetas que o adulavam. Daqui se pode concluir que devemos adotar uma atitude muito crítica relativamente à informação veiculada pelos apoiantes e à transmitida pelos detratores de Domiciano, uma vez que nenhuma coincide em absoluto com a verdade.

Na *adulatio* a Domiciano, que Pimentel considera sincera e outros têm por irónica[78], Marcial não só contribui para a *damnatio memoriae* de quantos não agradavam ao imperador (p. ex. Nero)[79], como o elogia e às pessoas que faziam parte das suas relações: familiares, colaboradores, políticos influentes, executores das deliberações políticas do *princeps*, *ministri*, *pueri*, *delatores*, artistas, os vencedores dos jogos circenses, amigos pessoais e patronos[80].

Além de Sílio Itálico e Marcial, já referidos, também Estácio (c. 45-96) e Quintiliano (n. 35-40) elogiaram o *princeps*. A *Thebais*, de acordo com Juvenal

---

[77] Pimentel 1993 83.

[78] Pimentel 1993 4.

[79] Veja-se ainda a condenação por parte de Marcial, em 7.21.3, de Nero, por este ter cometido o mais atroz de todos os crimes, que é ter obrigado Lucano a suicidar-se.

[80] Pimentel 1993 4-5.

(7.82-87), teria alcançado grande sucesso em leituras públicas, mas não dispensava Estácio de escrever libretos para pantomimos, em particular uma *Agave* para Páris, poesia para pessoas abastadas e poesia celebrativa (90 d.C.) dos feitos de Domiciano na Germânia e na Dácia, para melhorar o seu modesto pecúlio. Estácio teceu grandes elogios a Víbio Máximo, de quem Pimentel diz que teria ligações familiares a Domiciano; e, em *Silu.* 4.7.54, se diz ter-se dedicado à historiografia. Se se tomar em consideração que Estácio faleceu antes do assassinato de Domiciano (96 d.C.) e que o poeta adulou o *princeps*, facilmente se admite a possibilidade de, nesta altura, o elogio ao familiar do imperador não ser tido como uma ofensa, mas como algo que se inscrevia num contexto mais amplo de *adulatio* ao *princeps*[81].

Quanto a Quintiliano, foi nomeado por Domiciano precetor de Flávia Domitila e de Fábio Clemente, filhos da sobrinha e herdeiros do *princeps* (*Inst.* 4 *praef.* 2). Numa belíssima síntese da relação do retórico com o *princeps*, escreve Pimentel: "Embora já se tenham querido ver na *Institutio Oratoria* traços vários de censura ao clima de terror e repressão vigente em Roma, bem como sugestões de como se poderia condenar essa tirania sem incorrer em perigosos riscos, parece-nos impossível negar a efetividade dos serviços prestados por Quintiliano ao *princeps* ou diminuir a sinceridade da admiração que por ele transparece em alguns passos da obra (e.g. IV *praef.*; X 1, 91-2)."[82].

Há ainda escritores menos conhecidos que sobressaem em concursos instituídos por Domiciano: é o caso de Cevo Mémor, que venceu o *agon Capitolinus*, e cujas tragédias, de que restam uma intervenção de um Coro de cativas troianas e talvez um passo sobre Hércules (Fulgêncio, *Serm. ant.* 25), parecem, formal e tematicamente e ao nível das personagens, seguir Séneca, em detrimento da tragédia politicamente mais interventiva de Materno[83]. O irmão de Mémor, Turno, era um poeta satírico que, segundo Tandoi citado por Pimentel, satirizaria a tirania de Nero, de modo a engrandecer a atuação dos Flávios. Teria atingido o auge da sua carreira entre 92 e 96 e sido um precursor de Juvenal na crítica aos *uitia* humanos e à dinastia júlio-cláudia[84]. Ao pedir à Musa, em 3.20.1ss., que lhe diga se Cânio Rufo escreve sobre o principado de Cláudio, ou se desdiz, em poesia, o que outros disseram de Nero, ou se cultiva outros géneros literários, sugere Marcial que a personagem

---

[81] Mais tarde, elogiou-lhe Plínio as qualidades literárias e também as posições políticas (Plin. *Ep.* 9.1).

[82] Pimentel 1993 37. A adaptação ao *AO* 1990 é minha.

[83] Pimentel 1993 43. A investigadora ainda observa: "Brugnoli[....] vê na tragédia *Hercules* a hipótese de que *Memor* tivesse escolhido esse tema por ser um dos favoritos da política belicista de Domiciano; à escolha das *Troianas*, episódio patético, presidira o desejo de agradar aos gostos do público romano.".

[84] Pimentel 1993 44-45.

seria um polígrafo com pretensões a historiador e poeta, mas, ao que tudo indica, para agradar a Domiciano, numa perspetiva tendenciosamente depreciativa que ora realçava tudo quanto de mau fizeram Cláudio e Nero, ora desmentia todo o bem que deles se dizia[85]. É provável que Colino tenha, no domínio da poesia, alcançado a vitória nos primeiros Jogos em honra de Júpiter Capitolino (86 d.C.; cf. Marcial 4.54.2), que também incluíam outras artes, como a música, e modalidades, como o atletismo, e eram uma ocasião privilegiada para Domiciano se exibir em toda a sua magnificência e fomentar o culto da sua personalidade[86]. Enquanto alguém que se esforçou por patrocinar e fomentar as artes e as letras, Domiciano não só criou os Jogos Capitolinos, mas também os Albanos (*uilla* de Alba do *princeps*, 19 e 23 de março), que consistiam sobretudo em concursos de poesia e contaram, entre os seus vencedores, Caro, que ainda conquistou a coroa de oliveira nos Capitolinos seguintes e, com ela, coroou o busto do imperador[87]. Outros mereceram a confiança política de Domiciano, numa altura em que já desconfiava de toda a gente: o poeta Lúcio Estertínio Avito, p. ex., que o *princeps* nomeou para o cargo de *consul suffectus* em 92. Arrúncio Estela, poeta abastado e patrono de Marcial e Estácio, celebrou, com uns jogos dados em 93, a vitória de Domiciano sobre os Sármatas (Marcial 8.78). Embora Domiciano e Marcial não tivessem grande apreço por filósofos estoicos, a verdade é que Deciano, um filósofo estoico, admirador confesso do cristalizado e inofensivo Catão e ou de Trásea, que se opusera a Nero, não acabou, como Musónio Rufo na época de Nero, ou Artemidoro, Díon Crisóstomo e Epicteto na de Domiciano, expulso de Roma, "simplesmente porque não merecia o nome de filósofo ou porque se incluía entre a fação dos que trabalhavam *ad maiorem gloriam Domitiani.*"[88].

Pretor em 70, Sexto Júlio Frontino cedeu o lugar na magistratura a Domiciano; foi cônsul em 72 ou 73; enquanto legado na *Britannia* (entre 73/4-77, segundo o *OCD*, ou 76 e 78, de acordo com Pimentel[89]), subjugou os Sílures; talvez tenha acompanhado Domiciano em 82/83 na expedição contra os Catos; descreveu, em *Stratagemata*, a batalha e celebrou a atuação do *princeps*; foi procônsul da Ásia em 86; provavelmente devido à inveja de Domiciano, deixou, nos últimos anos do principado deste, de progredir no *cursus honorum*; foi nomeado por Nerva (imp. 96-98) *curator aquarum*; acusou o falecido Domiciano (em *Aq.* 2.118) de ter defraudado o *aerarium* dos proventos proporcionados pelos aquedutos públicos; foi nomeado cônsul pela

---

[85] Fábio Rústico teria seguido a mesma orientação.
[86] Suet. *Dom.* 4.10.
[87] Ver, respetivamente, Marcial 9.23. 5-6 e 9.23, 24..
[88] Pimentel 1993 47.
[89] Pimentel 1993 22.

segunda vez em 98 (Marcial 10.48), pela terceira em 100 e foi quem, à frente de uma embaixada, anunciou a Trajano, na Germânia Superior, que Nerva o escolhera para seu sucessor[90].

Terminado o período de terror de Domiciano, foram certos poemas de Marcial (p. ex. alguns do livro 10) censurados e substituídos por outros que celebravam a nova liberdade, e a opinião de Marcial, p. ex. nos livros 11 e 12, acerca do *princeps* tornou-se cada vez mais alinhada com a dos seus detratores e favorável a Nerva e a Trajano: em 11.33, há quem admita a possibilidade de Marcial identificar Domiciano com Nero e considere que, após a morte do primeiro, os verdes teriam passado a ganhar por mérito, e não por viciação de resultados decorrente de Domiciano ser seu adepto; outros cuidam que Marcial está a falar apenas de Nero e a zombar dos azuis, pois, ao que parece, o poeta seria adepto dos verdes. Em 12.3(4), Marcial critica o cruel Domiciano (*sub principe duro*) por não ter admitido qualquer tipo de generosidade que excluísse o imperador como beneficiário. Em 12.15, regozija-se Marcial com a possibilidade, devolvida às pessoas após a morte de Domiciano, de contemplarem nos templos as riquezas que *princeps* acumulara no palácio do Palatino. O poeta de Bílbilis ainda tratou de condenar temíveis delatores do tempo de Domiciano, como Métio Caro, que, com Bébio Massa, acabou acusado por Heliodoro, um delator do tempo de Nerva, e morto.

Apesar da bonomia de Nerva, a verdade é que os pretorianos exigiram uma vingança pela morte de Domiciano e o novo *princeps* acabou por ter de manifestar público reconhecimento por quem o tinha livrado de funestas personagens, como o liberto Parténio. Em 11.7, critica Marcial o hábito de Domiciano de convocar as mulheres com quem desejava ter relações sexuais para a sua *uilla* de Circeios, a impotência dos maridos perante a situação e o recurso por parte das mulheres a uma justificação desse tipo para se encontrarem com algum amante mais distante; e louva o facto de, na época de Nerva, a destinatária do poema só poder ser uma Penélope. Provavelmente por causa de Domícia Longina se ter apaixonado pelo pantomimo Páris, que acabou assassinado em 83; talvez devido ao facto de a farsa *Paris et Oenone* ter valido ao seu autor, o filho de Helvídio Prisco, a morte (*Dom.* 10.2); e dada a possibilidade, que os escoliastas consideram um facto, de Juvenal ter criticado Domiciano pelo ascendente de Páris junto da corte imperial, ter sido obrigado pelo *princeps* a exilar-se no Egito e só ter começado a publicar as suas *Saturae* após a morte do imperador – Marcial só se referiu ao pantomimo em 97, portanto após a morte deste e de Domiciano[91].

---

[90] Díon 68.3.4 e Plínio, *Pan.* 9.1.

[91] Sobre a matéria exposta ao longo deste parágrafo, veja-se Pimentel 1993 22, 25, 37, 55, 42.

Plínio-o-Moço, famoso advogado, escritor, rico patrono de Marcial e com tendências estoicas, soube, sem extremar posições e sem se retirar, ser oposição a Domiciano. Acusou um delator, Métio Caro, de ter entregado ao imperador uma lista de personalidades a abater, da qual constava o seu nome, e observa que apenas se conseguiu salvar porque, entretanto, o *princeps* foi assassinado[92]. As suas *Epistulae* ora refletem o orgulho e a vaidade com que, nos seus discursos (que à exceção de um não chegaram até nós), se bateu com adversários políticos e delatores (e.g. Régulo), ora o regozijo por a leitura no senado de um género de texto geralmente acolhido com enfado e indiferença, ter, no caso do *Panegyricus* de Trajano, alcançado tão grande sucesso que levou Plínio a publicar o texto e a justificar o referido êxito com a liberdade proporcionada pelo novo *princeps* e com a verdade subjacente ao elogio a este dirigido (*Ep.* 3.18.2). Sherwin-White, contudo, fala em "restored but limited freedom of the Trajanic age"[93].

Em jeito de conclusão, vale, seguramente, a pena notar que, se alguns escritores estoicos têm coragem de divergir e assumir claramente as suas diferenças relativamente aos *principes* em exercício, outros há que adulam os imperadores no poder, para, após a morte destes, os criticarem e passarem a adular outros imperadores (Séneca e Marcial). A crítica ao *princeps* falecido podia servir de advertência dirigida ao novo senhor de Roma, mas, embora alguns começos de governo se revelassem auspiciosos, nomeadamente com uma boa governação (Nero) ou com a perseguição movida aos delatores que tinham estado ligados ao imperador falecido (Vespasiano), a verdade é que os novos *principes*, quer por opções próprias quer por se verem ultrapassados pela conjuntura e circunstâncias em que se encontravam (e.g. Nerva) acabaram por se ver rodeados por hábitos e comportamentos criminosos que tinham condenado (p. ex. a delação). Importa finalmente observar que, sem grandes causas para defender, sem grande originalidade de temas e com a progressiva perda de poder, num ou em outro momento muito esporadicamente invertida, do senado, a retórica prosseguiu, excetuando raras exceções (p. ex., Sílio Itálico, Plínio, Lúcio Licínio Sura, provável autor dos discursos de Trajano) o seu curso de empolamento, vacuidade e decadência (asianismo). Quanto aos autores que louvaram os Flávios e, em particular, Domiciano, importa realçar Estácio, Sílio Itálico, Marcial e Quintiliano, entre os que deles traçaram retratos menos favoráveis, contam-se Tácito, Juvenal, Plínio, Suetónio, Díon e, após a morte de Domiciano, o próprio Marcial. Importa, por isso, adotar uma perspetiva crítica perante os testemunhos destes autores, uma vez que, condicionados por uma ou outra das orientações políticas referidas, veicularam perspetivas deturpadas da realidade.

---

[92] *Ep.* 7.27.14.
[93] Sherwin-White 1966 252 n. 6.

Tábua cronológica

14 – Morte de Augusto
14-37 – Principado de Tibério
25 – Morte de Cremúcio Cordo
35 – Morte de Mamerco Emílio Escauro
37-41 – Principado de Calígula
41-54 – Principado de Cláudio
41-49 – Exílio de Séneca na Córsega
54-68 – Principado de Nero
54-59 – *Quinquennium Neronis*
65 – Morte de Séneca e de Lucano
66 – Morte de Petrónio e de Trásea Peto
69-79 – Principado de Vespasiano
75 – Exílio de Helvídio Prisco
79-81 – Principado de Tito
80 – Inauguração do Coliseu e data *Liber de spectaculis* de Marcial
81-96 – Principado de Domiciano
96-98 – Principado de Nerva
98-117 – Principado de Trajano

Bibliografia

Abreviaturas

HRR Peter, H., *Historicorum Romanorum reliquiae*, vol I, Lipsiae, ¹1870, ²1914; Stutgardiae, 1967 ed. stereotypa; vol II, Lipsiae 1906; repr. 1993, in Aedibus B. G. Teubneri.
OCD Hornblower, S. – Spawforth, A. (⁴2012). *The Oxford Classical Dictionary*. Oxford, University Press.

Estudos e edições

André, C. A. (2006), Ovídio. *Amores*. Lisboa, Cotovia.
André, J. (1949), *La vie et l'oeuvre d'Asinius Pollion*. Paris, Klincksieck.
Archambault, P. (1966), "The Ages of Man and the Ages of the World: A Study of two Traditions", *Revue des études augustiniennes* 12 193-228.
Bartsch, Sh. (1994), *Actors in the audience: theatricality and doublespeak from Nero to Hadrian*. Cambridge (Mass.) – London (Engl.), Harvard University Press.
Brandão, J. L. L. (2005), "Os políticos e as humanidades (a cultura nas Vidas dos Césares de Suetónio)", *Biblos* n. s. 3 55-67
Campos, J. A Segurado e (1991), *Lúcio Aneu Séneca. Cartas a Lucílio*. Lisboa, Gulbenkian.
Canfora, L. (2000), "Seneca e le guerre civili" in P. Parroni (a cura di), *Seneca e il suo tempo. Atti del Convegno internazionale di Roma-Cassino, 11-14 novembre 1998*. Roma, Salerno Editrice 161-177.
Citroni, M. *et al.* (2006), *Literatura de Roma antiga* (trad. de M. Miranda e I. Hipólito a partir de original italiano de 1997). Lisboa, Gulbenkian.
Codoñer, C. (³1999), *Lucio Anneo Séneca. Diálogos*, presentación, trad. y notas. Madrid, Tecnos. Connors, C. (1994), "Famous last words: authorship and death in the Satyricon and Neronian Rome", in J. Elsner – J. Masters, eds, *Reflections of Nero. Culture, history & representation*. London, Duckworth 225-235.

——————— (1998), *Petronius the poet. Verse and literary tradition in the* Satyricon. Cambridge, University Press.
Dalzell, A. (1955), "C. Asinius Pollio and the Early History of Public Recitation at Rome", *Hermathena* 86 20-28.
Eden, P. T. (1984), *Seneca. Apocolocyntosis*. Repr. 1990. Cambridge – New York – Port Chester – Melbourne – Sydney, Cambridge University Press.
Fabre-Serris, J. (2003), "Les réflexions ovidiennes sur le débat *ars/natura*: un antecedent augustéen au recours à l'*ars* dans la *Domus Aurea*", C. Lévy – B. Besnier – A. Gigandet eds, Ars et ratio: *sciences, arts et métiers dans la philosophie hellénistique et romaine: actes du colloque international organise a Créteil, Fontenay et Paris du 16 au 18 octobre 1997*. Bruxelles, Latomus 176-183.
Ferreira, P. S. M. (2011), *Séneca em cena. Enquadramento na tradição dramática greco-latina*. Lisboa, Gulbenkian.
Fitch, John G. (1981), "Sense-pauses and relative dating in Seneca, Sophocles and Shakespeare", *AJPh* 102 289-307.
Griffin, M. T. (1976), *Seneca: A Philosopher in Politics*. Oxford, Clarendon Press.
Habinek, Th. N. (1998), *The politics of Latin literature: writing, identity, and empire in ancient Rome*. Princeton and Oxford, Princeton University Press.
Kelly, H. A. (1979), "Tragedy and the performance of tragedy in late Roman antiquity", *Traditio* 35 21-44.
McDonald, A. H. and Spawforth, A. J. S. (42012). "Asinius Pollio, Gaius", *OCD* 184.
Narducci, E. (1989), "Le risonanze del potere" in G. Cavallo, P. Fedeli, A. Giardina, dirett. *Lo spazio letterario di Roma Antica*, vol II. *La circolazione del testo*. Roma, Salerno Editrice 533-77.
Oliveira, F. de (2010), "Sociedade e cultura na época augustana", in M. C. de S. Pimentel e N. S. Rodrigues, coords. *Sociedade, poder e cultura no tempo de Ovídio*. Coimbra, Centro de Estudos Clássicos e Humanísticos – Imprensa da Universidade de Coimbra, 11-36.
Pimentel, M. C. de C.-M. de Sousa (1993), *A adulatio em Marcial*. Diss. FLUL. Lisboa.
——————— (2000), *Séneca*. Lisboa, Inquérito.
Reynolds, L. D. (1965), *L. Annaei Senecae ad Lucilium Epistulae Morales*. Oxonii, e Typographeo Clarendoniano.
Rocha Pereira, M. H. da (⁴2009), *Estudos de história da cultura clássica*. II Volume – *Cultura romana*. Lisboa, Gulbenkian.
Schmeling, G. (1996), "*The* Satyrica *of Petronius*", G. Schmeling ed., *The novel in the ancient world*. Leiden - New York – Köln, Brill 457 -90.
Sherwin-White, A. N. (1966), *The Letters of Pliny. A historical and social commentary*. Oxford, Clarendon Press.
Sørensen, V. (1988), *Seneca* (trad. italiana de B. Berni a partir de *Seneca, humanisten ved Neros hof*, Copenaghen 1976). Roma, Salerno Editrice.
Sussman, L. A. (1978), *The Elder Seneca*. Lugduni Batauorum, Brill.
Winterbottom, M. (⁴2012), "Curiatius Maternus", *OCD* 399.
Wallace-Hadrill, A. (1983), *Suetonius*. London, Duckworth.

7. Os Antoninos: o apogeu e o fim da *pax romana*

Deivid Valério Gaia
Universidade Federal do Rio de Janeiro
Instituto de História
ORCID: 0000-0001-7818-3503
dvgaia@hotmail.com

Sumário: O apogeu e o início do declínio do Principado romano. A época de ouro do Império Romano. O mito da adoção do melhor. Uma dinastia Hispânica. Nerva e a cisão com o período de Domiciano. Nerva (96-98). A sucessão imperial de Nerva a Trajano. Trajano (98--117). A sucessão imperial de Trajano a Adriano. Adriano (117-138). A sucessão imperial de Adriano a Antonino Pio. Antonino Pio (138--161). A sucessão imperial e os dois herdeiros de Antonino Pio. Marco Aurélio e Lúcio Vero (161-169) e, então, Marco Aurélio (169-180). A sucessão imperial de Marco Aurélio a Cômodo. Cômodo (180-192). O final da dinastia Antonina. A perspectiva senatorial e o retrato da dinastia Antonina.

1. O apogeu e o início do declínio do principado romano

A dinastia Antonina foi a terceira do Império romano. Teve sete soberanos entre 96 e 192 d.C.: Nerva (96-98), Trajano (98-117), Adriano (117-138), Antonino Pio (138-161), Marco Aurélio (161-180), que governou conjuntamente a Lúcio Vero (161-169), e Cômodo (180-192). Essa dinastia corresponde ao apogeu do Império; a grandeza desse período foi evocada pelos escritores da época, sobretudo por Plínio, o Jovem, em seu *Panegírico a Trajano*[1] e por Élio Aristides em seu famoso discurso *Elogio a Roma*[2], na época de Antonino Pio.

---
[1] Plin. *Pan.* 1.
[2] Arist. *Or.* 26.11.

O século II d.C. foi um período de renascimento cultural, que contribuiu para que fosse denominado como o século de ouro ou o século dos imperadores Antoninos. Por que o nome de Antonino Pio foi utilizado para caracterizar a dinastia? Ele foi o pivô da dinastia e se seu nome foi escolhido para representá-la, foi porque ele reagrupava as qualidades dos diferentes príncipes Romanos e, na própria Antiguidade, por Marco Aurélio, em suas *Meditações*[3], Antonino Pio foi considerado o melhor, dotado de uma grande equanimidade[4] e senso de justiça.

O principado dos Antoninos foi representativo de uma época de grande prosperidade, a dinastia foi imortalizada como o período áureo da *pax* e da *libertas* romanas. Na Itália e nas províncias, conheceu-se uma administração imperial muito próspera, na qual o *consilium principis* passou a ter um papel importante, e os membros da ordem equestre foram notadamente beneficiados. Durante a época de Trajano, o espírito expansionista romano levou o Império à sua máxima extensão territorial com a conquista da Dácia, da Pártia, da Mesopotâmia e com a anexação do reino Nabateu de Petra. A exploração das minas de ouro da Dácia enriqueceu o Império. As províncias prosperaram, ao passo que a Itália continuou seu declínio e, aos poucos, foi provincializada. Houve uma maior unificação legislativa e facilidade para obtenção do direito à cidadania. Os provinciais tiveram um grande espaço de poder no seio das ordens dirigentes de Roma, pois vários dos imperadores dessa dinastia eram de origem provincial. Houve uma intensificação urbana e um grande enriquecimento das elites, quadro que criou melhorias econômicas para o conjunto do Império.

No entanto, esse período também representou o início da derrocada da *pax romana,* pois as guerras defensivas passaram a ser mais constantes e extremamente onerosas aos cofres públicos. Adriano e Antonino Pio construíram muralhas defensivas no norte da Britânia. Marco Aurélio e Cômodo empreenderam uma difícil guerra contra os Partos e contra os Marcomanos, em um contexto militar e econômico difícil, marcado pela falta de efetivos e pela escassez de recursos financeiros. A partir da morte de Marco Aurélio, o Império Romano caminhou, paulatinamente, para um período de crise militar e econômica que modificou para sempre os rumos de sua história, abrindo as portas para a crise do século III e, logo depois, para a Antiguidade Tardia.

A forma como lidaram com o poder imperial não se distinguiu muito da época de Augusto, embora a historiografia insista naqueles que respeitaram as prerrogativas senatoriais – como Nerva, Trajano, Antonino Pio e Marco Aurélio – e aqueles que desdenharam essas prerrogativas, como Adriano e Cômodo. O respeito às prerrogativas senatoriais foi decisivo na forma como esses imperadores foram retratados pela historiografia tradicional romana, fortemente influenciada pela ideologia senatorial; dessa forma, enquanto os amigos do

---

[3] M.Aur. *Med.* 6.30.

[4] Segundo o autor da *Historia Augusta* (Ant. P. 12.6.), a última palavra de Antonino Pio foi *aequanimitas* – equanimidade.

senado tiveram a chance de serem bem retratados, os inimigos não o foram. Essa dinastia, em grande parte, repousou sobre o equilíbrio entre o poder civil e militar e ficou conhecida como a dinastia da "adoção do melhor", um mito que até hoje ronda a historiografia.

2. A época de ouro do Império Romano

A dinastia Antonina é, indubitavelmente, a mais elogiada pelos autores antigos e modernos e é vista como a época de ouro do Império Romano[5]. "*O universo se tornou uma cidade única*", escreveu Élio Aristides, no principado de Antonino Pio, e ainda acrescentou, "*O mundo inteiro está em festa, pois deixou seus armamentos para se abraçar à alegria de viver*"[6]. O autor da *História Augusta* escreveu que a época de Antonino Pio foi marcada pela preservação da felicidade, da piedade, da tranquilidade e da religiosidade. O Imperador vivera sem quase derramar sangue civil ou de inimigos[7].

Para se compreender o sucesso da dinastia Antonina é imprescindível que se conheça o período que a antecede, pois seu êxito funciona, também, como contraponto ao principado de Domiciano[8]. Domiciano, vítima de assassinato em uma conspiração palaciana, foi um imperador muito controverso. Tácito descreveu seu principado como quinze anos de tirania[9]. Nesse sentido, a época dos Antoninos tinha que ser diferente e deveria assegurar valores que, *a priori*, não existiam na época do predecessor: a liberdade e a paz.

Os imperadores Antoninos não foram somente elogiados pelos seus coetâneos e, posteriormente, na própria antiguidade, mas se tornaram modelos para os príncipes modernos. Em Portugal, no início do século XX, Júlio de Castilho dedicou ao príncipe herdeiro, D. Luís Felipe de Bragança, um livro sobre a grandiosidade do principado de Trajano[10]. Os principados de Nerva, Trajano, Adriano, Antonino Pio e Marco Aurélio também marcaram Maquiavel, que cunhou, em 1503, a expressão "dinastia dos cinco bons imperadores"[11]. No

---

[5] Schiavone 2005 15-31.

[6] Arist. *Or.* 26.11.13.

[7] *Hist.Aug. Ant. Pius* 13.4.

[8] Os historiadores da Antiguidade são unânimes em colocar o principado de Domiciano no mesmo patamar dos principados de Calígula, Nero e Heliogábalo - ou seja, os "maus" imperadores. Suet. *Dom.* 23. Um antonino também foi inserido nessa lista: Cômodo, que será apresentado posteriormente.

[9] Tac. *Agric.* 3. Vide atrás, cap. 5, Rodrigues §3.

[10] Castilho 1906. Gaia 2010.

[11] Para Maquiavel, esses cinco bons imperadores não precisaram de coortes pretorianas ou de incontáveis legiões para guardá-los, porque eram defendidos pelo bom modo como viviam, pela boa ligação com o senado e com o povo: Maquiavel 1883 1.10.

século XVIII, o historiador inglês Edward Gibbon fez um célebre louvor à época dos Antoninos que marcou para sempre a historiografia moderna:

> "Se fosse mister determinar o período da história do mundo durante o qual a condição da raça humana foi mais ditosa e mais próspera, ter-se-ia sem hesitação de apontar a que se estende da morte de Domiciano até a elevação de Cômodo. A vasta extensão do Império Romano era governada pelo poder absoluto sob a inspiração da virtude e da sabedoria. Os exércitos foram contidos pela mão branda mas firme de quatro imperadores sucessivos cujo caráter e autoridade suscitavam respeito involuntário. As formas da administração civil, cuidadosamente preservadas por Nerva, Trajano e Adriano e os Antoninos, justificavam a imagem de liberdade em que eles se compraziam, considerando-se ministros responsáveis perante as leis. Tais príncipes mereceriam a honra de restaurar a república, tivessem os Romanos de sua época sido capazes de desfrutar uma liberdade racional."[12]

Esse testemunho de Gibbon, por mais elogioso que seja, está inserido no combate do autor aos problemas de seu próprio tempo: a Igreja, o Estado, etc. Embora não se abordem, aqui, as questões intrínsecas ao seu contexto, cabe ressaltar que o testemunho desse historiador com relação ao século II d.C. influenciou vivamente os historiadores posteriores que se debruçaram sobre esse período (e sobre outras épocas também, notadamente, no que se refere ao fim do Império Romano). Dessa forma, ele contribuiu, ainda mais, para que o período ficasse conhecido como a época de ouro.

Os autores que escreveram na própria época Antonina, todos fortemente marcados pela ideologia senatorial, como Tácito, Aristides, Plínio, Suetônio e Plutarco (mais tarde Díon Cássio e Herodiano), ao criticarem seus predecessores – Tibério, Calígula, Nero e Domiciano, etc. -, coroavam a sua própria época com os louros da liberdade e da paz, estabelecidas entre o imperador e o senado. Nesse sentido, quando se lê a produção literária concebida no período antonino, pode-se conhecer as justificativas que motivaram Gibbon a tecer tamanhos elogios. Há de se notar que os elogios à dinastia Antonina são quase um *topos* na historiografia. Não obstante, hoje, o acesso a uma documentação mais variada e a formação de opiniões diversificadas apresentam essa época com mais complexidade, sobretudo quando se parte de uma perspectiva na qual se questiona a tradicional mentalidade senatorial romana que selecionou o que dizer sobre esses imperadores, alguns vistos como bons e outros como maus.

3. O mito da adoção do melhor

Essa dinastia é conhecida, de modo geral, pelo termo (ou mito) da "adoção do melhor", pois acreditava-se que o imperador deveria adotar, como herdeiro,

---

[12] Gibbon 1989 87.

"o melhor" dos homens de Roma para ser seu sucessor; esse foi o caso, aparentemente, de quase todos, exceto o de Marco Aurélio. Nerva inaugurou a famosa adoção do melhor ao adotar Trajano, e por isso foi louvado por Tácito. Trajano, por sua vez, adotou seu primo de segundo grau, Adriano. Adriano adotou Antonino Pio. Este, a pedido de Adriano, adotou dois, o filho de Élio César, Lúcio Vero - que na ocasião ainda era criança - e o sobrinho de sua esposa, Marco Aurélio - que na ocasião tinha dezessete anos. Marco Aurélio foi o único que teve um herdeiro direto: Cômodo. O quadro, portanto, parece perfeito para se pensar na adoção do melhor.

Maquiavel e Gibbon, em suas respectivas épocas, viram a "adoção do melhor" com bons olhos. Defendiam que nesse procedimento se repousava a grandeza dessa dinastia, pois esses imperadores, à exceção de Marco Aurélio, repudiaram o princípio da herança dinástica. A grande prova do fracasso da instituição dinástica hereditária para Maquiavel, Gibbon e outros historiadores, foi o exemplo de Domiciano, filho de Vespasiano, que mergulhou Roma em uma longa tirania de quinze anos. Segundo Maquiavel e Gibbon, a frustração do poder hereditário na dinastia Antonina se mostrou, uma única e fatal vez, com a sucessão de Marco Aurélio. Não se pode esquecer que Cômodo é o único que, talvez pela razão de "não ser o melhor", não faça parte da lista dos bons imperadores. Em 1503, quando escreveu seu livro sobre a primeira década de Tito Lívio, Maquiavel pronunciou-se sobre a adoção imperial da seguinte forma: "todos os Imperadores que ascenderam ao trono por nascimento, exceto Tito[13], foram ruins. Já os que ascenderam ao trono por adoção foram bons, de Nerva até Marco Aurélio. Mas tão logo o Império caiu novamente nas mãos dos herdeiros por nascimento, sua ruína começou.[14]" Aqui, ele se refere, claramente, a Cômodo.

No entanto, embora haja tantos estudiosos obstinados a ver na adoção do melhor a chave da grandeza dos Antoninos, cabe ressaltar que a adoção imperial não foi uma invenção desses soberanos. Outros, que não tiveram descendentes diretos, também se valeram da adoção imperial, como por exemplo: Augusto, que adotou o filho de sua esposa Lívia, Tibério; e Cláudio, que adotou seu enteado, o filho de Agripina, Nero. Pode-se dizer que os adotados não eram "os melhores", mas não se pode defender o contrário, com segurança, para a época Antonina. Na transição da República para o Império, o próprio Júlio César adotou seu sobrinho, Otaviano, que mais tarde tornou-se o primeiro imperador de Roma, Otávio Augusto.

Com os Antoninos, não era diferente, pois a adoção também se dava, em boa parte, no seio da própria família. Trajano adotou Adriano que era seu primo e esse, por sua vez, obrigou Antonino Pio a adotar Marco Aurélio (parente de Adriano). Porém, para Maquiavel e Gibbon, a maldição do poder

---

[13] Na visão de Suetônio, Tito era o amor e a delícia do gênero humano. Suet. *Tit.* 1.1.
[14] Maquiavel 1883 1.

dinástico hereditário só caiu no colo de Marco Aurélio quando esse passou o poder ao seu filho, Cômodo[15].

Há de se destacar algo também muito importante, Marco Aurélio foi o único imperador antonino a ter um filho. Na falta de herdeiro direto, a única opção era a adoção. Para que esta fosse justificada, criava-se em torno dela uma áurea de engrenagem de solução que resolveria os problemas de Roma, que era governada não pelo filho de fulano ou cicrano, mas pelo melhor cidadão. Para a elite senatorial, a falta de herdeiro direto desses imperadores era, certamente, um certo alívio para continuar no controle das questões políticas e militares, pois a dinastia foi fundada no seio mais antigo do senado com a escolha do senador Nerva como primeiro imperador da dinastia. Como se não bastasse a relação de parentesco sanguíneo, eles também estabeleceram relações de parentesco a partir dos matrimônios[16]. Os casamentos das mulheres e de parentes dos *principes* foram bem entrelaçados nessa dinastia[17].

O historiador François Chausson, nos seus estudos de prosopografia imperial, também coloca em xeque a "adoção do melhor". Para Chausson, os Antoninos já eram parentes de sangue antes da adoção e o Império continuou, como sob os júlio-cláudios, os flávios e, posteriormente, sob os Severos, um bem patrimonial que deveria ser legado ao parente mais próximo. Marco Aurélio, então, obedeceu a essa lógica secular e não a uma "fragilidade" paternal tradicionalmente invocada no momento no qual ele passou o poder imperial ao seu filho, Cômodo[18].

Portanto, é falsa a tese de que os Antoninos rejeitaram a transmissão do poder hereditário e que primaram pela "adoção do melhor". "A adoção do melhor", da forma como foi concebida, só pode ser aplicada para o caso de Nerva quando adotou Trajano. A adoção foi uma regra, sim, mas não necessariamente a do melhor. Eles adotaram porque não tiveram filhos, o primeiro a ter filhos quebrou a tradição[19]. Afinal, qual era a garantia de que Lúcio Vero, adotado por Antonino Pio com sete anos de idade, fosse o melhor? Seu único mérito era ser filho do filho adotivo de Adriano, Élio César, um homem de saúde frágil que morreu antes de assumir o trono. Nesse caso, a tese de adoção do melhor não se sustenta. A adoção tem que ser vista mais como um recurso a um meio artificial para manter uma linhagem de poder, que deveria administrar o Império e

---

[15] Gibbon 1989 Cap. 3.

[16] Roman 2000 257.

[17] Sabina, a esposa de Adriano, era sobrinha de Trajano. Faustina, a Antiga, também tinha parentesco com Trajano: era bisneta de sua irmã, Úlpia Marciana. Faustina, a Jovem (filha de Faustina, a Antiga, com Antonino Pio) casou-se com Marco Aurélio. Portanto, Cômodo, filho de Marco Aurélio com Faustina, a Jovem, era neto de sangue de Antonino Pio. Essas questões de parentescos aparecem bem claras nos *stemmata* (árvores genealógicas). Vide Chausson 2005

[18] Chausson 2005 123-160.

[19] Também podemos pensar nessa premissa ao inverso: os que adotaram e que romperam com a tradição, e o que teve herdeiro direto manteve uma tradição secular de transmissão de poder na Antiguidade.

dar continuidade aos projetos, e não como um projeto proposital de se escolher "o melhor" para governar Roma. A adoção do melhor, como foi apresentada na própria antiguidade e depois reproduzida por Maquiavel, Gibbon e pelos historiadores contemporâneos, funcionou mais como uma esperança senatorial do que como uma realidade efetiva dentro da política romana; tal esperança senatorial foi inventada por Plínio[20] e por Tácito[21] e seguida por outros. O sistema continuou muito parecido com o de Augusto dentro da *Domus Augusta*, pois de Trajano a Cômodo os escolhidos pertenciam à *Domus* Imperial centrada em um *princeps* que também era *dominus*. A dinastia Antonina seguiu, portanto, as regras da transmissão do poder de todas as monarquias: a hereditária.

No entanto, esses questionamentos contrários à ideia da adoção do melhor não colocam em questão o fato de que os Antoninos foram bons Imperadores que levaram o Império Romano ao seu apogeu através de uma política de integração e de estabilidade. O reino dos cinco bons imperadores, louvados na Antiguidade e depois por Maquiavel e por Gibbon, deu seu nome ao século II; por isso que é chamado de Século de Ouro, ou, simplesmente, Século dos Antoninos; mas não deve ser chamado de século da adoção do melhor.

4. Uma dinastia Hispânica

O século de Ouro foi o momento da emergência de um verdadeiro Império unitário, cuja capital, Roma, que sempre se comportara como um centro explorador, deixou de ver o Mediterrâneo como uma periferia a ser explorada. A emergência desse Império integrado, deve-se, em grande parte, às relações estabelecidas entre o poder imperial e as províncias. Nesse sentido, a figura de Trajano foi singular e diferente dos imperadores que o precederam, pois foi o primeiro não romano a vestir a púrpura. Ele era de origem hispânica e abriu caminho para os outros. Seu primo, Adriano, era um hispânico de coração grego. Antonino Pio era originário do sul da Gália. Os dois últimos, Marco Aurélio e Cômodo, também eram de origem hispânica, descendiam dos *Uccubi* da Bética. O forte peso desses importantes imperadores para o Império Romano deu a essa dinastia a alcunha de hispânica. Se um hispânico podia ser imperador, os provinciais poderiam ser impedidos de alguma coisa? *A priori,* não.

Trajano, sendo de origem provincial, não ascendeu ao poder sozinho, mas levou consigo, de maneira direta e indireta, todos os provinciais que, a partir dele, puderam ascender aos mais altos cargos das ordens dirigentes romanas. Desde a época de Cláudio, mas sobretudo com os flávios, havia uma renovação das ordens dirigentes, em particular no que tange à ordem senatorial, pois as grandes famílias aristocráticas republicanas haviam desaparecido em sua maioria.

---

[20] Plin. *Pan.* 7.1.
[21] Tac. *Hist.* 1.15-16.

No entanto, é com Trajano que essa mudança se torna radical. As elites gaulesas, hispânicas, depois as africanas e orientais durante o século II, começaram a fazer parte, efetivamente, das decisões políticas de Roma. Tácito, Plínio, o Jovem, Plutarco, Élio Aristides e, depois, Díon Cássio, Herodiano e outros são provas contundentes desse movimento no qual os provinciais, em Roma, eram mais romanos do que os próprios Romanos. Reafirmaram os valores da sociedade imperial, até mesmo aqueles de que os próprios Romanos, de origem, já tinham se esquecido. Voltaram-se para uma moral senatorial fortemente aristocrática e estoica. Pode-se definir a época dos antoninos como um período no qual uma forte dinastia hispânica governou um Império Greco-Romano, e então era por isso que, para Élio Aristides "o mundo todo está em festa"[22].

5. Nerva e a cisão com o período de Domiciano

Nerva, o *princeps senatus*, foi escolhido para suceder Domiciano, haja vista sua carreira exemplar. A "escolha do melhor" - nesse caso, o melhor dentre os senadores - foi saudada por Tácito. Esse historiador louvou o retorno da associação entre Principado e liberdade[23]; conceitos que, durante a época de Domiciano, não dividiam o mesmo espaço.

Se a sucessão ao trono de Nero foi acompanhada de uma guerra civil, no ano de 69 d.C., a de Vespasiano (sucessor de Nero) por Tito e depois a de Tito por Domiciano foram tranquilas. Quanto ao último dos flávios, Domiciano, irmão e sucessor de Tito, seus contemporâneos não lhe guardaram muita simpatia[24]. Criou a censura perpétua e impediu qualquer tipo de crítica à sua pessoa, perseguindo e matando seus opositores. Sua época foi conhecida pelo triunfo dos delatores, das confiscações, das mortes e dos exílios. Mas os escritores habituados a criticar Domiciano, sejam eles antigos ou modernos, às vezes, perdem de vista que no aspecto administrativo o seu principado foi muito eficiente. Também há de se notar que era um corajoso general. Foi em sua época que alguns equestres começaram a ocupar cargos antes ocupados por libertos imperiais[25].

---

[22] Arist. *Or.* 26.11.13.

[23] Tac. *Agric.* 3.

[24] Plínio, o Jovem foi o primeiro a criticá-lo, mas só depois da morte do imperador. Tácito e Suetônio (Suet. *Dom.* 23) também não pouparam o último dos flávios. Domiciano foi acusado de usar o poder de forma autocrática e autoritária. Queria ser denominado, definitivamente, como *dominus* e *deus* (senhor e deus). Também ganhou o ódio dos autores cristãos que viram nele, depois de Nero, um grande perseguidor. Lo Cascio 1999 324.

[25] Havia, desde Nero, uma desvalorização da moeda e foi com Domiciano que houve uma revalorização. Aumentou o *stipendium* das tropas em um terço; esse foi o primeiro aumento desde o início do Principado, mas por conta disso, foi acusado de comprar o exército. Foi um grande construtor, tendo dado continuidade ao projeto de seus antecessores de reconstrução de Roma, com o prosseguimento das reformas do Fórum e a construção de um opulento estádio onde hoje é

Uma conspiração, que foi associada aos círculos judaico-cristãos de Roma e à própria corte imperial no ambiente senatorial, colocou fim, em 96, à vida de Domiciano. O imperador sofreu a *damnatio memoriae*[26] e ficou conhecido, a partir de então, como um grande tirano[27]. A sua morte foi recebida com indiferença pela plebe e de forma negativa pelo exército e pela guarda pretoriana. O sucessor de Domiciano, escolhido dentre os *patres*, foi o ancião Marco Coceio Nerva, que deveria, indubitavelmente, ser a antítese do último dos flávios. Abriu-se, então, um novo capítulo da História Romana.

6. Nerva (96-98)

O principado de Nerva[28] foi muito rápido - governou de 96 a 98 (um ano e quatro meses). Era um dos homens mais ricos de Roma e descendia de uma velha família republicana. Antes mesmo da morte de Domiciano, o velho senador de 70 anos já era considerado como o novo imperador. Na noite do assassinato, ele recebeu o *imperium*. Por ser senador, ele assegurava a boa relação do poder imperial com o senado, algo que Domiciano não conseguira fazer. Ao ser empossado, prometeu, publicamente, que nenhum senador seria morto durante o seu principado. Colocou fim aos processos de lesa-majestade, anulou as condenações dos perseguidos políticos exilados, permitiu o regresso a Roma e devolveu-lhes os bens confiscados.[29] Nerva foi louvado pelos autores da época, o poeta Marcial era muito simpático ao imperador[30] e o descreveu como campeão da liberdade. Para os senadores, Nerva simbolizava a harmonia perfeita entre o Principado e a liberdade, pois não fora escolhido no quadro militar, como os Flávios, e tampouco no quadro de uma linha hereditária, como os Júlio-claudianos; ele foi escolhido por conta de sua moderação e experiência advinda da idade avançada. Uma inscrição de 18 de setembro de 96 marca o início de um período no qual o Principado daria as mãos à liberdade[31], perdida durante os quinze anos de principado do "tirano". O clima de

---

a Praça Navona. Conduziu batalhas de sucesso em terras germânicas, nas quais lutou pessoalmente. Também ordenou expedições à Britânia, sob o comando de Agrícola, sogro de Tácito (Tac. *Agric.* 3). Vide atrás cap. 5, Rodrigues §5.

[26] Condenação da memória. É um voto do senado por meio do qual o condenado era considerado inimigo público de Roma, os bens eram confiscados e seu nome era apagado de todas as inscrições e documentos.

[27] As moedas de Domiciano foram fundidas, suas estátuas foram demolidas e seu nome apagado de todos os edifícios públicos por ordem senatorial. D.C. 68.1 e Suet. *Dom.* 23.

[28] Nasceu em 8 de novembro de 30 e morreu em 27 de janeiro de 98.

[29] D.C. 68.1 e 2.

[30] Mart. *Epig.* 11.5.

[31] CIL 6. 472.

distanciamento da autocracia de Domiciano pode ser observado em uma lei comicial, agrária, proposta por Nerva[32].

Há poucas informações sobre a vida de Nerva. O relato mais completo sobre seu principado foi transmitido por Díon Cássio, no livro 68, e por Aurélio Victor. Tácito fez um resumo de seu principado nos *Anais*, mas é na obra *A vida de Júlio Agrícola* que elogiou o imperador. Entretanto, como foi contemporâneo e senador, Tácito jamais criticaria o imperador que era muito próximo do senado. As primeiras informações sobre Nerva aparecem no principado de Nero. Em 65, foi eleito pretor. Foi conselheiro de Nero e desempenhou um papel de destaque durante a conspiração de Pisão[33]. Foi reconhecido pelos flávios ao obter o consulado em 71. Em 90, dividiu o consulado com Domiciano devido ao seu papel durante a conspiração de Saturnino.

*

Se por um lado a chegada de Nerva ao poder foi reconhecida pelo povo e aclamada pelo senado, por outro, foi recebida com dificuldade pelos pretorianos e pelo exército. Isso porque o novo imperador não tinha renome militar e nem a mesma popularidade que Domiciano. Nerva nunca comandou uma legião e, ao que parece, tampouco governou uma província. Sua longa carreira senatorial e seus dois consulados não foram suficientes para evitar as revoltas entre os militares. Logo no início de seu principado, teve que conviver com as rebeliões dos pretorianos e dos soldados, que ainda lamentavam o assassinato de Domiciano e desconfiavam que o novo imperador estivesse envolvido no complô que tirou a vida de seu predecessor (era papel da guarda pretoriana assegurar a sobrevivência do imperador). Segundo Díon Cássio, os conspiradores propuseram a sucessão a Nerva antes mesmo do assassinato. A partir de então, Díon defende que Nerva sabia do complô[34]. Suetônio não menciona o nome de Nerva no episódio, porque era contemporâneo de Adriano quando escreveu sobre a vida de Domiciano; ele não poderia sugerir que a dinastia de seu imperador, Adriano, tinha sido fundada sobre um assassinato imperial[35]. Seja como for, os pretorianos queriam fazer justiça em nome do imperador assassinado.

Um ano depois de Nerva ter se tornado imperador, para diminuir as insatisfações dos pretorianos, chamou para a guarda Caspério Eliano, comandante das revoltas e antigo prefeito do pretório sob Domiciano. Nerva não foi feliz ao tomar essa medida, pois Eliano, juntamente com os seus soldados, queria se

---

[32] Digesto 47.21.3. As leis comiciais eram votadas pelo povo.
[33] Tac. *Ann.* 15.72.
[34] D.C. 68.15.
[35] Suet. *Dom.* 23.

vingar dos assassinos de Domiciano[36]. Eles tomaram o palácio para executar os assassinos que não foram condenados por Nerva. Assassinaram, inclusive, o prefeito do pretório, Petrônio Secundo, que era chefe do complô contra Domiciano. O imperador também se tornou refém[37]. Apesar de Nerva ter sido contrário, teve que proferir um discurso público de agradecimento ao ato "nobre" de Eliano[38]. Esse episódio enfraqueceu enormemente seu governo[39].

O problema não era somente entre os pretorianos. Nerva também teve que intervir no exército na Germânia Superior, quando campos foram incendiados e, na Panônia, quando um complô foi formado contra o príncipe. Tal complô foi rapidamente acalmado pelo filósofo Díon de Prusa. Trajano foi enviado como legado e conseguiu restabelecer a ordem na Germânia, em nome de Nerva. Dessa forma, Trajano se tornou indispensável, pois tinha uma boa relação com o exército. Na tentativa de procurar o equilíbrio entre o senado, o povo e o exército (inclusive com a guarda pretoriana) e, devido à sua idade avançada, Nerva deixou patente sua aproximação com Trajano.

**

Diante de um imperador enfraquecido tanto pelos problemas econômicos do Império, quanto pelos conflitos militares dentro e fora de Roma, o senado, temendo uma possível guerra civil com a morte de Nerva, entrou em um verdadeiro jogo de forças para a escolha do herdeiro ao trono. Uma parte do senado tinha como predileção Marco Cornélio Nigrino, condecorado general de Domiciano e governador da Síria, também de origem hispânica. Outra parte tinha predileção por Trajano, que já tinha acalmado as revoltas do exército na Germânia Superior e era próximo do senado (filho de um grande senador), além de querido pelo povo e pelo exército. Trajano, sabe-se, foi o escolhido. Logo abaixo serão apresentados os detalhes de sua adoção.

Adotar Trajano, popular entre os pretorianos e os soldados, deu ao principado de Nerva um ar mais tranquilo. Trajano oferecia todas as garantias para o estabelecimento de um poder durável, pois transitava bem nas três instituições mais importantes do poder romano: o senado, o exército e o povo. Nerva e Trajano abriram um capítulo novo na história do Império Romano, primando pela harmonia entre o poder imperial, o senado e a comunidade em geral. Os senadores tiveram seus privilégios ainda mais reafirmados e atuavam como conselheiros dos *principes*. Diferentemente dos flávios, que deram continuidade ao principado hereditário, os Antoninos optaram pelo princípio da adoção,

---

[36] Aur. Vic. *Caes.* 12.7.
[37] D.C. 68.3.
[38] Aur. Vic. *Caes.* 12.8.
[39] D.C. 68.3.

como foi mostrado acima, mas cabe ressaltar que, se houve um exemplo no qual a "adoção do melhor" funcionou nos moldes louvados pelos senadores, foi com Trajano, que não era parente de Nerva.

***

A situação financeira e econômica do Império durante o governo de Nerva não era muito boa. O velho imperador herdou uma Roma à beira de uma crise e devido aos gastos iniciais do seu governo, a situação só se agravou, ao ponto que foi obrigado a criar uma comissão especial para reduzir as despesas da administração central. A renda procedente dos leilões das propriedades de Domiciano deu um pequeno fôlego à economia[40]. Apesar da falta de dinheiro, Nerva procurou exercer uma política de aliviamento fiscal. Aboliu o imposto especial que era pago pelos Judeus, o chamado *fiscus Iudaicus*. Eliminou, também, as contribuições pagas pelos itálicos para o transporte de pessoas, comunicações e bens, o chamado *cursus publicus*[41]. Essas medidas foram vistas como exemplos da liberalidade imperial. Seu único projeto arquitetônico de grande porte foi a construção de um complexo de armazéns (*Horrea Nervae*) para estocar o suprimento de grãos da cidade de Roma. Além disso, construiu aquedutos e realizou obras de reforma da cidade; também construiu um pequeno fórum que tinha sido iniciado por Domiciano[42]. Uma instituição importante criada por Nerva e que durou durante toda a época antonina, aprimorada por Trajano, foram os *alimenta*, um subsídio financeiro às famílias italianas pobres para criar seus filhos.

7. A sucessão imperial de Nerva a Trajano[43]

Temendo uma possível Guerra Civil na transição do poder, haja vista que já era idoso e não muito querido pelo exército e pela guarda pretoriana, o imperador adotou e designou à sucessão, no dia 28 de outubro de 97, o general e senador de origem hispânica, Marco Úlpio Trajano. A cerimônia de adoção se deu no templo capitolino e, segundo Díon Cássio, Nerva proferiu as seguintes palavras: "Para que a escolha seja feliz e favorável para o senado, para o povo romano e para mim também, adoto Marco Úlpio Nerva Trajano!"[44] O senado concedeu a Trajano várias honrarias: o título de César, o *imperium maius*, o

---

[40] D.C. 68.2.

[41] Lo Cascio 1999 327.

[42] Suet. *Dom.* 5.

[43] As partes desse texto nas quais apresentamos as sucessões imperiais foram escritas com base nos documentos textuais de época e organizadas de acordo com os livros de História Romana publicados na França e na Itália recentemente: Lo Cascio 1999, Roman 2000 e Martin 2014.

[44] D.C. 68.3.

poder tribunício, o nome de Augusto e, também, o consulado epônimo do ano 98 (consulado de Nerva e Trajano). Durante a cerimônia de adoção, Trajano não estava em Roma, pois ainda era legado na Germânia Superior. O exército ficou satisfeito com tal nomeação, pois durante dez anos esse *vir militaris* foi tribuno dos soldados e havia dado inúmeras provas de coragem em campo de batalha e conhecia, como ninguém, o funcionamento do exército. A escolha de Trajano foi uma excelente estratégia diplomática para sair da crise política.

Três meses depois, no dia 27 de janeiro de 98, Nerva faleceu. Adriano foi o primeiro a transmitir a notícia a Trajano[45], que na ocasião estava em Colônia, na Germânia. Dois anos depois, após terminar sua expedição militar no Reno, Trajano retornou a Roma e assumiu o trono. Colocou fim aos principais problemas de segurança que herdou da época de Nerva. Resolveu seu conflito com o prefeito do pretório, Caspério Eliano, que foi, possivelmente, executado, e enviou Nigrino, seu concorrente à adoção, para a Hispânia, onde permaneceu até a morte[46]. Nerva foi divinizado pelo senado a pedido de Trajano.

8. Trajano (98-117)

Os relatos sobre Trajano são raros. Além de Díon Cássio, de Eutrópio e de Aurélio Victor, há Plínio, o Jovem. A carreira de Trajano foi apresentada por Plínio, no seu *Panegírico*, mas por conta da natureza desse gênero literário, deve-se tomar cuidado ao analisá-lo devido os exageros plinianos.

Trajano era descendente de um grupo de italianos que, durante a época republicana, se instalou em Itálica, na província da Hispânia (futura Bética). Seus ancestrais, os *Ulpii*, eram originários da Úmbria. Há duas teses polêmicas sobre o local de nascimento de Trajano: a mais aceita pelos historiadores é que ele tenha nascido em Itálica[47], a segunda tese, mais controversa, sugere que ele tenha nascido em Roma. Segundo Eutrópio, os autores antigos escreveram que Trajano era originário da Hispânia, mas não defenderam que ele nasceu por lá[48]. Seu pai, Úlpio Trajano, era um senador reconhecido entre seus pares e isso deu boas condições ao seu filho para galgar as mais altas magistraturas na capital. Trajano percorreu, com sucesso, seu *cursus honorum* durante o principado dos flávios. Por mais que ele tenha sido considerado, por alguns, como estrangeiro, cabe destacar que um senador (filho de senador) jamais seria estrangeiro em Roma.

---

[45] *Hist.Aug. Hadr.* 2.
[46] D.C. 68.5.
[47] Des Boscs-Plateux 2006 471.
[48] Eutr. 8.2.

Trajano governou de 98 a 117[49]. De todos os imperadores romanos que sucederam Augusto, ele foi, indubitavelmente, o mais notável e, assim como o primeiro, foi chamado de *optimus*. Conhecido pelas suas qualidades como chefe militar, também foi um bom administrador do Império. A correspondência trocada entre Plínio, o Jovem, e Trajano, no livro X, é reveladora da boa relação entre o príncipe e seus colaboradores. Nas cartas de Plínio, também se conhece um Trajano preocupado com a administração e com o aprovisionamento das cidades romanas[50].

Segundo Plínio, para Trajano "o príncipe não está acima das leis, as leis é que estão acima do Príncipe"[51]. Trajano procurava fazer bom uso do *imperium*, ao colocar em prática seu estilo moderado; foi um dos soberanos que teve sua reputação irrefutável da Antiguidade até os dias atuais. Trajano e Augusto foram, seguramente, as referências de governo para os sucessores, tanto que se dizia *felicior Augusto, melior Traiano*, - ou seja, desejava-se que cada novo imperador tivesse mais sorte que Augusto e que fosse melhor do que Trajano. Eles representaram os *principes* que melhor conseguiram manter boas relações com as três forças do Império: o povo, o senado e o exército.

Trajano chegou ao ponto de ser cristianizado, por intercessão divina, pelo Papa Gregório I. Tomás de Aquino e Dante viram nele o modelo de um pagão virtuoso. Na sua passagem pelo paraíso, Dante viu Trajano, apesar de muitos outros imperadores estarem no inferno. Para Maquiavel, o principado de Trajano foi um modelo a ser seguido por todos os príncipes.

Depois da morte de Nerva, Trajano não mostrou pressa para voltar a Roma, continuou na Germânia por dois anos. Nesse período, procurou manter a paz ao longo das fronteiras setentrionais do Reno e do Danúbio[52]. Só voltou a Roma no outono de 99 e foi recebido com grandes honrarias, afinal, era a primeira vez que, como imperador, entrava na capital[53]. Marchou em direção ao palácio imperial a pé, dando demonstração de sua grande e famosa simplicidade. Foi no principado do *Optimus princeps* que o Império Romano atingiu a sua máxima extensão territorial com as conquistas perenes da Dácia, a anexação do Reino Nabateu de Petra e com as conquistas efêmeras da Armênia e da Mesopotâmia. Pode-se dizer, então, que a grande obra de Trajano foi de natureza militar e administrativa.

*

Trajano deu um novo fôlego ao espírito expansionista romano quando retomou as incursões da Dácia, rompendo a paz que havia sido selada entre

---

[49] Nasceu em 18 de setembro de 55 e morreu no dia 8 ou 9 de agosto de 117.
[50] Plin. *Ep.* 10.
[51] Plin. *Pan.* 64-65.
[52] D.C. 68.3.
[53] Plin. *Pan.* 12.

Domiciano e o rei Dácio, Decébalo, em 89. Esse acordo entre Domiciano e Decébalo era muito desfavorável para Roma, pois os Romanos eram obrigados a ajudar os Dácios, oferecendo engenheiros e subsídios, e a reconhecer um único rei Dácio. Romper essa situação era importante para o Império, pois o arranjo era assaz oneroso e conquistar a Dácia permitiria aos Romanos o acesso a minerais preciosos. A exploração dos minérios resolveria o problema financeiro romano e daria a Trajano um grande triunfo militar. Assim sendo, os Romanos enfrentaram Decébalo em duas grandes guerras, a primeira entre 101-102 e a segunda entre 105-106.

Na primeira guerra, entre 101 e 102, os Romanos marcharam em território dácio sem grandes resistências. Para atravessar o Danúbio, uma ponte foi construída sobre o rio pelo arquiteto Apolodoro de Damasco. No início do conflito, Decébalo evitou, ao máximo, o confronto direto. No entanto, durante a batalha de Tapas - a única dessa guerra-, Romanos e Dácios se enfrentaram em um difícil confronto[54]. No início da batalha, os Romanos tinham obtido bastante sucesso e, por conta disso, os Dácios tentaram bloquear os caminhos que levavam à capital, Sarmizegetusa. Em contrapartida, os Romanos bloquearam o aprovisionamento da cidade. O bloqueio forçou Decébalo a passar à ofensiva, com o objetivo de liberar a sua capital, mas pouco adiantou. Por volta de março de 102, Trajano atacou Sarmizegetusa, e para evitar o massacre da população, Decébalo propôs um acordo de paz. No entanto, dessa vez, as condições para o acordo foram impostas por Trajano e não eram boas aos Dácios; contudo, Decébalo continuou no poder, mantendo a unidade do seu reino. Nessa primeira guerra, não se sabe se Trajano tinha o objetivo de transformar a Dácia em estado cliente ou se ele já tinha o objetivo de fazer uma segunda investida, como, de fato, aconteceu.

O acordo de paz da primeira guerra não durou muito tempo. Decébalo fortificou a capital, com muros e pontes, e criou um novo exército[55]. Em 105, os Dácios atacaram os Romanos, retomaram a região de Banato, que estava sob o controle de Roma, e depois atacaram a Mésia. Com isso, o rei Dácio mostrou não respeitar o acordo que assinou com os Romanos. Então, o senado de Roma declarou aberta a segunda guerra dácia. Trajano retornou, pessoalmente, ao campo de guerra, com um grande exército - ainda maior que aquele da primeira guerra[56] - formado por metade dos efetivos de todo o Império. Ao chegarem ao Danúbio, encontraram a Mésia devastada e inúmeras construções romanas destruídas. Em 106, as legiões atravessaram o Danúbio, Decébalo fora atacado por diversas frentes e foi, assim, obrigado a deixar Sarmizegetusa. Após um cerco sangrento e doloroso, a cidade se rendeu.

---

[54] D.C. 68.8. 2.
[55] D.C. 68.10.3.
[56] D.C. 68.10.4.

Trajano não fixou as mesmas condições de paz e a submissão foi efetivada. Decébalo tentou fugir para os Cárpatos, mas foi cercado pelos Romanos e se suicidou. Com o fim da guerra, a moeda romana celebrava a vitória com a divisa *"Dacia capta"* (Dácia capturada). Trajano fundou outra capital com o mesmo nome, não muito distante das ruínas da antiga. O imperador celebrou o triunfo com muitos dias de festas. Todos os episódios da guerra foram esculpidos na Coluna de Trajano a partir da perspectiva do vencedor. As duas guerras foram narradas por Díon Cássio[57].

Concomitante à guerra da Dácia, em 106, Trajano ordenou que o governador da Síria anexasse o reino Nabateu de Petra[58], por conta da morte do rei Rabelo II. As moedas da época, com a divisa *"Arabia Acquisita"* (Arábia adquirida), sugerem que a anexação foi feita de modo pacífico, pois esse reino já era protegido por Roma. Se fosse uma conquista militar, possivelmente as moedas exibiriam a divisa *"Arabia Capta"*, como foi o caso da Dácia. No entanto, Amiano Marcelino[59] e Díon Cássio[60] sugerem que houve resistência, embora não apresentem os detalhes. Com esse triunfo, Trajano abriu as portas para conquistar a Mesopotâmia, o sonho dourado de um conquistador para se igualar a Alexandre, o Grande; reforçou as fronteiras do Império (*limes*) no Oriente e conseguiu, de modo mais efetivo, fortalecer a região e aumentar os cuidados com o Egito, a Judeia e a Síria, fontes de constantes revoltas.

A partir de 106, em Roma, Trajano, vencedor da guerra da Dácia, administrava seu Império e tudo parecia bem. Contudo, em 113, os Partos violaram um tratado de paz com Roma, que fora assinado em 63, sob o principado de Nero. Eles tentaram, na sucessão do trono da Armênia, apresentar um candidato que não era o de Roma. A campanha militar começou quando, em janeiro de 114, o imperador chegou a Antioquia. Trajano ocupou a Armênia, assassinando Partamasíris, que havia sido colocado no trono por seu irmão, o rei da Pártia, Osróes[61] e, posteriormente, deslocou-se para a Mesopotâmia setentrional. Em 114, tomou Nibisis e, em 115, tomou Dura-Europos à margem do Eufrates. A Mesopotâmia foi anexada ao Império Romano em 115.

No dia 20 de fevereiro de 116, o senado romano concedeu a Trajano o título de *Parthicus*, em acréscimo ao título de *Dacicus*, recebido após a conquista da Dácia. No ano de 116, Trajano marchou em direção ao sul da Mesopotâmia, chegando a Selêucida, e logo em seguida, ao Golfo Pérsico. No inverno de 116-117, Trajano estava no palácio de Alexandre, o Grande, na Babilônia (Alexandre sempre exerceu grande fascínio nos maiores conquistadores romanos, César,

---

[57] D.C. 68.8-15.
[58] D.C. 68.14.
[59] Amm. Marc. 14.8.12.
[60] D.C. 69.14.
[61] D.C. 68.22.

Augusto e Trajano) [62]. A conquista da Mesopotâmia foi efêmera. Roma não tinha meios militares para manter tal dominação, pois, concomitante a essa extensão territorial, grandes revoltas eclodiram no Oriente: Palestina, Síria, norte da Mesopotâmia e, sobretudo, a revolta dos Judeus de Cirenaica, de Chipre e do Egito. Essas revoltas ocuparam a maior parte do exército de Trajano na tentativa de apaziguamento, dessa forma Trajano não tinha efetivos para guardar os novos territórios conquistados[63].

Foi retornando a Roma, em 117, que o *Optimus Princeps* morreu, deixando o Império Romano na sua máxima extensão territorial. Trajano foi divinizado pelo senado, e suas cinzas deixadas aos pés de sua coluna.

**

Muito se discutiu sobre as motivações imperialistas de Trajano, sobretudo a da Dácia. Os historiadores debatem a velha questão do imperialismo ofensivo e defensivo. Entretanto, sejam lá quais forem as teses e conclusões, uma é incontestável: a conquista da Dácia disponibilizaria uma quantidade de metais preciosos que resolveria os problemas financeiros de Roma (que Trajano herdou de Nerva), através da pilhagem e da exploração das minas de ouro[64]. Graças a essa riqueza, Trajano conseguiu guardar as fronteiras romanas e continuar sua investida ofensiva. Conseguiu financiamento para todas as grandes construções de seu governo: como o Fórum de Trajano, o Mercado de Trajano, as diversas estradas (a importante *via Traiana*), pontes, basílicas, bibliotecas, aquedutos, banhos e até mesmo portos. Também com o dinheiro dácio construiu uma coluna para festejar seu triunfo, na qual expôs em baixo-relevo as etapas da conquista. O dinheiro dos Dácios manteve viva a liquidez no Império, tornando as taxas de juros muito equilibradas, variando entre 4 e 6 por cento - juros característicos de um período de equilíbrio financeiro. Trajano também foi ao encontro dos pequenos agricultores, criando incentivos agrícolas para melhorar a produção, e anulou muitas dívidas de cidades com o fisco romano.

Nerva, durante seu curto principado, criou um programa social chamado de *alimenta,* um subsídio alimentar às famílias pobres italianas, um tipo de *welfare-state*[65]. No entanto, o projeto foi efetivado por Trajano, que se tornou o patrono do programa, promovendo-o junto à elite. Plínio, o Jovem foi responsável por alguns *alimenta,* tanto na região de Roma, quanto na cidade de Como, de onde era originário[66]. Em que consistia os *alimenta?* O dinheiro

---

[62] D.C. 68.30.
[63] Roman 2000 246.
[64] Vide Guey 1924 445-475
[65] Expressão utilizada por Lo Cascio 1999 329.
[66] Plin. *Ep.* 6.19.

provinha dos juros de dinheiro aplicado a uma taxa que variava de 4 a 6 por cento. O Estado agia como credor e os civis como devedores. A rentabilidade do dinheiro aplicado era destinada às famílias pobres para manterem a educação de seus filhos[67].

Pode-se, portanto, defender a tese de que a paz antonina só chegou a ser realmente efetivada depois que os Romanos colocaram as mãos no tesouro dos Dácios, pois a aclamada "paz" não iria muito longe sem o dinheiro. Com esse feito, Trajano provou ser um grande conquistador e conseguiu, com o dinheiro do reino conquistado, equilibrar as finanças do Estado, fortalecer o exército, amenizar as disparidades sociais, embelezar a cidade de Roma e construir inúmeros monumentos pelo Império afora. Tal riqueza foi explorada por toda a época Antonina, sobretudo por Adriano.

9. A sucessão imperial de Trajano a Adriano

Trajano era casado com Plotina, com a qual não teve filhos. Na ausência de um herdeiro direto, Trajano deu um grande relevo a P. Élio Adriano, seu primo, que, como o próprio imperador, tinha origem hispânica. Pelo lado paterno, Trajano tinha uma tia chamada *Úlpia,* que se casou com P. Élio Adriano Marulino. Tiveram como filho P. Élio Adriano Afer, o pai de Adriano[68]. Tendo Afro falecido em 86, Trajano e P. Célio Atiano, um cavaleiro romano de Itálica, tornaram-se os tutores de Adriano, que na ocasião tinha apenas dez anos[69]. Portanto, a ligação de Trajano com Adriano era estabelecida além de relações de parentescos, pois Trajano era seu tutor[70]. Adriano também se casou com a sobrinha de Trajano, Sabina. Além de primo, era tutelado e sobrinho por aliança. Acredita-se que Trajano escolheu Adriano como seu sucessor no leito de morte, em 8 agosto de 117. Tal adoção criou muita controvérsia entre os próprios escritores antigos, pois a carta que formalizava o ato e que foi entregue ao senado fora assinada em Antioquia, em 9 de agosto, pela esposa de Trajano, Plotina, que, por sua vez, era muito próxima de Adriano[71]. Dois dias depois da assinatura da carta, Trajano faleceu. O autor da *História Augusta* sugere que a adoção foi uma farsa criada pela viúva imperial[72]. Díon Cássio sugere que Adriano amava Plotina e que ela fraudou a adoção[73]. Rapidamente,

---

[67] Vide Veyne 1957 177-241. Lo Cascio 2000 223-293. Lo Cascio 1999 329.

[68] *Hist.Aug. Hadr.* 1.2.

[69] *Hist.Aug. Hadr.* 1.4.

[70] Syme 1964 142.

[71] D.C. 69.1.

[72] *Hist.Aug. Hadr.* 1.

[73] D.C. 69.1.

o exército aclamou Adriano como imperador de Roma e este, ato contínuo, escreveu ao senado para apresentar seu mais alto respeito e para indagar sobre os títulos imperiais. Apesar da desconfiança, o senado e o povo reconheceram o novo imperador, mas é bom frisar que a relação do novo herdeiro com o senado não era muito boa[74].

10. Adriano (117-138)

Adriano governou de 117 a 138[75]. Era conhecido como o imperador cosmopolita. Foi o grande artífice da civilização bilíngue do Império, a representação de um império greco-romano. A sua biografia foi narrada por Díon Cássio, Aurélio Vitor, Eutrópio e pelo autor da *História Augusta*. Mário Máximo também escreveu sobre a sua vida, mas a obra se perdeu. Na *História Augusta* há menção a uma autobiografia, a qual, infelizmente, tampouco chegou à atualidade.

Adriano, assim como Trajano, era de origem hispânica. Nasceu, possivelmente, em Itálica[76]. O autor da *Vida de Adriano* na *História Augusta* sugere que ele tenha nascido em Roma[77]. Seu pai, o senador romano de origem hispânica, Públio Élio Adriano Afro, era primo de Trajano[78]. Teve uma carreira brilhante, foi pretor em 104 e cônsul sufecto em 108. Exerceu ambas as magistraturas antes da idade mínima[79]. Em 111 ou 112, ele foi eleito como arconte de Atenas, uma honraria muito rara no *cursus honorum,* por ser uma magistratura própria do mundo grego[80]. Segundo o autor da *História Augusta*, em 113, Adriano foi nomeado legado na guerra contra os Partos, possivelmente, graças à influência de Plotina[81]. Em 116, Trajano o fez legado na Síria[82]. Adriano acompanhou Trajano em quase todas as suas batalhas, na Germânia, na Dácia e no Oriente (Mesopotâmia). Seguramente, na corte de Trajano, Adriano era o mais apto a substituí-lo, mas o jovem tinha um grande número de inimigos, sobretudo dentro do senado; as inimizades eram tantas que, mesmo muitos anos depois, o autor da *História Augusta* – portador da ótica senatorial - sugeriu, inúmeras vezes, que Adriano conseguia suas honrarias graças à influência de Plotina, inclusive sua adoção, como foi mostrado acima.

---

[74] D.C. 69.1.
[75] Nasceu no dia 24 de janeiro de 76 e faleceu em 10 de julho de 138.
[76] App. *Hisp.* 38.
[77] *Hist.Aug. Hadr.* 1.3.
[78] D.C. 69. 3. *Hist.Aug. Hadr.* 1.2.
[79] *Hist.Aug. Hadr.* 3.8.
[80] CIL 3. 550 ou ILS 308.
[81] *Hist.Aug. Hadr.* 4.10.
[82] D.C. 69.1.

*

Em agosto de 117, quando Adriano chegou ao poder, o Império Romano se encontrava no seu apogeu territorial. O novo imperador, rapidamente, devido às dificuldades militares do momento, rompeu com a política expansionista de Trajano. Entretanto, não deixou de reforçar o *limes* no Danúbio, no Reno e na Britânia. Adriano escolheu a via diplomática para amenizar os problemas do Império, lançando mão de uma política estritamente defensiva. Com isso, acabou por renunciar às importantes conquistas de Trajano, como a da Mesopotâmia, Armênia e Assíria. Adriano cedeu aos Sármatas a região do Baixo Danúbio na Dácia e concentrou-se, sobretudo, na Transilvânia, onde ficavam as minas de ouro da Dácia, já que eram protegidas por uma barreira natural, os Cárpatos. A nova fronteira oriental do Império se tornou o Eufrates, consolidando o *limes*. Já no Ocidente, em um esforço semelhante, Adriano erigiu, em 122, uma muralha na Britânia conhecida como a Muralha de Adriano.

Ao abandonar a política expansionista de Trajano, o imperador entrou em forte atrito com o senado, que queria dar continuidade ao espírito imperialista romano. Talvez, por isso, Adriano tenha sido vítima de uma conspiração logo no início de seu principado. Contudo, a conjuração malogrou e Adriano condenou à morte os quatro senadores, ex-cônsules, que organizavam a conjuração. Assassinou-os sem consultar o senado, em um gesto que só agravou a sua situação junto aos *patres conscripti*.

**

Como imperador, Adriano reforçou o aparelho administrativo: criou uma verdadeira carreira para a ordem equestre, que ficou incumbida dos mais altos postos administrativos, que, antes, de modo geral, eram ocupados por libertos imperiais; introduziu os juristas no seu conselho, transformando o Conselho do Príncipe (*consilium principis*) em um órgão oficial de governo formado por funcionários altamente qualificados que eram pagos, recebiam em torno de cem mil sestércios. Procurou unificar a legislação, até então muito fragmentada, por meio do Édito Perpétuo, do famoso jurisconsulto Sálvio Juliano, de 131, que codificou e atualizou o direito romano para os funcionários e juízes. Esse édito foi referência de poder até o século V d.C., mas, infelizmente, não chegou na íntegra à atualidade, senão através de citações e comentários em outros textos. Essas inovações, no aparelho jurídico, foram aperfeiçoadas pelos Severos e o resultado pode ser visto no Digesto[83].

Adriano cancelou as dívidas fiscais dos Romanos com o objetivo de atrair para si a simpatia da população. Foi ao encontro dos pequenos proprietários

---

[83] Vide: *Digesto. Corpus Iuris Civilis, Digesta Iustiniani* editado por T. Mommsen.

de terra, criando inúmeros incentivos e subsídios para a produção agrícola; deu continuidade aos *alimenta,* de Nerva e Trajano, e reorganizou o trabalho de exploração de minas, pois durante o seu principado ainda se exploravam as minas de ouro da Dácia[84], uma atividade muito rentável para o erário. Erigiu monumentos em todo Império, notadamente em Roma, onde ele reconstruiu o Panteão e erigiu um Templo em homenagem à deusa Vênus. Construiu, próximo a Roma, a grande *villa* que leva seu nome: *Villa Hadriana.*

Adriano acelerou o processo de integração das províncias romanas, sobretudo a partir da concessão mais ampla da cidadania. Um *senatusconsultum* decretou que toda romana casada com um latino (não romano) ou peregrino, deveria ser, automaticamente, a mãe de um cidadão romano. O número de cidadãos romanos provenientes da Hispânia aumentou consideravelmente. Raros eram aqueles que não tinham os *tria nomina*[85]. Isso permitiu que muitos membros das elites provinciais se integrassem às ordens senatorial e equestre.

***

Adriano concentrou-se em defender as fronteiras e, como representante máximo da ordem imperial, não hesitou em reprimir com mão de ferro algumas revoltas. A mais famosa delas se deu na província da Judeia. Adriano encontrou graves problemas nessa província, principalmente quando, em 132, mandou reconstruir a cidade de Jerusálem, que estava em ruínas desde a sua destruição por Tito, em 70. O projeto de construção era baseado nos moldes de uma cidade grega, a moda na época de acordo com o espírito filelênico do imperador. Adriano, então, construiu banhos públicos e estátuas de deuses gregos foram espalhadas pela cidade. Os Judeus viram na nova forma da cidade uma profanação dos seus costumes tradicionais, ao serem obrigados a conviver com a vida grega "gentia"; outro grande motivo de revolta se devia ao fato de Adriano ter proibido a circuncisão no Oriente; para os Judeus, esse ato era um rito e sua proibição era uma afronta aos seus costumes. Os Judeus, então, se insurgiram contra Roma, comandados por Simão Bar Kochba. Os Romanos tiveram que lutar, novamente, contra os insurgentes e perderam as primeiras batalhas. Os Judeus reconquistaram alguns territórios romanos e lutavam pela independência. Conseguiram cunhar moedas e organizar um Estado que ficou no seu estágio embrionário.

Depois de muitas batalhas sangrentas, os Romanos acabaram por sufocar a revolta que durou de 132 a 135. Doze legiões tiveram que participar dessa repressão. Após a vitória de Roma, Adriano decretou a expulsão dos Judeus de

---

[84] Guey 1924 445-475.
[85] Roman 2000 266.

Jerusalém, escravizou e vendeu parte dos sobreviventes. A cidade de Jerusalém foi reconstruída, assim como as demais cidades do Império, seguindo o modelo de uma cidade grega, sendo rebatizada de Élia Capitolina. No lugar do templo de Jerusalém, erigiu-se uma estátua a Júpiter e, no Gólgota, erigiu-se uma estátua à deusa Vênus. A província da Judeia também mudou de nome e passou a ser chamada de Palestina; além disso, foi também anexada à província da Síria, tornando-se Síria-Palestina. Dessa forma, Adriano tentou apagar a memória da presença dos Judeus, sobretudo, em Jerusalém. Com essa guerra, o imperador eliminou a possibilidade do renascimento do judaísmo em Jerusalém durante o período romano.

****

Adriano ficou conhecido como o imperador ausente, pois sempre estava viajando pelo Império[86]. Viajou 12 anos, no total de 21 anos de governo. Suas viagens podem ser divididas em três blocos que vão de 121-126, 127-128 a 128-134. Essas viagens eram importantes para inspecionar o exército e, em campo de guerra, levava a mesma vida que seus soldados. As viagens mostraram uma situação inquietante do Império, devido à necessidade de defender o *limes*, fruto disso foi a construção de uma muralha no norte da Britânia. Entre 121 e 134, visitou a Gália, a Germânia, a Britânia, a Mauritânia, o Oriente e a África, notadamente o Egito. Mas era a Grécia que Adriano mais visitava e pela qual expressava notória predileção. Construiu muitos monumentos por onde passou e também aperfeiçoou, *in loco*, o sistema jurídico e administrativo das cidades. Em Atenas, mandou completar a construção do Olimpeu, templo de Zeus. Esforçou-se para transformar Atenas na capital cultural de um Império dotado de duas línguas: o latim e o grego. Construiu um Império ecumênico fortemente marcado por uma cultura helênica que se pode chamar, nas palavras de Paul Veyne, de Império Greco-Romano. Para esse autor, a inserção de Adriano no Oriente e seu filelenismo tiraram a hegemonia que antes ficava somente em torno da capital e do seu senado. Adriano foi um Nero que logrou êxito ao transformar seu amor pela cultura helênica em um projeto político[87]. Com isso, observa-se, na época de Adriano, a emergência de um verdadeiro Império integrado.

Segundo o autor da *História Augusta*, o amor de Adriano pelo mundo grego, sobretudo pela literatura, rendeu-lhe o apelido de "gregozinho" (*graeculus*)[88]. Esse apelido, contudo, pode ter várias facetas, inclusive assaz pejorativa, com insinuação às práticas homoeróticas de Adriano. Haja vista

---

[86] Syme 1988.

[87] Veyne 2005 51. Veyne 1976 654.

[88] *Hist.Aug. Hadr.* 1.5. Vide Dubuisson 1991.

que ele ficou famoso ao ter tido alguns problemas com Trajano por conta de ter sodomizado inúmeras vezes os libertos favoritos do imperador[89]; todos sabiam do gosto de Trajano pelos jovens rapazes[90]. Também, foi do conhecimento de todos, que ele levou a cabo a sua história de amor com um rapaz de origem grega, Antínoo. Segundo o autor da *História Augusta*, na ocasião da morte de Antínoo, Adriano "chorou como uma mulher"[91]. O autor acrescentou que Adriano, nos seus prazeres excessivos, gostava de escrever poemas de amor aos seus favoritos[92], possivelmente em grego; gabava-se por cantar e tocar a cítara. O apelido *graeculus* era, sem dúvida, uma forma sutil utilizada pelos *patres* a fim de criticar o imperador no tocante ao seu amor pela diversidade da cultura grega. Independente do caráter pejorativo da crítica, Adriano foi um homem muito culto e apaixonado pela literatura grega. Segundo Eutrópio, era muito eloquente em latim e muito erudito em grego[93]. Era visto como um grande estudioso, disciplinado e inteligente. Por conta da sua admiração pelos filósofos gregos (ou para esconder um defeito no rosto), lançou a moda da barba, imitando o estilo dos velhos filósofos. A moda foi difundida por todo o Império.

O final do seu principado foi marcado pela morte do seu favorito, Antínoo, que, possivelmente, faleceu afogado no rio Nilo. No entanto, há também a hipótese de que tenha sido assassinado. O desaparecimento de Antínoo foi uma grande perda para o imperador, que se recolheu em luto e consagrou um culto ao seu amado; fundou, no Egito, a cidade Antinópolis e mandou esculpir inúmeras estátuas de Antínoo que foram espalhadas por todo o Império. Essa história de amor foi imortalizada por Marguerite Yourcenar no seu romance *Memórias de Adriano*[94]; narrado em primeira pessoa, como uma carta de Adriano a Marco Aurélio (futuro imperador que, na época, era jovem)[95].

A partir de 134, o autor da *Historia Augusta* não menciona mais nenhuma viagem de Adriano. Sabe-se que o imperador passou o final de sua vida, já muito doente[96], na suntuosa *Villa Hadriana*, construída nas imediações de Tíbur. Morreu em julho de 138 e deixou a sua sucessão organizada, preparando duas gerações de imperadores.

---

[89] *Hist.Aug. Hadr.* 4.5.
[90] D.C. 68.7.4.
[91] *Hist.Aug. Hadr.* 14.5.
[92] *Hist.Aug. Hadr.* 14.8.
[93] Eutr. 8.7.
[94] Yourcenar 1951.
[95] Nesse romance autobiográfico ficcional, Adriano escreveu sobre seus triunfos militares e sobre seu amor pela poesia, música e filosofia. Outrossim, escreveu sobre sua história de amor com Antínoo.
[96] D.C. 69.17.20 e 22.

11. A sucessão imperial de Adriano a Antonino Pio

O casal Adriano e Sabina (assim como o casal Trajano e Plotina) não teve filhos. Foi somente depois de 136 que o imperador começou a se preocupar com o problema da sucessão. Nesse sentido, Adriano adotou Lúcio Ceiônio Cômodo Vero, que recebeu o nome de Élio Cesar. Jérôme Carcopino defendeu a tese de que Élio Cesar era um bastardo de Adriano, pois isso justificaria a adoção[97], mas sua tese não é convincente. De todo modo, essa adoção não gerou frutos, já que o adotado era de saúde frágil e morreu no dia primeiro de janeiro de 138. Foi então que Adriano adotou um homem originário de Nimes, na Gália, de carreira brilhante e de moral exímia: Tito Aurélio Fúlvio Boiônio Árrio Antonino, que mais tarde se tornou Antonino Pio. A adoção teve condições claras: Antonino foi obrigado a adotar, de sua parte, o filho do falecido Élio César que na ocasião tinha sete anos, Lúcio Ceionio Cômodo (futuro Lúcio Vero) e Marco Ânio Vero, descendente direto de Trajano, que na ocasião tinha dezessete anos (futuro Marco Aurélio). Antonino deveria ser intermediário até que os jovens tivessem condições de assumir o trono.

12. Antonino Pio (138-161)

Antonino Pio[98] era filho de Árria Fadila e de T. Aurélio Fulvo. O seu pai foi cônsul em 89 e eram originários de Nemauso, na Gália (atual Nimes, na França). À morte de seu pai, Antonino foi educado por Árrio Antonino, seu avô materno. Antonino Pio casou-se com Faustina, a Antiga, com a qual teve quatro filhos, dentre eles Faustina, a Jovem, futura Imperatriz, esposa de Marco Aurélio. Sua esposa era conhecida na cidade de Roma pela sua notória sabedoria e pelo fato de dedicar sua vida aos mais desprovidos. A sua morte, em 141, significou um grande sofrimento a Antonino Pio, que se vestiu de luto por um longo tempo e dedicou à esposa um templo em Roma (Diva Faustina).

Há poucas informações sobre Antonino Pio, o relato mais completo vem da *História Augusta*[99]. A sua carreira política foi percorrida na época de Adriano. Depois de questor e pretor, tornou-se cônsul em 120. Foi nomeado por Adriano como procônsul na Itália e depois na Ásia. Foi um distinto membro do *consilium principis* de Adriano.

Antonino Pio, ao tornar-se imperador, teve como primeira tarefa convencer o senado a divinizar seu pai adotivo. Não foi fácil convencer os *patres*, pois tiveram relações ruins com o falecido imperador. Após conseguir tal feito, recebeu

---

[97] Carcopino 1958 6.
[98] Nasceu no dia 19 de setembro de 86 e morreu no dia 7 de março de 161.
[99] *Hist.Aug. Ant. Pius.*

o cognome de Pio[100]. Assim como Augusto, Antonino Pio recebeu o escudo do senado proclamando a sua *"pietas erga deos patriamque"*[101].

Para manter sua boa relação com o senado, Antonino Pio ab-rogou as decisões de Adriano sobre o aparelho administrativo que formava o conselho do príncipe e o conselho dos juristas que, de certa forma, excluía o senado. No entanto, essa realidade reapareceu sob Marco Aurélio e foi colocada sob a responsabilidade dos *iuridici*[102]. Durante todo seu reino, Antonino Pio prezou pela boa relação com os *patres*, e esforçou-se para se diferenciar de seu pai adotivo, ao ponto que raramente saiu de Roma.

Antonino Pio, por personificar as boas qualidades dos diferentes principados e por ser dotado de grande moderação, prudência e equanimidade, foi o pivô da dinastia, que carrega o seu nome. Seu filho adotivo e genro, Marco Aurélio, elogiou vivamente Antonino em suas *Meditações*[103]: "Em tudo, agi como discípulo de Antonino Pio". O imperador continuou o elogio dando relevo ao caráter moderado, justo, humilde, paciente e piedoso de seu pai adotivo. Foi durante seu reino que Aristides pronunciou o seu famoso discurso sobre o quão era maravilhoso viver no Império. Seu principado foi considerado a *belle époque* do Império Romano. Elio Lo Cascio sugere que a época de Antonino Pio foi um verdadeiro "verão indiano", com um Império seguro, pacífico, tranquilo, que proporcionava qualidade de vida aos seus habitantes[104]. Seu governo foi muito próspero economicamente, pois aumentou as reservas do Império e houve um grande enriquecimento das províncias.

Seu principado foi muito pacífico, apesar dos problemas militares no Egito e na Mauritânia, na década de 140. Uma revolta na Britânia levou o imperador a erigir uma Muralha que leva seu nome, assim como fez Adriano; mas foi rapidamente abandonada. Pouco viajou, resolveu os problemas sem sair da Itália. Alguns historiadores o acusam de grande inércia, de não ter previsto os problemas nas fronteiras do Império e de ter passado uma bomba relógio a Marco Aurélio.

O principado de Antonino Pio foi o mais longo desde o de Augusto. Faleceu na Etrúria, em 7 de março de 161. A última palavra de Antonino Pio foi "equanimidade". Seu corpo foi depositado no Mausoléu de Adriano. Em sua homenagem foi erigida uma coluna no Campo de Marte.

---

[100] Há outra versão sobre o recebimento do cognome: seu sogro, já idoso, apoiava-se sobre seu ombro ao entrar no edifício do senado, lembrando a tradicional imagem de Eneias carregando seu pai Anquises. Simbolizava, dessa forma, a *pietas*, uma virtude tão apreciada pelos Romanos

[101] Devoção em relação aos deuses e à pátria, ou a consciência dos deveres em relação aos deuses e à pátria.

[102] Roman 2000 248.

[103] Aur. *Med.* 6.30.

[104] Lo Cascio 1999 336.

13. A sucessão imperial e os dois herdeiros de Antonino Pio

Antonino Pio não teve que se preocupar com a sucessão, pois foi fiel ao seu pai adotivo, Adriano, que, antes de morrer, a organizara. Ele mudou pouca coisa. A vontade de Adriano era que Marco Ânio Vero (mais tarde Marco Aurélio) se casasse com a filha de Élio César, mas Antonino Pio o casou com sua própria filha, Ânia Faustina, ou Faustina, a Jovem. No entanto, na "escolha do melhor", Antonino Pio demonstrava predileção por M. Ânio Vero, que era um pouco mais velho que seu irmão adotivo Lúcio Vero. Na corrida pelas honrarias, M. Ânio Vero, que nasceu em 121, destacava-se enormemente diante de Lúcio Vero, que nasceu em 130. Em 139, Marco Ânio Vero se tornou pretor. Posteriormente, ganhou o nome de César e recebeu o *imperium* proconsular juntamente com o poder tribunício. Os dois foram educados de forma parecida, mas Lúcio Vero só se tornou pretor em 153 e nunca recebeu o título de César.

14. Marco Aurélio e Lúcio Vero (161-169) e, então, Marco Aurélio (169-180)

Marco Aurélio nasceu em Roma no seio de uma família patrícia, com o nome Ânio Catílio Severo [105]. Era filho de um pretor romano, Ânio Vero. Adriano o chamava de *Annius Verissimus* (o mais sincero). Era o preferido de Adriano para herdar o trono. Porém, à sua época ainda era muito jovem. Antonino Pio, adotado por Adriano, designou Marco Ânio Vero ao poder logo no início de seu principado, em 25 de fevereiro de 138. Depois da adoção, seu nome foi modificado para Marco Ânio Vero. Quando se tornou imperador, seu nome foi modificado, definitivamente, para Marco Aurélio Antonino Augusto. Sua biografia é conhecida por meio de Díon Cássio, Herodiano e Frontão, com o qual trocou muitas cartas.

Em 145, depois que Antonino Pio anulou o casamento de Marco Aurélio com Ceiônia Fábia, a filha de Élio César (como queria Adriano), Marco Aurélio se casou com a filha de Antonino Pio, Faustina, a Jovem. Tiveram treze ou quatorze filhos. Dois de seus filhos se destacaram: Lucila, que se casou com o co-imperador Lúcio Vero, e Cômodo, que assumiu o trono de Marco Aurélio. Apesar dos boatos dos autores da *História Augusta* sobre a infidelidade da esposa de Marco Aurélio, sabe-se que ele ficou muito afetado com a morte dela, em 176, na Capadócia. Devido ao fato dela o acompanhar nas campanhas militares, os soldados a chamavam, carinhosamente, de *Mater castrorum*, a mãe dos campos de batalha.

Após a morte de Antonino Pio, Marco Aurélio e Lúcio Vero dividiram o trono, sem dividir o Império, através de um pacto de fidelidade e cooperação.

---

[105] Nasceu em 26 de abril de 121 e morreu em 17 de março de 180.

Não se conhecem os motivos que conduziram à primeira divisão de poder do Império, além da adoção e do respeito à vontade de Adriano e de Antonino Pio - de qualquer maneira, eram ambos Augustos[106].
Díon Cássio demonstrou grande admiração por Marco Aurélio, apresentando-o como um grande estudioso. Mesmo como imperador, ele não se envergonhava de procurar os seus professores, como o filósofo Sexto da Beócia e o professor de retórica Hermógenes de Tarso. Era um homem de grandes virtudes. Durante seu principado enfrentou dificuldades extraordinárias, mas conseguiu sobreviver e salvar o Império[107]. Para Herodiano, Marco Aurélio era perfeito no que se refere à prática das virtudes do homem romano[108].
Durante o principado de Marco Aurélio, houve perseguição aos cristãos. Em 165, Justino morreu em Roma, tornando-se um mártir. Em 177, houve uma grande perseguição em Lugdunum, atual Lyon, tendo como mártir principal Blandina, que se tornou santa. Para Marco Aurélio, o cristianismo se servia das paixões para instalar uma moral sem ligação com a natureza. Não suportava o "fanatismo dos cristãos" e não tolerava o "fetichismo" por Cristo, e por isso os perseguiu, considerando-os um perigo ao Império.
Deixou uma grande marca na dinastia, pois é conhecido como o imperador filósofo, por sua dedicação ao estoicismo. Herodiano afirmou que, de todos os príncipes que tomaram para si o título de filósofo, Marco Aurélio foi o único que o mereceu.[109] Marco Aurélio escreveu a famosa obra *Meditações*[110]. O imperador estoico, ao longo de suas *Meditações*, coloca em destaque os mais altos valores humanos: a prudência, a justiça, a coragem e a temperança. Marco Aurélio os utilizou no exercício do seu poder. Ele se preocupava com a precariedade da existência humana, a fugacidade do tempo, da memória, que englobam todos os homens, grandes ou pequenos, no esquecimento e na morte[111]. O imperador da paz, que tinha o bem como fim, acabou por se transformar no imperador da

---

[106] Há analogias do poder que Marco Aurélio dividiu com Lúcio Vero com as Instituições da República Romana, quando o poder era dividido entre os dois cônsules. Esse tipo de sistema só se repetiu quando Diocleciano estabeleceu a tetrarquia imperial.

[107] D.C. 71.

[108] O príncipe deveria ser virtuoso para que os cidadãos o imitassem. Segundo Aurélio Victor, Marco Aurélio foi um dos imperadores mais homenageados em vida e depois de sua morte, com colunas, templos e sacerdotes. Aur. Vict. 16. 1.

[109] Herod.1.

[110] Foi iniciado à filosofia muito cedo e teve Diogneto como mestre e logo depois Apolônio da Calcedônia. Em literatura grega foi aluno de Sexto da Queroneia, neto de Plutarco. Nas letras latinas e na retórica, teve como mestre Frontão, o mais famoso orador de seu tempo. Com Frontão, Marco Aurélio trocou algumas correspondências que dão preciosas informações sobre sua vida e o funcionamento da corte imperial antonina, (Fronto *Ep*.) de 139 até 166, ano da morte de Frontão.

[111] Para Marco Aurélio, o objetivo do homem seria viver de forma digna o seu presente, desempenhar seu papel como ser útil ao bem comum, pois os indivíduos, ligados à natureza, construiriam um todo que é o universo, já que o fim último da vida era o bem (Aur. *Med*.).

guerra. Ele buscou a paz, mas a guerra lhe foi imposta por um contexto difícil, o mais complicado de toda a dinastia. Enquanto Trajano erigiu uma coluna de uma guerra ofensiva que só enriqueceu Roma, Marco Aurélio, por sua vez, erigiu uma coluna de guerra defensiva que só empobreceu Roma e seu Império. O Principado nunca se recuperou dessa crise.

*

Quando Aristides proferiu seu discurso em 143, estava convencido que o Império Romano tinha atingido o seu apogeu e que as guerras não marcariam mais as vidas dos Romanos. Ele mal sabia que em menos de duas décadas o Império estaria envolvido em difíceis guerras no principado de Marco Aurélio[112]. Se Trajano conquistou novos territórios, Marco Aurélio só pôde defender o *limes*. Seu principado foi o palco de conflitos contra os Partos e contra os Germanos.

No mesmo ano em que Marco Aurélio ascendeu ao trono, os Partos invadiram algumas províncias orientais do Império, notadamente a Armênia, que estava sob o protetorado romano. Os Germanos tentaram penetrar na Gália. O imperador tinha que se dividir para defender as duas fronteiras. Dessa forma, Marco Aurélio enviou seu co-imperador, Lúcio Vero, para guardar as fronteiras no Oriente e ele mesmo se ocupou das fronteiras na Germânia. No combate aos Partos, os Romanos se depararam com uma derrota. No Oriente, as operações mais importantes ficaram a cargo de Estácio Prisco e Avídio Cássio. Instalaram-se em Antioquia e, pouco a pouco, entre 162 e 166, os Romanos reconquistam seus territórios pilhando Selêucida do Tigre e a capital Ctesifonte.

Em 166, na ocasião do triunfo dos dois imperadores, os Romanos foram confrontados com uma tragédia ainda maior, a peste antonina. Esta dizimou parte da população romana e gerou grandes consequências sociais e econômicas. Para piorar o cenário, os Romanos também tiveram que conviver, no início do principado de Marco Aurélio, com a grande inundação do Tibre em 161 (rio que corta a cidade de Roma) e o terramoto em Cízico, na Anatólia.

A guerra com os Partos mal havia acabado e o governo de Marco Aurélio tinha um desafio ainda maior, a guerra com os germanos Marcomanos instalados à margem do Danúbio. Estes ameaçavam invadir a Gália e, depois, a Itália. Em 169, Lúcio Vero morreu nas fronteiras do Oriente, sempre fiel ao seu irmão adotivo. A partir de então, Marco Aurélio teve que enfrentar os problemas sozinho. Durante mais de cinco anos, de 169 a 175, Marco Aurélio conviveu com a ameaça dos Marcomanos. Teve como grandes apoiadores Cláudio Pompeiano e Pertinaz. Concomitante à guerra contra os Marcomanos, outra questão assolou o Império. Em 175, o rumor da morte de Marco Aurélio conduziu Avídio Cássio, governador de um grande território no Oriente, a

---

[112] Alfoldy 1989 172.

se autoproclamar imperador graças a uma conjuração no Egito e em algumas províncias orientais. Públio Márcio Vero, governador da Capadócia, fiel a Marco Aurélio, ajudou-o até que ele pudesse organizar as legiões danubianas para marchar sobre Avídio Cássio. Nesse ínterim, apesar do perdão de Marco Aurélio, o senado declarou Avídio Cássio inimigo público. Não foi necessário um confronto direto, pois em 175, um centurião de Avídio Cássio o assassinou durante uma revolta, depois de três meses de reinado. A cabeça de Avídio Cássio foi enviada a Marco Aurélio, e este se recusou a vê-la, exigindo que fosse enterrada dignamente[113].

Após o conflito com Avídio Cássio, Marco Aurélio resolveu viajar pelo Oriente com sua esposa e com seu filho, Cômodo. Visitaram a Cilícia, a Síria, o Egito, Esmirna e Atenas. Sua esposa faleceu durante essa viagem e o imperador se recolheu em luto. No final de 176, o imperador realizou os triunfos da vitória sobre os Germanos. O triunfo foi efêmero, pois, em 177, Marco Aurélio teve que retornar à fronteira danubiana com seu filho, Cômodo, para conter outra revolta. Marco Aurélio adoeceu na Panônia, e morreu em 17 de março de 180, provavelmente em Vindóbona (atual Viena, capital da Áustria), como suposta vítima da peste[114]. Para Díon Cássio e Herodiano, Marco Aurélio foi o último imperador de uma Roma feliz[115].

15. A sucessão imperial de Marco Aurélio a Cômodo

Quando Antonino morreu, toda a sucessão já tinha sido minuciosamente organizada. Ele tinha dois herdeiros, Marco Aurélio, o preferido, e Lúcio Vero. Em 169, com a morte de Lúcio Vero, Marco Aurélio governou sozinho e, depois, seu filho se tornou co-imperador. No seu caso, a sucessão não foi um problema, pois ele era o único dos Antoninos a ter herdeiro direto. Cômodo foi o herdeiro de seu pai, pois todos os outros seus irmãos tinham morrido. Se ele sobreviveu não seria um sinal dos deuses que ele deveria herdar o trono? Sim, os antigos entenderam que os deuses o haviam escolhido. Em 166, o próprio Marco Aurélio lhe concedeu o título de César. Em 176, recebeu o título de *imperator* e, no dia primeiro de janeiro de 177, tornou-se cônsul. No mesmo ano, recebeu o nome de *Augustus,* podendo, a partir de então governar com seu pai, que morreu poucos anos depois, em 180. Segundo Díon Cássio, a morte de Marco Aurélio simbolizou o fim da Idade de Ouro e início da época de ferro e ferrugem[116].

---

[113] Hist.Aug. *Avid. Cas.*

[114] Díon Cássio defendeu que Marco Aurélio fora envenenado pelos seus médicos por ordem de Cômodo, que já era co-imperador desde 177 (D.C. 71).

[115] D.C. 72. 36.4 e Her. 2.14.3.

[116] D.C. 71.36.

16. Cômodo (180-192)

Cômodo[117] nasceu da união do imperador Marco Aurélio com Faustina, a Jovem, filha de Antonino Pio[118]. Teve um irmão gêmeo, Antonino, que morreu aos quatro anos. Sua época foi narrada por Díon Cássio[119], Herodiano e pelo autor da *História Augusta*. Há poucas fontes sobre sua vida, e as existentes apresentam sempre uma visão negativa, de forte influência senatorial. Foi o único imperador da dinastia Antonina a ascender ao trono por linhagem sanguínea direta, o único porfirogênito.

Tradicionalmente, considera-se o principado de Cômodo como o período de 180 a 191. No entanto, ele foi corregente de seu pai a partir do dia primeiro de janeiro de 177, quando recebeu o título de Augusto. Até à morte de Marco Aurélio, eles governaram juntos. À morte do pai, na fronteira do Danúbio, em 180, não houve resistência do senado e nem do exército para que Cômodo se tornasse imperador. Ele, que havia lutado ao lado de seu pai[120] na guerra contra os Marcomanos, decidiu, logo no início do seu principado, encerrar a política de guerra e propôs uma negociação de paz com os Germanos. O exército romano continuou em campanhas no Danúbio de 180 a 182. Dessa forma, voltou para Roma a fim de se apresentar à plebe e assegurar seu poder. O senado não pareceu contente com o abandono das políticas ofensivas de Cômodo. Assim como Adriano, que abandonou alguns territórios conquistados por Trajano, Cômodo foi mal visto pelo senado[121].

O início do seu principado foi marcado por uma conspiração originária do próprio seio familiar, liderada pela sua irmã Lucila, viúva de Lúcio Vero (corregente de Marco Aurélio). Na ocasião, Lucila era esposa de Tibério Cláudio Pompeiano; talvez o melhor general de Marco Aurélio. Essa conspiração teve o apoio do senado e enfraqueceu o governo de Cômodo, mas não o derrubou. A irmã foi exilada e depois executada, e seu esposo foi afastado da vida pública. Cômodo se aproximou cada vez mais do seu círculo privado de amigos e favoritos, distanciando-se do senado, de forma a piorar uma relação que nunca foi boa. Também procurou apoio do prefeito do pretório, inicialmente, junto a Perênio, em 182, e, em 185, junto a Cleandro, um liberto imperial que se tornou equestre. As intrigas na guarda pretoriana eram constantes, ao ponto que, em 190, Cleandro foi substituído por Leto.

---

[117] Nasceu em 31 de agosto de 161 e morreu em 21 de dezembro de 192.

[118] Sua mãe, quando grávida, sonhava que daria à luz serpentes. *Hist.Aug. Comm.* 1. 3.

[119] D.C. 72.

[120] Eutr. 8.

[121] O fato de o senado detestar Cômodo foi um motivo a mais para o autor da *História Augusta* ver nele um homem extravagante, depravado e irresponsável? Possivelmente sim.

Cômodo ficou conhecido pela posteridade como o imperador que era apaixonado pelos jogos. Jogos estes que seu pai havia proibido e que, desde a época de Plínio[122], já não eram bem-vistos pela elite senatorial. Os senadores o viam como um herdeiro de sangue de saúde mental frágil que era dominado por um liberto. Ao restabelecer os jogos, Cômodo foi, novamente, de encontro à ótica senatorial. Segundo o autor da *História Augusta*, o gosto de Cômodo pela violência foi prematuro. Aos doze anos de idade já demonstrava uma certa perversidade[123]. No entanto, ao se aproximar dos jogos, Cômodo ganhava o coração do povo. Não só oferecendo espetáculos e até participando deles, mas também, utilizando um certo carisma religioso, levando a Roma deuses estrangeiros e promovendo o culto a Júpiter, pai de Hércules. Para aproximar-se do povo, desceu ao posto de gladiador no anfiteatro. Como era devoto a Hércules, autodenominou-se Hércules Romano, exigindo culto a si mesmo como se fosse a reencarnação do deus[124]. E, como se considerava um deus, mudou o nome de Roma para Colônia Comodiana[125].

17. O final da dinastia Antonina

O final do principado de Cômodo foi marcado por várias conjurações. Em uma delas, ele sucumbiu, quando Márcia, sua concubina, juntamente ao prefeito do pretório, Leto, assassinaram-no na virada do ano de 192 para 193. Jovem, sem filhos e sem herdeiros adotados, ele deixou o Império em situação difícil e, na falta de um Antonino, a dinastia viu seu fim. O senado, mais que depressa, reservou a Cômodo o mesmo destino de Nero e de Domiciano, a *damnatio memoriae*[126]. Imediatamente, após sua morte, Pertinaz vestiu a púrpura, mas foi logo assassinado. Em 193, após alguns conflitos, o Império foi entregue ao então Governador da Panônia, Septímio Severo[127]. Quando este se tornou imperador, para ganhar a simpatia da plebe e do exército, obrigou o senado a divinizar Cômodo. O senado, a contragosto, obedeceu. Isso mostra o quanto o falecido imperador era amado pelo povo. Os Severos, por sua vez,

---

[122] Plin. *Ep.* 9.6.

[123] "Já em criança era guloso e depravado. Quando jovem desonrou todo o tipo de homens do seu redor e por todos era desonrado. A quem se ria dele lançava-o aos animais selvagens..." (*Hist. Aug. Comm.* 10).

[124] *Hist.Aug. Comm.* 8.5.

[125] *Hist.Aug. Comm.*8.6.

[126] Her. 1.14.8.

[127] Vide os detalhes da transição de poder em Gonçalves 2007.

tentaram se filiar aos Antoninos quando Septímio deu o nome de Antonino ao seu filho, Caracala[128].

18. A perspectiva senatorial e o retrato da dinastia Antonina

Os escritores, historiadores e biógrafos da época antonina não ousaram criticar a vida de seus próprios soberanos como fizeram com outros, por razões óbvias. Embora o regime fosse louvado, pelo menos no campo da retórica, como o reino da paz e da liberdade, a realidade era diversa. Se o imperador não gostasse de sua própria história ou biografia, o risco de morte do escritor seria considerável. Quase tudo que se conhece sobre o Império Romano foi escrito na época Antonina, pois a maior parte dos escritores, historiadores e biógrafos que chegaram à atualidade, viveram nessa época: Plínio, o Jovem, Tácito, Suetônio, Aristides, Plutarco e outros. Eles tinham algo em comum, pois de modo geral, eram bastante influenciados pela ideologia senatorial, sendo alguns deles senadores, e eram de origem provincial (exceto Suetônio, cujo local de nascimento é incerto). Esses provinciais, vivendo em Roma, pareciam mais romanos que os próprios Romanos de origem. Na época de Trajano, a alegria de ser romano, mesmo para os provinciais, atingiu seu auge[129]. Díon Cássio, Herodiano e posteriormente os escritores da *História Augusta* também tinham essas questões em comum com os primeiros.

De todos os imperadores, Nerva foi o mais bem visto, pois era membro do senado e assegurava uma excelente relação entre o poder imperial e os senadores. Pelo que tudo indica, antes mesmo do assassinato de Domiciano, fora escolhido pelos *patres*. Prometeu que nenhum senador seria morto no seu reino. Colocou um ponto final nas perseguições aos seus pares e devolveu, aos exilados, os bens confiscados por Domiciano.

Sobre as relações entre Trajano e o senado, nem é necessário aprofundar-se muito, basta ler o *Panegírico a Trajano* de Plínio, O Jovem. Trajano foi bem-visto pelos senadores, pois jurou não exercer o autoritarismo sobre os *patres* e, como Nerva, deu sua palavra que nenhum senador seria julgado sem a participação dos pares[130]. Também tirou do exílio inúmeros senadores e equestres, devolvendo-lhes os bens confiscados por Domiciano. Tamanha generosidade lhe valeu o título de *pater patriae*, ofertado pelo próprio senado. Dando provas de uma política de equidade juntamente com o senado, Trajano reafirmou sua própria posição como sendo o primeiro entre os pares - *primus inter pares*. Bastou isso para que Plínio, o Jovem, o considerasse como "um dos nossos"[131].

---

[128] *Hist.Aug. Sev.* 9 e Gonçalves 2007 3.
[129] Roman 2000 244.
[130] D.C. 68. 5.
[131] Plin. *Pan.* 2.4.

Plínio escreveu que Trajano teria dito que o príncipe não estava acima das leis, mas as leis estavam acima do príncipe[132]. Apesar dessa política de aparente igualdade, o próprio Plínio destacou que tudo dependia da vontade de um só homem, Trajano[133]. Como prova de deferência, o senado prestou a Trajano uma grande homenagem, concedendo-lhe um título honorífico *Optimus Princeps,* em referência a Júpiter, deus conhecido como *Optimus Maximus*. A posteridade o consagrou como o melhor de todos os príncipes. Diante dessas relações com o senado, não é à toa que ele foi tão louvado. O mesmo não aconteceu com o seu sucessor, Adriano.

Adriano centralizou o poder e, ao ter à sua disposição o *consilium principis* para ajudá-lo, ignorou, de certo modo, o senado. Isso só contribui para aumentar o ódio dos senadores por Adriano. Já a ordem equestre gozou de mais prestigio durante seu principado e isso não agradou ao senado, que se sentiu preterido. A própria adoção de Adriano foi questionada, pelo menos oficiosamente, por muitos membros do senado. A situação se tornou ainda pior quando, logo no início do seu principado, depois de ser vítima de uma conspiração, Adriano executou quatro ex-cônsules conspiradores, entre eles Lúcio Quieto (comandante da cavalaria à época de Trajano). As execuções foram ordenadas sem o acordo prévio dos senadores. A Cúria se distanciou ainda mais de Adriano e ficou apavorada, pois a qualquer momento um deles poderia ser uma nova vítima, já que o novo imperador não se comportava como os seus predecessores, Nerva e Trajano. A situação hostil com o senado piorou, de vez, quando Adriano compeliu um de seus parentes, o senador Lúcio Júlio Urso Serviano, que já tinha mais de noventa anos, ao suicídio. Adriano desconfiava que este buscava a sucessão imperial para o seu neto, que também teve que se suicidar. Essa decisão causou revolta entre os *patres*, que outra vez não foram consultados sobre a morte do senador. Foram raros os momentos em que Adriano e o senado se deram bem, mas com Antonino Pio o quadro foi diferente.

Antonino Pio, de tão querido pelo senado, conseguiu divinizar Adriano com o consentimento dos *patres*. Tal feito lhe valeu o nome de Pio, uma grande deferência. Esforçou-se, continuamente, para manter boas relações com o senado, chegando ao ponto de deixar de lado as reformas administrativas de Adriano que não prestigiavam os *patres*. Marco Aurélio foi um dos mais admirados. Apesar de ter sido o imperador que enfrentou mais problemas no conjunto do Império, continuou a ser louvado pelos autores senatoriais que viam nele uma grande fonte de moderação[134].

Quanto a Cômodo, Herodiano escreveu que o Império Romano foi governado com dignidade somente até Marco Aurélio. Já nas mãos de Cômodo, o

---

[132] Plin. *Pan.* 64-65.
[133] Plin. *Ep.* 3.20.12.
[134] Para Herodiano, os tempos de Marco Aurélio eram sempre recordados com prazer: Her. 2. 14. 3.

Império foi entregue aos erros de sua juventude, que eram atribuídos aos aduladores e conselheiros, sempre cúmplices da infâmia imperial[135]. Esse imperador foi, certamente, o mais criticado pelos historiadores e biógrafos. Essas críticas senatoriais aparecem de forma clara na sua biografia da *História Augusta*. Díon Cássio o considerava como um grande assassino, ao ponto de escrever que tornaria sua escrita entediante se descrevesse todas as vítimas do jovem imperador[136].

De acordo com a visão dos senadores, Cômodo não demonstrava muito zelo pelas tarefas quotidianas do seu governo. Durante muito tempo, manteve-se isolado na sua propriedade em Lanúvio. A mentalidade senatorial pintou um quadro obscuro de Cômodo, no qual ele é representado como um tirano irresponsável, cruel e pervertido; como um imperador que se isolou da aristocracia, a mais prestigiosa, e se aproximou de um pequeno grupo de conselheiros (assim como Adriano). Como o senado pôde detestar tanto o filho de Marco Aurélio, o excelente imperador admirado por todos? A própria mentalidade senatorial resolveu esse problema ao duvidar da paternidade de Cômodo. Para Díon Cássio, Faustina, a Jovem, era uma mulher de hábitos duvidosos e infiel que traía o marido com marinheiros, atores teatrais e até mesmo com gladiadores[137]. Assim, poder-se-ia explicar o gosto do jovem Cômodo pelos jogos violentos.

Como um imperador tão amado pela plebe e pelo exército[138] pode ter tido uma imagem tão execrável elaborada pelo senado? Se for acreditar piamente no que prega a mentalidade senatorial representada nas biografias e histórias dos imperadores, a vida de Cômodo, juntamente com a de Calígula, Nero, Domiciano e, às vezes, a de Adriano, não mereceriam crédito algum. Adriano também era querido pelo povo e pelo exército e assim como Nero, não foi poupado das críticas senatoriais. Não se pode esquecer que o Império se fundava em três poderes com os quais o imperador tinha que se relacionar de modo equilibrado: o povo, o senado e o exército. Muitos imperadores foram adorados pelo povo e pelo exército, mas bastava ser detestado pelo senado – intérpretes dos fatos e produtores de documentos – para que a sua imagem ficasse para sempre maculada.

Se os imperadores "inimigos" do senado foram retratados de forma execrável, as "inimigas" do senado, mulheres da *domus* imperial também não deixaram de ser mal retratadas. São os casos de Agripina e Plotina. Muitos senadores viam a aproximação de Adriano a Plotina como uma possível ameaça que relembrava a relação de Agripina com Nero. As mulheres imperais – fossem elas mães, esposas ou próximas do poder – não foram poupadas. No entanto, como não era conveniente criticar as mulheres do presente, devido aos riscos corridos, as mulheres do passado eram então criticadas para mostrar os problemas, na

---

[135] Her. 2.10.3.
[136] D.C. 73.4.1 e 73.7. 3. Díon aproxima a figura de Cômodo à de Domiciano.
[137] Vide Levick 2014 81.
[138] Her. 2.6.10.

visão senatorial, do próprio presente. Foi isso que historiadores e biógrafos da época Antonina fizeram[139].

Há duas formas de se analisar a produção senatorial e sua relação com a época antonina. A primeira é a partir da análise dos escritores da própria época, as testemunhas oculares, como, notadamente, Tácito e Suetônio. Eles só conseguiram criticar o presente escrevendo sobre o passado, nesse caso, a época júlio-cláudia. Faz-se necessário partir do princípio que, muito frequentemente, em período de opressão, toda escrita da história tende a ser militante. Nesse sentido, os senadores da época de Adriano, que certamente se sentiam ameaçados pelo príncipe, militavam tacitamente ao escreverem seus textos, denunciando problemas do presente na análise do passado[140]. Dessa forma, ao que tudo indica, Adriano foi atrelado à figura de Nero e ligado a vícios de outros imperadores; foi o alvo desses escritores, pois eram coetâneos. Levando em consideração que, no plano administrativo, Nero foi um bom imperador e era querido pelo povo, faz-se necessário perguntar: o imperador Nero, produzido por esses autores da Época Antonina, seria realmente aquilo que foi apresentado ou seria então um grito sufocado desses autores na tentativa de criticar Adriano? Essa é uma questão que deve ser mais aprofundada em torno dos elementos que os aproximam (filelenismo, homoerotismo, presença forte de figuras femininas, etc.)[141]. O escritor - seja ele historiador, biógrafo, etc.- nunca evade seu próprio tempo.

A segunda forma de se estudar a documentação senatorial produzida sobre a Época Antonina é a partir da análise da produção historiográfica e biográfica concebida posteriormente à época relatada por autores dos séculos III e IV que vai de Díon Cássio e Herodiano até aos autores da *História Augusta*. Esses autores, também embebidos na ótica senatorial, tiveram mais distância dos fatos e não correram os mesmos riscos que Tácito e Suetônio. Cômodo foi claramente ligado à figura de Calígula, de Nero e de Domiciano. Díon Cássio foi testemunha ocular do principado de Cômodo, mas só escreveu na época dos Severos. Segundo José L. Brandão, quando se lê a biografia de Cômodo na *História Augusta*, o leitor tem uma impressão de *déjà vu* que o transporta para

---

[139] Díon e os escritores da *História Augusta* foram mais mordazes na elaboração do quadro das mulheres Antoninas, sobretudo no de Plotina e de Faustina, a Jovem, pois quando escreveram já havia passado muito tempo e a dinastia não estava mais no poder.

[140] Tácito, antes de ser um historiador, era político, um senador. Suetônio, particularmente, teve graves problemas pessoais com Adriano devido ao seu suposto envolvimento com a Imperatriz Sabina.

[141] Sabe-se que Tácito e Suetônio publicaram seus livros na época de Adriano e jamais poderiam criticar o imperador diretamente, caso contrário correriam riscos de vida. A única forma de fazê-lo seria escrevendo sobre o passado, mas sempre de modo tácito e indireto, nas entrelinhas. Destacaram nos predecessores, sobretudo Tibério, Calígula e Nero, os vícios proeminentes da época de ouro. Eles obedeceram a uma ordem histórica natural, a de que os valores do presente são indissociáveis do ato da escrita.

o texto de Suetônio sobre as vidas de Calígula e Nero[142]. Para Brandão, a vida de Cômodo, na *História Augusta,* "reflete a mentalidade senatorial: representa um forte ataque, usando como arma a moral tradicional."[143] Além disso, mergulhados na mentalidade senatorial, os autores omitiram os bons feitos de Cômodo que ajudariam a equilibrar a imagem do imperador, haja vista que o ódio a Cômodo não era universal[144]. Então, os primeiros, testemunhas oculares, criticaram a própria época nas entrelinhas ao abordarem o passado: a época júlio-cláudia. Os segundos, Dion Cássio e Herodiano, devido ao distanciamento, puderam ser mais audaciosos ao fazer críticas diretas aos Antoninos que, no contexto deles, já estavam mortos. Os autores da *História Augusta* seguiram nessa mesma linha e desvelaram como os *patres conscripiti* do século IV, ou parte deles, viam e sentiam o mundo.

A perspectiva senatorial com relação a Adriano e a Cômodo - os dois imperadores antoninos que se distanciaram do senado - fica ainda mais clara quando o estudioso de hoje se depara com o profundo conservadorismo aristocrático da historiografia antiga, produzida pelas ordens dirigentes. Esse conservadorismo é apontado por Fábio Faversani ao lembrar que os autores aristocráticos viam a centralização do poder imperial e a consequente diminuição da influência da aristocracia nas decisões políticas como fenômenos sempre condenáveis, pois seriam portadores de perigosas tendências ao autoritarismo e à tirania[145]. Os imperadores ideais, para essa perspectiva senatorial, foram aqueles que governaram juntamente com a aristocracia, como Nerva, Trajano, Antonino Pio e Marco Aurélio. É também nesse princípio que se baseiam Maquiavel e Gibbon. Essa ideologia senatorial garantia aos membros da cúria a posição de destaque dentro das relações de poder do Império. O senado e, por consequente, a escrita, era o local de expressão deles, e é normal que o resultado fosse esse, pois era necessário, de alguma forma, defender-se. Louvar os amigos, mesmo quando não foram tão competentes administrativamente - como Nerva (que teve dificuldades com os pretorianos e com o exército) e Antonino Pio (que, de certo modo, fechou os olhos para os problemas nas fronteiras) - e criticar os inimigos – como Adriano e Cômodo (os dois amados pelo povo e pelo exército, sendo o primeiro deles conhecido como bom general e bom administrador) – fazia parte do contexto político no qual esses senadores estavam inseridos.

Desse modo, é notório que os imperadores que respeitaram as prerrogativas senatoriais tiveram um bom retrato, mas aqueles que "desrespeitaram" o senado foram jogados na lama e seus bons feitos relegados ao esquecimento.

---

[142] Brandão 2007 133.

[143] Brandão acrescenta que "histórias inventadas, fruto da maledicência dos inimigos que Cómodo granjeou no senado, ficaram agarradas para sempre à reputação do imperador." Brandão 2007 142.

[144] Brandão 2007 143-144.

[145] Faversani 2007 146.

O problema é que na falta de documentação para se estabelecer uma comparação, os textos de origem senatorial acabaram abundando. É essa visão que se tornou tradicionalmente a mais assimilada. Em pleno século XXI, as visões de Tácito e Suetônio que alimentaram Maquiavel e Gibbon ainda são proeminentes e a perspectiva senatorial continua a triunfar entre os historiadores; ora aceita de modo automático, ora levemente questionada. Para mudar esse quadro é necessário muito trabalho. Apesar do esforço dos estudiosos do mundo antigo, infelizmente, está-se longe de apresentar esses imperadores de forma mais clara. No entanto, reside aí toda a arte e encanto do ofício do historiador. Uma possibilidade de saída, por exemplo, seria insistir em uma pesquisa que parta de uma abordagem baseada no estudo de um paradigma indiciário, com a análise comparativa de vários *corpora* documentais, e que leve em consideração, efetivamente, o discurso da obra atrelado ao contexto no qual foi concebida e conhecida. Ao estudar a época de Nero ou de outro imperador produzida pelos autores da época Antonina, o historiador deve prestar mais atenção na época antonina (contexto de produção do documento) do que na época de Nero em si (sem ignorá-la, obviamente). Isso parece tão óbvio, mas nem por isso é fácil e usualmente feito.

Ao se colocar esse paradigma senatorial em questão, abrem-se, inevitavelmente, muitas janelas para novas observações. Nesse sentido, é necessário questionar a produção marcada pela perspectiva senatorial e sempre indagar se Adriano e Cômodo (Calígula, Nero, Domiciano) não foram "vítimas" dessa perspectiva ao terem sido retratados da forma como foram. Contudo, questionar a perspectiva senatorial não significa que deva ser ignorada, por ser partidária. A perspectiva senatorial dever ser pensada como um dos vários elementos da sociedade romana, e jamais como um todo.

Portanto, o que chegou à atualidade sobre a dinastia Antonina a partir das fontes escritas deve ser visto como uma "representação" de como a ordem senatorial via e sentia o mundo. Essa forma fica clara quando esses escritores, nutridos por essa perspectiva, denunciaram, tacitamente, os problemas de sua própria época ao escreverem sobre o passado de Roma.

Tábua cronológica

96 – (16 de setembro) assassinato de Domiciano.
96 – 98 – Marco C. Nerva.
96- *Damnatio memoriae* de Domiciano.
97 – Nerva adotou Trajano.
98 – Morte de Nerva
98-117 – Marco U. Trajano.
100 – (1º de setembro) Plínio, o Jovem, proferiu o Panegírico a Trajano.
101-102 – Primeira Guerra Dácica.
105-106 – Segunda Guerra Dácica.
106 – Anexação do reino Nabateu de Petra.

114-117 – Guerra Pártica
115 - 117– Revoltas judaicas no Egito, na Cirenaica, em Chipre e na Judeia.
117 – Morte de Trajano na Cilícia.
117-138 – Públio Élio Adriano.
118 – Assassinato dos 4 ex-cônsules.
120-125 – primeira grande viagem de Adriano.
c. 120 – Tácito redigiu os *Anais* sobre os Júlio-Cláudios de 14 a 66 d.C.
120 – Suetônio redigiu *A vida dos doze Césares*.
122 – Construção do *Vallum Hadriani* na Britânia.
126 – Morte de Plutarco.
130 – (outubro) fundação de Antinópolis, em homenagem a Antínoo.
131 – Édito Perpétuo.
132-135 – Revolta judaica liderada por Simone Bar Kokhba.
138 – Adoção de Tito A. Antonino.
138 – (10 de julho) morte de Adriano.
138-161 – Antonino Pio.
144 – Élio Aristides proferiu o *Elogio a Roma*.
147 – Marco Aurélio é associado ao Império.
161– (7 de março) Morte de Antonino Pio.
161-180 – Marco Aurélio.
161-169 – Marco Aurélio e Lúcio Vero dividem o poder.
161-166 – Guerra contra os Partos.
165-166 – Peste no Ocidente.
167 – Ataque contra os Marcomanos.
169 – (janeiro) morte de Lúcio Vero.
175 – Revolta de Avídio Cássio.
180 – (17 de março) morte de Marco Aurélio.
180-192 – Cômodo.
182 – repressão à primeira conjuração de Lucila e da *nobilitas*.
192 – Cômodo mandou executar vários senadores.
192 – (31 de dezembro) Morte de Cômodo na conjuração de Márcia.
192 – o *prefectus urbi*, Pertinaz, foi aclamado como imperador de Roma.

Bibliografia

Fontes

Amiano Marcelino: Galletier, E. (1968), Ammien Marcelin. *Histoires*. Tome I: Livres XIV-XVI, ed., trad. Paris, Les Belles Lettres.
Apiano: Appien. Goukowsky, P. (1997), *Histoire romaine. L'Ibérique*. Tome II: Livre VI, ed., trad. Paris, Les Belles Lettres.
Apuleio: Valette, P. (1940), Apulée. *Les Métamorphoses*. Livres I-III, ed., trad. texte établi par D. S. Robertson et traduit par. Paris, Les Belles Lettres.
Aulo Gélio: Marache, R. (1967), Aulu Gelle. *Nuits Atiques*. Tome I: Livres I-IV, ed., trad. Paris, Les Belles Lettres.
Aurélio Vitor: Dufraigne, P. (2002), Aurelius Victor. *Livre des César*. ed., trad. Paris, Les Belles Lettres.
CIL: Mommsen, T. ed. (1888), *Corpus Inscriptionum Latinarum*, BBAW, Berlim.
Digesto: Mommsen, T. – Krüger, P. – Watson, A. eds (1985), *Corpus Iuris Civilis. Digesta Iustiniani. The Digest of Justinian*, Philadelphia, University of Pennsylvania Press.
Élio Aristides: Gascó, F. – Ramírez de Verger, A. (1987), *Elogio a Roma* (introdução, tradução, notas). Madrid, Editorial Gredos, 1987.

Dião Cássio: Gros, R. (1867). *Dion Cassius. Histoire romaine.* ed., trad., Paris, Librairie de Firmin Didot Frères.
Eutrópio: Hellegouarc'h. J. (1999), *Eutrope. Abrégé de l'histoire romaine,* ed., trad. Paris, Les Belles Lettres.
Frontão: Fleury, P. (2003), *Fronton. Correspondance.* trad. Paris, Les Belles Lettres.
Herodiano: Esbarranch, J. (1985), *Historia del Império Romano después de Marco Aurélio.* ed., trad. Madrid, Gredos.
História Augusta: Teixeira, C. A. – Brandão. J. L. – Rodrigues, N. S. (2012). *História Augusta* (tradução, introdução, notas e índice). Classica Digitalia, Brasil, S. Paulo.
História Augusta: Chastagnol, A. (1994), *Histoire Auguste.* ed., trad. Paris, A. Coll. Bouquins, Robert Laffont.
Marco Aurélio: Hadot, P. (1998), Marc Aurèle. *Pensées, Écrits pour lui-même.* ed., trad. Paris, Les Belles Lettres.
Marcial: Izaac, H. J. (1934), *Martial. Épigrammes.* ed., trad. Paris, Les Belles Lettres.
Plínio, o Jovem: Zehnacker, H. – Méthy, N. (2011), *Pline le Jeune. Lettres.* Tome II: Livre IV-VI, ed., trad. Paris, Les Belles Lettres.
Plínio, o Jovem: Zehnacker, H. – N. Méthy. N. (2017). *Pline le Jeune. Lettres.* Livre X, ed., trad. Paris, Les Belles Lettres.
Plínio, o Jovem: Durry, M. (1948), *Pline le Jeune. Panéryrique de Trajan.* ed., trad., Paris, Les Belles Lettres.
Suetônio: Ailloud, H. (2011), *Suetone. Vies des douze Césars.* Tome III, Paris, Les Belles Lettres, 2011.
Tácito: Saint-Denis, E. (1942), *Tacite. Vie d'Agricola.* ed., trad. Paris, Les Belles Lettres.
Tácito: Wuilleumier, P. - Le Bonniec, H. - Hellegouarc'h. J. (1987). *Tacite. Histoires.* Tome I: Livre I, ed., trad. Paris, Les Belles Lettres.
Tácito: Wuilleumier, P. - Le Bonniec, H. (1990). *Tacite. Annales* (livres IV-VI), ed., trad. Paris, Les Belles Lettres.
Tácito: Le Bonniec, H. - Hellegouarc'h. J. (2002). *Tacite. Histoires.* Tome III: Livres IV et V, ed., trad. Paris, Les Belles Lettres.

Estudos

Andreau, J. (2001), "La cité romaine dans ses rapports à l'échange et au monde de l'échange" in S. Lefebvre org., *Rome, ville et capitale de Jules César à la fin des Antonins.* Paris, Vuibert, 254 – 277.
Alföldy, Géza (1989), *História social de Roma.* Lisboa, Presença.
Bennett, J. (1997), *Trajan, Optimus Princeps.* London, Routledge.
Birley, A. (2000), Hadrian to the Antonines in Bowman, P. Garnsey, Rathbone, D., *The Cambridge Ancient History.* Cambridge, Cambridge University Press 132-194.
_____ (2002), *Marcus Aurelius, a Biography.* London, Routledge.
Brandao, J. L. (2007), "Cómodo: outro Calígula, outro Nero". *Humanitas* 59, 133-146.
_____ (2009), *Máscaras dos Césares – teatro e moralidade nas Vidas suetonianas.* Imprensa da Universidade de Coimbra, Coimbra
Brian, W. (1992), *The Emperor Domitian.* London, Routledge.
Carcopino, J. (1958), *Passion et politique chez les Césars.* Paris, Hachette.
Carrié, J.-M. - Rouselle, A. (1999), *L'empire romain en mutation des Sévères à Constantin 192-337.* Paris, Seuil.
Castilho, J. (1906), *Os dois Plínios: estudos da vida romana.* Lisboa, Officinas Typographica Antonio Maria Pereira.
Chausson, F. (2003), "*Regards sur la famille de l'empereur Lucius Vérus*" in F. Chausson – E. Wolff, orgs. *Consuetudinis amor. Fragments d'histoire romaine (IIe-VIe siècles) offerts à Jean-Pierre Callu.* Rome, L'Erma di Bretschneider 103-161.
_____ (2005), "Varietés généalogiques, III – La géneaologie d'Antonin le Pieux" in G. Bonamente – M. Mayer, orgs. *Historiae Augustae Colloquium Barcinonense,* n. s. IX, Bari, 107-155.

____ (2007), "Varietés généalogiques, IV – Cohésion, collusions, collisions : une autre dynastie antonine" in G. Bonamente – H. Brandt, orgs. *Historiae Augustae Colloquium Barcinonense*, n. s. X, Bari, 123-163

Chastagnol, A. (1994), "Introduction" in *Histoire Auguste*. Texte traduit et noté par Chastagnol, Paris, A. Coll. Bouquins, Robert Laffont, IX- CLXXXII.

Cizek, E. (1983), *L'époque de Trajan. Circonstances politiques et problèmes ideologiques*. Paris, Les Belles Lettres.

Citroni, M. et alii (2005), *Literatura de Roma Antiga*. Tradução de M. Miranda e I. Hipólito. Lisboa, Fundação Calouste Gulbenkian.

Coarelli, F. (1999), *La colona Traiana*. Roma, Editore Colombo.

Des Boscs-Plateaux, F. (2006), *Un parti hispanique à Rome?* Madrid, Casa de Velazquez.

Dubuisson, M. (1991), "Graecus, Graeculus, Graecari: l'emploi péjoratif du nom des Grecs en latin" in S. Said, org. *Ἑλληνισμός: quelques jalons pour une histoire de l'identité grecque*. Leiden, Brill 315-335.

Esteves, A. M. (2013), "A morte de Nero em Suetônio", *Calíope* (UFRJ), 26, 8-30.

Faversani, F. (2007), "Tácito, Sêneca e a historiografia" in F. Joly, ed., *História e retórica, ensaios sobre historiografia antiga*. São Paulo, Alameda.

Gaia, D. V. (2010), "Em busca da educação romana: modelos plinianos para o príncipe português Dom Luiz Filipe" in C. Beltrão et al. eds., *A busca do Antigo*. Rio de Janeiro, Nau Editora.

Garnsey, P. (1968), "Trajan's *Alimenta*: some Problems", *Historia* 17 367-381.

Gibbon E. (1989), *Declínio e queda do Império Romano*. São Paulo, Cia das Letras. Original de 1790.

Guarinello, N. (2013), *História Antiga*. São Paulo, Contexto.

Grant, M. (1996), *The Antonines. The Roman Empire in Trasition*. London, Routledge.

Grimal, P. (1991), *Marc Aurèle*. Paris, Fayard.

Gonçalves, A. T. M. (2007) "Rupturas e continuidades: os Antoninos e os Severos", *Fênix*, 4 Ano IV.1 1-15.

____ (2012), "Cômodo e a difícil tarefa de substituir Marco Aurélio: poder e legitimidade", *Phoinix UFRJ* 18.1, 112-133.

Gonzalez, J. org. (2000), *Trajano emperador de Roma*. Roma, "L'Erma" di Bretschneider.

Guey, J. (1966), "De "l'or des Daces" (1924) au livre de Sture Bolin (1958), guerre et or, or et monnaie" in *Mélanges d'archéologie, d'épigraphie, et d'histoire offerts à J. Carcopino*, Paris Hachette 445-475.

Hammond, M. (1959), *The Antonine Monarchy*. Roma, America Academy in Rome.

Le Roux, P. (1998), *Le Haut-Empire romain en Occident, d'Auguste aux Sévères*. Paris, Seuil.

Lefebvre, S. org. (2001), *Rome, ville et capitale de Jules César à la fin des Antonins*. Paris, Vuibert.

Levi, M. A. (2000), *Adriano, un vetennio di cambiamento*. Bologna, Tascabili Bompiani.

Levick, B. (2014), *Faustina I and II, Imperial Women of the Golden Age*, Oxford, Oxford University Press.

Lo Cascio, E. (2000), "Gli *alimenta*, l'agricoltura italica e l'approvvigionamento di Roma" in El Lo Cascio, *Il Princeps e il suo Impero, Studi di storia amministrativa e finanziaria romana*. Bari, Edipuglia 223-293.

____ (1999), "Dai Flavi agli Antonini: Il consodolidamento del regime imperiale" in E. Gabba – D. Foraboschi – E. Lo Cascio, E. eds., *Introduzione alla Storia di Roma*. Milano, LED.

Maquiavel (1883), *Discourses on the First Decade of Titus Livy*. Book 1, London, K. Paul, Trench e Co. Original de 1503.

Martin, J.-P. (2014). "Les Antonins et les Sévères (96-235 ap.J.-C.)" in J.-P Martin – A. Chauvot – M. Cebeillac-Gervasoni, *Histoire romaine*. Paris, Armand Colin.

Roman, Y. – Roman D. (2000), *Rome: de la République à l'Empire*. Paris, Elipses.

Roman, Y (2001), *Empereurs et sénateurs, une histoire politique de l'Empire Romain*. Paris, Payot.

____ (2008), *Hadrien, l'empereur virtuose*. Paris, Payot.

____ (2013), *Marc Aurèle, l'Empereur paradoxal*. Paris, Payot.

Sartre, M. (1997), *Le Haut-Empire romain, les provinces de Mediterranée orientale d'Auguste aux Sévères*. Paris, Seuil.

Schiavone, A. (2005), "O século de ouro" in A. Schiavone, *Uma História Rompida. Roma Antiga e Ocidente Moderno*. São Paulo, Edusp, 15-31.

Syme, R. (1958), *Tacitus*. Oxford, Oxford University Press.

_____ (1964), "Hadrian and Italica", *The Journal of Roman Studies,* 54, 142-149.
_____ (1980), "Guard Prefects of Trajan and Hadrian", *The Journal of Roman Studies,* 70, 64-80.
_____ (1980), "The Imperial Finances under Domitian, Nerva and Trajan", *The Journal of Roman Studies,* 20, 55-70.
Veyne, P. (1957-1958), "La table des *Ligures Baebiani* et l'institution alimentaire de Trajan", *M.E.F.R.,* 69, 81-135 e 70, 177- 241.
_____ (1976), *Le pain et le cirque,* Paris, Seuil.
_____ (1991), *La Société romaine,* Paris, Seuil.
_____ (2005), *L'Empire Gréco-Romain,* Paris, Seuil.
Yourcenar, M. (1951), *Mémoires d'Hadrien,* Paris, Gallimard.
Winterling, A. (2009), *Politics and Society in Imperial Rome.* Oxford, Wiley Blackwell- Malden, John Wiley and Sons.

8. OS JOGOS DE GLADIADORES

Renata Senna Garraffoni[1]
Universidade Federal do Paraná/Brasil
ORCID: 0000-0002-4745-8161
resenna93@gmail.com

Sumário: O presente capítulo visa apresentar ao/a leitor/a os principais desafios ao estudar os combates de gladiadores na Antiguidade Romana. Está dividido em três partes: na primeira parte, de forma resumida, discutem-se os principais conceitos sobre as lutas e a documentação para estudá-las, na segunda as principais correntes historiográficas sobre o fenômeno para, ao final, na terceira parte, propor o estudo da Epigrafia, em especial as lápides de gladiadores e os escritos de parede de Pompeia para deslocar o olhar do plano político dos jogos para o cotidiano dos gladiadores e das pessoas comuns que frequentavam as arenas romanas.

Introdução

Os jogos de gladiadores são polêmicos. Na década de 1990, Wiedeman (1995 XVI) afirmava que os estudiosos modernos tentaram evitar o tema em diferentes momentos, mas os jogos foram muito populares no passado para isso. Os gladiadores, os políticos que financiaram os espetáculos, os torcedores que frequentavam as arenas, enfim, pessoas das mais distintas camadas da sociedade romana, em diferentes períodos, deixaram registros sobre sua percepção acerca dos combates, nos legando um *corpus* documental abundante e difícil de ignorar. Talvez seja por isso que desde o século XIX, com mais ou menos ênfase, os jogos de gladiadores voltam ao centro das atenções. Ora tidos como

---

[1] A autora agradece, além dos organizadores do livro pelo convite em participar dessa obra coletiva, aos seguintes colegas pelas trocas de ideias em diferentes momentos: Pedro Paulo Funari, Ray Laurence e Richard Hingley. Institucionalmente, agradece ao Departamento e ao Programa de Pós-Graduação em História da UFPR. A responsabilidade das ideias recai apenas sobre a autora.

exemplos da tecnologia romana, já que para que pudessem existir os jogos, os romanos desenvolveram uma arquitetura própria resultando nas arenas, ora tidos como exemplo da violência de Roma, em especial no pós-guerra, a historiografia moderna varia bastante, trazendo à tona debates sobre violência, moral, ética, identidade, conflito, domínio, poder e religião.

De fato, a particularidade do fenômeno, homens e, em alguns contextos mulheres, lutando entre si diante de plateias, provoca as mais distintas reações entre os que aproximam do tema. Se pensarmos na popularidade de filmes como *Spartacus* de S. Kubrick (1960) ou *Gladiator* de R. Scott (2000), por exemplo, percebemos que a narrativa fílmica explora uma profusão de emoções: do ódio ao amor, recolocam-se debates sobre violência, família, identidade, religião, política para um amplo público leigo. Já na academia, entre especialistas, as tentativas de explicar as lutas passam pelos mais diferentes vieses, do político ao psicanalítico, do ético ao moral. Talvez o mais interessante nesse processo seja que, entre leigos ou especialistas, o embate passado e presente, identidade e alteridade nos faz pensar sobre nosso lugar no mundo. Quando tratamos de um tema que choca a sensibilidade, as reações são diversas e pensar sobre elas altera as percepções sobre a vida. Nesse contexto, discutir os jogos de gladiadores é um caminho profícuo para pensar sobre os múltiplos aspectos da história de Roma e de como nos posicionamos diante do passado mais antigo.

Que escolhas fazer? Estudar ou não um tema como esse? Como se mover diante de tantos documentos? Como aproximar desses gladiadores? Pelo viés político? Pelo viés humano? Muitas dessas perguntas se fizeram presentes mais de uma vez ao longo da pesquisa realizada entre 2000 e 2004 e, aos poucos, foi definido o viés da narrativa a ser trilhada. Durante os anos de trabalho e reflexões mais recentes, debater o cotidiano das pessoas comuns, daqueles que lutaram nas arenas, que viveram, que tiveram medos e glórias ou que simplesmente conhecemos apenas seu nome se tornou a prioridade. O enfoque nos indivíduos foi se constituindo como olhar relevante por que os estudos sobre as lutas nublam um pouco as pessoas, gladiadores ora eram sombras, ora monstros, ora sedutores, mas nunca pessoas.

Explorar essa lacuna é, portanto, o viés central do capítulo que segue. Mais do que uma análise global sobre o assunto, o capítulo pode ser entendido como uma ferramenta crítica para aqueles que também se intrigam com o tema, visando novos estudos que explorem aspectos sociais e culturais dos combates. Nesse sentido, a partir da experiência anterior de trabalho (Garraffoni 2005), o texto está dividido em três partes: alguns dados sobre os jogos e a documentação disponível, as principais correntes historiográficas sobre as lutas e alguns comentários sobre os gladiadores a partir da Epigrafia. Com essa estrutura, a ideia é construir um diálogo com os leitores e as leitoras, compartilhando algumas inquietações sobre os jogos de gladiadores e sua relevância histórica.

1. Os *munera*

Ao estudar a Antiguidade sempre nos deparamos com as incertezas. Embora muitas vezes estudiosos optem por construir metanarrativas acerca dos romanos, as lacunas saltam aos olhos e nos obrigam a lidar com as ambiguidades e contradições. No caso do tema dos jogos dos gladiadores não poderia ser diferente. Saber com precisão quando se deu a primeira luta ou a última é quase impossível, assim como é bastante improvável que saibamos ao certo como os combates foram criados. O que sabemos é que, muito provavelmente, o primeiro combate realizado em Roma foi em 264 a.c., em memória do falecido Iunius Brutus Pera, de acordo com o registro de Tito Lívio (*Ab urbe condita*, 16). Mesmo que essa data tenha chegado até nós, não há consenso entre historiadores e arqueólogos se os combates tiveram origem na Etrúria e, diretamente, teriam chegado a Roma ou na Campânia e, posteriormente, levados a Roma pelos etruscos (Mouratidis 1996).

Igualmente polêmicas são as considerações tecidas diante o Código Teodosiano de 438 d.C. e que marca o fim dos combates no mundo romano. A grande maioria dos estudiosos afirma que o cristianismo foi fundamental na sua extinção, mas Teja (1992) defende a importância de revisão desse argumento e acredita que uma multiplicidade de fatores influenciou na interrupção dos jogos: mudanças na economia, na política e no próprio gosto dos espectadores pelos combates. Mas os debates não se encerram por aqui. Mesmo que tomemos essas datas como balizas temporais, são quase sete séculos de lutas em um vasto território, o que nos leva a pensar sobre as continuidades e mudanças da relação das pessoas com os jogos, seu funcionamento e suas normas. Ou seja, os jogos foram dinâmicos na Antiguidade, envoltos em permanências e rupturas, o que desafia as percepções modernas dos estudiosos.

Talvez o pouco consenso que haja entre os estudiosos esteja relacionado ao seu caráter funerário e religioso, no início familiar e, depois, aberto ao público. Lafaye (1896) apontou essa característica ainda no século XIX: mesmo que no final do período republicano os combates deixaram o âmbito familiar e passaram a ser feitos para um público amplo, essa mudança não alterou seu caráter fúnebre, o nome seguiu *munus* e eles nunca se confundiram com os jogos de teatro ou circo[2]. Os combates seriam, portanto, *munus funebre* e estariam relacionados às obrigações que os políticos teriam para com a cidade em homenagem a falecidos ilustres ou antepassados.

Essa mudança do caráter familiar para o de grande espetáculo é considerada pela historiografia como um marco e foi interpretada de distintas maneiras: ora vista como uma evolução natural do fenômeno, ora como ruptura que apontava mudanças de comportamento e política com o nascimento do Império. Ou seja,

---

[2] *Munus*, (pl. *munera*), é uma palavra de âmbito jurídico-social e pode ser traduzida como "empenho", "presente", "tarefa", "obrigação", "gratificação", isto é, como um dever que o cidadão deve prestar aos demais. Para detalhes e sua relação com termos como *municipium* cf. Garraffoni 2005 20.

os espetáculos grandiosos que fazem parte do imaginário moderno, são somente uma parte do fenômeno dos combates de gladiadores, mas expressa mudanças concretas no cotidiano romano: há alterações nas legislações para sua realização e manutenção, há um processo de reorganização do espaço urbano com a construção de anfiteatros de pedra, afastados do *forum*, e as *uenationes* (caçadas que poderiam ser lutas entre homens e animais ou somente entre animais), que até então eram apresentadas no circo, passam a constituir parte dos *munera*.

Estudar essa paixão dos romanos é, portanto, bastante complexo, na verdade um desafio, pois nos leva a pensar não somente nos membros da elite e sua relação com ela, mas também nas pessoas comuns e no público anônimo, além é claro, de seus protagonistas. Quando se pesquisa mais a fundo o fenômeno no período imperial percebe-se que, a partir dele, é possível nos confrontarmos com uma grande diversidade de concepções de mundo, logo de posições diante desses espetáculos. A quantidade de registros que chegou até nós talvez seja tão grande, embora fragmentada, devido ao envolvimento das pessoas e ao volume de lutas ao longo do período imperial. Se pensarmos na documentação escrita, encontraremos referências aos combates de gladiadores em tratados filosóficos de Sêneca ou Apuleio, nas narrativas históricas de Salústio, Suetônio, Tácito, nos escritos de Plínio, nas sátiras de Juvenal, Marcial e Petrônio, além de escritos oficiais como as *Res Gestae* de Augusto ou do próprio o *Digesto* de Justiniano, só para citar alguns exemplos[3].

Há, também, uma diversidade de registros materiais: os relevos funerários de cidadãos que propiciaram espetáculos com representações dos diferentes tipos de gladiadores, moedas comemorativas, lamparinas de cerâmica, odres, pratos, vasos ou mosaicos como os de Zlitene, no Norte da África. Nesta listagem é possível inserir ainda, as lápides funerárias de gladiadores, grafitos parietais, suas armas encontradas em Pompeia ou as centenas de bonecos de terracota espalhados em diversas regiões. Isso sem mencionar os anfiteatros de pedra que, a partir do período imperial, são construídos nas regiões mais longínquas e registram em suas arquibancadas nomes das famílias senatoriais ou da elite local, as inscrições honoríficas, dedicatórias religiosas, as de caráter funcional ou mesmo os anúncios de espetáculos nos fornecem algumas pistas sobre as complexas redes de relações que se estabeleciam para realizar os *munera*.

Assim, espetáculo na arena de pedra, lutas de gladiadores e caçadas é o que se constituiu ao longo do período imperial. Há uma carta bastante conhecida de Sêneca a Lucílio em que menciona como se davam os espetáculos no momento em que vivia: além de caçadas e lutas de gladiadores, ocorriam as excuções de crimosos – as que Sêneca repudia, já que para ele seria um simples massacre, sem ética, misericórdia ou um espetáculo agradável aos olhos como os combates tradicionais (Seneca, *Cartas a Lucílio* 1, 7, 3-4). Esse tipo de relato de Sêneca é o que mais encontramos na documentação escrita, ou seja, menções breves das

---

[3] Para uma listagem completa dos trechos de textos sobre os *munera* cf. Futrell 2007.

lutas marcam as posições dos autores, suas impressões ou opiniões acerca dos jogos. Não há, portanto, uma descrição passo a passo do que ocorria nas arenas, já que se espera que o ouvinte/leitor soubesse do que se tratava; portanto, o que conhecemos são reconstruções a partir de textos e da cultura material feitas por estudiosos, artistas ou escritos ao longo do tempo.

Pelos textos, sabemos, então, das opiniões, das críticas ou gracejos dirigidos não só aos gladiadores como à audiência, além de algumas etapas dos eventos. No que respeita a cultura material, as informações são mais diversificadas. Lápides e grafitos, como veremos mais adiante, trazem informações sobre a vida dos gladiadores e as pessoas próximas a eles; os anfiteatros, por meio das suas inscrições, nos dizem quem financiava os jogos; bem como as arquibancadas ainda apresentam registros de quem se sentava onde. Assim sabemos que quando ocorriam lutas no período imperial, pessoas das cidades vizinhas tinham lugares reservados, o que nos leva a crer que espetáculos de vários dias movimentavam o comércio local. Nesse sentido, informações variadas, como essas e muitas outras que podem ser retiradas da cultura material, nos dão um quadro aproximado dos jogos no período imperial: sabemos que movimentavam muitas pessoas, desde os membros das camadas aristocráticas, que doavam recursos para sua execução, aos homens que cuidavam das vestes e armamentos; os que contratavam os grupos de gladiadores, os que preparavam sua alimentação, os *collegia* – assossiações que entre outras coisas poderiam ajudar a dar um enterro digno aos gladiadores que eventualmente morriam em combate, as amantes, entre tantos outros possíveis envolvidos.

Também é via cultura material, seja pintura de paredes, grafitos, mosaicos lamparinas, cerâmica (copos, pratos, ânforas), por exemplo, que sabemos das principais categorias de gladiadores: o samnita, o mais antigo tipo de gladiador que carregava um escudo rectangular e espada curta; trácios que geralmente portavam escudo quadrado, uma proteção no braço direito e poderiam empunhar uma espada curva ou angulada; hoplômaco (*hoplomacus*), difícil de reconhecer na iconografia por ser parecido com o trácio, portando espada reta e um pequeno escudo; o reciário (*retiarius*), o mais simples de reconhecer devido às suas cacterísticas singlares, o uso da rede e tridente; assim como o mirmilão (*murmillo*) por ter um peixe esculpido no elmo; o *secutor* que lutava contra o reciário e portava espada reta e um elmo pequeno e redondo para dificultar ser preso pela rede do adversário; o *eques*, que lutava a cavalo, e o *provocator*, de que temos menos informações.

Todos estes registros, mais do que nos fornercer dados concretos do que realmente acontecia nas arenas, nos propiciam um *corpus* heterogêneo e complexo, indícios de experiências de vidas e visões de mundo diversas que são transformadas por historiadores e arqueólogos em documentos para seus argumentos. Dependendo da maneira como os estudiosos escolhem e ordenam seu *corpus* de evidências surgem os modelos interpretativos e as discussões sobre violência, *ethos* militar, política, poder ou domínio. São algumas dessas leituras que serão discutidas a seguir.

2. A historiografia e as lutas de gladiadores: principais abordagens

2.1. *Pão e Circo*

Conforme comentado anteriormente, os estudos sobre os jogos de gladiadores variam ao longo dos séculos XIX e XX, mas é interessante notar que, no que diz respeito ao início do Principado romano, nosso foco nesse capítulo, alguns temas predominam: a ideia de que havia uma manipulação política das elites, popularmente conhecida como 'política do pão e circo'; a questão da violência e a representação da alteridade. Nesse sentido, é interessante retomar brevemente os principais argumentos dessas vertentes e explorar o aspecto cultural, menos trabalhado na historiografia, mas nem por isso menos importante.

Iniciemos, então, com o mais conhecido: a relação entre política imperial romana e as lutas de gladiadores. Os primeiros trabalhos a fazerem essa ligação datam da segunda metade do século XIX e início do XX. Os trabalhos de Mommsen (edição consultada 1983), Friedländer (edição consultada 1947), Meier (1881) e os verbetes de Lafaye (1896) e Schneider (1918) são a base de muitos estudos sobre o tema. Enquanto Lafaye e Schneider ainda são citados devido à grande quantidade de dados que reuniram sobre os combates em seus verbetes, Mommsen, Friedländer e Meier são referências importantes no campo de interpretação dos jogos e espetáculos romanos. Entre esses três últimos, Meier é o que mais se dedica aos jogos de gladiadores, enquanto Friedländer e Mommsen, por terem escrito obras de maior fôlego sobre o Império, dedicam partes de seu trabalho aos gladiadores em específico. No entanto, são Mommsen e Friedländer que fundamentaram aquilo que se tornaria conhecido como 'política do pão e circo'. Críticos do ócio romano, ambos fizeram leituras das obras de Sêneca e Juvenal repreendendo o excesso de luxo da aristocracia e, ao mesmo tempo, o ócio popular. Mommsen não usa diretamente a expressão 'pão e circo', mas critica enfaticamente o desinteresse da plebe pelo trabalho e sua paixão pelos jogos.

Já Friedländer, contemporâneo de Mommsen, é mais explícito em sua argumentação e, talvez, seja o primeiro a afirmar que os jogos de gladiadores se constituíam em um instrumento de manobra política da aristocracia (Friedländer 1947 498). Como caracterizou a população romana com termos como 'turba' ou 'massa', Weeber (1994 166) chegou a afirmar que Friedländer teve um papel importante na formação da ideia depreciativa da população que frequentava os espetáculos. Friedländer se baseou em especial em Juvenal e, retirando o contexto satírico de sua obra, descreveu as pessoas que frequentavam a arena de maneira bastante negativa[4]. A analise de Friedländer está permeada pelas percepções do contexto em que foi escrita: momento do desenvolvimento capitalista e das indústrias em que se valorizava ao máximo o trabalho e apresentava o *otium*

---

[4] Para uma análise mais detida sobre essa questão, cf. Garraffoni 2005 68-72.

como potencial ameaça à ordem estabelecida. A maneira como elabora seu texto é uma expressão dessa perspectiva: compara os marginalizados romanos com os modernos e traz à tona suas preocupações com o desemprego e as revoltas que acometiam as cidades europeias no final do século XIX.

Esta ideia de plebe ociosa e perigosa semeada em finais do século XIX se fortalece ao longo do século XX. Carcopino (edição consultada de 1990) desenvolve seus argumentos a partir de percepção binária atrelando virtudes à elite e vícios às camadas populares que frequentavam os espetáculos, Grimal (1981) enfatiza que o povo romano era desocupado e adorava combates de gladiadores, Robert (1995) opõe a população rural à urbana, definindo a primeira como trabalhadora e virtuosa e a segunda como desocupada e propensa aos prazeres.

É só com Veyne (1976) que a perspectiva começa a ser criticada: embora os espetáculos ainda sejam entendidos como trunfo político das elites, Veyne argumenta que eles não despolitizariam o povo, uma vez que se configurariam em um espaço de confronto com o imperador. O conceito de 'pão e circo' ressignificado nos textos de Veyne, encontrou nos estudos sobre os espetáculos um campo fértil e muitos classicistas dos anos de 1980/90, inclusive os brasileiros (Almeida 2000; Corassin 2000), fizeram uso em abundância desta concepção. Ela se constitui em uma alternativa, pois indicava uma explicação aceitável para os combates, além de abrir espaço para que estes classicistas questionassem a imagem já consagrada da *plebs* totalmente alheia à vida política (Weeber 1994). Em alguns estudos que seguiram o de Veyne aceitou-se, portanto, a elite proporcionar jogos para o "povo" romano, mas a ênfase não estava mais na ociosidade dos populares e sim na possibilidade de manifestação política, embora a última palavra sempre fosse do imperador ou membro da elite local.

Essas considerações constituem, na verdade, um resumo de um amplo debate, mas permitem enfatizar que essa perspectiva, pautada na política, na modalidade mais conhecida ou na versão mais crítica de Veyne e Weeber, está profundamente baseada em uma oposição binária elite/povo e, portanto, não leva em consideração contextos específicos do Império, nem as relações sociais e de gênero sobre a qual a sociedade romana era constituída. Embora seja a perspectiva mais popular entre o grande público, não é a única entre os estudiosos. Alguns optaram por entender o fenômeno fazendo o recorte a partir da violência dos combates. Vejamos a seguir os principais pontos debatidos por essa perspectiva.

2.2. Sangue na Arena

Os jogos de gladiadores envolvem combate corpo a corpo que poderia ou não resultar em morte. Nesse contexto, a questão da violência é um tema que aparece com certa frequência, em especial depois da II Guerra Mundial. Grant (1967) é um bom exemplo disso. Partindo sua análise desde uma perspectiva marcadamente marxista e com o objetivo de denunciar a opressão exercida por

Roma, Grant evidencia a crueldade a que as camadas populares estavam submetidas. Na introdução de *Gladiators,* por exemplo, afirma que os combates são o traço mais nocivo da civilização romana, devendo ser estudado para denunciar as atrocidades que acometeram esta sociedade.

Embora seu texto seja de denúncia à exploração dos romanos vencedores sobre a população vencida e suas maneiras de coerção violentas, Grant compartilha de uma perspectiva muito difundida em interpretações fora do marxismo – a noção de um cristianismo purificador de hábitos pagãos. Esta ideia, que já estava presente na década de 1930 em Carcopino (1990), é retomada em um novo contexto e ajuda a construir uma imagem dos jogos muito mais violenta e sangrenta que a presente nas décadas anteriores: enquanto os estudiosos do século XIX e início do XX se preocupavam com o aspecto político dos combates, os historiadores que se debruçaram sobre a questão após os anos de 1950 enfatizam o que chamaram de lado sádico e destrutivo desta instituição.

O trabalho de Grant é um exemplo do mau estar que se encontra na época: muitos estudiosos no pós-guerra se incomodaram com o fato de não haver críticas romanas aos combates, ou seja, gradativamente, ao longo do século XX a violência dos combates é questionada teoricamente, mas são raríssimos os documentos que mencionem o problema. Auguet (1985), que escreveu suas reflexões nos anos de 1970, é um dos primeiros a problematizar a questão e afirma que, para um historiador moderno, pensar que a elite romana não questionava os combates é algo brutal e, por isso, boa parte dos pesquisadores se escora em breves passagens de Sêneca ou na suposta bondade cristã. Devido a esta sensibilidade, fruto do pós-guerra, busca-se a desaprovação dos combates e não se aceita, por exemplo, que talvez ela não tenha existido (Auguet 1985 167). De certa forma, o pós-guerra inaugura um dilema diante do objeto de estudo, pois a morte pode ser entendida como diversão. Em um contexto de crítica ao nazismo e fascismo que assolou a Europa esse dilema afasta os estudiosos dos gladiadores, em especial entre os anos de 1950-70, e, quando foram elaboradas pesquisas, essas foram feitas a partir de um prisma de denúncia, com forte ênfase na crueldade e uma repugnância profunda, quase uma necessidade de afastar o NÓS (pesquisadores modernos) do ELES (romanos violentos)[5].

Esse embaraço predomina na historiografia até o início da década de 1980, quando sofre um deslocamento. Embora muitos estudos ainda mantenham a violência como ponto central que estrutura as investigações, a abordagem muda consideravelmente: ao invés de afirmar categoricamente que os combates eram cruéis, os historiadores passam a refletir sobre o contexto cultural em que os jogos se desenvolveram.

---

[5] Sobre o embaraço que as lutas causavam aos historiadores, cf, também, os comentários de Gregori (2001 15).

Sabbatini Tumolesi (1980 157), por exemplo, afirma que de nada adianta aproximarmos dos combates com um olhar repleto de preconceitos e, simplesmente, taxá-los de violentos. Widemann (1995 XVII) explicita que seu objetivo central é procurar entender os *munera* no contexto romano e em suas concepções de sociedade, moralidade e morte. Já C. Vismara (2001 9) é mais radical e instiga o estudioso a fazer um esforço mental de abandonar as sensibilidades modernas para compreender a romana, uma cultura em que a punição corporal e o espetáculo faziam parte da vida cotidiana de inúmeras pessoas. Kyle (1997) elabora sutis críticas às produções historiográficas dos anos de 1990 sobre os combates e estimula o pesquisador a repensar antigos conceitos aplicados às arenas e a elaborar releituras críticas, além de teorizar sobre as diferentes formas de violência na História, contextualizando a romana no ambiente esportivo (Kyle, 1998). Nesta linha questionadora poderíamos acrescentar, ainda, o comentário de Potter (1999) que, ao discutir os espetáculos na arena, chama a atenção para o fato de que, embora o sangue seja derramado em diversas ocasiões, não significa que a morte fosse uma presença constante nas arenas.

Todos estes trabalhos explicitam um descontentamento com as interpretações que reduzem a sociedade romana a expressões de sadismo e gosto pelo sangue. Considerar a sociedade como escravista, atribuindo distinto valor à vida como fez Vismara, criticar os anacronismos, retomar a concepção religiosa ou as virtudes militares como fizeram, em diferentes medidas, Wiedemann, Sabbatini Tumolesi, Kyle e Potter, são atitudes que expressam esforços teóricos diversificados para procurar criar outras formas de entender o fenômeno. Neste viés analítico, os contextos histórico, cultural e social possuem um papel decisivo (Wistrand 1992; Barton 1993; Hopkins 1983; Plass 1995).

Diante dessas novas abordagens Brown (1995) publicou uma resenha sobre os livros de Wiedemann e Barton em que apresenta algumas observações relevantes aos estudos mencionados. Nessa resenha, destacou a seriedade destes trabalhos e o avanço que forneceram ao tema, afinal em um ambiente historiográfico de pouca simpatia pelos combates, Wiedemann e Barton iniciaram buscas pelas relações sociais que poderiam estar presentes nas arenas. Embora haja divergências nos trabalhos, Brown ressalta um ponto em comum: ambos criam uma "teoria da necessidade", isto é, que os romanos precisavam dos gladiadores para que houvesse um bom funcionamento da sociedade.

Este ponto destacado por Brown é fundamental e relevante. Pensar os combates como necessários implica dar um papel de importância à instituição, que por um período ficara em um segundo plano na historiografia, no entanto, acaba por reduzir sua complexidade a *uma única* interpretação para o fenômeno, a política. Neste sentido, a observação de Brown quanto à criação de um "modelo da necessidade" pode ser estendida também a Hopkins, Plass e Wistrand, pois cada um a seu modo enfatiza um lado único do combate (a violência) e se baseia em um modelo normativo de interpretação que busca explicar o fenômeno de maneira racional e aceitável pelo mundo moderno.

Assim, com exceção de Sabbatini Tumolesi, que buscou um questionamento do sadismo enfocando o cotidiano dos gladiadores, os demais autores, embora tenham produzido estudos de grande erudição, na tentativa de interpretar a violência, acabaram gerando modelos mais normativos da cultura romana. Inúmeros indivíduos que, por razões diversas, acabaram nas arenas foram transformados em um sujeito universal, o *gladiador*: uma massa sem rosto, atirada à própria sorte para manter o *status* do Império.

Tal leitura, embora enfatize a violência como necessária para o controle e ordem social, isto é, com uma função política de amenizar as divergências e manter a tranquilidade, é construída com o auxílio de outros conceitos importantes como a Romanização, a produção de uma identidade única, baseada na oposição romano/bárbaro, e o confronto do povo com o imperador. Em outras palavras, embora estes estudos recentes procurem justificar ou explicar a violência, muitas vezes ecoam a consagrada ideia do pão e circo, isto é, a arena como meio de controle social.

Neste sentido, é possível reconhecer que há uma tradição de leitura dos jogos na qual temas políticos ou sobre a violência são analisados de modo a explicar a sociedade romana e seus meios de dominação, mas poucos estudos versam sobre os gladiadores. Seria possível deslocar a questão e pensar em linhas de fuga, no sentido deleuziano do termo, que permitam outras aproximações do objeto? A estratégia adotada a seguir é inspirada em Sabbatini Tumolesi e busca focar no cotidiano dos protagonistas e, nesse sentido, a aproximação com arqueologia clássica é fundamental, pois o estudo das inscrições propicia leituras em que a alteridade pode ser preservada, provocando deslocamentos em nossas percepções no presente.

3. Uma proposta de leitura

Como já ressaltado anteriormente, a grande maioria da documentação sobre os espetáculos foi escrita por membros da elite romana. Para produzir leituras que não se restrinjam a percepções aristocráticas, uma alternativa é o estudo da epigrafia, notadamente, as inscrições de parede de Pompeia e as lápides funerárias dos gladiadores[6].

As inscrições, embora fragmentadas, trazem consigo características particulares que desestabilizam muitas das perspectivas dos combates e da vida cotidiana dos gladiadores no período imperial, por isso são instigantes. Os grafitos são efêmeros e só chegaram até nós devido ao acaso da explosão do Vesúvio em 79 d.C. e as lápides de gladiadores são raras,

---

[6] Vale lembrar que Tony Wilmott (2009) organizou um livro sobre novas leituras dos combates de gladiadores a partir da Arqueologia e consta uma parte sobre inscrições e iconografia, destacando a importância dessa documentação para pensar os combates de gladiadores.

pois a maioria deles eram enterrados em valas comuns. Devido a essas particularidades, cada uma a seu modo, trazem elementos que permitem refletir sobre as complexidades de um ambiente masculino na Antiguidade. A partir delas, análises de relações de gênero são possíveis, assim como estudos sobre produção de memória de um determinado grupo da sociedade; afinal, tanto as lápides como os grafitos, escritos de próprio punho ou por pessoas próximas, são indícios de seus desejos e visões de como gostariam de serem lembrados.

Ao longo desses anos de pesquisa é possível perceber que os grafitos de Pompeia apresentam gladiadores e público bem mais próximos do que a historiografia comentada poderia prever: os primeiros com suas percepções de mundo, deixando pelas paredes conquistas amorosas, bem como seus nomes e categorias de armas, e o segundo deixando claras suas preferências e entusiasmo com os vencedores. Nesses ambientes, a gladiatura é parte da constituição das identidades desses homens que não parecem se intimidar por exercerem uma profissão infame (Garraffoni e Funari 2010; Feitosa e Garraffoni 2010; Garraffoni 2013; Garraffoni e Laurence 2013).

A amostra de grafitos que foi pesquisada é instigante e somam cerca de 260 inscrições (Garraffoni e Laurence 2013)[7]. Há uma grande diversidade de tipos de grafitos sobre gladiadores: podem ser desenhos de armas ou dos combatentes com ou sem os nomes dos gladiadores e seu desempenho nas lutas. Desses (com homens e nomes), os gladiadores podem estar sozinhos ou em pares, se vencedores levam palmas, coroas e suas armas, se perdedores estão no chão, com armas depostas ou sangrando. Na maioria das vezes anônimos, é bem provável que esses grafitos tenham sido feitos pelo público que assistia aos espetáculos. Por outro lado, há vários grafitos sem desenhos e compostos apenas por inscrições encontrados na 'Casa dos gladiadores', lugar em que ficavam alojados antes das lutas, e esses sim podem ser atribuídos aos lutadores. É nessas inscrições que temos seus nomes e suas conquistas amorosas. Nessa 'Casa' há cerca de cento e quarenta e cinco grafitos sobre as lutas, dos quais vinte e sete são nomes e indicam categorias de luta. O que há de interessante nesse edifício é que 83% dos grafitos se encontra espalhado nas colunas do peristilo da casa e o que nos chamou a atenção na ocasião é que a grande maioria dos grafitos sobre o tema não está próximo aos lugares das lutas, mas onde os gladiadores se encontravam para comer ou descansar, em espaços de circulação, permitindo o diálogo com outras pessoas que por ali passassem (Garraffoni e Laurence 2013). Tais grafitos expressam as escolhas daqueles que os fizeram, sejam para marcar suas conquistas amorosas ou de lutas, esses homens escreveram seus nomes, seu desempenho e deixaram nas paredes e colunas da 'Casa' as formas de como gostariam de ser reconhecidos e representados.

---

[7] Ao final do texto há alguns exemplos desses grafites.

Grafitos de parede – alguns exemplos[8]

Dois gladiadores lutando (imagem no catálogo de Langner) – CIL IV, 10.236
Inscrições:
Lado esquerdo: M. Att (ilius), na parte superior.
Logo abaixo: M. Attilius (pugnae) I, (coronae) I, V(icit)
Tradução: *M. Atílio, I luta, I vitória, venceu a luta.*
Lado direito: L. Raecius Felix/ (pugnarum) XII, (coronarum) XII, M(issus)
Tradução: *L. Récio Feliz, lutou 12 vezes, venceu 12, esta vez foi poupado.*

Tr.
Celadus (CIL IV, 4341)
Tradução: *Célado, o trácio*

Suspirium puellarum
Tr.
Celadus.Oct. III. C III (CIL IV, 4342)
Tradução: *Suspiro das garotas, Trácio Célado, Otaviano, 3 lutas, 3 vitórias*

Puellarum decus
Celadus Tr. (CIL, IV 4345)
Tradução: *Célado, o trácio, glória das garotas*

Tr. (CIL IV, 4290)
Crescens (CIL IV, 4318)
Florus (CIL IV, 4298)

Já as lápides nos apresentam outra forma de narrativa. Elas são raras, a maioria dos gladiadores eram enterrados de maneira anônima em valas comuns, conforme mencionado, mas há duas coleções bastante importantes que nos chegaram até nós: uma de Roma e outra da *Hispania*. Sabbatini Tumolesi (1980; 1988) e Hope (1998; 2000) já chamaram a atenção para a importância dessa documentação pouco estudada, pois, embora fragmentada, permite que possamos perceber as relações entre os gladiadores e suas redes de sociabilidade. De fato, as lápides que remanesceram nos trazem uma série de informações: origem étnica, número de lutas e vitórias, parentescos, onde o gladiador aprendeu a lutar, suas relações familiares – filhos, amantes – e suas redes de amizade. No geral as lápides eram simples, mas os que juntavam dinheiro ou tinham companheiras ou amigos fiéis, poderiam deixar lápides mais elaboradas. Na mostra de Córdova, chamam a atenção as dedicatórias de mulheres que não só contam um pouco da vida dos companheiros, como também pedem que sua

---

[8] Para mais exemplos e com imagens, cf. Langner 2001.

memória seja respeitada (Garraffoni 2012 220-227). No caso específico dessas lápides, a voz das mulheres na construção das memórias é imprescindível e a maneira como narram a vida desses homens faz com que possamos rever a ideia que temos dos gladiadores isolados nas arenas, em um mundo masculino em busca da vitória. Nessas lápides, os gladiadores são comemorados como amantes, pais e amigos, como pessoas que compartilharam desejos e intimidades. Lápides, assim como grafitos, trazem outros tipos de discursos que permitem pensar o processo de construção de memória a partir das escolhas dos gladiadores e de pessoas próximas, deslocando nossa percepção que, em geral, é baseada nos discursos dos membros das elites.

Lápides funerárias, alguns exemplos:

Roma[9]:

N° 57
C(aius) Futius Hyacintus doct(or) opl(omachorum).
Futia C(ai) l(iberta) Philura fecit.
Tradução: *Caio Fúcio Jacinto, treinador de hoplómacos. Fúcia Filura, liberta, fez.*

N° 87
Amanus, Sam(nes), Ner(onianus),
v(ictoriarum) III, (coronarum) II
Tradução: *Amano, samnita, neroniano, 3 vitórias, 2 coroas.*

N° 94
L(ucius) Lucretius, tr(aex), vict(oriarum) XIIX.
Tradução: *Lúcio Lucrécio, trácio, 18 vitórias*

Hispania: o número que cada uma das inscrições possui se refere ao original do catálogo de Garcia y Bellido, 1960.

N° 2
Mur(millo). Cerinthus. Ner(onianus). II. Nat(ione) graecus.
An(norum) XXV. Rome Coniunx bene merenti de suo posit. T(e) R(ogo) P(raeteriens) D(icas) S(it) T(ibi) T(erra) L(euis)
Tradução: *Mirmilão Cerinto, neroniano, lutou 2 vezes, grego. Morreu com 25 anos. Rome, sua esposa, colocou esta lápide. Passante, te peço, diga que a terra seja leve.*

---

[9] O número que cada uma possui se refere ao original do catálogo de Sabbatini Tumolesi 1988.

Nº 8
Actius, mur(millo), uic(it) VI, Anno XXI, H(ic) s(itus) e(st) s(it) t(erra) l(euis). Uxor uiro de suo quot quisquis uestrum mortuo. Optarit mihi it ili di faciant. Semper uiuo et mortuo.
Tradução: *Áccio, mirmilão, venceu 6 vezes. Morreu com 21 anos. Aqui está sepultado, que a terra seja leve. Sua esposa pagou, por conta própria, este monumento. O que qualquer um de vocês desejar a meu falecido, o mesmo farão os deuses com vivos e mortos.*

Nº 13
Germanus. Samnis. IVL.XIII. (na)tione graeca. Anno XXX. H.S.E.
Tradução: *Germano, samnita, Juliano, lutou 14 vezes. Grego, 30 anos, aqui jaz.*

Mas por que essas inscrições fragmentadas podem ser tão importantes? Tanto as lápides como os grafitos, por mais que sejam fragmentados, permitem que a gente acesse aos indivíduos que lutaram nas arenas e, ao mesmo tempo, quando olhadas em conjunto, nos apresentam redes de sociabilidades a partir de seus pontos de vista. Assim, relações afetivas, deslocamentos, origens étnicas e percepções de mundo podem ser delineados a partir de um ponto de vista cultural e social, permitindo abordagens particulares que podem ajudar a questionar a universalidade das arenas dentro da sociedade romana. O contexto específico das inscrições permite pensar a pluralidade de formas de vida na antiguidade.

Considerações finais

Quando estes estudos foram iniciados, vários incômodos com a historiografia sobre os gladiadores surgiram, mas o principal deles dizia respeito a esta forma de entender os combates na qual os protagonistas não aparecem ou são apenas engrenagens de um sistema político de dominação. Essa perspectiva incomodava porque não exprimia a diversidade e a complexidade das arenas, tampouco dos protagonistas ou das pessoas que por ali passavam. Buscar alternativas a essa maneira de perceber os combates tornou-se, portanto, um dos objetivos. Conforme a pesquisa foi se desenvolvendo muitas perguntas surgiram: como transitar por esse universo das arenas? Porque trazer os gladiadores para o presente? Qual a ideia de Império Romano que se pretende construir? Os incômodos, aos poucos, foram se transformando em questões de fundo teórico-epistemológico, que precisavam de reflexão.

Neste novo contexto, os argumentos de Lowenthal (1985) foram muito importantes, ter clareza da posição política do estudioso no presente é fundamental para definir uma narrativa, para se pensar sobre qual passado escrever. Contrastar presente e passado para criar uma possibilidade de ação política no presente, tornou-se, então, um novo desafio. Foi por essa razão que ao longo desses anos de pesquisa focamos naqueles personagens menos estudados, os gladiadores, e, ao mesmo tempo, na busca pela diversidade nos fragmentos de discursos que eles deixaram, exploramos as ambiguidades dos universos masculinos romanos e de como os percebemos no presente. Nesse sentido, explorar o lado das relações afetivas dos protagonistas das arenas ou mesmo das pessoas próximas a eles significa construir um modelo interpretativo menos convencional, mas promissor: esses escritos, fragmentados e incompletos, nos colocam frente a frente a dilemas cotidianos, nos lembram das fragilidades da vida, das diferentes origens étnicas daqueles que viveram sob o julgo romano. Nesse sentido, estudar o cotidiano desses homens infames, não só como proscritos, pode ser um caminho interessante para rever aquilo que pensamos o que é o Império Romano, trazer à tona suas ambiguidades, seus conflitos, formas de resistências, diversidade de viver e sentir. O facto de trazermos os gladiadores para o centro das atenções, mais uma vez, implica em reflexões sobre violência, morte, dominação, mas também encontros, paixões e vida.

Tábua Cronológica

246 a.C. - data tradicional da primeira luta de gladiadores em homenagem ao falecido Iunus Brutus Pera, segundo Tito Lívio
44 a.C. - assassinato de Júlio César
31 a.C. - Augusto se torna imperador
79 d.C. - erupção do Vesúvio e destruição de Pompeia
79 d.C. - inauguração do Anfiteatro Flávio em Roma, mais conhecido como Coliseu
438 d.C. - data tradicional do final das lutas de gladiadores, segundo o Código Teodosiano

Bibliografia

Almeida, L.S. (2000), "Poder e política nos espetáculos oficiais de Roma Imperial", *Clássica* 9/10 132-141.
Auguet, R. (1985), *Crueldad y civilización: los juegos romanos*. Barcelona, Ediciones Orbis.
Barton, C. A. (1993), *The sorrows of the Ancient Roman; the gladiator and the monster*. Nova Jersey, Pinceton University Press.
Brown, S. (1995), "Explaining the arena: did the Romans 'need' gladiators?", *Journal of Roman Archaeology* 8 376-384.
Carcopino, J. (1990), *Roma no apogeu do Império*, São Paulo, Cia das Letras.
Corassin, M. L. (2000), "Edifícios de espetáculos em Roma", *Clássica* 9/10 119-131.
Feitosa, L. M. G. C. - Garraffoni, R. S. (2010), '*Dignitas* and *infamia*: rethinking marginalized masculinities in early Principate', *Studia Historica. Historia Antigua* 28 57-73.
Futrell, A. (2007), *The Roman Games: A Sourcebook*. Londres, Blackwell.
Friedländer, L. (1947), *La sociedad romana – Historia de las costumbres en Roma, desde Augusto hasta los Antoninos*. Madri, Fondo de la Cultura Económica.
Garcia y Bellido, A. (1960), "Lapidas funerarias de gladiadores de Hispania", *Archivio Español de Arqueologia* 33 123-144.
Garraffoni, R. S. (2005), *Gladiadores na Roma Antiga: dos combates às paixões cotidianas*. São Paulo, Annablume/FAPESP.

Garraffoni, R. S. (2013), "Escritos e inscrições: uma reflexão sobre a pluralidade no início do Principado" in G.V. Silva – L.R. Leite, *As múltiplas faces do discurso em Roma*. Vitória, Editora da UFES 120-134.

Garraffoni, R. S. (2012), 'Reading gladiators' epitaphs and rethinking violence and masculinity in the Roman Empire', in B. Voss – E. Casella, orgs *The archaeology of colonialism: intimate encounters and sexual effects*. Nova York, Cambridge University Press 214-231.

Garraffoni, R. S. - Laurence, R. (2013), 'Writing in public space from child to Adult: The meaning of graffiti' in G. Sears – P. Keengan – R. Laurence, orgs *Written Space in the Latin West, 200BC to AD300*. Londres, Bloomsbury 123-134.

Garraffoni, R. S. - Funari, P.P.A. (2009), 'Reading Pompeii´s walls: a social archaeological approach to gladiatorial grafitti', in Wilmott, T., org., *Roman Amphitheatres and Spectacula: a 21st Century Approach*. Oxford, Archeopress 185-193.

Grant, M. (1967), *Gladiators*. Londres, The Trinity Press.

Gregori, G.L. (2001), "Aspetti sociali della gladiatura romana", in la Regina, A., org. *Sangue e Arena*, Roma, Electa 15-27.

Grimal, P. (1981), *A vida em Roma na Antigüidade*. Lisboa, Publicações Europa-América.

Hope, V. (2000), "Fighting for identity: the funerary commemoration of italian gladiators", in A. Cooley, org. *The epigraphic landscape of Roman Italy*. Londres, University College of London 93-113.

Hope, V. (1998), "Negotiating identity and status – the gladiators of Roman Nîmes" in J. Berry - R. Laurence, orgs. *Cultural identity in the Roman Empire*. Londres, Routledge 179-195.

Hopkins, K. (1983), *Death and Renewal – sociological studies in Roman History*. Cambridge, Cambridge University Press.

Kyle, D.G. (1997), "Rethinking the Roman arena: gladiators, sorrows and games", *The Ancient History Bulletin*, vol. 11, n°1 94-97.

Lafaye, G. (1896), "Gladiator", in Daremberg-Saglio, orgs., *Dictionnaire des Antiquités Grecques et Romains* Paris, Librairie Hachette, tomo II 1563-1599.

Langner, M. (2001), *Antike Graffitizeichnungen – Motive, Gestaltung und Bedeutung*, Wiesbaden.

Lowenthal, D. (1985), *The past is a foreign country*, Cambridge, Cambridge University Press.

Meier, J.P., (1881), *De gladiatura romana (Dissertatio)*, Bonn.

Mommsen, T. (1983), *El mundo de los Cesares*, Madri: Fondo de Cultura Económica.

Mouratidis, J. (1996), "On the origin of the gladiatorial games", *Nikephoros* 9 111-134.

Plass, P. (1995), *The game of death in Ancient Rome – Arena sport and political suicide*. Wisconsin, The University of Wisconsin Press.

Olgivie, R. M. (1974). Titus Livius. *Ab urbe condita*. Oxford, Oxford University Press.

Potter, D.S. (1999). "Entertainers in the Roman Empire", in D. S. Potter – D. J. Mattingly, orgs., *Life, Death and Entertainment in the Roman*. Michigan, The University of Michigan Press.

Robert, J-N, (1995), *Os prazeres de Roma*, São Paulo, Martins Fontes.

Sabbatini Tumolesi, P.L. (1980), *Gladiatorum paria: annunci di spettacoli gladiatorii a Pompei*. Roma, Edizioni di Storia e Letteratura.

Sabbatini Tumolesi, P.L. (1988), *Epigrafia anfiteatrali dell'Occidente Romano I – Roma*. Roma, Edizioni Quasar.

Gummere, Richard M. (1917) Seneca, *Lucius Annaeus. Epistulae Morales (Letters)*. 3 vols. London, Harvard University Press, Loeb.

Schneider, K., (1918), "Gladiatores", in *Real-Encyclopädie der classichen Alterstumswissenchaft* (Supplementband III – Pauly-Wissowa – orgs), Sttutgart 760-784.

Teja, R. (1992), "Los juegos de anfiteatro y el cristianismo", in *El anfiteatro en la Hispania Romana, Mérida* 69-78.

Veyne, P. (1976), *Le Pain et le cirque: sociologie historique d'un pluralisme politique*. Paris, Seuil.

Vismara, C. (2001), *Il supplizio come spettacolo*. Roma, Edizioni Quasar.

Weeber, K.W. (1994), *Panem et circenses: Massenunterhaltung als Politik im antiken Rom*. Mainz am Rhein, Philipp von Zabern.

Wiedemann, T. (1995), *Emperors and Gladiators*. Londres, Routledge.

Wilmott. T. org. (2009), *Roman Amphitheatres and Spectacula: a 21st Century Approach*. Oxford, Archeopress.

Wistrand, M. (1992), *Entertainment and violence in ancient Rome – the attitudes of Roman writers of the first century A.D.*. Göteborg, Coronet Books.

9. Os Severos

Ana Teresa Marques Gonçalves[1]
Universidade Federal de Goiás
ORCID: 0000-0001-6020-3860
anateresamarquesgoncalves@gmail.com

Sumário: Convencionou-se denominar de Severos os imperadores que governaram Roma e seu Império territorial de 193 a 235 d.C., ou seja, Septímio Severo, Geta, Caracala, Macrino, Heliogábalo e Severo Alexandre. Todos tiveram governos com características específicas e acrescentaram ou aboliram práticas sociais, políticas e econômicas que transformaram a sociedade romana.

Élio Aristides, em seu *Discurso a Roma*, promove a ideia de que os governos dos imperadores Antoninos foram o ápice da administração imperial, pois percebe a conquista do mundo pelos romanos, que chega a seu extremo de expansão territorial do *limes* com as guerras dácicas promovidas por Trajano, como um elemento de desenvolvimento do Mediterrâneo capaz de transformar o gênero humano como um todo em algo melhor. Afirma em sua obra que os romanos "transformaram o mundo inteiro em um prazeroso jardim"[2]. Depois de se alcançar o extremo da boa governança, só restaria aos pósteros lidarem com a queda. Os próprios autores que produziram suas obras na passagem do II para o III século d.C. percebem seu tempo como um momento de crise a ser solucionada. Herodiano, em sua *História do Império Romano Após Marco Aurélio*, busca demonstrar que depois do governo idealizado de Marco o Império havia sido lançado num momento de grandes conturbações:

---

[1] Professora Titular de História Antiga e Medieval na Universidade Federal de Goiás. Doutora em História pela Universidade de São Paulo. Coordenadora do Laboratório de Estudos sobre o Império Romano (LEIR) – Núcleo Goiás. Bolsista Produtividade II do CNPq.

[2] Hel.Arist. *Orat*. 26.59.

"Este Império foi governado com dignidade até a época de Marco, e era admirado com respeito. Quando caiu nas mãos de Cômodo começaram os erros, imputáveis à sua juventude, mas em todo o caso foram ocultados pela sua nobre origem e pela memória de seu pai. Seus erros inspiravam mais compaixão que ódio, pois eram atribuídos não a si, mas aos seus aduladores e conselheiros e cúmplices de suas infâmias"[3].

Por esta leitura de seu tempo, Herodiano optou por construir sua narrativa tendo por marcos cronológicos os últimos atos de Marco Aurélio, antes de sua morte em 180 d.C., à ascensão de Gordiano III, em 238 d.C.. Deste modo, seu relato abarca 58 anos do Império Romano, indo, assim, do governo de um *Optimus Princeps* até o governo de um *Princeps Puer*. Para este autor, os governos posteriores ao de Marco concentraram em si todos os tipos de problemas capazes de imprimirem mudanças responsáveis por atraírem a atenção de um historiador da Antiguidade latina:

"Acredito que não desagradará aos leitores posteriores o conhecimento de um tão grande número de importantes acontecimentos concentrados em um tão curto espaço de tempo. Em todo caso se alguém passasse em revista todo o período que vai de Augusto, quando o regime romano se transformou em poder pessoal, até os tempos de Marco, não encontraria nestes cerca de duzentos anos nem tão contínuas alternâncias no poder imperial, nem tantas mudanças de sorte em guerras civis e exteriores, nem comoções nos povos das províncias e conquistas de cidades [...], nem movimentos sísmicos e pestes, nem finalmente vidas de tiranos e imperadores tão incríveis que antes eram raras ou nem sequer eram recordados"[4].

Díon Cássio, na obra *História Romana*, escrita por este senador da Bitínia no mesmo período em que Herodiano produziu seu relato, também defende que após os Antoninos o Império enfrentou grandes perturbações, ao afirmar que se passava, sob o governo dos Severos, de uma idade do ouro para uma idade do ferro[5].

Estes são apenas alguns exemplos de uma documentação textual passível de abalizar concepções historiográficas que sustentam que após o governo de Cômodo o Império teria sido lançado numa grave crise institucional, administrativa, econômica e política. Só para citar três exemplos (um inglês, um francês e um italiano) desta postura bastante pessimista a respeito dos Severos, destacamos a obra de F.W. Walbank, *La Pavorosa Revolución*, que observa que após o "verão dos Antoninos" teria se iniciado uma "usurpação militar do poder" que levou à "queda de Roma"[6]; o livro de Roger Rémondon, *La Crisis del*

---

[3] Hdn. 2.10.3.
[4] Hdn. 1.1.3-4.
[5] D.C. 71.36.4.
[6] Walbank 1981 50-54.

Imperio Romano, no qual fica bastante claro que é exatamente o afastamento dos "princípios iluminados" dos Antoninos que leva o Império a mergulhar numa longa "decadência" a partir dos Severos[7]; e o clássico opúsculo de Francesco de Martino, em que se elencam as duas correntes fundamentais, no interior da historiografia moderna sobre os governos severianos, que têm buscado explicar as controvérsias por eles enfrentadas:

> "Segundo uma, Septímio Severo, o fundador da dinastia mediante uma usurpação militar, se afastou decisivamente dos princípios do governo iluminado dos Antoninos e desde o início fez a barbarização do Estado romano, apoiando-se no elemento militar constituído a partir da massa rude da província. Segundo a outra, ao contrário, ele foi o responsável por estender a todo o Império a cultura e os bens materiais da Itália e das antigas províncias, quase sendo a expressão de um movimento revolucionário, democrático, vindo da parte mais humilde da população do Império. Estas duas correntes contrapostas não são devidas à extravagância dos historiadores, mas derivam do fato de que os aspectos do governo dos Severos são efetivamente contraditórios e apresentam a característica de uma luta acirrada contra o senado e a aristocracia, compreendida aquela da província, e por isso de um despotismo militar cruel e de uma tendência favorável às classes humildes da população, seja na elaboração de vários princípios jurídicos, seja pelo tratamento dado aos administradores [...]. A ascensão dos Severos implica uma luta decisiva contra a velha classe dirigente, um maior favor em direção às classes inferiores, das quais era extraído o elemento militar, a progressiva militarização dessas classes e definitivamente o nascimento de uma monarquia militar fundada sobre o elemento popular"[8].

Deste modo, torna-se fundamental despirmos nos de antigas e arraigadas conceituações negativas a respeito dos Severos para podermos propor uma releitura de seus feitos à frente do governo de Roma e de suas várias províncias. Este processo já se encontra em andamento. No livro *L'Empire Romain en Mutation, des Sévères à Constantin,* Jean-Michel Carrié e Aline Rousselle discutem vários destes argumentos tradicionais e a qualificação de Septímio Severo como um imperador militar e autocrata. Segundo estes autores, Septímio deveria ter sua imagem mais ligada ao direito, devido às suas destacáveis aptidões para o governo civil e para os princípios fundadores do direito romano, do que aos aspectos militares[9]. Sem dúvida, Septímio inaugurou uma longa série de governantes impostos ao senado pelo exército, mas fez questão de ser legitimado pelos senadores quando entrou em Roma, tanto que correu com suas legiões para chegar a Roma e ser reconhecido como imperador após as guerras civis de 193 a 195 d.C., e discursar diante dos mesmos antes que Pescênio Nigro o fizesse. Da mesma forma, fez questão que os filhos fossem aceitos como seus

---

[7] Rémondon 1967 178-181.
[8] De Martino 1974 393-394.
[9] Carrié - Rousselle 1999 55.

herdeiros pelos senadores[10]. Destacável também é a obra *Severan Culture*, coletânea de artigos editada por Simon Swain, Stephen Harrison e Jás Elsner, que demonstra cabalmente que o Império Romano durante os governos de Septímio e de seus sucessores (193 a 235 d.C.) vivenciou uma vida cultural rica e dinâmica, digna de ênfase, e não o auge do militarismo e da rudeza como uma historiografia mais tradicional tenta imprimir.

1. Septímio Severo e seus sucessores

O surgimento de mais uma dinastia de imperadores, após outra crise sucessória aberta com o assassinato de Cômodo, mandado executar por seu prefeito do pretório, chamado Leto, em 192 d.c., e posteriormente agravada com a eliminação de Hélvio Pertinaz pelos pretorianos, levou a um realinhamento das forças sócio-políticas no interior do Império Romano. Cômodo, durante seu governo (180-192 d.C.), enfrentou diversas conspirações, como a promovida por sua irmã Lucila em 182 d.C., que contou com o apoio de alguns senadores, e as engendradas por seus prefeitos do Pretório Perênio e Cleandro, respectivamente em 185 e 189 d.C.. Deste modo, a conjuração de Leto, apoiada pela esposa de Cômodo, Márcia, e por alguns senadores e membros da guarda pretoriana, foi apenas o cume de um processo que vinha se estruturando há muito tempo.

A guarda pretoriana, cada vez mais, alcançou, durante ainda a dinastia dos Antoninos, destaque no cenário político romano. De defensores da pessoa do imperador, os membros da guarda foram assumindo inúmeras outras funções, como a defesa do palácio e da família do príncipe, até chegarem ao ponto de se sentirem os responsáveis pela proteção do cargo imperial e pela indicação dos soberanos. Assim, não é de se estranhar que o sucessor de Cômodo, Públio Hélvio Pertinaz, senador eminente e rico, prefeito da Cidade de Roma, indicado por seus pares senatoriais, tenha ficado apenas oitenta e sete dias no poder. Para tentar evitar o agravamento da economia, já que os cofres públicos encontravam-se esvaziados desde os esforços de guerra implementados durante o governo de Marco Aurélio, Pertinaz negou-se a distribuir um *donativum* de doze mil sestércios para cada membro da guarda[11]. Os pretorianos invadiram o palácio e assassinaram Pertinaz, promovendo uma espécie de leilão do cargo imperial. Neste processo, apareceu Dídio Juliano, também senador e rico, que ofereceu vinte cinco mil sestércios para cada membro da guarda que o ajudasse a ascender ao comando imperial. Juliano acabou acolhido pelo senado, mas não conseguiu apoio junto às tropas estacionadas nas fronteiras. As legiões da Panônia aclamaram Septímio Severo, as estacionadas na Síria apoiaram a indicação de Pescênio Nigro e as da Bretanha indicaram Clódio Albino. Septímio

---

[10] Idem 73-75.

[11] D.C. 74.1.2.

foi quem se organizou mais rápido. Reuniu dezesseis legiões, proclamou-se Vingador de Pertinaz e se dirigiu a Roma. Conhecia bem o Império, tendo trabalhado sob os governos dos Antoninos. Havia recebido cargos na Sardenha, na província da África, na Síria, na Sicília, na Gália. Em 193 d.C., ele entrou em Roma, fomentou a morte de Dídio Juliano e reformou a guarda pretoriana, identificada como a assassina de Pertinaz, de quem se dizia Vingador.

Descreve, assim, Herodiano, a reforma da guarda:

> "Quando Severo recebeu a notícia da decisão do senado (de proclamá-lo imperador único) e da morte de Juliano, [...] criou uma forma astuta para controlar e aprisionar os assassinos de Pertinaz. Enviou de forma privada mensagens secretas com generosas promessas aos tribunos militares e aos centuriões para que persuadissem aos soldados de Roma a obedecer suas ordens com disciplina. Enviou também um recado às tropas, ordenando que deixassem todas as armas no acampamento e que saíssem em paz, [...] lhes ordenou que fossem prestar juramento de fidelidade a sua pessoa, plenamente confiantes de que seriam sua guarda pretoriana. Os soldados confiaram nas ordens e, persuadidos pelos tribunos, deixaram todas as armas e se apressaram a sair, vestidos somente com os uniformes de cerimônia e com coroas de louros. [...] Então, Severo lhes ordenou que se agrupassem para dirigir-lhes palavras de boas vindas. Mas quando se aproximaram dele, que havia subido numa tribuna, [...] com um sinal todos foram rodeados. Severo havia ordenado previamente a seus homens que, quando os pretorianos estivessem próximos a ele, com a atenção distraída, fossem cercados como inimigos. [...] que os mantivessem cercados e os vigiassem com suas armas [...] para que não se atrevessem a lutar por temor de serem feridos, por estarem em inferioridade numérica e desarmados frente a tropas bem armadas e numerosas"[12].

Severo, então, fez um longo discurso no qual demonstrou bastante clemência ao lhes poupar a vida, mas obrigou-os a se despirem de todos os distintivos militares. Os pretorianos perderam, assim, seus cargos e foram despojados de armas. Severo ainda mandou que se confiscassem as armas deixadas no pretório e que se fechassem as portas do acampamento para que os pretorianos não conseguissem retomar suas forças. "Este foi, pois, o castigo que receberam os assassinos de Pertinaz"[13]. Os pretorianos antigos foram, então, banidos de Roma[14].

Contudo, o imperador não podia ficar sem uma guarda de proteção. Desta forma, constituiu uma nova guarda com os melhores soldados vindos das legiões provinciais. Até o governo de Severo, os pretorianos eram escolhidos somente entre soldados vindos da Península Itálica. Além disso, Septímio triplicou as

---

[12] Hdn. 2.13.1-5.
[13] Hdn.2.13.12.
[14] D.C. 75.1.1.

coortes urbanas, responsáveis pela segurança da cidade de Roma; criou os *equites singulares,* isto é, um corpo de cavalaria para auxiliar na defesa do imperador, de sua família e de seu palácio; e estacionou nos Montes Albanos, próximos a Roma, trinta mil soldados. Todas estas medidas contribuíram para aumentar a sensação de proteção garantida ao governante, que ainda teria que enfrentar dois inimigos, que como ele queriam ocupar o cargo imperial: Pescênio Nigro e Clódio Albino.

Percebendo que não poderia lutar em duas frentes, contra Albino que vinha do Ocidente e contra Nigro que vinha do Oriente, Septímio se aliou a Albino, proclamando-o César e, portanto, indicando-o para ser seu sucessor, e atacou Nigro na Síria. As tropas severianas venceram as de Nigro, que acabou sendo assassinado quando tentava atravessar o rio Eufrates, para se refugiar no território dos Partos. Após esta vitória, Septímio decidiu indicar seus filhos, Caracala e Geta, como seus herdeiros e sucessores do comando imperial, atraindo a ira de Albino. Este se rebelou ao perceber que não conseguiria ascender ao comando imperial. Reuniu suas legiões e atravessa a Gália, com o intento de invadir a Península Itálica. Septímio reorganizou suas legiões e foi ao seu encontro, travando a batalha de *Lugdunum,* na qual Albino foi vencido. Seus partidários foram executados, estando entre eles vinte e nove senadores favoráveis a Albino e contrários a Severo.

Num artigo clássico, intitulado "La Lotta di Settimio Severo per la Conquista del Potere", Eugenio Manni defende que a principal arma usada por Severo para conseguir se legitimar no poder após as guerras civis travadas contra Nigro e Albino foi se declarar o continuador dos Antoninos[15]. Após vencer Clódio Albino, Septímio estava pronto para começar um governo sem guerras civis e com vitórias sobre os Partos, nas quais estava metido desde sua aclamação como imperador em 193 d.C.. Desta forma, em 196/197 d.C., ele se dedicou a criar bases sólidas e legítimas para seu governo. Assim, mudou o nome de seu filho mais velho para Marco Aurélio Antonino, em 196 d.C. e, no ano seguinte, proclamou-se filho de Marco Aurélio e *frater Commodi,* decretando que sua *damnatio memoriae* deveria ser interrompida e substituída por uma apoteose, convencendo o senado, após suas gloriosas vitórias internas e externas, a promover a *consecratio* de Cômodo e a denominá-lo de *Pius Felix.* No mesmo ano, Caracala recebeu o título de *Imperator Destinatus,* em troca do apoio que dera ao pai ao longo das batalhas travadas no Oriente.

A lembrança das desmedidas de Cômodo assustaram o senado, mas era impossível se vincular à imagem de Marco Aurélio sem procurar reabilitar a de Cômodo, seu filho e herdeiro. Contudo, senadores fizeram pilhérias a respeito da inovação proposta por Severo, ao adotar um pai ao invés de ser adotado por ele. E é Díon Cássio quem nos conta:

---

[15] Manni 1947 24.

"Quando o imperador se registrou na família de Marco, Áuspice (o importante senador A. Polênio Áuspice) falou: 'Eu o comprimento, César, por ter achado um pai!', comentando que até esse momento ele não tinha tido pai devido a seu obscuro nascimento"[16].

Parece, desta forma, que a vinculação mais estreita à memória de Marco Aurélio teria agradado a vários senadores, mas a reabilitação de Cômodo teria provocado o efeito inverso. O nome de Marco Aurélio estava inseparavelmente unido ao epíteto de "filósofo", pois esta foi a imagem construída por ele e que se perpetuou nos trabalhos dos historiadores antigos e modernos, pois ele se manteve conforme às tradições romanas e divulgava máximas do estoicismo, que agradavam aos aristocratas mais cultivados. Para os historiadores antigos, como vimos, Marco Aurélio já aparecia como o último imperador de uma Roma feliz, cujo equilíbrio teria sido rompido com a ascensão de Cômodo[17], e esses autores representavam um modo de entendimento comum a alguns grupos aristocráticos, que ficaram bastante contentes com a aproximação de Septímio da imagem de Marco, mas resistiram à aproximação com a odiada imagem de Cômodo.

Septímio buscou controlar as oposições a seu governo mediante a remessa de donativos para os soldados. Além disso, criou novas estratégias para defesa das fronteiras, reforçando fortificações, construindo novas estradas para facilitar a movimentação das tropas, criando forças móveis e facilitando o recrutamento regional de soldados. Num processo que se estendia desde o governo de Domiciano, da dinastia dos Flávios, Severo aumentou o soldo dos legionários e reorganizou a *annona* militar, responsável pela distribuição de alimentos para os soldados. Permitiu o casamento oficial dos legionários e a permanência de suas famílias em cidades próximas às fortificações. Além disso, concedeu acesso direto dos centuriões à ordem eqüestre, o que lhes abria inúmeras possibilidades de ascender a cargos civis e militares.

Com estas medidas, Severo buscava obter o apoio das forças militares, mas também fortalecer as fronteiras frente aos avanços dos Partos, no Oriente, e dos Bretões, que insistiam em atravessar a Muralha de Adriano. Manteve relações tensas com os senadores, visto que confiou várias legiões e governos de províncias a eqüestres, além de fortalecer o cargo de prefeito do pretório, que passou a ser ocupado por famosos juristas, durante o período severiano, como Papiniano, Ulpiano e Júlio Paulo, em detrimento do cargo de prefeito da Cidade de Roma, ocupado somente por membros da ordem senatorial. As relações com o senado pioraram após a conjuração de Plauciano, prefeito do pretório e amigo pessoal de Severo, como ele africano nascido em Leptis Magna, ocorrida em 205 d.C., na qual estavam implicados vários senadores.

---

[16] D.C. 77.9.4.
[17] Grimal 1997 7 e 327.

Além disso, o período severiano foi muito importante para a sistematização das leis, tanto que Jean-Pierre Coriat chamou Septímio de "Le Prince Législateur", tal a técnica legislativa que se desenvolveu a partir de seu governo e dos métodos de criação do direito imperial que foram fomentados por ele e pelos seus sucessores[18].

Seguindo o modelo deixado por Adriano, Severo fez várias viagens pelo Império, buscando conhecer seus governados, restabelecer o moral das tropas, garantir a fidelidade das elites provinciais e fiscalizar os governadores provinciais. Buscou também aproximar sua família de seu governo dando títulos diversos a sua esposa, Júlia Domna, e a seus dois filhos e herdeiros, Caracala e Geta. Septímio morreu de doença em 211 d.C., na cidade de York, enquanto lutava contra os invasores na Bretanha.

Baseando-se na frase proposta por Díon Cássio como o último conselho de Septímio para seus filhos e herdeiros: "Permaneçam unidos, enriqueçam os soldados e não se preocupem com os demais"[19], muitos autores defenderam que esses primeiros Severos foram os responsáveis por criar uma monarquia militar, buscando apoio somente entre os elementos militares para conseguirem ascender ao poder e permanecer nele por mais tempo.

Entretanto, outras frases aparecem em outras obras como as últimas palavras proferidas por Septímio. Por exemplo, tanto na obra de Aurélio Victor, *Livro dos Césares,* quanto na *História Augusta,* a última frase de Septímio teria sido: "Eu fui tudo, e isto de nada me serviu"[20]. Na *História Augusta* também aparece ainda outra frase possível de ter sido dita por Severo antes de falecer:

> "Ocupei-me de uma pátria agitada e turbulenta e a deixo pacificada, até mesmo a Bretanha, deixando para meus filhos Antoninos, eu que estou enfermo dos pés e velho, um Império vigoroso, se é que são bons, mas temo que sua má conduta desfaça minha obra"[21].

Outro argumento para a caracterização da monarquia militar, que tem sido bastante discutido, é o que se refere ao aumento dos soldos e à distribuição de donativos, como forma de conseguir o apoio irrestrito dos soldados. Quase todos os autores que usam este argumento se apoiam numa passagem de Díon Cássio, na qual Caracala teria dito aos pretorianos, após o assassinato de Geta: "Ninguém sobre a terra pode ter mais dinheiro do que eu, e eu quero dá-lo todo para os soldados"[22].

---

[18] Coriat 1997.
[19] D.C. 77.17.4.
[20] Aur.Vic. *Lib.Caes.* 20 e *Hist.Aug. Sev.* 18.
[21] *Hist.Aug. Sev.* 23.
[22] D.C. 78.20.2.

Destarte, Mario Mazza afirma que:

"Os privilégios concedidos por Septímio Severo, e pelos seus sucessores, aos soldados foram perfeitamente justificados pela situação econômica e, na realidade, não constituíram nada além de uma necessária adequação a uma situação anterior insustentável"[23].

Septímio e Caracala teriam tentado, com o aumento dos soldos, diminuir o impacto inflacionário sobre o *stipendium,* que ocorria desde o governo de Cômodo, e com isso tornar a carreira militar mais atraente e aumentar as inscrições nas legiões. Além disso, a possibilidade de casamento dada aos soldados, entre outros benefícios descritos nas fontes textuais, faria com que os filhos dos soldados se interessassem pela carreira paterna. Yann Le Bohec, no seu livro *L'Esercito Romano,* demonstra, mediante um exaustivo estudo das fontes textuais, epigráficas e numismáticas, e fazendo quadros comparativos com os governos anteriores e posteriores, que os Severos não gastaram tanto assim em soldos nem em donativos[24].

Quanto à questão da utilização do exército para garantir a sucessão imperial, Louis Harmand defende que se deve apagar a tradicional distinção entre Severos e Antoninos, pela qual os primeiros defenderam a hereditariedade enquanto os segundos teriam defendido a adoção, como formas de sucessão. Os Antoninos só adotaram porque não tiveram filhos legítimos, tanto que quando foi possível, com Marco Aurélio, se optou novamente pela hereditariedade. Além disso, Septímio procurou, inicialmente, a adoção de Clódio Albino como César, para só depois indicar os seus dois filhos como sucessores[25]. Acrescente-se ainda que mesmo utilizando a adoção, os Antoninos não abriram mão do apoio do exército na escolha do próximo soberano, basta relembrar as indicações de generais famosos, como Trajano e Adriano. Os Antoninos também se preocuparam com o apoio das legiões aos seus indicados, além do apoio senatorial.

Assim, acreditamos que realmente os primeiros Severos procuraram apoio entre os militares, mas não foram os únicos a fazer isso, nem se apoiaram apenas nos soldados. As bases da associação do imperador com o exército foram firmemente estabelecidas por Augusto, e os imperadores subsequentes preservaram e reelaboraram estas ideias[26]. Septímio Severo não tentou deliberadamente se basear unicamente no militarismo. Como todos os imperadores, ele baseou sua posição num suporte militar, mas também reconheceu a necessidade de acomodar os desejos das aristocracias, romanas e provinciais.

---

[23] Mazza 1970 459.
[24] Le Bohec 1993 283-290.
[25] Harmand 1960 21.
[26] Campbell 1984 409.

Depois da morte de Septímio, subiram ao poder seus dois filhos: Geta e Caracala. A rivalidade entre os dois imperadores tornou-se rapidamente manifesta. Caracala ordenou a eliminação de Geta pelos seus centuriões e buscou o apoio dos pretorianos, prometendo-lhes uma distribuição de trigo e de moedas de prata (denários). Logo após o assassinato de Geta, ele se apresentou ao senado, buscando também adquirir o seu apoio. Vários partidários de seu irmão e membros da sua corte foram executados, junto com possíveis candidatos ao cargo imperial, como um neto de Marco Aurélio. Durante o ano de 211 d.C., em que governaram de forma colegiada, tomaram duas medidas: aprovaram no senado a *consecratio* de Septímio e assinaram um tratado de paz com os povos invasores da Bretanha, o que foi considerado uma demonstração de fragilidade dos novos imperadores, que prefeririam o armistício à guerra.

2. A cidadania universal

Caracala governou sozinho de 212 a 217 d.C.. Aumentou o soldo dos legionários, causando inflação. Para combatê-la, criou uma nova moeda, o Antoniano. Em 212 d.C., editou a *Constitutio Antoniniana*, uma lei imperial que concedia a cidadania romana a todos os homens livres do Império. Com esta medida, Caracala aumentou a arrecadação de impostos e a inscrição de soldados nas legiões. Somente Díon Cássio faz referência a esta medida legislativa tomada por Caracala:

> "Esta foi a razão (necessidade de aumentar a arrecadação das taxas pagas pelos cidadãos) porque ele (Caracala) tornou todo o povo do Império cidadão romano. Nominalmente, ele os estava honrando, mas sua real proposta era aumentar os rendimentos, porque aumentava-se, assim, o número de pessoas que deveriam pagar as taxas"[27].

Caracala também enfrentou problemas nas fronteiras, como seu pai, e acabou assassinado por comandados de seu prefeito do pretório, Opélio Macrino, em 217 d.C.. As legiões estacionadas no Oriente tentaram eleger Advento, um dos prefeitos do pretório, como imperador, mas este, alegando velhice, declinou o convite. As legiões elegeram, então, Macrino, o outro prefeito do pretório. Este tomou o nome dos Severos e deu o de Antonino a seu filho Diadúmeno e neutralizou a invasão dos Partos. Todavia, a aristocracia romana e as legiões estacionadas no Ocidente lhe foram hostis. O maior perigo ao seu governo, contudo, demonstrou estar no interior do próprio palácio: o poder de coalização das princesas sírias. Júlia Mesa, irmã de Júlia Domna, e suas filhas Júlia Soêmia e Júlia Mamea conseguiram, após farta distribuição de moedas e da divulgação da notícia da existência de um filho de Caracala, que as legiões da

---

[27] D.C. 78.9.3-7.

Síria proclamassem Heliogábalo, filho de Soêmia, imperador. Macrino acabou sendo morto junto com seu filho na Bitínia pelos soldados que anteriormente haviam legitimado o seu poder.

Heliogábalo foi apresentado às tropas como sucessor direto dos Severos, em 218 d.C., como o propalado filho de Caracala. Para debelar a oposição, mandou executar vários governadores provinciais, legados legionários e senadores. Para manter um certo equilíbrio nas contas do tesouro, multiplicou as execuções e os consequentes confiscos dos bens dos condenados. Seus costumes orientalizantes são ressaltados pelas fontes como motivo de descontentamento da aristocracia romana, desde sempre autoproclamada defensora do *mos maiorum*. Heliogábalo se apresentava vestido com roupas orientais e gastava muito tempo fazendo culto ao deus Elagabal de Émesa, um meteorito negro trazido para Roma. A crise econômica se manteve e as despesas aumentaram com o serviço de corte e com a manutenção do exército. O agravamento da situação fronteiriça, com o acirramento das invasões, principalmente no lado oriental do Império, acabou concorrendo para a eliminação de Heliogábalo e de Júlia Soêmia pelos pretorianos, em 222 d.C., que entregaram o poder ao filho de Júlia Mamea, Severo Alexandre.

Este buscou apoio no exército e no senado conjuntamente, o que lhe valeu a entrada no rol dos denominados "bons imperadores" na historiografia imperial de cunho aristocrático. Tinha apenas quinze anos quando ascendeu ao poder e acabou sendo bastante influenciado pelas mulheres de sua família. Devolveu o deus Elagabal a Émesa e retirou de cargos importantes homens fiéis a Heliogábalo. Porém, com a iminência da guerra contra os Persas Sassânidas, começaram a surgir algumas rebeliões militares nas legiões alocadas no Egito e na Síria, que tinham a intenção de provocar uma mudança de imperador. As dificuldades econômicas continuavam e geravam inflação, o que acabava por diminuir o poder de compra dos soldados, acarretando um aumento do descontentamento das legiões. Agitações internas, como a da Mauritânia em 227 d.C., e os combates sucessivos, como contra os Persas em 231-232 d.C., e contra os Alamanos em 234-235 d.C., enfraqueceram o tesouro, o exército e o imperador. Tornaram-se comuns os motins de soldados provenientes de áreas ocidentais, desejosos de abandonar os campos de batalha no Oriente e retornar às suas terras de origem.

Neste ínterim, toda vez que rumores de negociações com os invasores em termos prejudiciais para Roma aparecem, a fraqueza do imperador se tornava ainda mais evidente. Desta forma, em 235 d.C., Severo Alexandre e sua mãe acabaram sendo assassinados a mando de um antigo soldado de origem trácia, chamado Maximino, que rapidamente se fez aclamar imperador. Soldado de carreira, descendente de pastores, ele não buscou legitimação estabelecendo laços fictícios com os imperadores anteriores, mas trilhou caminhos novos à frente do Império, enfrentando vários movimentos de oposição à sua pessoa e ao seu governo.

3. Corte e elementos africanos e orientalizantes

A corte severiana foi composta por homens e mulheres que compartilhavam com o príncipe o espaço da *domus* imperial ou *palatium*, ou seja, podiam se deslocar pela residência imperial e compartilhavam da proximidade da figura e da família do imperador. Em latim, o termo que aparece para caracterizar estas pessoas é *aula Caesaris*. Trata-se de um grupo heterogêneo na sua composição e bastante flutuante em termos de número e características peculiares. Para Robert Turcan é um tipo de estado dentro do Estado, que acaba por se confundir muitas vezes com o Estado, pela possibilidade de obter benesses imperiais e de influenciar a tomada de decisões[28].

Como Septímio Severo nasceu no norte da África, na cidade de Leptis Magna, e sua esposa, Julia Domna, vinha do Oriente (Émesa), costuma-se buscar perceber a adição ao funcionamento da corte de elementos africanizados e/ou orientalizantes. Todavia, acreditamos que a família severiana se comportou no poder como uma boa família romana, apesar de suspeitas lançadas por seus contemporâneos, como Díon Cássio, que ao relatar as festividades do casamento de Caracala com Plautila, filha de Plauciano, enfatiza um certo caráter bárbaro no cardápio oferecido no banquete: "E nós participamos juntos de um banquete, em parte real em parte com um estilo bárbaro, no qual foram servidos não somente todas as costumeiras carnes cozidas, mas também carne crua e diversos animais ainda vivos"[29].

O termo "corte" começou a ser empregado no início do século XIII para designar tanto o conjunto de funcionários que cercava o rei, trabalhando para este principalmente dentro dos limites do palácio, quanto os parlamentos que se formaram na Espanha medieval, mais precisamente nos reinos de Leão e Castela, por volta do ano de 1230[30]. Ele tem sido, desde então, recorrentemente empregado no estudo da sociedade romana para designar o grupo de pessoas que cercava, acompanhava e servia os imperadores.

Na documentação textual relativa aos governos dos imperadores severianos, aparecem também as palavras gregas *terapontes* (os servidores devotados de nascimento livre que recebem voluntariamente um serviço honorável)[31] e *oikeioi* (os familiares, os da casa)[32], e o verbo *proseko* (vir até alguém ou obedecer, ser devotado)[33] para identificar estes cortesãos. Devemos registrar também o aparecimento da expressão *oi peri ten aulen*, que pode ser traduzida de forma

---

[28] Turcan 1987 10.
[29] D.C. 77.1.3.
[30] Cook 1983 74 -75.
[31] Por exemplo, Hdn. 2.10.4.
[32] Hdn. 4.6.1.
[33] Hdn. 4.3.3.

literal por "os que cercam", "os que estão dispostos em torno de alguém"[34]. Também em viagens, os soberanos levavam consigo alguns familiares, amigos e servidores, cujas funções eles não poderiam dispensar. Como indicou Herodiano, onde o imperador se encontrava, ali estava Roma[35].

Em sentido amplo, a corte era formada pelos familiares, amigos, servidores e funcionários do imperador, fossem estes escravos, libertos ou livres. Alguns habitavam nas dependências imperiais no Palatino, enquanto outros moravam em suas próprias residências e iam ao palácio apenas para prestar os seus serviços. Entre os que serviam o soberano sem pertencer à casa imperial estavam, por exemplo, os mestres retores, os astrólogos e os médicos.

Para Herodiano, o caráter dos membros de uma corte vinculava-se diretamente ao caráter do príncipe. Este costumava se deixar rodear por pessoas que combinavam com ele em termos de vícios e virtudes. Herodiano cita, por exemplo, as críticas que Septímio Severo teria feito à corte de Cômodo, responsável em parte pelo seu mau governo, pois seus membros compartilhavam dos vícios do imperador e eram seus cúmplices nas suas más ações[36]. O grau da influência de um servidor sobre o governante dependia do caráter do imperador, da relação que o cortesão desenvolvia com ele e da posição hierárquica assumida pelo cortesão no cada vez mais complexo serviço palaciano.

Conhecemos várias conjurações, que visavam a eliminação capital do soberano, que contaram em suas fileiras com a participação dos cortesãos. Os mentores normalmente eram senadores ou equestres, e os executores eram pessoas advindas de estratos mais baixos da população, que tinham acesso à pessoa do príncipe. No caso de Cômodo, por exemplo, os mentores foram Leto e Márcia, mas o executor foi Narciso, um jovem liberto que estrangulou Cômodo[37]. Septímio faleceu de doença, mas antes disso, Caracala havia tentado acelerar a sua enfermidade, buscando persuadir os médicos que o assistiam a não ministrar-lhe a medicação devida[38].

Geta e Caracala construíram cortes paralelas, que agiam dentro dos valores sociais vigentes, ou seja, serviam quase sempre com dedicação os seus respectivos senhores, mas ao servirem-nos buscavam ao mesmo tempo enfraquecer o poder do outro imperador. Como afirma Herodiano: "De ambas as partes seus aduladores e serviçais incitavam a sua inimizade, alimentando a sua inclinação para a discórdia própria dos jovens"[39].

O medo de envenenamento por intermédio de copeiros e cozinheiros era tão grande e constante que Júlia Mamea não permitia que seu filho, Severo

---

[34] Hdn. 5.3.2.
[35] Hdn. 1.6.5.
[36] Hdn. 2.10.3.
[37] Hdn. 1.17.11.
[38] Hdn. 3.15.2.
[39] Hdn. 3.10.4.

Alexandre, provasse bebidas ou manjares enviados por Heliogábalo, já que o próprio imperador ou algum de seus apoiadores poderia utilizar este expediente para eliminar Alexandre. Além disso, os cozinheiros e copeiros de Alexandre não eram os que prestavam serviço geral no palácio, mas homens escolhidos por sua mãe e sobre cuja lealdade não havia dúvidas[40].

J. Crook, no livro *Consilium Principis*, ressalta a existência de um conselho de amigos do príncipe que se reunia no palácio, a pedido do soberano e de acordo com sua agenda e necessidade, intentando aconselhá-lo ao longo de seu governo[41]. Sua composição, função e funcionamento variaram de um imperador para outro, seguindo as circunstâncias, mas de um modo geral ele era composto por homens úteis, técnicos eficazes e pessoas bem informadas. Segundo Turcan, estes altos funcionários bastante experimentados constituíam a equipe governamental com a qual o imperador trabalhava constantemente. Eles asseguravam também uma certa continuidade de um governo para outro. Os conselheiros se reuniam em horários diferentes do dia, segundo as urgências ou as rotinas. Serviam como uma instância que acumulava as funções de comitê legislativo e de um conselho privado dos *amici principis*, pois as leis eram elaboradas e decididas no Palatino por meio dos éditos[42]. No caso de Severo Alexandre, por exemplo, seu conselho, organizado por sua avó e por sua mãe, acabou funcionando como um verdadeiro conselho de regência, devido à sua pouca idade[43].

Tratando-se do período severiano, não podemos nos esquecer do famoso círculo de intelectuais que cercava Júlia Domna[44] e que estimulou a divulgação da segunda sofística[45]. Faziam parte deste círculo homens como o poeta Opiano, o médico Galeno, o historiador Diógenes Laércio, o filósofo Filóstrato - biógrafo do taumaturgo Apolônio de Tiana - os juristas Ulpiano e Papiniano, entre outros, que muitas vezes acabaram por ocupar cargos importantes junto aos imperadores[46]. Indubitavelmente eles imprimiram marcas sensíveis na vida social, artística e literária de seus contemporâneos.

De palco de prestação de serviços práticos e cotidianos, a *aula* foi se transformando numa instituição característica do sistema imperial romano. Um local de conflitos, no qual os descontentamentos se expressavam num ambiente bem próximo do governante, onde público e privado se misturavam sem limites rígidos definidos. Apesar das intrigas e conjurações ocorridas no

---

[40] Hdn. 5.8.1.
[41] Crook 1955 78.
[42] Turcan 1987 143-146.
[43] Hdn. 6.1.2.
[44] Penella 1979 161-168.
[45] Temos informações a respeito da carta de número setenta e três de Flávio Filóstrato, endereçada exatamente a Júlia Domna, na qual ele distingue a antiga da segunda sofística, e a famosa referência à segunda sofística na obra *Vidas dos Sofistas* do mesmo Filóstrato.
[46] Turcan 1987 212.

seu interior, o serviço palaciano nunca deixou de existir. Ele foi se tornando mais complexo e hierarquizado, seus cargos foram recebendo novas nomenclaturas e abarcando novos serviços. A *vita imperatoria* não é somente aquela dos imperadores, mas de todo o aparelho do Palatino e do que se chama comumente de corte[47].

Portanto, os sucessores dos Antoninos não foram tão militarizados ou estrangeiros aos cânones do poder quanto a historiografia mais tradicional gostaria de demonstrar. Ao contrário, os imperadores Severos foram responsáveis por inúmeras inovações e recuperações capazes de garantir a permanência de um Império territorial nas mãos dos dignatários romanos por mais alguns séculos.

Tábua Cronológica

161-180 d.C. Governos de Marco Aurélio e Lúcio Vero (morto em 169 d.C.)
162-166 d.C. Guerras contra os Partos
166-172 e 177-180 d.C. Guerras contra Marcomanos e Sármatas
180-192 d.C. Governo de Cômodo
193 d.C. Governo de Pertinaz; Governo de Dídio Juliano
193-211 d.C. Governo de Septímio Severo
194 d.C. Derrota de Pescênio Nigro em Isso
197 d.C. Derrota de Clódio Albino em Lyon
197-199 d.C. Guerras contra os Partos
208-211 d.C. Guerra contra os Bretões
211-217 d.C. Governos de Caracala e Geta (morto em 212 d.C.)
212 d.C. Promulgação da *Constitutio Antoniniana*
217-218 d.C. Governo de Macrino
218-222 d.C. Governo de Heliogábalo
222-235 d.C. Governo de Severo Alexandre
235-238 d.C. Governo de Maximino Trácio

Bibliografia

Bell, H. I. (1947), "The Constitutio Antoniana", *JRS* 37 17-23.
Campbell, J. B. (1984), *The Emperor and the Roman Army*. Oxford, Clarendon Press.
Carrié, J.M. - Rousselle, A. (1999), *L'Empire Romain em Mutation, des Sévères à Constantin*. Paris, Seuil.
Cook, Ch. (org.) (1983), *Dictionary of Historical Terms*. London, Macmillan.
Coriat, J.P. (1997), *Le Prince Législateur*. Rome, École Française de Rome.
Crook, J. (1955), *Consilium Principis*. Cambridge, University Press.
De Martino, F. (1974), *Storia della Costituzione Romana*. Napoli, Dott. Eugenio Jovene.
D'Ors, A. (1956), "Estudios sobre la Constitutio Antoniniana", *Emerita* 24 1-26.
Grimal, P. (1997), *O Século de Augusto*. Lisboa, Setenta.
Harmand, L. (1960), "Le Monde Romain sous les Antonins et les Sévères". *L'Information Historique*. 22 21-29.
Le Bohec, Y. (1993), *L'Esercito Romano*. Roma, La Nuova Italia Scientifica.

---

[47] Idem 10.

Manni, E. (1947), "La Lotta di Settimio Severo per la Conquista del Potere", *Rivista di Filologia Classica*. 75 211-243.
Mazza, M. (1970), *Lotte Sociali e Restaurazione Autoritaria nel III Secolo d.C.* Catania, Università.
Penella, R.J. (1979), "Philostratus' Letter to Julia Domna", *Hermes* 107 161-168.
Rémondon, R. (1967), *La Crisis del Imperio Romano*. Barcelona, Labor.
Swain, S. – Harrison, S. – Elsner, J. eds (2007), *Severan Culture*. Cambridge, University Press.
Talamanca, M. (1971), "Effetti della Constitutio Antoniniana" in *Studi in Onore di E. Volterra*. Milano, A. Giuffrè 433-560.
Turcan, R. (1987), *Vivre à la Cour des Césars*. Paris, Les Belles Lettres.
Walbank, F.W. (1981), *La Pavorosa Revolución*. Madrid, Alianza.

10. A ANARQUIA DO SÉCULO III

Cláudia Teixeira
Universidade de Évora
Universidade de Coimbra
Centro de Estudos Clássicos e Humanísticos
ORCID: 0000-0002-1282-2568
caat@uevora.pt

Sumário: Neste capítulo, descrevem-se os elementos que, tradicionalmente, são chamados à colação para explicar o período de 235 d.C. a 284 d.C.. Além de uma breve exposição relativa às fontes, apresentam-se os elementos de ordem económica, demográfica e climática que caracterizaram este espaço temporal e descrevem-se os confrontos com a Pérsia, as invasões, os conflitos internos e as secessões na Gália e no Oriente. Por fim, elencam-se as reformas realizadas, nomeadamente por Galieno e Aureliano, e as tendências observadas no âmbito da gestão do Império[1].

A morte de Alexandre Severo, assassinado em 235 d.C., marca não apenas o fim da dinastia severa, mas também o início de um longo período de instabilidade, que se tornou conhecido como 'período da anarquia' ou 'período da anarquia militar'.

Os problemas que eclodem não são, na sua maioria, novos: a extensão do império impunha métodos de gestão complexos que obrigavam ao recurso a uma máquina burocrática pesada e cara; o fim do expansionismo territorial impôs dificuldades à preservação do crescimento económico; a depreciação monetária tinha sido um mecanismo recorrentemente usado no passado[2] para

---

[1] Trabalho realizado no âmbito do Projeto *Rome our Home: (Auto)biographical Tradition and the Shaping of Identity(ies).* (PTDC/LLT-OUT/28431/2017).

[2] No tempo de Augusto o denário continha 95% de prata. Após sucessivas desvalorizações ocorridas nos principados de Nero, Marco Aurélio, Septímio Severo e Caracala, a moeda de prata entrou em rápida depreciação. Vide Potter 2004 137-138 e 268.

fazer face às crescentes dificuldades financeiras, originando elevados índices de inflação; a instabilidade nas fronteiras, ameaçadas por povos bárbaros que forçavam a entrada no espaço do Império, constituía uma realidade desde o século anterior; crises políticas, nomeadamente de sucessão, haviam ocorrido no final das dinastias júlio-cláudia e antonina; e usurpações, quer na forma tentada, quer *ipso facto*, aconteceram também nas dinastias precedentes.

Todavia, no período de 235-284, a situação política, militar e económica do Império sofre uma agudização, não só porque nela confluem problemas aos quais as políticas anteriores não deram solução cabal, mas também porque surgiram outros elementos de perturbação.

1. Fontes

A análise deste período (235 d.C.-284 a.C.) constitui, ainda hoje, um desafio, em primeiro lugar, devido a uma substancial falta de fontes fidedignas e circunstanciadas que permitam reconstruir, de forma integrada, a genealogia e a evolução deste período de instabilidade. Não quer isto dizer que o estudo do século III se encontre desprovido de fontes coevas. Como observa Géza Alföldy, "Our preserved literary sources from the third century are quite diverse works of pagans and Christians, historians and rhetors, apologists and philosophers, written in Egypt, Asia Minor, Africa, Rome, Gaul or elsewhere, and their statements are influenced by time, place, religion, by the authors' personal interests and by the literary *genos*."[3].

Apesar desta constatação, a verdade é que a historiografia contemporânea continua a apresentar reservas no tocante aos elementos que nos são transmitidos pelos textos antigos. As razões são diversas e oscilam entre a consideração de que se, por um lado, os autores cristãos, apesar de nos terem deixado uma visão de um mundo em decadência, recorrentemente assolado por guerras, pestes e fomes,[4] conferiram mais relevo aos desafios que se punham ao crescimento da Igreja, submetendo o impulso de historiografar as vicissitudes do império ao filtro dos valores emergentes do cristianismo, por outro lado, também os textos de autores pagãos, além de escassos, desenvolvem características que os afastam da historiografia de cariz elevado e eloquente dos séculos precedentes.

---

[3] Alföldy 1974 90-91. Veja-se também Alföldy 1989, esp. 240 e segs.

[4] Alföldy 1974 101-102: "In Christian literature, the constantly emphasized *fames et terrae motus et pestilentiae* were an old apocalyptic topic. But Saint Cyprian gave in his *Ad Demetrianum* (3) a detailed catalogue of the actual economic problems: shortage of food, increasing prices, exhaustion of mines and quarries, decline of craftsmanship. (…) Seventh, decrease in population and manpower shortage, frequently emphasized in the third century (…). Cyprian lamented that *decrescit ac deficit in arvis agricola, in mari nauta, miles in castris,* and Dionysius of Alexandria was shocked by the decrease in population in his city. This problem, together with physical degeneration and decreasing duration of life, was emphasized also by Philostratus, pseudo-Aristides, Solinus, Arnobius and Lactantius, and by panegyrists as well, who praised the first tetrarchy for the fact that *hominum aetates et numerus augentur,* which was denied, however, by Lactantius."

Assim, no século III, Herodiano escreve, em grego, *História do Império Romano após Marco Aurélio,* que subsiste como a melhor fonte para o período imediatamente subsequente ao fim dos Severos: o final do livro VI e o VII incidem, respetivamente, no período de ascensão e de governação de Maximino Trácio (235 d.C.- 238 d.C.); e o livro VIII relata os acontecimentos do ano 238 d.C.. Ainda do mesmo século, as obras de Déxipo de Atenas, sobre as guerras entre Romanos e Godos (*Skythika*) e sobre o império de Cláudio o Godo (*Chronike Historia*), sobreviveram apenas fragmentariamente[5]. Do século IV conservou-se um conjunto de obras, muito possivelmente elaboradas a partir da mesma fonte[6]. Além da *Historia Augusta*, uma coletânea de biografias de imperadores, césares e usurpadores[7], em grande parte considerada fantasiosa e contaminada por uma considerável subjetividade, chegou-nos um conjunto de obras desenvolvidas segundo o mesmo esquema narrativo: o *Liber de Caesaribus* de Aurélio Victor, o *Breuiarium Historiae Romanae* de Eutrópio e a *Epitome de Caesaribus*, obra anónima, equivocamente atribuída a Aurélio Victor. Do mesmo século, subsiste ainda o *Breviarium rerum gestarum populi Romani* de Festo.

Se a leitura destes textos torna percetíveis as dificuldades e as transformações que se operaram durante o período da anarquia, já a explicação das causas do suposto declínio do império, mais do que decorrer de uma avaliação crítica dos processos, enfermava de uma conceção personalizante da análise histórica, de cariz moral, que via os acontecimentos como resultado direto das ações e do carácter dos seus agentes, tipologicamente segmentados entre "bons e maus imperadores", ou, sobretudo nos textos cristãos, de uma conceção moralizante da história, que frequentemente interpretava as vicissitudes dos tempos como resultado da intervenção divina, que por meio delas castigava a decadência moral do Império: "(...) the whole Christian apology laid the blame on pagan society, vehemently putting forward very similar arguments: all contemporary evils were to be regarded as *ultio divina* (thus in Cyprian's terminology, referring to the defeat of Decius by the Goths) for the religious and moral sins of pagan Rome and, indeed, for the weakness and laxity of some Christians, too. (...) Historians attempted to find more

---

[5] A obra de Déxipo de Atenas foi continuada, no século seguinte, por Eunápio, que escreveu sobre os anos de 270 d.C. a 404 d.C.

[6] Alexander Enmann formulou a tese de que estas obras teriam tido uma fonte comum. Essa fonte ficou conhecida como *Enmannsche Kaisergeschichte* ou simplesmente *Kaisergeschichte*.

[7] A obra inicia-se com a biografia de Adriano e termina com a de Carino, com uma lacuna que abrange os anos de 244 a 253, correspondente aos principados de Filipe, Décio, Treboniano Galo e Emiliano. A obra, a despeito dos julgamentos relativos à sua falta de fidedignidade, tem motivado substanciais estudos. A título de exemplo, deixa-se aqui a referência aos treze volumes publicados entre 1963 e 1989, em Bona, da série *Historia Augusta Colloquia*, a que se seguiu a publicação de mais dez volumes entre 1991–2007, em Itália (Macerata: vol. 1; Bari: vols. 2-10) da nova série dos *Historiae Augustae Colloquia*.

rational explanations as well. Cassius Dio and Herodian tried to explain all evils in contemporary history by errors and mistakes of emperors - in particular the young ones, said Herodian (1.1.6) - who disregarded the traditional order. The same personalistic attitude towards history is to be found frequently."[8].

Embora a fixação da memória histórica torne reconhecíveis os sinais da instabilidade vivida neste período do século III, contudo as fontes não desenvolvem, de forma articulada, o problema das suas causas para que seja epistemologicamente possível um conhecimento integrado da realidade.

A escassez de informação exige frequentemente o recurso a autores posteriores[9] (Eunápio, Zósimo Malalas, Jordanes, Sincelo e Zonaras, entre outros[10]), ou a obras de outros géneros (como aos obscuros *Oracula Sibyllina*, cujo livro XIII nos oferece informações sobre a campanha de Gordiano III contra a Pérsia), ou ainda a autores de outras tradições (de que é exemplo a monografia de Al-Tabari sobre os Sassânidas). De igual forma, quer a epigrafia quer a numismática têm sido fundamentais para a reconstituição do período. Se o declínio da epigrafia comprova, em termos de macroanálise, a quebra do investimento em obras públicas e a redução das práticas evergéticas, os textos das inscrições que sobreviveram ao período têm-se provado úteis para a reconstituição dos acontecimentos e da respetiva cadeia cronológica. A título de exemplo, a inscrição que transmite a *Res gestae Divi Saporis* dá-nos informações sobre as cidades conquistadas a Oriente nas guerras com os Romanos; e a inscrição de Augsburg, encontrada no início dos anos noventa do século XX, permitiu introduzir na narrativa histórica um episódio desconhecido (a libertação de romanos capturados pelos Jutungos), contribuindo ainda para a definição da cronologia da secessão na Gália;[11] de igual forma os estudos numismáticos oferecem-nos dados que permitem confirmar a existência de sujeitos históricos[12], bem como informações relativamente a matérias tão distintas como o grau de enfraquecimento da moeda ou as tendências da representação imperial[13].

---

[8] Alföldy 1974 106.

[9] Uma exaustiva concatenação de fontes relativas às guerras com a Pérsia encontra-se em Dodgeon – Lieu 1991.

[10] Em Drinkwater 2008 65-66, pode ler-se uma breve análise crítica das fontes mais relevantes para o estudo deste período.

[11] Vide Hekster 2008 26; e Potter 2004 296-297.

[12] Goldsworthy 2009 138: "In 2004 a coin was found in Oxfordshire bearing the image and name of the extremely short-lived usurper Domitianus. Briefly mentioned in the literary sources, he was said to have rebelled against Aurelian in 270 or 271. Only a single coin had previously been found with his name, and this had widely been dismissed as a forgery. Now it is clear that he made a bid for imperial power, probably somewhere in the western provinces, and lasted long enough to have coins minted in his name."

[13] Vide Manders 2012, esp. 221-222 e 253-309.

2. Economia, clima e demografia

Um dos problemas estruturais que abalou o império durante o período de crise foi a sistemática desvalorização da moeda e o consequente enfraquecimento do sistema financeiro. Os esforços de guerra, quer nas fronteiras, quer em quadro intestino, exauriram o tesouro público[14], levando à tomada de medidas económicas e financeiras, que, contrariamente ao esperado, se tornaram parte do problema. Um dos recursos à disposição dos imperadores para adquirir liquidez financeira passava pela aplicação de medidas fiscais, nomeadamente aumentando impostos, de forma sistemática ou extraordinária. Todavia, a ampliação da carga fiscal não só operava um sério contraste com o regime de baixa taxação que caracterizara o império nos tempos precedentes, como, aplicada em tempo de crise, suscitava a animosidade das populações, agravadas por medidas consideradas injustas,[15] criando tensões sociais e revoltas: "In the face of these ever-increasing demands for revenue, local notables protested loudly (and in some cases simply refused to collect) the war taxes which central government attempted to impose on the provinces of empire."[16] Desta forma, e independentemente de a política subjacente às tributações agravar todos ou apenas alguns setores da população[17], o potencial subversivo destas medidas (que explicaria, por exemplo, os esforços de redução da carga fiscal no tempo de Gordiano III[18]), aliado às dificuldades de realizar a taxação com regularidade, sobretudo nas zonas mais instáveis, tornou a desvalorização da moeda o mecanismo mais utilizado durante a crise do século III para fazer face à necessidade de liquidez. Caracala tinha introduzido o antoniniano[19] em 215 d.C..

---

[14] Lo Cascio 2008 161: "The immense war effort of these years inevitably entailed more taxation, which increasingly took the form of requisitions for the *annona militaris*.".

[15] Drinkwater 2008 30 observa, sobre Maximino: "On the other hand, his constant warfare led to a significant increase in state spending which had to be met from taxation. Maximinus tightened up the collection of standard taxes and demanded extraordinary payments from rich and poor alike. Money and materials were not the only things he asked for: the levying of recruits may also have occasioned resentment."; idem 34, sobre Gordiano III: "The new administration attempted to avoid a reputation for rapacity, and efforts were made to reduce the tax burden. (...) The continued production and debasement of the *antoninianus* suggests fiscal difficulties;" idem 38, sobre Filipe: "Towards the end of his reign, his brother, Priscus, attempted to increase taxes in the east, but managed only to provoke a second ephemeral rebellion led by M. F(ulvius?) Ru(fus?) Iotapianus. Contemporary religious rioting in Alexandria was, perhaps, also stimulated by Priscus' attempts to squeeze more taxation from Egypt."; idem, 51 sobre Aureliano: "Aurelian's attempts to increase his resources brought him more unpopularity. It was perhaps his efforts to improve tax collection that inspired charges of rapacity;".

[16] Kelly 2004 110.

[17] Lo Cascio 2008 161: "But there were also attempts to reform the very system of tax collection. Philip the Arabian, for example, tried to distribute the tax burden more equitably and efficiently by revising the definition of taxable capacity, without weighing excessively on the higher classes."

[18] Vide nota 14.

[19] Segundo Corbier 2008 334: "The weight and silver content of the *antoninianus*, which becomes the commonest denomination, falls by very little before 250, but the decline then accelerates.

A cunhagem desta moeda, suspensa no tempo de Heliogábalo, foi retomada com Pupieno e Balbino e substituiu o denário no tempo de Gordiano III. A moeda rapidamente ficou à mercê de sucessivas desvalorizações, ocorridas, por exemplo, nos principados do próprio Gordiano III, de Filipe e de Galieno[20]. No entanto, as emissões com baixa percentagem de prata geraram uma crise de confiança por parte das populações, o que, consequentemente, levou ao aumento de preços de forma a compensar o reduzido conteúdo de metal precioso – situação que, por sua vez, conduziu a uma espiral inflacionária.[21] A inflação, que segundo alguns estudos teria chegado aos 1000%, levou ao declínio do poder de compra, das atividades económicas e das trocas comerciais. Em virtude desta circunstância, as receitas tributárias desceram, pelo que "(…) the cash payments to the army and some taxes were partly transmuted into payments in kind. From the third century the *annona* became more of a regular institution, but at first its regulation was inconsistent and spasmodic. Cash payments to the army were taken from the central treasury, but requisitions in kind fell most heavily on those areas where the troops were operating."[22].

Além disso, nas províncias mais expostas às invasões existem indicadores de que a instabilidade afetou a produtividade, o que, consequentemente, conduziu à descida do volume dos excedentes agrícolas. Que os campos foram, em parte, abandonados pode deduzir-se das medidas fiscais de Aureliano e de Probo que pretendiam encorajar a produção agrícola e a viticultura[23]. Evidentemente, a situação não seria igual em todas as regiões do império, nem as alterações aconteceram necessariamente no mesmo espaço cronológico[24]. Estudos recentes, apoiados em dados arqueológicos, têm revelado indicadores, desconhecidos ou não tratados pela literatura, que nos permitem perceber as múltiplas variações da crise não só à escala regional como, em alguns casos, no plano intra-regional[25].

These reductions also affect the *aureus*: its weight keeps falling and, besides, its metal content is reduced in the reigns of Valerian and Gallienus, while its weight becomes totally erratic.". Vide também, Burns 2013.

[20] Watson 2003 126 observa: "The debasement of this coin was not only rapid but thorough: under Gallienus the antoninianus effectively became a base-metal coin with the merest dash of silver, so that, by the time of Aurelian's accession, its silver content was little more than 1.5 per cent."

[21] Watson 2003 125- 126 aduz ainda outras consequências destes debasements: "(…) the virtual collapse of the copper-based coinage. (…); the end of the local civic coinage. (…); a rapidly increasing amount of fraudulent coining."

[22] Southern 2001 96.

[23] Watson 2003 137.

[24] Hekster 2008 35: "Geographic differences become even more telling if they are combined with chronological differentiation. Until the 260s, many areas of the empire (especially those that were not directly touched by warfare) changed little in terms of inhabitants, welfare and infrastructure. The areas that have been thus defined by recent scholarship include Italy, Gaul, Britain, Spain and of course northern Africa.".

[25] Jongman 2007 197: "More land per person inevitably means a lower aggregate production: production per hectare must have gone down, since there was more land to work in the same

Estes indicadores comprovam, por exemplo, que, se a agricultura no Norte da Península Itálica, da Germânia e da Gália entrou em decadência, na Britânia não há sinais de declínio;[26] e que na Hispânia[27] e no Norte de África[28] não se registam sinais de eversão económica.

De igual forma, o êxodo das populações não foi uniforme: se, em algumas regiões, as cidades foram abandonadas, em outras registou-se o abandono dos campos, por vezes causado por razões idiossincráticas; se, por um lado, algumas zonas rurais foram desocupadas porque se encontravam diretamente expostas às invasões, outras, situadas em zonas seguras, teriam sido abandonadas pelos proprietários em virtude da incapacidade de cumprirem exigências fiscais pesadas e de consecutivos anos de más colheitas; por sua vez, as pequenas produções abandonadas neste último contexto tenderam a concentrar-se nas mãos de grandes proprietários, aos quais o campo oferecia uma maior proteção do movimento invasor, que preferencialmente dirigia os ataques contra aglomerados populacionais de maior dimensão.

A instabilidade afetou também outros setores como os da extração[29] e o comércio: "The intestine wars, the external pressure, and the economic crisis of the third century had a damaging effect on the Eastern long-distance trade. It has already been noted that trade was prosperous when the Empire was at peace, that is, from the later first century B.C.; consequently, it should hardly come as a surprise that internal warfare in the third century had

---

amount of time. For this reason, and because some of the worst land was probably abandoned, production per man hour must have gone up, and thus also incomes from agricultural labour (...) Duncan-Jones has recently surveyed the evidence for agricultural change, and concluded that there were two trends: the first is that from the third or even late second century A.D. site numbers declined pretty steeply in many (though not all) parts of the Empire. The second trend is that of a particularly steep decline of smaller sites, and an increase in the size of larger and sometimes even fortified sites. The agricultural decline seems to have gone together with a change in rural social relations." Vide exemplos de variação regional e intra-regional em Hekster 2008, 34 e segs.

[26] Martino 1985 567: "Perdonada por las invasiones, Britania tuvo en el siglo III y en la primera mitad del IV una agricultura que seguía siendo floreciente, mientras que en otras partes, como hemos visto, decaía (...)."; idem, 570: "Como la Galia, e incluso de forma más inmediata, Germania estaba expuesta a las incursiones e invasiones de los bárbaros del siglo III, que dejaron profundas huellas en la región, provocaron el empobrecimiento del campo y la desaparición de la pequeña propiedad (...).". Vide também, Birley 2007.

[27] Vide Bravo Castañeda 1993 e Arce Martínez 1993.

[28] Hekster 2008 36: "It may not be a coincidence that the area of the Roman world with the most stable economy was also the zone which suffered least from the military unrest in the empire. With the Mediterranean in the north, and the Sahara in the south, Africa was safe from enemy attacks. Brigands roamed round on occasion, but they had already done so before the third century, and created more embarrassment than disaster (...). More importantly, perhaps, Africa was spared the large conglomeration of troops, which many border regions of the empire suffered (...)"

[29] Marzano 2011 221: "Indeed, by the third century, because of those invasions and disorders that caused the fortification of the Iberian towns to be built, the exploitation of the mines had ceased and the export of olive oil and salted fish had dropped.".

damaged this trade. Similarly, the uncontrolled inflation which gripped the Roman world during the latter part of the third century damaged international commerce, in so far as the buying power of Roman currency collapsed. In addition, the serious inflation greatly reduced the ability of citizens to purchase luxury goods."[30].

Estudos recentes têm também chamado a atenção para as alterações climáticas ocorridas entre os séculos II e III. O clima, tradicionalmente quente e húmido, teria dado lugar a tempos mais secos e frios[31], o que teria tido impacto na produtividade agrícola,[32] gerado problemas fitossanitários e, na opinião de alguns autores, contribuído para a pressão dos povos bárbaros nas fronteiras[33]. Outro problema que assolou o Império foi a peste. Embora seja difícil calcular o impacto deste fenómeno na população, as epidemias ocorridas nos principados de Treboniano Galo, Galieno e Cláudio tiveram efeitos na baixa demográfica que se sentiu no século III e, consequentemente, na economia e na sociedade.

3. Conflitos

Um dos fatores que, tradicionalmente, é chamado à colação na qualidade de elemento estruturante da crise de 235-284 assenta na pressão operada a Este pela Pérsia, reemergente após a subida ao poder da nova dinastia sassânida, e no *limes Germanicus*, isto é na fronteira do Danúbio e do Reno, pelos povos germânicos[34]. Todavia, a conflitualidade da época não se resume apenas ao plano externo. As contínuas, aceleradas e violentas substituições de liderança tornaram os problemas internos protagonistas de uma instabilidade política sem precedentes na história do Império.

---

[30] Nappo 2007 237.

[31] Jongman 2007 212: "From about the late second century A.D., and after a few centuries of remarkably warm and humid weather, Rome was entering a period of cooler and dryer weather that was to last a few centuries." Vide também Harper 2017 129 e segs.

[32] Jongman 2007 212, n.24: "Climate change would also have implied shifts off the production function itself (i.e. a negative technical change), because same quantities of land and labour now produced less than before.".

[33] Nicols 2007 436-437: "The congruence between a relatively more benevolent climate in the first and second centuries and the peace and stability of the years of the principate stands in contrast to the comparably unfavorable conditions during the third century, suggesting that a changing and less benevolent climate may have been a factor in driving the northern barbarians to enter the Roman Empire. Again, it is difficult to make the case that changes in climate could be the sufficient cause to explain the movement of barbarians during this period, but when taken together with the other factors represented here, a more coherent pattern of cause and effect may be deduced.".

[34] A reconstituição cronológica dos movimentos de investida bem como a identificação das tribos invasoras lidam hoje ainda com muitas incertezas e flutuações. Vide Drinkwater 2007.

3.1. O conflito com a Pérsia

Seria demorado fazer a resenha de todas as operações militares ocorridas entre Romanos e Persas, na época regidos pela nova dinastia sassânida. As duas civilizações partilhavam uma larga tradição de investidas mútuas, conquistas, perdas e reconquistas de cidades e territórios, em um teatro de guerra, ideologicamente mantido ao longo dos tempos e que se reacendeu militarmente a intervalos temporais assíduos nos séculos precedentes.

O ressurgir, no século III, de uma Pérsia mais expansionista constituiu certamente um problema no plano geopolítico. A ameaça começou a fazer-se sentir com a invasão da Mesopotâmia por Artaxes I, ainda no tempo de Alexandre Severo. A resposta romana viria apenas com Gordiano III. Na Pérsia governava Sapor I, filho e sucessor de Artaxes I. O imperador chegou ao oriente em 242 d.C. e, durante a campanha, reconquista Carras, Edessa e Nísibis, avançando posteriormente sobre a capital sassânida, Ctesifonte; todavia, presumivelmente depois de uma derrota militar em 244 d.C., é morto em circunstâncias obscuras.[35] Filipe foi imediatamente aclamado imperador pelas tropas. A necessidade de regressar a Roma para garantir a sua sucessão resultou em uma negociação da paz com Sapor I, pela qual Filipe pagou "the equivalent of 500,000 gold dinars, and acceptance that Armenia lay within the Persian sphere of influence. However, these terms, though expensive, were not disastrous. Timesitheus' Mesopotamian reconquests were retained; and the money was a single payment of ransom, not an annual tribute."[36].

Problemas que afetavam o reconhecimento dos interesses persas na Arménia, possivelmente condicionados por conflitos entre Sapor I e os governantes arsácidas, que mantiveram o trono arménio, levaram os Sassânidas a retomar as hostilidades. A Arménia é anexada pela Pérsia e o exército que Treboniano Galo envia para o enfrentar é derrotado na batalha de Barbalisso; em consequência, Sapor I entra na Síria, devastando, saqueando e tomando um grande número de posições e cidades. A resposta em grande escala viria com Valeriano, que, em 254, parte para oriente, onde recupera cidades e restabelece o comando romano na Síria; mas problemas com Godos do Mar Negro, que assolavam a costa do Mar de Mármara, obrigaram-no a deslocar o exército que, a breve trecho, se verá flagelado pela peste; a ausência do imperador incentivou novas investidas persas sobre domínios romanos. Valeriano é obrigado a regressar ao Oriente, tendo sido capturado durante ou após a derrota a batalha de Edessa, juntamente com o exército remanescente, fragilizando a posição romana na região.

---

[35] Drinkwater 2008 36: "Gordian III perished: he either fell in the battle itself or, more probably, he died or was killed by his own men soon after its end.". Aurélio Victor (*Lib. Caes.* 27. 7–8) e Festo (*Brev.* 22) atribuem a morte de Gordiano III a uma conspiração de Filipe. Vide Edwell 2008 172.

[36] Drinkwater 2008 36. Southern 2001 71 observa: "It is possible that he also agreed to pay regular tribute in addition to the initial payment, but this is not proven and has not found corroboration except in Persian sources.".

Após a captura de Valeriano, que viria a morrer no cativeiro[37], as incursões persas na região foram, em grande parte, sustidas pela ação de resistentes locais (circunstância que se verificou também em outras regiões do Império[38]), que, fruto dessa resistência, consolidaram e robusteceram o seu poder, quer militar, quer civil. Neste enquadramento, teriam especial importância as campanhas contra os Persas realizadas entre 262 e 266 d.C. por Odenato, que entretanto havia sido agraciado por Galieno com o título *Corrector totius Orientis*. Embora o contexto da captura de Valeriano possa ter contribuído para o acolossamento das histórias de reconquistas de cidades perdidas para Sapor I, e sobretudo da extensão dos danos causados ao território persa[39], os esforços realizados consagraram a influência de Odenato sobre um vasto território; uma influência que, dentro de pouco tempo, traria consequências para a unidade do império.

O imperador Caro fez a última expedição contra a Pérsia no final do período da crise (282-283 d.C.). Aproveitando problemas internos na corte sassânida, entrou no coração do território inimigo, chegando à capital, mas acabaria por morrer pouco tempo depois em circunstâncias imprecisas[40].

3.2. Os conflitos com os povos germânicos

Além dos Sassânidas, Roma teve de lidar com outros antagonistas. A conflitualidade com os povos bárbaros de origem germânica tinha tido um momento significativo nas Guerras Marcomanas, no tempo de Marco Aurélio; e distúrbios nas fronteiras continuaram a registar-se quer no final do século II, quer no início do século III. Roma lidou com estes problemas de várias formas. Constituíam práticas ativas da política imperial quer as ações bélicas contra os povos que forçavam as fronteiras, quer as permissões de assentamento, quer a contenção das investidas nos territórios do império por meio do pagamento de subsídios. No entanto, na segunda metade do século III, o império teria de

---

[37] Lactâncio escreve (*De Mort. Pers.* 5) sobre as humilhações sofridas por Valeriano durante o cativeiro persa: além de usado como escabelo sempre que Sapor I montava a cavalo, o seu corpo foi esfolado após a morte e a pele exibida em um templo persa como troféu. Todavia, o contexto da obra, que pretendia demonstrar os castigos aplicados aos perseguidores dos cristãos, pode ter justificado a narrativa, que contrasta com as informações obtidas em outras fontes que relatam o tratamento digno que Sapor I deu ao imperador.

[38] Vide Potter 2004 250 e segs.

[39] Ball 2000 77.

[40] Segundo a *HA*, *Caro* 9.1, Caro foi fulminado por um raio. Todavia, a explicação tem sido considerada fantasiosa, pelo que a probabilidade de o imperador ter sido morto em virtude de uma conspiração é mencionada por vários autores. Valerá também a pena lembrar o poema de Sidónio Apolinar, *Carm.* 23, 91-96, alusivo à campanha persa e à morte de Caro: *Nam quis Persidis expeditionem, /Aut uictricia castra præteribit / Cari principis, et perambulatum / Romanis legionibus Niphatem: / Tum, cum fulmine captus imperator, / Vitam fulminibus parem peregit?*

lidar com ameaças crescentes. O contexto das relações que se estabelecem entre bárbaros e romanos foi alterado e perturbado por uma série de fatores, tanto de natureza interna como externa: as campanhas na Pérsia exigiram esforços acrescidos, económica e militarmente, enfraquecendo a defesa do Ocidente; migrações, quase contínuas, de povos aumentaram a pressão, quer no *limes* do Danúbio, quer no Oriente; no tempo de Filipe, o fim da política de subsídios acelerou o antagonismo crescente por parte de tribos instaladas; e a reorganização política dos povos bárbaros, que se firmou em alianças robustas, levou a que os ataques se tornassem mais fortes e estruturados. Fator não despiciendo para a deterioração política e militar do império foi ainda a instabilidade interna, alimentada por inúmeras tentativas de usurpação, rebeliões e secessões, que ajudaram a inflamar um quadro de guerra já marcado por um jogo de continuados movimentos de invasão e de resistência.

Durante o período da anarquia do século III, os povos germânicos concentram-se em três zonas a partir das quais lançaram uma série de investidas: os Alamanos[41], uma confederação de tribos de origem germânica, estabelecidos na fronteira do Reno e no Alto Danúbio, atacaram, por vezes em coligação com Jutungos e Francos, a Gália, a Récia e a Península Itálica; os Godos[42] estabelecidos na fronteira do Danúbio, zona que acomodou várias migrações a partir das últimas décadas do século II d.C., atravessaram o *limes* e conduziram uma série de ataques terrestres nas províncias do Baixo Danúbio e nos Balcãs; outros grupos de Godos assolaram a costa da Ásia Menor, da Bitínia e da Capadócia.

Os anos de maior instabilidade gerada pelas invasões situam-se no espaço de tempo mediado pelos principados de Décio e Aureliano (250 a 275 d.C.). Embora Maximino tenha obtido vitórias contra os Alamanos nos *Agri Decumates* e contra os Dácios e os Sármatas na Panónia, e Filipe, o Árabe, tenha conseguido repelir os ataques de Carpos e Godos na Dácia e na Mésia, a situação vai alterar-se no tempo de Décio. Esta alteração, que leva alguns autores a considerarem o período entre Maximino e Filipe a fase final do período Severo, coincide com

---

[41] Heather 2010 108-109: "What exactly it meant to be an Alamann in the third century is much disputed (...). But all the physical evidence from the Agri Decumates – of jewellery, ceramic types and modes of burial – indicates that its new Germanic masters had their origins not very far to the east, in the lands of the so-called Elbe-Germanic triangle, west of the River Elbe from Bohemia in the south to Mecklenburg in the north." Drinkwater 2007 7: "The earliest, third-century, Alamanni were not an *ethnos*, a *gens*, a people, or a 'Volk'. As long-distance raiders, they arrived in modern south-west Germany randomly, not by tribal migration. The name Alamanni, though it had Germanic roots, won general currency as a Roman designation, identifying barbarians coming from and settling over the Rhine and Danube."

[42] A identidade dos povos e tribos que, coligados, são designados por Godos está sujeita a uma grande indeterminação, exponenciada pelo facto de as fontes antigas os designarem com nomes distintos. Drinkwater 2007 21: "However, it is now realized that, say, Goths and Vandals were extremely complex in their composition and aims (in particular, that 'people', the raw material of ethnogenesis, are not the same as 'peoples', its product), and that elsewhere the process of domination of Roman soil was much slower and even more convoluted.". Vide também James 2014 21-49.

a ascensão dos Godos como ameaça mais organizada. Não se conhecem as circunstâncias em que ocorreu a aliança dos povos godos no Danúbio (embora a supressão dos subsídios no tempo de Filipe pudesse ter sido determinante), mas é certo que Décio os enfrentou, já coligados sob a liderança de Cniva. Possivelmente aproveitando os conflitos internos romanos da altura, Cniva invade a Mésia em 250 d.C.; repelido por Herénio Etrusco, filho de Décio, Cniva passa o Danúbio em direção aos Balcãs, onde toma Filipópolis na Trácia. No ano seguinte, Décio interceta Cniva na Mésia Inferior, junto ao *Forum Trebonii* (Abrito), quando marchava de regresso com os despojos da campanha. Décio perde a batalha e a vida, juntamente com Herénio, tornando-se o primeiro imperador caído em combate com um inimigo externo na história do Império.

O novo imperador, Treboniano Galo, fez a paz com os Godos, provavelmente condicionado pela mesma razão pela qual Filipe cessara as hostilidades com Sapor I, i.e., pela conveniência de regressar a Roma para garantir a sucessão. Além dos problemas na Pérsia, levanta-se uma nova ameaça, desta vez oriunda dos Godos do Mar Negro, que em 252 d.C., fazem incursões por mar ao longo da costa da Ásia Menor. E Cniva, na sequência da tentativa de usurpação de Emiliano, em 253 d.C., relança a ofensiva, tendo chegado à Macedónia.

Assim, quando Valeriano sobe ao poder, o império debate-se com problemas quer no Ocidente quer no Oriente. A política prosseguida no tocante à defesa vai acentuar uma tendência estratégica – a divisão funcional do império –, que com Diocleciano se desenvolverá e consolidará sob a designação de tetrarquia. Valeriano ocupar-se-ia do Oriente e, em breve, partiria para a Pérsia; por sua vez, Galieno, seu filho, regeria o Ocidente. Deste modo, na altura em que o pai enfrentava os Sassânidas, Galieno lidava com várias ameaças: depois da campanha bem sucedida na Panónia e na Dalmácia, Alamanos e Francos começaram a pressionar o Reno e a Península Itálica; um ataque franco atravessa a Gália e chega à Hispânia (a cidade de *Tarraco* é saqueada); e os Jutungos invadem a Itália, ameaçando a capital. A população resiste e Galieno derrota-os quando retiravam, perto da atual Milão em 260 d.C.. Obrigado a dirigir-se ao Danúbio para enfrentar novos usurpadores, ocorre a secessão na Gália. A hostilidade goda volta a fazer-se sentir a partir de 265 d.C., quando os Godos do Mar Negro atacam a Ásia Menor, saqueando várias cidades. O ataque é repelido por Odenato. Nos anos seguintes, os Godos do Danúbio atacam a Trácia por terra e os Godos do Mar Negro (presumivelmente os Herúlios) assolam a Grécia e a Macedónia por mar, tendo chegado ao coração da Grécia. Corinto, Argos e Atenas foram assediados, mas as populações resistiram, sob o comando do general e historiador Déxipo de Atenas.

Os problemas com os Godos na região do Danúbio viriam a ser resolvidos no tempo de Cláudio, agraciado com o título de *Gothicus Maximus*, após a batalha de Naísso em 269 d.C.. Todavia, a Dácia estava, ainda que informalmente, perdida; os Godos do Mar Negro continuaram a perturbar ilhas no Egeu e no Mar Negro; a secessão na Gália continuava a ser um problema não resolvido; e o perigo palmirense, na sequência da morte de Odenato, começava a emergir.

Após a morte de Cláudio Gótico, vítima da peste, Aureliano toma o poder em 270 d.C.. Incursões de Jutungos e Vândalos em Itália puseram em evidência a vulnerabilidade da capital a ataques que se faziam sentir em territórios cada vez mais próximos, circunstância que teria estado na base da decisão de construir uma muralha em torno da cidade de Roma. Não obstante, as maiores conquistas de Aureliano se situarem no plano da reunificação do império (ao derrotar Zenóbia, em 272 d.C., e Tétrico, na Gália, em 274 d.C.), a geografia do Império altera-se: os *Agri Decumates,* virtualmente perdidos, não voltariam a ser recuperados; e a Dácia, a última província anexada ao Império, não conheceria outra solução que não a da retirada formal.

Os Godos do Mar Negro pilharam novamente as províncias da Bitínia, Galácia e Capadócia no tempo de Tácito; com Probo, a Gália foi novamente atacada por Alamanos e Francos; contudo, o imperador restabeleceu a fronteira do Reno, assentou povos germânicos e incorporou-os nos exércitos. A seguir fez campanha na Récia. Depois de ter suprimido várias rebeliões e tentativas de usurpação, foi assassinado perto de Sirmio. Sobe então ao poder Caro que, à semelhança do que fizera Valeriano, divide funcionalmente o império: Caro assumiria o Oriente, região onde iria a morrer; Carino ocupou-se, com êxito, da fronteira do Reno, mas foi morto pelos seus homens depois de entrarem em combate com as tropas do novo líder emergente, Diocleciano.

3.3. Conflitos internos

O teatro bélico entre Romanos, Persas e povos bárbaros constituiu uma constante ao longo dos séculos precedentes. Mas, apesar das conquistas e reconquistas de territórios, como as breves resenhas acima expostas deixam antever, um dos fatores que distingue a situação relativamente aos séculos I e II é a crescente dificuldade que a conflitualidade interna lança sobre o contexto político-militar da época.

A crise política que se desenvolve no Império entre 235 e 284 d.C. caracterizou-se pela deterioração da autoridade imperial. Contrariamente àquele que foi o modo de sucessão mais usado no passado – a confirmação pelo Senado que formalmente transmitia os poderes a um herdeiro, nomeado pelo imperador precedente[43], e a sua aceitação pelos corpos militares (legiões e/ou guarda pretoriana[44]) –, no período da crise do século III só Valeriano e Caro conseguiram

---

[43] Hammond 1956 126: "The status of successors varied widely according to their age and talents or the feeling of their predecessor. But three levels of status can be roughly differentiated. Beginning with Aelius under Hadrian, if not earlier, the term *Caesar*, which had been for *Augustus*' the gentile nomen of a new ruling family, became a title placed after the full name to designate an heir who was not ready to assume major responsibility.".

[44] Hammond 1956 63: "(...) the support of the troops came to be recognized openly as the real source and mainstay of the imperial power not only in cases of violent change but even when the succession was peaceful and prearranged. Ratification by the senate became, as already stated,

indicar um sucessor que tivesse chegado ao poder, razão pela qual não se estabeleceu propriamente nenhuma dinastia[45]. Além disso, o modelo-padrão pelo qual se fez a transmissão do poder foi o da usurpação. O quadro institucional não previa a destituição dos imperadores. Na verdade, só as ações violentas, normalmente perpetradas por aspirantes ao império que granjeassem apoio entre os exércitos ou entre a guarda pretoriana, poderiam levar à queda de um imperador legítimo. No espaço de tempo em apreço, não só a maioria dos imperadores legítimos chegou ao poder desta forma, como teve de lidar com insurgentes que foram aclamados pelas tropas e reclamaram a autoridade imperial. Embora existissem exemplos no passado[46], neste período a aclamação de chefes militares pelas legiões no seu espaço de atuação militar, isto é, fora de Roma, tornou-se recorrente. E, não raras vezes sucedia que, no mesmo espaço de tempo, legiões diferentes aclamassem imperador cada uma o seu general e que vários adversários lutassem entre si antes de um deles se legitimar no poder.

As usurpações não anularam, contudo, a necessidade de legitimação institucional. Se o perfil dominante dos imperadores passa a ser o de "imperador soldado", a verdade é que exemplos como o de Maximino Trácio, que foi legitimado pelo Senado em 235 d.C. sem ir a Roma, não foram a norma, mesmo nos casos em que o imperador aclamado se encontrava em estado de guerra. Na verdade, a relativa pressa com que Treboniano Galo e Filipe pactuaram o fim das hostilidades, respetivamente com os Godos e com os Persas, de forma a regressarem à capital para assegurarem a confirmação do Senado, demonstra que os mecanismos institucionais não haviam sido obliterados.

A rápida sucessão dos principados e os seus términos violentos foram favorecidos pela militarização do Império, feita a expensas das dificuldades crescentes em suster as invasões e manter as fronteiras. O crescimento da força do aparelho militar criou condições favoráveis a que imperadores, bem como usurpadores, emanassem do aparelho militar. Neste sentido, quer fossem alimentadas pelo descontentamento das tropas, ou pela emulação soberanista do usurpador, ou por uma vitória recente no campo de batalha contra inimigos externos, as pretensões ao poder imperial ver-se-iam sustentadas no apoio das legiões para as quais as circunstâncias imediatas seriam consideravelmente mais significativas do

---

an inevitable formality."; idem, 126: "Normally the legions accepted the candidates whom the praetorians supported, though Nerva had to quiet unrest among the legions in Germany by adopting as his successor their commander Trajan.".

[45] Hekster 2008 4: "From 235 onwards, no single dynasty dominated Roman politics, though many rulers tried to establish one. Thus, there were as many as three Gordians. Unfortunately for them, the first two (who were father and son) were proclaimed emperor together and ruled for all of three weeks (238), whereas Gordian III (238–44) became emperor whilst thirteen years old. He died aged nineteen, possibly in battle after utter defeat (...).".

[46] Hekster 2008 58: "But becoming emperor through military acclamation was nothing new. Amongst emperors who gained power in this way are well-established 'good' emperors such as Vespasian and Septimius Severus.". Sobre a relação entre exército e crise, vide de Blois 2007.

que a vénia à ideia de unidade do império corporizada na pessoa de um imperador já legitimamente investido. Esta conjuntura favoreceu e foi favorecida pela deterioração de uma das circunstâncias, não-formal, que ditava a longevidade de um principado: o reconhecimento da *auctoritas*. Na verdade, a frequência com que as legiões aclamavam imperadores, desafiando o quadro institucional estabelecido, prova que a *auctoritas* imperial se encontrava sujeita a um desgaste muito superior ao registado nos séculos anteriores. Se praticamente todos os imperadores tiveram de lidar com insurgentes, Galieno sofreu um número de tentativas de usurpação significativamente mais alto do que o assinalado para os principados anteriores e posteriores. A maior parte dessas tentativas ocorreram no início do seu principado (como imperador único): Ingénuo é aclamado imperador na Panónia, Regaliano na Mésia e os Macrianos atuaram em duas frentes (Quieto ficou no Oriente, onde foi derrotado por Odenato; e Macriano marchou com o filho mais velho para Ocidente, onde foram aniquilados por Auréolo); e Póstumo rebela-se na Gália, dando origem a uma secessão[47]. Se esta profusão de pretendentes se pode explicar pela captura e subsequente morte de Valeriano no cativeiro persa, a verdade é que as consequências deste tipo de ação são semelhantes ao longo do período de crise: uma vez que o imperador ou os seus generais eram obrigados a deslocar os exércitos de forma a suprimir a ameaça resultante das usurpações, as hostilidades por parte dos povos invasores tendiam a recrudescer, o que levava, não raramente, ao aparecimento de novos usurpadores. Por exemplo, após a saída de Galieno do Reno para enfrentar Ingénuo, houve investidas bárbaras tanto na Gália como na Península Itálica. Embora Galieno tivesse regressado e afastado a ameaça de Itália, a verdade é que não conseguiu evitar a ascensão de Póstumo na Gália. O padrão de resposta que se desenha no quadro das reações às usurpações, que frequentemente levam os imperadores a abandonar os combates com os povos bárbaros para se dirigirem ao encontro dos usurpadores, não deixa grande margem de dúvida no tocante à prioridade conferida à ameaça interna: "Much of the time, the emperor of the hour had to devote his attention to the threat from within even when attacks were under way from without: it was more important to protect the office than to ensure the tranquility of remote frontiers. Sometimes external security was sacrificed directly for internal (...)"[48].

Aos imperadores legitimados couberam tempos de governação curtos e concluídos de forma violenta. Com exceção de Cláudio Gótico, que morreu de peste, todos os outros perecem em quadro de hostilidade: Décio cai no combate com os Godos, Valeriano morre no cativeiro persa, Galieno e Caro em circunstâncias obscuras[49] e os restantes perdem a vida em virtude de conspirações

---

[47] Além destes, há notícia de mais quatro tentativas de usurpação ocorridas neste espaço de tempo (260-262 d.C.). Vide lista completa em Mennen 2011 255.

[48] Luttwak 2016 148.

[49] Vide notas 34 e 39.

ou no combate com um usurpador, sendo que, neste caso, a maioria é assassinada pelas próprias tropas, mesmo antes do início da batalha.

Todavia, é comummente aceite que houve esforços, sobretudo no tempo dos chamados "imperadores ilírios"[50], realizados em benefício da estabilidade. Essa estabilidade foi efetivamente lograda, com algum êxito, com a ascensão de Aureliano, que desenvolveu uma política de recuperação de uma Ordem, de influxo augustano[51]. A supressão dos opositores, incluindo as fações rivais no Senado, a reunificação (pese embora o abandono formal da Dácia[52]) política e territorial do império, após derrubar Zenóbia e Tétrico, a pacificação das fronteiras[53], bem como a promoção de um conjunto de reformas estruturais extensíveis a setores como a economia, a administração e a defesa marcaram o seu principado como um tempo de *restauração*. No entanto, e independentemente do êxito das suas políticas, quer civis quer militares, Aureliano viria a perecer vítima de uma conspiração, provavelmente forjada por membros do seu círculo político e militar, não escapando ao grande padrão que, durante a crise se estabeleceu como resultado do enfraquecimento estrutural do poder imperial e ao qual nem os imperadores mais eficazes foram imunes.

---

[50] Expressão que designa os imperadores (Décio, Cláudio Gótico, Quintilo, Aureliano e Probo) nascidos na antiga província da Ilíria, cujo território foi posteriormente dividido entre as províncias da Panónia e da Dalmácia.

[51] Watson 2003 207: "From the perspective of the 270s, the Severan age must have seemed tinged with gold. In his religious reforms and in his adoption of more overtly autocratic insignia and titles, Aurelian appears to look forward to the later empire and Byzantium more than back to Augustus. But this is largely an illusion: a trick of the light, or rather the lack of it. For in the dark 'tunnel' that is the mid-third century, the contrast between the early empire and the late empire has been exaggerated at the expense of the strands of continuity and gradual development. The traditional view underplays the degree to which Augustus' rule was both autocratic and legitimated by divine sanction. Insufficient account is therefore taken of the extent to which the emperors of the third century saw themselves as continuing within a tradition which went back to the founder of the empire." Vide também Dmitriev 2004.

[52] Esta perda foi compensada com a criação da Dácia Aureliana, no território da Mésia Superior, para acolher a população romana da Dácia. Sobre o abandono da província, observa Potter 2004 270: "Unlike Valerian he [Aureliano] was not devoted to the world of the early third century, but rather to rationalizing the empire that he now ruled. The reunification of the empire would not be helped if resources were wasted in defending the indefensible."

[53] Watson 2003 205: "His military successes also extended to Rome's external enemies. In a tireless series of campaigns he managed to restore a degree of security to the shattered frontiers of the empire. From the perspective of his subjects in such troubled times, this protection was the most crucial benefit the emperor could provide. In driving back and decisively defeating the Goths, Aurelian effectively brought to an end their twenty-year-long rampage through the Balkan lands and the Aegean. He also took the momentous decision to withdraw all Roman forces still stationed north of the Danube and to evacuate a substantial number of civilians from the Dacian salient, resettling them south of the river. The main purpose of this move was to rationalize the strategic defence of the area, while giving more room to ease the barbarian pressure. In this way he hoped to make the new frontier along the river more readily defensible. After defeating the Carpi, he settled substantial numbers of them within the Roman empire, thereby setting an important precedent that would dramatically effect the course of Roman and indeed European history in the centuries that followed."

3.3.1. O império das Gálias

A governação de Galieno foi gravemente perturbada por revoltas internas. Uma delas, liderada por Póstumo, em 260 d.C., deu origem ao *Imperium Galliarum*, isto é, a um reino independente, com a capital em Colónia, que compreendia as províncias da Germânia, da Gália (com exceção da Narbonense) e inicialmente da Récia, e ao qual se juntariam, no ano seguinte, a Hispânia e a Britânia.

O incidente que teria estado na base da aclamação de Póstumo pelos exércitos – uma querela com Silvano e Salonino relativamente à distribuição de um saque que havia sido recuperado do poder dos Francos – poderia ter-se constituído, à semelhança de outras tentativas de usurpação, como um acontecimento desprovido de efeitos estruturais. Todavia, a constante pressão sobre o Reno[54], a eficácia dos ataques bárbaros que, entretanto, tinham conseguido atingir a Hispânia, e o apoio das aristocracias locais à criação de uma soberania própria, sustentadas por um possível desenvolvimento de um nacionalismo gálico[55], constituíram fatores propícios à ascensão de Póstumo.

Embora Póstumo tenha aniquilado os representantes do poder imperial na região (Silvano e Salonino, filho de Galieno e representante do poder imperial), a base geográfica do novo poder, contrariamente ao que sucederá no Oriente, não se definiu por via de uma campanha militar de teor expansionista, mas a partir do reconhecimento político da nova soberania pelas elites provinciais. Com efeito, se, nas épocas de crise, as conjunturas locais tendem naturalmente a ganhar maior importância do que os problemas centrais, não é difícil entender que, nestas províncias, a visão da unidade global do império se tenha secundarizado em benefício da unidade interna vista no plano local e regional. Neste sentido, a criação de uma estrutura de poder autónoma tenderia a ser vista como a condição necessária e indispensável para a ativação de uma resposta mais eficaz aos problemas da segurança, que haviam crescido nomeadamente após Valeriano ter desguarnecido a fronteira do Reno para fortalecer o exército que o acompanhou na campanha contra Sapor I.

Todavia, não obstante a corte de Póstumo ser amplamente galicizada[56], o modelo político e militar adotado para a regência do *Imperium Galliarum* mimetizou a estrutura política do Império Romano: "Postumus had claimed

---

[54] Hekster 2008 26: "It has been often thought that in fact the direct cause of this usurpation was the defeat of Valerian in 260. In this view, the humiliation of Rome caused Postumus to take up arms. In 1992, however, as mentioned above, an important epigraphic find at Augsburg, dated 11 September 260, provided new evidence (...). Erected by the otherwise unknown Marcus Simplicinius Genialis, it is a dedication to *Victoria* for her aid in destroying the Semnoni and Juthungi. These, as mentioned, were the Germanic hordes who invaded Italy, taking many captives. On invading the territory which Postumus was in charge of they were defeated, enabling the commander to become a local saviour – taking up the name *Germanicus maximus* in the process.".

[55] Vide Drinkwater 1987, esp. 20-28.

[56] Vide Potter 2004 261.

the consulship for himself and one of his associates, Honoratianus, taking as well a series of titles ordinarily associated with Roman emperors. He styled himself imperator Caesar Marcus Cassianus Latinius Postumus pius felix Augustus, pontifex maximus, Germanicus maximus, and holder of the tribunician power."[57]. O facto de o separatismo gálico não se ter constituído sobre uma base localista que tivesse privilegiado a formação de uma identidade própria sustentada na erradicação da estrutura de poder e do modelo de gestão imperial pode mitigar o entendimento da fragmentação que se gerou no império. Assim, se Eutrópio (*Brev.* 9.11) nos diz que Póstumo "preservou" o império romano, também a historiografia atual entende que a criação do *Imperium Galliarum* estabeleceu "(...) two imperial polities in Europe, both of which regarded themselves as *the* Roman Empire."[58]. Neste sentido, a criação de uma estrutura independente, a despeito de ter provado que a gestão dos interesses particulares de uma enorme zona geográfica era possível de realizar à margem da estrutura imperial global, demonstra que nem todas as fragmentações implicam a obliteração da continuidade.

A relativa longevidade desta soberania ficou seguramente a dever-se a uma efetiva demonstração da capacidade de suster os ataques bárbaros. Teria sido igualmente importante o facto de Póstumo não ter alargado as suas pretensões à titularidade do império romano, nem de ter iniciado nenhuma ação com o objetivo de destituir Galieno. Embora a cronologia seja incerta e as fontes não sejam totalmente claras, sabe-se que Galieno se moveu contra Póstumo em 265 d.C. e que Cláudio, na sequência da subida de Vitorino ao poder, enviou tropas para *Curalo* (atual Grenoble); contudo, as preocupações com outras regiões teriam minado qualquer tentativa estruturada de reconquista. Mas, o Império das Gálias não seria imune aos mesmos problemas internos que lesionaram o império romano. Em 269 d.C., Póstumo, na sequência da usurpação frustrada de Leliano na Germânia Superior, é morto pelo seu próprio exército, provavelmente por ter proibido o saque de *Mogontiacum* (atual Mainz). Marco Aurélio Mário foi então aclamado pelas tropas, mas seria deposto por Mário Vitorino, que reinou até 271 d.C.. Nesta altura, a situação do império das Gálias deteriorara-se: a Hispânia regressou à lealdade ao império romano; na Gália Central, os Éduos seguiram o mesmo caminho, mas foram cercados e severamente vencidos, sobretudo em virtude da falta de resposta de Cláudio aos apelos de auxílio. Após o assassinato de Vitorino, Tétrico sobe ao poder. Depois de uma rebelião na Gália Bélgica, em 274 d.C., enfrenta os exércitos de Aureliano. Na sequência do recontro, o Império das Gálias chega ao fim. Aureliano que, entretanto já derrotara Zenóbia no Oriente, restabelece a unidade do império romano e consagra-se como *Restitutor Orbis*. O último imperador do *Imperium Galliarum*

---

[57] Potter 2004 260.
[58] Kulikowski 2016 169.

é levado para Roma e exibido em cortejo, mas Aureliano poupa-lhe a vida e atribui-lhe um cargo na administração romana.

3.3.2. O império de Palmira

A resistência aos Persas Sassânidas, após a captura de Valeriano, foi, em grande parte, protagonizada por Odenato, que desempenhou um papel significativo não só no plano político, nomeadamente frustrando os planos traçados por Quieto e Balista para forçar a queda de Galieno, mas também no plano da resistência aos Sassânidas e aos Godos do Mar Negro. Odenato é agraciado por Galieno com o título de *Corrector totius Orientis*,[59] legitimando-se como senhor de uma potência regional, a qual, todavia, sempre reconheceu a autoridade de Roma. Depois de ser assassinado, em 267 ou 268 d.C., juntamente com o seu primogénito, o poder passa para o seu filho mais novo, Vabalato, mas foi Zenóbia que, na qualidade de regente do filho menor, governou a região, dando origem à segunda secessão vivida no seio do Império.

As circunstâncias em que ocorre esta secessão são muito diferentes das que levam à criação do Império das Gálias. Na base do conflito teria estado a reivindicação de Zenóbia de um estatuto para Vabalato que lhe garantisse o poder sobre a região nos mesmos termos em que havia sido concedido a Odenato: "The point at issue was surely the position that Odaenathus had held as *corrector totius Orientis*. Zenobia claimed this title, as if it were hereditary, for her son, Vaballathus. (...) For a Roman the status conferred by the holding of an office might be passed on, but not the office itself."[60].

A aspiração de se legitimar politicamente nos mesmos domínios que Odenato[61] levou Zenóbia a uma campanha armada, inicialmente contra a confederação dos Tanuquidas, fortemente opositora à hegemonia de Palmira na região, mas

---

[59] Sobre os títulos concedidos a Odenato, Potter 2004 259 observa: "Odaenathus appears to have taken his new role seriously, and to have used it to forge a remarkable position for himself. He appears variously on inscriptions as (...) "Lord of Tadmor" (Tadmor being the Semitic name of Palmyra); (...) "most famous senator and Lord of Tadmor"; (...) "most famous consular"; and, finally as (...) "King of Kings and *corrector* of the whole region." (...) The title Lord of Tadmor, which is rendered in Greek as *exarchos Palmyrenon*, indicates his dominance within the city. The titles evocative of senatorial dignity appear a bit later, and parallel those of Abgar IX, the last king of Edessa, indicating that both men had received the *ornamenta consularia*, or consular ornaments, which were, at times, awarded to client rulers.".

[60] Potter 2004 266-267.

[61] Watson 2003 61: "Zenobia began to press her claim to exercise control over those parts of the empire which had lain within her husband's competence, and increasingly expected compliance from the Roman administration in the region. This included not just the Syrian desert and Arabia, but the whole region from Asia Minor to Egypt. She was fully conscious that she possessed the military might to back her claim, and also that, at least south of Cappadocia, she could count on considerable local support for her cause.".

que rapidamente se alargou a outros territórios. Na sequência do êxito da campanha, Palmira associou, quer pela via diplomática, quer pela via militar, sob o mesmo poder, grandes cidades da Cilícia, da Capadócia e da Mesopotâmia e a faixa territorial compreendida entre a Síria e o Egito.

Se as conquistas territoriais formam comumente um suporte para a reivindicação da soberania política, a verdade é que a constituição do Império de Palmira como um domínio independente suscita controvérsia. Downey sustenta que Zenóbia reclama a independência palmirense entre Março e Agosto de 271 d.C.[62], apoiado no facto de as moedas cunhadas em Antioquia e Alexandria a representarem como *Augusta* e a Vabalato como *Augusto*. Ball, pelo contrário, vê nesta elevação um sinal da pretensão ao trono imperial: "The far more ambitious Zenobia instead sought to restore Rome by making her own family's claim for the imperial purple, just as other 'Augustuses' had done in the past, both successfully and unsuccessfully. Coins struck in Antioch in 270 depicted both Aurelian and Wahballath. Further issues in Antioch and Alexandria in 271 depict Wahballath as Augustus and Zenobia as Augusta—all assertions of Roman pretensions, not of Palmyrene independence. Zenobia was merely one in a long line since Vespasian who had made bids for the purple from a Syrian power base."[63].

Independentemente da leitura seguida, a expansão palmirense não parece ter resultado de uma estratégia pensada *ab initio*. Haveria certamente tensões, nomeadamente pelo facto de Galieno e Cláudio Gótico não terem reconhecido Vabalato com os títulos que Zenóbia ambicionava para o filho, algo que poderia não ser fundamental para o exercício do poder de uma família que, embora reinasse sobre uma cidade que não se regia pelo Direito de sucessão dinástica[64], exercia *de facto* a governação, mas que seria condição indispensável para garantir o controle sobre os territórios anteriormente sujeitos à autoridade de Odenato. Todavia, as hostilidades iniciais de Zenóbia não se exerceram contra Roma, mas contra uma confederação tribal, tradicionalmente hostil a Palmira. O êxito desta campanha e a morte de Cláudio no início de 270 d.C. podem ter impulsionado a pretensão de reforço do poder pela via militar. As fontes não permitem saber com clareza se, subjacente a esta aspiração, estaria algum desígnio independentista ou simplesmente a reivindicação

---

[62] Downey 1961 266.

[63] Ball 2000 82. A mesma posição sustenta Andrade 2018.

[64] Palmira era governada por elites tribais e mercantis, mas, aparentemente, nunca se constituiu como um reino cujo poder fosse transferido hereditariamente. Todavia, Potter 2004 267 observa: "The coins of Vaballathus avoid claims to imperial power: he remains *vir consularis, rex, imperator, dux Romanorum*, a range of titles that did not mimic those of the central government. The status *vir consularis* was, as we have seen, conferred upon Odaenathus; the title *rex*, or king, is simply a Latin translation of *mlk*, or king; *imperator* in this context simply means "victorious general"; and *dux Romanorum* looks like yet another version of *corrector totius Orientis*. These titles proclaim a very simple principle: that the position of Odaenathus was, like that of a king in the Semitic world, inheritable."

do reconhecimento de um *status quo* político-institucional semelhante ao do tempo de Odenato. Independentemente das razões, a verdade é que os acontecimentos do passado recente teriam estabelecido um modo de gestão da realidade política que permitem enquadrar as campanhas de Zenóbia. Com efeito, após a captura de Valeriano, as circunstâncias a Ocidente, fortemente assolado pelas invasões godas, geraram um contexto no qual a defesa e a conservação dos interesses da região, flanqueada a Este pelo poderoso Império Sassânida e vulnerável a Noroeste aos ataques godos do Mar Negro, passaram a depender, em grande parte, dos esforços e dos recursos militares e logísticos da própria região. Estas circunstâncias criaram as condições para a ascensão de uma liderança local forte, que, uma vez estabelecida e consolidada, gerou um sistema de interdependências entre o poder imperial e o poder local, embora sempre limitado pelo princípio da subordinação de Palmira à soberania de Roma. Se, no tempo de Odenato esse sistema de interdependências foi fundamental para uma gestão equilibrada dos interesses mútuos, não seria inadequado pensar que Zenóbia quisesse manter o paradigma. Todavia, os êxitos das campanhas, que se constituem não pouco frequentemente como mecanismos de reavaliação das subalternidades, e que, neste contexto, poderiam ter desencadeado a leitura de que a dependência em relação a Roma seria mais nominal do que real, pode ter determinado uma evolução na relação com o império – já lesada pela recusa em firmar Vabalato como *Corrector totius Orientis* – no sentido da autonomização da gestão dos interesses de palmirenses, independentemente de essa autonomização ter por alvo a criação de uma soberania independente ou de servir de alavanca para a reivindicação do trono imperial. Mas, como é evidente, Roma não poderia aceitar nenhuma destas pretensões.

Deste modo a formação de uma unidade territorial, que se estendia de *Ancyra* ao Egito, obteria uma resposta obstaculizante por parte do Império: Aureliano parte ao encontro de Zenóbia e envia Marco Aurélio Probo[65] para o Egito, que recupera o controle da província sem dificuldade. Em 272 d.C., o imperador está no Oriente e soma vitórias após vitórias. A maioria das cidades abre-lhe as portas ou capitula sem resistência. E, mesmo quando encontra oposição, como sucedeu em Antioquia e Émesa, locais em que inflige uma pesada derrota ao exército palmirense, Aureliano poupa as populações e evita os saques[66]; uma clemência todavia compensada pelos tributos entregues pelas cidades, não se sabe se voluntária ou compulsivamente, que lhe permitiram pagar as despesas da guerra.

Uma vez chegado a Palmira, Aureliano sitia a cidade e tenta negociar a rendição. Zenóbia recusa, mas é capturada quando saía da cidade para, possivelmente, se dirigir a Ctesifonte e pedir auxílio aos Persas. A cidade resistiu mais uns dias, mas acabou por se render. O imperador tratou os palmirenses

---

[65] Provavelmente o futuro imperador. A rapidez da conquista pode ter sido lograda em virtude de uma negociação com o Prefeito nomeado por Zenóbia.

[66] Vide Potter 2004 271-2; e Watson 2003 71-72.

com a mesma clemência que dirigira aos habitantes das cidades caídas à sua passagem. Zenóbia foi julgada, mas escapou à sentença de morte, ao contrário do que sucedeu à maioria dos seus conselheiros e generais. No entanto, não escaparia à humilhação de ser levada em cortejo e exibida como prisioneira em várias cidades do Oriente e em Roma. O seu fim é ainda hoje alvo de controvérsia: segundo algumas fontes, teria sido decapitada; segundo outras, Aureliano ter-lhe-ia perdoado e oferecido uma *villa*, em *Tibur*, para aí viver na companhia dos seus filhos[67].

No ano seguinte, Aureliano regressa a Palmira na sequência de uma rebelião e do apoio dado pela cidade a um usurpador. A cidade é tomada, saqueada e consideravelmente destruída. Apesar de ter sofrido alguns melhoramentos urbanísticos no tempo de Diocleciano, Palmira não se voltaria a reerguer à altura das glórias do passado.

4. Reformas e Tendências

É comum a constatação de que as respostas aos problemas do tempo mediado entre 235 e 284 d.C. tiveram um alcance limitado. No entanto, quer as determinações e diligências conjunturais que empiricamente foram diligenciadas para debelar contratempos mais localizados, quer as reformas de grande escala institucional dinamizadas pelas políticas imperiais permitem divisar as tendências que se foram formando no quadro da reação à instabilidade; tendências que plasmam ainda a ideia de que a gestão do Império estava condicionada por uma realidade substancialmente distinta da vivida nos tempos precedentes.

A ascensão de Maximino marca uma tendência que se manterá nos tempos seguintes: ao principado elevam-se agora preferencialmente não elementos da ordem senatorial, mas equestres, com grande experiência militar. Como observa Hebblewhite, "Even the Senate understood this new political reality. When it met in 238 to appoint alternate emperors to Maximinus Thrax, Pupienus was explicitly chosen because of his military abilities. Zosimus goes further and says that the twenty candidates nominated by the Senate were chosen explicitly because each was well versed in military matters. This decision was made more important because the young Gordian III had never led troops in the field. The need for all three rulers to cement their military reputations could explain claims that, following the death of Maximinus, Pupienus planned a campaign against the Persians while Balbinus was to campaign against Germanic tribes."[68].

À alteração registada no perfil dominante dos imperadores, que passa a assentar no modelo de "imperador soldado", soma-se outra propensão: os imperadores são oriundos de áreas geográficas fortemente militarizadas e das quais

---

[67] *HA, Trig. Tyr.* 30. 27.
[68] Hebblewhite 2016 9.

tradicionalmente não provinham imperadores[69]. A Panónia foi berço de Décio, Cláudio Gótico e Quintilo, Aureliano e Probo; a Mésia sê-lo-á de Diocleciano e a Dalmácia de Constantino, o Grande.

A militarização das províncias, sobretudo das mais expostas às invasões, fez com que o exército se tornasse a força motriz das transmissões do poder imperial, na maioria das vezes aniquilando um imperador legítimo e proclamando um usurpador. Se entre 235 e 284 d.C. houve mais de sessenta indivíduos que reclamaram o poder imperial[70], na sua maioria tendo por base o apoio militar, foi também a estrutura militar que esteve na base das destituições[71]. Neste sentido, os acontecimentos em torno da deposição de Maximino, nos quais o Senado assume, na sequência da revolta falhada dos Gordianos[72], a iniciativa de declarar o imperador, por si confirmado em 235 d.C., como *inimicus publicus*, confirmando para o mais alto cargo do Império Pupieno, Balbino e Gordiano III, são relativamente atípicos.

A destituição e aclamação de novos imperadores não se pode dissociar do acesso aos recursos, sobretudo os necessários para o pagamento das despesas militares[73]. A depreciação monetária, que obrigava ao transporte de grandes

---

[69] Potter 2004 264-265: "Prior to Claudius there had been two emperors from the Balkans. After Claudius, there would be only one Roman emperor who was not from a Balkan family until the year 378, when Theodosius I, from Spain, took the throne. This one exception is Carus, who ruled for all of two years, and he was from Narbonensis.".

[70] Goldsworthy 2009 138.

[71] O papel do exército nas aclamações e destituições imperiais, pode ser equacionado a partir dos acontecimentos relacionados com o início e o final dos principados dos imperadores legitimados: Maximino, na sequência da sua destituição, reage, marchando para Itália, e é morto pelo seu exército; Pupieno e Balbino foram mortos pela guarda pretoriana; após a morte de Gordiano III, Filipe foi aclamado pelas tropas em 244 d.C. e será morto em batalha por um usurpador, Décio, em 249 d.C.; Décio morre em batalha com os Godos e Treboniano Galo é aclamado pelas tropas em 251 d.C.; dois anos depois, é contestado por Emiliano e morre às mãos dos próprios homens, que passam a apoiar o usurpador; Emiliano é morto dois meses depois por Valeriano. Depois da captura de Valeriano na Pérsia, o poder passa para o co imperador Galieno em 260 d.C.; depois de enfrentar um conjunto significativo de insurgentes, Galieno é morto, oito anos depois da sua ascensão, pelos seus generais; o imperador seguinte, Cláudio, morre de causas naturais em 270 d.C.; o seu irmão Quintilo é nomeado imperador e reconhecido pelo Senado; poucas semanas depois, Aureliano marcha contra ele, tornando-se o novo imperador; cinco anos mais tarde, Aureliano seria vítima de uma conspiração nascida no seio do seu exército; Tácito é nomeado imperador e morre poucos meses depois, vítima de um motim no seu exército; Floriano foi aclamado pelas tropas, mas Probo contestou-o; os dois exércitos enfrentam-se e Floriano é morto pelas suas tropas; passados seis anos, Caro contesta Probo, que é morto pelo seu exército; Caro morre na Pérsia, em circunstâncias não esclarecidas; Numeriano, é assassinado; o irmão Carino morrerá às mãos dos seus soldados, na altura em que defrontava Diocleciano.

[72] Gordiano I proclama-se imperador em África, juntamente com o seu filho Gordiano II; a revolta é aniquilada por Capeliano, Governador da Numídia, que mantém a fidelidade a Maximino.

[73] Potter 2004 169 observa: "(...) Maximinus reduced the amount of money for grain and other distributions at Rome, including, it seems, the subsidy for the state cult of deified emperors. (...) Maximinus' financial problem was important. In his effort to keep his promise to his men, he

quantidades de moeda para as zonas de fronteira, tornou-se inviável. Para facilitar o acesso à moeda, as oficinas de cunhagem são descentralizadas: "In the west, from the Flavian period onwards, the mint of Rome provides all coinage, in gold, silver and aes. (...) This monopoly comes to an end in the middle of the third century with the opening of a mint at Viminacium on the Danube in 239. Then in their turn, in response to their needs for coinage, Valerian and Gallienus open new mints, usually close to the armies: at Trier (rather than Cologne, according to recent research), Milan, Viminacium, Siscia and Cyzicus."[74]. Esta descentralização, que aproximou a cunhagem aos lugares de atuação dos exércitos, constituiu, em muitos casos, um fator que favoreceu as usurpações, uma vez que os seus agentes tinham ao seu dispor uma forma de cunhar moeda em seu nome, patrocinando assim as suas proclamações.

A partir do tempo de Galieno, observa-se uma tendência, que assenta na fortificação das zonas de fronteira e das cidades, incluindo Roma. Aureliano discute com o Senado a construção de uma muralha em volta da capital que, a despeito de significar que as invasões estavam cada vez mais perto, trouxe uma garantia de segurança aos seus habitantes[75]. Se as obras públicas de grande escala tendem a constituir-se como emissoras de mensagens ideológicas relativamente às capacidades de gestão dos governantes, a verdade é que a muralha de Aureliano reflete também a transformação estrutural ocorrida na identidade do sistema imperial: o grande império que se formara tendo por base uma política expansionista encontra-se agora na defensiva.

Esta circunstância é aferível também da relação dos imperadores com o divino. O século III viu crescer a influência do cristianismo, do maniqueísmo e do mitraísmo. Todavia o pluralismo religioso, que caracterizava o panteão romano, não se compaginaria com a ascensão de cultos de matriz monoteísta ou monoteizante, cujos cultuantes recusassem contribuir para a promoção da concórdia entre os planos humano e divino nos termos da *Pax deorum*, isto é, da observância devida às divindades tradicionais e cujo retorno se traduziria na segurança do Estado. Este contexto teria estado na base do Édito de Décio, datado de 250 d.C., no qual se ordenava aos habitantes do império que sacrificassem aos deuses tradicionais na presença de um magistrado que certificava a cerimónia. Esta imposição, da qual apenas os Judeus estavam dispensados, atingiu cultuantes de várias religiões, mas sobretudo cristãos[76]. As desobediências

---

had taken a step that made him deeply unpopular at Rome, and the Roman plebs would prove to be one of the most important forces behind the revolt in 238. The notion that he promised a large donative, which he could not pay immediately, might also serve to explain why, despite his military virtues, Maximinus was not particularly popular in the army."

[74] Corbier 2008 348.

[75] Dey 2011 oferece um estudo muito completo sobre a construção da muralha.

[76] Harper 2017 154: "Scholars have become wary of calling the religious policy of Decius a "persecution." That is, perhaps, too one-sided a view. The desire to extirpate Christianity was not

foram julgadas e fizeram vários martírios. Contudo, a dimensão *Vrbi et orbi* do Édito, que divergia das perseguições anteriores porquanto decorrentes de "(...) local affairs determined by local conditions"[77] tem levado à consideração de que, subjacente às suas motivações, não estiveram apenas razões de natureza confessional, mas uma tentativa de, por via da restauração do tradicionalismo pagão de influxo conservador, fomentar a lealdade ao *princeps* e, por consequência, consolidar a unidade política do Império[78].

A política persecutória foi retomada no tempo de Valeriano, com a promulgação de dois decretos que agora visavam diretamente os cristãos: o primeiro, datado de 257 d.C., seria muito semelhante ao de Décio; o segundo, datado do ano seguinte, e que vitimou, entre outros, Cipriano de Cartago e o Papa Sisto II, expunha a hierarquia ao ordenar a punição de bispos, presbíteros e sacerdotes; além disso, previa a confiscação da propriedade a homens e mulheres de alta posição social e financeira (e a sua condenação à morte caso recusassem sacrificar aos deuses de Roma) e de todos os que estivessem relacionados com a corte imperial (que deveriam ainda ser condenados, presumivelmente às minas). O recrudescimento desta perseguição[79], que evoluiu, como Selinger eloquentemente expressa, de uma "exigência de lealdade para a punição da deslealdade"[80], terminou no tempo de Galieno.

Todavia, a relação dos imperadores com a religião voltaria ao primeiro plano com Aureliano, agora não no plano das intolerâncias,[81] mas no plano da

---

the entire impetus for the policy. The empire-wide order of Decius to sacrifice might be imagined as a scaled-up version of the civic responses that the Antonine Plague had once provoked. But now, in an age of universal citizenship, the response to the crisis was all-encompassing, and compliance was not voluntary. None of this is incompatible with the possibility that suppressing Christianity was a conscious goal of Decius from the beginning. After all, the Christians' refusal to sacrifice was not only an act of defiance; it imperiled the protection of the gods in the face of the enveloping disaster.".

[77] Rives 1999 135.

[78] Clarke 2008 626: "There is here a presage of those centralist pressures for conformity and homogeneity ... But it is clear that an attack on Christianity as such was not the object of the legislation.".

[79] Clarke 2008 643: "This was persecution, because it was thought it mattered that Christian religious leaders should be extirpated and that Christians in positions of prominence should not be allowed to be seen publicly to repudiate 'Roman ceremonies' with impunity. (...) For the Roman governing circles, at least, it still remained incomprehensible that Roman citizens should fail so signally in their civic duties of honouring their Roman gods and acknowledging their sacred rites ('civic duties' – rather than 'civil rights' – was certainly their inherited mode of thinking). Haas 1983 136: "What *prompted Valerian's abrupt change* in *imperial religion in August 257?* The *extant sources indicate* that this *shift* in *policy resulted* the *vast number* of *disasters, both political* and *economic*, which rocked the *empire* from *255* to *258.These difficulties, such* as *plagues*, barbarian *invasions*, and *spiraling inflation*, had *been fairly common* throughout the *entire mid-third century*. In the *middle years* of Valerian's reign, however, these various *problems* were multiplied on an unprecedented scale, and the *empire entered into a period of acute crisis*. This crises precipitated the persecution begun by Valerian in 257."

[80] Selinger 2002 95.

[81] Embora autores cristãos falem de um possível plano para uma nova perseguição, não subsistem evidências que o comprovem.

promoção de uma divindade externa. Se a imagética da vitória começou por dominar a iconografia do imperador, que se faz representar em associação com Júpiter, Marte e Hércules, após a derrota de Zenóbia ganha preponderância a associação com o deus *Sol*. A *História Augusta* integra uma história (*Aur.* 25) que dá corpo ao estabelecimento da relação do imperador com a divindade: durante a batalha contra Zenóbia junto a Émesa, os soldados estavam a ponto de abandonar o combate, mas o aparecimento de uma 'imagem divina' deu-lhes alento e as forças de Zenóbia acabaram derrotadas; no dia seguinte, Aureliano entra na cidade e dirige-se ao templo do Sol, onde encontra precisamente a mesma imagem que lhe garantira a vitória no dia anterior. A história é claramente fantasiosa, mas, tal como sucede com a maioria das narrativas deste tipo, é possível interpretá-la como uma reelaboração de elementos da realidade. Com efeito, após a campanha no Oriente, o culto solar[82], que havia sido importante durante a dinastia severa e que Heliogábalo teria tentado sobrepor aos cultos romanos durante o seu breve principado, é reanimado. O imperador manda construir, em Roma, um templo ao deus *Sol Inuictus*, dotando-o de um colégio de sacerdotes e instituindo jogos de quatro em quatro anos. A cerimónia de consagração do templo "(...) appears to have taken place on 25 December 274, that is, on the feast of the winter solstice, thereafter known as *dies Invicti Natalis*.". A natureza da relação do imperador com o deus tem suscitado leituras de várias ordens, incluindo as de que Aureliano pretenderia promover o henoteísmo, ou mesmo o monoteísmo solar, para combater o cristianismo. Com efeito, as religiões entrarão em competição, mas apenas no século seguinte, razão pela qual, como observa Watson, esta leitura parece constituir um anacronismo[83]. Independentemente das incertezas e das controvérsias, o que parece seguro afirmar é que a imagética solar, que constituía um poderoso símbolo do poder político pelo menos desde Alexandre o Grande, foi projetada universalmente como símbolo da restauração do poder central e da unidade interna, conseguida a expensas da reunificação do Império.

A divisão das responsabilidades na gestão do império marcou outra das tendências registadas no período. Era comum que os imperadores elevassem à condição de Césares e Augustos os seus filhos. A tendência manteve-se neste período: Filipe, Décio, Treboniano Galo e Valeriano, Galieno e Caro nomearam

---

[82] A identidade da divindade é, no entanto, controversa. Com efeito, havia vários cultos solares, de proveniências distintas. As opiniões mais comuns são as de que o deus Sol cultuado por Aureliano seria um dos três deuses solares venerados em Palmira; ou uma combinação sincrética desses deuses; ou, em uma leitura mais extensa, uma combinação de vários cultos solares orientais.

[83] Vide Watson 2003 198: "This is a fourth-century view, impossible to hold much before the reign of Julian, whose personal beliefs it indeed closely echoes. Solar henotheism, far from being a necessary third-century precursor of the drift towards the acceptance of monotheism and Christianity in the next century, must rather be understood as a fourth century reaction to Christianity and its spectacular advances. The standard view of Aurelian is therefore anachronistic and wholly unacceptable."

os seus filhos, respetivamente Filipe II, Herénio Etrusco, Volusiano, Galieno e Salonino, Carino, co-imperadores, dos quais apenas Galieno e Carino garantiram a linha sucessória. Todavia, a partilha do poder e a adstrição desse poder a zonas territoriais distintas (como sucedeu com Valeriano e Galieno), de forma a potenciar a eficácia da resposta aos problemas que ocorriam simultaneamente em distintas regiões, desenvolver-se-á no tempo de Diocleciano e culminará na divisão efetiva do Império no tempo de Constantino. Neste capítulo, também a divisão territorial, de que é exemplo o Império das Gálias, no qual se estabeleceu um poder próprio e independente de Roma, constitui reflexo do movimento centrípeto que levará as regiões a concentrarem-se cada vez mais sobre si próprias, promovendo a gestão dos seus recursos no plano interno e redimensionando a sua posição na escala global que articulava as várias partes do Império nos séculos anteriores.

De igual forma, o facto de os imperadores, sobretudo a partir de Valeriano, passarem parte significativa dos seus principados fora de Roma, o que reflete o reconhecimento de que o epicentro dos problemas se encontrava nas fronteiras, constitui outra tendência que vai persistir. O reconhecimento da pressão imposta por esta realidade culminará, no tempo de Diocleciano, na criação de centros administrativos em localizações geográficas de fronteira, o que implicará o declínio da centralidade de Roma.

No plano das reformas, as medidas implementadas nos principados de Galieno e Aureliano, que visaram os setores militar e financeiro, não só se revestiram de uma significativa importância estratégica para a defesa e estabilização do império como seriam também objeto de conformações e ajustamentos nos séculos posteriores. A despeito da hostilidade das fontes antigas, nomeadamente da *História Augusta* (*Gal.* 4.3-5.1) e do *Liber de Caesaribus* de Aurélio Victor[84], que deve ser entendida no âmbito do quadro pró-senatorial que ideologicamente domina as obras, Galieno fez reformas militares e administrativas com as quais pretendia robustecer e dinamizar a capacidade de resposta aos problemas nas fronteiras. Entre essas medidas contam-se modificações nas estruturas de comando dos exércitos, que passam a estar confiadas exclusivamente a equestres de grande experiência militar; a criação de unidades móveis, independentes das legiões e fortemente apoiadas na cavalaria, que pudessem deslocar-se com celeridade entre as fronteiras; a promoção de uma linha de mobilidade vertical na carreira militar que permitia a ascensão da base ao topo; e ainda o afastamento de senadores do governo das províncias mais instáveis. Estas determinações projetaram-se sobre os tempos posteriores, embora de forma não linear: "Whilst Claudius Gothicus,

---

[84] Hekster 2008 41-43: "Famously, Aurelius Victor blames the emperor Gallienus for issuing an edict forbidding senators to take military appointments (...). Aurelius Victor was not entirely wrong. Yet he was not entirely right either. In provinces like Africa, where there were no long-term problems, loyal senators kept fulfilling governorships. Equally, nonmilitarily important positions in Rome and Italy went to members of the traditional elite.".

Tacitus and Aurelian did not fundamentally change any of Gallienus' measures, Probus departed from the assiduous care and attention to the army, and Diocletian remoulded his policies, or diverted from them. Constantine brought them back."[85] A estas determinações somar-se-ia, no tempo de Aureliano, a criação de unidades exclusivamente compostas por soldados bárbaros, principalmente de origem germânica, desenvolvimento que se ampliará também nos séculos seguintes (e que deu origem à teoria, hoje contestada, de que a barbarização dos exércitos teria sido um fator determinante para a queda do Império).

Os problemas que debilitaram as finanças imperiais vão ser também alvo de intervenção. Em um período no qual "Random imposts, the confiscation of property, and the debasement of the silver currency were all desperate attempts to cover or to delay the rapidly escalating costs of defense"[86], Aureliano vai implementar medidas para restaurar a confiança na moeda. Iniciada em 271 d.C., a reforma ganha escala em 274 d.C.. Entre as deliberações tomadas, contam-se o reforço do peso do antoniniano e do *aureus*; revitalização e criação de novas oficinas de cunhagem (por exemplo, nos Balcãs e no Norte de África); a reorganização do sistema de cunhagem, sob o controle central do Estado, que passou a determinar "(...) the weight standard, the silver content and the choice of types issued."[87].

Estas medidas tiveram um fraco efeito na economia[88], mas prefiguram um modelo de resposta à necessidade de reformar estruturalmente o expediente que, do ponto de vista financeiro, fora sistematicamente usado no passado para resolver a crise de liquidez e que, ao invés disso, causara uma inflação sem precedentes. Vinte anos mais tarde, as políticas de Diocleciano incorporarão um programa semelhante,[89] dando expressão à consciência da importância da robustez do setor financeiro para a estabilização e equilíbrio do Império.

---

[85] Southern 2001 83.

[86] Kelly 2004 110.

[87] Watson 2003 136. Além disso, idem 128: "Certain stylistic changes can also be detected in the die-cutting, particularly an improvement in the lettering. This took place simultaneously across the mints operating in Aurelian's name, suggesting a tightening of central control over the operation of the mints. As part of this restructuring, Aurelian moved the centre of his minting operation to Milan and set up two new mints in the Balkans. Both these measures set the tone for the restructuring of the mint system that was to follow."

[88] Potter 2004 392: "Prices appear to have stabilized in the wake of the Aurelianic reform by the early 280s, and market forces appear to have brought about a relatively stable relationship between gold and the bullion *antoninianus* (a copper coin with a silver wash) that was the basic medium of exchange, so that a pound of gold was valued at roughly sixty thousand *antoniniani*; or, since gold coins were struck at the rate of sixty to the pound, one gold coin was worth one thousand of the bullion coins.".

[89] O influxo das reformas de Aureliano no tocante à política tributária e à administração é igualmente reconhecido como o início da transição que se consolidará com Diocleciano. Lo Cascio 2008 168-169: "It would mean that one of the most notable aspects of the general reorganization carried out during the tetrarchy – the fragmentation of the existing provinces

5. Conclusão

A definição do período que medeia o fim dos Severos e a subida ao poder de Diocleciano como um tempo de 'crise' não é unânime na historiografia moderna. Os estudos dividem-se genericamente entre os que caracterizam estas décadas como uma época de crise[90] (independentemente de lhe apontarem causas distintas) e os que conferem primazia a uma classificação tutelada pelos conceitos de "crises" ou "transformação"[91]. No primeiro caso ("crises"), os autores, sustentados no facto de que nem todas as regiões do império sofreram os mesmos reveses, põem em relevo as crises localizadas, de carácter regional, postergando tendencialmente a ideia de uma crise global e generalizada. No segundo caso ("transformação"), apoiados na evidência de que o Império sobrevive ao século III, valorizam sobretudo as transformações, perspetivando o período em uma linha de continuidade linear no quadro da cadeia histórica. Nenhum destes pontos de vista, no nosso entender, suprime *per se* a ideia de crise, não só porque, como qualquer cidadão do início do século XXI pôde constatar, mesmo as crises de impacto global não atingem todos as regiões de igual forma, mas também porque "transformação" não só não é um conceito diametralmente oposto ao de crise como constitui precisamente um dos efeitos de qualquer período de crise.

Além disso, as transformações ocorridas na sequência destes cinquenta anos não indicam que tenha havido uma solução para a crise 'dentro da crise'. Com efeito, mesmo nos momentos em que a confiança parece ter sido restabelecida, o quadro institucional nunca se estabilizou. Se o milénio de Roma foi celebrado com festividades que, embora adiadas para 248 d.C., comemoraram simultaneamente a paz conseguida com a Pérsia e enalteceram as *res gestae* de um império que perdurava há mil anos, a situação nas fronteiras continuava a degradar-se e Filipe seria removido do poder por Décio no ano seguinte; de igual forma, se Aureliano granjeou a reunificação territorial do império e promoveu um amplo programa de reformas, a verdade é que o seu principado terminaria de forma tão violenta como qualquer outro, dando expressão à ideia de que a instabilidade se implantara medularmente no centro político do Império.

---

into smaller units – had a significant Italian precedent before the final imposition on the peninsula of parity with the provinces (even in fiscal matters). The divergence in our sources is perhaps symptomatic of the fact that Aurelian's reign represented a transitional phase both fiscally and administratively."

[90] Refiram-se, a título de exemplo, os estudos inaugurais de Edward Gibbon, Léon Homo, Michael Rostovtzeff, Ramsey MacMullen e Géza Alföldy; mais recentemente Wolf Liebeschuetz.

[91] A título de exemplo, Christian Witschel e David Potter. Vide, sobre esta questão, Alföldy 2012 275-291.

Embora o Império tenha subsistido, o desajuste entre o modelo político e a dimensão dos problemas, demasiado vastos e graves para serem geridos de forma centralizada, vão levar a uma mudança no paradigma da estrutura do Estado romano, que será iniciada com a ascensão do último imperador a emergir no quadro destes quase cinquenta anos. Neste sentido, o período da "anarquia", marcado por uma dinâmica de respostas, quer programáticas, quer motivadas pelas urgências e pressões do momento, a uma instabilidade sem precedentes conforma-se como um período de transição paradigmática, que culminará na institucionalização de um modelo de gestão mais adequado à realidade. O estabelecimento do Dominato com Diocleciano formalizará o reconhecimento de que a solução política e administrativa que Roma tinha encontrado com Augusto para gerir e administrar o seu espaço territorial se tornara insuficiente para resolver os novos desafios. Embora algumas das medidas tomadas durante a crise (a divisão funcional do poder, medidas financeiras e fiscais, a reforma da estrutura do aparelho militar) venham a enquadrar-se nas políticas do imperador, a reorganização do poder político, da administração civil e do aparelho militar estabeleceu de facto um novo paradigma político e organizacional que projetou o Império para uma nova era.

Tábua Cronológica

Milénio de Roma: 247 d.C.
Captura de Valeriano: 258
Império das Gálias: 260-274
Império de Palmira: 268-272

Principados:

Maximino: 235-238
Gordiano I e Gordiano II: 238
Pupieno e Balbino: 238
Gordiano III: 238-244
Filipe, o Árabe: 244-249
Décio: 249-251
Treboniano Galo: 251-253
Emiliano: 253
Valeriano e Galieno: 253-260
Galieno: 260-268
Cláudio Gótico: 268-270
Quintilo: 270
Aureliano: 270-275
Tácito: 275-276
Floriano: 276
Probo: 276-282
Caro, Numeriano e Carino: 282-285

Bibliografia

1. Fontes

Banchich, T. - Lane, E. (2009), *The History of Zonaras from Alexander Severus to the Death of Theodosius the Great*. Trans. by Banchich – Lane; intr. and com. by Banchich. London–New York, Routledge.
Banchich, T. (2000), *Epitome de Caesaribus: A Booklet About the Style of Life and the Manners of the Imperatores. Sometimes Attributed to Sextus Aurelius Victor*. Buffalo, New York, Canisius College Translated Texts.
Bird, W. B. (1993), *Eutropius: Breviarium*. Trans., intr., notes and com. Liverpool, Liverpool University Press.
Bird, W. B. (1994), *Aurelius Victor: De Caesaribus. Book of the Caesars*. Trans., intr. and com. Liverpool, Liverpool University Press.
Candau Morón, J. M. (1992), *Zósimo. Nueva Historia*. Intr., trad. e notas. Madrid, Editorial Gredos.
Creed, J. L. (1984), *On the Deaths of the Persecutors*. Ed. and trans. New York, Clarendon Press.
Chastagnol, A. (1994), *Histoire Auguste: les empereurs romains des IIe et IIIe siècles*. Paris, R. Laffont.
Eadie, J. W. (1967), *The Breviarium of Festus: a critical edition with historical commentary*. London, Athlone Press.
Magie, D. M. (1921-1932), *Historia Augusta*. 3 vols. Ed. and trans. Cambridge Mass., Harvard University Press (Loeb).
Whittaker, C. R. (1969–1970), *Herodian, History of the Empire after Marcus*. Ed., trans. and notes. Cambridge Mass., Harvard University Press (Loeb), 2 vols.

Dodgeon – Lieu (vide referência em 2. Estudos) oferecem a tradução de um conjunto de fontes importantes para o período. Entre outros, encontram--se traduções de excertos de Déxipo de Atenas, Eunápio, João de Antioquia, Jordanes, Malalas, Sincelo, Al-Tabari, bem como dos *Oracula Sibyllina* e de inscrições epigráficas. Também Hekster (vide referência em 2.Estudos) apresenta um conjunto de fontes traduzidas, entre as quais um excerto das *Res Gestae Divi Saporis* (pp. 112-114).

2. Estudos

Alföldy, G. (1974), "The Crisis of the Third Century as seen by Contemporaries", *GRBS* 15 89 -111.
_____ (1989), *Die Krise des Römischen Reiches*. Stuttgart, F. Steiner.
_____ (2011^4), *Römische Sozialgeschichte*. Stuttgart, F. Steiner. Trad. de J. M. Abascal (2012), *Nueva historia social de Roma*. Sevilla, Universidad de Sevilla.
Andrade, N. J. (2018), *Zenobia, Shooting Star of Palmyra. Women in Antiquity*. Oxford, New York: Oxford University Press.
Arce Martínez, J. (1993), "La ciudad en la España tardorromana:¿ continuidad o discontinuidad?" in *Ciudad y comunidad civica en Hispania: siglos II y III d. C.= Cité et communauté civique en Hispania: actes du colloque organisé par la Casa Velazquez et par le Consejo Superior de Investigaciones Cientificas, Madrid, 25-27 janvier 1990*. Madrid, Casa de Velázquez 177-184.
Ball, W. (2000), *Rome in the East: the transformation of an empire*. London – New York, Routledge.
Birley, A. R. (2007), "Britain during the third century crisis" in O. Hekster – de G. Kleijn – D. Slootjes, eds, *Crises and the Roman Empire: proceedings of the Seventh Workshop of the international network Impact of Empire, Nijmegen, June 20-24*. Leiden – Boston, Brill 45-55.
Bravo Castañeda, G. (1993), "La otra cara de la crisis: el cambio social" in *Ciudad y comunidad civica en Hispania: siglos II y III d. C.= Cité et communauté civique en Hispania: actes du colloque organisé par la Casa Velazquez et par le Consejo Superior de Investigaciones Cientificas, Madrid, 25-27 janvier 1990*. Madrid, Casa de Velázquez 153-160.

Burns, A. R. (1920-1970), *Money and monetary policy in early times*. London, Routledge (repr. 2013).
Clarke, G. (2008), "Third-century Christianity" in A. Bowman – P. Garnsey – A. Cameron eds., *The Cambridge Ancient History vol. XII: The Crises of Empire A.D.193-337*. Cambridge, Cambridge University Press 589–671.
Corbier, M. (2008), "Coinage and taxation: the state's point of view, a.d. 193–337" in A. Bowman – P. Garnsey – A. Cameron, eds *The Cambridge Ancient History vol. XII: The Crises of Empire A.D.193-337*. Cambridge, Cambridge University Press 327-392.
Christol, M. (1975), "Les règnes de Valérien et de Gallien (253–268): travaux d'ensemble, questions chronologiques", *ANRW* II.2 803–827.
Crawford, M. H. (1975), "Finance, coinage and money from the Severans to Constantine", *ANRW* II.2 560–593.
de Blois, L. (2007), "*The Military Factor in the Onset of Crises in the Roman Empire in the Third Century AD*" in L. de Blois – E. Lo Cascio, eds. *The Impact of the Roman Army (200 BC–AD 476): Economic, Social, Political, Religious and Cultural Aspects*. Leiden – Boston, Brill 495-508
Dey, H. W. (2011), *The Aurelian Wall and the Refashioning of Imperial Rome, AD 271–855*. Cambridge, Cambridge University Press.
Dmitriev, S. (2004), "Traditions and innovations in the reign of Aurelian", *CQ* 54 568-578
Dodgeon, M. H. – Lieu, S. N. (1991), *The Roman eastern frontier and the Persian wars (AD 226-363): A Documentary History*. London, Routledge.
Downey, G. (1961), *History of Antioch in Syria from Seleucus to the Arab Conquest*. Princeton, Princeton University Press.
Drinkwater, J. F. (1987), *The Gallic Empire: separatism and continuity in the North-Western provinces of the Roman Empire, AD 260-274*. Stuttgart, Steiner.
_____ (2007), *The Alamanni and Rome 213-496: (Caracalla to Clovis)*. Oxford, Oxford University Press.
_____ (2008), "Maximinus to Diocletian and the 'crisis'", in Bowman, A. – Garnsey, P. – Cameron, A. eds. *The Cambridge Ancient History vol. XII: The Crises of Empire A.D.193-337*. Cambridge, Cambridge University Press 28-66.
Edwell, P. (2008), *Between Rome and Persia: The Middle Euphrates, Mesopotamia and Palmyra under Roman Control*. London – New York, Routledge.
Goldsworthy, A. K. (2009), *How Rome fell: Death of a superpower*. New Haven – London, Yale University Press.
Harper, K. (2017), *The Fate of Rome: Climate, Disease, and the End of an Empire*. Princeton, Princeton University Press.
Haas, C. J. (1983), "Imperial religious policy and Valerian's persecution of the Church, A.D. 257–260", *ChHist* 52 133-144.
Hammond, M. (1956), "The Transmission of the Powers of the Roman Emperor from the Death of Nero in AD 68 to that of Alexander Severus in AD 235", *MAAR* 24 61-133.
Heather, P. (2005), *The fall of the Roman Empire. A New History of Rome and the Barbarians*. Oxford, Oxford University Press.
_____ (2010), *Empires and barbarians. The Fall of Rome and the Birth of Europe*. Oxford, Oxford University Press.
Hebblewhite, M. (2016), *The Emperor and the Army in the Later Roman Empire, AD 235–395*. London – New York, Routledge.
Hekster, O. (2008), *Rome and its Empire, AD 193-284*. Edinburgh, Edinburgh University Press.
James, E. (2014), *Europe's Barbarians AD 200-600*. Oxford, Routledge.
Jongman, W. (2007), "Gibbon was right: The decline and fall of the Roman economy" in Hekster, O. – de Kleijn, G., – Slootjes, D., eds. *Crises and the Roman Empire: proceedings of the Seventh Workshop of the international network Impact of Empire, Nijmegen, June 20-24*. Leiden – Boston, Brill 183-200.
Lafaurie, J. (1975), "L'Empire gaulois: apport de la numismatique", *ANRW* II.2 853–1012.
Loriot, X. (1975ª), "Les premières années de la grande crise du IIIe siècle: De l'avènement de Maximin le Thrace (235) à la mort de Gordien III (244)", *ANRW* II.2 657–787.
_____ (1975b), "Chronologie du règne de Philippe l'Arabe (244–249 après J.C.)", *ANRW* II.2 788–797.
Kelly, C. (2004), *Ruling the later Roman Empire*. Cambridge Mass., Harvard University Press.

Kulikowski, M. (2016), *The Triumph of Empire: The Roman World from Hadrian to Constantine*. Cambridge Mass., Harvard University Press.
Liebeschuetz, W. (2007), "Was there a crisis of the third century?" in O. Hekster – G. de Kleijn, – D. Slootjes, eds, *Crises and the Roman Empire: proceedings of the Seventh Workshop of the international network Impact of Empire, Nijmegen, June 20-24*. Leiden – Boston, Brill 11-20.
Lo Cascio, E. (2008), "The Emperor and his administration. The government and administration of the empire in the central decades of the third century" in A. Bowman – P. Garnsey – A. Cameron, eds *The Cambridge Ancient History vol. XII: The Crises of Empire A.D.193-337*. Cambridge, Cambridge University Press 156-169.
Luttwak, E. (1976), *The Grand Strategy of the Roman Empire: From the First Century CE to the Third*. Baltimore, Johns Hopkins University Press (repr. 2016).
Manders, E. (2012), *Coining images of power: patterns in the representation of Roman emperors on imperial coinage, AD 193-284*. Leiden – Boston, Brill.
Martino, F. D. (1985), *Historia económica de la Roma antigua*. Madrid. Akal.
Marzano, A. (2011), "Rank-Size Analysis and the Roman Cities of the Iberian Peninsula and Britain: some Considerations", in A. Bowman – A. Wilson, eds *Settlement, urbanization, and population*. Oxford, Oxford University Press 196-228.
Mennen, I. (2011), *Power and status in the Roman Empire, AD 193-284*. Leiden – Boston, Brill.
Nappo, D. (2007), "The impact of the third century crisis on the international trade with the East", in O. Hekster – G. de Kleijn – D. Slootjes, eds *Crises and the Roman Empire: proceedings of the Seventh Workshop of the international network Impact of Empire, Nijmegen, June 20-24*. Leiden – Boston, Brill 233-244.
Nicols, J. (2007), "Mapping the crisis of the third century", in O. Hekster – G. de Kleijn – D. Slootjes, eds *Crises and the Roman Empire: proceedings of the Seventh Workshop of the international network Impact of Empire, Nijmegen, June 20-24*. Leiden – Boston, Brill, 429-438.
Petersen, H. (1955), "Senatorial and equestrian governors in the third century AD", *JRS* 45 47-57
Potter, D. S. (2004), *The Roman Empire at Bay, AD 180–395*. London – New York, Routledge.
Pohlsander, H. A. (1986), "The religious policy of Decius", *ANRW* II.16.3 1826–1842.
Polverini, L. (1975), "'Da Aureliano a Diocleziano'", *ANRW* II.2 1013–35.
Reece, R. (1981), "The *Third Century, crisis or change?*", in A. King – M. Henig, eds *The Roman West in the Third century*. Oxford, BAR.
Rives, J. B. (1999), " The decree of Decius and the religion of empire", *JRS* 89, 135-154.
Selinger, R. (2002), *The mid-third century persecutions of Decius and Valerian*. Frankfurt, Peter Lang.
Southern, P. (2001), *The Roman Empire from Severus to Constantine*. London – New York, Routledge.
Sotgiu, G. (1975), "Aureliano (1960–1972)", *ANRW* II.2 1039–1061.
Syme, R. (1971), *Emperors and biography: studies in the'Historia Augusta'*. Oxford, The Clarendon Press.
Watson, A. (1999), *Aurelian and the third century*. London – New York, Routledge (repr. Taylor and Francis e-library 2003).
Witschel, C. (2004), "Re-evaluating the Roman West in the 3rd c. AD", *JRA* 17 251–81.
Ziolkowski, A. (2011), "The Background to the Third-Century Crisis of the Roman Empire" in J. P. Arnason – K. A. Raaflaub, eds *The Roman Empire in Context: historical and comparative perspectives*. Malden – Oxford, Wiley-Blackwell 113-133.

11. O EXÉRCITO ROMANO: DA MATRIZ HOPLITA À AMEAÇA BÁRBARA

João Gouveia Monteiro
Universidade de Coimbra
Centro de História da Sociedade e da Cultura (CHSC)
ORCID: 0000-0003-3418-0217
joao.g.monteiro@sapo.pt

Sumário: Este capítulo visa dar a conhecer a estrutura da máquina militar romana e os grandes momentos e protagonistas da sua evolução, desde o período de transição da Monarquia para a República até ao Baixo Império (c. 500 a.C. – 400 d.C.)[1].

O Império Romano, provavelmente a construção política mais imponente e duradoura que o mundo ocidental já conheceu, deve em grande medida o seu sucesso a uma máquina militar absolutamente fabulosa e original. Foi o exército romano que tornou possível que uma pequena cidade do Lácio, virada ao Mar Tirreno, se tenha conseguido tornar a capital de um império que, no dizer de Flávio Josefo (III 5 236), se estendia do Eufrates ao Oceano, e das regiões mais férteis do Norte de África aos cursos do Reno e do Danúbio. A cronologia deste império é vastíssima: mesmo que nos cinjamos à sua componente ocidental, ele durou mais de cinco séculos: desde o governo de Otávio Augusto, o primeiro imperador romano (27 a.C. – 14 d.C.), até, grosso modo, 476 d.C., a data tradicionalmente invocada (hoje com menos convicção) pelos historiadores para assinalarem a queda do Império Romano do Ocidente, com a deposição de Rómulo Augústulo pelo rei bárbaro Odoacro (o líder dos Hérulos).

A máquina militar que suportou este império dispunha de amplos recursos humanos e financeiros: as estimativas de soldados ao serviço de Roma feitas por João "o Lídio" (I 26), um autor bizantino do séc. VI d.C., apontam para

---

[1] Trabalho realizado no âmbito do Projeto *Rome our Home: (Auto)biographical Tradition and the Shaping of Identity(ies)* (PTDC/LLT-OUT/28431/2017).

entre 300 000 (nos sécs. I, II e inícios de III d.C.) a 435 000 (na fase imediatamente posterior), distribuídos um pouco por todo o espaço imperial; financeiramente, calcula-se que o Estado romano, ao tempo de Augusto e de Domiciano (i. e. entre 27 a.C. e 96 d.C.), gastasse cerca de 65 milhões de denários só com o pagamento dos soldos dos seus homens de armas, verba que aumentaria para 195 milhões entre os principados de Caracala e Diocleciano (de 211 a 305 d.C.). Estes números, já de si impressionantes, tornam-se esmagadores se nos lembrarmos que, segundo cálculos recentes, a máquina militar consumiria, no principado de Augusto, perto de 90% daquilo a que poderemos chamar, por comodidade de discurso, o 'orçamento geral do Estado' romano (Le Bohec 2009 48)!

Uma parte muito significativa destes recursos humanos e financeiros era aplicada na organização, manutenção e treino das legiões, a 'jóia da Coroa' do exército romano e um tipo de organismo militar que nunca existiu em mais parte alguma do mundo. Segundo sugere Tácito (escritor da segunda metade do séc. I d.C.) nos seus *Anais* (IV, 4, 5), ao tempo de Tibério (o sorumbático sucessor de Augusto, entre 14 e 37 d.C.) haveria 25 legiões, distribuídas deste modo: 8 na zona do Reno, 4 acompanhando o longo serpentear do Danúbio (das quais duas na Panónia, atual Hungria, e duas mais a leste, na Mésia), 4 no Oriente, 4 em África, 3 na Hispânia e 2 na Dalmácia (atual Croácia e, portanto, as mais próximas da capital do império). Além deste exército terrestre, havia ainda a marinha e, claro está, as tropas que compunham a guarnição de Roma. Mais adiante, analisaremos todas estas parcelas com vagar.

Antes de examinarmos o interior da máquina militar imperial, convém sublinhar que esta não foi uma criação *ex nihilo* de Augusto! Claro que não: o sobrinho-neto de Júlio César herdou um exército com séculos de tradição e de experiência, tratando depois de o aperfeiçoar. Vale a pena reconstituir, de forma breve, os principais momentos da história do exército romano até aos finais de República.

Muito provavelmente por influência etrusca (que podemos talvez associar à figura de Lúcio Tarquínio, segundo a tradição o quinto rei de Roma, falecido em 579 a.C.), os Romanos (tal comos os Cartagineses e outros povos) adotaram a falange hoplita como modelo. Esta pressupunha um combate em formação cerrada, exclusivamente interpretado por infantaria munida de um escudo redondo e convexo (o *hoplon*, que deu nome à formação, munido de um original sistema duplo de braçadeira e pega) e de uma lança longa (com 2 a 2,5 metros de comprimento), boa para manter os adversários em respeito. A falange hoplita clássica apresentava geralmente oito ou doze fileiras de profundidade e, no seu seio, imperavam a disciplina e a igualdade: lado a lado, ombro a ombro, os soldados-cidadãos (homens livres com riqueza suficiente para adquirirem o seu equipamento) partilhavam o mesmo destino, dando expressão militar à solidariedade comunitária que era a essência da cidade-Estado grega. Quando as falanges de duas cidades-estado chocavam entre si num terreno plano, os homens das primeiras filas usavam as suas compridas lanças para golpear de ponta, normalmente por cima do ombro ou junto à orla do escudo, visando a garganta, os ombros, o peito ou as virilhas do seu adversário direto. Enquanto isso, os companheiros das linhas mais recuadas faziam alguma pressão sobre as fileiras da frente, tentando forçar o alargamento de alguma brecha que se tivesse aberto nas primeiras linhas adversárias (a isto se chamava o *othismos*). Como o escudo era transportado no braço esquerdo, a tendência natural era para cada homem se encostar ao companheiro da direita, aproveitando um pouco dessa proteção; sendo assim, a formação tornava-se impenetrável e os homens dependiam intimamente uns dos outros: ninguém podia fugir! Conseguida a penetração, tentava-se pôr em fuga a formação adversária e, depois, 'enrolar' os restantes contingentes inimigos dispostos no terreno (um dos significados para o termo grego *phálanx* é, justamente, o de *rolo*). As baixas eram elevadas (cerca de 15% entre os vencidos), embora as perseguições fossem breves e não se procurasse a aniquilação dos inimigos: o objetivo era controlar o campo de batalha e, na condição de vencedor da jornada, negociar depois um acordo favorável, no quadro das tradicionais alianças entre as diversas *poleis*. Os hoplitas preferiam uma guerra curta e decisões rápidas, de modo a poderem regressar depressa e sem grandes perdas às suas atividades económicas, em especial à agricultura. Neste ambiente, havia pouco lugar quer para a cavalaria (o terreno montanhoso e pedregoso da Grécia também não ajudava à criação de cavalos), quer para corpos de infantaria ligeira, do tipo dos arqueiros, dos dardeiros ou dos fundibulários, que careciam de espaço para o arremesso dos seus projéteis, algo que escasseava no interior de uma falange (Monteiro 2012 19-23).

Roma herdou este modelo, mas acabou por o transformar, em resultado das exigências ditadas pelos vários tipos de combate a que o expansionismo romano obrigou. É costume dizer-se que a primeira grande mudança coincidiu com as reformas de Sérvio Túlio (segundo a tradição, o sexto rei de Roma, assassinado em 535 a.C.), às quais se fez já uma referência detalhada no primeiro volume desta obra. Túlio entendeu que os pequenos proprietários deviam defender a República de forma proporcional à sua riqueza e impôs uma mudança de paradigma na organização e divisão dos cidadãos: se até aí estes estavam recenseados em cúrias, tomando-se como base o seu domicílio, agora passaram a ser escalonados em classes determinadas pela respetiva riqueza. Deste modo, aqueles cuja atividade e riqueza mais contribuíam para o bem do Estado teriam também mais responsabilidades políticas e militares. A cidadania passou então a organizar-se em função de um censo que distinguia cinco classes diferentes, cada qual subdividida num certo número de centúrias. Como se explicou mais atrás, de um total de 193 centúrias, mais de metade dizia respeito aos *equites* (18 centúrias) e à primeira classe (80 centúrias), o que não apenas fazia delas as principais fornecedoras de soldados para o exército, como lhes permitia dominar o voto nos comícios centuriatos (as assembleias do povo em armas). Repare-se no equipamento a que cada um dos grupos estava obrigado: os cidadãos inseridos na primeira classe deviam apresentar-se nos teatros de operações munidos de casco, escudo redondo, grevas, couraça, espada e lança; aos da segunda classe exigia-se o mesmo equipamento (mas com um escudo oblongo, o que tornava a couraça inútil), e aos da terceira também (embora estes estivessem dispensados das grevas para proteção das pernas). Todos estes homens (ao todo, 120 centúrias) dispunham de um equipamento próprio para combater em formações cerradas, ao género da falange grega, constituindo a lança, nesta época, a arma base do legionário. Já os cidadãos da quarta classe deviam levar apenas lanças e dardos, e os da quinta só fundas e pedras. Abaixo destes todos estavam os *infra classem*, ou seja, os *inermes* ou *capite censi*, que, embora numerosos, ficavam dispensados de servir no exército por falta de rendimentos.

A reforma de Sérvio Túlio deu um contributo importante para o futuro da organização militar romana. Embora não tivesse modificado o modo (hoplita) de combater, criou um elo entre riqueza patrimonial e serviço militar, fez com que a seleção dos recrutas (*legere*, daí a palavra *legio*, ou seja, *legião*) se passasse a fazer com base nessa estratificação, criou dentro de cada classe uma reserva (os *seniores*) e um grupo de combatentes ativos (os *iuniores*) e, claro, fundou as centúrias. Quanto aos oficiais, passaram a ser recrutados entre os *equites* (os cavaleiros), isto é, entre os cidadãos mais ricos e que, por isso, constituíam uma classe à parte.

Sabemos ainda muito pouco sobre estas épocas mais recuadas da história de Roma, mas deve ter sido com um exército deste tipo que a Urbe partiu para as Guerras Samnitas, travadas entre 343 e 290 a.C. e já analisadas no primeiro volume desta obra. Hoje, a tendência dos historiadores é para atribuir a este conflito uma influência enorme na transformação da máquina militar romana (Brizzi 2004 62-67). É que os Samnitas eram gente rude das montanhas dos Apeninos, organizadas segundo um *habitat* disperso (parece que só se urbanizaram no séc. I a.C., com a Guerra Social e as reformas de Sula), pontuado por fortificações originais dispostas de forma encadeada nos pontos mais altos (*oppida*). Para se defenderem, os Samnitas faziam com que essas fortificações desenhassem vários círculos, entremeados por obstáculos de diversa natureza que serviam para barrar os acessos ou atrapalhar a marcha dos inimigos. Instalavam também postos de observação e de comunicação e organizavam redes de caminhos de cabras, para além de erguerem pequenas fortificações e pontes móveis a cavaleiro dos pontos de passagem obrigatórios. Se cada um dos elementos deste sistema defensivo que evocámos era relativamente fruste, já o conjunto formava um todo coerente e, devido até à capacidade de apoio mútuo que existia entre as várias parcelas isoladas do sistema, oferecia um desafio inédito ao exército tradicional da Urbe.

Perante isto, e depois de sofrerem muitos dissabores (o mais cruel foi a humilhação nas Forcas Caudinas, em 321 a.C.), os Romanos tiveram de repensar o seu modelo tático. Para fazerem face a uma defesa encadeada e que dava muitas possibilidades de fuga aos defensores, os Romanos estavam a ser obrigados a dispersar as suas forças, que deste modo corriam o risco de serem aniquiladas uma a uma. Sem possibilidade de enfrentar o adversário (ligeiramente equipado com placas de metal em forma de disco triplo, o *kardiophylax*, e com dardos ou lanças curtas) em batalha campal, às quais os Samnitas se furtavam o mais possível, os legionários tinham de perseguir, de avançar e de recuar, de repetir cercos aos mesmos locais, de recorrer a retiradas nem sempre bem-sucedidas, e para tudo isto a velha formação cerrada de inspiração hoplítica, boa para combates em campo aberto e em terreno plano, estava manifestamente desadequada. O modelo era demasiado rígido e a solução passou por criar um novo tipo de legião, a que geralmente se chama "legião manipular". Isto é: o grande monobloco foi subdividido em unidades mais pequenas mas bem articuladas entre si, chamadas manípulos, cada qual com cerca de 120 homens (o equivalente a duas centúrias de 60 soldados).

De acordo com as informações de Políbio (um autor do séc. II a.C. e a nossa fonte mais importante para o conhecimento da máquina militar republicana: 6.19-24), a legião manipular organizava-se em três linhas principais:

i) os *hastati*, combatentes ainda jovens, munidos de *scutum* oblongo com *umbo* (a bossa central), espada curta (o célebre gládio hispânico), dois dardos (ou *pila*), casco de bronze (rematado com um penacho que criava uma ilusão de aumento de estatura), grevas e peitoral ou loriga; estes combatentes da primeira linha eram em número de 1200, distribuídos equitativamente por 10 manípulos posicionados lado a lado;
ii) os *principes*, combatentes no auge do seu vigor físico, equipados da mesma forma que os *hastati* e em número e distribuição idênticos, mas na segunda linha;
iii) os *triarii*, os soldados mais maduros, munidos de uma lança longa em vez do *pilum* e em número mais reduzido: eram apenas 600, distribuídos igualmente em 10 manípulos (mas mais delgados e numa terceira linha, mais recuada).

A isto se chamava a *triplex acies* (a *linha tripla*), com a particularidade de as três linhas se disporem no terreno de uma forma enxadrezada (o *quincunx*), tal como as cadeiras num cinema de hoje, de modo a eliminar-se os corredores entre linhas e a cobrir-se melhor os espaços. Em teoria, a largura de cada manípulo deveria ser equivalente ao espaço existente entre eles, pelo que o conjunto do dispositivo assumia uma configuração bastante geométrica.

À frente destas três linhas, atuavam os *velites*, ou seja, os soldados mais novos e/ou mais pobres, talvez em número de 1200 e equipados com espada, dardos leves, um escudo ligeiro e redondo e um casco simples revestido de pele de lobo. Eram homens vocacionados para as escaramuças que assinalavam a abertura dos combates, mas também podiam cumprir funções de batedores de terreno, de angariadores de forragens e outros abastecimentos, ou até de proteção da vanguarda das colunas de marcha.

Deste modo, a legião manipular contava, ao todo, com cerca de 3000 soldados de infantaria, aos quais se associavam os *velites* e perto de 300 cavaleiros, geralmente posicionados nas alas no momento das batalhas. Como se percebeu pelo equipamento descrito, sobretudo tendo em conta que as duas primeiras linhas da *triplex acies* estavam equipadas com *pila* (para arremesso logo na fase do contacto com o adversário) e tinham no gládio curto de dois gumes (e não na lança comprida) a sua principal arma, não se trata já de um modelo pensado para o choque entre formações cerradas, à maneira dos hoplitas, mas sim para combates individuais, corpo a corpo, muito duros, envolvendo os *hastati* e os *principes*. Estas duas linhas mais avançadas tinham uma função eminentemente ofensiva e, graças aos seus manípulos, podiam revezar-se, apoiar-se mutuamente e preencher os vazios que surgissem em resultado das baixas sofridas nas primeiras filas. Portanto, enquanto os Gregos do período clássico escolheram a ação coletiva, os Romanos, na fase da reforma manipular, optaram pela revalorização do combate individual (embora com os homens próximos uns dos outros e longe dos cenários de Hollywood!), pelo menos no que diz respeito à ação das linhas mais adiantadas. Quando estas soçobravam, entravam em cena os *triarii*, guardados para os momentos críticos, os quais, munidos de lanças compridas, garantiam abrigo aos sobreviventes das primeiras linhas e, depois, cerravam fileiras defensivamente. Deste modo, e como observou Brizzi (2004 51), que aqui seguimos, acabaram por ser os *triarii* a assegurar a sobrevivência (parcial) da falange no seio da legião!

Nesta altura (sécs. IV e III a.C.), os exércitos consulares romanos eram geralmente compostos por duas legiões, em princípio acompanhadas por um número equivalente de tropas auxiliares, com a particularidade de estas últimas terem mais cavalaria do que as tropas legionárias (450 cavaleiros em cada "ala" de auxiliares, contra 300 em cada legião). Contas feitas, um cônsul desta época conduziria perto de 16 800 infantes (incluindo os *velites*) e 1500 cavaleiros. Roma dispunha agora de um exército versátil e mais adaptado ao combate, quer em terrenos planos quer em zonas montanhosas, graças à existência de unidades internas mais pequenas e coerentes (manípulos, centúrias, *uexillationes*, isto é, *destacamentos*) que se podiam separar pontualmente do conjunto e cumprir de forma eficaz tarefas pontuais com elevado grau de autonomia, no decurso de uma batalha campal ou mesmo noutro contexto.

Poucos anos após o termo das Guerras Samnitas (290 a.C.), Roma teve de enfrentar um novo desafio: a guerra contra Pirro, rei do Épiro, que acorreu à Península Itálica em socorro da cidade grega de Tarento. Este conflito, que durou de 280 a 275 a.C., também já foi analisado no primeiro volume desta obra. Vale a pena acrescentar que ele colocou pela primeira vez frente a frente um exército romano e um exército de matriz helenística, pondo claramente a nu as fragilidades da legião manipular romana, derrotada por Pirro em Heracleia (no rio Síris, em 280 a.C., com cerca de sete mil baixas) e em Ásculo (no ano seguinte, com perto de seis mil mortos). Contra a falange de tipo macedónico utilizada por Pirro, um general bastante destro na aplicação da manobra envolvente helenística genialmente desenvolvida por Alexandre Magno, os Romanos sentiram imensas dificuldades em reagir e atacar com êxito, limitando-se a repetir de forma algo mecânica as cargas corajosas da sua infantaria avançada, que tendia porém a espetar-se na floresta de piques longos organizada pela peonagem epirota. Além disso, Pirro fazia-se acompanhar de boa cavalaria (importantíssima para a execução dos envolvimentos laterais e para desferir o golpe final) e até trouxera da Índia os primeiros elefantes que pisaram os campos de batalha italianos (Brizzi 2004 67-70)!

Assim, os primeiros duelos entre a legião romana e a falange helenística foram particularmente dramáticos. Plutarco (*Pyrrh.* 21) regista como era desigual a luta entre o gládio e a sarissa (a lança comprida helenística), mas também é preciso dizer que os *pila* arremessados pelos legionários das primeiras linhas constituíam uma terrível ameaça às forças epirotas, obrigando Pirro a intercalar arqueiros e dardeiros italianos entre os elefantes e defendendo a falange. Os exércitos helenísticos, aliás, nunca tinham combatido uma infantaria pesada com armas de arremesso, e o grande general do Epiro fez os possíveis por criar um espaço livre para proteger dos mísseis a sua preciosa falange. Contudo, não conseguiu evitar a ocorrência de muitas baixas no seio do seu exército, mesmo nos combates em que levou a melhor, o que o terá levado a desabafar depois do triunfo de Ásculo que "se obtivermos outra vitória [assim] sobre os Romanos, estaremos completamente perdidos" (Plu. *Pyrrh.* 21: eis a famosa "vitória de Pirro")... Por isso, e também devido ao insucesso da sua campanha na Sicília (em 278-276 a.C.), em que perdeu muita gente (em especial no combate naval do Estreito de Messina, onde ficou sem muitos falangistas impossíveis de substituir), Pirro acabou por perder a guerra, sendo derrotado na batalha final de Malvento/Benevento, em 275 a.C., mais por esgotamento de recursos e por se ter retirado antes de os dois cônsules (Dentato e Lêntulo) juntarem as suas forças do que por mérito da legião manipular. Nessa altura, o exército de Pirro já nem era bem uma falange macedónica, mas mais uma hoste heterogénea, repleta de itálicos pouco empenhados e pouco sabedores da guerra. Nada que pudesse esconder a vulnerabilidade do novo modelo tático romano e evitar a ocorrência de novas mudanças.

Tais alterações surgiriam na sequência das Guerras Púnicas, iniciadas logo em 264 a.C. e que, a meu ver, constituíram um dos episódios mais relevantes e de maior repercussão (a todos os níveis) da história da República romana. Já escrevi sobre este assunto no primeiro volume desta obra e não me quero repetir. Vou, isso sim, assinalar as enormes consequências militares que o arrastado conflito (durou até 146 a.C.) entre Roma e Cartago acarretou, referenciando o novo modelo militar que dele brotou, sobretudo em resultado das reformas geniais introduzidas por Cipião "o Africano". Estas surgiram, em especial, na sequência da tremenda derrota sofrida pelas oito (!) legiões manipulares romanas (cada cônsul conduziu nesse dia fatídico, excecionalmente, quatro legiões) na célebre batalha de Canas (em 216 a.C.), mas também em consequência das lições recebidas na dura guerra que Cipião travou na Península Ibérica, pouco antes da desforra de Zama (202 a.C.) contra Aníbal Barca.

Logo na sequência da Primeira Guerra Púnica, travada quase exclusivamente na Sicília e nas suas águas envolventes, Roma viu-se forçada a criar a sua própria marinha, sem a qual não teria qualquer possibilidade de derrotar Cartago, para mais numa disputa insular. Isto bastaria, só por si, para documentar a importância, a longo prazo, das Guerras Púnicas na história militar romana, pois foi muito graças a essa marinha que Roma pôde dominar o Mediterrâneo nos séculos que se seguiram.

Para além disso, o terramoto provocado pela invasão da Península Itálica por Aníbal Barca e os sucessivos êxitos por este averbados em 218 e 217 a.C. (rio Ticino, Trébia, lago Trasimeno, *ager* Falernus) conduziram os Romanos a uma inversão muito curiosa na sua maneira de encarar a forma de fazer a guerra: como observou Giovanni Brizzi (2004 15-21 e 52-62), no mundo grego, a *metis* (a *prudência hábil*, a *astúcia*) era tanto ou mais valorizada do que a *arete* ou *andreia* (a *coragem viril*), de tal modo que se atribui a Lisandro (general espartano de c. 435-395 a.C.) o conselho "sempre que a pele do leão não for suficiente, então devemos coser-lhe uma pele de raposa" (Plu. *Lys.* 6), o que tornava o herói grego numa espécie de "herói dual" que combinava a força bruta e a bravura de Diomedes com a astúcia de Ulisses; pelo contrário, os Romanos desprezavam o ardil, o estratagema e preferiam vencer as guerras pela força dos seus homens e das respetivas armas. Segundo Plutarco (*Marc.* 22), em Roma, os que venciam com muito sangue tinham direito a sacrificar um boi (em Esparta: um galo), enquanto os que conseguiam a vitória sem combate (o supremo objetivo da astúcia) sacrificavam apenas uma ovelha (em Esparta: um boi)...

Talvez Plutarco tenha distorcido um pouco a realidade, mas parece seguro afirmar que os Romanos, até às Guerras Púnicas e de uma maneira geral, repudiavam a *metis*, que se opunha a um valor nuclear da romanidade: a *fides* (Rocha Pereira 2009 332-338), divinizada por Numa Pompílio, que a tradição apresenta como o segundo rei de Roma e grande reformador religioso (m. 672 a.C.). A deusa *Fides* exigia honra e obrigação, valores que, aplicados à luta armada e aos chefes militares, pressupunham a existência de declarações prévias de guerra, o direito à rendição dos vencidos, etc. Para os Romanos, uma guerra contra um inimigo justo e leal não podia ser ardilosa e traiçoeira (e talvez por isso Papírio Carbão tenha invetivado muito mais tarde Sula por este possuir uma alma dupla: de leão e de raposa). Era preferível lutar cara a cara, sem armadilhas, segundo os ritos próprios de uma guerra justa, porque isso salvaguardava a própria *fides*, que constituiu um alicerce da sociedade itálica primitiva (antes mesmo das cidades, das leis e dos tratados). A *fides* configurou uma espécie de código de honra entre dois homens nobres e tornar-se-ia depois a base do direito primitivo entre os povos, aplicando-se primeiro às comunidades mais próximas (Latinos,

Etruscos, Campanianos) e alargando-se depois aos Samnitas e às restantes comunidades reconhecidas por Roma. O desrespeito da *fides* por algum adversário tornava uma guerra justa em *latrocinium* (e, neste cenário, já poderia haver lugar a entorses aos bons princípios da lealdade e, portanto, recurso ao ardil, como sucedeu na guerra contra os Celtas, mas só em casos excecionais e muito repugnantes). Em síntese, em Roma havia muito mais resistência à guerra ardilosa do que no mundo grego, e talvez não seja por acaso que não existe em latim um correspondente próprio do termo grego *strategema*...

Ora, a guerra anibálica veio alterar substancialmente este panorama, permitindo uma 'interpretação positiva' do conceito de "estratagema". Com Fábio Máximo, cônsul romano do tempo da Segunda Guerra Púnica, Roma recorreu, entre os desastres que recordei atrás e a terrível derrota de Canas, a uma tática de contenção que foi acompanhada não só pela renovação dos ritos religiosos como por uma transformação da mentalidade guerreira, no sentido da sua aproximação aos padrões helénicos. Esta mudança passou pela associação de uma *mens* (*razão*) troiana encarnada por Eneias (o filho de Vénus considerado antecessor do povo romano) à velha *fides* romana, gerando-se assim um antídoto eficiente contra a astúcia (também ela de origem grega) própria dos Cartagineses, que eram aliás famosos pelas suas manhas de guerra. Deste modo se caminhou no sentido de uma *nova sapientia* romana na guerra, que acabaria por ter um largo futuro, fazendo com que, pelo menos a partir do segundo quartel do séc. II a.C., os Romanos se mostrassem arrogantes na guerra e capazes de nela utilizar a *metis* de uma forma até mais intensa e cruel do que os Gregos, privilegiando a utilidade em detrimento da honestidade de processos e, como se vê no poeta Horácio (o autor lírico e satírico falecido em Roma no ano 8 a.C.), apresentando agora Ulisses como símbolo da sabedoria na guerra, despido de quaisquer conotações negativas (Vernant 1974 *passim*).

Este novo enquadramento (marinha, valorização dos estratagemas de guerra) ajuda muito a inserir a figura de Cipião "o Africano", que combateu ainda muito jovem no rio Ticino e em Canas e que acompanhou o enorme esforço da República para, depois da humilhação sofrida nesta última batalha, recuperar o exército de Roma recorrendo às suas imensas reservas de homens. O recrutamento e a formação foram melhorados graças à introdução de exercícios com armas, de novas manobras, de melhor treino físico, e começou a ser dada prioridade aos melhores generais, que viram prorrogados os seus comandos. O medo de enfrentar uma vez mais Aníbal em campo aberto reforçou a preferência por uma guerra de desgaste, em que a revalorização do conceito de "estratagema" ganhou especial sentido. Isto deu tempo e espaço a Públio Cornélio Cipião para assimilar as lições da guerra anibálica. Fê-lo sobretudo na Hispânia, onde comandou o exército romano em ensaios muito promissores, como nas batalhas de Bécula (em 208 a.C.) e de Ilipa (em 207 a.C.), mas também no Norte de África, onde, no combate de *Campi magni* (também conhecido por acampamento das Grandes Planícies), em 203 a.C., terá produzido a sua obra-prima.

A Península Ibérica, onde os Romanos só intervieram de forma continuada a partir das Guerras Púnicas, justamente porque era aqui que a família cartaginesa dos Barca tinha o seu centro de poder, revelou-se desde muito cedo um tremendo desafio. Uma orografia ingrata, um clima que alternava entre um calor sufocante e um frio capaz de gelar os legionários nos acampamentos de inverno, a falta de estradas e de comunicações internas, as dificuldades de abastecimento e de alojamento condigno (havia poucas cidades grandes), a disseminação fácil de doenças como a disenteria, tudo isso aumentava as dificuldades dos Romanos. Por outro lado, os Hispânicos (Iberos, Celtiberos, Lusitanos) eram excelentes homens de armas, praticando em especial uma guerrilha (talvez um termo de origem hispânica!) muito eficaz, o que fez com que os Romanos tivessem perdido na região, ao longo do tempo, diversas dezenas de milhares de homens, quase sempre em pequenas escaramuças (Brizzi 2004 148).

Convém explicar que os Hispânicos combatiam com escudos pequenos de vime (*caetra*), usavam o gládio curto ou a falcata (uma espécie de sabre, extremamente letal), possivelmente também lanças de choque e, defensivamente, estavam equipados com armamento ligeiro, à maneira dos peltastas gregos. Como armas de arremesso, dispunham de dardos longos de ferro (o *soliferrum*), de lanças com estopa e pez incorporados, para provocar incêndios (a *falarica*), e de boas fundas. Do ponto de vista tático, preferiam as emboscadas e os golpes de mão, não desconhecendo também o estratagema das fugas simuladas, como bem se viu no tempo de Viriato, o líder histórico dos Lusitanos, assassinado traiçoeiramente pelos Romanos (definitivamente rendidos à *metis*) em 139 a.C.. No caso dos Celtiberos, podemos acrescentar que tinham uma ótima infantaria pesada (equipada com cascos, cotas de malha e excelentes espadas) e que dispunham de uma excelente cavalaria, proporcionada pelos bons cavalos ibéricos que tanto impressionaram Plínio.

Não era fácil lidar com tais adversários, que além do mais defendiam o seu território com extrema abnegação e que dominavam bem o terreno e todas as variáveis envolventes. Para evitar os golpes à distância, os Romanos integraram arqueiros e fundibulários entre as fileiras das suas centúrias, visando formar uma espécie de *barrage*. Além disso, mostraram pontualmente tendência para subdividirem a legião em pequenas unidades capazes de se aventurarem e de manterem o adversário sob uma pressão permanente. Mas dificilmente poderiam ser bem-sucedidos num teatro de guerra deste género, e contra tais adversários, se não dispusessem de boa cavalaria indígena aliada, que reforçaram com cavalaria númida (norte-africana), com infantaria ligeira africana, com dardeiros e até com elefantes que foram buscar ao Norte de África.

Foi neste cenário global que Cipião "o Africano" – que atuou na Península Ibérica, com *imperium* proconsular, entre 210 e 205 a.C. (Goldsworthy 2007 57-87) – terá introduzido uma alteração decisiva na estrutura das legiões romanas. Trata-se da invenção da *cohors* (a *coorte*), um esquadrão de 480 homens resultante do agrupamento de 3 manípulos de 160 soldados, cada qual com duas centúrias (nesta altura, as centúrias deviam já contar com 80 homens) e conservando no seu escalonamento em profundidade as velhas designações de *hastati, principes* e *triarii*. As coortes (em princípio havia dez em cada legião, distribuídas por três linhas na hora da batalha) tornaram-se a unidade referencial do exército romano. Tinham a vantagem de serem unidades mais robustas do que os antigos manípulos, o que lhes permitia aguentar bem os ataques em cunha dos Celtiberos, mas, ao mesmo tempo, sendo estruturas muito menos pesadas do que uma legião completa, também podiam executar ações autónomas eficazes na guerrilha e na montanha, sem por isso suscitarem problemas graves de abastecimento. Brizzi (2004 154) admite a hipótese de a coorte ter sido concebida como uma solução provisória, mas a verdade é que o sistema resultou de tal maneira bem que acabou por se impor durante muito tempo, ao ponto de, nos séculos I e II d.C., as legiões a ele terem recorrido sistematicamente contra os bárbaros do Centro da Europa.

Curiosamente, o modelo da coorte significou não só o abandono da legião manipular, mas também um retorno à formação em ordem cerrada, fazendo com que as primeiras linhas (*hastati*) fossem equipadas com lanças longas – uma saída prudente contra guerreiros ibéricos que eram bons no manejo da espada curta, mas que revelavam muitas fragilidades do ponto de vista tático. Claro que este novo sistema implicava muito treino, para aumentar a possibilidade de sobrevivência dos legionários, quer no corpo a corpo quer no combate em formação compacta, mas revelou-se um antídoto eficaz contra o ardor guerreiro dos Hispânicos (e também dos Cimbros e dos Germanos), conseguindo travar os respetivos assaltos graças a formações densas mas que, ao mesmo tempo, preservavam um grau de flexibilidade muito maior do que a falange antiga, na qual só já longinquamente se inspiravam. Com o modelo da legião de coortes atingia-se, no Ocidente, um ponto de equilíbrio ótimo entre formação cerrada e formação flexível, numa época em que, no Mediterrâneo oriental, a velha legião manipular, que enfrentava outro género de adversários, continuava a dar cartas, sobretudo em ações mais ofensivas e mais ligadas à coragem individual.

O génio de Cipião "o Africano" materializou-se ainda em algumas inovações táticas. Em Ilipa, por exemplo (em 207 ou 206 a.C.), quando derrotou Asdrúbal Giscão e travou com isso as ambições cartaginesas na Península Ibérica, Cipião mudou o seu dispositivo tático à última da hora, colocando os seus melhores homens (os legionários) nas alas e retendo o centro (composto por aliados hispânicos), perante um adversário atónito e que não teve capacidade para reagir a esta alteração dos hábitos militares romanos. Mais tarde, no acampamento das Grandes Planícies (em 203 a.C.), contra o rei Sífax da Numídia e Asdrúbal (filho de Giscão), Cipião reinventaria a manobra envolvente helenística (que Aníbal Barca tão bem adaptara ao exército púnico na batalha de Canas), reformulando por completo o papel da terceira linha: os *triarii* deixaram de ser uma tropa de choque guardada como reserva até à fase crítica do combate e tornaram-se unidades táticas independentes, equipadas como os legionários das segundas linhas (os *principes*); tal como estes, e enquanto as primeiras linhas (os *hastati*) aguentavam o impacto do choque, avançando e recuando, os *triarii* podiam deslocar-se para uma faixa lateral do terreno e, juntamente com os *principes*, executavam a 'manobra da tenaz', envolvendo e comprimindo os inimigos. Ou seja, Cipião encontrou em *Campi magni* uma solução tática que permitia às legiões, por si sós, executar a fatídica manobra envolvente, mesmo que não dispusessem de boa tropa montada para as completar nos flancos! Tratava-se de uma nova e fantástica receita tática, que fazia as legiões depender menos do terreno e do contributo da cavalaria, e que aumentava por isso a sua capacidade de manobra (Brizzi 2004 108-113).

Graças ao sólido sistema das coortes e às suas versáteis soluções de subdivisão interna, as legiões romanas haviam-se tornado mais elásticas e ficaram em ótimas condições para enfrentar novos desafios, viessem eles dos temíveis Cimbros e Teutões ou das falanges dos exércitos helenísticos (recordem-se as batalhas de Cinoscéfalos, em 197 a.C., de Magnésia, em 190 ou 189 a.C., e de Pidna, em 168 a.C., durante as chamadas Guerras Macedónicas): os manípulos permitiam revezar as linhas que enfrentavam as falanges, a legião conseguia recuar sem perder o contacto e cobrir lacunas pontuais, enquanto as salvas de *pila* desestabilizavam e retardavam o avanço da floresta de sarissas; ao mesmo tempo, graças à revisão cipiónica do papel dos *triarii*, as segundas e terceiras linhas podiam agora deslocar-se para os flancos e encerrar a falange numa espécie de torno, otimizando a maior capacidade dos legionários no combate corpo a corpo que inevitavelmente se seguia. De tudo isto nos deu detalhadamente conta Políbio (18.28-32), num célebre passo em que põe um ponto final na discussão entre os adeptos da velha falange helenística (que, de resto, estava a desvirtuar a sua matriz original, graças à progressiva desvalorização da cavalaria) e os partidários da (renovada) legião romana.

Depois de Cipião "o Africano", o momento principal de renovação do exército romano surgiu com Mário, o *homo novus* que foi sete vezes cônsul. Ele não só consolidou o sistema das coortes, o que lhe assegurou a vitória sobre os Teutões e sobre os Cimbros (batalhas de *Aquae Sextiae* e de Vercelas, em 102 e 101 a.C., respetivamente), como, em grande medida por causa das exigências suscitadas pela guerra que conduziu no Norte de África contra Jugurta, rei de Numídia (112-105 a.C.), introduziu uma modificação essencial no recrutamento militar: Mário abriu o ingresso nas legiões aos proletários (os *capite censi*), transformando o recrutamento tradicional em voluntariado e resolvendo dessa forma o problema da falta de soldados da República. Isto compensou a redução do número dos *adsidui* (os proprietários aptos a serem alistados) e também a nítida perda de afeto pelo serviço militar, sobretudo quando este se arrastava durante muito tempo, circunstância que, em 129 a.C., obrigara até o Senado a baixar a fasquia da 5.ª classe, de 4000 para 1500 asses.

Com aquela medida, podemos dizer que Mário 'profissionalizou' o exército romano, que na velha tradição republicana se compunha de soldados que eram desmobilizados no final de cada campanha, podendo mais tarde vir a ser de novo incorporados, desde que não tivessem mais de 46 anos de idade e até um limite máximo de 16 anos de serviço militar (ou 10, no caso da cavalaria) ao longo da vida. Ou seja, Mário assegurou continuidade de instrução, acumulação de experiência, estabilidade e carreiras longas. Isto permitiu também intensificar os níveis de treino, tal como o modelo das coortes exigia, sabendo-se a este respeito que Mário recorreu a lanistas (os mestres que instruíam os gladiadores) para assegurar um melhor desempenho legionário no combate individual. Além disso, o famoso cônsul procedeu a uma reforma minuciosa do exército, desde o transporte de bagagens (a cargo dos próprios legionários: as famosas "mulas de Mário") aos cuidados com o frágil escudo oval (agora guardado em estojo de couro), passando pelas insígnias das legiões, onde se generalizou o símbolo da águia. Mas Mário está também ligado a uma modificação curiosa e muita astuta no armamento ofensivo: a reformulação do *pilum*, onde foi eliminado o bolbo do punho e substituído um dos dois orifícios de encabamento do ferro na haste de madeira por um rebite que quebrava no momento do impacto, o que levava a haste a encurvar-se sobre o outro ferro, tornando o *pilum* impossível de reutilizar pelo adversário (que por vezes não conseguia sequer arrancá-lo do seu escudo, sendo obrigado a abandonar esta proteção essencial!).

Na época de Mário, já tinham terminado as Guerras Púnicas (146 a.C.), que todavia tinham deixado uma marca devastadora na paisagem itálica: mais de 200 000 mortos e desaparecidos, imensos equipamentos produtivos destruídos, populações e planícies devastadas (em especial no sul, onde Aníbal Barca atuara durante mais de uma dúzia de anos), deportações em massa (consequência também de cerca de 400 cidades itálicas terem apoiado Aníbal ou terem sido tomadas por ele, vindo a ser reocupadas pelos Romanos à custa de muita destruição, assaltos e saques), etc. As Guerras Púnicas tinham, além disso, feito renascer as velhas clivagens étnicas (p. ex., nos Apeninos do Centro e do Sul) e tinham provocado uma espécie de 'histeria defensiva' em Roma (Canali 2008 23-41; Brizzi 2004 163), profundamente traumatizada pela guerra anibálica e receosa de um novo conflito, desta feita com as potências gregas do leste (Macedónia, Síria...). Isto é essencial para compreendermos a afirmação do militarismo romano (no fundo, uma resposta a essa psicose belicista e uma forma de aplicação da velha divisa, cara ao mundo grego: *qui desiderat pacem praeparet bellum*, isto é, *quem desejar a paz, que prepare a guerra*: Vegécio 3.1 *Prólogo*) e também para entendermos o investimento que o Senado romano se dispôs a fazer na sua máquina militar durante o derradeiro século de vida da República.

Mário foi um bom intérprete desse investimento, mas algumas das medidas que tomou (p. ex., a abertura das legiões aos proletários) tiveram um efeito colateral muito perturbador: a criação de enormes massas de soldados veteranos, desmobilizados, que exigiam terra ou outro rendimento para sobreviverem; e a excessiva ligação dos soldados aos seus generais (em particular aos mais bem-sucedidos), com receio de perderem o seu ganha-pão, o que potenciou, no ambiente de sucessivas guerras civis de que Roma foi palco entre 150 e 30 a.C., a existência de verdadeiros exércitos privados mais dispostos a servirem o seu líder do que propriamente a República...

Mário (falecido em 86 a.C.) ficou também conhecido pelos seus conflitos político-militares com Lúcio Cornélio Sula, o ditador que acabaria por se impor em Roma entre 83 e 81 a.C.. A Sula se pode ter ficado a dever o recurso a estrepes ou abrolhos (defesas acessórias compostas por quatro hastes de ferro aguçadas nas pontas, uma das quais ficava sempre em posição quase vertical, quando atirado o dispositivo para o terreno), ótimos para travar as arrancadas da cavalaria adversária; mas, mais importante do que isso, também se lhe atribui o recurso intencional e planificado a reservas táticas (p. ex., em Queroneia, com os efetivos de Galba e de Hortêncio contra o rei do Ponto, Mitridates), algo que 'faria escola' no modelo militar romano (e não só).

Depois da morte de Sula, a agitação apoderou-se novamente de Roma, acabando por conduzir ao "Primeiro Triunvirato", formado por Pompeio, Júlio César e Crasso. Este último teve um papel militar muito discreto, mas, curiosamente, acabou por ficar indiretamente ligado a um novo salto qualitativo da máquina militar romana. É que Crasso morreu em Carras, em 53 a.C., na sequência de um combate frente aos Partos Arsácidas que pôs a nu algumas vulnerabilidades do equipamento legionário. A Pártia era uma espécie de "Roma do Oriente", como sugeriu Brizzi (2004 196), e tinha um poder militar nada despiciendo, assente numa excelente cavalaria pesada de catafractários (couraçados) armados com lança, formada pela elite aristocrática local. A ela se somavam unidades cada vez mais numerosas de arqueiros a cavalo (os *hippotoxotai*) oriundos da pequena nobreza e especialistas na arte de cavalgar (conseguiam fazer um autêntico 'carrocel' à volta dos seus adversários) e no manejo do arco (recorde-se a famosa "flecha do Parto", disparada para trás, durante uma fuga a cavalo!). Os arqueiros partos utilizavam um arco composto, talvez originário das estepes, feito de madeira mas revestido externamente por feixes de tendões, o que lhe permitia resistir à tração; por dentro, estes arcos curtos, de curvatura dupla (quando não encordoados, ficavam dobrados no sentido inverso ao da tração), eram forrados com lamelas de corno para suportar melhor a compressão; depois, o conjunto era fixado com cola e consolidado com tendões animais, sendo finalmente revestido com laca ou verniz.

Em batalha, os arqueiros partos formavam uma cortina de proteção aos catafractários, graças a uma nuvem de flechas que disparavam enquanto estes avançavam a passo ou a trote lento. Depois, num momento convencionado e a uma distância propícia do adversário, o cortinado abria e a cavalaria carregava, equipada com as suas couraças de lamelas ou de escamas cosidas sobre um suporte de couro (ou então com cotas de malha de bronze ou de ferro) e empunhando uma lança longa, uma espada fixada ao flanco e, por vezes, uma acha de armas ou uma maça de ferro. Apesar de os cavaleiros não disporem ainda de estribos, mantinham-se confortavelmente nas suas montadas graças a arções altos e salientes, que os 'encaixavam' perfeitamente nas selas e lhes permitiam imprimir bastante velocidade aos cavalos, sem recear o impacto no momento do choque. As lanças podiam ser usadas com uma ou mesmo com as duas mãos, e podiam ser fixadas ao pescoço do cavalo e ao lombo, de maneira a aliviar o coice de ressalto ou a servir de suporte durante a corrida. Geralmente, a carga era executada em grupo, em formação tão cerrada que os cavaleiros quase se roçavam pelo cotovelo (Brizzi 2004 200-203)!

A "tática dupla" dos Partos (Luttwak 1979 343), combinando tiro com arco e carga a cavalo, revelou-se extremamente eficiente e, em Carras, Marco Licínio Crasso, que tinha preparado mal a sua campanha e que subvalorizou o inimigo (reconhecidamente fraco na poliorcética e incapaz de suportar campanhas prolongadas), não encontrou antídoto para ela: desgastada pelos arqueiros (cujas flechas disporiam de pontas de secção triangular ou quadrangular, capazes de penetrar os escudos ou as couraças dos Romanos), a formação romana procurou ganhar tempo com uma manobra dilatória (carga de um comando de cavalaria liderado pelo filho de Crasso, que se despedaçou numa perseguição imprudente) de modo a conseguir inverter o dispositivo tradicional e formar a célebre 'tartaruga'; depois, receando talvez o colapso moral das suas tropas (a quem os adversários exibiram a cabeça empalada do jovem Crasso, Marco Licínio optou por lançar as coortes pela planície, em formação pouco cerrada e pouco profunda, tornando-a presa fácil dos cavaleiros couraçados inimigos. Durante a noite que se seguiu, Crasso seria entregue pelos seus próprios homens ao líder Arsácida (Surena) e executado, enquanto o remanescente das tropas romanas debandava como podia, sendo na sua maioria chacinado durante a perseguição. Pela primeira vez, um exército romano disposto *in acie* soçobrara sem combater até final, desagregando-se por incapacidade psicológica e afundamento moral (Brizzi 2004 203-214)!

A memória do desastre de Carras conduziu a uma renovação do armamento romano, devendo destacar-se duas novidades que seriam consolidadas durante a primeira dinastia imperial (a dos Júlios-Cláudios). Por um lado, foi introduzido um novo *pilum*, com um ferro muito mais resistente e uma esfera de chumbo, que garantiam um peso e uma força de penetração muito mais profundos, o que lhes permitia serem letais contra os próprios cavaleiros catafractários. Por outro, a partir do segundo quartel do séc. I d.C. (se não mesmo antes), surgiu um novo tipo de loriga, conhecido como *lorica segmentata*, composta por fortes lamelas articuladas. Esta última peça (de que se conhecem sobretudo exemplos precoces para o Ocidente, talvez porque esta região tem sido mais estudada) era menos maleável e cómoda do que as lorigas tradicionais (a *lorica hamata*, provavelmente gaulesa e semelhante às lorigas medievais, e a *lorica squamata*, de escamas), mas dispunha de grandes vantagens: era mais curta (terminando na cintura e deixando os braços livres), era mais leve (pesava cerca de 9 kg, em vez de 12 a 15 kgs) e era mais fácil de fabricar e de transportar (a justaposição de lamelas permitia que se dobrasse como uma concertina). Além disso, as suas placas de pelo menos um milímetro de espessura (parte delas sobrepostas) conferiam uma proteção mais robusta: contra a *lorica segmentata*, só as máquinas de guerra da Antiguidade podiam ser bem-sucedidas. Nesse sentido, esta nova peça do equipamento militar romano constituiu uma excelente resposta às temíveis "flechas dos Partos"...

Desaparecido Crasso, o Triunvirato ficou reduzido a Pompeio e a Júlio César, que depressa entraram numa guerra mortal. Pompeio foi decerto um general muito competente, mas foi do lado de César que acabaram por vir os principais reforços da máquina militar romana. Não que ele tenha sido um grande inovador tático, coisa que ele de facto não foi, apesar da sua forte cultura literária no domínio militar e de alguns improvisos brilhantes em batalhas como Bibracte (em 58 a.C., contra os Helvécios, onde aperfeiçoou o recurso a reservas táticas estimulado por Sula) ou em Farsalo (em 48 a.C., onde surpreendeu os pompeianos com um movimento imprevisto de uma quarta *acies* colocada dissimuladamente por detrás da sua escassa cavalaria). O contributo de César para o reforço da máquina militar romana passa muito mais por outros aspetos, relacionados com a estratégia, com a logística e com a organização militares (Le Bohec 2001 *passim*): antes do mais, e isto foi importantíssimo, ele criou uma cadeia de comando que valorizou de forma inédita os quadros intermédios, como bem se percebe pela leitura dos seus *Comentários sobre a Guerra da Gália*, onde os heróis são quase sempre os centuriões, e não os legados senatoriais. César – que assim podia comandar o seu dispositivo a partir de uma posição mais recuada no campo de batalha, com melhor visão de conjunto – escolhia criteriosamente os seus oficiais, treinava intensamente as suas tropas e tinha com os seus homens uma relação de camaradagem e de partilha difícil de imitar. Também por isso, os serviços das suas legiões eram completos e eficientes, como se percebe pela qualidade da sua engenharia militar, que (muito por influência de Vitrúvio Polião, o melhor engenheiro desta época) operou verdadeiros milagres: a construção rapidíssima da famosa ponte sobre o rio Reno; a organização, na batalha do Aisne (em 57 a.C.), de dois fossos laterais virados para o inimigo e protegidos na frente por artilharia, para prevenir qualquer tentativa de envolvimento por parte dos Belgas; ou a célebre circunvalação de Alésia, no cerco que conduziria à aniquilação dos Gauleses de Vercingetorige, em 52 a.C..

Além disso, César mostrou-se um excelente estratego e planificador militar: acautelou de forma quase sempre sábia a questão vital do abastecimento; cuidou com muita atenção e prudência das suas colunas de marcha e da escolha dos respetivos itinerários; e recorreu como ninguém à arma da velocidade (a palavra *celeritas* consta até do seu próprio brasão) para surpreender os adversários. Quando os inimigos lhe ofereciam diversas frentes de luta (como sucedeu na Gália ou, mais tarde, na guerra civil contra os pompeianos), César optou quase sempre por atacar primeiro o coração do dispositivo contrário para, logo a seguir, aniquilar os centros de resistência periféricos, antes mesmo de os inimigos conseguirem coordenar as suas ações.

Neste género de *Blitzkrieg* bem planeada, o futuro ditador soube adaptar-se às circunstâncias táticas e reconhecer as limitações das suas hostes; para compensar as restrições em cavalaria, alistou forças montadas germânicas, gaulesas, hispânicas e númidas, que lhe garantiram vitórias importantes (por exemplo, em Alésia). Confrontado com a guerrilha gaulesa, César soube encontrar medidas para a contrariar, rasgando vastas zonas abertas em torno de estabelecimentos fixos e disseminando nelas troncos de árvore para assim avistar com mais tempo os adversários e atrapalhar a sua progressão, dando possibilidade às suas guarnições de organizarem a respetiva defesa; investiu mesmo em ações de contra-guerrilha para destruir a região inimiga (gado, colheitas, grãos, habitações), lançando a fome e a descrença (Brizzi 2008 28).

César foi, de resto, um mestre dos *mind games* de guerra, por exemplo quando oferecia aos Gauleses os bens dos insurretos (fazendo saber em toda a parte que considerava legítimo o saque nos territórios deles), ou quando perdoava a inimigos poderosos que conseguia depois ganhar para a sua causa, ou ainda quando cuidava de assegurar que os corpos de recrutas do seu exército fossem sempre colocados ao lado de unidades experientes, que assim os enquadravam e estimulavam para obterem em conjunto a vitória. O general calvo da célebre capa vermelha sabia tirar o melhor partido possível das suas forças e dos homens que comandava, e as suas legiões atingiram um nível de excelência invulgar porque ele se mostrou muitíssimo competente e organizado em todas as valências da arte da guerra. Consolidou mais do que inovou (por exemplo, reforçou o modelo das coortes, que Cipião criara na Hispânia e que Mário desenvolvera), mas, ainda assim, é possível que tenha sido no seu tempo que foi concebido na Gália um novo *pilum*, com um segmento da ponta fabricado em metal brando, que dobrava no momento do impacto. Exemplo de uma simbiose perfeita entre *honor et virtus*, fundamento da ética republicana, César foi um general completo, mas nele brilhou mais o lado do estratego do que o do tático, até porque considerava a guerra sobretudo como um meio para triunfar na política. Como resumiu Le Bohec (2001 480), em César "procurámos um militar e acabámos por achar um político"… Ainda assim, embora erguida sobre o mesmo modelo, a máquina militar que ele deixou ao seu sobrinho-neto e herdeiro oficial, Otávio Augusto, estava muitíssimo mais oleada do que aquela que o ditador herdara dos seus antecessores.

O assassinato de Júlio César, em 44 a.C., abriu um novo período de guerra civil em Roma, com um "Segundo Triunvirato" e uma guerra final entre Otávio Augusto e Marco António. Na batalha naval de Áccio, em 31 a.C., António e Cleópatra foram vencidos, vindo a suicidar-se no ano seguinte. Augusto iniciou então a sua extraordinária obra de conversão de uma República exangue num Império florescente e dominador. O aperfeiçoamento da máquina militar romana fez parte desse projeto.

Desde logo, Augusto (27 a.C. – 14 d.C.) procurou resolver os graves problemas abertos pela profissionalização do exército decorrente das reformas de Mário: criou o *aerarium militare*, um fundo possibilitado pela cobrança de 1% das vendas públicas, de 4% das vendas de escravos, de 5% das doações testamentárias superiores a um determinado valor e de 5% da libertação de escravos. Graças a este fundo, os soldados passaram a receber salários regulares com descontos obrigatórios que lhes garantiam, na hora do licenciamento, uma espécie de reforma, paga em dinheiro ou em terra (ou em ambas as modalidades), com a qual se podiam estabelecer em colónias de veteranos (*canabae*), quer como agricultores, quer como pequenos comerciantes; algumas dessas colónias (muitas vezes situadas perto das bases da antiga legião) cresceram de forma tão significativa que deram mais tarde origem a verdadeiros municípios. Além disso, Augusto promoveu um comando supremo centralizado da máquina militar, colocada na direta dependência do imperador, que depois delegava as suas competências, muitas vezes em membros da família imperial (Agripa, Druso, Germânico, Tibério, etc.).

Com estas medidas, o primeiro imperador romano não só assegurou meios de subsistência dignos para os veteranos de guerra, como também garantiu o controlo da máquina militar com base na eficácia e na lealdade dos seus quadros principais, a que agora tinham acesso não só os senadores mas também os cavaleiros. Os melhores soldados e oficiais passaram a poder acalentar a esperança de aceder à ordem equestre, e construíram-se assim muitas carreiras puramente militares. A devoção ao serviço imperial instalou-se ao ponto de se prestar um juramento de fidelidade ao comandante e de se reservar doravante ao príncipe a realização dos *auspicia*.

Em nome da *pax romana* (a única possível, porque desejada pelos deuses de que o imperador era a expressão carnal), Augusto alargou as fronteiras do Império na direção da Península Ibérica, da Récia, da Nórica, dos Alpes e da Ilíria, acabando por fixar o seu limite norte nas fronteiras naturais do Reno e do Danúbio, falhada que foi a conquista de uma região mais setentrional, até ao rio Elba (desastre de Varo em Teutoburgwald, em 9 d.C.). Quando Augusto faleceu, em 14 d.C., o Império tinha praticamente atingido a sua máxima extensão, exceção feita à Bretanha (conquistada por Cláudio em 43 d.C.), à Dácia (atual Roménia, de que Trajano se ocupou perto do ano 100 d.C.) e a algumas conquistas a Oriente (na Mesopotâmia, na Pérsia, na Arménia, na Ibéria do Cáucaso), parte das quais se perdeu pouco depois dos sucessos iniciais.

Vejamos então como se estruturava internamente a máquina militar imperial ao tempo de Augusto e dos seus sucessores do Alto Império (sécs. I e II d.C.). Podemos dizer que havia três grandes tipos de tropas (para o que se segue, veja-se Le Bohec 2002 19-36): as da guarnição de Roma, as que compunham o exército das províncias (fossem elas tropas legionárias ou auxiliares) e as da marinha. No que diz respeito à guarnição de Roma, no tempo dos júlios-cláudios seriam cerca de 10 000 homens, dos quais 4500 (o equivalente a nove coortes de 500 homens) pertenciam à famosa guarda pretoriana, uma tropa de elite recrutada exclusivamente entre os cidadãos romanos e que era composta por 80% de infantaria e apenas 20% de cavaleiros. O comando da guarda pretoriana, que tinha como símbolo o escorpião, estava atribuído a um (ou a dois) prefeitos do pretório de categoria equestre colocados sob a dependência direta do imperador; os soldados desta unidade de elite serviam apenas durante 16 anos. A guarda pretoriana viria a ser extinta pelo imperador Constantino após a batalha de Ponte Mílvia (em 312 d.C., contra Maxêncio), sendo substituída pelas forças das *scholae palatinae* (cinco unidades de cerca de 500 cavaleiros cada). Além das coortes da guarda pretoriana, a guarnição de Roma (cidade onde Augusto decidira não estacionar muita tropa, designadamente legionária) incluía ainda a guarda pessoal do imperador e algumas forças paramilitares ou de vigilância e policiamento, que garantiam a manutenção da ordem pública e acorriam aos incêndios.

Quanto ao exército das províncias, devia reunir cerca de 250 000 homens, metade legionários, metade tropas auxiliares. Se admitirmos a existência de 25 legiões no tempo de Tibério (como referia Tácito), chegaremos a uma estimativa global de cerca de 125 000 legionários, todos eles cidadãos romanos. É que, como já sabemos, cada legião dispunha de 10 coortes de seis centúrias de 80 homens cada (exceto a primeira coorte, que tinha apenas cinco centúrias, mas com o dobro dos efetivos: 160). Assim, uma legião, no Alto Império, era formada por 5240 homens, dos quais 5120 eram infantes (doravante equipados com o célebre escudo retangular) e apenas 120 eram cavaleiros. A unidade base parece ter sido o *contubernium*, uma grande tenda (feita com 77 peles de cabra, impermeável e pesando perto de 40 kgs) partilhada por oito homens, de tal modo que 10 dessas tendas formavam uma centúria. O comando das legiões pertencia a um legado senatorial, completado por um tribuno *laticlauius* (ou seja, com uma faixa larga de púrpura bordada na sua toga), também ele senador, por um prefeito do acampamento, por cinco tribunos *angusticlauii* (com faixa estreita de púrpura) membros da ordem equestre, por um tribuno *sexmentris* (que se ocupava dos cavaleiros, em turnos semestrais) e por 59 centuriões (um por cada centúria). Os legionários serviam entre 16 e 20 anos e o seu símbolo era a águia de prata. Com o tempo (e o avolumar dos problemas), o número de legiões tendeu a aumentar, embora os efetivos de cada uma tenham diminuído.

As tropas auxiliares completavam o exército provincial, acrescentando-lhe outros 125 000 homens, neste caso recrutados entre a população não cidadã, sobretudo entre os habitantes bárbaros das áreas de fronteira. Um dos atrativos ao alistamento nestas unidades decorria da concessão da cidadania romana na hora da desmobilização. As tropas auxiliares organizavam-se em "alas" de cavalaria (16 ou 24 "turmas" de 32 homens cada, consoante se tratasse da chamada "versão quingenária" ou da "miliária") ou em coortes de infantaria (6 ou 10 centúrias); mas também havia as coortes *equitatae*, isto é, de composição mista, incluindo cavalaria e infantaria. O comando das tropas auxiliares era atribuído a prefeitos e a tribunos militares, e os homens serviam durante cerca de 25 anos. Com o tempo, registou-se uma tendência para «a abertura destas forças a cidadãos romanos, a cavaleiros couraçados e até a arqueiros orientais».

Finalmente, a marinha romana reunia perto de 40 000 homens, que também podiam receber a cidadania no final do seu tempo de serviço (26 a 28 anos, o que sugere a menor dignidade deste tipo de tropa). Havia duas grandes frotas: uma estacionada em Miseno (perto de Nápoles, para controlo do Mediterrâneo ocidental; e outra sedeada em Ravena (para vigilância do Mediterrâneo oriental). Este dispositivo era completado por flotilhas provinciais, que asseguravam o controlo dos grandes rios (ex: Reno, Danúbio) ou de mares periféricos (como o Mar Negro). O comando da marinha romana estava entregue a um prefeito da ordem equestre, havendo supremacia do almirante de Miseno sobre o seu homólogo de Ravena.

Ao todo temos, portanto, cerca de 300 000 soldados ao serviço de Roma (na guarnição da capital, no exército provincial ou na marinha).

Convém ainda acrescentar que, pelo menos a partir do séc. II d.C., e tendo também em conta as más experiências vividas nos teatros de guerra orientais (p. ex., contra arqueiros e catafractários), as legiões estavam equipadas com artilharia reforçada: segundo Flávio Vegécio Renato (o maior tratadista militar latino, que escreve por volta do ano 400 d.C.: 2.25), cada legião dispunha de 55 *carroballistae* (isto é, balistas montadas em carros puxados por azémolas e manejadas por equipas de 11 homens), a uma média aproximada de uma por centúria, e ainda de 10 ónagros, ou seja, um por cada coorte. Estes dados são confirmados pelo relato de Flávio Josefo sobre o cerco romano a Jotapata (67 d.C.): o grande escritor judaico (3.7) afirma que as três legiões de Vespasiano dispunham de 160 máquinas de guerra! Refira-se que a catapulta e a balista (o antepassado gigante da pequena besta medieval, embora ainda munida de dois braços independentes) eram armas de tiro tenso e horizontal que funcionavam por torção de cordas e que disparavam dardos com cerca de 70 centímetros de comprimento a uma distância de 500 metros. Já os ónagros (*onager*, em latim, significa *burro selvagem*) configuravam uma verdadeira artilharia pesada de cerco, correspondendo a uma máquina de arremesso de pedras pelo sistema de torção e que tinha um ressalto violento (ou coice, daí o seu nome latino) no momento em que o seu braço principal embatia com violência numa almofada de palha, projetando no ar, a uma distância de 300 a 600 metros, projéteis de pedra com um peso habitual de 3 a 26 kgs, mas podendo chegar, excecionalmente, aos 50 ou mais quilogramas (veja-se o relato de Flávio Josefo sobre o cerco de Tito a Jerusalém, em 70 d.C.: 5.3). Nesta "artilharia" não nos podemos ainda esquecer das linhas de arqueiros e fundibulários, geralmente colocadas à frente da artilharia pesada, muitas vezes em substituição dos *velites* (mencionados pela última vez durante a campanha de Quinto Cecílio Metelo em África, contra Jugurta, em 109 a.C.), as quais eram capazes de arremessar mísseis até 175 metros de distância!

Eis, em síntese, a estrutura da máquina militar romana, que deu cartas pela Europa fora durante vários séculos. Era uma máquina difícil de vencer e que assentava o seu poderio em seis trunfos principais: i) um alto nível de organização e de disciplina, tanto em combate como nas colunas de marcha e no alojamento (os Romanos eram os únicos que se davam ao luxo de construir acampamentos itinerários fortificados para apenas uma ou duas noites); ii) uma grande capacidade de adaptação e de integração de práticas marciais de outros povos (inclusivamente ao nível do armamento: gládio hispânico, loriga gaulesa, etc.), mas sem perda de identidade própria (a estrutura legionária e a forma de comando típica dos Romanos nunca foram postas em causa, pelo menos durante o Alto Império); iii) um espantoso nível de persistência e determinação, ou seja, um forte 'espírito militar', que passava de geração em geração e que fazia com que os Romanos recusassem a palavra 'derrota', mesmo quando tudo parecia perdido (como após a batalha de Canas, em 216 a.C.); iv) um recrutamento cuidadoso e um treino regular muito intensivo, em tempo de guerra e em tempo de paz, de verão e de inverno (neste caso em edifícios próprios), pressupondo diversos tipos de exercício (marcha, corrida, salto, equitação, esgrima, arremesso de dardos, natação, entre outros), alguns deles praticados com armas mais pesadas do que aquelas que eram utilizadas nos teatros de guerras; v) uma forma impiedosa de lidar com os inimigos, em especial com aqueles (como os Judeus) que, depois de terem acordado a rendição, pegavam de novo em armas contra Roma; vi) uma versatilidade tática rara (como já comentámos, ao analisar a evolução da estrutura interna da legião), o que garantiu a superioridade dos exércitos romanos tanto no centro e no oeste da Europa como nos cenários mais a leste, designadamente contra o temível modelo militar helenístico (Monteiro / Braga 2009 16-17).

Fazer parte de uma tal máquina militar era, sem dúvida atraente, pelo que, durante o Alto Império, Roma não sentiu dificuldades em mobilizar os cerca de 18 000 efetivos que se estima que precisasse de repor anualmente para cobrir as baixas e as reformas. Regra geral, o voluntariado era suficiente, não sendo necessário recorrer à invocação do princípio do serviço militar obrigatório. A carreira das armas, sobretudo a partir das reformas de Mário e de Augusto, tornara-se uma boa solução de vida para os candidatos que, entre os 18 e os 21 anos, se apresentavam de moto próprio para alistamento nas legiões. Sujeitos inicialmente a uma inspeção das suas capacidades físicas (a *probatio*) e mesmo intelectuais (era necessário que pelo menos alguns soubessem escrever, ler ou contar), quando aprovados eram inscritos nas listas e eram tatuados, como forma de combate à deserção. Depois, cumpriam uma instrução de quatro meses, finda a qual prestavam juramento ao imperador. A integração dos novos recrutas (que se faziam acompanhar das suas próprias armas e de um *viaticum* familiar de cerca de 75 denários para as primeiras despesas) fazia-se sobretudo através do *contubernium* onde eram colocados, sob o comando de um chefe de tenda (o *caput contubernium*).

Já vimos que o tempo de serviço variava consoante o estatuto das unidades militares, sendo certo que, pelo menos a partir de Augusto, os legionários recebiam um salário de 225 denários por ano, pago quadrimestralmente (com Domiciano, em 83, foi introduzido um novo pagamento e o sistema tornou-se trimestral, elevando o soldo anual para 300 denários). Contudo, a administração militar retinha, em jeito de poupança obrigatória, uma parte desse valor, que era devolvida no momento da reforma ou utilizada para fazer face às despesas funerárias, em caso de morte do legionário (geralmente, eram cremados ou sepultados sem armas, para desgosto dos arqueólogos modernos). Durante os seus treinos num *campus* contíguo ao acampamento, os legionários praticavam não só exercícios individuais, mas também coletivos. Podiam ainda executar trabalhos públicos de diverso tipo (construção de edifícios ou de estradas, por exemplo) e chegaram mesmo a erguer autênticas cidades (como Timgad, no Norte de África, ao tempo de Trajano). Nas bases legionárias, imperava uma disciplina severa e os castigos podiam atingir a pena de morte. Durante a sua vida militar, os soldados das legiões viam os seus direitos civis suspensos (incluindo as uniões matrimoniais) e o Estado deixava de os reconhecer como cidadãos enquanto estivessem aprisionados. Até Cláudio (41-54) não podiam casar, mas a partir daí esta opção foi tolerada e, com Septímio Severo (193-211), o casamento foi legalizado. Em contrapartida, os legionários dispunham do direito a declarar oralmente o seu testamento e estavam isentos do pagamento de imposto sucessório.

Segundo as investigações de Le Bohec (2002 248-249), a *legio III Augusta*, que atuou na Numídia no séc. II d.C., apresenta para os seus soldados índices de 58% de nupcialidade e de 1,48% de fecundidade, estando a mortalidade média estimada entre os 45 e os 47 anos. No que diz respeito à alimentação dos legionários, era razoavelmente rica e variada: bastante carne (de vaca, de carneiro, de galinha, toucinho), peixe e marisco (sobretudo nas regiões mediterrânicas), legumes, feijão, lentilhas, queijo, azeite e, obviamente, bastante vinho; quanto a cereais, a base de tudo, estima-se que uma legião (5240 homens, recorde-se) consumiria numa semana o equivalente a 8 ha de trigo (ou 180 hl, algo como oito estádios de futebol dos dias de hoje), sendo certo que os homens transportavam consigo pequenos moinhos rotativos manuais (provavelmente um por cada *contubernium*) com os quais transformavam o cereal em farinha grossa destinada a pães ázimos que eram cozidos nos fornos de cada centúria. Em matéria de divertimentos, é conhecida a preferência dos legionários pelos banhos e pelos espetáculos brutais (p. ex., de gladiadores). Do ponto de vista religioso, deve ter imperado um certo sincretismo (venerar diversos deuses era um meio mais seguro de garantir a vitória ou a sobrevivência), mas não nos devemos esquecer da importância que o culto imperial também adquiriu, nem do peso (embora muito menor) das religiões orientais (contrárias ao derramamento de sangue e aos espetáculos violentos), sobretudo a partir do séc. III d.C.. Depois de licenciados, muitos veteranos dedicavam-se à atividade agrícola, dando expressão material aos tantas vezes invocados quatro grandes amores do povo romano: as armas, os deuses, o direito e a terra...

Ao longo dos séculos, esta máquina militar imperial foi sendo aperfeiçoada, mas as reformas mais importantes ocorreram a partir da dinastia dos Severos (iniciada em 193 d.C.), quando a chamada Crise de Século III, resultado do aumento da pressão bárbara, de norte para sul, e da pressão dos Persas Sassânidas (que em 224 d.C. substituíram os Arsácidas), de leste para oeste, criou uma situação de alarme militar e obrigou os novos imperadores a tomarem medidas de emergência. Aos poucos, essas medidas, ditadas também pela degradação da autoridade central, por ciclos económicos desfavoráveis e pelo surgimento de novas cambiantes de natureza mental-religiosa (p. ex., a afirmação das religiões orientais, nomeadamente do cristianismo), conduziriam à descaracterização do modelo militar imperial e a uma progressiva perda de eficiência da máquina de guerra romana (Richardot 2001 *passim*).

Septímio Severo (193-211) deu o tiro de partida para as grandes reformas militares do Baixo Império, introduzindo os *campidoctores* (*mestres de armas*) na guarda pretoriana, renovando os velhos colégios militares (com arcas próprias para retenção das poupanças obrigatórias), atribuindo o comando das legiões a prefeitos da ordem equestre e criando um corpo de arqueiros osdroenos. A ele se devem também modificações importantes no regime da "anona", objetivamente uma variante de soldo (total ou parcial) pago sob a forma de géneros alimentares, habitualmente trigo; note-se que o aprovisionamento dos acampamentos militares era feito inicialmente por via de um embrião de sistema de intendência, e seguidamente pelo sistema da "anona militar", sobre o qual subsistem muitas dúvidas mas que poderá ter sido inventado por Trajano e depois aperfeiçoado por Septímio Severo, Caracala e Gordiano III, entre outros.

O enorme aumento, por Galieno (260-268 d.C.), do número de cavaleiros das legiões, de 120 para 726, pode inscrever-se num tal ambiente reformista e constitui um sinal claro da influência militar bárbara. Galieno tinha recebido uma herança pesada e tratou também de criar uma nova guarda pessoal (os *protectores*) e de modificar o comando das legiões, interditando aos senadores a carreira militar (com o que foram suprimidos os legados e os tribunos *laticlauii*, e promovidos os prefeitos do acampamento). Ao mesmo tempo, instituiu um enquadramento uniforme para todas as legiões (com base no modelo das legiões egípcias e "párticas"), reforçou o profissionalismo do corpo dos oficiais (p. ex., substituindo os governadores de província por *praesides* de nível equestre), entregou comandos mais vastos a duques, valorizou os destacamentos confiados a *praepositi* equestres e criou novas unidades montadas, o que conduziria ao nascimento de uma reserva móvel (com cavaleiros dálmatas, mouros e outros) estacionada atrás da fronteira.

Galieno morreu em combate e o poder passou para Cláudio II, que incentivou fortemente o recrutamento de soldados bárbaros. Sucedeu-lhe Aureliano (270-275), célebre pela tentativa de reforço da unidade do Império através do recurso ao culto solar e que foi protagonista de numerosos combates. Na sua época, o exército romano dispunha de 35 legiões, das quais 16 estavam estacionadas ao longo do Reno e do Danúbio e 12 no Oriente, o que revela claramente de onde vinha o perigo principal.

A chegada ao poder de Diocleciano (284-305) conduziu não só a grandes reformas políticas, mas também a alterações militares significativas. Muitos autores acreditaram que o sistema defensivo romano assentaria então numa dupla valência: uma reserva móvel situada atrás da fronteira e composta pelas melhores tropas (os *comitatenses*); e um conjunto de unidades de qualidade inferior (em geral, camponeses-soldados) estacionadas junto à fronteira (os *limitanei*). No entanto, Le Bohec (2006 145-146) mostrou que a estratégia militar romana no Baixo Império se caracterizou antes pela colocação no terreno, de forma perpendicular à fonteira, de três grandes exércitos: o das Gálias (contra os Alamanos), o da Ilíria (para fazer face aos Godos) e o do Oriente (para travar os Persas Sassânidas). Nesta época, o Império jogava sobretudo à defesa, sem contudo deixar de tomar a ofensiva quando as circunstâncias o permitiam. Acima de tudo, os imperadores queriam garantir a segurança de Roma e da Península Itálica, o que se afigurava cada vez mais difícil, dado o aumento da agressividade e da qualidade militar dos Alamanos e dos Godos (em parte, fruto do contacto com o mundo romano).

Ao implantar os modelos da diarquia e, depois, da tetrarquia imperial, Diocleciano procurou pôr de pé um sistema hierarquizado que pressupunha a criação de quatro exércitos, cada qual defendendo uma parte do Império. Tendo obtido alguns sucessos relevantes no Oriente, contra os Persas (o que conduziu à leonina Paz de Nisibe, em 298), Diocleciano apostou em reformas militares mais especializadas: reduziu drasticamente o número de efetivos das legiões (fala-se até em "micro-legiões" de pouco mais de 1000 homens), com vista a poder dispor de pelo menos duas delas em cada província fronteiriça; alterou o modelo de recrutamento, implantando mecanismos de natureza parafiscal para a mobilização dos homens de guerra (p. ex.: o *aurum tironicum*, isto é, o "ouro dos recrutas", que era versado por aqueles que preferiam pagar a serem incorporados, gerando assim verbas que permitiam a contratação de mercenários) e estimulando a hereditariedade na profissão das armas; graças a isso, aumentou os efetivos militares, possibilitando que cada tetrarca dispusesse de uma guarda própria e elevando o número global de soldados ao serviço de Roma para 389 704 no exército terrestre e 45 562 na marinha (as contas são do já citado João "o Lídio"); fundou *fabricae* estatais para produção de armamento, substituindo ou completando as tradicionais oficinas de tipo essencialmente artesanal situadas nas bases legionárias ou os antigos arsenais de guerra (Feugère 2002 185-186); por fim, reconstituiu a marinha romana, que bem preciosa era numa época em que a pirataria grassava, em especial na Mancha e nas costas da Bretanha.

Quando Diocleciano abdicou, deu-se o regresso da instabilidade e da guerra civil, de que sairia vencedor Constantino I (324-337 d.C.). Também ele era um general ilírio competente e determinado que, por entre diversos sucessos militares (obtidos diretamente por ele ou pelos seus filhos), se entregou a reformas militares importantes, ainda que um pouco avulsas, pois não parecem ter obedecido a um programa coerente: dissolveu as velhas unidades da guarnição de Roma e da guarda pessoal do imperador (a guarda pretoriana tinha apoiado o seu rival Maxêncio durante a guerra civil) e, como já vimos, criou uma nova guarda imperial – as *scholae palatinae*; reformou o alto comando, consolidando as três grandes regiões militares que já referimos (Gália, Ilíria e Oriente) e entregando a chefia militar, em cada uma delas, a um "mestre das milícias" (dois por cada região: um para a cavalaria e outro, seu subordinado, para a infantaria); implementou novos dispositivos táticos, tanto em batalha como nos cercos; e, por fim, recorreu à forte incorporação – com vista a colmatar as lacunas no recrutamento – de soldados bárbaros, sobretudo Germanos e Francos (Richardot 2001 293-308).

Com tudo isto, o exército romano que enfrentaria os tremendos desafios da segunda metade do séc. IV d.C. seria já muito diferente da máquina imperial herdada e aperfeiçoada por Otávio Augusto. Escreveu Amiano Marcelino (que foi oficial do exército de Juliano, o imperador que morreu ingloriamente durante a estranha campanha da Pérsia em 363) que, em 364, "todo o mundo romano escutava as trombetas que chamavam para a guerra" (26 4 318). Já se explicou neste volume que uma tal guerra não correu bem para os Romanos, que se mostraram incapazes de defender a integridade territorial da parte ocidental do Império, sobretudo após a derrota sofrida às mãos de uma coligação de povos bárbaros na batalha de Adrianópolis, em 378 d.C. (Richardot 2001 271-290; Monteiro 2012 109-140). Alguns anos mais tarde, um alto oficial palatino de nome Flávio Vegécio Renato comporia, para um dos imperadores do período situado entre 383 e 450, um compêndio da arte da guerra (*Epitoma Rei Militaris*) onde resumiu, com notável detalhe, a forma de organização e atuação da máquina militar romana do passado: recrutamento, treino, estrutura hierárquica, princípios táticos, poliorcética e guerra naval (Monteiro / Braga 2009). O objetivo era exortar um novo imperador a regressar aos bons hábitos marciais que haviam estado na origem dos gloriosos sucessos de antigamente. Para tanto, havia que romper com os maus costumes (como o recrutamento pouco criterioso, o exercício relaxado, o recurso a tropas mercenárias caras e pouco fiáveis, a entrega da liderança militar a bárbaros) e recuperar o que de melhor os Romanos de antanho haviam ensinado ao mundo: como fazer a guerra. Tarde demais. As palavras de Vegécio não tiveram o eco desejado (ou os imperadores não dispuseram já de condições para as seguir à letra) e o exército romano acabaria por se afundar paulatinamente, província a província, embora deixando no ar, ao longo dos séculos, o perfume da mais completa e eficiente máquina de guerra que o mundo ocidental conheceu, até aos dias de hoje.

Bibliografia

1. Fontes Principais

Burnouf, J. L. (1861), *Oeuvres Complètes de Tacite*. Trad., intr. et notes. Paris, Hachette.
Campbell, B. (1994), *The Roman Army, 31 B.C. – A.D. 337. A Source Book*. Oxon, Routledge.
Flacelière, R. – Chambry, É. (2001), *Plutarque. Vies Parallèles I*. Trad. Présentation par J. Sirinelli. Paris, Robert Laffont.
Hamilton, W. (1986), *Ammianus Marcellinus, The Later Roman Empire (A. D. 354-378)*. Transl. and selection. Intr. and notes by A. Wallace-Hadrill. Penguin Books.
Jackson, J. (1937), *Tacitus. The Annals*. Latin With an English Translation. Loeb Classical Library Ediction. Cambridge MA, Harvard University Press.
Mata, M., (2007), *Flávio Josefo, A Guerra dos Judeus*. Apresentação de Moisés Espírito Santo. Lisboa, Sílabo.
Monteiro, J. G. – Braga, J. E. (2009), *Vegécio, Compêndio da Arte Militar*. Trad., intr. e notas. Prefácio de M. H. da Rocha Pereira. Edição bilingue. Coimbra, Imprensa da Universidade.
Perrin, B. (1916), *Plutarch's Lives*, Vol. IV. *Alcibiades and Coriolanus. Lysander and Sulla*. With an English Translation. Loeb Classical Library. Cambridge, MA, Harvard University Press.
Perrin, B. (1917), *Plutarch's Lives*, Vol. V. *Agesilaus and Pompey. Pelopidas and Marcellus*. With an English Translation. Loeb Classical Library. Cambridge, MA, Harvard University Press.
Perrin, B. (1920), *Plutarch's Lives*. Vol. IX. *Demetrius and Antony. Pyrrhus and Gaius Marius*. With an English Translation. Loeb Classical Library edition. Cambridge MA, Harvard University Press.
Raquel, V. (2004), *Júlio César, A Guerra das Gálias*. Trad. e notas. Lisboa, Sílabo.
Rives, J. B. (1999), *Tacitus, Germania*, Translated with introduction and commentary. Oxford, Clarendon Ancient History Series.
Scott-Kilvert, Ian (1979), *Polybius, The Rise of the Roman Empire*. Transl. Selected with an Intr. by F. W. Walbank. Penguin Books.
Wuensch, R. (1903), *Joannis Lydi, De Magistratibus populi Romani*. Leipzig, Teubner.

2. Estudos

Bishop, M. C. – Coulson, J. M. C. (2016), *Equipamiento militar romano de las Guerras Púnicas a la caída de Roma*, trad. esp., Madrid, Despierta Ferro.
Brizzi, G. (2004), *Le Guerrier de l'Antiquité Classique. De l'hoplite au légionaire*. Trad.. S. l., Éditions du Rocher.
_____ (2008), "Caio Giulio Cesare : profilo di un grande comandante" in G. Gentili, ed., *Giulio Cesare – l'uomo, le imprese, il mito*. S.l., Silvana Editoriale 24-31.
_____ (2015), *70 D.C. La conquista di Gerusalemme*. Bari, Laterza.
Canali, L. (2008), *Annibale e la 'Fobia Romana' di Freud*. Roma, Carocci.
Feugère, M. (2002), *Weapons of the Romans*. Trad. Charleston Stroud, Gloucestershire, Tempus.
Goldsworthy, A. (2007), *Generais Romanos. Os homens que construíram o Imperio Romano*. Trad. port. Lisboa, Esfera dos Livros.
Goldsworthy, A. K. (1996), *The Roman Army at War, 100 BC – AD 200*. Oxford, University Press.
Le Bohec, Y. (2001), *César, chef de guerre*. S. l., Éditions du Rocher.
_____ (2004), *El ejército romano. Instrumento para la conquista de un Imperio*. Trad. esp., Barcelona, Ariel.
_____ (2006), *L'armée Romaine dans la tourmente: une nouvelle approche de la «crise du IIIe siècle»*, Éditions du Rocher.
_____ (2006), *L'armée Romaine sous le Bas-Empire*. Paris, Picard.
_____ (2014), *La Guerre Romaine, 58 avant J.-C.–235 après J.-C.*. Paris, Tallandier.

Le Bohec, Y. (³2002), *L'armée Romaine sous le Haut-Empire*. Paris, Picard.
Luttwak, E. N. (1979), *The Grand Strategy of the Roman Empire. From the First Century A. D. to the Third*. Baltimore-London, The John Hopkins University Press.
Monteiro, J. G. (2010), *Entre Romanos, Cruzados e Ordens Militares. Ensaios de história militar antiga e medieval*. Coimbra, Salamandra.
Monteiro, J. G. (2012), *Grandes conflitos da história da Europa*. Coimbra, Imprensa da Universidade.
Richardot, Ph. (²1998), *La fin de l'armée romaine*. Paris, Economica.
Rocha Pereira, M. H. (⁴2009), *Estudos de História da Cultura Clássica, vol. II, "Cultura Romana"*. Lisboa, Fundação Calouste Gulbenkian.
Vernant, J.-P. – Détienne, M. (1974), *Les ruses de l'intelligence: La* métis *des Grecs*. Paris, Flammarion.

12. Diocleciano e Constantino

Adriaan de Man
United Arab Emirates University
Centro de Estudos Clássicos e Humanísticos - UC
ORCID: 0000-0003-1549-9804
adriaandeman@uaeu.ac.ae

Sumário: Após décadas de elevada instabilidade imperial, o governo de Diocleciano impôs diversas reformas, conduzindo a um novo ordenamento político. Apesar da rápida desintegração do sistema tetrárquico, perdurou um enquadramento social e jurídico que já se vinha a configurar desde os meados do século III, e que seria adaptado pela casa de Constantino.

1. Chegada ao poder

Diocleciano nasceu no seio de uma família humilde, a um 22 de dezembro entre 243 e 248, e com o nome de Díocles. Na verdade, as fontes não coincidem sobre as origens nem da mãe, nem do pai, sobre quem nada se sabe, talvez tendo sido um escriba ou liberto senatorial. As suas raízes também não estariam na zona de Salonica, onde vivia, mas sim nos confins mais setentrionais do Danúbio, região pela qual Diocleciano viria efetivamente a desenvolver um fascínio enquanto imperador. Ao longo do século III, assistiu-se à abertura prática da classe equestre a figuras de baixo estatuto, muitas vezes militares, e a sua ocasional promoção política e meritocrática. Galieno, em particular, rodeou-se de vários destes homens, incultos na aceção senatorial do Dominado, e introduziu-os no governo do Império, precisamente em detrimento dos senadores. Foi neste novo contexto que Diocleciano construiu uma carreira militar, desde simples recruta até o cargo de *dux*, o que determinou simultaneamente a sua incorporação equestre, assim como o contacto com círculos imperiais. A *Historia Augusta*[1] (*Prob.*

---
[1] Sobre a coerência e as fontes da própria *História Augusta*, e especificamente a figura de

21.3) refere o seleto grupo de comandantes que se consolidou já sob Probo, imperador enérgico e combativo, assassinado em 282. O prefeito do pretório Caro tornou-se imperador, e Diocleciano comandante da guarda imperial. Na sequência da morte de Numeriano, um dos filhos designados de Probo, Diocleciano foi aclamado imperador pelo exército em Nicomédia, em 284, e derrotou Carino, o outro filho de Probo, na primavera seguinte.

Não houve proscrições, nem exílios ou sequer desfavorecimentos declarados no momento da vitória, o que foi digno de nota em fontes mais tardias. Mesmo o prefeito do pretório Aristobulo, que havia tido um papel determinante sob Carino, e fora junto com este cônsul de 285, conservou não apenas o consulado mas também a prefeitura. Esta política de reconciliação[2] não resolvia contudo o problema com que todos os imperadores ilírios se tinham deparado, isto é, as pressões externas nas fronteiras renanas e persas, e a insegurança interna em diversas províncias, onde Bagaudas e outros fora-da-lei punham em questão a autoridade central de Roma.

2. Reformas de Diocleciano

2.1. Um problema sistémico

Em capítulo precedente (10) foram discutidos os detalhes da famígera crise do século III, com as suas variações muito desiguais no tempo e no espaço romano. No limite, a ameaça externa no Ocidente poderia ter tido uma considerável componente propagandística. As campanhas imperiais contra hostes bárbaras eram mais do que nunca um poderoso legitimador, e apesar de todo o enfraquecimento institucional, a verdade é que a Gália não foi efetivamente ocupada por Francos ou Alamanos. Focando portanto em especial o vetor interno, a instabilidade sucessória tinha sido em grande medida catalisada por uma espiral inflacionária, que colocou desafios impossíveis à governação do Império. A desvalorização da moeda de prata, referência sistémica central, tinha implicado a sucessiva redução na pureza das emissões[3], problema que se viu acelerado por alguns fatores. Por um lado, a falta de metal nobre reduzia a capacidade emissora do Estado, mas o problema fatal foi, efetivamente, a desconfiança dos utilizadores dessas novas moedas. Na verdade, diversos imperadores haviam recorrido com anterioridade à redução de prata, sem que tal afetasse o respetivo valor fiduciário. Já desde Nero que o denário tinha vindo a perder pureza, e sob Caracala estava abaixo dos 50%. Quando em 215 este imperador introduziu o

---

Diocleciano nela retratada, vide Rohrbacher 2013 e Moreno Ferrero 1984-85.

[2] Harries 2012, 27.

[3] Leadbetter 2011, 34. Vide, atrás, Teixeira, cap. 10. § 2 e 4; e, à frente, Funari – Carlan, cap. 13.

chamado antoniniano, com um valor nominalmente duplo em relação ao denário, a quantidade de prata era apenas de 1,6 e não de 2[4], solução aceite pelos utilizadores sem danos estruturais ao sistema económico. Portanto, o problema monetário com que Diocleciano se deparou no fim desse século não tem origem numa razão ponderal com a prata, mas sim na aceitação prática das moedas em circulação, especialmente após Gordiano III e as lutas pelo poder que se seguiram. Mesmo perante tentativas normalizadoras, sob Valeriano ou já sob Aureliano, a noção generalizada era a de que as moedas de prata do século II e inícios do seguinte eram mais valiosas do que aquelas que o Estado passou a emitir depois. Um resultado flagrante é a retenção privada, ou "entesouramento", de antigos denários e antoninianos, perante a reintrodução, por via comercial e fiscal, das congéneres mais recentes, o que incrementou ainda mais a constrição imperial em termos de capacidade remuneratória, em particular dos exércitos.

Estes fatores interrelacionados conduziram a uma conjuntura em que o preço dos bens transacionados subia de modo rápido e incontrolável, processo que se entenderia como inflação[5]. Não era compreendido dessa forma numa economia pré-moderna, fundamentalmente agrária, em que a raiz do mal era personificada e atribuída à avareza de alguns. Dois fenómenos económicos imediatos resultaram desta debilidade. Por um lado, a munificência pública, que era simultaneamente fundamento cívico e configurador urbanístico, e que além disso se baseava na riqueza oriunda de excedentes agrícolas, colapsou juntamente com o enfraquecimento do sistema monetário, retirando desse modo vigor ao modelo de desenvolvimento alto-imperial. Refira-se que a própria reconfiguração do Dominado viria a alimentar uma alternativa socioeconómica na qual o evergetismo público deixava de ter lugar, e em que se via substituído por canais administrativos e imperiais. Um segundo fenómeno da crise monetária redundou num regresso a uma economia natural, novamente delineado por via oficial, o que se constata com clareza na utilização de canais anónimos civis. Os impostos em géneros tinham a vantagem de uma maior estabilidade, e substituíam a moeda mesmo em pagamentos ao exército, nomeadamente às guarnições de fronteira[6]. Enquadram-se num cenário de acentuada regionalização, em que os circuitos de coleta e redistribuição se prestam à dimensão local.

2. 2. Intervenção de Diocleciano

Aquando da sua ascensão, Diocleciano viu-se na obrigação de lidar com a espiral inflacionária que ameaçava os sustentáculos do poder. Limitou as suas

---

[4] Metcalf 2012 541.
[5] Temin 2013 90-91.
[6] Duncan-Jones 1990 105-117.

consequências através de uma série de medidas, que incidiram tanto sobre a moeda em si como sobre a taxação. Com os seus colegas de governo, introduziu uma nova moeda de ouro de elevada pureza, chamada *solidus*. Mas o problema da desvalorização colocava-se acima de tudo ao nível das moedas de bronze, com as quais se pagava, entre outros, às tropas de combate. Diocleciano emitiu uma série de documentos legais cujo intuito seria, de um só golpe, terminar com a subida de preços. Alguns decretos incidiram precisamente sobre a manipulação monetária, introduzindo por exemplo um novo padrão de prata, sob a forma do *argenteus*, numa reminiscência da moeda júlio-cláudia[7]. Porém, apesar da sua estabilidade, o valor prático destas novas emissões foi relativamente reduzido, perante o de outras, de baixo valor e com comportamento incontrolável aquando da sua injeção massiva no mercado. A intervenção sobre a moeda ficou reforçada numa determinação quase contemporânea do Édito dos Preços Máximos de 301[8] que, como indica a designação, inclui também uma listagem de produtos e serviços com um teto para transação, e mesmo pena de morte para infrações. O impacto imediato parece ter sido algumas desordens e rixas, e acima de tudo a criação de circuitos paralelos que, de acordo com os detratores de Diocleciano, como é o caso de Lactâncio, transformaram o empreendimento num fiasco, talvez mesmo agravando a subida real dos preços. O que não se pode deixar de considerar é o efeito propagandístico destas medidas após uma prolongada instabilidade, apresentando aos habitantes do Império um governo com medidas firmes e abrangentes.

No campo da taxação fundiária, houve sensibilidade para encarar as diferentes potencialidades regionais, o que até então se calculava de forma bastante rígida e abstrata. Sem as variáveis de tipo de solo e de cultivo, de recursos humanos e animais, as tributações eram incalculáveis à partida, e as coletas, mais do que injustas para o proprietário, muitas vezes impraticáveis. Assim, as cidades e, por extensão, o Império, nunca se encontravam em condições de estabelecer um orçamento prospetivo, resultando em inúmeras coletas extraordinárias. O facto de estas continuarem a surgir nas fontes, juntamente com outras receitas irregulares, comprova que a introdução das novas unidades de taxação variável não removeram todos os obstáculos. Relacionada em particular com esta reforma fiscal está a reorganização administrativa, duplicando o número de províncias até cerca de cem, e implicando a secundarização senatorial já iniciada sob os imperadores ilírios. A decisão tomada por Galieno de afastar os senadores dos comandos militares tinha implicado que os procônsules, assim como os legados, deixavam de comandar as tropas que estavam estacionadas nas suas próprias províncias. De qualquer forma, no final do governo de Diocleciano, restavam apenas duas províncias senatoriais, nomeadamente Ásia e África, cada uma muitíssimo reduzida em área. A provincialização da própria Itália, que nunca tinha pago taxas, colocava esse território historicamente isento ao nível dos outros territórios – a exceção foi

---

[7] Estiot 2012 538-560.

[8] Corbier 2005 335-336.

mantida apenas até uma distância de cem milhas da própria Roma. Paradoxalmente, esta medida reafetou o empenho das elites municipais na causa pública[9]. Mas abundantes críticas às reformas são, compreensivelmente, filo-senatoriais, e uma das mais persistentes prende-se com a burocratização. A multiplicação de unidades administrativas, associada à complexificação censitária, que por seu turno era crucial para o funcionamento do novo sistema de impostos, carecia de funcionários. O antigo modelo do Principado tinha envolvido as elites urbanas na maior parte das competências administrativas e judiciais. Desde Diocleciano, porém, a maior intromissão do governo central no quotidiano passava a requerer unidades político-fiscais chamadas dioceses, cada uma coordenada por um vicário da estrita confiança do imperador, que controlava diversas províncias, e que assumia algumas das funções dos prefeitos do pretório. A tetrarquia criou doze destas dioceses. Em simultâneo, as reformas no exército entroncavam nas mudanças administrativas, através de uma ainda mal definida e gradual separação entre *duces* e *iudices*. Estes últimos, enquanto governadores civis, eram responsáveis pela máquina administrativa que respondia diretamente ao imperador. Do ponto de vista estratégico, Zósimo (*Nova Hist.* 2.34.1) valoriza a ação de Diocleciano na defesa das fronteiras, ao longo das quais foram mantidas grandes fortalezas e guarnições, contrastando esta política com a de Constantino, que teria retirado essas defesas e instalado pequenas unidades em cidades. Estes trechos, estruturalmente anticristãos, fundamentaram a ideia moderna de uma global defesa em profundidade, que porém não colhe argumentos arqueológicos muito evidentes. Nalgumas áreas da fronteira com a Pérsia, por exemplo, houve investimento em grandes cidades fortificadas que em teoria poderiam resistir a cercos até à chegada de reforços, mas além de decorrer das particularidades geográficas, não pode ser adscrito à grande estratégia de um dado imperador, e muito menos transposto para outras áreas. O que se configurou progressivamente é a separação formal entre tropas estacionárias, ou *limitanei*, e exércitos de campanha, denominadas *comitatenses*[10]. Desde os Severos que se vinha assistindo à multiplicação de legiões, com menos homens, e à maior utilização de unidades de cavalaria, o que forma um grande contraste com o exército romano da República e do Principado, assunto analisado noutro capítulo deste volume[11].

3. Tetrarquia e sucessão

Considera-se amiúde que a reforma política mais abrangente de Diocleciano consistiu na imposição do sistema tetrárquico. Na realidade, o princípio da adoção

---

[9] Van Dam 2007 26.
[10] Elton 1997 89-107.
[11] Vide atrás Monteiro, cap. 11.

e subsequente cogoverno não era de todo uma novidade no cenário político imperial, na senda dos Antoninos, para quem o esquema pseudo-dinástico funcionou muito bem. A vantagem evidente é a do herdeiro ser selecionado pelas suas qualidades, não pela filiação natural. Legalmente, as exatas competências de um *filius Augusti* não são claras, mas o *Caesar* via-se imiscuído de alguma maneira na administração, como sucessor designado. Em 285, Diocleciano optou por favorecer um companheiro de longa data, também ele com raízes no Danúbio, chamado Maximiano. Leal e sem pretensões intelectuais, este era acima de tudo um soldado cuja atenção se dirigia para o campo de batalha e menos para as intrigas palacianas, nas quais seria próximo de incompetente, o que se confirmaria na fase final da sua vida, quando deixou o seu retiro em apoio do filho. É de novo Lactâncio quem vilipendia em favor da classe senatorial, oferecendo uma perspetiva excessivamente selvagem de Maximiano, que deve ser interpretada com cautela.

3.1. Configuração da diarquia

A primeira missão do novo César consistiu na reposição da ordem nas ricas províncias da Gália, enquanto Diocleciano combatia no Oriente. Os movimentos bagaudas a que se fez referência não constituíam usurpações, nem sequer movimentos autonómicos num sentido verdadeiramente político. Eram revoltas de camponeses, *coloni*, assaltantes, e um leque de outros insatisfeitos que, num contexto de vácuo de autoridade, se associavam de alguma forma em torno de um líder, assim desafiando o poder das cidades e dos terratenentes. As suas motivações eram muito distintas, desde a autodefesa contra os bárbaros até à mera pilhagem. A própria designação ressurge periodicamente, muito depois da tetrarquia, sendo mesmo possível que os Bagaudas mais tardios fossem forças irregulares que colaborassem ocasionalmente com o Estado. Seja como for, logo em 285 Maximiano concentrou-se em Eliano e Amando, os líderes máximos desta revolta inexperiente, e demorou poucos meses para aniquilar a resistência com uma violência eficaz. Tratou-se de uma campanha sórdida contra Romanos obrigados a viver numa terra sem lei, que talvez por isso mesmo não foi propagandeada, mesmo em panegíricos posteriores, da mesma maneira que as múltiplas vitórias contra Hérulos, Francos, Alamanos, e contra os piratas no canal da Mancha. As rápidas vitórias contra estes últimos logo em 286 foram ótimas notícias para Maximiano. Mas Caráusio, comandante da frota imperial, colocou em prática uma secessão britânica bem orquestrada, em parte talvez instigado por acontecimentos que o acusavam de má gestão. Em resultado, de um momento para o outro passou a dominar o mar, as legiões britânicas, e várias unidades continentais que lhe asseguravam o controlo efetivo de uma região que atinja a desembocadura do Reno[12]. Contrariamente

---

[12] Casey 1994 50 e.s.

aos Bagaudas gálicos, mas em tudo inspirado no Império Gálico de Póstumo, Caráusio estabeleceu um Império das Britânias, um Estado concorrente que contava com muitos metais preciosos, e portanto com a lealdade das tropas.

A questão britânica conduziu linearmente à instauração da diarquia. A circunstância de Caráusio se apresentar como Augusto, e Maximiano apenas como César, logo subordinado a um Augusto longínquo e desconhecido, forçou Diocleciano a promovê-lo a irmão na primavera de 286. Esta solução era de facto uma originalidade absoluta, mas o princípio subjacente não. A colegialidade consular ou prefeitoral estava enraizada no pensamento romano e, apesar dos paralelismos forçados, é verdade que Marco Aurélio tinha nominalmente partilhado o império com o seu irmão adotivo Lúcio Vero, e Vespasiano com o filho Tito, tornado César. Imediatamente antes de Diocleciano, Valeriano e Galieno tinham partilhado o poder, e os próprios Carino e Numeriano tinham assegurado uma espécie de colégio fugaz. Em 286, os novos co-imperadores combateriam os inimigos de Roma, um no Oriente e outro no Ocidente, com iguais poderes mas sem legalmente dividir o Império, que era *patrimonium indivisum*. Esta separação em duas esferas de ação não era mais que um acordo de praticabilidade, não uma divisão territorial, e ambos os Augustos partilharam o consulado de 287. Todos os sinais eram de equidade, na cunhagem de moeda, na emissão de decretos ou no patrocínio de festividades[13]. Talvez em 287, os diarcas adotaram *signa*, Diocleciano o de *Iovius*, enquanto Maximiano passou a ser *Herculeus*. Foi rebatida uma pretensa manutenção simbólica da superioridade do pai sobre o filho, supostamente retratada através da relação entre Júpiter e Hércules[14]. O que talvez não seja de negar é a preeminência da *auctoritas* de Diocleciano nesta fase inicial, mas o objetivo público foi criar, de acordo com a propaganda, irmãos na virtude, o que seria mais forte do que qualquer laço de sangue (*Pan. Lat.* 10 2.9.3).

3.2. A tetrarquia

Em 293, dois outros generais foram elevados a Césares, cada um associado a um dos imperadores seniores. Galério passava a assistir Diocleciano no Oriente, e Constâncio I, chamado Cloro pela sua tez, instalou-se no Ocidente, subordinado a Maximiano. Foi efetivamente Constâncio quem recuperou os territórios britânicos e gálicos de Caráusio, já a Alecto, vitória culminante numa entrada triunfal em Londres. Este novo esquema governativo de quatro ficou conhecido como tetrarquia, expressão em voga desde os finais do século XIX, e que retrata uma união familiar que dependia da adoção de generais sucessores. De forma suplementar, os laços eram fortalecidos através do matrimónio: Galério era simultaneamente filho

---

[13] Williams 2000 49.
[14] Rees 2004 75.

adotivo e genro de Diocleciano, casando com Valéria, e Constâncio, pela mesma lógica, tomou por mulher Teodora, filha ou enteada de Maximiano. O pequeno monumento de pórfiro, colocado num canto da catedral de S. Marco em Veneza, constitui uma expressiva imagem simbólica deste governo de quatro. Em abstrato, o mecanismo de associação funcionava, mas os herdeiros naturais acabariam, no entanto, por ter pretensões defensáveis à púrpura. Um primeiro sinal dessa debilidade remonta aos inícios da própria diarquia; já em 289, no panegírico de Maximiano, tinha ficado sugerido abertamente o seu filho Maxêncio como putativo herdeiro (*Pan. Lat.* 10 82.14.1.), o que se inviabilizava com a entrada em cena de Constâncio e, por inerência, do seu filho Constantino. Como o próprio Diocleciano não tinha filhos, o problema no Oriente não se colocou nestes moldes, até ao dia da sua famosa abdicação a 1 de maio de 305, decisão na qual foi seguido por um Maximiano menos entusiasta. A elevação de Galério e Constâncio a Augustos implicaria a designação simultânea de novos Césares. Lactâncio (*Mort. Pers.* 19.3-4) descreve em pormenor a parada militar a que Diocleciano se dirigiu, justificando a sua retirada com a fraca saúde. Indica também a expectativa da nomeação de Constantino, que estava presente, bem como a surpresa geral perante a indigitação de Severo, antigo companheiro de Galério, e de Maximino, chamado de Daia, o seu próprio sobrinho. A fonte pró-cristã relata a fuga de Constantino para junto do pai, que morreu logo em 306, e como o exército da Britânia aclamou o filho como sucessor. A morte natural de Constâncio Cloro implicava uma nova rotação na parte ocidental da tetrarquia, e assim Galério promoveu Severo, de acordo com as regras, oferecendo a Constantino a posição de César, que este aceitou, preferindo-a à de usurpador britânico, na vereda de Caráusio.

Desenvolveu-se rapidamente um caótico cenário dinástico, entre a entrada em cena de Maxêncio em 306, que se legitimava como filho do primeiro diarca, e a morte de Galério em 311, o que terminou um quarto de século de Império renovado. Uma breve guerra civil em 307 levou à tomada da Itália por Maxêncio, à incapacidade de Galério em recuperá-la e à execução do Augusto Severo. Parte do apoio regional a Maxêncio deveu-se certamente à intenção de Galério de continuar as reformas de Diocleciano e também retirar a isenção tributária à própria Roma. Galério tinha igualmente criado antipatias junto da Guarda Pretoriana, e boa parte da classe senatorial era naturalmente avessa às políticas de Diocleciano e dos seus. Tentativas de restaurar o sistema tetrárquico falharam, chegando a coexistir um total de seis imperadores. Em 311, destacaram-se dois deles, Constantino e Maxêncio.

4. Perseguição religiosa de Diocleciano

A tetrarquia foi também um período de reação oficial contra o cristianismo. Fontes cristãs como Eusébio ou Lactâncio estabeleceram uma narrativa unicista que liga o período após 303 a uma grande perseguição. Refira-se que, durante a quase totalidade do seu governo, Diocleciano não agiu contra os cristãos. As primeiras ações oficiais nem sequer são claramente direcionadas, como se depreende da missiva a Juliano, procônsul de África, contra os Maniqueus, cuja corrupção persa é vista como um perigo para o Estado e para a religião justa e tradicional. Dado que o profeta Manes se apresentava como seguidor de Jesus Cristo, e afirmava mesmo que os seus ensinamentos eram produto dos evangelhos, é provável que tenha chamado a atenção para os cristãos que viviam no interior do Império. Estes começam a individualizar-se em ambiente tetrárquico sob a forma de mártires militares que se recusam a obedecer, nomeadamente no respeitante ao édito de 304, que obrigava a sacrificar aos deuses e ao imperador. Esta lei será consequência direta de uma interrupção na tomada pública de auspícios, conduzida pelo próprio Diocleciano, por parte de um grupo de cristãos[15].

Foram emitidos quatro éditos contra os cristãos entre 303 e 304, primeiro limitando os seus direitos e, depois, ligando-os a revoltas e insubordinações no Oriente, aprisionando os líderes, que seriam imediatamente libertados caso sacrificassem aos deuses. É interessante observar que não existem punições pelo facto de alguém se confessar cristão, mas sim pela inobservância das regras de Estado, e dos *instituta* dos antigos. Isto fica ilustrado nos termos de inquirições judiciais, em diálogos que chegam a parecer absurdos ao próprio interrogador, e que retornam sempre ao mesmo fundamento simples e auto-justificativo: [o procônsul] *Anulino disse: Porque agiste contra a ordem? Ele respondeu: Porque sou um cristão.* (*Mart. Abit.* 13-15). Terá havido interesse estatal na perseguição, na medida em que acarretava muitos confiscos de bens, mas ela foi aplicada de modo desigual no Império. Maxêncio aboliu os éditos logo após 305, e Galério, pouco antes da sua morte, emitiu o Édito de Tolerância, o que implicava que os Cristãos poderiam prestar culto como desejassem, desde que orassem pelo bem-estar do imperador e do Império. Maximino não levou este édito em conta e empenhou-se pessoalmente por mais um ano em julgamentos e execuções nas grandes cidades do Oriente.

5. Constantino

5. 1. Cristianismo

A desintegração do sistema tetrárquico colocou rapidamente em confronto dois sobreviventes proeminentes. A derrota de Maxêncio na batalha da ponte Mílvia, às portas de Roma, em 312, correspondeu à afirmação ocidental de

---

[15] Harries 2012 85-87.

Constantino[16] e, de acordo como a sua fonte mais apologética, Eusébio de Cesareia, marcou o arranque da sua conversão ao cristianismo. Mas nem no arco de Constantino em Roma se vislumbra uma menção a esse facto; o transeunte atual pode ler que o tirano foi vencido através da inspiração de divindade e da grandeza de mente. Na relação com o Oriente, Constantino estabeleceu um entendimento com Licínio em 313, que incluiu o chamado Édito de Milão, na verdade indicações em forma epistolar através das quais se ordenava aos governadores provinciais a restituição dos bens dos cristãos. Independentemente de outras razões plausíveis, tratou-se claramente de um hábil ataque a Maximino, até porque não se faz qualquer referência ao deus cristão mas sim a uma *summa divinitas*, protetora do Império. O entendimento ficou quebrado com a intromissão de Constantino na região balcânica, e com as subsequentes derrotas de Licínio em Adrianópolis, depois no mar, diante de Crisópolis, em 324. O domínio do Império voltava assim a concentrar-se nas mãos de um só imperador.

A aproximação de Constantino às crenças cristãs não se iniciou na véspera da batalha final com Maxêncio, episódio transmitido por uma tradição mais recente. O seu trajeto espiritual tinha começado ainda antes dos Alpes, e escolheu o deus-sol como protetor da campanha. Mas quando anunciou publicamente a sua visão, seguiu nada mais do que um hábito antigo, segundo o qual generais comunicavam sonhos e sinais benéficos às tropas que combateriam no dia seguinte. A própria combinação das letras *chi* e *rho*, pintada nos escudos dos soldados, tanto pode ser uma referência ao nome de Cristo como à palavra *chrestos*, isto é, boa sorte[17]. Só mais tarde o crismon viria a figurar no estandarte imperial, tornando-se por extensão símbolo da cristandade oficial. As precisas convicções religiosas do próprio Constantino, patentes não apenas em fontes laudatórias mas também em documentação epistolar do próprio, devem ser entendidas com grandes nuances políticas. Acresce que a sua máquina de propaganda divulgou múltiplas inverdades desde muito cedo e com grande eficácia, sempre com intuitos políticos concretos. As numerosas incorreções sobre a própria idade do imperador foram usadas contextualmente por ele, por exemplo para se distanciar das purgas tetrárquicas de 303, afirmando que era apenas um rapaz pequeno, quando na verdade era um ambicioso adulto que nessa altura nada fez pelos cristãos[18]. Também não é claro que o batismo no leito de morte indicaria realmente uma exclusividade religiosa no pensamento do imperador, sendo o ato um género de purificação final, compreendido mesmo em ambiente pagão tardo-romano. O cristianismo primitivo emanava de uma mesma raiz oriental que produzira diversas formas de gnosticismo e neoplatonismo, o mitraísmo, o maniqueísmo e um conjunto de outras

---

[16] Barbero 2016.
[17] Potter 2013 143.
[18] Barnes 2014 3.

crenças e seitas escatológicas que radicavam na salvação da alma. Por via paralela, a receção pagã de um conceito solar tornou-se frequente precisamente nos predecessores de Constantino ao longo século III, tendo Aureliano até criado um colégio sacerdotal para culto público ao sol. A adoração de *Sol Invictus, comes Augusti*, instigava uma confusão propositada entre uma divindade suprema e a figura abstrata do imperador. Ou seja, nenhuma prova isenta leva a concluir que Constantino foi cristão. Em moldes muito semelhantes, o pai tinha explorado a imagética de Sol divinizado, e carecem de sustentação as esporádicas tentativas de olhar Constâncio Cloro como cristão, ou sequer de devoto especial de um deus-sol único[19]. Expressões como filho ou companheiro do sol encontram múltiplos paralelos lineares nos reis helenísticos ou no mundo faraónico, e qualificam um monarca, não especificamente um adorador do deus cristão.

O vivo interesse de Constantino no cristianismo é porém notório, e ficou patente na sua intromissão num debate sobre o problema trinitário, que se vinha avivando ao longo do século III oriental. Ao pensamento dominante sobre o pai, filho e espírito santo serem três substâncias da mesma entidade divina opunham-se outras correntes, para as quais deus pode ser apenas um, remetendo os elementos da trindade para meras expressões. Estas interpretações ficaram coletivamente designadas por monarquianismo, dado professarem a existência de um só monarca, que por inerência não poderia ser Jesus. As posições ficaram polarizadas em torno das figuras de Alexandre e de Ário, avizinhando-se um encontro em Antioquia, quando Constantino interveio e indicou um lugar neutro, em Niceia, na atual Turquia. A razão declarada é a vontade imperial de observar e aconselhar, e além disso a cidade ficava longe dos territórios em que antigos apoiantes de Licínio poderiam ainda ser um incómodo. Em 325, o imperador presidiu ao concílio e participou ativamente[20].

5.2. Reformas administrativas e militares

A fundação de uma nova cidade capital, a poucos quilómetros das muralhas de Bizâncio, foi decidida pessoalmente pelo imperador, marcando o perímetro com a ponta de uma lança, nos finais de 324. Roma continuaria a ter um primado protocolar, e os seus senadores tinham precedência sobre os de Constantinopla, mas na prática ficou secundarizada em aspetos comerciais e mesmo políticos. A 11 de maio de 330, Constantinopla foi oficialmente inaugurada, sendo um ponto focal a estátua de Constantino, no topo de uma coluna, no meio do fórum. A estátua simbolizava Tyche, ou seja, Fortuna, e era adorada por habitantes e pelo exército, o que novamente transformava o

---

[19] Bardill 2011 89.

[20] Sobre a evolução da ligação do cristianismo ao poder, vide à frente Paula Dias, cap. 14.

imperador num protetor divino[21]. Na realidade, a pseudo-divinização imperial era explícita já sob Diocleciano, e os panegiristas fazem abundante referência à boca sagrada ou aos ouvidos sagrados do imperador. Fica também visível através de uma cerimónia protocolar a que se chamou *adoratio purpurae*, uma honra que consistia em beijar, prostrado, o canto da toga imperial. No Dominado, que se pode fazer iniciar com a tetrarquia, o imperador deixava de ser um príncipe, isto é, um homem teoricamente disponível para os seus concidadãos, para se transformar num *dominus*, a quem os súbditos não conseguem aceder. Esta encenação palaciana forma parte de uma ampla estrutura burocrática, não apenas no entorno imediato do imperador, mas estabelecida, através de abundante legislação central, em todos os cantos do Império.

A *Notitia Dignitatum* ilustra alguma dessa complexidade, visto que corresponde a uma sequência de cargos militares e civis, cuja datação não pode ser indicada com certeza. As unidades mais antigas aí patentes são seguramente anteriores a Adrianópolis, enquanto as mais tardias datam de 427. É claramente uma lista sucessivamente atualizada que, portanto, não oferece uma imagem estática de um dado governo imperial. Os exércitos ocidental e oriental surgem comandados por *magistri* da cavalaria e da infantaria, generalíssimos que comandavam *comites* e *duces* em todas as províncias. As unidades tetrárquicas chamadas *comitatenses* correspondem a uma configuração muito particular, de criação já pré-diocleciana. O termo *comitatus*, usado numa multiplicidade de sentidos, engloba cenários palacianos ou encontros elitistas. No entanto, mesmo já em fontes clássicas como Tácito, remete geralmente para um grupo militar que se associa a um comandante supremo ou a um imperador. Como ficou indicado, estes *comitatenses* são unidades móveis que, em teoria, formariam o exército de campo imperial. Sob a dinastia de Constantino, tais unidades viram-se progressivamente confinadas a territórios e comandos regionais, sendo criadas outras, chamadas de palatinas, que combatiam sob as ordens diretas do imperador. Os mencionados *limitanei* eram teoricamente tropas de mais baixa categoria e que estariam aquarteladas nas fronteiras, como a designação indica, tal como os *ripenses*, que seriam os guardas dos rios, pela mesma lógica. Na prática, as distinções nunca foram assim tão exclusivas, até porque o *limes*, neste contexto, é uma genérica extensão administrativa, não uma linha fronteiriça, e porque em zonas como a Hispânia havia tropas fixas mas não *limites* externos. Entronca aqui diretamente uma outra questão, que é a das alterações na administração urbana, que passa a ser considerada um fardo, e a afirmação de elites, muitas vezes as antigas classes curiais e noutros casos famílias senatoriais, no campo. Passam a representar uma força social e política que nalgumas dimensões é substitutiva da ordem urbana. No Ocidente, as casas de campo destes proprietários fundiários ultrapassam em tamanho e opulência as suas congéneres alto-imperiais, que haviam

---

[21] Bardill 2011 28.

tido um propósito agrícola, sendo então a cidade o local de afirmação individual. Os novos poderosos e os seus palácios rurais replicavam, na medida do possível, a mesma estrutura legal que emanava do Dominado imperial, resultando numa relação alterada entre um *dominus* e proprietários teoricamente livres. À burocratização, regionalização e ruralização acrescentou-se uma imobilização social, que na prática obrigava a que a maioria da população, e os respetivos herdeiros, ficassem juridicamente adscritos a um senhor, a uma terra e a um ofício – ainda que a rigidez efetiva deste enquadramento seja cada vez mais posta em causa.

5.3. Os herdeiros de Constantino

Aquando da morte de Constantino em 337, uma grande parte da sua família foi assassinada pelos exércitos, e os três filhos dividiram o Império, com sucessos pouco duradouros, e novas guerras civis. Em 340, Constantino II foi morto por Constante, e este por um dos seus generais, Magnêncio, que usurpou o poder no Ocidente, tendo sido vencido em derrotas sucessivas pelo terceiro irmão, Constâncio II, que passou a governar como imperador único a partir de 350. As dificuldades na gestão de um Império muito regionalizado e burocratizado levaram-no a chamar um dos poucos familiares sobreviventes para César, mas este Constâncio Galo foi executado devido aos excessos cometidos. Por fim, em 355, a escolha recaiu sobre o último primo vivo, o estudante de filosofia Juliano, que surpreendeu pelos expressivos sucessos militares na Gália, e pela energia com que saneou o sistema tributário de elementos corruptos. A ordem de Constâncio II para lhe entregar as melhores tropas levou a que estas aclamassem Juliano Augusto, e houvesse movimentos militares que faziam antever nova guerra civil, evitada apenas pela morte de Constâncio em 361. O curtíssimo mas vigoroso governo de Juliano reintroduziu os cultos pagãos e proibiu os cristãos de ensinarem filosofia e história romana, o que lhe valeu o epíteto de Apóstata. Foi o último imperador que se preocupou com o paganismo e com a cultura greco-romana, tendo morrido em combate contra os Persas, dezoito meses após a sua ascensão[22].

Tábua cronológica

Império de Diocleciano: 284
Tetrarquia: 293-313
Batalha da Ponte Mílvia: 312
Concílio de Niceia: 325
Morte de Constantino: 337

---

[22] Sobre este assunto vide Paula Dias, cap. 14.

Bibliografia

Fontes

Eusébio de Cesareia: Eusebius. *Ecclesiastical History*, books I-V, translated by K. Lake; books VI-X, translated by J. E. L. Oulton, The Loeb Classical Library 153; 265, Harvard University Press, Cambridge, 1926-1932.
História Augusta: *Historia Augusta*, Volume III, translated by David Magie, The Loeb Classical Library 263, Harvard University Press, Cambridge, 1932.
Lactâncio: Lactantius. *The Death of Persecutors*, translated by W. Fletcher, The Anti-Nicene Fathers, vol. 7, T&T Clark, Edinburgh, 1994.
Passio Abitinae Martyrum: *The Acts of the Abitinian Martyrs*, Donatist Martyr Stories: The Church in Conflict in Roman North Africa, translated by M.A. Tilley, Liverpool, University Press.
Panegyrici Latini: *In Praise of Later Roman Emperors: Panegyrici Latini*, translated by C. E. V. Nixon & B. S. Rodgers, Berkeley and Los Angeles, University of California Press.
Zósimo: Zosime. *Histoire Nouvelle*. Tome I: Livres I et II, traduit par F. Paschoud, Les Belles Lettres 401, Paris, 1971.

Estudos

Barbero, A. (2016), *Costantino il Vincitore*. Salerno Editore, Roma.
Bardill, J. (2011), *Constantine, Divine Emperor of the Christian Golden Age*. Cambridge, University Press.
Barnes, T. (2014), *Constantine: Dynasty, Religion and Power in the Later Roman Empire*. Oxford, Wiley-Blackwell,.
Casey, P. J. (1994), *Carausius and Allectus. The British Usurpers*. London, Taylor & Francis.
Corbier, M. (2005), *Coinage and Taxation. The State's point of view*, The Cambridge Ancient History, Volume 12, *The Crisis of Empire, AD 193-337*, Cambridge, University Press, 327-439.
Duncan-Jones, R. (1990), *Structure and Scale in the Roman Economy*. Cambridge, University Press.
Elton, H. (1997), *Warfare in Roman Europe: AD 350-425*. Oxford, University Press.
Estiot, S. (2012), *The Later Third Century. The Oxford Handbook of Greek and Roman Coinage*. Oxford, University Press, 538-560.
Harries, J. (2012), *Imperial Rome, AD 284 to 363. The New Empire*. Edinburgh, University Press.
Leadbetter, B. (2011), *Galerius and the Will of Diocletian*. Oxon, Routledge.
Moreno Ferrero, I. (1984-85), *La figura de Diocleciano en la* Historia Augusta, *Studia Historica* 2-3 225-237.
Potter, D. S. (2013), *Constantine the Emperor*. Oxford, University Press.
Rees, R. (2004), *Diocletian and the Tetrarchy*. Edinburgh, University Press.
Rohrbacher, D. (2013), "*The sources of the Historia Augusta re-examined*", *Histos* 7 146-80.
Temin, P. (2013), *The Roman Market Economy*. Princeton, University Press.
Van Dam, R. (2007), *The Roman Revolution of Constantine*. Cambridge, University Press.
Williams, S. (2000), *Diocletian and the Roman Recovery*. London, Routledge.

13. A ECONOMIA NO PERÍODO IMPERIAL

Pedro Paulo A. Funari
Universidade Estadual de Campinas, Brasil
Departamento de História, Unicamp
ORCID: 0000-0003-0183-7622
ppfunari@uol.com.br

Cláudio Umpierre Carlan
Universidade Federal de Alfenas
Instituto de Ciências Humanas e Letras
ORCID: 0000-0001-9363-8799
claudio.carlan@unifal-mg.edu.br

Sumário: Algumas das principais características da economia romana durante o período imperial: Principado e Antiguidade Tardia. Papel central do abastecimento militar como organizador do mercado. A regulação imperial como decisiva. Transformação da situação na Antiguidade Tardia, com destaque para a reorganização política, a partir do final do século III d.C. e seus aspectos próprios, como a desvalorização monetária e diminuição da mobilidade social. Permanências e mudanças entre o Principado e a Antiguidade Tardia, no que se refere às relações econômicas.

1. Aspectos da economia romana no Império

A importância da arqueologia para o entendimento do mundo antigo é hoje generalizada. Géza Alföldy reconheceu precisamente que "in unserer Zeit Alte Geschichte ohne Archäologie nicht mehr denkbar ist"[1]. Não se pode pensar em História Antiga sem a arqueologia. A arqueologia fornece a fonte mais importante para a interpretação do passado e é consideravelmente mais rica do que

---
[1] Alföldy 1986.

as limitadas e finitas fontes escritas[2]. Uma abordagem tradicional tem sido a de utilizar textos históricos para "confirmar" a arqueologia e vice-versa. O Professor Frere (1987) fez questão de enfatizar que «teorias antropológicas ou sociológicas e o seu jargão, introduzido a partir do mundo distante e despersonalizado da pré-história, tem pouco lugar» no estudo da Grã-Bretanha Romana[3]. No entanto, nas últimas décadas, tem havido uma crescente consciência de que considerações epistemológicas no estudo da cultura material são agora cruciais para uma abordagem mais crítica do mundo antigo[4].

A suposição tácita da primazia das fontes antigas sobre a prova material tem sido criticada[5]. Uma das vantagens que a arqueologia clássica tem sobre outros ramos da arqueologia é a abundância de documentos escritos que podem ser usados para comprovar, ou desafiar, deduções extraídas do abrangente estudo da cultura material[6]. Cada vez menos estudiosos defendem uma aceitação acrítica dos escritos de autores clássicos e a inclinação resultante para interpretar o registro arqueológico em termos históricos tradicionais, na linha dos autores antigos[7]. Vários arqueólogos, no entanto, consideram que a arqueologia continua a desempenhar um papel dependente, visto que provas materiais têm sido usadas apenas para iluminar e elucidar o registro textual, ao propor, em vez disso, que o registro arqueológico possa alcançar um status independente e até mesmo possa ser usado para desafiar interpretações consolidadas do registro textual[8].

Uma variedade de abordagens direcionada à análise combinada de escrita e provas materiais é defendida por diferentes estudiosos. Há aqueles que usam as duas fontes de evidência para complementar uma à outra, outros procuram contradições entre o material e a prova escrita, enquanto que em outros casos a prova documental é usada para construir conjuntos de expectativas em relação ao registro material[9]. Neste contexto, o primeiro objetivo deste capítulo é mostrar como a evidência arqueológica pode ser usada para uma melhor compreensão da economia romana.

Um segundo objetivo é argumentar que uma abordagem contextual arqueológica[10] se mostra útil na análise da organização e características da economia

---

[2] Fulford 1991 35.
[3] Scott 1990b 955.
[4] Scott 1990b; Sherratt 1995; Laurence 1999.
[5] Austin 1990; Snodgrass 1991.
[6] Dyson 1995 27.
[7] Whitehouse; Wilkins 1989 102.
[8] Idem.
[9] Funari; Jones; Hall 1999 10.
[10] Shanks 1995; Iggers 2000 346, que traduzimos a partir do original em alemão: "O passado é acessível apenas de maneira indireta. Hoje, estamos mais conscientes do que no passado de como o processo de conhecimento do passado é complexo, que não há representações definitivas do passado, que as interpretações divergem e têm raízes ideológicas". De acordo com Felman (1999 14), "interpretações não são definitivas e se baseiam em questões atuais".

romana. Como Chris Lorenz enfatizou, todos os conceitos dependem de formulações em um idioma concreto, em circunstâncias específicas:

> (...) Todos os conceitos sobre a realidade são determinados por esquemas linguísticos, que delimitam o que chamamos de "real". Pode dizer-se que relação entre linguagem e realidade é óbvia – ainda que essa afirmação não seja em nada original – já que todo conhecimento do real só pode ser formulado por formulações linguísticas (1998 619)[11].

Em latim, não há um termo que indique o que estudiosos modernos descrevem como *limes*, uma fronteira defendida, mesmo que *limes* seja, claro, uma palavra latina, já que o Império Romano não era Estado nacional moderno[12]. Ao mesmo tempo, não temos uma única palavra que traduza um conceito tão exótico como *annona*, de grande importância para o exército e a sociedade em geral. Para o nosso entendimento moderno e capitalista de produção, esta implica a posição do mercado, enquanto *annona* é precisamente produção e fornecimento *per se*. Como tal, *annona* é, ao mesmo tempo, a oferta de trigo e os meios de subsistência, em geral; isso pode implicar tanto compras como requisições forçadas. Desde o início, *annona* se refere à "produção anual", não apenas para o cereal (cf. Vegetius, *Epit* 3.3: *frumentum*, espécies *annonariae ceteraeque*). Como ressaltado por Remesal, havia uma relação complexa entre o abastecimento controlado e o mercado privado, com consequência para os preços, sob a batuta da *Praefectura Annonae*:

> Além da distribuição de trigo (*frumentationes*), a responsabilidade imperial incluía o armazenamento de bens para influenciar os valores de mercado dos produtos de alimentação básica e, assim, manter um preço político. No caso de dificuldade de abastecimento, seria possível prover o mercado com meios de subsistência escassos. É nesta função, a de controlar os preços de mercado, que creio que devemos entender a função principal da *praefectura annonae*[13].

A propósito, "preço de mercado" é um dos significados de *annona* (*annona macelli*, vide Suet. *Tib*. 34).

---

[11] Texto original: "(...) alle Konzeptionen von Realität sind vielmehr von linguistischen Schemata bestimmt, die Grenzen Ziehen zu dem, was als 'real' bezeichnet werden kann. Bestimmung der Relation zwischen Sprache und Realität ist schlüssig - obwohl nicht sehr originell -, da alle Erkenntnis des Realen in (sprachlichen) Aussagen formuliert ist." Tradução dos autores.

[12] Isaac 1988 146.

[13] Remesal 1997 64; inscrições confirmam que o azeite fazia parte da *annona*, como a de Hispalis, do segundo século, publicada por Chic García et al (2001 353-374), que reproduzo a seguir: M. Iul. H[e]rmesia[o] diffusori olei ad annon[am] urbis c[urator]i corpo[ris] olea[riorum] [st]ationi[s?] romul[ae] [--]i[--]te---?] huic corpus [ole]ari[orum] splend[idissi]mum mer[entissimo s]tatu[am] pon[enda]m [iu]ssit M. Iulius Hermes Fro[nti]nianus filius honore accepto impensam remisit. Cf. os capítulos nesse volume por Carreras, Erdkamp, Herz e Remesal.

A aculturação como um modelo sociológico tem, entretanto, sido criticada. Isso implica que, de alguma forma, as pessoas desistem de sua própria cultura por outra, considerada como superior. A sociedade romana não foi homogênea, de modo que a passagem de nativo a romano é também um conceito enganoso por assumir homogeneidade onde havia heterogeneidade em ambas as comunidades, provinciais e centrais[14]. Mesmo as elites nativas eram divididas, incluindo facções cujas posições e interesses eram contraditórios, como César (Caes. *Gal.* 6.13) deixa claro, ao descrever *equites* e *druidas* na Gália. O mesmo se aplica aos romanos, como comerciantes, soldados e oficiais, para mencionar apenas alguns grupos, que tinham diferentes posições sociais. No discurso arqueológico, romanização implica a existência de uma cultura material romana distinguível, a ser adotada pelos nativos, mas, de novo, há muitos itens diferentes e contraditórios da cultura material associados, em diferentes contextos, à sociedade romana. O uso do termo "romanização" pode, dessa forma, ser enganoso.

Neste contexto, o exército romano era ao mesmo tempo homogêneo e heterogêneo, composto por pessoas de diferentes origens e experiências, soldados e oficiais, mas controlado por um comando unificado. O fornecimento de azeite deve ser compreendido neste quadro, pois o uso de azeite não era uma opção, como se soldados e oficiais usassem o azeite como uma escolha cultural. Este não era o caso, pois o exército era controlado diretamente pelo Estado (Ulp. *Dig.* 3.2.2), mesmo que as unidades providenciassem suas próprias fontes, como a evidência arqueológica mostra[15], mas a aquisição de suprimentos foi determinada por alguns princípios gerais oficiais. Contratos de azeite eram estabelecidos com negociantes ou produtores específicos, mas o azeite como um produto não era uma opção livre e neutra. No que se refere a sandálias, meias e cuecas nos registros militares de Vindolanda, fica claro que unidades do exército tinham liberdade de comprar ou adquirir tais itens[16], ao passo que ânforas olearias béticas de tipo Dressel 20 do mesmo campo indicam que oficiais usaram uma rede de abastecimento militar para trazer um produto de certa forma imposto, o azeite.

1.1. Economia e exército, uma relação indissolúvel

Durante várias décadas, o debate sobre a economia Romana tem se concentrado sobre o papel do mercado no mundo antigo. A história é sempre fundamentada em experiências atuais e, portanto, é compreensível que uma divisão entre modernistas e primitivistas seja hoje tão relevante como há cem

---

[14] Shennan 1994; Ucko 1994; Jones 1997.
[15] Woolf 1999 et passim.
[16] Remesal 1994 112; 293.

anos[17]. Em uma reavaliação recente da discussão, Andrea Giardina enfatizou aspectos relevantes dessas discussões:

> Le recenti interpretazioni primitivistiche (quasi tutte di mattrice finleyane) hanno avuto notevole successo per la loro maggior semplicità e perchè a esse (a differenze delle interpretazioni opposte) non verrà mai rimproverata l'impossibilità di tradurre in cifre la realtà che rittraggono: sembra assurdo chiedere dati sulla quantità delle merci a chi afferma che il settore dominante era l'autoconsumo. Con assoluta mancanza di coerenza, l'onere della prova viene quindi richiesto ad alcuni, mentre altri ne sono esentati[18].

O papel econômico do exército é um bom exemplo dos meandros da economia romana e a arqueologia tem desempenhado um papel único ao produzir evidências. Cartas do posto de fronteira militar, Vindolanda, foram escavadas e publicadas, várias delas referentes a trocas econômicas. Algumas cartas são voltadas a assuntos comerciais e financeiros relativos à entrega de mercadorias, repletas de iniciativa empresarial. Esta evidência da operação de uma economia monetária aponta para uma grande escala e transações financeiras sofisticadas na fronteira norte do segundo século do Império[19]. Registros de dinheiro, bens e transações econômicas foram mantidos pelos militares. A gama de produtos disponíveis para os soldados comuns foi considerável e a unidade operava um mercado de dinheiro-mercadoria interno em que as compras eram registradas com cuidado, tanto assim que os empresários e os comerciantes devem ter prosperado nas oportunidades oferecidas pela presença do exército.

As necessidades do exército eram abastecidas por uma combinação de importações do resto do Império e da exploração do *territorium* perto dos acampamentos do exército[20]. Quanto às importações, não eram importações no sentido moderno, eram "transportadas" a partir de outras áreas (cf. Caes. *Gal.* 4.2: *uinum ad se importari*). Bowman sugere que as cartas de Vindolanda minam qualquer noção de uma economia dominada por métodos primitivos de troca e indicam que as necessidades do pessoal militar não eram apenas atendidas por um sistema oficial de requisição ou expropriação[21]. Os militares, portanto, contribuíram com o *l'élargissement du marché et l'accroissement de la circulation*, como Clavel-Lévêque descreveu o Império Romano[22]. No entanto, qual foi o papel do exército na redistribuição? Remesal propõe que desde o

---

[17] Cf. Carandini 1983 202; Cardoso 1988); Guarinello 1994; Vidal 1997 52-61; Aymard 1998 67-72; Storey 1999 223-231.

[18] Giardina 1998 73.

[19] Cf. Bowman; Thomas; Adams 1990.

[20] Wiershchowski 1984 172.

[21] Bowman 1994 40-1; 70.

[22] Clavel-Lévêque 1977 19.

início do Principado foi estabelecido um sistema de abastecimento ligado ao exército por meio da *Annona*:

> Creio, pois, que no início do Império tenha sido possível estabelecer um sistema de abastecimento para o exército romano, de maneira que os soldados pudessem receber produtos de províncias distantes, por meio da *annona* imperial[23].

Mesmo nos tempos modernos, os exércitos são instituições políticas, e não apenas econômicas. Os aspectos de mercado da presença do exército nas províncias romanas não são explicados pelo mercado, pois os militares estavam ali por motivos políticos:

> ces échanges étaient essentiellement inégaux, parce qu'ils étaient en partie modelés pour la conquête militaire et politique et qu'il y a, par définition, une inégalité voulue entre le peuple dominant et les régions sujettes[24].

O exército romano como um todo teve um papel chave e a organização dos suprimentos para as tropas foi controlada ou ao menos supervisionada pelo Estado. A distribuição de azeite espanhol é um bom exemplo disso. Na Bética, a economia rural do Vale do *Baetis* (Guadalquivir) foi baseada na especialização na oleicultura, a partir da época de Augusto, o mais tardar. A propagação das propriedades produtoras de azeite de Sevilha a Córdoba foi seguida pela padronização de ânforas de azeite por meio do controle administrativo dos oleiros. Ânforas foram produzidas em dezenas de fornos com a mesma capacidade e forma e com selos, a partir do imperador Cláudio, também com inscrições pintadas de controle, conhecidas graças à pesquisa arqueológica.

Preços para o azeite eram provavelmente garantidos de antemão, os custos de transporte eram subsidiados, aos comerciantes eram oferecidos incentivos fiscais para o transporte de azeite. A produção em massa e comércio de azeite espanhol eram então estimulados e organizados por um sistema redistributivo, com um controle político. O exército foi a espinha dorsal do Império e não é nenhuma surpresa que áreas inteiras do mundo romano prosperassem devido às necessidades do Exército. Se é verdade que sempre a história busca os liames sociais, "tal história social é uma genuína história das relações sociais", como Thomas Welskopp afirmou, isso é ainda mais o caso no mundo antigo[25]. Isto não é negar que o azeite espanhol tenha sido negociado, trocado no mercado

---

[23] Remesal 1990 57, a partir do original alemão: "Ich glaube nun, dass man tatsächlich schon für die frühe Kaiserzeit ein Versorgungssystem für die römische Armee nachweise kann, mit dessen Hilfe die Soldaten auch aus entfernt gelegenen Provinzen versorgt werden konnten, und zwar mit Produkten aus dem Verfügungsbereich der kaiserlichen annona".

[24] Nicolet 1988 97.

[25] Welskopp 1998 183.

por todo o Império, mas trocas de mercado foram um efeito colateral estratégico da produção e transporte de azeite. O transporte oficial do azeite espanhol para as tropas facilitou o comércio oleícola e, em parte, explica o sucesso do azeite bético em todo o mundo romano.

O estudo da economia romana durante o Principado está centrado, portanto, nas evidências arqueológicas e como os modelos interpretativos se relacionam com os dados empíricos. Devido à abundância de inscrições, tem sido possível estudar padrões de consumo em diversas partes do Império Romano, assim como os centros de produção. Os centros produtores de ânforas têm sido escavados em muitos lugares, assim como oficinas de produção de salgados, fazendas (*uillae rusticae*), entre outros tipos de evidência material. Em termos de consumo, tem-se estudado os fluxos de mercadorias como vinho, azeite e salações, com uma produção já consistente de dados.

1.2. A regulação imperial

Talvez a principal questão discutida a partir desses estudos refira-se ao papel regulador da administração imperial nesses fluxos. O comércio *stricto sensu*, a partir de mecanismos de mercado, estava em grande parte relacionado à rede de distribuição política de produtos destinados ao exército e ao povo da cidade de Roma. O estudo da Antiguidade Tardia representa um desafio particular e, por isso, neste capítulo, as moedas serão usadas como estudo de caso. O próprio conceito de Antiguidade Tardia é controverso. Para a historiadora Gillian Clark (2011 10), em estudo já datado da segunda década do século XXI:

> A antiguidade tardia pode começar em meados do século II d.C., com o imperador romano Marco Aurélio ou pode começar no início do século III, quando a morte do imperador Septímio Severo foi seguida por décadas de guerra civil; ou ao final do século III, com Diocleciano que reorganizou o império; ou no início do século IV, com Constantino, o primeiro imperador declaradamente cristão. Pode terminar em cerca de 800, quando um novo grupo de fontes se torna disponível.

O decréscimo das inscrições na Antiguidade Tardia foi acompanhado por uma produção menos abundante de material arqueológico. As ânforas da Antiguidade Tardia também têm sido estudadas e fornecem evidências importantes, ainda que a diminuição da ocorrência de inscrições não deixe de representar uma limitação. As moedas, contudo, continuaram a ser uma evidência de primeira grandeza e, neste capítulo, a Numismática consistirá na evidência como exemplo de estudo da economia romana tardia. O sistema monetário antigo estava baseado no valor do metal na moeda emitida. Por isso, a substituição do metal por outro de menor valor levava à desvalorização e à inflação. Por outro lado, a moeda continuava a servir como elemento de propaganda.

2. A economia romana tardia

Durante boa parte do século III, em particular durante o governo de Aureliano (270-275), observa-se uma tentativa de restabelecer as finanças e o equilíbrio econômico. As oficinas de cunhagem, criadas para facilitar a circulação das moedas, foram multiplicadas. Para regularizar a situação, admitem-se apenas moedas emitidas pelo imperador, suprimindo o direito do senado de fiscalizar esta produção. A alta dos preços eleva-se a 1000%. Os cidadãos recusam-se a aceitar essas novas medidas, tanto que suscitou uma sublevação em Roma no ano 273, na qual os trabalhadores da Casa da Moeda (*monetarii*), apoiados pelas camadas inferiores da população, mataram cerca de 7000 soldados das forças de repressão.

Durante o governo de Diocleciano, foram realizadas uma série de reformas militares e econômicas, dando um cuidado especial ao comércio, peça essencial para o controle do Império. Desde os tempos mais remotos, o abastecimento da cidade de Roma era uma regra a ser seguida por todos os imperadores[26]. Afinal, todos os caminhos levam a Roma. A importante rede de estradas deveria ser mantida e ampliada, facilitando o deslocamento de bens e pessoas através do Império.

Com a preocupação de garantir a lealdade das legiões e evitar novas guerras civis, Diocleciano realiza outras séries de reformas administrativas e militares: criação de uma tropa móvel, agindo em várias regiões ao mesmo tempo; proibição das milícias comandadas pelos *limitanei*, moradores das fronteiras do Império. Nenhum governo poderia permitir uma força militar paralela à oficial, ainda mais na centralização política romana; aumento do efetivo, na tentativa de evitar futuros ataques dos persas sassânidas e germânicos.

De novo, podemos destacar, a partir de 285, uma iniciativa da Tetrarquia (285-305) em deter a inflação. A mais conhecida foi o Édito de Preços (*Edictum Diocletiani et Collegarum de praetiis rerum venalium*), tentativa de estabelecer um preço máximo dentre os diversos bens básicos, salários e serviços (como, por exemplo, o da prostituição). Em outras palavras, uma espécie de congelamento de preços e salários, muito em voga nos períodos que se seguiram até o passado recente. Ontem e hoje, não trouxe resultados favoráveis, estimulando o contrabando e a corrupção.

Além de emitir moedas de ouro e prata, foram colocadas em circulação peças divisionárias de bronze, com tenuíssimo invólucro de prata, destinadas às operações quotidianas, conhecidas como *follis*. Nesse período, as casas de cunhagem foram ampliadas a fim de satisfazer as obrigações da tetrarquia e as necessidades do comércio: obras públicas e o aumento do efetivo militar e civil. Para isso, novas peças começam a circular com letras, na parte inferior do reverso da moeda, conhecida por exergo ou linha de terra. Quando visível, torna-se possível identificar, através de uma espécie de sigla, o local da cunhagem.

---

[26] Remesal 1986 23.

Em um primeiro momento, o *antoninianus*, criado durante governo de Caracala (215 d.C.), era cunhado em prata. Com a reforma monetária de Diocleciano e demais tetrarcas, passou à cunhagem em bronze. O nome *antoninianus* é uma designação moderna, em homenagem a Caracala (Marco Aurélio Antoniniano). Os numismatas preferem a nomeclatura de radiado (por causa da coroa radiada), mas não existem relatos sobre o nome desse padrão monetário entre os romanos. De uma maneira geral, essas emissões eram realizadas para pagamento de legionários.

A tetrarquia permitiu a recuperação da agricultura, do comércio, do artesanato, continuando uma necessária reforma administrativa iniciada pelo Imperador Probo (232-282), dividindo o Império em 12 dioceses (regiões), que reuniam as 96 províncias; introduzindo importantes mudanças fiscais e monetárias; revitalizou, ou tentou revitalizar, a antiga religião romana. Surgem questões, nas quais se evidenciam os excessos arbitrários de Diocleciano: a reformulação da *annona*, imposta sobre a produção agrícola anual e o fortalecimento das classes dos *curiales*; bem como medidas para fixar os agricultores, colonos ou arrendatários às terras que cultivavam, proibindo seu abandono.

Os trabalhadores urbanos deveriam permanecer em suas profissões, transmitindo-as a seus descendentes. Instituiu-se, assim, um sistema de classes, até então desconhecido em Roma, com o objetivo de manter imobilizada a estrutura econômica do Império. A profissão tornara-se hereditária, passando de pai para filho. Algo que vai se fortalecer mais ainda a partir do advento da Idade Média, através da servidão. Um dos pontos principais das reformas que precisamos destacar é o colonato. Nesse sistema, o trabalhador rural, colono, fica preso à terra. Não é um escravo, mas também não é um trabalhador livre. Deve uma série de obrigações ao proprietário da terra. Ele paga uma espécie de arrendamento pelo uso de tudo que compõe a propriedade: terra, água, ferramentas, entre outras. Em troca, o proprietário deixa que o colono fique com uma parte da produção e o protege dos invasores, salteadores. Com isso, pequenos proprietários vendem sua propriedade em troca da proteção de um grande senhor. É o início da servidão feudal.

Na era constantiniana (306-337), permaneceram os mesmos problemas. Depois da derrota de Licínio, Constantino apoderou-se dos tesouros do antigo rival, mas, dois anos mais tarde, a maior parte das casas monetárias fundadas por Diocleciano estavam fechadas. Em 332, graças ao confisco dos bens dos templos, foi possível reabri-las. Porém, Constantino realiza uma "reforma monetária", baixando o peso do *aureus*, a fim de emitir o *solidus*, e em 324, o *miliarense*, de prata, que poderia chegar ao valor de 1/12 do *solidus aureus*. Quanto à massa em circulação, é constituída por espécimes de cobre e bronze, de peso variável. Tal medida foi de tamanha importância que Brown faz uma alusão ao *solidus* como o "dólar" da Idade Média.

Na administração, o ministro do tesouro real, o *rationalis*, cedeu lugar ao conde das liberalidades sagradas; e o *procurator rei privatae* ao conde dos bens privados, na organização dos bens e da fortuna do príncipe para que revertessem as rendas do *ager publicus*, dos domínios confiscados, das terras municipais e os recursos dos templos. Contudo, a política constantiniana de grandes despesas não foi capaz de conter a inflação nem as liberalidades, como o fornecimento do pão que, em um primeiro momento era gratuito e passou a ter um baixo custo, nem as distribuições de azeite e de carne de porco, que foram aumentando à medida em que foram ampliadas as fronteiras imperiais.

Conclusão

O estudo da economia romana não pode ser desvencilhado das especificidades da nossa época. Basta lembrar que não havia termo para economia no mundo antigo. Somos nós a delimitar um campo de trocas e relações que para nós, modernos e oriundos de séculos de capitalismo, faz sentido e que pode ser aplicado aos antigos. Por isso mesmo, neste capítulo, ressaltamos como tais relações não eram regidas pela racionalidade capitalista moderna, ainda que não estivesse privada do cálculo, muito pelo contrário. A produção em série e em larga escala de produtos como ânforas e moedas, em oficinas espalhadas por imensas áreas, dependia de uma padronização artesanal que só seria igualada após a revolução industrial do século XVIII. Neste aspecto, a economia antiga apresentava características modernas que levaram à perspectiva modernista, que via no mundo antigo os prenúncios imediatos do capitalismo.

Contudo, essa era apenas uma das características. As relações sociais eram baseadas em diferenças de estatuto jurídico, a escravidão turvava as águas das relações sociais e econômicas, e a racionalidade estava também sujeita às injunções extra econômicas. Mesmo no auge do Principado (31 a.C. – 193 d.C.), antes que se generalizasse o uso da expressão *dominus* para referir-se ao governante e que os gregos denominassem o imperador como monarca, havia critérios políticos, derivados das relações de poder, a determinar as trocas. A *annona* seria fundamental, neste aspecto, ao contribuir para induzir a produção e distribuição de bens para os cidadãos na *urbs* e para o exército, dois pilares políticos do império. Na mesma linha, a produção e a distribuição, mesmo que assentadas na propriedade privada, estavam em estreita relação com as relações de poder derivadas do sistema político imperial romano. Diversos autores denominaram este sistema como economia determinada (*command economy*), pelo peso das imposições políticas ou distributivas, para usar um termo difundido por Karl Polanyi (Pye 1990).

O sistema era, pois, misto, ao mesmo tempo baseado no mercado e fundado em diferenças de estatuto jurídico e em apropriações políticas diferenciadas. Nunca houve, pois, capitalismo na Antiguidade. Mas, de toda forma, como procuramos demonstrar nas breves linhas deste capítulo, houve uma mudança profunda a partir da Antiguidade Tardia. As confiscações de Septímio Severo, já em fins do século II d.C., atestam essa mudança de perspectiva. Mesmo antes, portanto, das guerras civis que se seguiram nas décadas centrais do terceiro século, entre 235 e

284 d.C., quando já imperava o uso do termo *dominus* para se referir ao governante romano, a situação começara a mudar. As guerras civis viriam a intensificar essa situação conflituosa e a mudança profunda das relações econômicas, *sensu moderno*. As lutas intestinas resultariam na desestruturação da unidade econômica e, a partir de Diocleciano, quando da retomada da relativa paz interna, a situação econômica era já toda outra. A urbanização restringira-se, as cidades cercaram-se de muralhas, as trocas limitaram-se e a circulação monetária, afetada pela emissão inflacionária, já iniciara a trajetória dos séculos sucessivos.

A Antiguidade Tardia representou, assim, tanto a continuidade, como a mudança. Por um lado, continuavam a usar-se o latim e o grego, já como línguas cultas, não mais como idiomas falados. A moeda era cada vez mais um resquício do que havia sido antes. As trocas, ainda que diminuídas, continuavam. Dois foram os golpes decisivos: as invasões germânicas, em primeiro, e o avanço árabe, dois séculos depois. Esses movimentos iram afetar de forma decisiva os rumos da economia. Mas, essa já é outra história. Basta dizer que a economia imperial romana passou de um ápice que prefigurava o capitalismo e a modernidade, para um acentuar da sua essência baseada em relações de prestígio e ao status. Neste breve capítulo, esperamos ter instilado a curiosidade pelo estudo de um tema tão fascinante e difícil[27].

Tábua cronológica

31 a.C. a 193 d.C. – Principado
a partir de 193 d.C. – Antiguidade Tardia
215 – Introdução do Antoniniano (Radiado)
284-305 – Diocleciano Imperador
306-337 – Constantino Imperador

Bibliografia

Alföldy, G. (1986), *Die römische Gesellschaft: ausgewählte Beiträge*. Stuttgart, Franz Steiner.
Austin, D. (1990), "The 'proper study' of medieval archaeology" in D. Austin – L. Alcock, eds *From the Baltic to the Black Sea: studies in Medieval Archaeology*. London, Unwin Hyman 43-78.
Aymard, M., et al. (1998), *La storia spezzata*. Studi Storici 39 67-80.
Birley, R. (1990), *The Roman documents from Vindolanda*. Newcastle upon Tyne. Greenhead, Nthmb., Roman Army Museum Pub.
Bowman, A. K. – Thomas, J. D. – Adams, J. N. (1990), "Two letters from Vindolanda", *Britannia* 21 33-52.

---

[27] Aproveitamos para agradecer, em primeiro lugar, a José Brandão, pelo convite para participar deste volume e aos colegas Robin Birley, Alan Bowman, César Carreras, Margarida Maria de Carvalho. Genaro Chic, Paulo P. Duprat, Stephen Dyson, Amílcar Guerra, Richard Hingley, Sian Jones, William Mierse, David Peacock, Michael Shanks e Stephen Shennan. Mencionamos, ainda, o apoio institucional da Unicamp, Unifal, FAPESP e CNPq. A responsabilidade pelas ideias restringe-se aos autores.

Bowman, A.K. (1994), *Life and Letters on the Roman Frontier: Vindolanda and its People*. London, British Museum Press.
Brown, P. (1972), *O fim do Mundo Clássico: de Marco Aurélio a Maomé*. Trad. Antônio Gonçalves Mattoso. Lisboa, Editorial Verbo.
Carandini, A. (1983), "Columella's vineyard and the rationality of the Roman economy", *Opus* 2 177-204.
Cardoso, C.F.S. (1988), "Economia e sociedade antigas: conceitos e debates", *Classica* 1 - *Revista Brasileira de Estudos Clássicos*, 1 n.1 5-19.
Carlan, Claudio U. – Funari, P. P. A. (2012) *Moedas: a numismática e o estudo da História*. São Paulo, Annablume.
Carreras, C. – Funari, P.P.A. (1998), *Britannia y el Mediterraneo: estudios sobre el abastecimiento bético y africano en Britannia*. Barcelona, Universitat de Barcelona.
Carreras, C. (1997), "Los beneficiarios y la red de aprovisionamiento militar de Britannia e Hispania", *Gerión* 15 151-176.
Chic García, G. et al. (2001), "Una nueva inscripción annonaria de Sevilla: M. Iulius Hermesianus, diffusor olei ad annonam urbis", *Habis* 32 353-374.
Clark, G. (2011). *Late Antiquity*. Oxford, Oxford University Press.
Clavel-Lévêque, M. (1977), "Imperialisme, developpement et transition: pluralité des voies et universalisme dans le modèle impériale romain", *La Pensée* 196 10-27.
Cunliffe, B. (2001), *Facing the ocean: the Atlantic and its peoples, 8000 BC-AD 1500*. Oxford, Oxford University Press.
De Salvo, L. (1992), *Economia privata e pubblici servizi nell'Impero Romano: i corpora naviculariorum*. Messina, Samperi.
Dyson, S. L. (1995), *"Is there a text in this site?"* in D. B. Small ed., *Methods in the Mediterranean: historical and archaeological views on texts and archaeology*. Leiden, Brill 25-44.
Fabião, C. – Guerra, A. (2003), *Sobre os conteúdos de ânforas da Lusitânia transportada em ânforas no Baixo Império: ocupação romana dos estuários do Tejo e do Sabo*. Lisboa, D. Quixote.
Felman, S. (1999), "Silence de Walter Benjamin", *Les Temps Modernes* 606 1-46.
Fernández Castro, M.C. (1983), "Fábricas de aceite en el campo hispano-romano" in J. M. Blázquez – J. Remesal eds., *Producción y comercio del aceite en la antigüedad*. Madrid, Univ. Complutense, 569-600.
Fulford, M. (1991), "Britain and the Roman Empire: the evidence for regional and long-distance trade" in R.F.J. Jones ed., *Roman Britain: recent trends*. Sheffield, J. R. Collis 35-47.
Funari, P.P.A. (1991), "Dressel 20 amphora inscriptions found at Vindolanda: the reading of the unpublished evidence" in V.A. Maxfield – M.J. Dobson eds., *Roman Frontier Studies 1989*. Exeter, Exeter University Press 95-116.
_____ (1999), "Dressel 20 stamps from the Verulamium Museum", *Revista do Museu de Arqueologia e Etnologia da Universidade de São Paulo* 9 143-161.
_____ (1997), *Dressel 20 Inscriptions from Britain and the consumption of Spanish olive oil, with a catalogue of stamps*. Oxford, Tempvs Reparatvm.
_____ – Jones, S. – Hall, M. (1999), "Introduction: archaeology in history" in P. P. A. Funari – M. Hall – S. Jones eds., *Historical archaeology: back from the edge*. London and New York, Routledge, 1-20.
_____ (1994), "Betica and the Dressel 20 production, an outline of the province's history", *Dialogues d'Histoire Ancienne* 20 87-106.
_____ et al. (2012), *História Militar do Mundo Antigo*. Volume I. São Paulo, Annablume.
_____ (^{2}2001), *Grécia e Roma: vida pública e vida privada, cultura, pensamento e mitologia, amor e sexualidade*. São Paulo, Contexto (repr. 2002).
Giardina, A. (1998), "La storia spezzata", *Studi Storici* 39 72-76.
Goodman, M. (1997), *The Roman World, 44BC-AD 180*. London and New York.
Guarinello, N.L. (1995), "A economia antiga e a Arqueologia rural: algumas reflexões", *Classica* 7/8 271-284.
Herz, P. (1988), "Der praefectus annonae und die Wirtschaft der westlischen Provinzen", *Ktema* 13 69-85.
_____(1988b), *Studien zur römischen Wirtschaftsgesetzgebung: die Lebensmittelversorgung*. Stuttgart, Franz Steiner Verlag Wiesbaden.

Hingley, R. (1999), "The imperial context of Romano-British studies and proposals for a new understanding of social change" in P.P.A. Funari – M. Hall – S. Jones, eds, *Historical archaeology: back from the edge*. London and New York, Routledge.
Hingley, R. (1982), "Roman Britain: the structure of Roman imperialism and the consequences of imperialism on the development of a peripheral province" in D. Milles, ed., *The Romano-British countryside: studies in rural settlement and economy*. Oxford, B.A.R., 1982 17-52.
Hingley, R. (1999), "The imperial context of Romano-British studies and proposals for a new understanding of social change" in P.P.A. Funari – M. Hall – S. Jones, eds., *Historical archaeology: back from the edge*. London and New York, Routledge 137-150.
Iggers, G.G. (2000), "Geschichtstheorie zwischen postmoderner Philosophie und geschichtswissenschaftlichen", *Praxis. Geschichte und Gesellschaft* 26 335-346
Isaac, B. (1988), "The meaning of the term *limes* and *limitanei*", *Journal of Roman Studies* 78 125-147.
Jacobsen, G. (1995), *Primitiver Austausch oder freier Markt? Untersuchungen zum Handel in den gallisch--germanischen Provinzen während des römischen Kaiserzeit* St. Katharinen, Scripta Mercaturae Verlag.
Jones, R.F.J. (1991), "The urbanisation of Roman Britain" in R.F.J. Jones, ed., *Roman Britain: recent trends*. Sheffield, J.R. Collis 53-65.
Jones, S. (1997), *The archaeology of ethnicity: constructing identities in the past and* present. London and New York, Routledge.
Keay, S., (1988), *Roman Spain*. London, British Museum Publ.
Laurence, R. (1999), "Theoretical Roman archaeology", *Britannia* 30 387-390.
Lorenz, C., (1998), "Postmodern Herausforderung an die Gesellschaftsgeschichte?" *Geschichte und Gesellschaft* 24 617-632.
Marsden, P. – West, B. (1992), "Population change in Roman London" *Britannia* 28 133-140.
Mattingly, D.J. (1988), "Oil for export? A comparison of Lybian, Spanish and Tunisian olive oil production in the Roman Empire", *Journal of Roman Archaeology* 1 33-56.
Mierse, W. E. (1999), *Review of Britannia y el Mediterráneo*, by C. Carreras and P. P. Funari, *Pyrenae* 30, 262-265.
Mierse, W. E. (1996/7), "Review of Funari's Dressel 20 inscriptions from Britain and the consumption of Spanish olive oil" *Classica* 9/10 341-343.
Millett, M. (1990), *The Romanisation of Britain: an essay in archaeological interpretation*. Cambridge, Cambridge University Press.
Millett, M. (1990b), "Romanization: historical issues and archaeological interpretation" in M. Millett, ed., *The Early Roman Empire in the West*. Oxford, Oxbow Books 35-41.
Muhly, J.D. (1996), "Review of D. Small, Methods in the Mediterranean Archaeology", *American Antiquity*, 61 (2) 433-4.
Nicolet, C.(1988), *Rendre à César: économie et société dans la Rome Antique*. [Paris], Gallimard.
Norr, D., (1966), *Imperium und Polis in der Hohen Prinzipatszeit*. München, C.H. Beck.
Onken, B. (1999), "Buchbesprechung" in C. Carreras und P.P.A. Funari, *Britannia y el Mediterraneo*, *Münstersche Beiträge zur antiken Handelgeschichte* 18 115-120.
Patterson, T. (1997), *Inventing western civilization*. New York, New York University Press.
Peacock, D.P.S. – Williams, D.F. (1986), *Amphorae and the Roman economy*. London, New York, Longman.
Ponsich, M. (1974), *Implantation rurale antique sur le Bas-Guadalquivir*. Madrid, Casa de Velázquez.
Pye, L.W. (1990), "Political science and the crisis of authoritarianism", *American Political Science Review*, 84 (1) 3-19.
Remesal Rodríguez, J. (1986), *La Annona Militaris y la exportación de aceite bético a Germania*. Madrid, Editorial de La Universidad Complutense.
_____(2004), "Promoción social en el Mundo Romano a través del comercio" in J. Remesal Rodríguez – F. M. Simón – F. P. Polo (coords), *Vivir em tierra extraña: emigración e integración cultural em el Mundo Antiguo*. Actas de la reunión realizada em Zaragoza los días 2 y 3 de junio de 2003. Barcelona: Universitat de Barcelona, 125-136.
_____ (2000), "L. Marius Phoebus mercator olei hispani ex prouincia Bética: consideraciones en torno a los términos 'mercator', 'negotiator' y 'diffusor olearius ex Bética'" in G. Paci, ed., *Epigraphai. Miscellanea epigrafica in onore di Lidio Gasperini*. Tivoli, Tipigraf 781-797.

_____. (1999), "Politica e regimi alimentari nel Principato di Augusto: il ruolo dello stato nella dieta di Roma e dell'esercito" in D. Vera, ed., *Demografia, sistemi agrari, regimi alimentari nel mondo antico*. Bari, Edipuglia 247-271.

_____ (1997). *Heeresversorgung und die wirtschaftlichen Beziehungen zwischen der Bética und Germanien*. Stuttgart, K. Theiss.

_____ (1990), "Die Procuratores Augusti und die Versorgung der römischen Heeres", *Akten der 14 Internationalen Limescongresses 1986 Carnuntum*. Römische Limes in Österreich, 36,1. Wien, Verl. der Österr. Akad. der Wiss 55-65.

_____ (1986), *La annona militaris y la exportación del aceite bético a Germania*. Madrid, Universidad Complutense.

Schüpbach, S. (1983), "Avenches: contribution à la connaissance de la chronologie des estampilless sur les amphores à huile de Bétique" in M. Blázquez – J. Remesal eds., *Producción y comercio del aceite en la antigüedad*. Madrid, Universidad Complutense 349-362.

Scott, E. (1990), "Romano-British villas and the social construction of space" in R. Samson ed., *The social archaeology of houses*. Edinburgh, Edinburgh University Press 149-172.

_____. (1990b), "In search of Roman Britain: talking about their generation", *Antiquity* 64 953-956.

Shanks, M. (1995), "Archaeological experiences and a critical romanticism", *Helsinki Papers in Archaeology* 7 17-36.

Shennan, S. (1994), "Introduction: archaeological approaches to cultural identities" in Shennan, ed., *Archaeological Approaches to Cultural Identity*. London and New York, Routledge 1-32.

Sherratt, A. (1995), "Reviving the grand narrative: archaeology and long term" *Journal of European Archaeology* 3 1-32.

Snodgrass, A. (1991), "Structural history and classical archaeology" in J. Bintliff, ed., *The annales school and archaeology*. London, Leicester University Press, 57-72.

Storey, G. (1999), "Archaeology and Roman society: integrating textual and archaeological data", *Journal of Archaeological Research* 7 203-248.

Ucko, P. (1994), "Foreword" in S. Shennan ed., *Archaeological Approaches to Cultural Identity*. London and New York, Routledge ix-xx.

Vidal, J. (1997), *La dinámica comercial romana entre Italia y Hispania Citerior*. Alicante, Universidad de Alicante.

Von Freyberg, H.-U. (1988), *Kapitalverkehr und Handel im römischen Kaiserreich 27 v. Chr. -235 n.Chr*. Freiburg im Breisgau, Haufe.

Webster, J. (1999), "At the end of the world: druidic and other revitalization movements in post-conquest Gaul and Britain", *Britannia* 30 1-20.

Welskopp, T. (1998), "Die Sozialgeschichte der Vater, Grenzen und Perspektiven der historischen Sozialwissenschaft" *Geschichte und Gesellschaft* 24 173-198.

Whitehouse, R.D. – J.B. Wilkins (1989), "Greeks and natives in southeast Italy: approaches to the archaeological evidence" in T.C. Champion ed., *Centre and periphery: comparative studies in archaeology*. London, Routledge 102-124.

Whittaker, C.R. (1994), *Frontiers of the Roman Empire. A social and economic study*. Baltimore, Johns Hopkins University Press.

_____ (1984), "Trade and the aristocracy in the Roman empire", *Opus* 4 49-75.

Wiershchowski, L. (1984), *Heer und Wirtschaft. Das römische Heer der Prinzipatszeit als Wirtschafsfaktor*. Bonn, Habelt.

Will, E.L. (1983), "Exportation of olive oil from Betica do the Eastern Mediterranean" in M. Blázquez – J. Remesal (eds.), *Producción y comercio del aceite en la antigüedad*. Madrid, Universidad Complutense, 391-440.

Williams, D.F. – Peacock, D.P.S. (1983), "The importation of olive-oil into Iron Age and Roman Britain" in M. Blázquez – J. Remesal, eds., *Producción y comercio del aceite en la antigüedad*. Madrid, Universidad Complutense 263-280.

Williams, T. (1990), "Early Roman London", *Antiquity* 244 599-607.

Woolf, A. (1988), "Romancing the Celts: a segmentary approach to acculturation" in R. Laurence – J. Berry eds., *Cultural identity in the Roman Empire*. London, Routledge 111-124.

14. A EMERGÊNCIA DE UM IMPÉRIO ROMANO CRISTÃO: DE CONSTANTINO A TEODÓSIO

Paula Barata Dias
Universidade de Coimbra
Centro de Estudos Clássicos e Humanísticos
ORCID: 0000-0002-4730-914X
pabadias@hotmail.com

Sumário: À medida que o imperador Constantino consolidou o seu poder como *Augustus Maximus*, o estado romano foi caminhando para a progressiva tolerância, liberdade, proteção do cristianismo enquanto religião e da Igreja enquanto instituição. Esta caminhada fez-se ao mesmo tempo contra o paganismo e contra a pluralidade dos cristianismos expressa nas múltiplas heterodoxias. O império romano terminará o século IV com o catolicismo como religião de estado, inaugurando um momento da história em que a Igreja e o poder político se imitam e se associam numa defesa da unidade política e religiosa.

Em 305 d.C., os dois Augustos abdicaram do seu poder quase simultaneamente: Diocleciano, em Nicomédia e Maximiniano, em Milão. Conservariam o título de *Augusti Seniores*, retirados em exílios dourados, o primeiro para o seu palácio em Salona (Croácia), o segundo para a Lucânia. Uma nova tetrarquia imperial assumirá o governo do Império, a partir de então: os então Césares Constâncio Cloro e Galério herdaram os títulos de Augustos, e Severo II e Maximino Daia os títulos de Césares. A divisão territorial manteve a administração de Diocleciano: a Constâncio Cloro coube velar pelo Ocidente (Gálias e Bretanha); a Galério couberam o Ponto, a Bitínia, a Trácia a Grécia, a Macedónia, a Mísia e a Panónia Inferior; a Severo II, a Itália, a Récia, a Panónia Superior, a África e a Hispânia; a Maximino Daia a Ásia, a Síria, o Egito.

O filho de Constâncio Cloro, Constantino, desde jovem ao serviço das campanhas militares de Diocleciano e de Galério contra os Sármatas e os Sassânidas, viajou para Ocidente, a tempo de colher o último suspiro do progenitor, em York, a 25 de julho de 306, sendo quase imediatamente aclamado pelos exércitos leais a Constâncio como *imperator* sucessor da dignidade de seu pai[1]. Galério concedeu-lhe o estatuto de César, promovendo Severo II a Augusto, o que prefigurava o equilíbrio do modelo imperial tetrártico, inaugurado por Diocleciano, como vimos em capítulo anterior[2].

A paz, no entanto, não durará muito e, entre 306 e 324, disputas acerca da partilha territorial de lugares estratégicos ou do reconhecimento de títulos revelaram as dificuldades de o sistema tetrártico sobreviver para além do ascendente forte de Diocleciano. Sem romper claramente com o modelo formal, contudo, Constantino emergirá deste processo como o senhor único do império romano após a abdicação e deposição das insígnias por Licínio[3]. Neste mesmo ano, o seu filho, Constâncio II, foi aclamado César e a cidade e praça-forte inexpugnável de Bizâncio recebeu o nome de Constantinopla "cidade de Constantino"[4], ainda que a sua inauguração enquanto capital imperial só venha a ocorrer em 330. O primeiro imperador convertido ao cristianismo viverá até 337: entre 312 e 337, após a derrota de Maxêncio, como senhor incontestado da metade ocidental do império; entre 324 e 337, como único imperador após a derrota e morte de Licínio. Temos, pois, um longo período de influência e de liderança que, prolongado pela herança de poder construída durante o governo de seu filho Constâncio (também de longo reinado), trará, até 361, meio século de profundas alterações políticas, sociais e religiosas no Império romano.

A construção da liderança solitária constantiniana é lenta: o César Constantino, militar experiente, conduziu no Ocidente guerras vitoriosas na Germânia contra os Francos, tornando-se, em 307, genro de Maximiniano Hercúleo, que lhe outorga o título de Augusto, integrando-o, por adopção, na dinastia Hercúlea[5]. Em Roma, Maxêncio é aclamado César pela populaça e pelos pretorianos e, pouco depois, arrogava-se ao título de Augusto. Maximino Daia, por seu lado, é proclamado Augusto pelas suas tropas, ao que Galério acede, e, procurando manter o equilíbrio e diluir as hierarquias, promoveu Constantino a idêntico estatuto.

Em 309, existiam, portanto, e confiando em Lactâncio, quatro imperatores reconhecidos, três deles reconhecidos por Galério (Licínio, Maximino e Constantino)[6], a que se juntam os usurpadores Maxêncio em Itália, e Alexandre em África. Nesse mesmo ano, a Hispânia, separada das províncias de Maxêncio pelo mar, transita para o governo de Constantino, o que o torna o Augusto líder das províncias romanas do Ocidente[7], poder ainda mais reforçado após a

---

[1] Eum. 7.7. Lact. *Mort Pers*. 24-25.

[2] Sobre as políticas de Diocleciano e Constantino, vide atrás Adriaan de Man, cap. 12.

[3] Eus. *HE* 10.8-9.

[4] Them. *Oratio 4*, ed. (Dindorf p. 39); Socrates *Hist. eccl* 1.16, escritor do séc. V, afirma que o próprio Constantino a fundou como "a segunda Roma."

[5] Eum. 6.1.

[6] Lact. *Mort. Pers*. 32.1-5.

[7] Socrates *Hist. eccl* 1.2.7; Teodoreto de Ciro, *HE* 1.1.24.

execução do seu sogro, Maximiniano Hercúleo, responsável pela instigação à revolta dos exércitos em Arles.

A morte de Galério ocorreu em 311, semanas após a proclamação do Édito de Tolerância, e as suas províncias foram repartidas entre Maximino Daia e Licínio. Maxêncio, filho de Maximiniano Hercúleo, foi, em 312, derrotado em Roma pelos exércitos de Constantino que, descido desde a fronteira do Reno, confronta o seu rival na batalha da Ponte Mílvia, fazendo a sua entrada triunfal em Roma no dia 30 de outubro[8]. O senado concedeu-lhe o título de *Maximus Augustus* "o Augusto acima de todos os Augustos" e o direito de legislar para todo o império, preeminência que é reconhecida nas primeiras linhas do *Código Teodosiano*[9].

Deste modo, a consolidação do poder constantiniano através das constrições do modelo tetrártico operou-se em dois momentos fulcrais: a vitória sobre Maxêncio, em Roma, com a consequente aclamação popular e militar em 312[10], a que se seguiu, em março de 313, a proclamação do Édito de Liberdade[11], no mesmo ano realizando-se o Concílio de Arles. Em 324, após a derrota militar de Licínio na

---

[8] Lact. Mort. Pers. 9.9; Eum. 9.

[9] Cod. Theod. 1.1.5 *IMPP. THEODOSIUS ET VALENTINIANUS AA. AD SENATUM. Ad similitudinem Gregoriani atque Hermogeniani codicis cunctas colligi constitutiones decernimus, quas Constantinus inclitus et post eum divi principes nosque tulimus.* Em 429, Teodósio II reúne uma comissão de juristas destinada a compilar a lei romana a partir de 312. Constituindo a continuação dos códigos de Gregoriano e de Hermogeniano, o Cod. Theod. faz uma revisão das leis vigentes, anteriores e posteriores a Constantino, promulgado no Oriente em 338. Valentiniano III, imperador do Ocidente, apresentou-o ao senado romano que o confirmou como lei no Império do Ocidente a partir de 439.

[10] Na vitória sobre Maxêncio, Constantino teria sido agraciado com uma visão, ou um sonho (conforme as versões) que se foi tornando progressivamente, nos discursos historiográficos cristãos, mais consistente. Lact. *Mort. Pers.* 44.5, no dia 27 de outubro, fala de um *caeleste signum Dei* para que gravasse nos escudos o anagrama de Cristo XP *(facit ut iussus est et transversa X littera, summo capite circumflexo)* e assim armado o seu exército deveria enfrentar a batalha. A *HE Ap.* 9.2 de Eusébio de Cesareia afirma que Constantino invocou Deus e o seu Verbo, Jesus Cristo salvador, avançando com toda a confiança para devolver aos romanos a liberdade herdada dos antepassados". Já a posterior *VC* 1.27-28 descreve detalhadamente o símbolo estandarte de Constantino, dizendo o autor que a colheu da boca do próprio Imperador: na véspera da batalha, Constantino buscara "um deus superior" para enfrentar as feitiçarias de Maxêncio, inclinando-se para o Deus do pai, que lhe tinha granjeado tantas vitórias. Quando o dia terminava, viu, sobre o sol, uma cruz luminosa, e sobre ela o estandarte *En touto nika* "sob este sinal vence" (imperativo, embora a versão em Latim se tenha imposto no futuro *"Hoc signo uinces"*. Esta visão foi testemunhada por todo o exército. Nessa noite, Cristo aparece-lhe em sonhos ordenando-lhe que grave a imitação do sinal que vira no céu nos escudos dos soldados. Os documentos pagãos remetem para uma experiência religiosa causada por uma divindade abstrata e difusa. Os Panegíricos de Constantino falam de sinais *contra haruspicum monita (Panegyr.* 9.2); e *promissam diuinitus uictoriam (Panegyr.* 9.3). Também *Panegyr.* 9.11; 19; 20; 25; *Panegyr.* 10.14. Uma expressão similar, *instinctu diuinitatis* encontra-se também no arco do triunfo de Constantino.

[11] Lact. *Mort. Pers.* 25; Eus. *HE* 1.10.5. A partir de Milão, Constantino e Licínio aprovam a liberdade de culto religiosa em todo o império, incluindo para os cristãos com Licíno em Milão e decidem o estabelecimento da paz com os cristãos e outras seitas, publicado em Março sob o título *Litterae Constantini*. O ano 313 é marcado por legislação a favor da paz na Igreja: contra a delação (Cod. Theod. 1.10.10.1-3; contra o confisco dos bens ordenado por Maxêncio Cod. Theod. 1.10.7.1.

Batalha de Andrianópolis, com o império finalmente unificado, Bizâncio recebeu o novo nome de Constantinopla e seu filho, Constâncio II, agraciado com a púrpura imperial. Em 325, celebra-se o primeiro concílio ecuménico de Niceia.

1. Constantino e a afirmação do cristianismo

Nestes dois momentos de afirmação do poder constantiniano, nós encontramos reunidos os condicionantes que influenciarão a condução dos acontecimentos no séc. IV. Todavia, as vitórias militares sob rivais apresentadas como campanhas de salvação da pátria e a aclamação popular do príncipe vitorioso não constituem novidades na história do império romano. Novidade trazida com Constantino, que se manteria até ao ocaso do império romano, é, no entanto, o passo seguinte: a tomada de decisões acerca de um grupo até então perseguido, os cristãos, e a interferência na organização interna dos mesmos, que começou, em primeiro lugar, pelo reconhecimento da legitimidade dos cristãos em se tornarem visíveis no espaço romano: licitude dos rituais, legitimidade dos ministros, direito à posse de propriedade e aos lugares de culto. Em suma, a *pax* que os autores cristãos (em particular Lactâncio e Eusébio de Cesareia) celebram, com o advento de Constantino, após as rigorosas medidas repressoras de Diocleciano[12].

Observando os dois éditos que formalizaram a integração do cristianismo na ordem legal romana, constata-se o passo de gigante entre o Augusto Galério, em 311, no chamado Édito de Tolerância, e o Édito de Liberdade de 313, de Constantino e Licínio. Na verdade, a diferença fundamental dos dois textos é a que vai do valor intrínseco dos termos "tolerância" e "liberdade"[13]: no primeiro, um imperador exausto capitula diante de um combate inútil, face ao elevado número dos que se mantinham resolutos na sua fé, apesar da repressão[14].

---

[12] Eus. *HE* 8.16.1 "os imperadores atuais mudaram de opinião de forma extraordinária [...] com éditos favoráveis e mandamentos pacíficos". No cap. 15, Eusébio descreve os sinistros e intensos anos após a abdicação de Diocleciano (conjurações, guerra civil, insegurança nos mares, brutalidade militar, fome, peste), clima que perdura a par de toda a perseguição aos cristãos. Em Lactâncio, regista-se a mesma súbita pacificação e o retorno a tempos felizes. Em *De Mortibus Persecutorum*, obra escrita no rescaldo da proclamação das tréguas constantinianas, demonstra a relação entre a perseguição dos imperadores (1-6 Tibério, Nero, Domiciano, Décio, Aureliano e, descritos mais compassadamente (7-52, a ação de Diocleciano e imperadores até Constantino) e o fim violento que sofreram, num ajuste de contas de que o Deus cristão salvou Constâncio Cloro e Constantino. Lact. *Mort. Pers. Prólogo*: 1.1-3 "O Senhor ouviu as tuas preces, caríssimo Donato [...] vê que todos os nossos adversários foram aniquilados e que a paz foi devolvida a toda a terra, a Igreja, dantes abatida, hoje se ergue [...é que Deus fez surgir príncipes que destruíram o governo cruel e criminoso dos tiranos e forneceram o maior bem aos homens, dissipando a nuvem de uma época triste, outorgando a todos os corações a alegria e a doçura de uma paz serena..." (Dias 2016 89).

[13] Dias 2012 44-48 a tradução integral dos mesmos. Baslez 2013 5-7.

[14] Lact. *Mort. Pers.* 34; Ibid. 44: "...nada mais desejámos do que o restabelecimento das leis antigas e promover a ordem pública, de modo a que também os cristãos pudessem recuperar a

No segundo, num momento feliz para Constantino e de breves tréguas na disputa pela monarquia, que se reacenderia com Licínio em 314, são abandonadas expressões pejorativas ou referências ao passado conflituoso. O Estado manifesta interesse na estabilidade das expressões religiosas no império, integrando no seu grémio o cristianismo (pela primeira vez referido legalmente como uma *religio*) concedendo liberdade absoluta aos seus habitantes para, dentro da lei, orarem aos seus deuses, e ao seu Deus, pela salvação de Roma e do imperador. O texto sublinha ainda uma novidade: por ordem imperial, as consequências das medidas repressoras anteriores, como as expropriações, deviam ser revertidas a favor dos lesados[15].

É um facto que Constantino, dando continuidade à política do progenitor Constâncio Cloro[16], revelou acerca dos cristãos, ao longo do seu reinado, uma postura situada entre a neutralidade religiosa promotora da liberdade para os mesmos e um filo-cristianismo ativo. Em 313, o papa Milcíades recebeu em doação o palácio de Fausta, esposa de Constantino, mas filha de Maximino Hercúleo e irmã de Maxêncio, lugar em que seria erigida a Basílica de S. João

---

clareza de espírito, se ao menos o arrojo não os tivesse invadido de tal forma e ocupado a razão com tamanha loucura [...] depois de a nossa autoridade lhes ter interditado esse comportamento [...] muitos foram subjugados pelo medo, e outros ainda castigados. Mas como um grande número se mantém resoluto no seu propósito [...] julgámos dever ser estendida, também sobre eles, a nossa expedita indulgência. Que possam novamente declarar-se cristãos e reunir-se em assembleias, na condição de aí nada ocorra contra as leis."; Eus. *HE* 8.17.3-11.

[15] Lact. *Mort. Pers.* 48; Eus. *HE* 10.9.2-14. Édito em carta dirigida ao governador da Bitínia . Ibid. 46 "... deliberámos conceder prioridade ao que devia ser ordenado quanto ao culto religioso de modo a darmos, aos cristãos e a todos, livre poder de seguir a religião que cada um tiver escolhido [...] a ninguém deve ser negada a liberdade, quer pratique o culto dos cristãos, quer entregue a sua consciência a qualquer religião que cada um sinta como mais adequada a si próprio [...] decidimos ainda que se estabelecesse, acerca dos cristãos (*in personna christianorum*) que os ditos lugares em que dantes costumavam reunir-se, cujos documentos oficiais haviam sido confiados ao teu cuidado, sejam restituídos à fórmula exacta de outrora. E se for constatado que, naqueles tempos, alguns foram alienados pelo nosso fisco ou por qualquer outra instância, depois de arredado qualquer escrúpulo e reserva pela perda, sejam os mesmos lugares restituídos aos cristaos sem pagamento pecuniário ou qualquer pedido de recompensa. E também os que foram constituídos proprietários dos bens, seja porque os compraram seja porque os receberam em doação, de igual modo os devem devolver na totalidade aos cristãos."

[16] Na *HE* 8.13.12-14, Eusébio identifica a benignidade de Constâncio Cloro para com os cristãos, precisada não propriamente por atos de benefício, mas de recusa da perseguição (atente-se na formulação negativa: "ele não nos fez qualquer mal, e por isso foi abençoado". 13 "jamais tomou parte na guerra contra nós; ao invés, protegeu de danos e maus tratos os cristãos a seu serviço. Não destruiu igrejas, nem criou contra nós inovação alguma. Por isso, o fim de sua vida foi feliz e abençoado [...]" 14 "seu filho Constantino, tendo logo sido proclamado imperador absoluto e Augusto pelos soldados [...] mostrou-se zeloso sucessor da piedade paterna para com a nossa religião" Em texto posterior, na *VC* 1.13-18, o mesmo autor afirma que Constâncio Cloro era já um cristão, a fazer-se passar por pagão e, por isso não aplicou as leis de Diocleciano nos territórios do seu governo. Santa Helena, sua primeira esposa e mãe de Constantino, já após o domínio absoluto do seu filho, tornou-se uma figura notável na identificação e embelezamento dos lugares santos na Palestina (Eus. *VC* 3.46; Ambr. *De Obitu Theodosi* 42.

de Latrão. Nesse mesmo ano, o Concílio de Roma presidido por Milcíades condenou a primeira heresia do Ocidente, o donatismo, que reclamava um novo batismo para os que haviam negado a fé no tempo das perseguições. E, pela primeira vez, um bispo condenado pelo colégio episcopal, Donato Magno, apelou da decisão eclesiástica conciliar ao imperador, solicitando-lhe uma nova reunião de bispos para resolver assuntos internos da Igreja. Constantino intermediou o conflito donatista que atravessava a Igreja de África até 317, emitindo um édito, hoje desaparecido, mas com uma reescrita no período teodosiano[17]. A atuação de Constantino durante a emergência da querela donatista consolidou um modo de agir na relação entre o Estado e a Igreja que se manteria durante a crise ariana, tornada visível após a vitória sobre Licínio em 324. Saliente-se a tipologia das relações entre poder político e Igreja, mais do que o conteúdo das mesmas, a abrir precedentes. Doravante, as duas instituições reconhecem-se mutuamente, dialogam, discutem, divergem, mas não mais poderão ignorar-se ou afirmar a irrelevância da outra.

Paralelamente, a descompressão das políticas repressivas contra os cristãos avançou desde logo, em 313, incidindo cirurgicamente sobre aspetos imediatos causadores de enorme instabilidade para a já imensa demografia de fiéis cristãos no império: a legislação contra a delação, a proibição de marcar o rosto dos condenados ao circo ou às minas constituem bons exemplos[18]. Em 313, numa redação que denuncia o contexto donatista, excusa-se o clero de receber qualquer forma de coleta pública e, em 320, é-lhe reconhecida não só a isenção fiscal como a dispensa do exercício de qualquer serviço público[19]. No mesmo ano,

---

[17] O I Concílio de Arles reuniu dezasseis bispos do Ocidente romano (Europa e África) e dele resultaram várias decisões como a unidade da Igreja em torno da universalidade do dia da Páscoa (c.1); a excomunhão dos soldados que, sob pretexto de serem cristãos, recusavam combater (c.3); condenação do clero ausente das suas comunidades (c.2); a excomunhão dos que assistiam a corridas de circo ou às lutas de gladiadores (c.5); a deposição do clero que tinha "entregado" (os *traditores*) os livros sagrados durante a perseguição (c.13); a exigência da presença de três bispos para a ordenação sacerdotal (c.21). O envolvimento de Constantino no conflito donatista que perturbava a Igreja de África com desordens públicas levou a que, em 317, fosse emitido um édito proclamando-os inimigos do Estado (*publicum crimen* Cod. Theod. 16.5.40) , ordenando a dissolução das suas igrejas e o confisco de bens (reescrita teodosiana Cod. Theod. 16.6.2). Legislação contra os donatistas de conteúdo vário em Cod. Theod.16.5, 37-41; 43; 44; 46; 52; 54; 55; 65; 6.4-5.

[18] Cod. Theod. 10.10.1-3 c.1-2; contra o confisco dos bens ordenado por Maxêncio Cod. Theod.10.7,1; Cod. Theod. 9.40 a justificação para o abandono desta prática antiga denuncia o abrandamento da crueldade e o reconhecimento de que a face "é formada à semelhança da beleza celeste" (...*minime in eis facie scribatur [...] quo facie quae ad similitudinem pulchritudinis caelestis est figurata, minime maculetur*). As medidas de Constantino estendem-se a todo o império após 424 (Eus., *HE* 10.9.6 (falando do vitorioso Constantino e do seu filho Crispo) "recuperavam o Oriente que lhe cabia e restabeleciam a precedente unidade do império romano..."; *HE* 10.9.8 "promulgavam-se, portanto, em todo o lugar, mandamentos muito humanitários..."

[19] Cod. Theod. 16.2.1; Cod. Theod. 16.2.2 *Qui divino cultui ministeria religionis impendunt, id est hi, qui clerici appellantur, ab omnibus omnino muneribus excusentur, ne sacrilego livore quorundam a divinis obsequiis avocentur*. Cod. Theod. 16.2.10, de 453, aprovada pelos Augustos Constâncio II e Constante.

Constantino determinou que os decuriões, ou filhos de decuriões, ou qualquer indivíduo provido de bens capaz de assumir deveres públicos (como pagar impostos e assumir funções cívicas) fossem impedidos de se ordenar clérigos[20]. Logo em 318, no Ocidente, é aberta a possibilidade de os bispos assumirem funções de juízes dentro da sua comunidade para todos os que decidissem, livremente, transferir os seus litígios para esta instância[21]. Um ano depois, Constantino decreta o direito de qualquer cristão legar os seus bens à Igreja *sanctissimo catholico uenerabilique concilio*[22]. Também em 321, são revogadas as antigas leis de penalização patrimonial para os celibatários, válidas desde o imperador Otávio César Augusto, sendo respeitada, para estes, a *aequa condicio*[23]. Cristãos, ordenados ou não, são libertados da compulsão de celebrar sacrifícios diante dos cultos tradicionais, com respetiva punição dos que a tal os forçavam[24]. Percebida a prática de, nas comunidades cristãs, os senhores libertarem os seus escravos, em 323 é aprovada uma lei que determina a legitimidade, face ao estado romano, desta manumissão, sendo necessário, para os proprietários leigos, que haja testemunhas do ato (diante de um clérigo). Se o proprietário for ordenado, dispensam-se o documento escrito ou as testemunhas[25]. Em 326, Constantino reforça a interdição de os cidadãos proprietários de bens que os habilitavam a assumir deveres públicos serem aclamados clérigos[26], e, no mesmo ano, determina o privilégio da Igreja católica sobre as demais igrejas cristãs, que não gozariam do benefício "*munus*" imperial[27]. A subsidiariedade face à Igreja depende, pois, de um juízo sobre a sua ortodoxia, sendo esta estabelecida na discussão interna dentro da Igreja com a iniciativa, vigilância e sanção imperiais.

A ação de Constantino estendeu-se, evidentemente, por outras vertentes, militar, económica, conduzindo uma estratégia política no sentido de assegurar a monocracia e de a legar à sua dinastia, o que foi conseguido até Juliano, em 363. Do recorte legal selecionado a partir do *Codex Theodosianus*, damos, contudo, destaque às determinações imperiais que refletem, nas suas motivações e consequências, uma sociedade romana que se transforma sob o impacto do cristianismo legalizado. Mais do que determinações legais restringidas às questões da doutrina ou da vida interna da Igreja, privilegiámos aquelas que, direta ou indiretamente motivadas pela alteração de mentalidades e pela influência do

---

[20] Cod. Theod. 16.2.3.
[21] Cod. Theod. 1.27.1.
[22] Cod. Theod. 16.2.4.
[23] Cod. Theod. 8.16.1.
[24] Cod. Theod.16.2.5.
[25] Cod. Theod. 4.7.1.Cod. Theod. 4.7.1.
[26] Cod. Theod. 16.2.6.
[27] Cod. Theod.16.5.1 *Privilegia, quae contemplatione religionis indulta sunt, catholicae tantum legis observatoribus prodesse oportet. Haereticos autem atque schismaticos non solum ab his privilegiis alienos esse volumus, sed etiam diversis muneribus constringi et subici.*

cristianismo, pressionam o estado, sociedade, instituições e economia a se adequarem à transferência e partilha de poderes reais e simbólicos com estes novos interventores no espaço público. Assim, na legislação constantiniana sobre a Igreja e os cristãos sobressaem aspectos como questões patrimoniais, direitos e deveres económicos, civis e sociais de grupos humanos.

Com a paz, a Igreja pôde instalar-se no século e adquirir consistência enquanto instituição nova no seio de outras instituições romanas. O imperador e o estado romano agem sobre ela sob o princípio de que, uma vez integrada na romanidade, lhe caberia um lugar e uma função conforme os objetivos da promoção da estabilidade, da unidade e do bem públicos. Por isso, os assuntos internos da Igreja, tais como a emergência das heterodoxias de cariz mais disciplinar (como o donatismo) ou de cariz teológico (como o arianismo, de que falaremos) merecem a atenção do imperador. Deste recorte, pensamos, não podemos inferir a fé individual cristã do seu promotor, uma vez que o imperador se preocupa em defender, em primeiro lugar, a estabilidade do império: ao determinar que os membros do clero católico estão impedidos de coletar impostos em nome do Estado, procura separar as duas esferas, política e religiosa, em que a primeira sobressai no controlo económico. Mas, ao afirmar que as igrejas católicas, (e apenas estas, as ortodoxas) são beneficiadas pelo *munus* público, procura sujeitar o poder eclesiástico à supremacia da instância política enquanto gestora de bens económicos: as igrejas requerem e gerem recursos e património, mas o acesso a estes exige a intermediação do Estado. E, por isso, não pode coletar impostos, mas pode receber o subsídio imperial. Assim, ter uma palavra a dizer quanto aos recursos a que a Igreja acede ilustra uma adesão racional, e não apaixonada, ao cristianismo (cf. N. 25 a última frase do c. 16.5.1 do *Codex Theodosianus*[28] "devem os ricos, deste modo, suportar as necessidades do século, e os pobres das igrejas ser sustentados pelos que têm recursos").

De facto, o imperador isentou os membros do clero de impostos e do exercício de cargos públicos (assim como da obrigação de sacrificar e prestar culto aos deuses tradicionais), mas, ao determinar, simultaneamente, que os dotados de bens próprios capazes de pagar impostos e de exercer cargos públicos fossem impedidos de aceder à ordem clerical, procura uma equilibrada separação de recursos humanos entre os ofícios do Estado e os ofícios da Igreja, mas também limita que esta aceda aos recursos tradicionais do Estado, conservando-os este para a ação tradicional. Não estaremos habituados a vislumbrar esta face ao piedoso Constantino, mas que sentido dar a estas medidas que não o da vontade, não de fundir Estado e Igreja, mas de separar, clarificar esferas de atuação claras, manter os recursos tradicionais do funcionamento do Estado (i.e. os impostos e o trabalho dos cidadãos válidos). Esta proposta de coexistência entre as duas esferas pode também vislumbrar-se no reconhecimento dos bispos como instâncias jurídicas invocáveis pelos cristãos, desde que assim o desejassem. Do mesmo

---

[28] *Opulentos enim saeculi subire necessitates oportet, pauperes ecclesiarum divitiis sustentari.*

modo, a manumissão dos escravos pelos seus senhores cristãos implicaria que estes novos livres e novos cidadãos, de número decerto considerável, se mantivessem no seu grupo social, na verdade pobre e indotado, mas com autonomia para gerirem os seus assuntos e trocarem entre si, geracionalmente ou em doações colaterais, o seu património. O Estado preservava para si, portanto, o que lhe era habitual, ou, pelo menos, mantinha a supervisão sobre o que se passava na Igreja, através do controlo sobre os bispos. Seria esta massa humana, sem recursos e não representativa do poder económico e das elites da sociedade civil, a base de captação para os cargos eclesiásticos, cenário real no Ocidente, mas sem dúvida inadaptado já à expressão social do cristianismo no Oriente.

Esta engenharia social é também visível no fim das penalizações patrimoniais associadas ao celibato e na possibilidade de a Igreja constituir herdeira legítima dos bens dos cristãos. Medidas deste teor permitem à Igreja reforçar-se enquanto instituição possuidora de património, recursos humanos, organização e hierarquia muito similares, mas claramente paralela à das estruturas civis romanas do mundo tardo-antigo. Assim lemos a juridisção dos bispos nos seus episcopados, em que a Igreja recebe uma atribuição até então exclusiva dos poderes civis. As leis constantinianas, portanto, promovem a ascenção e a estabilização da Igreja como par institucional e de diálogo com o imperador, mas de um modo coexistente, em que este não subtrai à sociedade civil ou à condução política os deveres e os privilégios que elas então detinham. A legislação de Constantino, na verdade, promove condições para que a Igreja e o seu povo se estabeleçam como uma comunidade fechada, um estado dentro do Estado, com património, direitos e deveres internamente intrínsecos.

Merece discussão se tal estratégia está motivada pelo pressuposto da justa reparação face a um passado penalizador ou a um esforço para conter, acomodando-os e dando-lhes um tratamento legal, polos opostos (sociedade greco-romana tradicional vs comunidades cristãs). Mas o séc. IV virá a mostrar que a coexistência dará lugar à integração entre os dois polos, com o esmagamento da diversidade exibida pela sociedade clássica pré-cristã, mostrando que, como muitas vezes acontece, o legislador é ultrapassado pela dinâmica própria dos acontecimentos, mesmo quando do pensa ser ele o seu promotor.

A valorização da presença da Igreja nas cidades manifesta-se pelas obras monumentais de Constantino, "construtor de igrejas". São construídas em Roma, mas sobretudo em Constantinopla (Igreja dos Santos Apóstolos, de S. Salvador, Igreja de Santa Sofia, Santo Estevão e Santa Irene), na Palestina (Jerusalém, no Monte das Oliveiras, no Santo Sepulcro, em Belém, a Basílica da Natividade, que inspiraria a Basílica de Santa Maria Maior *ad Praesepe*, em Roma, de 363), em Antioquia, em Nicomédia (atual Izmit)[29]. Muitas delas surgem sobre ruínas, aproveitando edifícios civis como palácios (S. João de Latrão), hipódromos (Santo Estevão em Constantinopla), ou mesmo sobre os escombros de templos pagãos

---

[29] Eus. *VC* 1.3.1; 1.3.28; 1.3.42; 1.3.44; 1.3.48; 1.3.50.

arruinados pela erosão do tempo, periclitantes, uns desafetados, outros demolidos, como o templo de Vénus em Jerusalém, que cedeu lugar à Igreja do Santo Sepulcro, o templo de Aphaca na Fenícia, destruído pela imoralidade do culto aí praticado, o de Esculápio, na Egeia (Cilícia), o *Serapeum* de Alexandria, fechado desde 325 e destruído por uma turba de cristãos ou de soldados em 392, na sequência da legislação anti-pagã de Teodósio e da tendência de, em Alexandria, os conflitos religiosos assumirem proporções de violência extrema[30]. Em 326, uma lei recomendava aos juízes das províncias que não promovessem novas obras públicas sem darem continuidade, ou restaurarem, as obras já começadas pelos seus predecessores, à exceção dos templos. Desta expressão *exceptis templorum aedificationibus* ressalta a ambiguidade: alguns interpretam-na como um sinal do desleixo imperial face aos templos pagãos, mas, lida com atenção, o sentido talvez seja o inverso: num momento de "frenesim para deixar obra feita", os delegados provinciais são instados a darem acabamento às obras públicas dos seus antecessores e a não começarem novas, à exceção dos templos...Podem portanto estes ser começados, ou devem ser abandonados como estão[31]? Temos dificuldade em afirmar qual corresponde à verdade, atendendo à data recuada atribuída a esta medida, num período ainda delicado para enfrentar o paganismo e a solidez dos seus templos.

A febre de renovação urbana operada por Constantino, associada à reparação de uma época de paz, ocorre já em deliberada oposição religiosa, no que podemos considerar ter um imperador a tomar partido pelo património edificado dos cristãos? É difícil prová-lo, ainda que tal seja afirmado pelos escritores cristãos, o biógrafo e o historiador.

Teremos de esperar pela 2ª metade do séc. IV para vermos imperadores a assumirem a destruição deliberada do património pagão, sendo esta, sobretudo, motivada por revoltas locais e alvos de queixas dos últimos pagãos esclarecidos ao imperador[32].

Insidiosamente, no entanto, Constantino procura, sob uma declaração formal de liberdade, retirar o Estado de um compromisso com os cultos religiosos tradicionais (permitindo, no entanto, aos funcionários e aos privados a edificação de altares pagãos) e agir como um "administrador de fora" (*episcopos ton ektou*)[33] para com a buliçosa e desorganizada Igreja.

Os romanos cristianizam-se e a Igreja ganha uma hierarquia consolidada no território imperial, o espaço urbano cristianiza-se, o tempo também se cristianiza: veja-se, por exemplo, o cuidado do imperador em garantir que o *Solis Dies* coincida com a celebração do *Dies Dominicus*, o dia da celebração da ressurreição

---

[30] Eus. *VC* 1.3.58; 1.3.56; Teodoreto de Ciro, *HE* 1.4.22. Sozom. Hist. eccl 1.2.5.

[31] Cod. Theod. 15.1.3 *Provinciarum iudices commoneri praecipimus, ut nihil se novi operis ordinare ante debere cognoscant, quam ea compleverint, quae a decessoribus inchoata sunt, exceptis dumtaxat templorum aedificationibus.*

[32] Lib. Or. 30 (dirigida a Teodósio, imperador do Oriente, em 386).

[33] Eus. *VC* 4.3.24.

para os cristãos; a urgência, desde o Concílio de Arles, em garantir que o dia de Páscoa seja o mesmo para todos os cristãos; o cuidado em fixar a celebração da natividade do Senhor na festa do *Solis Dies Natalis*. Seguindo um método de não afrontamento e de uma procura de consensos, a sacralização pagã do tempo, de ritmos ancestrais, transfere-se para a sacralização cristã do calendário, questão em aberto e de soluções díspares dentro das igrejas pré-constantinianas que, em tempos de procura de unanimidade não só dentro das comunidades cristãs e de unidade do orbe romano em torno do imperador, urge regular e converter em sinal externo de um império a respirar em uníssono[34].

A procura da unidade e da concórdia pátrias como propósito do monocrata vencedor que era Constantino reflete-se, também, no modo como lida com a descoberta da variedade de cristianismos, ou das heterodoxias, no momento em que a fé se pôde tornar pública. A questão donatista, com expressão na Igreja de África, constituiu um ensaio para Constantino, e para os imperadores que o seguiram, sobre o modo de lidar com a divergência religiosa nas comunidades cristãs. Mais do que a divergência teológica, as autoridades imperiais temem a desordem pública em lugares já, de certo modo, ressentidos pelo seu estado periférico em relação às muito poderosas capitais imperiais de Roma, Ravena ou Constantinopla[35]. E, deste modo, protegem e proclamam o catolicismo (isto é, a fé universal definida em concílio na presença do imperador) como a entidade legítima de agregação dos cristãos. A Igreja, como o Estado, quer-se uma voz.

Tal como sucedera após a sua vitória no Ocidente, em 312, com a controvérsia donatista, a vitória sobre Licínio encontrou a Igreja do Oriente ensombrada pela heresia ariana. O presbítero Ário de Alexandria, líbio de nascimento, afirmava a superioridade ontológica do Pai em relação ao Filho, sendo este, portanto, Filho de Deus e não Deus em si, que é o único que não conheceu génese. Nos seus inícios, a divergência arianista confundia-se bem com uma discussão filosófica e teológica de sábios no interior da igreja alexandrina, fortemente herdeira de uma cultura de especulação filosófica erudita assente no helenismo neo-platónico em diálogo com o cristianismo[36]. Acrescenta-se ainda a evolução religiosa acontecida na Antiguidade Tardia,

---

[34] (421) Cod. Theod. 2.8.1-2. Dias 2013 461-463: "...as decisões de Constantino contribuíram para a lenta cristianização do quotidiano dos romanos. Mas pensamos que esta ocorreu mais pela subtileza do método constantiniano do que pelo condicionamento explícito". Dá-se o exemplo da alteração dos dias da semana, numerados em relação a um *primus dies*, e obrigatoriedade de respeitar o *Solis Dies* como dia de repouso, primeiro entre os diáconos e homens de Deus a quem confiara o serviço do seu palácio, depois nos exércitos, em seguida generalizado a toda a sociedade, sendo este o dia em que os cristãos já prestavam honras ao Senhor ressuscitado (Eus. *VC* 4.18.2-3. Veja-se a oração dominical ensinada aos soldados, rezada a um Deus abstrato e difuso "Só a ti reconhecemos como Deus único [...] em unidade te oramos e suplicamos-te que preserves por longo tempo, salvo e triunfante o nosso imperador Constantino..." (Eus., *VC* 4.20.)

[35] Kaufman P. 2009 131-142.

[36] Eus. *VC* 3.62.

entre os pagãos, que caminham para um monoteísmo abstrato, sem rosto, dedicado a uma divindade suprema, providente e omnipresente, a quem a pluralidade tradicional da religiosidade pagã soava já a mitos e superstições. Esta divindade difusa, identificada com o sol, cultuada entre pagãos cultos e entre as elites militares (Constâncio Cloro, Constantino) encontra pontos de contacto com o Deus Pai eterno, criador de todas as coisas, mas tem dificuldade em incorporar o episódio histórico de Jesus Cristo, ungido pelo pai, ou de aceitar, neste Homem, a Divindade feita carne desde o princípio dos tempos. Os esquemas mentais do homem grego e romano facilmente encontravam paralelo entre a narrativa da humanização de Cristo e o estatuto do herói divinizado como Hércules, Orfeu ou Adónis, ou mesmo Osíris, e os filhos de Zeus, Dioniso e Apolo, a quem se associavam mitos de breves presenças corpóreas, aparições e fenómenos revelados, interação com os seres humanos, devidamente associados ao culto que recebiam em determinados santuários: nascimento maravilhoso, um ciclo de eventos na terra, morte violenta e retorno à vida, com um estado apoteótico final (ascensão?).

Deste modo, a igualdade entre as pessoas divinas parecia conflituar com a narrativa da filiação do Jesus histórico apresentada pelo cristianismo ortodoxo e uma ameaça sobre o princípio do monoteísmo. A cristianização das elites intelectuais ocorreu precocemente no Oriente, em cidades criadoras de uma paideia helenístico-cristã produtora da primeira idade do ouro da patrística, que é inteiramente grega. A divergência disciplinar, litúrgica e teológica era comum entre as comunidades cristãs, cuja condição de ilegalidade forçava ao isolamento e à descontinuidade de gerações. Por outras palavras, o cristianismo pré-constantiniano desenvolveu-se no plural, dentro de um quadro ideológico e de mentalidades que, preservando o núcleo paulino, na verdade absorvia muito do contexto local pré-existente.

A legalização da Igreja tornou mais graves as consequências desta diversidade, convertida em verdadeira ameaça para a ordem pública e a estabilidade urbanas, uma vez que os seus promotores ocupavam cargos, geriam património, paróquias e dioceses, eram responsáveis por assuntos públicos, civis e jurídicos. A assunção do papel de árbitro por Constantino e pelos imperadores posteriores teve como efeito a transferência do modo romano tardo-antigo em lidar com a divergência política, militar ou criminal para a esfera do religioso, havendo lugar a deposições, exílios, prisões e execuções para os que ousavam o delito de romper a unidade na interpretação da fé (cf. *publicum crimen*), estando a definição do conceito de ortodoxia dependente da posição do imperador vigente, ela própria instável, num contínua alternância de relação de forças[37].

---

[37] O exemplo de Atanásio de Alexandria é paradigmático: nascido em 295, assistiu ao Concílio de Niceia em 325 como diácono, propondo o termo da *homoousia* para definir a relação entre o Pai e o Filho, ordenado bispo de Alexandria em 328, foi exilado por ordem de Constantino entre 11 de julho de 335 e 22 de novembro de 337, permanecendo em Tréveris. Sofreu um segundo exílio

Ário foi excomundado pelo Patriarca de Alexandria, mas as suas posições ganharam apoio em Antioquia e Nicomédia, decidindo o imperador convocar o considerado primeiro concílio ecuménico em Niceia (em 325), que teria reunido duzentos e cinquenta bispos, maioritariamente das dioceses orientais[38]. Dele resultou a condenação do arianismo, muito graças ao empenho de Atanásio, futuro bispo de Alexandria, o criador do termo *homoousia*, a "consubstancialidade" para definir as relações entre o Deus Pai e o Deus Filho. Do Concílio de Niceia saíram importantes decisões, não exclusivamente teológicas, acerca da organização e da disciplina na Igreja[39].

O cisma meleciano (desde 304 que Melécio de Licópolis defendia a autonomia das igrejas do Médio e do Baixo Egito) foi também alvo de condenação; generalizou-se a celebração universal da Páscoa em data fixa já admitida no Ocidente desde 313, mas agora formalmente separada da celebração da Páscoa judaica "observando-se o costume dos Romanos"[40] e foram arduamente discutidas as teses cristológicas, tendendo o Concílio, à exceção de umas dezenas de Bispos, à assunção da igualdade entre o Pai e o Filho, sendo aprovada uma fórmula (um *symbolon*, i.e. uma declaração conjunta) de fé.

---

em Roma, ordenado por Constâncio II, entre 16 de abril de 339 e 21 de outubro de 346; um terceiro exílio, entre 9 de fevereiro de 356 e 21 de fevereiro de 362, por Constâncio II; um quarto exílio, sob Juliano, entre 24 de outubro de 362 e 5 de setembro de 363; um quinto exílio, sob Valente, entre 5 de outubro de 365 e 31 de janeiro de 366, estes três últimos no deserto do Egito. Morreu na sua sede, em Alexandria, a 2 de maio de 373 (Marrou 1963 51, Barnes 1993 218-228).

[38] Eus. *VC* 2.69-3.15 é muito parco quanto ao Concílio de Niceia: explicadas as origens da controvérsia (69); afirma as exortações do imperador à concórdia (70); a que não se alimentem litígios por minúcias verbais. Durante a reunião, o imperador toma a palavra após Eusébio de Cesareia e exorta novamente à paz (12-13). Em 15, refere o acordo sobre a fé (o *symbolon* de Niceia e o concenso sobre a Páscoa). Não há certezas de terem sido fixadas, por escrito, as decisões conciliares. Outras fontes sobre o Concílio de Niceia são posteriores (Socrates *Hist. eccl.* 1.8-13; Sozom. *Hist. eccl.* 1.17-24; Teodoreto de Ciro *HE* 1.17-24; Gel. Cyz. *h.e.* 2.5-11; 25-35; Rufin. *HE* 10.3; S. Hier., *Dialogus Contra Luciferanos* 20.18.183.

[39] Dionísio Exíguo, *PL* 67 40d. O c. 1 proíbe a admissão ao sacerdócio dos homens que se tornaram, voluntariamente, eunucos; o c. 2 proíbe os recém-convertidos de se tornarem sacerdotes; o c. 3, proíbe os sacerdotes de habitarem na mesma casa com mulheres que não fossem da sua parentela direta; o c. 4 determina a submissão dos bispos ao seu metropolita, e impõe a presença e o assentimento de três bispos na ordenação episcopal; o c. 5 determina que todos os bispos se revejam na decisão de um dos seus em causa de excomunhão (isto é, um excomungado não pode ser admitido à comunhão noutra diocese) e institui dois sínodos anuais por cada diocese para garantir a unidade de fé e de ação; o c. 6 reconhece uma verdade de facto, o estatuto preeminente dos patriarcados sobre as respetivas dioceses, cujas nomeações de bispos devem aprovar, Alexandria, Roma e Antioquia, sem delimitação segura em relação a estes dois últimos, o que abrirá, mais tarde, a emergência de um quarto patriarcado, o de Constantinopla. O c. 9 e 10 inibem do sacerdócio a quem quer que tenha cometido um crime na vida civil, ou a quem tenha, durante a perseguição, apostasiado. O c. 15 e 16 proíbe os sacerdotes de se transferirem de igreja em igreja, ou de diocese em diocese. O c. 17 ordena a deposição do clero culpado de usura. O c. 18 proíbe os diáconos de se sentarem entre o clero e o c. 20 proíbe a genuflexão no domingo e durante o pentecostes.

[40] Socrates *Hist. eccl.* 1.9.

A controvérsia aberta pelo Concílio de Niceia deu início a um período de enorme efervescência, mas também instabilidade, não só na Igreja como entre a Igreja e o Estado romano, que só se apaziguaria no Concílio de Constantinopla, em 381, com Teodósio[41]. Para a Igreja, estas tréguas não representaram qualquer sinal de imutabilidade ou da concórdia universal tão desejadas por Constantino. Ao longo da história sobresequente, ela será cindida por modos diferentes de interpretar a fé e de com ela conformar uma disciplina.

O Concílio de Niceia trouxe consigo, contudo, a assunção de uma novidade: ao aceitar que a declaração de fé (o *Credo*) pode precisar o património das Escrituras com clarificações interpretativas que estão para além da revelação escrita, a Igreja validou-se como emissora de verdades da fé, capaz portanto de um dinamismo que a tornou não apenas recetora de um legado evangélico, mas criadora da própria substância da fé, através de um processo interpretativo e especulativo que a vem tornando, em última instância, numa entidade que acompanha os séculos. Além disso, deve-se salientar a consolidação institucional resultante de Niceia e da atuação do imperador. Independentemente das escolhas assumidas pela Igreja e pelo imperador, sobressai uma instituição que se preserva e constrói formas de assegurar a sua autoridade sobre os seus discípulos e sobre os tempos que habita.

2. Os sucessores de Constantino

No final da década de 30, acordou, no Oriente, uma velha ameaça para o Império Romano: os Persas. Já no período de Valentiniano I, os Godos tornaram-se os magnos inimigos externos que Roma enfrentará com diferentes estratégias no séc. IV. Estes dois focos de instabilidade, Persas e Godos, condicionaram os impérios de Constâncio II, Juliano, Joviano, Valentiniano I, Graciano, Valentiniano II, Valente e Teodósio. Dentro das fronteiras, contudo, em particular na Gália, na Germânia, ao longo da fronteira do Danúbio, movimentos locais associados a reivindicações dos militares aí sediados tornaram a segunda metade do séc. IV

---

[41] O Ocidente latino cedo se fixou na decisão conciliar e na posição oficial do imperador, agora residente em Constantinopla, adotando as decisões de Niceia. No Oriente, contudo, as querelas continuaram, e os partidários do arianismo aumentaram de número, a começar pelo próprio imperador, em Constantinopla, e, sobretudo, pela sua família, os filhos que herdariam o império. Ocorreram violências, deposições, exílios, de que sobressaíam as rivalidades entre as metrópoles Alexandria e Constantinopla. Ário morreu em 335 mas, entre 341 e 351, no Oriente sete fórmulas de fé procuraram atenuar a distância teológica entre a ortodoxia e o arianismo: da posição extrema do anomeísmo, fórmula radical do arianismo (o Filho não é nem consubstancial nem igual ao pai, mas totalmente diferente), passando pela Homoiousia - o Filho é semelhante à natureza do Pai e não consubstancial ao pai, até ao Homeísmo – fórmula intermédia, que diz simplesmente que o Filho é semelhante ao Pai, não precisando se em substância ou natureza) - resultado do II Concílio de Sirmio em 357, que agradou a Constâncio II, filho de Constantino e o tornou figura impopular no Ocidente (Marrou 1963 41-50).

socialmente, politicamente e militarmente instável, com a emergência de usurpadores e de movimentos sessecionistas. À exceção de Teodósio, os imperadores supracitados que até Juliano, em 363, pertenceram à dinastia constantiniana e, nos restantes casos, foram chefes militares aclamados pelos seus exércitos, foram imperadores soldados, mortos em campanhas militares, na sua sequência ou traídos por homens da sua confiança[42]: Constâncio II morreu doente, após combates contra os Persas na fronteira oriental do Império; Juliano, em 363, foi mortalmente ferido em combate contra os Partos; Valentiniano I morreu subitamente em 375 após difíceis negociações com os líderes Quados em busca de um tratado de paz, no norte da Hungria; Valente morreu na batalha de Adrianópolis, em 378, uma derrota romana contra os Godos; Graciano morreu em 383 em Lyon, após combate e derrota contra o usurpador Máximo na Batalha de Lutécia; Valentiniano II morreu em 392, em Viena, assassinado por Argobasto, general Franco ao serviço dos romanos, sendo nomeado o usurpador Eugénio.

Dos quatro filhos de Constantino que foram imperadores, só Constâncio II beneficiou da longevidade do seu pai, governando durante vinte e quatro anos, inicialmente com a parceria dos irmãos, mas, após 350, enquanto imperador único. Crispo, o filho mais velho de Constantino, foi executado em 326. Após a morte do imperador seguiu-se um banho de sangue que desbastou os possíveis candidatos a sucessores do Império na família imperial, do qual sobreviveriam as então crianças Galo e Juliano, sobrinhos de Constantino. Foi assim possível manter uma "triarquia" hereditária. Constantino II (César entre 328 e Augusto após 337) herdou a Bretanha, a Gália e a Hispânia, morreu em 340 em disputa com o seu irmão Constante, pelo controlo da Itália. Após a morte de Constantino II, Constâncio II e Constante dividiram entre si o poder, e coexistiram pacificamente durante breves anos, com o primeiro ocupado com o inimigo sassânida e o segundo com a instabilidade na fronteira do Reno e do Danúbio. Constante, o mais jovem dos quatro, César desde 333, herdou o controlo da Itália, África, Ilíria, Macedónia e Acaia. Nascido cristão, e adepto da fé ortodoxa, foi o primeiro imperador a declinar o título de *Pontifex Maximus* e o primeiro a, seguramente, assistir a ofícios religiosos na igreja de Aquileia. O seu fervor teria prejudicado as suas relações com a elite senatorial romana (Harries 2012 191-194). Morreu em 350, vítima da conspiração de Magnêncio. Constâncio II foi Augusto entre 337 e 361. Na divisão do império após a morte de Constantino, couberam-lhe as províncias orientais.

Em 355, Constâncio II nomeou o seu primo Juliano, o único sobrevivente da dinastia constantiniana, como César do império do Ocidente associando-o ao exercício imperial. Ainda jovem, cultivado e amante das letras gregas, revelou-se um bom chefe militar e um bom administrador, contendo as invasões dos Francos e dos Alamanos. Os seus sucessos conduziram à sua aclamação unilateral como Augusto em 360, que se seguiu à ordem de Constâncio II para

---
[42] Harries 2012 209-228.

se deslocar, com os seus exércitos, para a fronteira oriental. Por mérito próprio, ou como pretexto de um exército exausto e pouco motivado para as distantes campanhas na Pérsia de um Augusto distante, Juliano aceitou o título de Augusto e deu início a um reinado de apenas dezanove meses, enquanto imperador único após a morte de Constâncio II em Mopsuéstia, Cilícia, em 361. Infatigável guerreiro, também, Juliano sucumbiu na primavera de 363, em Ctesifonte, numa confrontação contra o inimigo persa.

Apesar de pouco tempo no poder, no entanto, ganha este imperador dimensão, atendendo ao foco do nosso trabalho, pela reversão da política religiosa. Juliano, conhecido por "o Apóstata", pois nascera e fora educado enquanto cristão, foi o último imperador a declarar-se pagão, mostrando-se ativo como intelectual, mas também como legislador e administrador, na defesa do paganismo e na contenção da progressiva cristianização do mundo romano: em 361, promulgou um édito de tolerância, de conteúdo assaz similar ao de Constantino, em 313: declarou todas as religiões lícitas, removendo as medidas repressivas aprovadas por Constâncio II contra o judaísmo, contra algumas manifestações pagãs e contra os cristãos não arianos[43]. Em 362, decretou a interdição de os cristãos ensinarem letras profanas, gramática, retórica, filosofia[44]. Promoveu também, com benefícios públicos, o restauro dos templos e incentivou o culto ao deus sol.

Mau grado a má memória junto dos autores cristãos, Juliano privilegiou uma ação pedagógica, intelectual e argumentativa, no sentido de mostrar o erro dos "Galileanos" (i.e. os cultores do Galileu), termo claramente pejorativo por ele usado para designar os cristãos. Com a sua medida, Juliano procurou conter um fluxo já imparável, que era o da cristianização das elites cultivadas e o serviço que as ciências pagãs vinham prestando à constituição de uma paideia e uma intelectualidade cristãs, diálogo este iniciado, senão desde S. Paulo, pelo menos nos discursos apologéticos dos alvores da literatura cristã, no séc. III. Não era já possível restringir os cristãos no império romano enquanto cultores de uma emergência isolada, excêntrica à cultura grega e latina, de uma região periférica e exótica como, no séc. I, seria compreendida a Galileia. Mas consegue-se entender os propósitos de Juliano: em vez de uma ação persecutória dura, à maneira dos anteriores imperadores pagãos, Juliano esperava colher frutos através da rutura da cadeia de educação, ou seja, impedir que os mestres de gramática e de retórica se sirvam do seu ofício para propagar a fé. Sendo cristãos, deviam limitar-se ao ensino dos seus textos cristãos, ou seja, remeterem-se ao seu grupo. Mas a necessidade desta lei sentida por Juliano é um bom indicativo da permeabilidade que já havia entre a cultura clássica e a cultura cristã... ou seja, a primeira cristianiza-se, a segunda refina-se segundo os modelos e as formas clássicas, numa harmonia geradora da riqueza literária da patrística da Antiguidade

---

[43] Amm. 15.2.7-8. O seu biógrafo e admirador, Amiano Marcelino (22.10), considerou inútil e deplorável a medida de interditar o ensino das letras pagãs por cristãos.

[44] Teodoreto de Ciro *HE* 3,8. Jul. Ep. 61.

Tardia e dos renascimentos europeus, que, restaurando o classissismo, nunca deixaram de ser cristãos[45].

Se pudemos apontar, até Constantino, uma tendência de liberdade religiosa claramente favorável ao cristianismo (uma vez que estava em causa dar aos cristãos condições de presença pública semelhantes às outras expressões religiosas), a sua descendência e os imperadores subsequentes adotaram uma ação tendencialmente mais comprometida com a defesa do cristianismo. Caminhava-se, gradualmente, para a assunção do cristianismo católico como religião do estado romano, acontecida com Teodósio, não tendo o interregno de Juliano abalado esta marcha imparável.

Pequenos passos anunciavam um abrandamento de costumes: o infanticídio foi considerado uma ofensa capital em 374[46], tendo-o o Concílio de Constantinopla de 381 equiparado a um homicídio. A servidão conheceu também alterações: a proteção dos escravos contra a brutalidade, mutilação ou morte pelos seus senhores, já desde Constantino; o impedimento de separar as famílias na venda dos escravos e, como já mencionámos, a possibilidade da sua libertação dentro da Igreja[47]. Desde 336, mas reforçada em 384, Teodósio decretou a proibição, sob pena capital, de os Judeus circuncisarem os seus escravos[48]. De 343, o imperador Constâncio decretou a possibilidade de resgate pelas autoridades religiosas ou beneméritos, com pagamento indemnizatório, das mulheres cristãs retidas em lupanares[49]. Em 365, Valentiniano decretou que os cristãos que tivessem cometido crimes não fossem sujeitos aos combates em arenas[50]. Em 371, com Valentiniano, e em 380, com Graciano, afirmou-se a proteção dos atores e das atrizes de teatro convertidos ao cristianismo[51].

---

[45] Kaldellis 2007 120-171.

[46] Cod. Theod. Valentiniano (374).

[47] Cod. Theod. 9.12.1, maio de 319; Cod. Theod. 2.25.1:...*ut integra apud possessorem unumquemque servorum agnatio permaneret*. Cod. Theod. 4.7.1 de 321.

[48] Cod. Theod. 3.1.15. Medida que cumula uma série legal que interdita os judeus de possuírem escravos cristãos (Cod. Theod. 16.8.5; 16.9.2). Esta medida parece ter pouco impacto do ponto de vista humano. Mas o que se está a transmitir é que os cristãos podem libertar os seus escravos para serem cristãos, ao passo que os judeus, além de não poderem ter escravos cristãos, não os podem circuncisar, isto é...não podem, por essa via, judaizá-los.

[49] Cod. Theod. 15.8.1.

[50] Cod. Theod. 9.40.8: *Quicumque christianus sit in quolibet crimine deprehensus, ludo non adiudicetur. Quod si quisquam iudicum fecerit, et ipse graviter notabitur et officium eius multae maximae subiacebit*. Também Cod. Theod. 8.8.1; 9.7.10

[51] Cod. Theod. 15.7.1; Cod. Theod. 15.7.4: *Mulieres, quae ex viliori sorte progenitae spectaculorum debentur obsequiis, si scaenica officia declinarint, ludicris ministeriis deputentur, quas necdum tamen consideratio sacratissimae religionis et christianae legis reverentia suae fidei mancipavit; eas enim, quas melior vivendi usus vinculo naturalis condicionis evolvit, retrahi vetamus*. Portanto, os atores e as atrizes forçados a essa condição por não serem livres, se forem cristãos, podem abandoná-la. As mulheres livres não podem exercer esse ofício.

Deu-se continuidade a medidas que protegiam o património dos cristãos, consagrados e não consagrados, dentro de uma leitura que a aproximaríamos dos chamados "benefícios fiscais", que, na prática, geram uma condição de conforto para os cristãos superior aos que o não são[52]. É legítimo, face a este cenário, questionar a motivação para cristianização generalizada das populações nas cidades do mundo romano.

Lentamente, começaram a afirmar-se medidas repressoras contra o paganismo. Em 341, Constantino escudou-se na benevolência (*mansuetudo*) do seu pai para determinar o fim dos sacrifícios e das superstições, numa formulação vaga mas exortativa, repetida e reforçada com a proibição do haruspício, em 399, já com Arcádio e Honório[53]. Paralelamente, pedia-se que os templos situados nos meios rurais fossem derrubados, mas sem gerar tumulto, e que, no espaço público, se preserve a arte e que haja margem para a utilização dos edifícios para os *publica uota* e as alegrias do convívio, segundo o antigo costume. Os templos urbanos são pois votados a uma utilização dessacralizada por uma sociedade que, embora próxima do cristianismo, mantém as práticas conviviais e o lazer ancestrais, matéria sobre que o cristianismo tardou em criar alternativa[54]. Curiosamente, o livro 16 do *Codex Theodosianus* dedicado aos assuntos religiosos apresenta como primeira lei (16.1.1) uma interdição de que juízes ou outra autoridade prendam um cristão num templo. Datando de 365, esta lei denuncia que os templos mantinham uso para outras funções, (neste caso

---

[52] 342, Cod. Theod. 16.2.11 os filhos menores do clero estão isentos do serviço público; 343, Cod. Theod. 16.2.8 o clero está isento de novas taxas, do dever de acolher hóspedes e se abrirem um negócio, não devem pagar impostos pela sua atividade; 349, Cod. Theod. 16.2.9 isenção de taxas municipais para o clero. 356 Cod. Theod. 16.2.14. O clero e a sua família gozam de imunidade fiscal; 360 Cod. Theod. 16.2.15. Mas 360 16.2.15.3 os trabalhadores ao serviço do clero devem pagar impostos e 364 Cod. Theod. 16.2.17, os cidadãos ricos estão proibidos de entrar no clero. A partir de 371, Cod. Theod. 16.2.21, o clero volta a pagar taxas municipais, estando isentos os que já gozavam desse privilégio.

[53] Cod. Theod. 16.10.2: *Cesset superstitio, sacrificiorum aboleatur insania. Nam quicumque contra legem divi principis parentis nostri et hanc nostrae mansuetudinis iussionem ausus fuerit sacrificia celebrare, competens in eum vindicta et praesens sententia exeratur.* Em 346, Constâncio e Constante determinaram que os templos fora da cidade deviam permanecer intactos (ou seja, não sofrer desafetações ou destruições) porque acolhiam atividades de jogos e circo, necessárias ao deleite do povo romano (*Quamquam omnis superstitio penitus eruenda sit, tamen volumus, ut aedes templorum, quae extra muros sunt positae, intactae incorruptaeque consistant. Nam cum ex nonnullis vel ludorum vel circensium vel agonum origo fuerit exorta, non convenit ea convelli, ex quibus populo Romano praebeatur priscarum sollemnitas voluptatum*). Do mesmo ano, Cod. Theod. 16.10.4, os templos são fechados e o seu acesso negado, sob pena de espada. As autoridades provinciais são ameaçadas com multas se não fizerem cumprir a lei, o que nos denuncia a dificuldade de impor esta medida pelas autoridades médias. Cod. Theod. 16.10.5 são abolidos os sacrifícios noturnos. Cod. Theod. 16.10.6 - 17.

[54] Cod. Theod. 16.10.16. Cod. Theod. 16.10.15: *Sicut sacrificia prohibemus, ita volumus publicorum operum ornamenta servari;* Ch 16.10.17: *Unde absque ullo sacrificio atque ulla superstitione damnabili exhiberi populo voluptates secundum veterem consuetudinem, iniri etiam festa convivia, si quando exigunt publica vota, decernimus.*

lugar de detenção) apesar das formas cultuais dos sacrifícios e da adivinhação terem desaparecido.

Na sua relação com a Igreja, o Estado assume o seu papel de repressor das heterodoxias, com destaque para o donatismo e para o arianismo, mas incidindo sobre uma variedade criativa, denunciadora não só da fluidez da matéria teológica e disciplinar, mas também de insatisfação, mal estar e desconforto dos cidadãos na sua relação com uma Igreja cada vez mais reprodutora das formas e das representações de poder do Estado e também de reivindicações políticas e económicas regionais. Não por acaso, as leis civis contra as heterodoxias atingem os cidadãos com penas de justiça civil[55] mas também com penalizações patrimoniais, confiscando-lhes os bens ou impedindo-os de gerir as suas heranças. Em caso de dúvida quanto à ortodoxia, a pessoa ficava condicionada a só transferir o património para a sua família de sangue[56]. Estas medidas, que antecedem a aplicação do exílio, prisão, penas capitais, tiveram um enorme impacto, porque impediam a estes movimentos algo que a igreja católica havia garantido: o direito de herdar os bens dos seus seguidores, se estes o desejassem[57]. Acrescenta-se a impossibilidade de construir igrejas e de reunir assembleias, e temos então reunido o cenário legal para o enfraquecimento das heterodoxias enquanto instituições[58]. Em 388, o imperador ordenou o fim das discussões públicas

---

[55] Em 385, em Tréveris, Prisciliano de Ávila tornou-se o primeiro herege a sofrer pena capital aplicada pela justiça civil.

[56] 373, Cod. Theod. 16.5.3 contra os Maniqueus, proibidos de se reunirem em assembleias e de pregarem. 376 Cod. Theod. 16.2.23 divergências religiosas devem ser apresentadas às autoridades religiosas, e casos criminais aos juízes civis. Esta formulação, aparentemente inócua, encerra os seguintes efeitos: a manifesta dissenção teológica deixa de ser o fundamento da justiça civil, mas levantam-se paralelamente acusações que cabem dentro das proibições legais: magia e superstição, apropriação indevida de bens, traição corrupção moral. Secundariamente, a lei reconhece como criminosos os praticantes de algumas heterodoxias. Vejamos o exemplo dos Donatistas, que advogavam o segundo batismo para os que apostasiaram. Neste caso, a proibição do segundo batismo estava contemplada na lei civil (377, Cod. Theod..16.6.2; 392, Cod. Theod. 16.7.4). Leis contra o património dos heterodoxos: 378 Cod. Theod. 16.5.4 confisco dos altares e dos lugares dos não católicos; 379, Cod. Theod. 16.5.5 Proibição de se ensinar outra fé que não a católica.

[57] 381, Cod. Theod. 16.5.7; também 382, 16.5.9 os maniqueus não podem herdar nem legar a outrem os seus bens. Cod. Theod. 16.5.8 arianos, eunomianos e seguidores de Aécio estão proibidos de construir igrejas, sob pena de serem confiscadas; Cod. Theod. 16.7.1 os cristãos que se converteram ao paganismo estão proibidos de fazer testamento (cf. com Cod. Theod. 16.5.7, a similitude das leis); 383 Cod. Theod. 16.7.2 os apóstatas estão proibidos de fazer testamento e os casos duvidosos, de pessoas sobre quem não se aferiu a sua adesão à fé católica, só podem legar aos seus familiares de sangue. 389 Cod. Theod. 16.5.17 os eunucos eunomianos estão proibidos de herdar ou de fazer testamento; Cod. Theod. 16.5.18 os maniqueus devem ser expropriados e expulsos da cidade.

[58] 383 16.5.11-12: *Omnes omnino, quoscumque diversarum haeresum error exagitat, id est eunomiani, arriani, macedoniani, pneumatomachi manichaei, encratitae, apotactitae, saccofori, hydroparastatae nullis circulis coeant, nullam colligant multitudinem, nullum ad se populum trahant*

e do debate sobre religião, sob pena de suplício[59] e, em 392, qualquer pessoa que *fidem catholicam turbat et populum* "perturba a fé católica e o povo" deve ser deportada[60].

No termo do reinado de Teodósio I, o unanimismo em torno do cristianismo católico como profissão do Estado foi atingido, em detrimento das religiões pagãs, fossem elas de índole privada ou integradas nas antigas manifestações cívicas, mas sobretudo contra os outros cristianismos. As leis mostram-nos que as respostas às duas diversidades religiosas, no embate contra um cristianismo unanimista, tiveram algumas gradações: assim, com o paganismo, o cristianismo e o estado cristão assumiram uma repressão lenta, dissuasora, muitas vezes pedagógica, tendo havido espaço, curto decerto, para a coexistência, e também a convivência, o que permite explicar muitas das sobrevivências pagãs que encontramos nas práticas e costumes quotidianos associados ao cristianismo na Europa, até aos nossos dias. Com as heterodoxias cristãs, contudo, a resposta do estado cristão, mesmo quando este hesitou quanto à fórmula do cristianismo a adotar como ortodoxa (e.g. Constâncio II era ariano; Teodósio era católico), foi intolerante. Entre muitas razões que podem justificar esta atuação, apontamos três leituras: em primeiro lugar, a irrisão do paganismo como modelo religioso havia começado muito antes da emergência do cristianismo: o acolhimento de religiosidades excêntricas ao mundo greco-romano; a difusão de filosofias cultas e eruditas que dispensavam os deuses, ou que remetendo-os para um mundo distinto dos mortais, formulavam propostas de conforto espiritual e moral fundamentalmente agnósticas (estoicismo, epicurismo, cinismo, neo-platonismo); uma certa arrogância intelectual no juízo das "superstições" das pessoas simples denunciam todas elas uma crise do modelo religioso tradicional, e também contribuem para o enfraquecer enquanto espaço de genuíno conforto religioso (procura-se noutro lado, em culturas mais distantes, ou exprime-se a irrelevância dos deuses familiares). Eventualmente, esta "insatisfação" face às religiões familiares impulsionou também a adesão dos romanos a um "ramo heterodoxo" do judaísmo, com pátria na pequena e periférica província da Palestina.

Em segundo lugar, o cristianismo que se confrontou com uma pluralidade intrínseca a si próprio, formada desde a génese a partir das contingências do

---

nec ad imaginem ecclesiarum parietes privatos ostendant, nihil vel publice vel privatim, quod catholicae sanctitati officere possit, exerceant."; "*Vitiorum institutio deo atque hominibus exosa,* **eunomiana scilicet, arriana, macedoniana, apollinariana ceterarumque sectarum**, *quas verae religionis venerabili cultu catholicae observantiae fides sincera condemnat, neque publicis neque privatis aditionibus intra urbium adque agrorum ac villarum loca aut colligendarum congregationum aut constituendarum ecclesiarum copiam praesumat...*

[59] Cod. Theod. 16.4.2: *Nulli egresso ad publicum vel disceptandi de religione vel tractandi vel consilii aliquid deferendi patescat occasio. Et si quis posthac ausu gravi adque damnabili contra huiusmodi legem veniendum esse crediderit vel insistere motu pestiferae perseverationis audebit, competenti poena et digno supplicio coherceatur.*

[60] Cod. Theod. 16.4.3.

próprio desenvolvimento do cristianismo no império romano, era já um que procurava formas de se adequar a um tempo e a um estado; de se prolongar no *saeculum*, o que Constantino integrou e modelou às instituições romanas. Um oportuno cristianismo é, portanto, logo apresentado aos romanos nas apologias do séc. III, como uma crença benéfica e salutar para o modo de vida romano, na prática, a garantia do seu último fôlego num mundo perigosamente instável[61]. A pluralidade natural não convinha, pois, a uma religião que busca credibilizar--se num ambiente hostil mas sequioso de segurança. Em terceiro lugar, o império romano tardio foi uma época dominada por ideologias políticas e práticas unanimistas. Afirmar a unidade e a concórdia em torno do imperador e de uma Roma eterna foi o antídoto para uma época instável, em que o império lidava com ameaças externas (a defesa contra os bárbaros) e internas (os episódios de sedição e a afirmação das novas centralidades políticas e militares a partir das províncias). Neste sentido, a integração da Igreja no seio das instituições benevolentes para a causa romana implicava que esta soasse, também, a uma só voz.

O Édito de Tessalonica de 381, firmado por Teodósio e Graciano[62], no rescaldo do Concílio de Constantinopla, que pôs termo à controvérsia ariana, tendo aí sido acordada uma fórmula de fé (o Credo niceno-constantinopolitano essencialmente, a que hoje é assumida pela Igreja católica) ordena que todos os habitantes do império (*Cunctos populos...*) aceitem como religião oficial a que o apóstolo Pedro trouxe aos romanos, a que é afirmada pelo pontífice Dâmaso e pelo bispo Pedro de Alexandria, ou seja, aquela que, segundo a doutrina apostólica e evangélica, reconhece que o Pai, o Filho e o Espírito Santo são a mesma divindade de idêntica majestade em piedosa Trindade. O édito que marca a exclusividade do cristianismo como religião do estado romano, surpreendentemente, procura definir-se, não contra o paganismo, mas sim formular-se enquanto catolicismo romano, a expressão universal de um Deus e de uma Trindade de pessoas divinas iguais entre si, tão unânimes e concordantes como são os agentes humanos, imperadores, bispo de Roma e o bispo de Alexandria[63].

Quanto ao paganismo, entre 391 e 392, Teodósio proibiu o culto aos ídolos e qualquer tipo de veneração de imagens sagradas, sacrifícios e rituais de adivinhação, oráculos, a entrada nos templos pagãos, seja de privados seja de

---

[61] Dias 2013 52-53.

[62] Cod. Theod. 16.1.2.

[63] Cod. Theod. 16.1.2 pr.-1: *Cunctos populos, quos clementiae nostrae regit temperamentum, in tali volumus religione versari, quam divinum petrum apostolum tradidisse Romanis religio usque ad nunc ab ipso insinuata declarat quamque pontificem Damasum sequi claret et Petrum Alexandriae episcopum virum apostolicae sanctitatis (...), hoc est, ut secundum apostolicam disciplinam evangelicamque doctrinam patris et filii et spiritus sancti unam deitatem sub parili maiestate et sub pia trinitate credamus. 1. Hanc legem sequentes christianorum catholicorum nomen iubemus amplecti, reliquos vero dementes vesanosque .*

funcionários do Estado. Em 396, foram abolidos todos os privilégios ainda existentes relativos aos colégios sacerdotais pagãos[64]. Cessaram, assim, todas as ténues ligações entre o Estado romano e as suas antigas tradições religiosas. Não surpreende, pois, que, em 402, S. Jerónimo se orgulhe, numa epístola de congratulações a Leta, matrona romana cristã que acaba de votar a sua filha recém nascida ao celibato, de uma paisagem urbana em que os templos estão cheios de pó e de teias de aranha, com os romanos a passarem diante sem para eles dirigirem o olhar[65].

Cronologia

306- Morte de Constâncio Cloro em Eburacum (York). Constantino aclamado imperador pelo exército de seu pai.
306-337- Constantino Imperador.
311- Édito de Tolerância e morte de Galério. No Oriente, Maximino Daia mantém a perseguição aos cristãos.
312- Morte de Diocleciano. Derrota de Maxêncio por Constantino em Roma, na Batalha da Ponte Mílvia. Início do cisma donatista.
313- Os aliados Constantino e Licínio emitem o Édito de Liberdade. Licínio derrota Maximino Daia. Realização do sínodo de Arles.
317- Constantino nomeia Césares os filhos Crispo e Constantino II Césares.
318- Interdição dos sacrifícios privados.
324- Constantino vence, depõe e faz executar Licínio. Constâncio II elevado a César.
325- Realização do Concílio Ecuménico de Niceia no palácio imperial, na presença do imperador.
326- Execução de Crispo e de Fausta, respetivamente filho e esposa de Constantino.
328- Atanásio é eleito bispo de Alexandria.
330- Constantinopla formalmente consagrada capital do Império.
337- Morte de Constantino. Constantino II, Constâncio II e Constante proclamados imperadores depois da execução da restante linhagem masculina de Constâncio Cloro.
337-340- Reinado de Constantino II.
337-350- Reinado de Constante.
337-361 – Reinado de Constâncio II.
355- Juliano é nomeado César por Constâncio II.
360- Juliano é aclamado Imperador pelos exércitos na Gália.
361- Morte de Constâncio II.
361-363- Reinado de Juliano.
363-364- Reinado de Joviano. Acordo de paz com os Persas.
364-375- Reinado de Valentiniano I, imperador do Ocidente, irmão de Valente.
364-378- Reinado de Valente, imperador do Oriente.
366- Início do papado de Dâmaso.
375-383- Reinado de Graciano, filho de Valentiniano I, imperador no Oriente.
375-392- Reinado de Valentiniano II, filho de Valentiniano I, imperador do Ocidente.
378- Batalha de Adrianópolis. Morte em combate do imperador Valente.
379-395- Reinado de Teodósio.
381- Concílio de Constantinopla. Proclamação do Édito de Exclusividade.
391-2- Legislação anti-pagã de Teodósio.

---

[64] Cod. Theod. 16.10.10-14.
[65] Dias 2015 122.

Bibliografia

Fontes

DMP- Lactâncio, *De Mortibus Persecutorum* - Lactance, *De la mort des persécuteurs*; intr., texte critique, traduction, commentaire et index par Moreau, J. Paris, Éd. du Cerf, (1954) , S.C. 39).

HC- Eusébio de Cesareia, *Historia Ecclesiastica* - Eusébio de Cesaréia, *História Eclesiástica*, Frangiotti R. intr. e n.; Monjas Beneditinas do Mosteiro de Maria Mãe de Cristo trad. Port. S. Paulo, Paulus Editora, 2000.

VC - Eusébio de Cesareia, *Vida de Constantino* (VC) – Eusebio de Cesarea, *Vida de Constantino*, Gurruchaga, M. int. trad. e n. Madrid, Editorial Gredos, 1994.

Cod. Theod.- *Codex Theodosianus* - Momsen, Meyer, Krueger, *Codex Theodosianus*. Berlim, 1923 (disponível *The Roman Law Library*, on line em https://droitromain.univ-grenoble-alpes.fr/)

Cod. Theod. Codex Theodosianus liber XVI (Cod. Theod. 16) Les lois religieuses des empereurs romains de Constantin à Théodose II (312-438), vol. I, Code Théodosien Livre XVI, Mommsen ed., Rougé, J. trad., Delmaire, R. intr. e n. Paris, Éditions du Cerf, S. C. 497, 2005.

Estudos

Ando C. – Jörg Rüpke J. (2006), *Religion and Law in Classical and Christian Rome*. Stuttgard, Franz Steinar Verlag.

Ayres, L. (2006), *Nicaea and Its Legacy*. Oxford, Oxford University Press.

Barnes T., (2011), *Constantine: Dynasty, Religion and Power in the Later Roman Empire*. Malden, Mass., Wiley-Blackwell.

Barnes, T. (2001), *Athanasius and Constantius. Theology and Politics in the Constantinian Empire*. Harvard University Press.

Dillon, J. (2012) *The Justice of Constantine: Law, Communication, and Control*. Ann Arbor, University of Michigan Press.

Baslez, M-F. (2013), "Autour de la Vie de Constantin, d'Eusebe de Cesarée et de l' "Édit de Milan" (313) in *Le tournant constantinien: au défi de la tolérance*, conférence 11 décembre 2013. Université de Sorbonne, acesso online http://lettres.sorbonne-universite.fr/IMG/pdf/SurlaViedeConstantin--MFBaslez-CentreSevres-11122013.pdf 1-10

Dias P. B. (2013), "O legado de Constantino na identidade da Europa cristã: dois casos de estudo" in Pimentel, C. et al., eds *Vir Bonus peritissimus aeque. Estudos de Homenagem a Arnaldo Espírito Santo*. Lisboa, Centro de Estudos Clássicos, 455-463.

_____ (2013), "Cristianismo e responsabilidade cristã na Queda de Roma" in Oliveira F. et al. eds, *A Queda de Roma e o Alvorecer da Europa*. Coimbra, IUC-UCM, 43-64.

_____ (2015), "Conflitualidade Religiosa em tempo de Paz. Religião e política na Dinastia constantiniana", in Soares C. et al., eds *Pólis/Cosmópolis Identidades Globais & Locais*. Coimbra, Imprensa da Universidade de Coimbra, 85-100.

_____ (2015), "Uma família, uma cidade e um Império na encruzilhada religiosa: a propósito da introdução da Epístola a Leta 1-2 de S. Jerónimo (Belém, 402)", *Humanitas* 67 109-129.

Harries J. (2012), *Imperial Rome AD 284 to 363. The New Empire*. Edinburg University Press.

Jones A.H.M. – Martindale J.R. – Morris J. (1971), *The Prosopography of the Later Roman Empire*. Cambridge University Press.

Kaldellis A. (2007), " 'nibbling on Greek learning': the Christian predicament" in *Hellenism in Bizantium. The Transformations of Greek Identity and the Reception of Classical Tradition*. Cambridge, University Press 120-171.

Kaufman P. (2009), "Donatism Revisited: Moderates and Militants in Late Antique North Africa", *Journal of Late Antiquity*, 1, 2 131-142.

MacMullen, R. (1984), *Christianizing the Roman Empire*. New Haven, Yale University Press.

Marrou, H.-I. (1963), *L'Église de l'Antiquité tardive (303-604)*. Paris, Éditions du Seuil.
Medeiros B. – Vergara F. (2013), "Controvérsias na identidade cristã segundo Eusébio de Cesareia em História Eclesiástica" in Cerqueira F. et al., eds *Saberes e Poderes no Mundo Antigo volume II – dos poderes*. Coimbra, IUC 195-212.
Munier's C. (1963), *Concilia Galliae a-314-a.506*. Turnhout, Brepols.
Rousseau, Ph. Ed. (2009), *A Companion to Late Antiquity*. Chichester, Wiley-Blackwell.

15. VIDA E MORTE DO IMPÉRIO DO OCIDENTE

Vasco Gil Mantas
Universidade de Coimbra
Centro de Estudos Clássicos e Humanísticos
ORCID: 0000-0002-6109-4958
vsmantas@gmail.com

Sumário: Apesar de abalado por crises ao longo do século IV, o Império Romano, parecia em condições de conter o fluxo bárbaro e as disputas interiores, nas quais as questões religiosas iam ganhando protagonismo. Dividido em 395, assiste-se no Ocidente, ao longo do século V, ao desmoronar cultural e ao abandono da maior parte das províncias. O desfecho adiado até 476 foi apenas o culminar de um longo estertor, sobre cujas causas é conveniente uma reflexão contemporânea, sem concessões otimistas[1].

1. A divisão do Império: Arcádio e Honório

No ano em que aconteceu a *Partitio Imperii*, agora politicamente irreversível apesar da continuação de uma aparência de unidade (Rémondon 1970 256-262), Roma vivia, de acordo com cálculo elaborado por Varrão nos tempos felizes de Augusto, há 1148 anos, valor que obriga a evocar os doze séculos predestinados pelo voo das aves avistadas no momento mítico da fundação da Urbe. Embora em 395 o Império Romano parecesse consolidado internamente e capaz de resistir às ameaças externas depois do desastre de Adrianópolis (Petit 1974 141-143), a verdade é que os males de vária espécie acumulados, evidentes após o falhanço do sistema tetrárquico, ele próprio instigador da divisão de cariz monárquico decidida por Teodósio, em breve conduziram a situações menos inesperadas que

---

[1] Trabalho realizado no âmbito do Projeto *Rome our Home: (Auto)biographical Tradition and the Shaping of Identity(ies)* (PTDC/LLT-OUT/28431/2017).

irresolúveis. O que Cícero escreveu, considerando que o Estado só existia nominalmente (Cic. *Rep.* 6.1), quando a República, imperial e sob o poder de militares mais ou menos hábeis, se aproximava rapidamente do fim, encontrou eco, poucos anos antes do desaparecimento político do Império do Ocidente, nas palavras de Salviano (*De gub. Dei* 4.6), bispo de Marselha: "O Estado romano está morto ou moribundo mesmo naquelas áreas em que ainda parece vivo".

O Império percorrera, desde a ficção republicana de Augusto, um longo caminho político e cultural, e este último aspeto não é dos menos relevantes no processo que levou ao enfraquecimento da vontade de sobreviver e à incapacidade de controlar as transformações que se foram acumulando. O que sucedeu em 476 foi apenas o epílogo, relativamente benigno quando comparado com outros sucessos do século V, de uma decadência cujas causas se encontram muito atrás (Mantas 2013 117-152; Pereira 2013 11-26). Não é fácil para o historiador, embora talvez o seja mais para o arqueólogo, permanecer imparcial na apreciação dos anos trágicos, e eis-nos de alguma forma a tomar posição, que preludiaram a *débâcle* romana no Ocidente. Quer o conceito de decadência, quer o conceito de crise, têm sido alvo de análises críticas desenvolvidas, ainda que com alguma frequência demasiadamente inspiradas por situações contemporâneas de quem as redigiu. Deixaremos para o final algumas observações sobre estas questões, inseparáveis dessa grande discussão que é a de perceber se a queda do Império do Ocidente foi provocada por acontecimentos internos, ou, pelo contrário, se o fim representou apenas um ato de eutanásia perpetrado por forças exteriores (Palanque 1971 121-125; Riché – Le Maitre 1983 28-33). Cremos que a explicação deve passar antes pelo reconhecimento das alterações experimentadas pela sociedade romana durante séculos, com a inevitável mudança de protagonistas, de valores e de mitos (Petit 1974 241-246).

O hispânico Teodósio, cujo tempo de governo foi preenchido por lutas contínuas, sobretudo internas, tomou algumas decisões que podem considerar-se reflexos dos novos tempos, cujo significado se aprende melhor agora do que na época (Friell – Williams 1994), a ponto de alguns historiadores fazerem coincidir o fim do Império Romano com o governo de Teodósio. Para o confirmar bastaria recordar o Édito de Salonica, instituindo o cristianismo católico como religião do Estado, a proibição da celebração dos jogos olímpicos e o estabelecimento dos Godos a sul do Danúbio, agora como auxiliares do exército romano, expressão que cada vez mais se assemelha a um eufemismo. Quanto à divisão do Império, fugazmente reunido entre 392 e 395, apenas concretizou de forma definitiva o que vinha sendo uma prática de tipo dinástico, alheia à velha tradição romana dos cargos colegiais. Mas atenção, se até 395 os cônsules eram escolhidos pelo primeiro Augusto para todo o Império, a partir desta data cada imperador escolhe um (Jones 1964 238-265; Palanque 1971 25).

Os limites entre as duas partes do Império, embora observando *grosso modo* as fronteiras diocesanas da reforma de Diocleciano, oscilaram nos Balcãs, causando graves tensões que conduziram a conflitos militares, o que teve como resultado algum desfasamento final entre as fronteiras linguísticas greco-latinas, sem atenuar o facto de que o Ocidente é maioritariamente latino como o Oriente é grego, com a agravante da nova capital instituída por Constantino se situar na parte oriental, o que teve consequências. Teodósio, que faleceu em Milão, preparara já a sucessão, instituindo o filho mais velho, Arcádio, como Augusto, em 383, e o mais novo, Honório, em 393. Ao primeiro, então com 17, coube governar o Oriente, enquanto ao segundo, com 11 anos, foi atribuído o Ocidente (Fig.1). A incapacidade de ambos pesou fortemente nos acontecimentos que se seguiram, uma espécie de evolução na continuidade do que pior se vira no século IV (Walbank 1969).

Fig 1 – O Império Romano em 395, após a morte do imperador Teodósio I.

A situação que os herdeiros de Teodósio encontraram não era das mais fáceis, o que não contribuiu para apaziguar conflitos nos Balcãs, que tiveram origem em alterações administrativas verificadas anos antes, que levaram à ocupação das dioceses da Dácia e da Macedónia pelas tropas de Arcádio, prolongando-se o conflito até 401, quando os Godos invadiram o norte da Itália, obrigando a corte de Honório a refugiar-se em Ravena, que será a partir de então a capital do Ocidente, substituindo Milão (Marteli 1981 215-219). Não eram bons os auspícios sob os quais entravam na história os filhos de Teodósio. A favor deles, se quisermos ser condescendentes, o que talvez não caiba aos historiadores, devemos considerar que estes imperadores, pela sua pouca idade, sobretudo Honório, dificilmente poderiam fazer mais que aquilo que os seus tutores desejassem, como na realidade sucedeu (McEvoy 2013 135-304), tudo se desenvolvendo num ambiente bizantino, no pior sentido do termo.

Arcádio ocupou o trono em Constantinopla entre 395 e 408, ano em que faleceu. O seu reinado não foi feliz e não é bem conhecido (Lot 1968 233; Cameron Long 1993). O seu primeiro tutor foi o franco Rufino, logo eliminado por influência de Estilicão, *magister militum* do Ocidente, e substituído por Eutrópio, que se manteve até 399, quando este foi vítima de novas intrigas, envolvendo a facção pró-romana e as forças godas presentes no Império, cuja figura principal era Gainas, que controlou Constantinopla entre 399 e 400, ano em que uma revolta da população levou ao massacre de milhares de Godos, obrigando Gainas a retirar para lá do Danúbio, acabando por ser assassinado. Após o desaparecimento de Eutrópio, o imperador foi dominado pelo prefeito do pretório, Antémio, e pela imperatriz Élia Eudóxia (Holum 1989 48-78), adversária declarada do patriarca João Crisóstomo, num ambiente de intrigas cortesãs, revoltas internas e ameaças nas fronteiras, onde se começa a fazer sentir seriamente a presença dos Hunos, há muito afastados da China pelo seu formidável complexo de fortificações fronteiriças (Altheim, s/d 19-60; Schwartz – Zhewen 2001 205-215).

Arcádio não teve propriamente uma política, pois as grandes decisões foram tomadas por outros e em contexto de oposições mútuas, tendo praticamente desaparecido da vida pública nos seus últimos anos de vida, embora surja como cônsul em 406, talvez devido à morte da imperatriz, vitimada por um aborto espontâneo em 404. No reinado de Arcádio reforçaram-se as medidas contra os dissidentes do cristianismo, assim como contra o judaísmo e o paganismo (Drake 1996 3-36). Em 399 permitiu a destruição dos antigos templos, o que provocou por todo o Oriente uma vaga de devastação insensata (Nixey 2018 135-154), anúncio de um conflito que marcará futuramente a Igreja oriental, a iconoclastia (Grabar 2000). Arcádio construiu um novo fórum em Constantinopla, situado sobre a *Mese*, a avenida da cidade que conduzia do palácio imperial à Porta Dourada, no qual se levantou uma coluna comemorativa da derrota de Gainas (Konrad 2001 319-401), hoje quase desaparecida (Fig.2).

Na política externa devemos distinguir as tentativas de consenso entre as duas partes do Império, o que não impediu a invasão por forças godas do norte da Itália em 401, assim como o apoio à revolta de Gildo, na Mauritânia, cuja secessão a favor do Oriente foi travada por Estilicão, feito celebrado por Claudiano num dos seus panegíricos. Um dos factos mais interessantes da política externa, devido talvez a Eudóxia, foi o acordo em 402 com o Império Persa, o inimigo tradicional na fronteira oriental, agora sob controlo dos Sassânidas (Altheim s/d 89-141; Greatrex; Lieu 2002 31-61). Arcádio teve cinco filhos, o penúltimo dos quais, nascido em 401, sucedeu ao pai como Teodósio II, reinando juntamente com a irmã Pulquéria até à sua morte em 450. Antémio foi quem realmente governou até 414, iniciando a construção na nova muralha de Constantinopla, reforçando as flotilhas de vigilância do Danúbio e regularizando o abastecimento de víveres à cidade (Bury 1923 212-214).

Fig.2 – O pedestal da Coluna de Arcádio, em 1574 e na actualidade (Istambul).

Até aqui temos observado os acontecimentos do reinado de Arcádio, que alguns historiadores situam já no contexto bizantino. Em termos práticos assim podem considerar-se os primeiros tempos da divisão do Império, ainda que sobrevivam elementos de unidade. Consideramo-los um período de transição a caminho da realidade irrecusável e incontornável de dois mundos diferentes: "Ce n'est pas la mort de Théodose, comme l'ont dit souvent, mais plûtot celle de Constantin et la disparition de Julien qui sont à l'origine de ce dualisme, lequelle était d'ailleurs dans la nature des choses et qui ira seulement en s'aggravant au cours du Ve, du fait des conditions économiques, sociales, intellectuelles et politiques" (Palanque 1971 30). Esta verdade explica, em parte, o que vai passar-se no Ocidente, que apenas 15 anos após a morte de Teodósio verá os Bárbaros dentro das muralhas de Roma, mas agora como senhores.

Honório, como imperador, transmite uma imagem ainda pior que a de Arcádio, protagonizando atitudes de imbecilidade e um carácter vingativo, uma espécie de tiranete que apenas inspira aversão. Tal como no Oriente, o poder vai ser exercido por um tutor, Estilicão, de origem vândala mas profundamente romanizado, casado com Serena (Fig.3), a sobrinha favorita de Teodósio (Magnani 2002), e que fez desposar sucessivamente as filhas, Maria e Termância, com Honório, sem consequências para a sucessão, pois o imperador não teve filhos e as duas irmãs terão morrido virgens. Estilicão era um militar capaz e um político hábil (Hughes 2010), que procurou estender o seu poder ao Oriente, pretendendo que Teodósio o nomeara tutor dos dois imperadores, o que foi contrariado em Constantinopla, provocando dificuldades entre os dois impérios para as quais contribuíram as intrigas cortesãs e raciais, características da época, que duraram até à morte de Estilicão em 408, vítima de uma conspiração cuja razão principal seria a de querer pactuar com o chefe godo Alarico, que já vencera várias vezes na Macedónia e na Itália, mas cujas tropas poderiam ser utilizadas para enfrentar as ameaças que surgiam um pouco por todo o Ocidente, onde começava o abandono de províncias deixadas inermes e um usurpador britânico, Constantino III, se estabelecera na Gália.

Fig.3 – Estilicão, Serena e o filho Euquério (Díptico da Catedral de Monza).

O assassinato de Estilicão e do filho Euquério foi acompanhado por retaliações em larga escala contra os *foederati* na Itália, que teve como consequência a deserção em massa para o lado gótico, repressão que se alargou a todos os colaboradores próximos. A morte de Arcádio, no mesmo ano, completa o cenário de dificuldades do ano 408, quando os Vândalos e outros bárbaros que com eles entraram na Germânia e na Gália nos finais de 406 se aproximam da Hispânia. Quanto aos Godos, estão finalmente às portas de Roma. Deixaremos para depois o relato do saque da Cidade Eterna, na verdade um acontecimento militar de pouca importância, mas que ecoou pelo mundo que ainda era romano, e seguramente para além dele, como o sinal de tempos novos, ou pelo menos, como epílogo dos anteriores, não tendo faltado na altura êmulos de Francis Fukuyama para o justificarem (Fukuyama 1992)[2].

---

[2] Uma atitude vulgar quando se pretende defender uma mudança social decisiva, a partir da utópica criação de um "homem novo" marcando o fim de um ciclo histórico ou civilizacional.

A corte de Ravena, no momento dominada por um tal Eusébio, demonstrou uma total incapacidade para tratar com Alarico, instalado em Óstia desde 409, o que lhe permitia controlar o abastecimento de Roma, onde instala como imperador o prefeito urbano Prisco Átalo, para de seguida o depor numa última tentativa para convencer Ravena a pactuar. Falhadas as negociações, em que participou o próprio Papa Inocêncio, e reforçada pela chegada de algumas tropas enviadas do Oriente a confiança de quem pontificava em Ravena, o destino da cidade decidiu-se. Em 24 de agosto de 410 os Godos entraram em Roma, pilhada durante três dias e onde Alarico aprisionou Gala Placídia, meia-irmã de Honório (Orósio 7.39.15). Gorada a passagem para a Sicília, as tropas godas recuam em direção à Gália, onde acabam por se instalar sob a chefia do sucessor de Alarico, Ataúlfo, que desposa Gala Placídia (Serrano 2006).

Honório preocupou-se mais em legislar contra judeus, pagãos e heréticos que em resolver os problemas militares do Império, invadido de todos os lados e dividido entre usurpadores, entre os quais voltamos a encontrar Átalo, agora na Narbonense, em 414-415. Com dificuldade, o general Constâncio conseguiu estabilizar temporariamente a situação, o que tornou possível a reunião em Arles, para onde foi transferida a capital da diocese das Gálias, de uma assembleia das sete províncias meridionais gaulesas, em 418. Constâncio casou com Gala Placídia, viúva devolvida pelo sucessor de Ataúlfo, sendo nomeado Augusto em 421, uma das poucas decisões corretas de Honório, mas sem consequências, pois Constâncio faleceu nesse mesmo ano. Os Godos estão agora no centro dos acontecimentos, na Gália e na Hispânia, onde as tropas romanas ou assim designadas continuam a sofrer desaires face aos Vândalos (Ward-Perkins 2006 79-84). O Império do Ocidente torna-se rapidamente um império mediterrânico, abandonada a Britânia e outros territórios da fachada atlântica, onde os Francos começam a progredir. Em 423 Honório entra em conflito com Gala Placídia, que se refugia em Constantinopla, talvez para se subtrair ao assédio do imperador (Matthews 1970 79-97). O imperador morre nesse mesmo ano. Dele podemos dizer, como o fez um cronista: "Este imperador, embora nunca tenha tido nenhum sucesso contra os inimigos externos, teve grande sorte na destruição dos usurpadores" (*MGH* IX 630). Talvez para mal de Roma, acrescentamos.

2. Os últimos imperadores do Ocidente

A morte de Honório, sem sucessor, criou uma situação que poderia ter permitido a reunificação do Império Romano, independentemente de todos os problemas que o estabelecimento de diferentes povos bárbaros no interior de um *Limes* agora simbólico e as crescentes diferenças culturais entre as duas partes poderiam suscitar a essa reunificação. Mas deixemos a história alternativa e voltemos à realidade. Na ausência de sucessor o Império devia ter revertido para Teodósio II, e assim teria acontecido provavelmente se não surgissem no

Ocidente dois rivais, o *primicerius notariorum* João e em África o general Bonifácio, aquele proclamando-se Augusto em Roma e este fazendo secessão e retendo a frota do trigo destinado à Itália. Nesta contingência Gala Placídia conseguiu que o filho de Constâncio, então com cinco anos, fosse nomeado César, ascendendo a imperador do Ocidente em 425, como Valentiniano III, depois de uma campanha não isenta de dificuldades e que levou também à submissão de Bonifácio (Lot 1968 220-221).

Valentiniano III reinou até 455 e o seu reinado não diferiu muito do que vinha acontecendo. Gala Placídia governou como regente até 437, mas manteve sempre uma forte posição na corte, onde as mulheres da família imperial vinham ganhando protagonismo, lembrando um pouco o que se passara com a dinastia síria no século III. Valentiniano casou com Eudóxia, filha de Teodósio II em Constantinopla em 437, ano em que se publicou o *Código de Teodósio*, compilação de todas as leis promulgadas desde Constantino (Pharr *et alii* 2008), instrumento que devia ser válido nas duas partes do Império. Todavia, o que parece um ato unificador apenas marcou um momento de separação, pois a partir de então nenhuma lei do Ocidente entrou em vigor no Oriente e muito poucas oriundas de Constantinopla foram enviadas a Ravena para publicação (Palanque 1971 25-27), o que demonstra de forma clara a autêntica separação das duas partes do Império (Honoré 1998 1-32, 190-211). A morte de Teodósio II, em 450, voltou a criar uma situação idêntica, agora de sentido inverso, pois deveria ser Valentiniano III a tomar a iniciativa para resolver o problema da sucessão oriental, o que não sucedeu, pois a irmã do imperador defunto, Pulquéria, casou formalmente com Marciano, um oficial da guarda palaciana, elevando-o assim a imperador (Holum 1989 208-209).

O reinado de Valentiniano III foi marcado por eventos graves e na corte pelo predomínio sempre instável de generais à sombra de Gala Placídia (Fig.4), como Félix, Bonifácio e, sobretudo, Aécio, de 429 a 454. Este último era um brilhante militar, bom conhecedor dos Hunos, que conseguiu êxitos na Gália e na fronteira danubiana, embora observando uma política de limitação de perdas. O seu maior sucesso foi a vitória dos Campos Cataláunicos ou Campos Mauriacos (perto de Châlons-sur-Marne ou Méry-sur-Seine?) contra Átila, em 451, à frente de um exército romano-bárbaro com um importante contingente visigótico (Jordanes *Get*. 191; Altheim s/d 80-88). Apesar de derrotado, Átila voltou à Itália, pretextando que Justa Honória, a irmã de Valentiniano III, lhe oferecera casamento, um episódio rocambolesco ainda pouco esclarecido (Bury 1919 10-12). Seja como for, Átila progride pelo norte da Itália em 452, detendo-se depois de receber uma embaixada na qual a principal figura era o papa Leão Magno. Ignora-se o teor das conversações, mas a verdade é que o huno se retirou, talvez por dificuldades logísticas e com receio de um envolvimento por tropas orientais enviadas por Marciano, passando o Danúbio e morrendo pouco depois, em 453, de forma um tanto obscura (Thompson – Heather 1999 160-164).

Fig.4 – Moeda de ouro (Solidus) de Gala Placídia (RIC X 2012).

As lutas com os Hunos contribuíram para agravar a situação do Império, que sofrera anos antes um golpe esmagador, do qual nunca recuperou e que esteve na origem de outros desastres: a perda de África. Invadida a Hispânia em 409 por Vândalos, Alanos e Suevos, estes sofrerão a partir de 415 a intervenção dos Visigodos, considerados por Honório como estando ao serviço de Roma, conseguindo-se alguma estabilização depois das misérias dos anos anteriores (Serrano 2013 209-220), tão vivamente descritas pelo bispo de *Aquae Flaviae* (Idácio *Chron*. 42-49). Em 426 o rei vândalo Genserico, depois de bater os Suevos, dirige-se para sul, ocupando Sevilha, Cartagena, e as Baleares, preparando-se para passar a África, região considerada como refúgio estratégico contra novos ataques romano-visigodos. Obtidos os meios navais necessários, e na ausência de oposição romana no mar, atravessou o Estreito de Gibraltar, aproveitando o momento da rebelião de Bonifácio, e iniciou uma marcha que o levou até *Hipona* (Annaba), onde, em 430, morre Santo Agostinho. Valentiniano III, incapaz de defender a África, confirma a divisão do território entre Romanos e Vândalos. Em 439 Genserico termina a conquista, com o saque de Cartago. Roma perde o uso do mar, os abastecimentos africanos e os impostos cobrados no território, tudo essencial, mantendo apenas um controlo precário sobre parte da Mauritânia, onde as tribos berberes ganham rapidamente predominância (Romanelli 1959 640-662; Moderán 1998 3052-3059).

Regressemos a Itália, onde naturalmente continuavam as intrigas e as discussões teológicas, enquanto o Império se dissolvia sem remédio. O acontecimento político que prepara a fase de agonia do Império do Ocidente ocorreu pouco depois da retirada de Átila, o assassinato de Aécio por Valentiniano III, apesar dos laços familiares que nesse momento o ligavam ao imperador. O episódio é complicado, não faltando uma história de alcova pelo meio. Sabe-se que uma reunião em Ravena acabou em discussão, talvez devido a suspeitas de que Aécio desejava proclamar imperador o filho, neto de Valentiniano III, intriga desenvolvida por Petrónio Máximo. Seja como for, Aécio foi morto em 454, deixando o Império numa situação semelhante à que se verificou aquando do assassinato de Estilicão. Valentiniano III foi por sua vez assassinado em Roma, em 455, em retaliação pela morte de Aécio, ascendendo ao trono Petrónio Máximo, que para se legitimar casou imediatamente com a viúva do imperador, o que não lhe valeu o reconhecimento de Constantinopla. Doravante, a facção anti-bárbara do senado considerará todos os imperadores seguintes ilegítimos, o que não deixou de facilitar a solução final decidida por Odoacro, em 476. Até esta data definitiva reinarão, em 21 anos, nove imperadores, o que diz tudo sobre o estado do Império do Ocidente.

O reinado do patrício e muito rico Petrónio Máximo foi rápido, 71 dias no total (Czuth 1989 253-258). Consta que a imperatriz Eudóxia pediu auxílio ao rei vândalo Genserico, cujo filho Hunerico deveria desposar a filha de Eudóxia e de Valentiniano, a princesa Eudócia, acordo entretanto anulado por Máximo. Na expectativa de um ataque vândalo enviou à Gália o comandante do exército, a fim de solicitar o apoio de Teodorico II. Mas o socorro não chegou a tempo. Em maio soube-se que a armada vândala velejava para Itália e estabeleceu-se o pânico em Roma. Máximo tentou fugir, mas abandonado por todos foi assassinado por uma multidão que, retomando um velho hábito romano, lançou o cadáver ao Tibre (Bury 1923 324-325; Brandão 2008 133-134). Três dias depois Genserico entrava em Roma, que saqueou durante quinze dias, não fazendo mais estragos devido a intervenção do Papa Leão Magno. Mas desta vez parece que a queda de Roma já não comoveu ninguém.

O imperador seguinte, Epárquio Avito, sogro de Sidónio Apolinário (Mathisen 1979 165-171; Furbetta 2010), foi aclamado com o apoio da aristocracia gaulesa e de Teodorico II, quando se teve conhecimento da morte de Máximo e do saque de Roma, sendo reconhecido pelo imperador do Oriente, Marciano (Mathisen 1981 233-247). Avito conseguiu alguns êxitos militares contra os Vândalos e na Panónia, mas as dificuldades financeiras, que obrigaram a fundir estátuas poupadas pelos Vândalos, e a impossibilidade de recuperar o domínio do mar, fundamental para garantir o abastecimento de Roma, levaram a tumultos, aproveitados pelo *magister militum* Ricímero e por Majoriano para assumirem a oposição a Avito. Este fugiu para a Gália, mas não pôde obter o apoio de Teodorico II, envolvido em campanhas na Hispânia, regressando com um exército de ocasião em 456, acabando por ser derrotado em Placência e obrigado a tomar hábitos sacerdotais. A sua morte é obscura, provavelmente terá sido assassinado.

Majoriano só foi reconhecido por Leão, o sucessor de Marciano, em 458, embora lhe tivesse atribuído no ano anterior o título de *magister militum*, tal como a Ricímero (Max 1979 225-237). É possível que o imperador oriental planeasse reunir o Império, protelando uma decisão, tal como voltaria a fazer com o reconhecimento de Antémio, em 465. Majoriano tinha experiência militar e revelou-se também bom legislador, inclusive contra algumas das prepotências e práticas lesivas do Estado, vulgares na época. Preocupou-se com a preservação dos monumentos de Roma, tão maltratados nas últimas décadas, procurando travar as destruições injustificadas, facto digno de registo numa época tão afligida por problemas graves (*Novella Maioriani* 4; Pharr 2012 553-554). Majoriano armou duas frotas, provavelmente as de Miseno e Ravena (Sidónio Apolinário *Carm.* 5.441-442), conseguindo vitórias importantes na Campânia e na Sicília sobre a frota vândala, o que foi comemorado por um dos últimos monumentos levantados no *Forum Romanum* (Henning 1996 259-263), reforçando o exército com numerosos auxiliares bárbaros e iniciando as campanhas de recuperação da Hispânia e da África, o seu grande objetivo, depois de ter restabelecido a autoridade imperial na Gália e imposto aos Visigodos um novo tratado como *foederati*.

Na Hispânia as forças romanas ou ao serviço do Império, comandadas por Nepociano e Sunerico, conseguiram vitórias sobre os Suevos, perto de Lugo e em Santarém, em 459, enquanto Majoriano avançou pela Tarraconense em 460, entrando em *Caesaraugusta* (Saragoça) com pompa imperial (Colins 2004 32), seguindo para o sul, onde uma esquadra se encontrava concentrada perto de Elche, preparada para a invasão da Mauritânia. Infelizmente os planos do imperador, que podiam ter conduzido a uma significativa recuperação do Império do Ocidente (Fig.5), viram-se gorados por um ato de traição que provocou a destruição da frota (Idácio *Chron.* 200; Courtois 1955 173, 199-201). Majoriano foi obrigado a desistir da operação africana, regressando a Arles, cidade de onde passou à Itália em 461 para ser assassinado perto de Tortona, por iniciativa de Ricímero. Assim desapareceu o último imperador ocidental que se preocupou com a restauração do Estado. Nenhum dos seus colaboradores, Egídio na Gália, Marcelino na Sicília e Ilíria, Nepociano na Hispânia, reconheceram o novo fantoche imperial, Líbio Severo, o mesmo acontecendo com o imperador Leão (Jones 1964 241).

O novo imperador reinará sem governar até 465. Ricímero escolheu-o entre a aristocracia senatorial (Idácio *Chron.* 211), parte da qual estava naturalmente desgostosa com o anterior imperador. Na verdade a área controlada por Ricímero limitava-se à Itália, de novo submetida aos ataques marítimos vândalos, que pretendiam ver no trono outro personagem, Olíbrio. Ainda assim houve alguma colaboração entre as duas partes do Império, principalmente no que respeita à diplomacia com os Vândalos, que detinham a viúva e as filhas de Valentiniano III, uma das quais, Placídia, era noiva ou já casada com Olíbrio. Seja como for, o reinado de Severo não se destacou por nenhuma alteração importante na situação existente (Oost 1970 228-240). A Ilíria passou definitivamente ao Oriente, por ação de Marcelino, e Severo parece ter falecido em 465 por causas naturais.

A sucessão coube agora a Antémio, enviado pelo Império do Oriente. Este era um bom militar, que se distinguiu contra Ostrogodos e Hunos e que poderia ter sido o sucessor de Marciano, não fora o *magister militum* Aspar escolher Leão. Assim, vemo-lo no trono do Ocidente em 467, aceite por Ricímero e reforçando a sua posição através de casamentos, o filho com a filha do imperador Leão, a filha, Alípia, com o próprio Ricímero, o que será celebrado por Sidónio

Apolinário, notável figura deste período (Rutherford 1938). As relações entre os dois impérios foram cordiais, o que permitiu concertar uma política comum perante a ameaça vândala (Idácio *Chron*. 234-236). Infelizmente a grande operação conjunta organizada em 468 para recuperar a África falhou com a destruição da esquadra invasora, impedindo qualquer nova tentativa até Justiniano. Antémio tentou recuperar alguma autoridade na Gália, mergulhada em grande confusão e onde os Visigodos, que agora controlam também a maior parte da Hispânia, adotam uma política antirromana e anticatólica, como arianos que eram. Antémio acabou por ser vítima de tais convulsões e também por se acomodar mal às orientações de Ricímero, estalando um conflito definitivo em 472, que terminou com a proclamação de Olíbrio e a morte de Antémio depois de luta encarniçada no interior de Roma (Cassiodoro *Chron*. 1293).

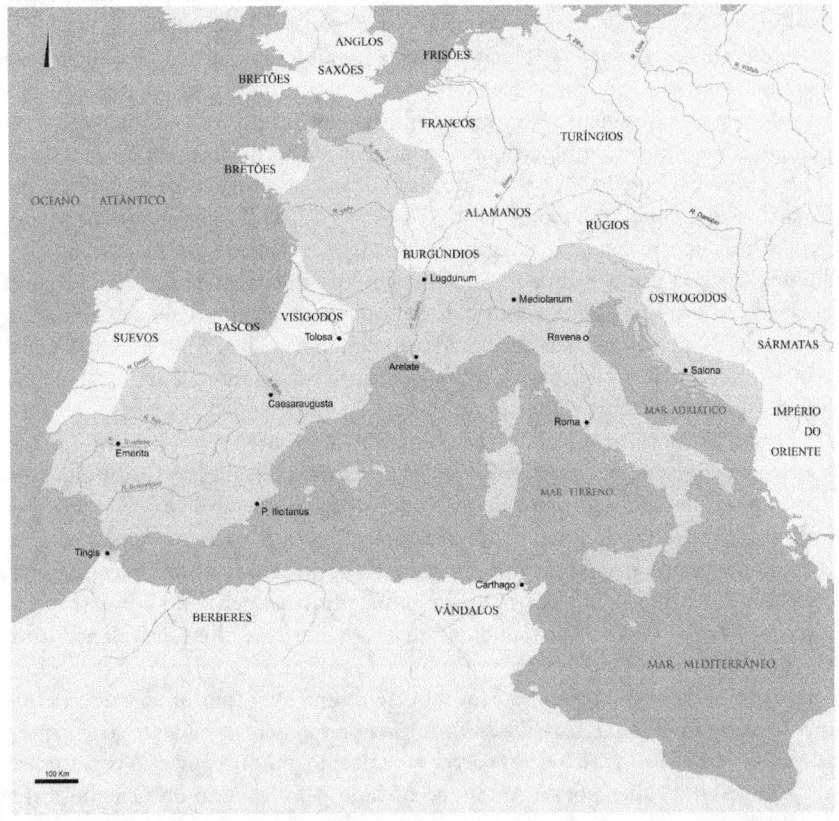

Fig.5 – O Império do Ocidente durante o governo do imperador Majoriano.

O reinado de Olíbrio foi meteórico, pois faleceu sete meses após a aclamação, em 473, período que assistiu também à morte do famigerado Ricímero.

Com os Visigodos e Francos estimulados pela degradação da situação política e evidente impotência militar de Ravena pouco haveria a esperar dos governantes da cidade dos pântanos. Algumas raras emissões de Olíbrio mostram a legenda *Salus Mundi*, de conotação muito mais religiosa que a habitual *Salus Reipublicae*, o que parece normal para um imperador tido como homem pio e, aparentemente, já sem ilusões sobre o destino final do Ocidente (Lula 2014 7-11). Morto Olíbrio, vemos outro bárbaro, Gondebaldo, filho do rei burgúndio, instalar em Ravena o chefe da guarda imperial (*comes domesticorum*), Glicério, que se mantem até 474, não reconhecido por Constantinopla, que nomeia por sua vez Júlio Nepos, sobrinho de Marcelino. Este invadiu a Itália ocupando Óstia, o que levou Glicério a entregar-se sem resistência, sendo enviado para Salona como bispo desta cidade da Ilíria (Jordanes *Get*. 241; Gusco 1992 168-193), onde viria a ser confessor de Nepos depois de este ser deposto em 475 por Orestes, um aristocrata da Panónia que fora secretário de Átila, nomeado *magister militum praesentalis*. Nepos manteve-se na Dalmácia até 480, como imperador legítimo (Kent 1966 146-150; *PLRE* 1980 777-778), tendo Odoacro cunhado moeda em seu nome, depois de 476, de acordo com Zenão, o novo imperador do Oriente. A parte da Gália controlada por Afrânio Siágrio entre 464 e 486, o chamado Domínio de Soissons, também observou a obediência, mais do que formal, a Nepos, assassinado em 480.

Vejamos então o fim do Império do Ocidente (Jones 1964 238-248; Croke 1982 81-119). Orestes não podia ascender diretamente ao trono, pela sua origem, problema idêntico ao que Ricímero defrontou fazendo e desfazendo imperadores, enquanto Zenão e Basilisco, o grande derrotado da operação contra os Vândalos em 468, envolvidos em luta pelo trono do Oriente, nada fizeram em 475, o que levou Orestes a proclamar o filho, então com 12 anos de idade, como Augusto (Kos 2008 439-449). Este será o último soberano do Império do Ocidente, apesar de não reconhecido por Constantinopla. A situação não durou muito. Em 476, as tropas bárbaras presentes como *foederati*, reclamaram o terço das terras italianas que lhes fora prometido por Orestes, aclamando rei a Odoacro, um militar de obscura origem (Macbain 1983 323-327), que rapidamente venceu e executou Orestes em Placência, a 28 de agosto, tomando depois Ravena e depondo Rómulo Augústulo (Nathan 1992 261-271). Sabemos que a vida de Rómulo foi poupada e que ele foi exilado na Campânia, para o *Castellum Lucullanum*, que parece corresponder ao Castel dell'Ovo, em Nápoles (Jordanes *Get*. 242; Cantarelli 1928 185-190), perdendo-se-lhe o rasto por falta de testemunhos seguros posteriores.

A atitude de Odoacro não deixa de estimular algumas interrogações. Poupar um soberano deposto nem sempre foi a regra na política do século V e o facto de ser jovem nada significa, pois alguns dos pseudo-imperadores desta época eram crianças. Ou o novo homem-forte de Ravena estava confiante do seu poder, nada representando o grupo de partidários sobreviventes do patrício Orestes, ou o apoio claramente expresso da aristocracia senatorial romana, que pedira a

Zenão que reunisse o Império, ao que o imperador respondeu que deviam ter requerido o regresso do imperador legítimo, Júlio Nepos (Halsall 2007 280-282), constituíram garantia de estabilidade suficiente (Jones 1964 245-246). Odoacro compreendeu a resposta imperial e limitou-se a governar formalmente em nome do exilado como *Dux Italiae*, cunhando moeda em seu nome e contentando-se com uma situação que lhe convinha, oficializada por Constantinopla, que lhe concedeu o título de patrício. Após a morte de Nepos, que deve ser considerado o último imperador ocidental (Fig.6), em termos legais, Odoacro anexou a Dalmácia aos seus domínios (Jones 1964 245-246), como já conseguira recuperar a Sicília aos Vândalos, inimigos cujo domínio do mar continuaria particularmente incómodo (Jiménez 2012). Para além de tudo o que se possa dizer em contrário, parece ter sido um governante moderado, mantendo relações corretas com as instituições representantes do passado imperial, o senado e a Igreja (Bury 1923 406-409). Foi morto por Teodorico, rei ostrogodo invasor da Itália por instigação de Zenão, em 493. Estamos agora em plena Antiguidade Tardia ou, para sermos tradicionalistas, nos primórdios da Idade Média.

Fig.6 – Moeda de ouro (Tremissis) de Júlio Nepos (RIC X 3221.

3. Invasões, saques de Roma e barbarização do Ocidente

Traçar um quadro, mesmo breve, das peripécias que marcaram as invasões bárbaras e as suas consequências ultrapassa as possibilidades desta nossa colaboração, pois só o enunciado acima implica três problemas cujo estudo tem produzido incontáveis textos de historiadores, arqueólogos, filósofos, artistas e ideólogos, sem querermos esquecer os escritores e cineastas. Todas estas três questões têm sido analisadas através dos tempos de acordo com a época e, de alguma forma, segundo a sensibilidade de quem delas se ocupava. De divulgada receção popular, sobretudo a partir do século XIX, não é difícil encontrar uma apreciação dualista dos acontecimentos, consoante a origem cultural dos investigadores, como acontece presentemente com o debate sobre o que é, ou deve ser, a Antiguidade Tardia (Ward-Perkins 2006 230-244)

O Império Romano viveu sempre rodeado de inimigos declarados ou potenciais, mantidos em respeito por uma fronteira que não se limitava a uma barreira moral, como Andrès Alföldy defendeu em tempos (Alföldy 1952 1-16), mas que era garantida por um forte sistema de fortificações, nos tempos do Baixo-Império sustentado pelos *Limitanei*, criticados pela sua pretendida pouca aptidão para o combate, mas que cumpriram razoavelmente a sua missão. Como veremos, em muitas das situações acontecidas no século V, as fronteiras foram violadas por se encontrarem desguarnecidas, enquanto noutros casos, sobretudo anteriores, o que se verificou foi uma infiltração lenta, do que poderíamos designar como migrantes, um pouco diferente da visão bélica do *Völkerwanderung*, mas não menos perniciosa. É certo que enquanto Roma mostrou força, e referimo-nos a força militar própria, as fronteiras foram preservadas. Não tendo sido nunca um limiar intransponível, as fronteiras imperiais funcionaram, apoiadas no prestígio militar de Roma, antes de se comprar a paz através de subsídios, como uma demonstração de poder que seria inconveniente desafiar, fronteiras cujas fortificações foram projetadas de forma não meramente defensiva (Luttwack 1976 51-194; 2003 80-84).

Diremos que a tarefa do Império do Ocidente em 395 parecia simplificada, embora a perda dos Campos Decumatos tenha criado uma cunha entre o Reno e o Danúbio, incómoda para qualquer estratega, tanto mais que o valor defensivo dos rios sem suporte militar é quase nulo, como já se verificou tantas vezes na história, mesmo demolindo pontes. Os inimigos no Ocidente eram tribos ou federações de tribos bárbaras, cujos combatentes eram belicosos mas pouco disciplinados, inicialmente incapazes de expugnar cidades muradas defendidas (Ward-Perkins 2006 52-55). Esta situação era semelhante nas fronteiras europeias e africanas e enquanto Roma controlou o mar, também as fronteiras marítimas se mantiveram seguras, apesar dos sobressaltos sentidos no século III, premonitórios de dificuldades maiores (Jiménez 2013 83-102). A situação no Império do Oriente era mais complicada, pois aqui, além dos perigos que se acumulavam para lá do Danúbio, desde logo Godos e Hunos, os primeiros triunfantes na decisiva batalha de Andrianópolis, em 378, que iniciou um período novo na história militar romana (MacDowall; Gerrard 2010; Monteiro 2012 109-140), Constantinopla tinha pela frente, numa fronteira longa e em grande parte aberta, o Império Persa, o único verdadeiro Estado confinante com o Império (Greatrex; Lieu 2002 1-61, 238-246; Dignas; Winter 2007). Mas foi o Império do Ocidente que caiu.

Como já foi dito, as invasões têm duas razões principais: a fome e o medo. São uma espécie de fuga para a frente que, a partir de certo momento, se torna incontrolável (Fig. 7). Quando Teodósio morreu sabia que a situação, embora estabilizada, não era segura, pois o Império, que perdera a capacidade ofensiva, começava a perder a capacidade defensiva, cada vez mais dependente de mercenários bárbaros, *foederati* ou não. Um dos problemas em aberto era o dos Godos, estabelecidos no Império desde 375, empurrados pela pressão dos Hunos, mas sem que se lhes tivesse definido inicialmente um território para se fixarem, contrariamente ao sucedido com outros povos germânicos no Ocidente, organizados e não assimiláveis, acantonados em regiões fronteiriças devastadas e despovoadas (Riché; Le Maitre 1983 26-28; Ward-Perkins 2006 73-83), depois dos grandes assaltos do século IV. Arcádio, ou melhor, os seus tutores, conseguiram desviar o perigo de Constantinopla para o Ocidente, desviando os Godos para a Ilíria, em teoria pertencente ao Ocidente, mas que interessava a Constantinopla. As consequências serão dramáticas.

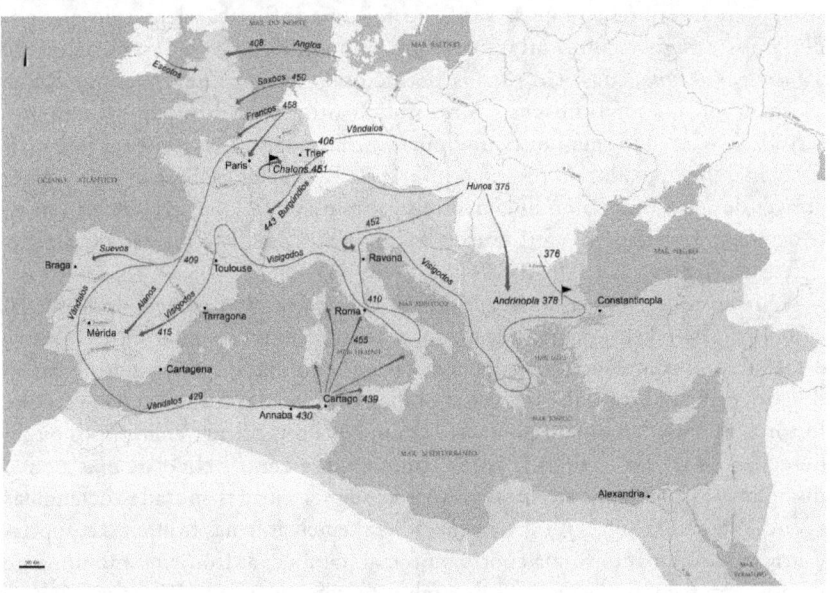

Fig. 7 – O caos: rotas das principais invasões bárbaras no Ocidente durante os séculos IV e V.

O equilíbrio muito instável existente em 395 não sobreviveu à energia gótica e às hesitações romanas, tudo acontecendo com uma rapidez que só pode explicar-se pela existência de uma situação geral gravemente degradada. Podemos firmar que as lutas que se seguem não opõem Romanos a Bárbaros, pois na verdade se trata de lutas entre forças bárbaras, em parte ao serviço de outros bárbaros ou semi-bárbaros tutores de imperadores ditos romanos. Vejamos então muito rapidamente como se desenrolaram as invasões no século V. Em 401 os Vândalos passam o Danúbio e entram na Récia, preludiando o grande ataque que vão desenvolver em 406, quando, atravessam o Reno no último dia do ano, seguidos por Alanos e Suevos. Devido à ameaça goda, as forças disponíveis no

Limes da Germânia e na Britânia haviam sido evacuadas para defesa do território italiano, deixando o caminho livre à invasão. Na Gália estabelece-se o pânico, enquanto os Burgúndios atravessam o Reno e incendeiam *Augusta Treverorum* (Trier), capital da diocese das Gálias (Fig.8), em 407. No outro lado do Mar do Norte, na Britânia, algumas forças remanescentes e milícias locais conseguem conter os Pictos que atacam a Muralha de Adriano, desguarnecida, enquanto os Escotos, Jutas, Anglos e Saxões chegam por mar. A situação vai levar à aclamação de um usurpador, Constantino III, que passa à Gália, ficando a Britânia inerme a partir de 408, considerando-se perdida cerca de 450, com os diversos invasores estabelecidos (Jones 1998). Parte dos Bretões refugiam-se no continente, na Armórica (Riché; Le Maitre 1983 53-54).

Fig.8 – Ruínas das Termas de Constantino, em Augusta Treverorum (Trier).

Os Godos, chefiados por Alarico, dominam o norte da Itália, onde saqueiam Aquileia. Os invasores são batidos duas vezes por Estilicão, que lhes permite a retirada, talvez pelas mesmas razões de política pessoal que levaram Aécio a garantir a retirada dos Hunos depois de derrotados na Gália. Logo a seguir a Itália é atacada pelos Ostrogodos, outro ramo dos Godos (Herwig 1988 24-25), esmagados perto de Florença por Estilicão. Mas Alarico volta em força e as intrigas na corte de Ravena vão levar à morte de Estilicão, precipitando-se os acontecimentos. Em Agosto de 410 os invasores tomam Roma, saqueando--a, depois de duas investidas anteriores, resolvidas com o pagamento de um resgate e com a aclamação de Avito (Piganiol 1982 95-99). Falhada a tentativa de passar à Sicília e morto Alarico, os Visigodos dirigem-se à Gália sob a chefia de Ataúlfo, onde acabam por ocupar a Aquitânia e parte da Narbonense, naturalmente com o estatuto de *foederati*, estabelecendo a capital em Toulouse. A Gália sofrera vagas sucessivas de invasores, cuja mobilidade e dispersão foi facilitada pela rede viária romana, invasores que atravessam os Pirenéus em 409, quase sem oposição, estabelecendo-se depois de anos de pilhagens desordenadas como federados. Alanos, Vândalos e Suevos serão em breve atacados pelos Visigodos, nominalmente ao serviço de Roma, os quais tomarão posse da Hispânia gradualmente, aproveitando as oportunidades que a colaboração com Ravena lhes proporcionava.

Da Hispânia sairão os Vândalos, acompanhados pelos sobreviventes de outros grupos, em 429, invadindo a Mauritânia, que vão saqueando em direção a Cartago, cidade que cai em 439 nas mãos do rei vândalo Genserico, o qual passa a controlar o Mediterrâneo ocidental, criando uma situação estratégica e económica insustentável para Ravena, que aplica os seus esforços, erradamente, em restaurar alguma autoridade na Gália (Lot 1968 220-221;Ward-Perkins 2006 63-65). No ano da queda de Cartago ascende a rei dos Hunos uma figura que ficará na história como símbolo da tragédia das invasões, Átila. Em 443 o seu poder é tal que, ameaçando Constantinopla, obriga o imperador a pagar 6000 libras de ouro para conseguir a sua retirada. Com a subida ao trono de Marciano os Hunos encontram oposição mais séria, voltando-se para o Ocidente. Seguindo a rota de invasão pelo Reno, entram na Gália em 451, que vai sofrer de novo tudo o que as invasões costumam produzir, ameaça enfrentada em certas cidades por figuras de exceção, como Santa Genoveva, em *Lutetia* (Paris), na ausência de intervenção das autoridades, acontecendo, como na Itália (Paulino de Nola) ou em África (Santo Agostinho), que a defesa fosse organizada por figuras da Igreja, enquanto nos campos dos grupos armados, opostos aos poderes instituídos, tentavam a sua sorte na Gália e na Hispânia (Riché; Le Maitre 1983 52; Ward-Perkins 2006 65-67).

As forças romanas, chefiadas por Aécio, um romano barbarizado, ao contrário de Estilicão, que era um bárbaro romanizado, conseguem deter o avanço huno numa grande batalha cuja localização ainda se discute, com o recurso a tropas bárbaras, com destaque para Visigodos e Burgúndios, derrotando Átila, que pode retirar sem que houvesse qualquer tentativa de exploração do sucesso por Aécio. As forças hunas recompuseram-se na Panónia e em 452 estão no norte da Itália, onde cercam e destroem Aquileia, cujos sobreviventes se estabelecem nas ilhotas onde nascerá Veneza. Ravena e Roma estão em perigo, depois da queda de Milão, e tudo parece perdido perante o avanço imparável destes bárbaros pagãos. O que se passou é um dos enigmas da história, pois Átila detem-se e recuou para os seus domínios além Danúbio, morrendo pouco depois, o que levou à rápida queda do poderio huno. Se a retirada foi resultado da embaixada do Papa Leão, do resgate pago pelo imperador, do perigo de um ataque de forças de Constantinopla, de doenças entre os Hunos ou de um caso de superstição, fator não desprezível neste contexto (Altheim s/d 84-85), provavelmente nunca saberemos.

A trégua concedida aos italianos durou pouco e o que Leão Magno conseguira com Átila não logrou com Genserico, cuja frota atacou a Itália depois da morte de Valentiniano III, em 455. O rei vândalo entrou em Roma, saqueada sem que o Papa desta vez conseguisse mais que o respeito pelas igrejas e a limitação das mortes. Os Vândalos, senhores absolutos do mar, depois da derrota naval no Cabo Bom (Pitassi 2000 311), ocupam a Sicília, a Sardenha e a Córsega, para além das Baleares, o que lhes será reconhecido por Constantinopla em 476. Na Gália a situação também piorou depois da morte de Aécio. Francos Ripuários e Alamanos expandem o seu domínio, apesar de os Francos Sálios respeitarem o acordo que os estabeleceu no atual território belga. Os Burgúndios, convertidos ao catolicismo, vão alargar o seu espaço a partir da *Sapaudia*, aproveitando o convite de alguns notáveis galo-romanos de *Lugdunum* (Lyon), em 458. Repelidos brevemente por Majoriano, em 470 controlam uma área que lhe permite bloquear as vias com a Gália, a Itália e a Germânia.

Terminaremos esta história sumária da dissolução do Império do Ocidente (Fig.9), cujas fronteiras, de há muito desrespeitadas e desmembradas, pouco significavam para povos que haviam compreendido que o poder de Roma, afinal, residia neles próprios, sublinhando a hegemonia visigótica, cujo rei Eurico, entre 466 e 484, alarga o território visigótico em todas as direções, na Gália e na Hispânia. Depois de 476 falta apenas a intervenção dos Ostrogodos na Itália, onde entram em 489, enviados por Zenão, eliminando Odoacro em 493, e a expansão dos Francos Sálios, que vão conquistar a Gália entre 482 e 511 sob a chefia de Clóvis. Estão lançados os alicerces, não tão instáveis como aparentam, da Europa medieval, pelo menos no Ocidente, porque há um Ocidente e um Oriente. No meio dos horrores do século V, que alguns historiadores tendem agora a disfarçar ou minimizar (Ward-Perkins 2006 13-22), e sem minimizar os sofrimentos de outras cidades, e não foram poucas, e lembramos a título de exemplo Trier, saqueada e incendiada em 407, 413, 420 e 428, não podemos deixar de referir os três saques de Roma, para o que voltamos ao início do século.

O saque de uma grande cidade é sempre uma tragédia, infelizmente muito frequente ao longo da história. Se essa cidade tem o prestígio e a força simbólica que Roma tinha no início do século V, o drama multiplica-se, ganhando um impacte desmesurado, como sucedeu em 410 com a Cidade Eterna. Porque uma cidade, mais do que a população, é um corpo moral, uma consciência, uma forma adquirida ao longo dos tempos e evocando esses tempos. O saque de Roma, pouco importante como facto militar, foi uma violação perturbadora, como tal sentida e como tal negada contra toda a evidência. Não deixa de ser significativo que, quer pagãos, quer cristãos, situaram as causas da queda de Roma no campo religioso, fugindo a uma reflexão direta sobre as causas profundas da decadência do Império (Bury 1923 301-307; Ward-Perkins 2006 44-49).

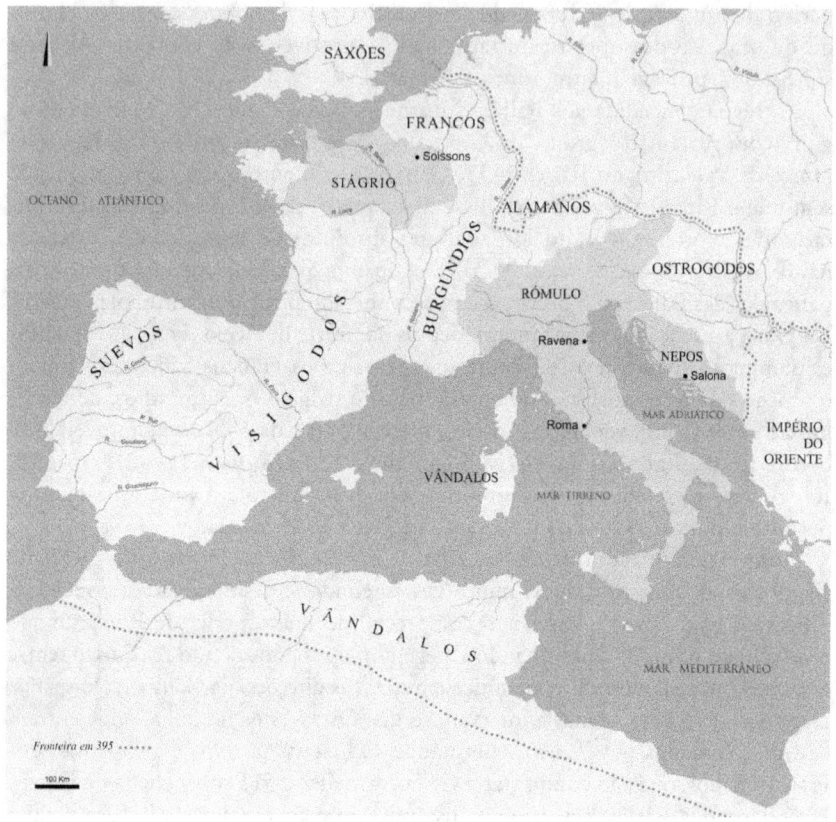

Fig.9 – Fragmentação definitiva do Império do Ocidente em 476.

Detido em 402, o rei Alarico vai voltar a insistir nas suas exigências após a morte de Estilicão, pressionando Honório com a ameaça que faz pesar sobre Roma, o que não parece ter impressionado nada o imperador imbecil e os seus validos. Roma estava protegida por uma impressionante muralha, construída por Aureliano e entretanto reforçada, muro com cerca de 18 quilómetros de extensão, o que exigia uma guarnição numerosa ou, pelo menos, uma população com vontade de se bater. Como é habitual, procurou-se um bode expiatório, passe a expressão, e neste caso foi Serena, a viúva de Estilicão, denunciada como traidora pela versátil Gala Placídia e assassinada. As forças visigodas eram inicialmente reduzidas e Roma poderia ter aguentado se não lhe faltassem provisões. O medo era tal que foi permitido aos pagãos retomar o culto, acabando o Senado por aceitar o pesadíssimo resgate imposto por Alarico, com consequências sobre os grandes da cidade (Zózimo *Hist.* 5.40-41).

A irredutível atitude de Ravena perante as exigências de Alarico levou a novo cerco de Roma, cujo abastecimento foi bloqueado pela ocupação do porto de Óstia.

A solução, desta vez, foi aceitar um imperador criado por Alarico, Átalo, que já participara nas negociações em Ravena e que o Senado, do qual era membro, aceitou. Mais uma vez o bloqueio do envio de cereais para Roma, agora em África, decidiu a questão. Alarico destrona Átalo à vista de Ravena e tenta renegociar com Honório, sem resultado (Heather 2006 226-228). Estultícia ou irrealismo da corte imperial? Tudo vai acontecer rapidamente depois que Alarico entendeu que nada podia esperar de Honório. Em Agosto de 410 o chefe bárbaro está de novo frente a Roma, e desta vez com outras intenções. Cercada a cidade durante poucos dias, alguém franqueou a Porta Salaria, hoje desaparecida (Fig. 10), e os Godos entraram sem dificuldade em Roma (Roberto 2013 109-130).

Fig.10 – Gravura de A. Nibby representando a Porta Salaria em 1830.

O historiador Procópio não hesita em identificar uma cristã, Faltónia Proba (Procópio *B.V.*1.2.27), como a responsável pela queda da cidade, talvez com o intuito de poupar a população aos sofrimentos de um cerco prolongado (Goldsworthy 2010 377-381). Seguiram-se três dias de saque, incêndios, violações e mortes, ainda que Alarico tenha ordenado algum respeito pelos lugares santos e pela população, havendo mesmo notícia da devolução de objetos sacros roubados. Apesar de tudo o que se possa dizer, o saque de Roma não foi uma festa para os habitantes, tanto mais que entre os atacantes se contavam muitos escravos fugidos de Roma, difíceis de controlar. Não nos faltam relatos, por exemplo de Santo Agostinho e de São Jerónimo, sobre as condições em que chegavam refugiados a África e à Palestina, nem sempre bem recebidos (Riché; Le Maitre 1983 44), enquanto o que *canon frumentarius* de 419 mostra uma quebra de 62% em relação aos inscritos de 368.

Roma sofrerá no século V mais dois saques: o dos Vândalos (Fig.11), em 455, e o das tropas de Ricímero em 472. Na sequência do assassinato de Valentiniano III e dos meandros da política romana, com estranhas alianças matrimoniais de permeio, o rei Genserico desembarca em Itália e em maio ocupa Óstia. Roma, indefesa, procura atenuar o que se aproxima, recorrendo ao Papa Leão para estabelecer as condições e assim, *sine ferro et igne Roma praedata est*. O saque durou duas semanas, entre 2 e 16 de Junho, e foi conduzido de forma sistemática, mostrando que Alarico deixara muita coisa para trás, como a *Menorah* do Templo de Jerusalém. Até as telhas douradas do templo de Júpiter, no Capitólio, foram levantadas, assim como foram arrastados para África muitos artesãos especializados, materiais importantes e grande número de reféns bem escolhidos (Piganiol 1982 112-114) entre os quais, como vimos, as princesas imperiais, que por lá ficaram até 462. Violências seguramente que as houve, e não terão sido poucas, mas que significado tinha isso em 455? O terceiro saque de Roma verificou-se em 11 de julho 472, no cenário da anarquia civil e militar dos últimos anos do Império do Ocidente (Roberto 2012 9-18), neste caso opondo nominalmente Antémio, um razoável governante mal recebido pela aristocracia italiana por ser grego (!), e Olíbrio, enviado igualmente por Constantinopla. Mas quem se defrontava era Ricímero e o ostrogodo Vidimer (Piganiol 1982 115-116). A luta decorreu no interior da cidade, sobretudo no Palatino e na zona da Ponte Élio, agora de Santo Ângelo. Apesar da resistência, Vidimer e Antémio foram mortos e a soldadesca bárbara de Ricímero e Olíbrio saqueou a cidade à vontade e sem qualquer respeito pela população: "Vieni a vedere la tua Roma che piague / vedova e sola, e dì e notte chiama / Cesar mio, perche non m'acompagne?" (Dante 2.6.111-113).

Fig. 11 – Visão romântica do saque de Roma em 455 (K. Briullov, 1836. Galeria Tretyakov, Moscovo).

Que poderemos dizer sobre a barbarização do Império do Ocidente, depois de tudo o que já foi dito? Embora o fenómeno não fosse novo, pois os Bárbaros entraram no Império muito antes do século V, e já no século III vamos encontrar os Alamanos estabelecidos oficialmente nos Campos Decumatos, a verdade é que a emigração bárbara se faz agora com grandes grupos obedecendo aos seus reis, como os talvez 200000 Godos que Valente deixou estabelecer na Mésia, ou os 80000 Vândalos que passaram da Hispânia à África. Encontrar terras disponíveis para estabelecer gente belicosa e com um tipo de vida, não ousamos dizer civilização, tão diferente, não era fácil, e o problema foi resolvido frequentemente da pior maneira, à custa das populações romanas, sobretudo rurais, ainda que por vezes as terras desertadas pelos habitantes, mortos ou fugidos, podiam ser ocupadas sem dificuldades de maior.

Problema grave era o facto de estes Bárbaros se encontrarem estabelecidos dentro do Império para nele ficarem. Misturam-se facilmente com a população rural subsistente, cujo nível de vida miserável facilita a fusão, tanto mais fácil que bárbaros e camponeses são na maioria ainda pagãos, fusão que conduziu ao desenvolvimento das línguas românicas no Ocidente (Riché; Le Maitre 1983 74). Por isso não nos devemos admirar que escravos, camponeses e grupos de revoltados se tenham reunido com frequência aos invasores (Ward-Perkins 2006 67-69). A questão torna-se francamente perigosa quando o recrutamento militar passou a apoiar-se essencialmente em contingentes bárbaros, tribos inteiras com os seus chefes, que assim passaram naturalmente aos quadros superiores do exército romano (Chastagnol 1969 84-85), que controlam completamente no século V. A conversão ao arianismo de grande parte desses povos não facilitou as relações com as cidades, onde com frequência a autoridade residia no episcopado católico, e com o poder imperial, tantas vezes dominado por fanáticos. A pretendida fusão entre Bárbaros e Romanos, que alguns chefes visigodos, por exemplo, desejaram, falhou por várias razões, uma das quais a evidente incompatibilidade entre a cultura bárbara, viva, e a cultura romana das classes superiores, estática. Uma coisa é certa, apesar de os invasores serem uma minoria da população do Império do Ocidente, talvez uns 5% do total (Jones 1964 194-199; Riché; Le Maitre 1983 70-71), não foi possível, para recorrer à velha expressão, romanizá-los, antes pelo contrário, assistimos à barbarização do Império, e isso corresponde a um aspecto da decadência real do mesmo, logo evidente nas províncias abandonadas e não apenas nas mais afastadas da Itália (Ward-Perkins 2006 187-249; Crawford 2011). Cremos que o poema de Verlaine explica muito do que se passou: "Je suis l'Empire à la fin de la décadence, / Qui regarde passer les grands Barbares blancs / En composant des acrostiches indolents" (Verlaine 1884 104).

4. Causas do fim do Império do Ocidente

A discussão das causas da queda do Império Romano do Ocidente, antes de se desenvolverem análises pontuais, tão numerosas são as hipóteses disponíveis que podem fazer perder a perspetiva do que é essencial (Demandt 1984 695), centra-se em duas abordagens antagónicas dos acontecimentos. Uma, opondo os defensores da ideia de que o Império, transformado, poderia continuar a existir, como sucedeu no Oriente (Goffart 1989), aos que defendem que essa transformação não foi mais que um processo de decadência, de impossível recuperação; outra, confrontando os que apontam causas internas para a *inclinatio imperii* com os que defendem terem sido causas externas, especificamente as invasões bárbaras, as que levaram ao fim do Império e, por extensão, da civilização. Devemos ter em conta, sem dúvida, estas duas posições, ambas assentes numa multiplicidade de factos que, de uma ou de outra forma contribuíram para o desfecho final. Talvez, no fundo, a grande questão não consista em estabelecer as causas da queda do Império do Ocidente mas sim a de perceber como sobreviveu o Império do Oriente. Cremos, francamente, que os dois fenómenos estão intimamente relacionados. Quando a crise se revela definitiva, com a chegada dos Godos a Itália, muita coisa acontecera para que tal fosse possível. Como tivemos oportunidade de viver a morte de um império e de observar a de outros nos nossos dias, não duvidamos que, também no caso romano, as duas dinâmicas tiveram influência no desfecho final.

A ideologia imperial mudara radicalmente a partir do século III, o mesmo se passando com os que agora são súbditos de um Estado totalitário, governado por um imperador sacralizado (Fig.12), e já não cidadãos. Esta realidade torna-se dominante no século IV, com a ascensão política do Cristianismo (Dias 2013 43-64), que muitos consideram uma das causas principais da queda de Roma. Seja como for, a verdade é que, afinal, a ideia horaciana expressa na frase *Graecia capta ferum victorem* (Horácio *Epist.* 2.1.156), não se revelou definitiva, pois foi o Oriente semita que acabou por triunfar, desenvolvendo contradições internas que se revelaram intransponíveis, ao ponto de a decadência de Roma ter sido apresentada, e por muito bons espíritos, como uma espécie de ordálio punitivo (Lactâncio *Inst.* 7.15-16; Símaco *Rel.* 3.4-14). Pode parecer que as modificações ideológicas, mesmo as menos aparentes, não expliquem acontecimentos tão graves como os do século V ocidental, mas tal seria esquecer que o pensamento procede e determina sempre a ação, ou a inércia fantasista, e que o multiculturalismo, que não conseguiu integrar os Bárbaros, pode conduzir a desastres irreversíveis.

Na verdade não cremos que se possa apontar apenas uma causa para a queda do Império do Ocidente (Jones 1964 1025-1064). O fator militar foi, sem dúvida, dos mais importantes, pois qualquer sociedade, mesmo autocrática, desde que bem defendida pode aguentar pressões extremas. O exército romano do Ocidente parece uma força impressionante nos inícios do século V se tivermos em conta as unidades inseridas na ordem de batalha da *Notitia Dignitatum*, documento atualizado cerca de 420 para o Ocidente (Seeck 1876). Não esqueçamos que muitas dessas unidades já não existiam, como a *Legio VII Gemina* na Hispânia (Le Roux 1982 388-390, 399-401), e que os efetivos por cada legião eram agora de cerca de 1000 homens, contra os 5000 anteriores (Jones 1964 196). O afastamento da aristocracia do serviço militar, a partir dos Severos, e a massificação da cidadania também no mesmo período (Molina 2007), eliminando um dos grandes meios de promoção cívica e transformando pseudo-cidadãos numa multidão de contribuintes para os quais a frequência das termas e dos circos é mais importante que a do fórum, pesaram largamente no processo (Lot 1968 181-193).

Fig.12 – Estátua colossal de um imperador, de controversa identificação, talvez Teodósio II, proveniente de Ravena (Barletta, Itália).

Perdido o espírito cívico e o espírito militar, bases centenárias do poder romano, aos quais podemos acrescentar, porque diretamente relacionada com estes, a religião tradicional, é natural que o mundo romano delegasse nos contingentes bárbaros a sua defesa e que o conceito em que assentava o ideal romano saía ferido do confronto com as novas ideias, tanto mais que, quer entre pagãos, quer entre cristãos, parece haver uma clara recusa de responsabilidades, quase uma fuga (Mantas 2013 137-138), fenómeno que talvez possamos identificar nos primórdios da República de San Marino. O recurso a tropas mercenárias implica outro problema, pois são caras e pouco fiéis quando não pagas a tempo e horas, o que as periclitantes finanças do Império do Ocidente, apesar de um sistema fiscal extorsionário (Petit 1974 160-171), agravado por isenções absurdas e legados insensatos, o que em parte suscitou a rude crítica de Gibbon ao desenvolvimento do monaquismo (Gibbon 1906 156-179; Piganiol

1982 79-82), nem sempre permitiam, com as inevitáveis consequências. A crise financeira conduz, como sempre, a tensões sociais, oficializadas na lei pela distinção entre *Honestiores* e *Humiliores* e refletidas no funcionamento de uma economia dupla, definida pelos padrões ouro, para os ricos, e cobre, sempre em desvalorização, para os pobres (Palanque 1971 77-90).

A brutalidade das diferenças sociais, ainda que num ou noutro ponto amenizada por alguma legislação de inspiração cristã, não contribuiu para a paz interna tão necessária ao Império, alimentando e alimentando-se das oposições permanentes desenvolvidas ao longo do século, inclusive de ordem religiosa. Um dos fenómenos sociais que marcaram o Baixo-Império foi o dos Bagaudas, grupos de revoltosos englobando marginais que se desenvolveram na Gália e na Hispânia e cuja atividade subsiste até ao século V, sem que possam ser considerados como simples bandoleiros, parecendo em certas ocasiões resultar da reação das populações abandonadas pelo poder central (Léon 1996; Ward-Perkins 2006 66-69), preludiando o desenvolvimento de tendências autonomistas, que a própria assembleia das sete províncias gaulesas em 418 parece ter reconhecido. Neste cenário de misérias repetidas não nos devemos admirar da adesão que muitas populações empobrecidas e desprotegidas demonstraram para com os Bárbaros, oportunamente valorizada pelos historiadores do Leste (Diakov s/d 453-455; Kovaliov 2007 825-840). Uma obra recente de Adrian Goldsworthy considera que a queda do Império foi provocada pelo permanente caos político e guerras civis que o abalaram desde o século III, o que naturalmente é verdade, pois abalou a capacidade militar, económica e moral de resistência aos inimigos externos (Goldsworthy 2010 519-528), que como vimos era diminuta no século V. Todavia, estas guerras civis e toda a anarquia que se desenvolveu em torno delas, resultam essencialmente de aspetos de ordem cívica, tornada incapaz de responder, como expressão da vontade de uma comunidade, às pressões do interior e do exterior. Já Ward-Perkins, sem deixar de considerar outros aspetos, considera o fim do Império do Ocidente uma questão duplamente militar e financeira, resultante do predomínio do mercenariato bárbaro e da impossibilidade evidente de subsidiar o sistema a partir do início das invasões (Ward-Perkins 2006 83-84, 176-177).

Se considerarmos o significativo défice que a manutenção das forças militares estacionadas no Ocidente já acusava no século II, não teremos dificuldade em admitir o aspeto financeiro como decisivo (McLaughlin 2014 230-231). Tudo isto leva a considerar que os fatores que conduziram aos acontecimentos de 476 se desenvolveram gradualmente, como um processo complexo de declínio, se pretendermos que os objetivos e os sentimentos do Império do Ocidente se mantinham inalterados. Não cremos que assim fosse e o que uma análise dos acontecimentos e dos padrões de vida e de comportamento do século V mostra é que a transformação foi para pior, e a isso só podemos chamar decadência, geradora de impotência. Os impérios sem força, débeis de espírito e falhos de ação, não sobrevivem. A perda do espírito castrense, fundamento da cidadania, e a quase "privatização" da defesa militar através do recurso a elementos não romanos, contratados pelo Estado, parece-nos a causa imediata da queda do Ocidente.

Talvez Amiano Marcelino, muitos séculos antes de Verlaine e ainda antes das tragédias irreversíveis do século V, tenha sintetizado bem o que se passava no Império quando escreveu que Roma, envelhecida, aspirava ao repouso (Amm. 14.6.5), o que, se soa a toque de retirada de um Estado, mais ainda parece o toque de finados de uma civilização. Que o enorme legado histórico e cultural do mundo romano, agora sujeito a não poucas críticas (Hingley 1996 35-48), legado bem mais importante que as misérias e as histórias menos exemplares que o acompanham (Grant 1967 343-344; Grimal 2012 309-314), sirva de estímulo e de permanente inspiração ao mundo contemporâneo (Pereira 2015), tão necessitado de reflexões sobre crise e decadência, se quisermos conter as tempestades do presente, por vezes assustadoramente semelhantes às que se apresentaram aos Romanos do século V. A permanência intemporal de Roma como modelo a retomar, mais do que mero ato de melancolia política garante que a Romanidade, com os seus triunfos e desaires, se manteve como escola e farol de caminhos nem sempre claros, e assim continuará. Porque caiu Roma? Esperemos que os historiadores do futuro não tenham que responder a esta pergunta sobre a nossa própria civilização com argumentos idênticos aos invocados no caso romano (Mantas 2012 47-73), o que nos parece cada vez mais dolorosamente improvável quando assistimos à recente destruição de Palmira[3].

Tábua Cronológica

378 – Os Godos esmagam o exército romano na Batalha de Adrianópolis.
384 – Polémica sobre o Altar da Vitória.
394 – Teodósio I proíbe os Jogos Olímpicos. Supressão do culto de Vesta.
395 – Morte de Teodósio I. Arcádio imperador do Oriente. Honório imperador do Ocidente.
401 – Os Godos no Norte de Itália.
402 – Honório instala a corte imperial em Ravena.
406 – Vândalos, Alanos e Suevos atravessam em força o Reno, invadindo a Germânia e a Gália.
407 – Os Burgúndios atravessam o Reno e saqueiam *Augusta Treverorum* (Trier).
408 – Assassinato de Estilicão. Morte de Arcádio. Teodósio II imperador do Oriente.
414 – Termina no Oriente a notável regência de Antémio.
409 – Alanos, Vândalos e Suevos penetram na Hispânia. Os Saxões e outros invadem a Britânia pelo mar.
410 – Átalo proclamado imperador por Alarico. Saque de Roma.
415 – Os Visigodos na Hispânia.
417 – Rutílio Namaciano redige *De Reditu Suo*.
423 – Morte de Honório.
425 – Valentiniano III imperador após a regência de Gala Placídia.

---

[3] Assistir à destruição deliberada de ruínas que sobreviveram quase intocadas pelas vicissitudes políticas e culturais da região durante dois milénios representa um golpe terrível e, mais do que isso, a confissão de absoluto falhanço de uma sociedade timorata, embalada em fantasias subjetivas e incapaz de assumir as medidas drásticas que a situação exige, confirmada a inutilidade de certas instâncias internacionais. A tragédia de Palmira marca, definitivamente, este *lacrimabile tempus*.

427 – Santo Agostinho termina a sua obra *De Civitate Dei*.
429 – Os Vândalos passam da Hispânia a África.
430 – Morte de Santo Agostinho em *Hipona* (Annaba), cercada pelos Vândalos.
435 – Intensa agitação dos Bagaudas na Gália.
437 – Código de Teodósio, iniciativa de Teodósio II e de Valentiniano III.
439 – Os Vândalos tomam Cartago e controlam o Mediterrâneo ocidental.
442 – Evacuação definitiva da Britânia.
450 – Morte de Gala Placídia.
451 – Concílio Ecuménico de Calcedónia. Aécio derrota os Hunos na Batalha dos Campos Cataláunicos.
452 – Átila destrói Aquileia, retrocedendo depois na sua marcha sobre Roma.
455 – Morte de Aécio. Morte de Valentiniano III. Petrónio Máximo imperador. Saque de Roma por Genserico. Avito imperador, apoiado pelos Visigodos.
456 – Majoriano imperador. Tentativas de recuperação da Hispânia e da África. Ricímero ascende a *Magister Militum*.
461 – Líbio Severo imperador.
467 – Antémio imperador.
468 – Os Vândalos derrotam as forças navais imperiais no Cabo Bon, Tunísia.
469 – Expansão visigótica na Hispânia.
472 – Olíbrio imperador. Saque de Roma pelas tropas de Ricímero ao serviço de Glicério.
473 – Glicério imperador. Morte de Ricímero.
474 – Júlio Nepos imperador.
475 – Orestes proclama imperador o filho, Rómulo Augústulo.
476 – Odoacro derrota Orestes e exila Rómulo Augústulo.
480 – Morte de Júlio Nepos, último imperador reconhecido pelo Império do Oriente.
486 – Os Francos anexam o território galo-romano controlado por Siágrio.
493 – Morte de Odoacro. O chefe ostrogodo Teodorico proclama-se rei da Itália.
494 – Supressão das Lupercais.

Bibliografia

Fontes Antigas e Medievais

Amiano Marcelino, *Ammien Marcelin. Histoire, Livres XIV-XVI*, E. Galletier; J. Fontaine, eds. (1968). Paris, Les Belles Lettres.
Cassiodoro, *Cassiodorus Chronica: Text, Chronography and Sources*, M. Klaassen, trad. (2011). Ann Arbor, UMI Dissertation Publishing.
Cícero, *Tratado da República*, F. de Oliveira, trad. (2008). Lisboa, Círculo de Leitores.
Hidácio, *Hydace. Chronique*, 1-2, A. Tranoy, trad. (1974). Paris, Les Éditions du Cerf.
Horácio, *Épîtres*, F. Villeneuve, ed. (^{11}2014). Paris, Les Belles Lettres.
Jordanes, *The Gothic History of Jordanes*, Ch. Mierow, trad. (^{2}2006). Merchantville (NJ), Evolution Publishing.
Lactâncio, *Lactantius. The Divine Institutes*, 1-7, M. F. McDonald, trad. (1964). Washington, Catholic University of America Press.
MGH = Monumenta Germaniae Historica. Auctorum antiquissimorum, 9, Th. Mommsen, ed. (1892). Berlim, Weidmann.
Notitia Dignitatum omnium tam civilium quam militarium, O. Seeck, ed. (1876). Berlim, Weidmann.
Orósio, *Paulo Orósio. História contra os pagãos*, J. Cardoso, trad. (1986). Braga, Universidade do Minho.
PLRE = The Prosopography of the Late Roman Empire, 2, R. Martindale et alii, eds. (1980). Cambridge, Cambridge University Press.
Procópio, *Procopius*, 2, H. B. Dewing, trad. (1914). Londres, William Heinemann.
RIC = Roman Imperial Coinage, 10, J. P. Kent; R. G. Carson (1994). Londres, Spink and Son.

Salviano, "Salviani Presbitery Massiliensis Opera Omnia", *Corpus Scriptorum Ecclesiasticorum Latinorum*, 8, F. Pauly, ed. (1883).Viena, Hoelder - Pichler- Tempsky.
Sidónio Apolinário, *Sidoine Appolinaire. Poèmes*, A. Loyen, trad. (1961). Paris, Les Belles Lettres.
Símaco, *Quinto Aurelio Símaco. Informes. Discursos*, J. A. Valdés, trad. (2003). Madrid, Editorial Gredos.
The Theodosian Code and Novels and the Sirmodian Constitution, C. Pharr et alii, eds. (¹⁰2008). Clark, The Lawbook Exchange.
Zózimo, *Histoire Nouvelle*, 1-3, F. Paschoud, trad. (1979-1989). Paris, Les Belles Lettres.

Estudos e obras literárias

Altheim, F. (s/d), *A Ásia a caminho da Europa*. Lisboa, Livros do Brasil.
Alföldy, A. (1952), "The Moral Barrier on Rhine and Danube" in E. Birley, ed *Third Congress of Roman Frontier Studies*. Durham, The University 1-16.
Bury, J. B. (1919), "Justa Grata Honoria", *JRS* 9 1-13.
_____ (1923), *History of the Later Roman Empire from the Death of Theodosius to the Death of Justinian*, 1. Londres, Macmillan.
_____ (2008), "Tirano ao Tibre. Estereótipos de tirania nas *Vidas dos Césares* de Suetónio", *Humanitas* 60 115-137.
Cameron, A. (1969), "Theodosius the Great and the Regency of Stilicho", *Harvard Studies in Classical Philology* 73 247-280.
_____ – Long, J. (1993), *Barbarians and Politics at the Court of Arcadius*. Berkeley, University of California Press.
Cantarelli, L. (1928), "L'ultimo rifugio di Romulo Augustolo", *Historia* 2 185-190.
Chastagnol, A. (²1969), *Le Bas-Empire*. Paris, Armand Colin.
Colins, R. (2004), *Visigothic Spain. 409-711*. Oxford, Blackwell.
Courtois, Chr. (1955), *Les Vandales et l'Afrique*. Argel - Paris, Gouvernement Générale de l'Algérie.
Crawford, S. (2011), *Anglo-Saxon England*. Oxford, Bloomsbury Publishing.
Croke, B. (1982), "A.D. 476. The Manufacturing of a Turning Point", *Chiron* 13 81-119.
Czuth, B. (1989), "Petronius Maximus. Kaiser der italischen Senatorenaristokratie (455)", *Oikoumene* 4 253-258.
Dante (2006), *La Divina Commedia: testo critico della Società Dantesca Italiana*. Milão, Ulrico Hoepli.
Drake, H. A. (1996), "Lambs into Lions: explaining early Christian intolerance", *Past and Present* 153 3-36.
Diakov, V. (s/d), *História de Roma*. Lisboa, Arcádia.
Dias, P. B. (2013), "Cristianismo e responsabilidade cristã na queda de Roma" in F. Oliveira et alii, eds., *A Queda de Roma e o Alvorecer da Europa*. Coimbra, Imprensa da Universidade 43-64.
Demandt, A. (1984), *Der Fall Roms: Die Auflösung der römischen Reiches im Urteil der Nachwelt*. Munique, C. H. Beck.
Dignas B. – Winter, E. (2007), *Rome and Persia in Late Antiquity. Neighbours and Rivals*. Cambridge, Cambridge University Press.
Friell, G. – Williams, S. (1994), *Theodosius: The Empire at Bay*. Londres, Batsford.
Furbetta, L. (2010), *Sidonio Apollinare e l'imperatore Eparchio Avito. Testo, traduzione e comento dei carmi 6, 7 e 8*. Roma, La Sapienza.
Fukuyama, F. (1992), *O fim da história e o último homem*. Lisboa, Gradiva.
Gibbon, E. (1906), *The History of the Decline and Fall of the Roman Empire* (J. B. Bury ed.), 6. Nova Iorque, Fred de Fau.
Goffart, W. (1989), *Rome's Fall and After*. Londres, Hambledon Press.
Goldsworthy, A. (2010), *O fim do Império Romano*. Lisboa, Esfera dos Livros.
Gusso, M. (1992), "Sull'imperatore Glycerio", *Studia et Documenta Historicae et Iuris* 58 169-193.
Grimal, P. (²2012), *A civilização romana*. Lisboa, Edições 70.
Grant, M. (1967), *O mundo de Roma*. Lisboa, Arcádia.
Greatrex, G. – Lieu, S. (2002), *The Roman Eastern Frontier and the Persian Wars*, 2. Londres-Nova Iorque, Routledge.

Grabar, A. (²2002), *La iconoclastia bizantina*. Madrid, Akal.
Halsall, G. (2007), *Barbarians Migrations and the Roman West, 376-568*. Cambridge, Cambridge University Press.
Heather, P. (2006), *The Fall of the Roman Empire. A new history of Rome and the Barbarians*. Oxford, Oxford University Press.
Henning, D. (1996), "CIL VI 32005 und die Rostra Vandalica", *Zeitschrift für Papyrologie und Epigraphik* 110 259-264.
Herwig, W. (1988), *History of the Goths*. Berkeley, University of California Press.
Hindley, R. (1996), The "legacy" of Rome: the rise, decline and fall of the Theory of Romanization" in J. Webster; N. Cooper (eds.), *Roman Imperialism: post-colonial perspectives*. Leicester, University of Leicester 35-48.
Holum, K. (1989), *Theodosian Empresses. Women and Imperial Dominion in Late Antiquity*. Berkeley, University of California Press.
Honoré, T. (1998), *Law in the Crisis of Empire 379-455 AD*. Oxford, Clarendon Press.
Hughes, I. (2010), *Stilicho: the Vandal who saves Rome*. Barnsley, Pen & Sword.
Jones, A. H. M. (1964), *The Later Roman Empire 284-602: a Social, Economic and Administrative Survey*, 1-3. Oxford, Blackwell.
Jones, M. (²1998), *The End of Roman Britain*. Ithaca-Londres, Cornell University Press.
Jiménez, D. A. (2012), "Las últimas piraterías vándalas", *Habis* 42 275-289.
Jiménez, D. A. (2013), "La otra ruptura del Limes en 406. La pirateria en las provincias occidentales del Imperio" in F. Oliveira et alii (eds.), *A queda de Roma e o alvorecer da Europa*. Coimbra, Imprensa da Universidade de Coimbra, 83-102.
Kent, J. (1966), "Julius Nepos and the Fall of the Western Empire" in R. Swoboda-Milenović (ed.), *Corolla Numismatica Memoriae Erich Swoboda Dedicata, Römische Forschung in Niederösterreich* 5 Graz 146-150.
Konrad, Ch. B. (2001), "Beobachtungen zur Architektur und Stellung des Säulenmonuuments in Istanbul-Cerrahpasa. Arkadiossäule", *Istanbuler Mitteilungen* 51 319-401.
Kos, M. S. (2008), "The family of Romulus Augustulus" in P. Mauritsch et alii (eds.), *Antike Lebenswelten. Festschrift für Ingomar Weiler*. Wiesbaden, Harrassovitz Verlag 439-449.
Kovaliov, S. I. (³2007), *Historia de Roma*. Madrid, Akal.
Lot, F. (²1968), *La fin du monde Antique et le début du Moyen Âge*. Paris, Albin Michel.
Léon, J. S. (1996), *Los bagaudas: rebeldes, demonios, mártires. Revueltas campesinas en Galia e Hispania durante el Bajo Imperio*. Jaén, Universidad de Jaén.
Le Roux, P. (1982), *L'armée romaine et l'organisation des provinces ibériques d'Auguste à l'invasion de 409*. Bordéus - Paris, Publications du Centre Pierre Paris.
Lula, R. (2014), "Anicio Olybrio: un imperatore da riscoprire", *Panorama Numismatico*. 12 7-11.
Luttwack, E. (1976), *The Grand Strategy of the Roman Empire: From the First Century A.D. to the Third*. Baltimore, The Johns Hopkins University Press.
Luttwack, E. (²2003), *Strategy: The Logic of War in Peace*. Cambridge (Mass), Harvard University Press.
Mantas, V. G. (2012), "O legado histórico romano e a crise do Ocidente contemporâneo", *Biblos* 10 47-73.
Mantas, V. G. (2013), "O mundo romano no dealbar do século V" in F. Oliveira et alii (eds.), *A Queda de Roma e o Alvorecer da Europa*. Coimbra, Imprensa da Universidade de Coimbra 117-152.
Macbain, B. (1983), "Odovacer the Hun?", *Classical Philology*. 78 (4) 323-327.
MacDowall, S.; Gerard, H. (2010), *Adrianópolis 378 d.C. Os Godos aniquilam o Império*. Barcelona, Osprey Publishing.
Max, G. (1979), "Political intrigue during the Reigns of the Western Emperors Avitus and Majorian", *Historia* 28 225-237.
McEvoy, M. A. (2013), *Child Emperor Rule in the Late Roman West AD 367-455*. Oxford, Oxford University Press.
Marteli, F. (1981), "Onorio, Ravenna e la presa di Roma del 410", *Rivista Storica dell'Antichità* 11 215-219.
Magnani, A. (2002), *Serena: l'ultima romana*. Milão, Jaca Book.
Matthews, J. F. (1970), "Olympiodorus of Thebe and the History of the West (AD 407-425)", *Journal of Roman Studies* 60 79-97.
Modéran, Y. (1998), "Genseric" in *Encyclopédie Berbère* 20. Aix-en-Provence, IREMAM 3052-3059.
Mathisen, R. (1979), "Sidonius on the Reign of Avitus: A Study in Political Prudence", *Transactions of the American Philological Association* 109 165-171.

Mathiesen, R. (1981), "Avitus, Italy and the East in A.D. 455-456", *Byzantion* 51 233-247.
Molina, A. B. (2007), *Orbe romano e imperio global. La romanización desde Augusto a Caracalla*. Santiago do Chile, Editorial Universitaria.
McLaughlin, R. (2014), *The Roman Empire and the Indian Ocean: the Ancient World Economy and the Kingdoms of Africa, Arabia and India*. Barnsley, Pen & Sword.
Monteiro, J. G. (2012), *Grandes conflitos da história da Europa: de Alexandre a Guilherme "O Conquistador"*. Coimbra, Imprensa da Universidade.
Nathan, G. (1992), "The Last Emperor: The fate of Romulus Augustulus", *Classica et Mediaevalia* 43 261-271.
Nixey, C. (2018), *A chegada das trevas. Como os cristãos destruíram o mundo clássico*. Lisboa, Editora Desassossego.
Oost, S. (1970), "D.N. Libius Severus P. F. Aug.", *Classical Philology* 65 228-240.
Petit, P. (1974), *Histoire générale de l'Empire romain*, 3, *Le Bas-Empire*. Paris, Seuil.
Pereira, V. S. (2013), "Crónica de uma morte anunciada: a queda de Roma", in F. Oliveira et alii eds, *A Queda de Roma e o Alvorecer da Europa*. Coimbra, Imprensa da Universidade 11-26.
Palanque, J.-R. (1971), *Le Bas-Empire*. Paris, Presses Universitaires de France.
Pereira, M. H. da Rocha (2015), *Estudos sobre Roma Antiga, a Europa e o Legado Clássico*. Coimbra, Imprensa da Universidade.
Piganiol, A. (^{2}1982), *La chute de l'Empire romain*. Verviers, Marabout.
Pitassi, M. (2009, *The Navies of Rome*. Woodbridge, Boydell Press.
Rémondon, R. (1970), *La crise de l'Empire romain*. Paris, Presses Universitaires de France.
Riché, P. – Le Maitre, Ph. (^{6}1983), *Les invasions barbares*. Paris, Presses Universitaires de France.
Romanelli, P. (1959), *Storia delle province romane dell'Africa*. Roma, L'Erma di Bretschneider.
Roberto, U. (2012), "Il terzo sacco di Roma e il destino dell'Occidente (Iuglio 472)" in C. Ebanista – M. Rotili coords., *La Trasformazione del Mondo Romano*. Nápoles, Università di Napoli 9-18.
Roberto, U. (2013), "Alarico e il sacco di Roma nelle fonti dell'Oriente romano" in H. Harich-Schwarzbauer – K. Pollman, eds, *Der Fall Roms und seine Wiederauferstehungen in Antike und Mittelalter*. Berlim-Boston, De Gruyter 109-130.
Rutherford, H. (1938), *Sidonius Appolinaris*, l'homme politique, l'écrivain, l'evêque: Étude d'une figure gallo-romaine du Ve siècle. Clermont-Ferrand, J. de Bussac.
Schwartz, D.; Zhewen, L. (^{2}2001), *The Great Wall of China*. Londres, Thames & Hudson.
Serrano, R. S. (2006), *Gala Placidia (ca. 389-ca. 450)*. Madrid, Editorial Orto.
Serrano, R. S. (2013), "Las migraciones bárbaras en la Península Ibérica en el siglo V d.C." in F. Oliveira et alii coords., *A Queda de Roma e o Alvorecer da Europa*. Coimbra, Imprensa da Universidade 209-228.
Thompson, E. A. – Heather, P. (1999), *The Huns*. Oxford, Wiley Blackwell.
Verlaine, P. (1884), "Langueur", *Jadis et Naguère*. Paris, Léon Vanier 104.
Walbank, F. W. (1969), *The Awful Revolution. The Decline of the Roman Empire in the West*. Liverpool, Liverpool University Press.
Ward-Perkins, B. (2006), *A queda de Roma e o fim da civilização*. Lisboa, Alêtheia Editores.

16. Reconquistas de Justiniano no Ocidente

Lyvia Vasconcelos Baptista
Universidade Federal do Rio Grande do Norte
ORCID: 0000-0001-5887-7831
lyviavasconcelos@gmail.com

Sumário: O governo de Justiniano (527-565) foi marcado pela atividade militar de reconquista dos territórios da África e da Itália. Uma análise da documentação produzida no século VI d.C. pode contribuir para uma maior compreensão dos elementos que envolveram as batalhas dos romanos do oriente no ocidente.

Então apareceu o imperador Justiniano, confiado por Deus com esta missão, cuidar de todo o Império Romano e, tanto quanto possível, refazê-lo (Procop. *Aed.* 2.6.6).

O que chamamos "Império Bizantino" foi um aglomerado de diferentes grupos, disputando um espaço físico e simbólico, por meio de muitos conflitos, diálogos, distúrbios, interações e revoltas. No entanto, muitas vezes, a longevidade deste império é tratada como algo historicamente inevitável, enfatizando a centralidade e controle do poder imperial, face à desintegração territorial do Ocidente. O discurso sincrônico da história política bizantina, produzido com base na afirmação sobre a centralidade do sistema imperial, pode esconder os esforços originais que cada governo demandou na relação com os seus súditos. Justiniano I (527--565), por exemplo, precisou adotar medidas diversas para demonstrar, promover e legitimar o seu governo, utilizando recursos retóricos e imagéticos, almejou enfatizar os sucessos militares e associar a sua imagem à devoção divina.

Justiniano é um dos imperadores bizantinos mais abordados pela tradição historiográfica. Sua relação com Teodora, uma antiga atriz, inspirou romancistas e historiadores e, até mesmo "do paraíso", a alma de Justiniano conta a história do império ao poeta da Divina Comédia, Dante Alighieri[1]. Seu

---
[1] 4.10-27.

governo é discutido através das fontes que relatam a atuação imperial e por meio de seus próprios escritos jurídicos. Relatos de autores do século VI d.C., que trataram diretamente dos acontecimentos de seu governo, disponibilizam um grande aparato de informações e possibilidades interpretativas. Dentre esses autores podemos citar Agapito que, objetivando fornecer conselhos ao imperador, afirma ter Justiniano "[...] uma dignidade acima de qualquer outra honra, [...], essa honra – além de todos os outros – Deus, que te dignificou. Pois foi à semelhança do Reino Celestial que ele te deu o cetro do governo terreno [...]" (*Conselhos ao imperador Justiniano* 1). Paulo Silenciário (membro dignitário do corpo do exército), num panegírico contendo a descrição da Santa Sofia (*Ekphrasis*) escreve: "[...] mas vem, frutífera Roma, coroando nossa vida dada pelo imperador, vestindo ele abundantemente com hinos puros, não porque ele adequou seu jugo às nações da terra, nem porque ele ampliou os imensuráveis espaços de seu trono para além das fronteiras ultra periféricas [...]" (*Descrição da igreja de Santa Sofia* 135-150). Se a sua *Descrição* é acima de tudo para apresentar a restauração daquela igreja, por ordem de Justiniano, podemos ver claramente no seu texto os fundamentos da ideologia imperial do período[2].

Procópio de Cesareia[3], Agátias de Mirina[4] e João Malalas[5] se destacam na apresentação de informações sobre o governo de Justiano. É atribuída ao primeiro a composição de três escritos com características muito diferentes, oferecendo um quadro heterogêneo de informações sobre o século VI d.C.: oito livros intitulados *Guerras*, sobre as batalhas de Justiniano contra os bárbaros do Ocidente e do Oriente, uma *História Secreta* que apresenta-se como um corpo de informações maliciosas sobre os mesmos eventos narrados anteriormente, e *Edifícios*, uma narrativa sobre as construções religiosas e militares, principalmente, realizadas durante o governo de Justiniano. Agátias compôs uma *História* em cinco livros, relatando os acontecimentos posteriores à narrativa de Procópio, e João Malalas escreveu uma *Crônica* sobre os acontecimentos do tempo de Adão ao século VI d.C.. A obra é o único documento que menciona o fechamento da

---

[2] Bell 2009 14.

[3] Procópio nasceu em Cesaréia, na Palestina. Atuou como "conselheiro" do general Belisário nas suas expedições à Pérsia, África e Itália de 527 a 540.

[4] No prefácio de outro escrito, denominado *Ciclo*, Agatias menciona um imperador sem nomeá-lo. Averil e Alan Cameron (1966 23) afirmam que Justiniano poderia ser o personagem imperial elogiado na obra, já que uma parte do prefácio é dedicada ao relato do poder romano em expansão, resultado das guerras para "reconquistar" os territórios que pertenceram ao império romano.

[5] A avaliação sobre o seu trabalho posiciona a *Crônica* como um modelo seguido pelos autores que o sucederam no mesmo gênero. Elizabeth e Michael Jeffreys, juntamente com Roger Scott (1986 xxiii), na tradução que elaboraram da obra de Malalas, afirmam que, aparentemente, a *Crônica* circulou em duas edições. A original teria alcançado o final do livro 17 e foi conhecida em Antioquia, no início de 530. A versão atualizada ampliou a crônica até os eventos do governo de Justiniano, adicionando o livro 18, quando percebemos uma mudança de cenário e ponto de vista, de Antioquia para Constantinopla.

escola neoplatônica ateniense durante o governo de Justiniano e parece apresentar informações muito próximas daquelas veiculadas pelo próprio imperador.

1. Justiniano e o projeto de Reconquista

Justiniano nasceu em 482, tendo assumido o trono em 527, depois da morte de seu tio Justino, que o havia adotado alguns anos antes e estabelecido uma corregência. Sua personalidade e importância histórica suscita julgamentos contrastantes por parte de seus contemporâneos e, posteriormente, da produção historiográfica. Ainda sob o governo de seu tio, em 521, como cônsul, Justiniano teria proporcionado alguma satisfação à população de Constantinopla fazendo do seu consulado "o mais famoso de todos aqueles no oriente, sendo considerado o mais generoso em seus donativos. Pois 288 mil moedas de ouro foram distribuídas ao povo ou gastas em espetáculos ou em suas propriedades"[6].

A imagem de Justiniano como imperador é repleta de ambiguidades, talvez pela própria natureza das fontes existentes. Em uma de suas obras, Procópio de Cesareia destaca o esforço do imperador "investido por Deus"[7] para mudar a topografia do império, "transformando a sua aparência em termos de beleza e força [...]"[8]. Já em outro escrito procopiano, polêmico pelas afirmações radicais contra o imperador,[9] Justiniano é caracterizado como um comandante da tirania [*tyrannida*][10] e corruptor da moral [*diaphthoreus tōn eu kathestōtōn*][11]. O historiador se esforça em apresentar uma imagem negativa do governo em questão, mencionando, por exemplo, frente à crise urbana desenhada, a magnificência e beleza das cidades do império no passado. Assim, Justiniano "foi capaz de destruir a ordem das cidades e tudo aquilo que as embelezavam, tanto em Bizâncio [como nomeia a capital] quanto nas demais"[12]. O leitor é informado sobre a inatividade dos teatros, hipódromos e anfiteatros, assim como sobre a ordem de cessar todos os espetáculos em

---

[6] *Chron. Marcell.* s.a.521.

[7] *Aed.* 2.6.6.

[8] *Aed.* 2.4.14.

[9] A *História secreta* (*Anekdota*) apresenta-se desde o início como um repositório de verdades não ditas na anterior narrativa sobre as guerras. A obra permaneceu por muito tempo desconhecida, quando em 1623 foi encontrada na biblioteca do Vaticano e ganhou centralidade nas discussões. A enorme diferença do estilo e conteúdo em relação às outras obras, *História das guerras* e *Sobre os edifícios*, levantou suspeitas quanto à sua real autoria. Esforços foram investidos para comprovar ou não a vinculação da narrativa com Procópio até que, em 1891, Jakob Haury (1891 9-27) demonstrou uma uniformidade de estilo entre as obras. A partir daí a autoria de Procópio foi reforçada em outros estudos, desencorajando sérios questionamentos.

[10] *Arc.* 10.23.

[11] *Arc.* 6.21-22.

[12] *Arc.* 26.1.

Constantinopla[13]. Desta forma, o governo de Justiniano teria produzido um clima de insatisfação geral, por suas medidas perversas e seus propósitos gananciosos.

Entre os estudiosos do período, Paul Lemerle, na obra de 1943, afirmou que o governo de Justiniano interrompeu o andamento normal do império, já que, ao contrário dos imperadores anteriores, ele ambicionava reconquistar as províncias ocidentais, sacrificando o "Oriente vivo", pelo "Ocidente morto"[14]. James Allan S. Evans caracteriza Justiniano como uma "figura de transição, que mais que qualquer outro marcou o início do mundo Bizantino"[15], seja por seus aspectos positivos: código de leis e a Igreja de Santa Sofia; seja por suas grandes deficiências: o envolvimento com dispendiosas disputas religiosas e guerras. Segundo Doug Lee, Justiniano poderia reivindicar ter feito com sucesso mais do que qualquer outro imperador em muitos anos pela tradição romana de expansão territorial, obtendo importantes vitórias nas batalhas empreendidas contra os Godos, Mouros, Vândalos e algumas contra os Persas[16].

Em diferentes períodos, dentre os assuntos abordados nas avaliações do governo de Justiniano, dois merecem destaque: a relação de sua política com a religiosidade do império e seu projeto de (re)conquista dos territórios sob domínio de outros povos. A respeito do primeiro, o governo de Justiniano tende a ser visto como uma etapa importante no processo de cristianização. Segundo Frank R. Trombley, na disputa entre paganismo e cristianismo, é somente no início do século VI d.C. que vemos uma real proeminência da fé cristã amparada pela estrutura política[17].

Segundo Michael Maas, dentro das mais variadas formas com as quais Justiniano promoveu a sua autoridade, podemos citar: o seu esforço para ser *nomos empsychos*, ou a lei viva; as restrições impostas às escolas de direito (depois da sua própria codificação comentar os *Digesta* foi proibido); a criação de cargos administrativos vinculados ao imperador na sua titulação, como o pretor e os procônsules "de Justiniano"; o uso do título *Philochristos* e a ideia de que ele governava "pela graça de Deus". Assim, no reino de Justiniano, "a restauração do Estado, a reconquista das províncias ocidentais e a criação de um novo código de leis foram apresentadas como uma função do império cristão"[18].

Justiniano elaborou um código legislativo constituído pela compilação de todas as constituições imperiais promulgadas desde Adriano até o período de seu governo, finalizando, em 529, o denominado *Codex Iustinianus*. A partir de então, as obras legislativas, sob a organização do imperador, ampliaram-se,

---

[13] *Arc.*26.8-9.
[14] Lemerle 1993 46.
[15] Evans 1968 126.
[16] Lee 2013 257.
[17] Trombley 2007 201.
[18] Maas 1992 15-18.

constituindo um material que denominamos *Corpus iuris civilis* ou "Corpo de direito civil". No texto *Constitutio Deo auctore,* presente naquele código de leis, vemos claramente a referência ao sentimento de dever bélico e unificação religiosa do imperador. Segundo o escrito,

> Governando sob a autoridade de Deus nosso império, que foi entregue a nós pela Sua Majestade Celestial, guerreamos com sucesso, adornamos a paz, restauramos a estrutura do Estado, e assim, elevamos nossas mentes na contemplação do auxílio da onipotente divindade [...][19].

Acima de tudo, Justiniano tinha como objetivo o sucesso militar, fundamentado e justificado por um efusivo argumento religioso. Ao analisar o papel que a retórica imperial desempenhou na formação da opinião pública, da consolidação da República ao sexto século, Sarolta A. Takács observa que a guerra e a religião tiveram sempre proeminente papel na estrutura simbólica que a sociedade romana desenvolveu de representação de si e de glorificação individual[20].

Um mosaico na basílica de São Vital, em Ravena, representa a condição imperial. A imagem mostra Justiniano no centro, dividindo o espaço com dois grupos de homens ligados aos âmbitos religioso e militar, como se almejasse equilibrar essas duas forças. Nas mãos de Justiniano, vemos a representação dos protótipos bíblicos da oferta e sacrifício exibidos em destaque, já que o imperador carrega um recipiente que sugere associação com o rito da eucaristia[21]. Apesar de conter imagens de guardas, oficiais da corte e eclesiásticos, somente o arcebispo Maximiano é nomeado, o que poderia significar que a Igreja "simbolicamente e fisicamente protege Justiniano que, como Constantino I antes dele, controlava os assuntos da Igreja para os seus próprios propósitos políticos"[22].

Juntamente com a unidade religiosa e em conformidade com ela, Justiniano empreendeu uma unidade territorial, iniciando um grandioso projeto de incorporação dos territórios outrora pertencentes ao Império Romano. Encontramos referência a esse objetivo de "restauração"[23] no *Corpus Iuris Civilis,* quando o texto informa que "[...] somos [Justiniano e seus oficiais] inspirados com o desejo que Deus nos conceda o domínio sobre o resto do que, sujeito aos antigos Romanos os limites de ambos os mares, eles mais tarde perderam por sua negligência"[24]. Associado a um conjunto de ações, o

---

[19] Just. *Constitutio.*1.

[20] Takács 2009 01-03.

[21] Consultar Kitzinger 1977 82.

[22] Takács 2009 120.

[23] O discurso de restauração não é uma novidade, como informa Paul Alexander (1962 349) e poderá ser encontrado na representação ideológica da política bizantina durante o longo percurso do império.

[24] *Novelllae* 30.11.2.

discurso imperial justiniânico afirma valores do passado romano, vinculando a imagem do império à supremacia da lei e ao poder militar[25].

O projeto de Reconquista dos territórios ocidentais, entretanto, não parece ter sido o foco inicial do governo de Justiniano. A luta contra os Persas envolveu boa parte dos recursos materiais e humanos e, ao menos na documentação que dispomos, aparece sempre como ponto central da atividade bélica. Segundo Procópio, tendo ouvido que Belisário atacaria os Godos em Ravena, no início da primavera, Vitigis, rei dos Godos, resolveu buscar o auxílio de outros bárbaros. Os godos mais velhos e sábios aconselharam Vitigis da seguinte forma: disseram que Justiniano não tinha feito guerra com os bárbaros do ocidente, antes do tratado de paz acordado com os Persas. Foi somente depois disso que os Vândalos e Mouros foram destruídos e os Godos estavam sofrendo ataques. Alguém, então, deveria despertar novamente a hostilidade entre o rei dos Medos e o imperador Justiniano[26].

De fato, somos informados que Khusro, o rei persa, foi incentivado a cometer novos atos de ultraje contra os Romanos, enquanto um tratado de paz ainda estava em vigor e, por fim, realizou uma invasão no solo romano, rompendo o acordo[27]. Quando Justiniano ouviu que os Persas estavam planejando o seu fim, decidiu suspender a guerra no Ocidente o mais rápido possível e chamou Belisário de volta para lutar no Oriente[28]. Desta forma, apesar de não relatar nenhuma grande conquista territorial de Justiniano contra os Persas, Procópio parecia considerar a rivalidade contra esse povo, elemento importante para a *renovatio imperii* proposta pelo imperador.

2. Reconquista da África

A conquista dos territórios no norte da África configura-se como uma das mais bem sucedidas atividades bélicas de Justiniano e rendeu ao general Belisário uma cerimônia triunfal em Constantinopla, em 534.

Procópio oferece um relato detalhado da sequência de acontecimentos envolvendo Vândalos, Mouros e as tropas do imperador Justiniano[29]. Segundo Procópio[30], a rivalidade com os Vândalos, em especial, começou desde que eles, vindos da Hispânia, chegam à África, e terá consequências mais graves, pois

---

[25] Lee 2013 256.

[26] Procop. *Goth.* 6.22.12-17.

[27] Procop. *Pers.* 2.5.

[28] Procop. *Pers.* 2.14.8.

[29] Agátias parece se justificar por não narrar com detalhes os eventos decorrentes da guerra contra os Vândalos, devido à riqueza da descricão fornecida pelos escritos de Procópio de Cesareia, que narrava a luta de Justiniano contra Gelimer, o chefe dos Vândalos, bem como a conquista de Cartago e de toda a África uma vez mais (*HGM.* Proem. 24).

[30] Procop. *Vand.* 3.4.1.

Genserico, chefe vândalo, expande sua atuação, fazendo incursões na Sicília, na Itália, em parte da Grécia continental e nas ilhas, aproximadamente em 450. De acordo com Procópio, na época em que Justiniano já era imperador, Gelimer usurpou o poder dos Vândalos, acusando o rei anterior de entregar o controle de seu povo aos romanos. O imperador enviou, então, uma carta em desaprovação a essa atitude, citando o tratado de não agressão, feito entre romanos e bárbaros, durante o governo de Genserico[31]. Quando Gelimer respondeu demonstrando disponibilidade para qualquer enfrentamento, Justiniano encontrou motivo para, colocando fim à guerra com os Persas, lançar o seu exército contra os Vândalos, na Líbia. A ponderação o fez desistir do projeto tão logo ouviu a opinião contrária à invasão, cujo principal argumento era o desgaste irreparável do tesouro bizantino e das vidas dos soldados, já que a vitória não compensaria os gastos e a derrota seria, por demais, penosa. Entretanto o imperador mudou de ideia, após ouvir o relato de um bispo que afirmava ter Deus enviado uma mensagem a Justiniano por meio de um sonho, incitando-o a fazer guerra para proteger os cristãos dos tiranos, e, certamente, com ajuda divina, se tornar o dono da Líbia[32]. O projeto de reconquista implicava num forte apelo religioso. Segundo Procópio de Cesareia, quando a frota de Belisário partiu de Constantinopla em direção ao norte da África a cerimônia de despedida foi dirigida em tom religioso[33] e, ao menos oficialmente, a batalha pela heresia foi um motivo fundamental para a reconquista da África.

A digressão sobre as "origens" da história dos Vândalos antecede o relato dos confrontos que levaram Belisário a uma de suas maiores vitórias como general do Império. Procópio enfatiza a volta triunfante de Belisário a Constantinopla e seu consulado. Mas a luta com os Vândalos gerou consequências muito maiores. Os escritos relatam também a constante e árdua luta contra os Mouros, a insubordinação do exército romano/bizantino e a série de traições entre os romanos em aliança com os bárbaros pelo poder da Líbia (demonstrando as aspirações das elites locais em sobreposição à ideia de unidade romana). A decisiva vitória das tropas imperiais acontece em 548, mas a avaliação de Procópio não é otimista, uma vez que: "aos que sobreviveram dentre os Líbios, que eram poucos e extremamente pobres, ocorreu que, por fim e com grande dificuldade, puderam encontrar alguma paz"[34]. Desta forma, a narrativa que apresenta o sucesso das tropas de Justiniano no norte da África, é, acima de tudo um relato sobre as dificuldades dessa reconquista.

A expedição contra os Vândalos envolveu um número significativo de recursos. Sob o comando do general Belisário, com sua esposa Antonina e Procópio de Cesareia,

---

[31] *Vand.* 3.9.3.

[32] *Vand.* 3.10.1-3.

[33] O navio do general Belisário ancorado na frente do palácio imperial foi abençoado pelo arcebispo Epifânio (Procop. *Vand.* 3.12.1).

[34] Procop. *Vand.* 4.28.52.

estavam uma infantaria de 10 mil soldados e uma cavalaria com 5 mil homens[35]. Alguns autores chegam a afirmar que foi o sucesso da campanha na África, apesar das dificuldades, que possibilitou o projeto ambicioso de reconquista da Itália[36].

3. Reconquista da Itália

No vigésimo sexto ano do governo de Justiniano, em 552, Roma foi capturada pela quinta vez e Narses, imediatamente, enviou as chaves dos portões da cidade para o imperador. Os Godos fugiram e abandonaram o domínio da Itália, destruindo sem piedade os romanos que encontravam no caminho. Ao mesmo tempo, os bárbaros do exército romano trataram como inimigos todos aqueles que eles encontraram quando entraram na cidade[37]. No meio das negociações da trégua, mil godos se separaram do corpo militar geral e sob o comando de diferentes homens foram para outras cidades. O restante jurou e confirmou todos os detalhes do acordo. Assim, os Romanos capturaram a região e o décimo oitavo ano de confrontos colocou um fim na guerra gótica. Desta forma Procópio de Cesareia encerra sua narrativa sobre as guerras de Justiniano na reconquista da Itália, tecendo uma avaliação religiosa de predestinação dos eventos. Segundo o autor, depois de algum tempo de luta, os Godos enviaram a Narses alguns de seus notáveis para dizer que eles sabiam que a batalha que tinham assumido era contra Deus, por isso estavam desejosos por reconhecer a derrota e desistir da guerra, não, entretanto, para obedecer ao imperador, mas para viver em liberdade[38].

O pretexto principal para a Guerra contra os Godos foi a morte de Amalasunta, filha do rei ostrogodo Teodorico, assassinada pelo novo imperador Teodato, que tinha chegado ao poder com a ajuda dela. Mundos foi enviado pelo imperador Justiniano à Itália e, em seguida, Belisário, acompanhado de quatro mil soldados das tropas regulares e bárbaros aliados, trezentos isaurianos, duzentos hunos e trezentos mouros[39].

A desconfiança do imperador com relação à conduta de Belisário teria levado ao envolvimento de outros generais como Germano, morto em 550, e o eunuco Narses, responsável pelas vitórias finais do exército imperial na Itália. Segundo Averil Cameron[40], Justiniano claramente subestimou as forças dos Ostrogodos, que ofereceram séria resistência à dominação romana oriental, o que pode explicar a duração da guerra e o alto custo dos conflitos para

---

[35] Cameron 1993 108.
[36] Por exemplo Halsall 2007 501.
[37] Procop. *Goth.* 8.33-34.
[38] Procop. *Goth.* 8.35.20-38.
[39] Procop. *Goth.* 5.5.9.
[40] Cameron 1993 114.

Constantinopla. Quando Belisário chega em Bizâncio, acompanhado de Vitigis (rei dos ostrogodos de 536 a 540), do tesouro bárbaro e do espólio romano que Teodorico (rei dos visigodos entre 418 e 451), "o mais ilustre dentre os bárbaros", havia conquistado, ele não recebeu o triunfo como anteriormente, na vitória contra os Vândalos, embora, inegavelmente, tenha adquirido vasta fama[41].

Na *Guerra gótica*, Procópio relata os sucessos da reconquista da Itália, narrando os fatos ocorridos entre 535 e 550, a captura de Ravena por Belisário, em 540, a perda da cidade alguns anos depois e as vitórias do exército gótico liderado por Totila (540-544). Os anos de 552 a 558, são relatados por Agátias que inicia o seu próprio relato com os eventos envolvendo Teias, rei dos Godos, e Narses, na batalha conhecida como *Mons Lactarius,* em 552.

Conclusão

A morte do imperador Teodósio I, em 395, resulta na separação incontornável do império romano. Arcádio recebeu os território orientais, dentre os quais o leste da atual Turquia, as fronteiras da Pérsia, do Marrocos ao Estreito de Gibraltar e os territórios correspondentes à Argélia e a Tunísia. Honório recebeu as províncias ocidentais que se estendiam até a Britânia, incluíam a Gália e a Germânia, além da região entre o Danúbio e o Mar Negro[42]. Dentre os imperadores subsequentes, Justiniano foi aquele que mais se destacou pela atuação em prol da unidade territorial do Império Romano tal como se apresentava antes do século III d.C., disponibilizando um explícito discurso pela reconquista daqueles territórios, fundamentado pelo argumento da nova unidade religiosa.

Independente do sucesso de algumas batalhas, as conquistas de Justiniano não permaneceram ligadas ao poder de Constantinopla por muito tempo. Guy Halsall desenvolve uma série de argumentos para explicar a situação pós-reconquista justiniânica. Segundo o autor, provavelmente, o fator mais decisivo tenha sido a natureza das relações centro-periferia, pois era mais difícil demandar estratégias para manter essas regiões ligadas a uma única unidade política do que conquistar os territórios com forças militares. Além disso, apesar do discurso de restauração do passado, o exército imperial do século VI d.C. era muito diferente daquele visto no período inicial de expansão romana. As tropas de Justiniano eram compostas de um grande número de mercenários que não souberam desenvolver a função de guarnições e muitos voltaram para suas casas quando as batalhas terminavam. Outro fator a ser considerado é de ordem econômica. O mercado estabelecido entre as regiões do mediterrâneo não avançava muito além da faixa litorânea e uma fragmentação econômica pôde ser acompanhada de forma cada mais irreparável no curso do século VI.

---

[41] Procop. *Goth*. 7.1.4.
[42] Cameron 1993 01.

Desta forma, a cultura material do oriente romano já não desempenhava o mesmo papel proeminente na política local dos territórios afastados de Constantinopla[43].

Alguns pesquisadores tem se empenhado em desenvolver uma compreensão mais ampla sobre o processo de (re)conquista do Ocidente pelos romanos orientais baseada em fontes diferenciadas e comparadas. Maria Kouroumali (2013) examinou as relacões entre Godos, Italianos e Romanos na Itália, durante as batalhas de Justiniano, a partir da discussão conceitual envolvendo etnicidade e identidade, mencionando algumas fontes primárias escritas e registros arqueológicos. Christopher Lillington-Martin (2018) analisou, através das informações disponibilizadas nas obras de Procópio de Cesareia, as estratégias militares adotadas pelas tropas imperiais na reconquista dos territórios do Ocidente: partes da Espanha, de Portugal e da Itália, Ibiza, Maiorca, Menorca, Córsega, Sardenha e parte do Norte de África. Segundo Lillington-Martin, é possível afirmar que o principal objetivo de Justiniano era o controle das rotas comerciais do Mediterrâneo[44].

É muito difícil escapar do peso das informações fornecidas por Procópio de Cesareia e, em geral, as análises sobre a reconquista dos territórios no Ocidente empreendida por Justiniano se debruçam majoritariamente nos escritos deste historiador, apesar das ambiguidades e contradições encontradas nas obras. Mesmo as fontes escritas contemporâneas ou quase contemporâneas aos acontecimentos não diferem tanto dos argumentos apresentados nas *Guerras* procopianas. Além disso, muito pouco ainda é somado ao conjunto parcial de informações e detalhes fornecidos pelo material escrito.

A ausência de informações sobre a reconquista dos territórios da África e da Itália, no século VI d.C., em outras fontes, talvez indique que o projeto justiniânico, algumas vezes, tenha sido superestimado pela historiografia. A perda de algumas certezas sobre a importância das guerras no governo de Justiniano e os novos problemas impostos pelas descobertas de evidências arqueológicas[45] posiciona a reconquista do Ocidente, no século VI, num lugar privilegiado dentro do debate acadêmico.

Tábua Cronológica

527 Justiniano assume o governo do Império
533 Belisário captura Cartago
540 Belisário captura Ravena
552 Narses captura Roma pela quinta vez
565 morte de Justiniano

---

[43] Halsall 2007 513-514.
[44] Lillington-Martin 2018 179.
[45] Por exemplo em Lillington-Martin 2013, Colvin 2013.

Bibliografia

Fontes

Bell, P. (2009). *Agapetus. Advice to the emperor Justinian*, ed., trad. Liverpool, University Press 99-122.
_____ (2009). *Paulo the Silentiary. Description of the Church of Hagia Sophia*, ed., trad. Liverpool, University Press 189-212.
Croke, B. (1995). *Marcellinus Comes. The Chronicle of Marcellinus*, ed., trad. Sydney.
Dewing, H. B. (2006). *Procopius. History of the war*, ed., trad. Cambridge, Harvard University Press.
_____ (1996). *Procopius. Buildings*, ed., trad. Cambridge, Harvard University Press.
_____ (1935). *Procopius. Secret History*, ed., trad. Cambridge, Harvard University Press.
Frendo, J. D. (1975). *Agathias. Histories*, ed., trad. Berlin.
Jeffreys, E. – Jeffreys, M. – Scott, Roger (1986), *John Malalas. Chronicle*, ed., trad. Melbourne, *Australian Association for Byzantine Studies*.
Thomas, J. A. C. (1975). *The Institutes of Justinian*, ed., trad. Amsterdam, North Holland.

Estudos

Alexander, P. J. (1962), "The Strength of Empire and Capital as Seen through Byzantine Eyes", *Speculum* 37 339-357.
Alighieri, D. (1998), *A divina comédia*. Paraíso, São Paulo, Ed. 34.
Bell, P. N. (2009), *Three political voices from the Age of Justinian*. Liverpool, University Press.
Cameron, A. – Cameron, A. (1966), "The Cycle of Agathias", *The Journal of Hellenic Studies* 86 6-25.
Cameron, A. (1981), "Images of authority: élites and icons in late sixth-century Byzantium" in R. Scott – M. Mullett, eds. *Byzantium and the classical tradition*. Birmingham, Centre for Byzantine Studies 205-234.
_____. (1993), *The Mediterranean World in Late Antiquity AD 395-600*. London, Routledge.
_____. (1996), *Procopius and the sixth century*. London, Routledge.
Colvin, I. (2013), "Reporting Battles and Understanding Campaigns in Procopius and Agatias: Classicising Historians' Use of Archived Documents as Source" in A. Sarantis – N. Christie, eds *War and Warfare in Late Antiquity*. Leiden, Brill 571-598.
Evans, J. A. (1968), "Procopius of Caesarea and the Emperor Justinian". *Historical Papers / Communications historiques*, 3, 1, 126-139.
_____. (1996), *The age of Justinian*. London, Routledge.
Halsall, G. (2007), *Barbarians migrations and the roman west*, 376-568. Cambridge, University Press.
Haury, J. (1890/91), "Procopiana", *Programm des Königlichen Realgymnasiums Augsburg für das Studienjahr*, Augsburg.
Kitzinger, E. (1977), *Byzantine art in the making*: main lines of stylistic development in Mediterranean. Cambridge, Harvard University Press.
Kouroumali, M. (2013), "The Justinianic Reconquest of Italy: Imperial Campaigns and Loval Responses" in A. Sarantis; N. Christie, eds *War and Warfare in Late Antiquity*. Leiden, Brill 969-1000.
Lee, A. D. (2013), *From Rome to Byzantium AD 363 to 565*: the transformation of ancient Rome. Edinburgh, University Press.
Lemerle, P. (1993), *Histoire de Byzance*. Paris, Presses Universitaires de France.
Lillington-Martin, C. (2013), "Procopius on the Struggle for Dara in 530 and Rome in 537-38: Reconciling Texts and Landscapes" in A. Sarantis – N. Christie, eds *War and Warfare in Late Antiquity*. Leiden, Brill 599-630.
_____ (2018), "Procopius, πάρεδρος / *quaestor*, *Codex Justinianus*, I. 27 and Belisarius' strategy in the Mediterranean" in C. Lillington-Martin – E. Turquois, eds. *Procopius of Caesarea: literary and historical interpretations*. London, Routlegde 157 185.

Maas, M. (1992), *John Lydus and the Roman Past*. Antiquarianism and Politics in the age of Justinian. London, Routledge.

_____ ed. (2005), *The Age of Justinian*. Cambridge, University Press.

Pazdernik, C. (2005), "Justinianic Ideology and the power of the past" in M. Maas, ed. *The Cambridge Companion to the Age of Justinian*. Cambridge, University Press 185-214.

Rapp, C. (2005), "Literary culture under Justinian" in M. Maas, ed. *The Cambridge Companion to the Age of Justinian*. Cambridge, University Press 376-399.

Scott, R. D. (1985), "Malalas, The Secret History, and Justinian's Propaganda", *Dumbarton Oaks Papers* 39 99-109.

Takács, S. A. (2009), *The construction of Authority in Ancient Rome and Byzantium: the rhetoric of Empire*. Cambridge, University Press.

Treadgold, W. (2007), "The Byzantine World Histories of John Malalas and Eustathius of Epiphania". *The International History Review* 29 4 709-745.

Trombley, F. R. (2007), "Christianity and paganism II: Asia Minor" in A. Casiday – F. Norris, eds. *The Cambridge history of Christianity*: Constantine to c. 600. Cambrigde, University Press 189-209.

Wahlgren, S. (2010), "Byzantine literature and the classical past" in E. Bakker, ed. *A companion to the ancient Greek language*. Oxford, Blackwell Publishing 527-538.

Whitby, M. ed. (1998), *The propaganda of power: the role of panegyric in late antiquity*. Leiden, Brill.

17. A MÚSICA NO PERÍODO IMPERIAL: A ICONOGRAFIA DE AQUILES *MOUSIKOS*

Fábio Vergara Cerqueira
Universidade Federal de Pelotas
ORCID: 0000-0001-8864-7762
fabiovergara@uol.com.br

Sumário: Estudo sobre o chamado ciclo de Aquiles na iconografia do período imperial, com incidência na figura de Aquiles *mousikos*, tema que despertou interesse entre artistas do final da República e início do Império até a Antiguidade Tardia, com predileção pelo grupo Aquiles-Quíron, que retrata o herói Aquiles como criança e o centauro Quíron como professor de música. O estudo desta temática leva-nos a inquirir sobre os sentidos da música e da educação musical, com as tradições gregas correlatas, no contexto da sociedade imperial.

1. Introdução

Há na iconografia de Aquiles uma série expressiva, produzida entre fins do séc. I a.C. e meados do IV d.C., de representações da idade escolar do herói, quando se encontrava junto ao centauro Quíron, do qual recebeu os ensinamentos básicos da educação heroica, aristocrática: justiça, atenção aos bens da terra, música, canto e execução da lira, caça e montaria e até conhecimentos médicos. Nessa série, que constituiu na tradição romana um ciclo de formação do herói, o grupo Aquiles-Quíron se destaca quantitativamente, com a cena de aula de música: o centauro ensina a lira ao jovem herói. Além dessa cena, o repertório iconográfico apresenta figurações de Aquiles como adulto jovem, tocando lira em companhia amorosa de Deidamia, durante sua permanência na ilha de Esquiro, para onde fora levado por sua mãe, a ninfa Tétis, para evitar o cumprimento do oráculo, de que seu filho morreria se fosse para a guerra. Finalmente, temos as cenas em que Aquiles é descoberto na ilha (travestido de mulher), e foge, abandonando sua amada

Deidamia, seu filho Neoptólemo e sua lira[1]. Há um exemplo único, de meados do séc. IV d.C., em que Aquiles é representado desobediente, fugindo à aula de música.

Essa destacada incidência do Aquiles *mousikos* na iconografia romana da época do Império suscita uma questão: por que o interesse recorrente pela representação desse tema? O primeiro aspecto que nos chama a atenção é a aparente novidade desse tema na tradição iconográfica antiga, apesar de a tradição literária já conhecer profundamente a associação entre Aquiles e a lira, desde a poesia épica homérica. Há poucas evidências iconográficas dessa associação provenientes da Grécia arcaica e clássica: um vaso coríntio do segundo quartel do séc. VI a.C. representa-o no leito de morte, rodeado por nereidas, uma delas com sua *lyra* (Figura 1). Os temas em que esta associação do herói com a *lyra* apareceriam de forma mais forte no período imperial (a educação musical junto ao centauro e o episódio da fuga de Esquiro) não constavam na *Ilíada*, de modo que predominavam outros eventos míticos na memória social grega. Talvez por isso a temática da educação musical de Aquiles não tenha interessado à iconografia grega arcaica, clássica e helenística. Contudo, tradições alternativas à tradição homérica conheciam tópicos relativos à sua educação. Em um prato coríntio do início do séc. VI a.C., Quíron e sua esposa Cariclo recebem o pequeno eácida, trazido pelo pai, Peleu, evidenciando a existência já no período arcaico de uma versão da educação de Aquiles, com participação de Cariclo, tema abordado mais tarde por Apolônio de Rodes (295 – 215 a.C.)[2]. A referência literária mais recuada da educação de Aquiles junto a Quíron é posterior em quase um século ao vaso coríntio: trata-se de Píndaro, cuja produção literária se espalha ao longo da primeira metade do séc. V[3].

---

[1] *Cfr.* Stat. *Ach.* Cameron 2009 2.

[2] Prato, coríntio. Paris, Cabinet des Médailles. 600-575 a.C. Kossatz-Deissmann 1984 53, n. 44. No prato coríntio, os nomes de Quíron e de Cariclo estão identificados por meio de inscrição. Sobre esposa de Quíron, ver: Apoll. Rhod. 1.557-558.

[3] Pind. *N.* 3.43-49, informa a idade de seis anos, com que Aquiles teria sido levado aos cuidados de Quíron, ficando na casa de sua mãe, Filira. Ressonâncias do tema ocorrem posteriormente, por exemplo, em Apoll. Rhod. 1.554-58 e Paus. 3.18.12.

Fig. 1 – Aquiles em seu leito de morte, velado pela sua mãe Tétis e pelas Nereidas. *Hydria*. Coríntio. Pintor de Dâmon. Paris, Louvre E 643. Proveniência: Caere. c. 570-550 a.C. LIMC Achilleus 897.
Foto: Fábio Vergara Cerqueira (2015)

Mas a pergunta que me interessa não é saber por que os gregos, na sua produção de imagens, focados na dimensão guerreira, não se interessaram em representar a fase juvenil, muito embora provavelmente a conhecessem de tradição oral. Quero saber por que os artistas do período imperial subitamente (parece), a partir de finais do séc. I a.C., desenvolveram interesse pelas figurações de Aquiles *mousikos*. A "ametista de Pânfilo"[4], gema de elevado valor artístico, conservada em Paris, exemplifica este interesse: nela o herói toca cítara, ao descansar das obrigações militares, depositando ao chão seu escudo, elmo e armas, recostado sobre uma pedra, à sombra de uma árvore. A cena evoca os versos da *Ilíada* que falam de Aquiles tocando a *phorminx* de som claro, com cavalete de prata, que havia tomado do butim da cidade de Eécion[5]. Tenho dúvidas se podemos responder à questão proposta, mas podemos com certeza circunscrevê-la e formular algumas hipóteses.

---

[4] Gema ("Ametista de Pâmfilos"), Paris, Cabinet des Médailles, 1815. Meados do séc. I a.C. LIMC Achilleus 915. Kossatz-Deissmann 1984 197.

[5] Hom. *Il.* 9.186-189: "Já no arraial dos Mirmidões o encontram / A recrear-se na artefata lira, / Que travessa une argêntea, insigne presa / Dos raros muros d'Etion: façanhas / De valentes cantava, e só Patroclo / Tácito à espera está que finde o canto" (trad. Odorico Mendes, https://iliadadeodorico.wordpress.com/canto-ix/).

2. A iconografia de Aquiles *mousikos* ao longo do Império

2.1. Grupo Aquiles-Quíron - aula de lira com o centauro

As representações de Aquiles aprendendo lira com o centauro Quíron, acredita-se, originam-se de uma pintura do século IV a.C. existente em Atenas, conhecida apenas pela tradição literária[6]. Obra do pintor trácio Atênion de Maroneia (*fl.* fins do séc. IV – inícios do III), contemporâneo de Nícias e discípulo de Gláucio de Corinto, conhecida como Ἀχιλλεὺς ὣς κόρη, representaria, segundo Plínio, a cena de Aquiles, disfarçado com roupa de mulher (*virginis habitu occultatum*), na ilha de Esquiro, entre as filhas de Licomedes, no momento em que é descoberto por Ulisses. Nesta cena, pensava M. Robertson, o grupo Aquiles-Quíron estaria representado no escudo do herói, em que figuraria a aula de música. Essa pintura teria inspirado, três séculos mais tarde, uma retomada do interesse pela infância do herói e pelo episódio de Esquiro, iniciada com um grupo escultórico em mármore, erguido no séc. I a.C., na Septa Júlia, em Roma, cujo assunto seria "Quíron ensinando Aquiles a tocar lira"[7]. A visibilidade que este grupo teria conferido ao tema teria fomentado a tradição do "ciclo de Aquiles", na época imperial, amplamente representado sobre diversos suportes iconográficos, com destaque às cenas retratando a educação do herói junto ao centauro, as quais, segundo nosso conhecimento, não teriam alimentado uma tradição iconográfica entre os gregos dos períodos precedentes, até o fim da República[8].

Datado provavelmente da primeira metade do séc. I d.C., situado em Roma, o monumento funerário conhecido como Columbário de Pampônio Hilas representa a cena de aula de música em um relevo acrescido a ele no final do terceiro quartel deste século[9]. Em Herculano e Pompeia o tema teve ampla repercussão, como testemunham diversos monumentos figurados. Algumas pinturas pompeianas ecoariam o motivo da antiga pintura de Atênion de

---

[6] Plin. *Nat.* 35.134.

[7] *Saepta Julia*, no Campo de Marte, ao lado do Panteão, iniciada em 44 a.C. por César e concluída em 26 a.C. por Agripa, destinada originalmente às assembleias tribais e votações, posteriormente serviu como local para combates de gladiadores e mesmo mercado. Nela se localizavam, segundo Plin. *Nat.* 36.29, os grupos escultóricos de Olimpos e Pã e de Aquiles e Quíron, erguidos portanto neste período.

[8] Kossatz-Deissmann 1984 48, 58. Robertson 1975 583-484.

[9] Relevo em estuque, sobre monumento em calcário. Roma, Columbário de Pampônio Hilas, próximo à Porta Latina e à Via Ápia. c. 14-54 ou 70-80 d.C.. LIMC *Achilleus* 59. Trafimova 2012 48, fig. 46. Foi adquirido por ou para Pampônio Hilas, que viveu durante a dinastia flávia (69-96 A.D.), assim conferindo seu nome ao monumento, graças a uma inscrição; sabe-se porém que sua construção é anterior, por ter sido dedicado a um liberto de Tibério e a um liberto de Cláudia Otávia, filha do imperador Cláudio e Messalina.

Maroneia, ao representarem a cena de aula de música como emblema do escudo de Aquiles[10]. É o que podemos identificar na pintura mural proveniente de Pompeia IX, 5, 2[11] e na pintura da Casa dos Dioscuros[12]. Um motivo um pouco diferente estava representado na pintura da Casa de Cícero, em que Aquiles está nos braços do centauro, cavalgando junto com Quíron, enquanto recebe os ensinamentos musicais (Figura 2).

Fig. 2 - Quíron ensina a lira a Aquiles.
Nápoles, Museu Arqueológico, 9133 (2399). Proveniência: Casa de Cícero, Pompeia. 3º Estilo.
LIMC *Achilleus* 52.
Desenho do afresco: Giorgio Sommer & Edmundo Behles. ©wikicommons

É porém uma pintura mural de Herculano, proveniente do Augusteum (Basílica), produto da época cláudio-neroniana, que mais se aproximaria do grupo da Septa Júlia descrito por Plínio[13] (Figura 3).

---

[10] Conforme Cameron 2009 10, no séc. I d.C., a principal forma de representação e divulgação do ciclo de Aquiles seria a pintura mural doméstica, em Pompeia contando-se doze pinturas da descoberta de Aquiles em Esquiro e sete de Aquiles aprendendo lira.

[11] Nápoles, Museu Arqueológico, 116085. 4º Estilo. LIMC *Achilleus* 54.

[12] Nápoles, Museo Arqueológico, 9110. 4º Estilo. Robertson 1975 583-584. Kossatz-Deissmann 1984 48.

[13] Plin. *Nat.* 36.29. Trafimova 2012 47: seria uma reprodução pictórica do grupo escultórico feita de maneira muito livre, retendo somente o assunto e a composição.

Fig. 3 – Quíron ensina a lira a Aquiles.
Nápoles, Museu Arqueológico, 9109. Proveniência: Herculano, Basílica.
Terceiro quartel do séc. I d.C. (4º Estilo).
LIMC *Achilleus* 51. ©wikicommons

Contemporâneo a estas pinturas, o mosaico da Casa de Apolo, em Pompeia, representa igualmente a aula de música como emblema do escudo, na cena de descoberta de Aquiles em Esquiro[14]. Na mesma época, a temática teve aderência também em outros suportes iconográficos, como as lamparinas romanas da coleção Thorvaldsen (Figura 4), do Museu de Bardo[15] e de Berlim[16].

---

[14] Pompeia, Casa de Apolo, VI 7, 23. LIMC *Achilleus* 55. Terceiro quartel do séc. I d.C.

[15] Lamparina. Túnis, Museu de Bardo, E 111. LIMC Achilleus 58

[16] Berlim (Oriental), Staatliche Museen TC 7647. Trafimova 2012 48, fig. 45.

Fig. 4 – Centauro Quíron ensina lira a Aquiles
Copenhague, Thorvaldsen-Museum, H1176. c. 25 - 75 d.C.
Desenho: Lidiane Carderaro.

Em uma série de mais de 50 gemas, datadas entre o séc. I e III d.C., está registrada a predileção pelo tema da aula de música[17]. Exemplo disto é a gema Museu Britânico 3191 (Figura 5). Paralelamente ao tema da aula de música, que se popularizou a partir de finais do séc. I a.C., outras gemas, reforçando o interesse pelo herói *mousikos*, foram encravadas com a temática já conhecida desde Homero[18], do Aquiles que se distrai tocando a lira recolhida entre o butim de Eécion, com seu armamento ao chão, como podemos ver em outra gema de Londres (Figura 6)[19]. Era a informação mais presente sobre a vida

---

[17] Kossatz-Deissmann 1984 49.

[18] Hom. *Il.* 9.186-189: *e encontraram-no deleitando seu espírito com a melodiosa forminge, / bela obra de arte; em torno, argentêo jugo havia: / escolheu-a dentre os espólios depois de destruir a cidade de Eétion. / Com ela alegrava seu coração e cantava glórias de homens* (Hom. ap. Ps.-Plut. *Mus.* 40e.1145 R. Rocha)

[19] O assunto foi reavivado, à época, por autores variados, como: Ath. 14.624a; Ael. *VH.* 14.23; Sextus Empiricus *Adversus Musicos* 9; e, nomeadamente em Plutarco, numa citação de Hom. *Il.* 9.186-189.

musical de Aquiles na tradição literária grega até a idade helenística, renovada por autores gregos e latinos da época imperial: agraciado em seu talento musical, recompensa por suas oferendas a Calíope, sentado no Monte Pélion, tocava lira e cantava sobre Jacinto, Narciso e Adônis[20].

Fig. 5 – Quíron ensina lira a Aquiles.
Gema. Vidro negro.
Londres, Museu Britânico, 3191 (1923.0401.772). I – III séc. d.C.
LIMC Achilleus 57g. © Trustees of the British Museum

Fig. 6 – Aquiles tocando lira, sentado sobre rocha, escudo e elmo ao chão.
Gema. Vidro negro.
London, British Museum, 3192 (1923.0401.773).
I – III séc. d.C.. © Trustees of the British Museum

---

[20] Pind. *N.* 3.43. Apollod. 3.16.6. Stat. *Ach.* 2.384. Philostr. *Her.* 730.45.6.

Ao longo do séc. III, uma série importante de sarcófagos, produzidos e encontrados em diferentes regiões do império, focou eventos míticos que reavivavam a memória social de Aquiles *mousikos*, alguns com cenas da aula de música, outros com cena de Aquiles tocando cítara entre as mulheres na ilha do rei Licomedes. Em um sarcófago do Museu das Termas de Diocleciano, Aquiles segura uma lira, de braços feitos com cornes torneados, e atentamente acompanha os ensinamentos do centauro Quíron (Figura 7a). O grupo se repete nas extremidades da parede frontal, ao centro destacando-se a figura do morto (Figura 7b).

Fig. 7a – Quíron ensina a arte da lira a Aquiles.
Sarcófago em mármore branco.
Roma, Museu Arqueológico Nacional e Termas de Diocleciano, inv. 124735.
Proveniência: Roma, Via Casilina, localidade Torracia (1946).
230-240 d.C. LIMC *Achilleus* 61. ©wikicommons

Fig. 7b – Sarcófaco com *imago clipeata* do falecido, levada por gênios alados, flanqueada pelo par Aquiles-Quíron e sustentada por uma águia. No plano inferior da cena, Oceanus e Tellus, simbolizando a água e a terra. Fotografia: Fábio Vergara Cerqueira (2015)

Artesãos do século IV, em suportes variados e em regiões diferentes, interessam-se pela educação musical de Aquiles. Dois exemplos: primeiro, o mosaico argelino de Cherchel, do início do século, composto por três frisos com cenas da vida de Aquiles: aula de lira com Quíron; descoberta em Esquiro; e com Pentesileia. A significação do grupo Aquiles-Quíron de Cherchel é especial, pela presença de uma musa junto a um pilar, que remeteria à história, contada por Filóstrato[21], de que Aquiles faria oferendas às Musas, para lhe propiciarem o dom da música[22]; segundo, o magnífico prato de prata, do tesouro de Kaiseraugst, no norte da Suíça, de aproximadamente 330-340, que apresenta de forma original a cena de aula de música, divergindo das narrativas visuais apresentadas até aqui, e, assim, a nosso ver, enquadrando-se em outra série iconográfica[23].

2.2. Aquiles e Quíron – jovem herói foge da aula de música

Na iconografia musical de Aquiles, predominam as cenas de aula de música (grupo Aquiles-Quíron) e de desfrute musical (com as filhas de Licomedes ou

---

[21] Destacado intelectual da Segunda Sofística, nascido em 170 d.C., ou pouco depois, proveniente de uma rica família ateniense, foi ativo entre o final dos Antoninos e início dos Severos.

[22] Kossatz-Deismann 1984 49. Philostr. *Her*. 730.45.7 (Aitken e Maclean): "I also heard the following things: that he sacrificed to Calliope asking for musical skill and mastery of poetic composition, and that the goddess appeared to him in his sleep and said, "Child, I give you enough musical and poetic skill that you might make banquets more pleasant and lay sufferings to rest. But since it seems both to me and to Athena that you are skilled in war and powerful even in dangerous situations {in army camps}, the Fates command thus: practice those skills and desire them as well. There will be a poet in the future whom I shall send forth to sing your deeds". This was prophesied to him about Homer."

[23] Prato de prata. Iconografia em relevo. Augst, Römermuseum und Römerstadt Augusta Raurica, 62.1. Proveniência: Kaiseraugst, cantão da Basileia, Suíça. Produzido em Tessalônica. c. 330-340 d.C. LIMC Achilleus 63. Prato assinado: "obra de Pausilipo, em Tessalônica". Kaufmann-Heinimann, Furger 1984 informa como número de inventário 63, ao passo que Kossatz-Deissmann 1984 indica 62.1.

tocando a lira de Eécion). Um único exemplo, porém, insinua um desentendimento entre este e o centauro, retratado no prato de Kaiseraugst (Figura 8): Aquiles foge da aula de música, empunhando seu escudo e abandonando ao chão a sua lira. Na base da cena, evidenciando a dicotomia música|guerra, vemos parte de seu armamento (elmo e escudo), devendo-se ressaltar que entre todas as cenas que compõem o prato, somente esta e o medalhão central apresentam objetos no campo inferior (no caso, objetos bélicos), sugerindo a consciência por parte do autor da singularidade desta cena na iconografia de Aquiles[24].

Fig. 8 – Aquiles foge da aula de música.
Prato de prata romano. Relevo.
Augst, Römermuseum und Römerstadt Augusta Raurica, 62.1.
Proveniência: Kaiseraugst, cantão da Basileia, Suíça.
c. 330-340 d.C. LIMC Achilleus 63.
Fotografia: Fábio Vergara Cerqueira (2017).

Mesmo sendo um exemplo único e tardio na iconografia do ciclo de Aquiles, é bastante significativo no sistema simbólico que estrutura a cultura musical ao longo da Antiguidade. A oposição entre a cena do prato de Kaiseraugst e o conjunto de representações da aula de lira com Quíron, no âmbito da iconografia da educação do herói, expressa a estrutura profunda de oposição entre corpo e espírito, que se desdobra nos pares de opostos

---

[24] Kossatz-Deissmann 1984 50, defende a interpretação, aqui endossada, de que a cena retrate Aquiles negando-se a acompanhar a aula de música ministrada por Quíron. Outra interpretação se encontra em Kaufmann-Heinimann, Furger, 1984 64, fig. 85, cena 7, em que se identifica Aquiles treinando, sob orientação de Quíron, no arremesso de disco. Atentamente, Kossatz-Deissmann considera a forma oval do objeto levado por Aquiles como incompatível com a forma do disco.

virilidade|efeminação e guerra|música. Diferentemente da relação amistosa entre aluno e professor, idealizada na iconografia e predominante na literatura, Pausilipo de Tessalônica, ourives do prato de Kaiseraugst, delineou uma atmosfera violenta: à esquerda, Quíron, com o braço direito erguido, quiçá para bater em Aquiles, repreende-o por sua desobediência; Aquiles, de costas para o mestre, olha para trás e foge, com um escudo no braço direito, mediante a ameaça de levar um safanão de seu professor. Importante: o sentido desta cena não é um fenômeno isolado. Ecoa narrativas literárias e visuais de alunos que rejeitam a lição de música, por vezes com agressão: Alcibíades abandona o professor de *aulos*[25]; Héracles, na aula de música, ataca seu mestre Lino, que, como mostram vasos áticos da primeira metade do séc. V[26], defende-se com sua *lyra*, tentando evitar sua morte.

2.3. Permanência de Aquiles em Esquiro, tocando lira entre as filhas do rei Licomedes

O jovem Aquiles ficou sob os cuidados das mulheres do palácio de Licomedes, na ilha de Esquiro, onde sua mãe, a nereide Tétis, o escondera, devido ao oráculo que predissera sua morte na guerra. Lá, como disfarce, ele adotara o nome feminino de Pirra[27]. A iconografia o representa em trajes femininos, como vemos numa imagem do prato de Kaiseraugst, na cena de Ἀχιλλεὺς ὡς κόρη[28] (Figura 11). Em Esquiro, apaixonou-se por Deidamia, filha de Licomedes, com quem teve o filho Neoptólemo, alcunhado Pirro. Aquiles e Deidamia são representados tocando instrumentos de corda enquanto namoram, como no "Sarcófago de Aquiles na corte do rei Licomedes", de meados do século III, conservado no Louvre (Figura 9): Aquiles sentado empunha a cítara, enquanto Deidamia prepara-se para dedilhar o alaúde, instrumento que a esta época se tornava atributo musical feminino. No prato de Kaiseraugst (Figura 10), vemos Aquiles e Deidamia no interior do gineceu palaciano, sentados: o jovem toca lira, observado por sua amada, que, atenta e sensibilizada, leva a mão direita ao peito, enquanto suas irmãs, como jovens tecelãs, ocupam-se com lides femininas da casa. A música e a lira, como polo de valor moral negativo, ligam-se assim a uma fase feminina da vida do herói, em que estava, por desejo de sua mãe, fugindo às obrigações militares e, de certo modo, abdicando da virilidade; mas, como polo positivo, não devemos esquecer, ligam-se à vida amorosa.

---

[25] Plu. *Alc.* 2. Gell. 15.17. Plat. *Alc.* 106e.

[26] 1) Boston, Museum of Fine Arts, 66.206. LIMC Herakles 1667. 2) Paris, Cabinet des Médailles, 811. LIMC Herakles 1668. 3) Munique, Staatliche Antikensammlung und Glyptothek, 2646. LIMC 1671.

[27] *Pyrrha* ("ruiva"); outros nomes associados a Aquiles disfarçado de mulher são Issa ou Kerkysera.

[28] Augst, Römermuseum 62,I. LIMC Achilleus 102.

Fig. 9 – No gineceu do palácio de Licomedes, Aquiles surpreendido pelo trompetista Agirtes. Ele se distraía com a cítara, enquanto sua amada Deidamia tocava alaúde.
Sarcófago ático. Proveniência: Roma.
Paris, Louvre, Ma 2120. c. 240 d.C. LIMC Achilleus 98.
Desenho: Lidiane Carderaro.

Fig. 10 – No gineceu do palácio de Licomedes, em Esquiro, Aquiles sentado toca cítara, em companhia de Deidamia, que parece cantar. As três irmãs se dedicam à fiação.
Prato de prata. Relevo.
Proveniência: Kaiseraugst, cantão da Basileia, Suíça. Fabricação: Tessalônica, Grécia.
Augst, Römermuseum und Römerstadt Augusta Raurica, 62.1.
c. 330-340 d.C. LIMC Achilleus 102.
Domínio público.

2.4. Descoberta de Aquiles em Esquiro e fuga da ilha:

Na sequência da narrativa mítica, Aquiles é descoberto por Ulisses, Diomedes e Agirtes no palácio de Esquiro. A tradição gráfica representa o trompetista Agirtes, pouco mencionado pelas fontes literárias[29], tocando sua *salpinx* a fim de revelar a presença de Aquiles entre as filhas de Licomedes. Aquiles, ouvindo o som do instrumento (característico da música militar), reconhece que fora encontrado pelos guerreiros aqueus e, preferindo a companhia de Ulisses e Diomedes, abandona o convívio das mulheres do clã de Licomedes. A iconografia o representa desfazendo-se de suas vestimentas femininas e empunhando seu escudo, ao mesmo tempo em que Deidamia, em algumas cenas, mostra-lhe seu filho Neoptólemo, como apelo a que permaneça em Esquiro[30]. Essa cena, não por acaso (acredito), está representada justo no medalhão central do prato de Kaiseraugst, constituindo portanto a imagem que o ourives quer destacar como desfecho da sequência narrativa representada nas diferentes cenas dessa peça (Figura 11)[31]. O abandono de Esquiro, do universo feminino e do mundo em que se dedicava ao prazer amoroso e musical, significa a opção pelas obrigações guerreiras, pela virilidade. Significa a opção por seu destino[32]. Carrega o sentido da passagem para o mundo adulto e viril[33].

---

[29] Somente Estácio (Stat. *Ach*. 1.724; 1.875), no final do séc. I d.C., dá o nome do instrumentista, enquanto alguns textos apenas citam a presença do músico.

[30] Pompeia, Casa de Apolo, VI 7, 23. LIMC *Achilleus* 55. Terceiro quartel do séc. I d.C.

[31] Augst, Römermuseum 62, I. LIMC Achilleus 171.

[32] Cameron 2009 03.

[33] Cameron 2009 02-03 aponta que a representação do travestismo de Aquiles, assim como de Teseu, enraizava-se em tradicionais ritos de passagem ou iniciação, em que um jovem na idade de se tornar homem adulto vestia trajes femininos. O travestismo de Aquiles inspirou recente estudo da obra *Aquileida* de Estácio, que vai além das questões de iniciação e passagem, mesclando recepção e gênero: Heslin 2005.

Fig. 11 – Aquiles, disfarçado de mulher, em Esquiro, ao ser descoberto por Ulisses e pelo trompetista Agirtes, decide abandonar a ilha e partir para a guerra, empunhando seu escudo, enquanto Deidamia tenta impedi-lo. No campo inferior da cena, escudo, couraça e aljava. Proveniência: Kaiseraugst, cantão de Basileia, Suíça. Fabricação: Tessalônica. Assinada: "Obra de Pausipilo em Tessalônica". c. 340 d.C.. Augst, Römermuseum 62, I. LIMC Achilleus 171.
Domínio Público

3. Educação musical e valor da música na sociedade

A repetição na iconografia romana da época imperial do grupo Aquiles-Quíron, com a cena de aula de música, remete-nos à pergunta sobre o significado subjacente ao interesse pelo tema. Na época do Império, a educação musical não desfrutava do mesmo prestígio que tivera anteriormente entre os gregos. Mas assistir a um espetáculo musical é uma diversão que não perdeu espaço. Interessam-se mais do que nunca! Várias cidades possuíam um odeão, pequeno auditório coberto, propriamente uma sala de recital[34].

Aos tempos do fim da República e advento do Império, apreciavam-se o virtuosismo, "grupos corais imponentes e grandes orquestras, semelhantes àquelas das performances de pantomima"[35]. Sêneca afirmava que em alguns

---

[34] Vendries 1995 98.
[35] Comotti 1989 53.

casos haveria mais cantores num coro que espectadores no teatro[36]. *Virtuosi*, cantores ou atores, podiam ser muito admirados e populares, como Esopo, cantor de tragédia, e Róscio, de comédia[37].

Havia porém no Império um grupo intelectualizado que valorizava muito a música, mas de modo distinto que entre os gregos. Na arte funerária do período grego clássico, representava-se, nos lécitos áticos de fundo branco, o defunto tocando lira ou alguém levando a lira ao falecido[38]. Na contramão, "a arte funerária romana", como se observa nos sarcófagos do séc. II e III, "está longe de ter o mesmo interesse pelo tema da música. Notemos o fato de que ela nunca coloca a lira ou o alaúde entre as mãos de um homem"[39]. Prevalecem as imagens de mulheres segurando ou tocando lira. Se para o grego a posse de conhecimentos musicais moderados representava *status* para um cidadão, para o romano do período imperial, diferentemente, entre as classes de boa condição social, tais conhecimentos eram recomendados a uma mulher.

Qual o papel da música na cultura intelectual romana? A documentação escrita e iconográfica indica um interesse elevado entre as classes cultas pela instrução da criança. Esse interesse pode ser a base das representações da educação de Aquiles junto ao centauro Quíron. Entretanto, quando os artistas representavam o herói com seu mestre, a educação musical não tinha a mesma importância da época dos gregos. Nos epitáfios, fazia-se alusão aos estudos de crianças e adolescentes, tidos como "*jovens notáveis e sábios*"[40]: falam dos períodos de estudo em Roma, dos estudos de gramática e retórica, de jovens célebres pelo intelecto e eloquência, da excelência em falar, escrever e até pintar. O pequeno defunto às vezes é referido como admirável poeta e até como matemático louvável. Destaca-se a dedicação do jovem às Musas[41]; porém, entre os atributos intelectuais do menino, evidenciados sobre os monumentos funerários e epitáfios, a música está de todo ausente.

Como marca de uma vida culta, desejam-se bons músicos em um banquete, apreciam-se belas audições em um odeão. Mas um filho estudar música não é motivo de orgulho. Que sentido então pode ter a temática da música evocada pelo grupo Aquiles-Quíron num contexto cultural em que se desqualificava a música em seu valor educativo?

---

[36] Sen. *Ep.* 84.10: *De choro dico, quem veteres philosophi noverant; in commissionibus nostris plus cantorum est quam in theatris olim spectatorum fuit.*

[37] Quintus Roscius Gallus. Comotti 1989 53. Cic. *Q. Rosc.*; *fam.* 9.22. Quint. *Inst.* 11.3.111. Macr. *Sat.* 3.14.11.

[38] Delatte 1913 318-322.

[39] Marrou 1964 154. Em mãos masculinas, aparece somente no âmbito de narrativas mitológicas, como o próprio Aquiles.

[40] CIL VI 1619: *docti egregi invenes* (Bücheler 1574).

[41] Marrou 1964 201-207.

4. Sentidos da iconografia de Aquiles *mousikos* no Império

Inicialmente, há que se ressaltar que a presença de elementos musicais não significa necessariamente o que entendemos por música. Atributos das Musas, como a lira e o canto, relacionam-se ao seu domínio geral como protetoras da cultura como um todo. A vida culta, no amor à ciência, às letras e às artes, era uma vida de dedicação às Musas. Ser um *mousikos aner* na sociedade imperial não tinha o significado que tivera ser um homem dedicado à música na Atenas dos séculos VI ao IV a.C.: se anteriormente significava um homem da música, que adquiriu as virtudes no aprendizado musical, e que era capaz de demonstrar sua boa educação no manejo da lira, agora significa ser um homem das Musas.

Acredito que a inspiração para o tema da aula de música do grupo Aquiles-Quíron, tão repetido pelos artesãos do período imperial, está na noção de dedicação às Musas como forma de marcar a pertença à *humanitas*. O proprietário da *Casa de Cícero*, de Pompeia, onde se encontra a pintura do jovem Aquiles aprendendo lira com Quíron (Figura 2), daria a impressão de ser um *mousikos aner* àqueles que o visitassem. A ampla divulgação desse tema, evidenciada por exemplo nas gemas (foram encontradas mais de 50), atesta a vontade de passar a ideia de que seu portador seja culto, devoto das Musas. Não significa, assim, que se esteja valorizando a música em si, mas as atividades do intelecto como um todo; e, ao valorizar-se as atividades de espírito, a metáfora carregada pelo grupo Aquiles-Quíron não é a do valor do ensino musical em si (hipótese válida para o mundo grego tardo-arcaico e clássico), mas do valor da eloquência e da filosofia como símbolos da humanidade latina.

A repetição da temática musical do "ciclo de Aquiles" pelos artesãos e artistas do período imperial, penso, deve-se a um interesse em afirmar o ideal de *mousikos aner*, de dedicação às "coisas das Musas", como fundamento da *humanitas* e afirmação de *status* social, ao querer marcar a diferença em relação à falta de educação letrada e erudita das camadas humildes, assim como dos membros pouco esclarecidos de parte da elite romana.

Ser um *mousikos aner* implicava, como coloca Janine Lancha, um sentimento de pertença "à classe superior (...)", cujos integrantes "desde a infância frequentavam o mundo dos heróis e dos deuses e as imagens de suas aventuras", e assim acarretava adesão aos valores representados por estes heróis e esta formação elitária. De outro lado, significava a pertença a algo maior, "um sentimento coletivo de identidade tão profundo que a convivência com as Musas se tornou, pouco a pouco, em Roma, sinônimo de um sinal de reconhecimento social e de uma convicção íntima do valor da cultura para além da morte"[42]. E a música, enraizada em valores gregos, agora ressignificada, representava o cimento da *humanitas*, e a ela se associavam crenças funerárias que seriam privilégio desta elite culta. Em Roma, no Columbário de Pampônio Hilas,

---
[42] Lancha 2002 51.

abaixo do frontão com a cena de aula de música de Aquiles e Quíron, há um detalhe relevante na placa de identificação do falecido: abaixo de seu nome, grafado em um retângulo de fundo branco que imita o mármore lapidar, está representada uma cítara entre duas esfinges. Portanto, Pampônio quer também projetar para o além-túmulo a sua vinculação à música, indicando o sentido funerário da crença nas Musas, "segundo a qual o homem cultivado salva o melhor de si próprio no além, onde reencontra as Musas que honrou em vida", crença que "é específica do mundo romano e alimenta o imaginário de numerosos sarcófagos"[43].

Ao mesmo tempo, outros sentidos se mesclam, alguns herdados da tradição grega, mas ressignificados, outros engendrados na dinâmica cultural romana. A. Kossatz-Deissmann aponta um sentido político nesta apropriação simbólica da educação de Aquiles:

"a educação de Aquiles junto a Quíron simboliza o ideal de educação clássica de um herói, que representa um modelo desejável, o que no período romano foi reforçado pelo gosto pela repetição do ciclo da vida de Aquiles. Em especial os governantes se identificavam com Aquiles, o herói por excelência, começando por Alexandre, o Grande, e indo até os imperadores romanos. Juliano, o Apóstata, via em sua infância – ele foi educado pelo eunuco Mardônio – um paralelo com a instrução de Aquiles junto a Quíron"[44].

Talvez a imagem de Aquiles funcionasse como uma espécie de gatilho de certa "memória cultural", no sentido de J. Assmann[45]. Acionava a memória de um sentimento de poder esclarecido, referenciado historicamente em Alexandre e alimentado imaginariamente pela figura de Aquiles. A. Trafimova acredita que as pinturas pompeianas com a aula de música e a fuga de Esquiro traduzem algo de sua origem no quarto século tardio, pois guardariam um quê da pintura da época de Alexandre, e que, nestas representações de Aquiles, na sua fisionomia, haveria uma similaridade excepcional com o rei macedônico, uma verdadeira *imitatio Alexandri*[46]. No período imperial, guardava-se bem a memória de um Alexandre admirador de Aquiles, seu ancestral eácida[47]. Desde a

---

[43] Lancha 2002 51.

[44] Kossataz-Deissmann 1984 54. Alguns autores relacionam o prato de Augst a Juliano, seguindo diferentes interpretações: seria propriedade pessoal do imperador apóstata, antes de ter sido enterrado na fortaleza, junto aos demais objetos que formam o tesouro; em outra versão, o prato, como presente imperial, faria parte do tesouro de um alto funcionário; outros enfim, acham essa associação muito hipotética.

[45] Assmann 2008 17-50; 2013 293-301.

[46] Trafimova 2012 47. Por exemplo, em "distintos aspectos do desenho e na escolha das cores".

[47] Os Eácidas, família real do Epiro, consideravam-se descendentes de Aquiles, o que não deixava de ter um caráter de propaganda política: Éaco, filho de Zeus e da ninfa Egina, teve como filho Peleu, pai de Aquiles. Este, escondido na ilha de Esquiro, apaixonou-se por Deidamia, com quem teve o filho Neoptólemo, conhecido como Pirro, nome dado mais tarde ao mais conhecido

infância, nas aulas com Lisímaco de Acarnânia, seu professor de leitura, escrita e lira, Alexandre acostumara-se às comparações: seu tutor chamava-se a si mesmo de Fênix, um dos lendários mestres de Aquiles, ao passo que a Alexandre chamava de Aquiles, e a seu pai, o rei Filipe II, de Peleu[48]. No Helesponto, Alexandre teria prestado homenagem a Aquiles, ungindo seu túmulo com óleo e realizando um ritual festivo: ele e seus companheiros dançam nus ao redor do monumento, coroando-o com guirlandas[49]. Alexandre nutria admiração especial pelas suas qualidades musicais: queria sonhar com a lira de Aquiles, com a qual havia cantado os feitos gloriosos de homens bravos – já a lira de Páris, ele a desprezava[50]. Apreciador da boa música, patrono dedicado de músicos profissionais[51], Alexandre tinha muitos músicos como amigos e várias vezes fez questão de externar sua deferência à arte musical: poupou a estátua do citaredo Cléon, atribuída ao renomado escultor Pitágoras de Régio, quando arrasou Tebas[52]; fez erguer uma estátua em Delfos, no templo de Apolo Pítio, em homenagem ao citaredo Aristônico de Olinto, amigo que o socorrera num campo de batalha, quando este veio a morrer bravamente. Por meio desta estátua, segundo Plutarco, mais do que homenagear um dos mais famosos músicos de seu tempo, o rei macedônico prestava tributo à música em si, na crença de que ela engendra homens verdadeiros e enche de coragem sobrenatural aqueles que lhe são devotos[53].

Havia uma espécie de jogo de espelho: Alexandre mira o passado mítico, e imita Aquiles; Aquiles, como representação na arte e no imaginário helenístico e romano, mira o passado histórico, e imita Alexandre. Nesta aproximação, a educação musical era um tema caro: na relação mestre-discípulo Quíron-Aquiles, espelha-se a relação Aristóteles-Alexandre (mas também Lisímaco-Alexandre), e, mais tardiamente, Mardônio-Juliano, de modo que funcionava como um modelo moral, referenciado ao mesmo tempo na educação musical e filosófica[54]. Mas há uma clivagem entre o mundo grego e o romano. Na educação lendária

---

dos reis epirotas. Neoptólemo teria sido pai do primeiro rei epirota, o lendário Molosso, de quem descenderia Alexandre I (conhecido como o Molosso), sua irmã Olímpia, mãe de Alexandre Magno e esposa de Filipe da Macedônia, e o próprio Pirro. No círculo familiar dos Eácidas repetiam-se, ao longo das gerações, nomes relacionados à linhagem de Aquiles, como Eácidas (pai de Pirro), Molosso, Neoptólemo e até mesmo Deidamia (irmã de Pirro).

[48] Plu. *Alex.* 5.8. Como efeito destas comparações, caiu nas graças da família real macedônica, conquistando o cargo de tutor do príncipe, no lugar de Leônidas, parente de Olímpia, que lhe havia ensinado ginástica.

[49] Plu. *Alex.* 15.4.

[50] Plu. *Alex.* 15.5. Cfr. Hom. *Il.* 185-191.

[51] Power 2010 1.10.

[52] Polemon, fr. 25. Plin. *Nat.* 34.59. Power 2010 1.10.

[53] Plu. *de Alex. fort.* 2.2.334e-f.

[54] Trafimova 2012 49-50.

de Aquiles ou na educação histórica de Alexandre[55], aula de música era aula de música, para aprender a manusear a lira e cantar acompanhado por ela, o que proporcionaria qualidades morais, com base na tradição pitagórica e platônica. Já no período romano, a representação da aula de música, por meio do grupo Aquiles-Quíron, não se reportava à concretude social do aprendizado musical. Adquiria outrossim um complexo de significação próprio ao mundo romano, combinando sentido místico, matemático, moral, identitário, político e funerário, condensados na acepção de *mousike*.

Naquilo que evoca a iconografia do grupo Aquiles-Quíron na aula de música, podemos identificar a abertura para diferentes instâncias de significação, aí radicando talvez a riqueza que alimenta sua popularidade até a Antiguidade Tardia em regiões distantes do Império. Em sua semântica cultural, identificamos uma polissemia, entre sentidos herdados do legado grego, e ressignificados em diferentes contextos históricos do mundo romano, e sentido novos, engendrados no contexto do mundo romano, alguns de longa duração, outros ligados a circunstâncias históricas bem específicas. O travestismo de Aquiles nos reporta à memória cultural de antigos ritos de iniciação, de passagem da juventude à idade adulta, ligado assim ao papel masculino. O mesmo sentido de iniciação é evocado na memória do homoerotismo pederástico, como instituição cultural herdada, acreditava-se, de primevas instituições cretenses[56]. Paralelamente, estava em jogo uma concepção de masculinidade dos finais do primeiro século[57], presente por exemplo na *Aquileida* de Estácio[58]. Combinada a esta ideia de masculinidade e de iniciação ao mundo adulto, portanto, ao mundo cidadão, esta série iconográfica claramente se ligava a uma tomada de posição quanto ao valor da educação, e quanto à capacidade de a educação propagar modelos morais exemplares, de sorte que há aí também uma tomada de posição, uma resposta aos céticos, que desacreditavam na capacidade de a música ter efeito moral sobre educandos e ouvintes, corrente representada no pensamento de Sexto Empírico[59].

Num jogo especular entre a projeção mitológica de Aquiles e a memória histórica de Alexandre, a iconografia do grupo Aquiles-Quíron reaviva os liames entre educação e homoerotismo, caros ao pensamento pedagógico antigo, em que se mesclam cotidiano e mito, pederastia e moralidade, trazendo à tona uma

---

[55] Plu. *Alex.* 5.8 (667), relata que Alexandre aprendera a tocar lira na infância com Lisímaco de Acarnânia, prática que, conforme Plu. *Per.* 1, lhe proporcionava muito prazer, pelo que foi repreendido pelo pai.

[56] No período clássico e helenístico, entre os gregos, pensava-se que a pederastia era de origem tradicional, oriunda da Creta arcaica, onde seria uma prática educativa: o contato com os homens mais velhos propiciava a preparação para serem adultos e cidadãos. Ver: Buffière 1980 49-64. Sergent 1986 52-73.

[57] Cameron 2009 05, nota 25.

[58] Heslin 2005.

[59] Pereira 1996.

ressignificação romana, constantemente renovada em monumentos figurados, desta instituição grega presente nos repertórios que os romanos bem informados dispunham sobre mitos e história grega: sobre Aquiles e Pátroclo, Mársias e Olimpos, Pã e Dáfnis; sobre Harmódio e Aristogíton, Alexandre e Clito ou Heféstion. Não é ao acaso que um filo-helênico como Adriano tenha sabido recriar, em seu amor pelo jovem Antínoo, sentidos relativos à tradição política e cultural grega da pederastia. Isto nos remete a outro nível de significação das representações de aula de música: um sentido político vinculado ao reinado de certos imperadores, como do próprio Adriano (117 – 138 d.C.), mas sobretudo, antes dele, de Nero (54 – 68 d.C.), e, depois dele, de Juliano (355 – 363 d.C.)[60]. Kossatz-Deissmann sugere haver relação entre Juliano e a popularidade da cena de aula de música na Antiguidade Tardia[61]. Podemos presumir uma relação entre a temática nas pinturas de Pompeia e Herculano e os imperadores Nero e Vespasiano (69 – 79 d.C.). Para G. Comotti, imperadores como Nero, Vespasiano e Adriano, ao se vincularem a práticas musicais gregas tradicionais, como a citaródia, estariam reagindo à alegada "corrupção" da música greco-romana (popularização dos grandes espetáculos, orquestras numerosas, mimos e pantomimas burlescas)[62].

Nero, aluno do grego Terpno, preparou-se para ser citaredo, a ponto de participar ele mesmo, um imperador, em concursos na Itália e na Hélade. Ao final, colocou a música quase acima da administração[63], cedendo à *mousomania*[64], obstinado por se tornar um *periodonikes*[65]. Apesar das críticas, buscava a vitória, inclusive influenciando os resultados[66], para ser reconhecido como o imperador

---

[60] César de 355 a 361, imperador de 361 a 363.

[61] Kossatz-Deissmann 1984 54.

[62] Comotti 1989 53-54. Suet. *Vesp.* 19. Na reinauguração do Teatro de Marcelo, em 75 d.C., Vespasiano deu coroas de ouro e duzentos mil sestércios aos citaredos Terpno e Diodoro e o dobro ao trágico Apelares.

[63] Suet. *Nero* 23.1.

[64] Bélis 1989 748. A. Bélis divide sua relação com a música em três fases: a primeira, de aprendizado, vai até 54; a segunda, até 64, de atenta preparação na citaródia, com as primeiras apresentações; a terceira inicia com seu recital em Nápoles, em 64, e vai até sua morte em 68, quando a música se torna sua preocupação principal, culminando na sua viagem à Grécia em 66, quando começa a perder o equilíbrio entre a carreira musical e o governo imperial: seu desejo de sucesso como citaredo ofusca-lhe a lucidez! Mas, antes desta fase mais transtornada, pode-se identificar que a questão musical permeia seu projeto de governo imperial, como indica a instituição das Nerônias, em 60 d.C., incluindo provas de ginástica, hipismo e música. Durante parte de seu governo, a população não encarou negativamente sua atividade musical, apesar de assim sugerirem os críticos.

[65] Vencedor de todos os certames da temporada. Temerosas, e querendo agradá-lo, as autoridades de várias cidades gregas lhe concedem a coroa de vencedor. Chega ao ponto de instituir competições musicais em Olímpia, onde a tradição estipulava as provas atléticas. Bélis 1989 755-757. Suet. *Nero* 23.1.

[66] Bélis 1989 757. Suet. *Nero* 23.3.

músico, como se aí buscasse sua legitimação. Na visão dele, "o Nero-músico fazia crescer a glória do Nero-imperador"[67].

Adriano considerava-se um habilidoso citaredo. Além disso, patrocinou Mesomedes de Creta e apoiou estudos musicais[68]. Juliano, além de sua dedicação e conhecimentos[69], estimulou a música no Império, especialmente em Alexandria, valorizando professores de música, como Dióscoros[70]. A vinculação destes imperadores à educação e prática musical, aos moldes de como entendiam ser a tradição grega, estava no cerne da representação de poder que queriam vincular a seus reinados, a como queriam ser reconhecidos enquanto governantes e ao papel que davam ao legado grego entre os princípios norteadores de seus projetos de Império[71].

A longa popularidade do tema da aula de música com Quíron e da descoberta de Aquiles em Esquiro (travestido ou não) não se explica apenas por fatores ligados à educação, política, tradição cultural, moralidade e estética. Não menos importante era o viés místico, que se desdobrava em usos e sentidos funerários. Num primeiro plano, o episódio do Ἀχιλλεὺς ὡς κόρη descoberto em Esquiro teria sido muito usado na iconografia de sarcófagos, segundo A. Cameron, como uma espécie de metáfora poética da morte, enquanto afirmação do inelutável destino[72]: o destino de Aquiles seria morrer na guerra de Tróia, e de nada adiantou sua mãe escondê-lo travestido em Esquiro, para tentar fugir ao seu destino – e assim devia ser encarada a morte, ao se usar a imagem deste episódio nas narrativas visuais presentes na decoração de um sarcófago. Há porém um sentido funerário mais profundo, que envolve a crença no poder de proteção das Musas, sentido que, ao mesmo tempo, reporta-se à música em si e ao conjunto de atividades intelectuais e artísticas por elas patroneadas. Na relação com a música, há portanto uma ambiguidade, ou quiçá uma simbiose, entre o sentido advindo da tradição grega e o sentido criado pelos romanos.

Quanto ao lugar da música na cultura, a imagem de Aquiles aprendendo a lira com o centauro guarda um duplo sentido: carrega uma memória saudosista de um simbolismo grego clássico, de quando a música era a base da educação, e ao mesmo tempo simboliza o modelo de vida dedicada às "coisas das Musas", em que *Mousike* significa o conjunto de atividades do espírito sob a proteção dessas. Aqui se situa a relação entre a iconografia da aula de música de Aquiles e o sentido de *humanitas* atrelado à figura do *mousikos aner*, relação retomada nas representações provinciais tardias de Aquiles *mousikos*. Ser *mousikos aner* implicava um ideal complexo, com um viés sócio-político de elite, interligado

---

[67] Bélis 1989 755.

[68] Comotti 1989 54. Power 2010.

[69] Seu epigrama "Sobre o órgão" (A.P. 9.35) é a descrição mais antiga conhecida sobre o órgão pneumático.

[70] Jul. *Ep*. 42 (Weis = 109 Bidez-Cumont).

[71] Kossatz-Deissmann 1984.

[72] Cameron 2009 03.

a uma esperança funerária de proteção das Musas, contaminado por uma mística de origem pitagórica. Este ideal dizia algo da essência do paganismo tardio, em sua resistência à cristandade em expansão, evidenciado notadamente entre as elites rurais provinciais do Ocidente, no Norte da África e na Península ibérica. Recordemos o painel "o coro das Musas", imponente tapete de entrada do *triclinium* da *uilla* lusitana de Torre de Palma, datado de finais do século III ou princípios do IV[73], tema que se repete em mosaicos dispersos em diferentes regiões do Império, e que se inspira na iconografia de sarcófagos do séc. III[74].

Nem tanto a coragem e força invencível de Aquiles, razão de seu renome na tradição homérica. O que temos é o gosto romano pelo herói eácida como aluno de música. Nesta opção, vem à tona também a força de uma expectativa salvífica pós-morte proporcionada pela dedicação às Musas, revelando a singularidade desta concepção de civilização focada no ideal de *humanitas*. Posto que adquire um papel icônico para a identidade cultural, Aquiles *mousikos* da iconografia imperial é, então, genuinamente romano!

Tábua cronológica

c. 50 a.C. : "Ametista de Pâmfilos" (gema), Paris, Cabinet des Médailles, 1815. – Aquiles tocando cítara pega no butim de Eétion.
44/26 a.C. – c. 350 d.C. : série iconográfica grupo Aquiles-Quíron (cena de aula de música).
44-26 a.C. : grupo escultórico em mármore, na Septa Júlia, em Roma, "Quíron ensinando Aquiles a tocar lira" (Plin. *Nat*. 36.29).
25-75 d.C. : lamparina, Copenhague, Thorvaldsen-Museum, H1176. – Quíron ensina lira a Aquiles.
c. 40-79 d.C. : produção de pintura mural de Pompeia e Herculano com cenas da aula de música (grupo Aquiles-Quíron) [imperadores Cláudio, Nero e Vespasiano].
c. 41-68 d.C. : pintura mural do Augusteum (Basílica) de Herculano - época cláudio-neroniana – pintura mais próxima do grupo da Septa Júlia.
c. 41-68 d.C. : mosaico da Casa de Apolo, Pompeia, época cláudio-neroniana - aula de música como emblema do escudo, na cena de descoberta de Aquiles em Esquiro.

Nero (54 – 68 d.C.):

54 – 64 – Nero estuda com o citarego grego Terpno, preparando-se obstinadamente na citaródia, realizando primeiras apresentações.
60 – Nero (imperador 54 – 68 d.C.) institui a Nerônica, incluindo provas de ginástica, hipismo e música.
64 – sucesso da apresentação musical de Nero em Nápoles influencia sua obstinação pela música.
64 – 68 – música torna-se obsessão para Nero.
66 – tournée musical na Grécia.
66 – institui competições musicais em Olímpia.

---

[73] Lancha – André 2000, mosaico 2, painel 1 ("o coro das Musas"), 162-167 pr. LII.

[74] Lancha – André 2000 187-189. Na península ibérica, sarcófagos itálicos do séc. III, com coro de Musas no friso frontal, encontram-se por exemplo em Múrcia e Tarragona. Mosaicos semelhantes e contemporâneos ao de Torre de Palma ocorrem na Espanha, em Itálica, Torralba, Arróniz e Saragoça, e, no Norte da África, em Bulla Regia. Lancha inventariou 36 mosaicos nas províncias ocidentais com temas associados às Musas.

Vespasiano (69 – 79 d.C.):
imperador aprecia citaródia.
75 d.C.: restauração do Teatro de Marcelo, presenteando 200 mil sestércios aos citaredos Terpno e Diodoro, e quatrocentos mil ao trágico Apelares.
c. 70 – 80 d.C. : columbário de Pampônio Hilas 1ª fase: 14-50 d.C. 2ª fase: 70-80 d.C. Roma. Cena de aula de música em um relevo acrescido ao monumento quando este foi dedicado a Pampônio (70-80 d.C.).
94-95 d.C. – *Aquileida*, poema épico inacabado, sobre Aquiles, de autoria do poeta romano Estácio (45 – 95 d.C.).
séc. I – III d.C. : gemas (mais de 50) com grupo Aquiles-Quíron.

Adriano (117 – 138 d.C.):
O compositor Mesomedes de Creta patrocinado pelo imperador, como músico da corte (será mantido por Antonino Pio, porém com rebaixamento do salário); apoio a estudos musicais.
séc. III – IV d.C.: sarcófagos com eventos míticos relativos a Aquiles *mousikos*.
c. 240 d.C.: "Sarcófago de Aquiles na corte do rei Licomedes", sarcófago ático, proveniente de Roma. Paris, Louvre 2120. (Figura 9): Aquiles/cítara, Deidameia/alaúde.
Virada séc. III / IV d.C. : mosaico de Torre de Palma, Portugal - painel "o coro das Musas", tapete de entrada do *triclinium* da *uilla* lusitana de Torre de Palma.
330-340 d.C.: prato de prata, do tesouro de Kaiseraugst, no norte da Suíça, produzido em Tessalônica. Assinado: "Obra de Pausypylos em Tessalônica" - cenas do "Ciclo de Aquiles".
Juliano (355 – 363 d.C.).

Fontes para a iconografia

Kossatz-Deissmann, A. (1984), "Achilleus" in *Lexicon Iconographicum Mythologiae Classicae*, I, Zurich/ München, Artemis Verlag.
Kaufmann-Heinimann, A. – Furger, A. org. (1984) *Der Silberschatz von Kaiseraugst*. Augster Museums Hefte 7, Augst, Römermuseum.
http://www.augustaraurica.ch/fileadmin/user_upload/2_Arch%C3%A4ologie/7_Literatur%20und%20 Verlag/03_Augster_Museumshefte/AMH07.pdf (extraído em 25.10.16)

Estudos

Aitken, E.B. – Maclean J.K.B. (s./d.), *Flavius Philostratus. On Heroes*. Transl. by Ellen B. Aitken and Jennifer K. B. Maclean, preliminaries by Casey Dué and Gregory Nagy, Harvard University, Cambridge.
Assmann, J. ([7]2013), *Das kulturelle Gedächtnis. Schrift, Erinnerung und politische Identität in frühen Hochkulturen*. München, Verlag C.H. Beck.
_____ (2008), *Religión y memoria cultural. Diez estúdios*. Collección Estudios y Reflexiones, Buenos Aires.
Bélis, A. (1989), "Néron musicien", *Comptes rendues de l'Accadémie des Inscriptions et Belles Lettres* 133 3 747-768.
Buffière, F. (1980), *Éros adolescent. La pédérastie dans la Grèce antique*. Paris, Les Belles Lettres.
Cameron, A. (2009), "Young Achilles in the Roman World", *JRS* 99 1-22. http://www.jstor.org/ stable/40599737 (extraído em 21.10.2016)
Comotti, G. (1989), *Music in Greek and Roman Culture*. Baltimore, Johns Hopkins University Press.
Delatte, A. (1913), "La musique au tombeau dans l'Antiquité", *RA* 21 218-32.
Delattre, D. (1995), "L'apprentissage de la musique à Alexandrie à travers un contrat d'aprentissage d'aulète (13 av. J.-C.)", *Ateliers*, Université Charles-de-Gaulle, 4 (Instruments, musiques et musiciens de l'Antiquité classique) 55-69.
Heslin, P. J. (2005), *The Transvestite Achilles: Gender and Genre in Statius' Achilleid*, Cambridge, University Press.

Kaufmann-Heinimann, A. – Furger, A. org. (1984), *Der Silberschatz von Kaiseraugst*. Augster Museums Hefte 7, Augst, Römermuseum.
Kossatz-Deissmann, A. (1984), "Achilleus" in Lexicon IconogRaphicum Mythologiae Classicae, I, Zurich/München, Artemis Verlag.
Lancha, J. (2002), *O mosaico das Musas. Torre de Palma*. Lisboa, Museu Arqueológico.
Lancha, J. – André, P. (2000), *A uilla de Torre de Palma*. Corpus dos Mosaicos Romanos, II – Conventus Pacencis, Lisboa, Instituto Português dos Museus.
Marrou, H. I. (^{6}1981), *Histoire de l'éducation dans l'Antiquité*. Paris, Éditions du Seuil.
_____ (^{2}1964), ΜΟΥΣΙΚΟΣ ΑΝΗΡ. *Études sur les scènes de la vie intelectuelle figurant sur les monuments funéraires romains*. Roma, L'Erma di Bretschneider.
Pereira, A.R. (1996), "Polêmica acerca da *mousiké* no *Adversus Musicos* de Sexto Empírico", *Humanitas*, 48 117-139.
Power, T. (2010), *The Culture of Kitharôidia*. Hellenic Studies Series 15, Washington, DC: Center for Hellenic Studies. http://chs.harvard.edu/CHS/article/display/4399 (extraído em 31.10.2016).
Robertson, M. (1975), *A History of Greek Art*. Cambridge, University Press.
Rocha Jr., A.R. (^{2}2012), *Plutarco. Sobre a música* in *Plutarco. Obras Morais. Sobre o afecto aos filhos. Sobre a música*. Trad., introd. e notas Carmen Soares e Roosevelt Araújo da Rocha Jr., Coimbra, Imprensa da Universidade de Coimbra.
Sergent, B. (1986), *L'homossexualité initiatique dans l'Europe ancienne*. Paris, Payot.
Trafimova, A. (2012), *Imitatio Alexandri in Hellenistic Art. Portraits of Alexander the Great and Mythological Images*. Roma, "L'Erma" di Bretschneider.
Vendries, C. (1995), "À propos d'une exposition d'archéologie musicale", *Ateliers*, Université Charles-de-Gaulle, 4 (Instruments, musiques et musiciens de l'Antiquité classique) 93-105.
Vergara Cerqueira, F. (2016), "To march in phalanx, to jump with weights, to tread the grape, to knead the bread. What is the *aulos* for?", *Archimède* 3 187-205.
Weis, B.K. (1973), *Julian. Briefe*. Griechisch-deutsch ed. München, Heimeran Verlag.

PARTE II.
ROMANIDADE HISPÂNICA

1. A DIVERSIDADE LINGUÍSTICA DA HISPÂNIA PRÉ-ROMANA

Amílcar Guerra
Faculdade de Letras de Lisboa
Centro de Arqueologia (UNIARQ)
Centro de História
ORCID: 0000-0003-3478-0036)
aguerra@campus.ul.pt

Sumário: A Hispânia pré-romana apresenta-se culturalmente muito diversa, em certos aspetos mesmo contrastante. Essa multiplicidade cultural reflete-se igualmente no domínio linguístico. Ao invés de uma antiga tradição que postulava uma língua única originária, o quadro na altura da conquista apresenta uma compartimentação básica entre línguas indo-europeias (em que sobressaem o celtibérico e o lusitano) e as que não pertencem a este grupo (onde se destaca o ibérico). A realidade é, no entanto, mais complexa e as perspetivas sobre ela são muito diversas. Pretende-se dar conta, de uma forma necessariamente muito sintética, da evolução da investigação e do estado atual dos nossos conhecimentos neste domínio.

Preâmbulo

No processo de conquista e romanização da Hispânia por Roma, as fontes documentam um número muito amplo de povos, de cujas peculiaridades dão por vezes conta de forma mais ou menos circunstanciada. Esta componente étnica e a sua diversidade constitui um tópico frequente da historiografia, a qual tem procurado definir os territórios e as peculiaridades culturais de cada uma dessas distintas entidades. Naturalmente essa multiplicidade de povos tem os seus reflexos na vertente linguística, aspeto sobre o qual o nosso conhecimento, apesar de bastante limitado, tem progredido de forma substancial. A atenção que lhe tem sido dedicada nas últimas décadas, estimulada por algumas descobertas de importantes documentos que atestam algumas dessas línguas, permite-nos traçar um panorama que, embora inevitavelmente muito sintético, poderá ajudar a compreender uma faceta relevante das populações que habitavam o extremo do mundo romano. Tratando-se de um conjunto de línguas de fragmentária atestação e em relação às quais varia de forma considerável o material que temos à disposição, o que se pode dizer a respeito de cada uma delas é também distinto.

Embora os últimos cinquenta anos tenham assistido a um substancial progresso neste domínio, as primeiras reflexões importantes remontam já aos séc. XVIII e XIX, entre as quais cabe destacar a obra emblemática de Humboldt[1], sobre cujas orientações gerais assentaram muitas das investigações subsequentes. A um outro erudito alemão, Emil Hübner, conhecido especialmente pelo seu contributo para os volumes relativos à Hispânia e à Britânia do *Corpus Inscriptionum Latinarum*, se deve a primeira grande recolha sistemática da documentação respeitante à caracterização linguística da Península Ibérica em fase pré-romana. O título da obra, *Monumenta Linguae Ibericae*, revela-se muito sugestivo, por nele se patentear a ideia, dominante ao longo de muito tempo, de que em todo o espaço hispânico se registou uma relativa unidade no domínio da língua. Na realidade, o uso do singular não pressupunha que toda essa documentação era relativa a uma única realidade linguística, uma vez que se tornara patente, desde os primeiros estudos, a ocorrência de elementos externos, como os que manifestamente pertenciam a línguas célticas. A presença desses atribuía-se a movimentos populacionais, relativamente recentes, que se teriam sobreposto a uma realidade unitária, a língua ibérica.

A este postulado associava-se geralmente a ideia de que esta língua, originariamente estendida a todo o território hispânico, mas progressivamente circunscrita em especial às áreas meridional e levantina, teria continuidade no atual basco. Tratar-se-ia de uma língua não indo-europeia, de remota origem, que particulares circunstâncias de isolamento teriam permitido conservar até à atualidade.

A investigação desenvolvida ao longo do séc. XX veio questionar estes pressupostos, tanto o da unidade linguística primordial, como o da última teoria aludida, conhecida como "basco-iberismo".

O panorama da investigação atual caracteriza-se por reconhecer a diversidade do quadro linguístico no momento da conquista romana, materializada, desde logo, na dicotomia entre duas grandes áreas, consoante os seus vestígios pertencem ou não ao domínio indo-europeu. A sua mais conhecida formulação deve-se a Jürgen Untermann, que nos inícios da década de '60 do século passado utilizou a distribuição espacial de determinados elementos, com especial relevo para os de natureza toponímica (nomes em *-briga*, por um lado; em *ilti/iltur, ili, ilu* por outro), para traçar uma linha separadora destes dois domínios[2].

---

[1] A publicação inicial (Humboldt 1821) foi modernamente traduzida em espanhol (Humboldt 1990).
[2] Untermann 1962 15-17.

O aprofundamento da análise, permitiu reconhecer, em cada uma delas, realidades diferenciadas, cuja caracterização varia muito consoante a sua natureza e a dimensão dos materiais que temos à disposição.

O objetivo deste contributo consiste precisamente em expor, de forma muito sintética, o estado atual dos conhecimentos a respeito de cada uma destas realidades, dando especial atenção às questões que respeitam ao Ocidente peninsular, partindo da divisão básica enunciada por J. Untermann há algumas décadas entre um âmbito indo-europeu e outro que não se integra nesse domínio linguístico.

1. Línguas não indo-europeias

Dentro da vasta área que corresponde à faixa que se estende do sul da Península Ibérica pelo Levante e se larga por toda a zona pirenaica e área adjacente do sul de França têm-se considerado fundamentalmente duas realidades distintas, entre as quais se reconhecem, todavia, algumas afinidades: a língua ibérica e o antigo basco.

1.1. O antigo basco

A língua antecessora do basco moderno, atestada a partir da documentação medieval, reconstituída por investigadores como K. Mitxelena[3], estender-se-ia por um território situado nas duas vertentes dos Pirenéus, ainda que não coincidente com a distribuição recente. Seria uma realidade linguística distinta da ibérica, não se afastando, todavia, a hipótese de haver uma influência mútua, dada a circunstância de terem estado em contacto na antiguidade. Desta forma se poderiam explicar algumas afinidades mais ou menos evidentes, mas que dariam fundamento a uma identidade entre elas.

A documentação pertinente ao basco antigo é bastante reduzida e reparte-se essencialmente por três áreas[4]:

a) área aquitana, correspondente à vertente setentrional dos Pireneus Central e Ocidental. Proporciona essencialmente documentação onomástica pessoal[5], atestada na epigrafia latina, mas nada em escrita epicórica;
b) área meridional pirenaica: os vestígios são de uma maneira geral muito raros e problemáticos. Consistem essencialmente em elementos colhidos na toponímia, antroponímia e teonímia da área atribuída a Várdulos e

---

[3] Especialmente em Mitxelena 1961 (^{2}1967).

[4] Para uma síntese recente das questões relativas ao âmbito geográfico desta realidade v. Gorrochategui 2009 e também Velaza 2012 79-80.

[5] Constitui a obra de referência Gorrochategui 1984.

Carístios, territórios nos quais, de qualquer modo, dominam os vestígios linguísticos indo-europeus;

c) região soriana dos vales do Cidacos e do Linares: alguns vestígios onomásticos se atestaram na epigrafia latina dessa área, cuja relação com o âmbito da antroponímia basco-aquitana se dá como segura e para cuja presença num espaço em que domina a antroponímia de origem celtibérica se têm aportado várias explicações - movimentos populacionais situáveis em período imperial romano; ou persistência de gentes num território em fase pré-romana pontualmente integrado no âmbito basco[6].

Como se disse acima, um dos tópicos que marcou a investigação do passado até aos inícios do séc. XX, residia na convicção de que o basco era o representante moderno da língua ibérica, que em determinado momento tinha sido comum a toda a península, convivendo com outras línguas de invasores. Esta posição, no entanto, foi contestada em determinado momento, especialmente devido às novas perspetivas sobre as escritas e línguas da Península Ibérica devidas a Gómez Moreno, que sustentou e explicou a sua diversidade. A contestação atingiu um outro pressuposto: o de que a língua ibérica estava na origem do basco atual. Deste modo, em especial ao longo da segunda metade desse século, a antiga hipótese basco-iberista acabou por ser geralmente afastada e perdeu peso em âmbito académico.

Há cerca de uma década, todavia, a teoria basco-iberista foi retomada, reacendendo-se a discussão em torno desse tema algo adormecido. Uma das vertentes que tem estado na base desta renovada proposta (por isso às vezes designada neo-basco-iberista) reporta-se às formas que os numerais teriam assumido nas duas línguas, onde se verificariam tantas afinidades que dificilmente se poderia sustentar a hipótese de serem diferentes (v. *infra*).

1.2. O ibérico[7]

A língua ibérica apresenta-se-nos como indissociável de um conjunto de manifestações na escrita levantina, cujas manifestações se estendem da Alta Andaluzia ao Languedoc. No entanto, a mesma língua é igualmente transmitida por outros sistemas de escrita, nomeadamente pelas inscrições em alfabeto greco-ibérico e em escrita meridional[8]. Naturalmente, à documentação que nos foi transmitida por esta via tríplice deve acrescentar-se o material proporcionado pela epigrafia e numismática romanas, bem como pelos textos dos autores clássicos.

---

[6] v., mais recentemente, Gorrochategui 2009 545-546.

[7] Um recente e aprofundado estudo sobre a língua ibérica pode encontrar-se em de Hoz 2011a 221-360.

[8] De Hoz 2011a 23-24, 221.

A extensão geográfica dos vestígios desta língua é, como se disse, bastante ampla. Em algumas regiões desta vasta área documenta-se a convivência desta com outras línguas, sendo bem conhecido o caso do plurilinguismo documentado no sul de França[9]. Esta situação encontra-se na base de uma proposta de distinção, proposta por J. de Hoz, entre as áreas em que ela se se apresentaria como língua vernácula, que incluiria seguramente a Contestânia, mas que poderia estender-se a outras áreas adjacentes, talvez desde a Alta Andaluzia até um território que não ultrapassaria o rio Mijares[10]; e os outros âmbitos em que esta se assumiria como língua veicular[11], isto é, em que ela não seria a língua vernácula, mas o instrumento de contacto no âmbito de comunidades plurilingues, sendo também a única que se apresentava sob uma forma escrita.

Apesar da abundante documentação relativa a esta língua, o que dela se conhece é muito limitado, em boa parte devido ao facto de não integrar o âmbito indo-europeu. As dificuldades começam com as questões de fonética e fonologia do ibérico[12]. Verifica-se algum consenso a respeito do sistema fonológico, nomeadamente quanto à existência de cinco vogais (a, e, i, o, u) ou das oclusivas, tanto surdas (t, k) como sonoras (b, d, g); mas é discutida a presença das semivogais y e w e também se hesita quanto ao número de sibilantes, vibrantes e nasais. Persiste, para além disso, uma incerteza a respeito do valor fonético do signo Y.

No que concerne aos aspetos morfológicos o nosso conhecimento é reduzido[13]. É possível, desde logo, identificar um conjunto assinalável de segmentos, cuja natureza e significado são geralmente difíceis de estabelecer, sendo por isso classificados com o termo neutro de *morfos*, maioritariamente sufixos, mas também prefixos e infixos. De uma forma geral estes assumem-se como integrando as formações nominais, ainda que pontualmente se tenham sugerido a sua presença em formas verbais.

Mas o aspeto mais amplamente desenvolvido da formação de palavras tem que ver com a estrutura dos nomes pessoais[14], em relação aos quais são mais abundantes e claros os dados, em particular graças ao contributo inestimável da inscrição do Bronze de Ascoli (CIL I 709; CIL VI 37045). A estrutura canónica dos antropónimos ibéricos aí registados consiste numa justaposição de dois membros, geralmente dissilábicos, ainda que não faltem exemplos de

---

[9] Untermann 1964.
[10] De Hoz 2009 427; 2011b 33-36.
[11] De Hoz 2009; 2011a 443-446; 2011b.
[12] Sobre esta vertente da língua v. Correa, 1994 268-279; Velaza, 1996 40-43; Quintanilla 1998; de Hoz 2001 337-340; 2011a 223-257.
[13] Para uma perspetiva geral sobre a morfologia do ibérico v. MLH III 509-543; Velaza 1996 44-52; de Hoz, 2001, 340-349; Rodríguez Ramos 2002 333-344; Orduña 2006; de Hoz 2011a 257-282.
[14] Uma recente e ampla análise desta vertente pode ver-se em de Hoz 2011a 324-338.

monossílabos. Constata-se, além disso, que esses constituintes podem mudar de posição, ocorrendo indistintamente como primeiro ou segundo elemento dos nomes. Assim, por exemplo, em *Illurtibas Bilustibas f(ilius)* reconhece-se o elemento *-tibas,* permitindo definir também *illur* e *bilus.*

No que se refere à sintaxe e ao léxico o nosso conhecimento é mais precário. Neste último domínio registam-se algumas propostas de interpretação sobre o significado de alguns termos que ocorrem com certa frequência em determinados contextos, a respeito dos quais se produziram conjeturas mais ou menos viáveis. Talvez uma das mais consagradas referências diga respeito ao elemento **ilti(ŕ)/iltu(r)/iltun/ilu(n)**, registado numa ampla série de topónimos como **iltiŕta** (lat. *Ilerda*), **ilturo** (*Iluro*), *Illurco, Illugo,* e que se relacionou com o antigo basco *ili/iri,* com o significado de "cidade"[15]. Este, tal como outros casos, foram objeto de discussão no âmbito dos especialistas, sem que se tivesse identificado alguma situação não controversa ou duvidosa.

Por fim, a questão dos numerais ibéricos tem sido objeto, especialmente nos últimos anos, de importantes considerações. Recolhendo e ampliando algumas sugestões anteriores, E. Orduña apresentou um primeiro quadro de numerais[16], proposta que foi ampliada em alguns trabalhos posteriores sobre o mesmo tema[17]. Estes contributos, para além de apoiarem a identificação de sequências correspondentes a números, sublinharam a afinidade que estes evidenciavam com os seus equivalentes basco, coincidência que foi interpretada de diferentes modos: por um lado, poderia resultar de um empréstimo, segundo a interpretação em determinado momento sustentada por Orduña[18]; por outro, seria consequência de relação genética entre ambas, hipótese que se consolidou em trabalhos posteriores[19].

Sem se rejeitarem as inegáveis afinidades entre estas primitivas línguas hispânicas, a aceitação da relação genética entre ibérico e antigo basco está longe de ser pacífica[20].

Enfim, o ibérico constitui uma realidade que oferece um conjunto documental bastante largo, mas que coloca problemas muito complexos em relação aos quais a investigação vai construindo interpretações em que o consenso é difícil. À margem disso, constitui também um campo fértil para as mais inacreditáveis propostas, aparecendo esporadicamente aventureiros que propalam anúncios de decifração sem consistência.

---

[15] MLH III.1 188. Sobre a possibilidade de existir uma outra raiz similar, com valor hidronímico v. de Hoz 2011a 316.

[16] Orduña 2005.

[17] Ferrer i Jané 2009; Orduña 2011.

[18] Orduña 2005.

[19] Ferrer i Jané 2009 471; Orduña 2011 129-130, 137-138.

[20] De Hoz, 2009; 2011a 196-198; Lakarra 2010.

1.3. Língua(s) do âmbito meridional[21]

A especificidade linguística em período pré-romano da área meridional da Península Ibérica, correspondente genericamente à Andaluzia ocidental e ao extremo sul de Portugal, foi reconhecida inicialmente por Gómez Moreno. A partir da identificação de sistemas de uma escrita característica desta área, que designou como bástulo-turdetana, definiu alguns nomes característicos dessa região meridional, em particular a série de topónimos em *ipo*, a par de *uba, urci, tuci, ucci, murgi, ici*, estabelecendo a diferenciação onomástica entre esta região ("tartéssica") e a ibérica[22].

Tal como ele, também Tovar assinalou, de qualquer modo, afinidades entre alguns topónimos desta área e outros que poderiam ser bascos ou ibéricos. Entre estes poderiam estar nomes como *Ilurco* ou *Iliturgi*, nos quais reconheceu o elemento *ili-*, bem documento e característico da toponímia ibérica, recordando ao mesmo tempo uma proposta de Schulten segundo a qual o antigo nome do rio Odiel, *Urius*, remontaria ao basco *ur-* "água"[23]. Estes autores partilham a ideia de que as diferenças assinaladas podem não implicar uma língua diferente, mas constituir-se como dialetos variados no contexto do ibérico.

No entanto, a tendência que se afirmou progressivamente foi a de considerar que, para além de nessa região se identificarem elementos linguísticos de origem variada (fenício-púnica, ibérica, céltica, etc.), regista-se uma componente onomástica (especialmente toponímica e antroponímica) que pode considerar-se distinta, nem indo-europeia nem ibérica, cuja associação com o mundo tartéssico / turdetano se considera mais ou menos inequívoca[24]. Um dos problemas que se colocou tinha que ver com a extensão territorial destes particularismos e em consequência da língua a que pertenciam. Ganhava especial acuidade o facto de os nomes em *-ipo*, longe de se limitarem à Andaluzia ocidental, estendiam-se pelo sul e centro de Portugal, tendo como exemplo mais setentrional *Collipo*, cidade que se situaria em S. Sebastião do Freixo, Batalha. Já Gómez Moreno[25] tinha avançado com a hipótese de estes nomes, dispersos pelas costas ocidentais da Hispânia, poderem resultar de um processo de colonização tartéssica, não implicando, portanto, que em toda a região se tivesse falado a língua dos colonizadores.

Outra questão que se colocou diz respeito à relação que poderia existir entre esta língua e a das inscrições na escrita pré-romana do Sudoeste peninsular que alguns designam como tartéssica, a qual não tem tido uma resposta

---

[21] Para este tópico v. Villar 2000 e, mais recentemente, de Hoz 2010 386-402, 455-478.
[22] Gómez Moreno 1949 203.
[23] Tovar 1961 114.
[24] Correa 2009a 295-298; de Hoz 2010 455-478, esp. 471-472.
[25] 1949 202-203.

unívoca, dadas as dificuldades que se colocam à caracterização de cada uma das realidades comparadas. O reduzido número de textos, muito deles fragmentários, as incertezas quanto ao valor de alguns signos, a quase total ausência de separação das palavras são fatores que acentuam as dificuldades de caracterização da língua transcrita por esse conjunto de monumentos epigráficos, maioritariamente constituído por estelas funerárias. A investigação, desenvolvida especialmente no último meio século, tem hesitado especialmente entre duas possibilidades: considerar que nestas se transmite uma língua local não indo-europeia[26], que poderia relacionar-se com as realidades identificadas neste âmbito tartéssico-turdetano[27] ou ser uma realidade distinta[28]; ou aceitar que se trata de língua indo-europeia, para alguns integrada no âmbito céltico[29], de que se poderiam identificar algumas sequências, essencialmente antropónimos, mas também outros elementos a que poderia ser atribuída essa origem[30].

As limitações inerentes à documentação, atrás referidas de forma sumária, não permitem resolver de forma satisfatória este problema, pelo que se mantém tradicionalmente uma posição de reserva sobre ele, mesmo quanto se partilham determinadas ideias sobre a natureza das populações a que estas manifestações se encontram associadas.

2. As línguas indo-europeias

2.1. Celtibérico

Num quadro geral dominado pelas incertezas e pela falta de dados que permitam a adequada caracterização das diferentes línguas hispânicas, o celtibérico constitui-se como um caso particular. Pela sua natureza, pela dimensão e variedade da documentação que lhe diz respeito, constitui a mais bem conhecida das línguas pré-romanas da Hispânia. Trata-se de uma língua indo-europeia, cuja integração no grupo céltico não oferece dúvidas.

Encontra-se atestada por um conjunto diversificado de documentos, sobrelevando as inscrições em escrita epicórica, alguns bastante extensos, entre os quais se destacam, pela sua dimensão e importância, os textos gravados nos bronzes

---

[26] Correa 1996 72-73; Rodríguez Ramos 2002 90-91; de Hoz 2010 402.

[27] Para esta perspetiva v. mais recentemente Correa 2009a esp. 296-297.

[28] Rodríguez Ramos 2002, 90-91; de Hoz 2010 400-402.

[29] Podem encontrar-se argumentos a favor desta hipótese em Wikander 1966, Correa 1985 391--392; 1992 98-102; MLH IV 165; Villar 2000; Rodríguez Ramos 2002 89-91. Mais recentemente Koch (2009; 2011 esp. 43-100), para além de sustentar a natureza céltica da língua plasmada nestes textos epigráficos, propôs traduções para alguns deles.

[30] Correa 1989; MLH IV 167-168. De uma forma algo mais restritiva de Hoz 2010, 394-396, 400-401.

encontrados em Botorrita, em particular o que é conhecido como Botorrita III. Naturalmente, também os textos clássicos gregos e latinos e a epigrafia romana aportam um conjunto substancial de elementos respeitantes a esta mesma realidade, mas especialmente centrados no domínio da onomástica pessoal ou de natureza geográfica. Para além disso, assumem igualmente considerável importância as abundantes legendas monetárias, uma parte em escrita epicórica.

A natureza da documentação, em especial um conjunto considerável de textos longos (de natureza jurídica?) faz que o repositório desta língua seja mais variado que em outras realidades similares, cujo conhecimento se encontra fortemente condicionado pela excessiva dependência de nomes próprios e a escassa presença de léxico comum.

O celtibérico fala-se, desde logo, na Celtibéria antiga, tal como a definem alguns autores clássicos, a qual engloba, desde logo, belos, títios, lusões e arévacos, mas onde ocasionalmente algumas fontes integram também pelêndones e vaceus. Mas o seu âmbito espacial estende-se genericamente por toda área em que se atestam as inscrições na escrita epicórica, na qual se integram, para além destes, pelos menos os berões. Do ponto de vista geográfico, corresponde a um território genericamente limitado pelo curso médio do rio Ebro e que engloba as bacias superiores do Douro, Tejo, Júcar e Túria.

Embora o celtibérico se inclua no âmbito das línguas de fragmentária atestação, os elementos de que dispomos permitem enunciar um conjunto significativo de particularidades, tanto no domínio fonético, como no morfológico e lexical[31].

No que respeita às peculiaridades fonéticas, uma das mais marcantes, que a distingue, por exemplo, do lusitano e que constitui uma das marcas da sua integração no grupo céltico é a perda do *p inicial ou intervocálico, como se pode verificar, por exemplo no topónimo **letisama,** cujo elemento inicial remonta a *$pleth$- "amplo".

No domínio da morfologia, a informação de que dispomos, se comparada com realidades similares da Hispânia, pode considerar-se substancial, em especial no que diz respeito à flexão nominal. O celtibérico possuía seis casos: nominativo, acusativo, genitivo, dativo, ablativo / instrumental e locativo. Dispomos de informação bastante completa no que respeita às desinências do singular, em particular para os temas em -$\bar{a}$/-∂, -$\breve{o}$, -$\breve{i}$ e para a maior parte dos temas em consoante. No que concerne ao plural, os dados apresentam bastantes lacunas, à exceção do tema em -o, em relação à qual a documentação é completa.

Quanto aos adjetivos, cuja flexão se liga à dos nomes, destaca-se o nosso conhecimento respeitante ao processo de formação e à expressão dos graus. São abundantes os exemplos de formações adjetivais, em particular as que têm como base topónimos e, em menor grau, etnónimos ou antropónimos. Destaca-se, neste domínio, a abundância dos derivados com sufixo em -*ko*, que constituem

---

[31] Sobre o celtibério v. essencialmente Jordán 2004, obra para a qual se remete para todas as questões a seguir tratadas.

uma parte substancial do repositório. Ocorrem especialmente em legendas monetárias ou em tésseras em escrita epicórica, podendo citar-se, a título de exemplo, casos como **arekoratika** (de **arekorata**), **sekontiaka** (de **sekontios**), **uirouiaka** (de **uirouia**). No caso de derivados antroponímicos são especialmente conhecidos os nomes de grupos familiares, como **albinokum** (de *Albinus*), **tirtanikum** (de **tirtanos**), **turanikum** (de *Turanus*), elemento característico da identificação pessoal dessa área.

No que respeita à gradação, é especialmente conhecida a formação de superlativo, já identificada por Tovar numa conhecida inscrição de Peñalba de Villastar onde se lê TVROS CAROQVM VIROS VERAMOS. Este erudito tinha justamente reconhecido, em **uper-ṃmo-* a origem de VERAMOS, tal como **usama** resultava de **ups-ṃma*.

O panorama é substancialmente diferente no que toca à flexão verbal sobre a qual dispomos apenas de escassos elementos, em particular algumas de 3.ª pessoa sing. em *-ti*, mas também em *-t*, bem como de 3.ª pessoa pl. em *-nti* e *-nt*, na ativa e *-nto* na voz média. Também se identificaram formas de imperativo futuro, terminadas em *-tuz*, que remontam a *-tođ* < *-tod*, com paralelos em vários línguas indo-europeias. Ainda que se encontrem identificadas mais algumas particularidades da flexão verbal, na globalidade pode dizer-se que o conhecimento se limita a alguns aspectos isolados no contexto de uma realidade muito complexa.

Uma situação similar é partilhada pelos pronomes, advérbios, conjunções e preposições, que fornecem um panorama bastante fragmentário, mas em relação ao qual se podem apresentar alguns exemplos do sucesso da investigação neste domínio. No que concerne aos pronomes podem referir-se dois casos com maior substância: alguns demonstrativos, em particular **sa** (nom. sing.), **saum** (gen. pl. fem.), **so** (nom. ou gen. sing. masc.) **somei** (loc. sing.) e provavelmente também **soz,** cuja integração flexional se discute; e os relativos, que se consideram documentados pelo menos em **ias** (nom. pl. fem.), **ia** (?), **ios** (nom. sing. masc.), **iomui** (dat. sing. masc. ou neut.) e **iosum** (gen. pl. masc.). No que concerne às conjunções, sublinhe-se a atestação da copulativa enclítica **-kue,** com paralelos, por exemplo, no latim *-que* e no grego *te*.

No que respeita ao léxico, evidencia-se um claro desequilíbrio quanto à relação entre nomes próprios e comuns. A natureza da documentação - o facto de contarmos com uma informação que resulta em boa parte dos textos literários gregos e latinos, da epigrafia latina e da numismática, tanto em escrita epicórica como em latim - faz que com uma parte substancial dos nomes cuja natureza se conhece corresponda a antropónimos, etnónimos e topónimos. De qualquer modo, destacam-se alguns domínios do léxico comum, em particular alguns termos que exprimem as relações de parentesco: os que se associam à expressão do patronímico, seguindo uma tradição latina, equivalente a *filius*, **kentis,** e *filia,* atestado sob as formas **tuateros** e **tuateres.** que se pode aproximar do gr. *thugater*. A este mesmo âmbito parece pertencer o termo **launi,** de significado mais controverso, que Untermann relaciona hipoteticamente com "esposa".

Na realidade, o nosso reduzido conhecimento da língua e, em consequência, do sentido dos textos mais complexos, limita muito a explicação etimológica de muitos termos. De qualquer modo, a proximidade do celtibérico com outras línguas célticas torna credíveis algumas interpretações. Por exemplo, o elemento que em latim ocorre sob a forma -*briga*, regista-se em nomes como **nertobis** ou **sekobirikez,** neste último caso associado a outro bem conhecido, **sego* "vitória". Estas circunstâncias, todavia, não ocorrem com frequência e para um bom número de termos não encontrou ainda uma interpretação segura. Trata-se, naturalmente, de um território complexo, sujeito a especulação e à controvérsia.

Discute-se, enfim, a eventualidade de se incluírem no celtibérico algumas realidades adjacentes, nomeadamente as que se relacionam com o território vaceu ou as que se associam aos cântabros. Os vestígios dos falares pré-romanos destas regiões são muito restritos e não permitem responder de forma categórica a esta questão.

2.2. Língua(s) do Ocidente hispânico

No quadro do Ocidente hispânico a tradição estabeleceu uma diversidade linguística em função das grandes entidades étnicas, a saber, Galaicos, Ástures, Vetões, Lusitanos. Coube a Tovar a caracterização da língua atribuída aos últimos, que por isso mesmo designou como "lusitano", termo generalizado, mas não isento de problemas. Trata-se de uma língua indo-europeia pré-romana falada no extremo ocidente peninsular, no território que tradicionalmente e segundo a formulação inicial de A. Tovar corresponderia genericamente ao da área de distribuição de um pequeno conjunto de inscrições em escrita latina, sensivelmente compreendida entre o curso do rio Douro a norte e, seguindo uma proposta de Albertos baseada na análise antroponímica, uma linha que ligaria Badajoz a Setúbal. A questão dos limites da língua lusitana está longe de ser encerrada, devendo manter-se em aberto a possibilidade de ela se estender a territórios onde não se identificaram inscrições nessa língua, todas em escrita latina.

Na realidade, a documentação pertinente a esta realidade é bastante pobre. Contamos essencialmente com um amplo repertório onomástico, constituído em especial por antropónimos, nomes de natureza geográfica e teónimos, atestados de modo particular na epigrafia latina e também nos textos clássicos gregos e latinos. É especialmente reduzido o número de inscrições nessa língua, uma vez que não ultrapassa os seis exemplares, metade (se considerarmos separadamente os dois mais antigos) proveniente de um mesmo sítio, a localidade chamada em tempos Arroyo del Puerco (atualmente Arroyo de la Luz), na província de Cáceres. Outras três procedem de território português: uma, há muito conhecida, de Lamas de Moledo (Castro Daire); outra, achada recentemente nas proximidades de Arronches; e, por fim, um dos documentos fundamentais, divulgado por Adriano Vasco Rodrigues[32], uma inscrição rupestre subsistente no topo do Cabeço das Fráguas, um lugar remoto nos limites dos concelhos da Guarda e do Sabugal.

A relevância desta última decorre do facto de ter estado na base da primeira caracterização da língua lusitana, devida a A. Tovar[33]. A gravação do texto é profunda, pelo que a sua leitura é geralmente clara e quase consensual. A única divergência regista-se na lição de LAEBO, para a qual J. Untermann propôs LABBO[34].

Na interpretação do linguista espanhol esta epígrafe reportava um sacrifício múltiplo, em que um conjunto de animais - ovelha, porco, *comaia* e touro - era oferecido a uma série de divindades, Trebopala, *Labbo (Laebo,* na sua versão), *Iccona Loimina, Trebaruna* e *Reve.*

O sentido que Tovar conferiu ao texto do Cabeço das Fráguas abriu caminho à interpretação da epígrafe de Lamas de Moledo[35], na qual se reconheceu uma estrutura similar, em que as vítimas sacrificiais alternavam com as divindades a que eram oferecidas, embora com algumas dificuldades pontuais na lição de alguns nomes e na interpretação do texto.

Mais recentemente registou-se um importante achado na região de Arronches[36], cuja primeira parte patenteia uma estrutura semelhante e na qual um repertório mais extenso de vítimas recorda elementos documentados nas restantes inscrições conhecidas: *oilam erbam* (*erbae* em Arroyo de la Luz); *oila X; taur[o] ifate X* (remetendo para *taurom ifadem* do Cabeço das Fráguas); e a sequência AV[---], a permitir uma eventual comparação com o nome do animal registado em Lamas de Moledo, habitualmente interpretado como *ancom.*

Como é mais natural uma repetição do nome das vítimas que o das divindades, mais diversificadas e dependentes das diferenças regionais, o quadro dos teónimos não coincide com o das outras inscrições, mas enquadra-se perfeitamente no que se conhece: *Harase, Broeneiae, Reve Aharacui, Bandi Haracui, Munitie Carla Cantibidone.* De todos eles apenas o segundo, *Broeneiae,* é completamente novo no quadro dos nomes de divindade.

Com base nesta documentação, pôde constatar-se que um dos traços mais marcantes da língua lusitana, que a distingue, por exemplo, do celtibérico, é a

---

[32] 1959-60 71-73.

[33] O estudo inicial da inscrição (Tovar 1966-67) foi atualizado em Tovar 1985. Propostas interpretativas posteriores em Untermann 1987 63-64; MLH IV L.3.1; Búa 1999 317-326; Untermann 2002 69-70; Prósper 2002 41-56; Ribeiro 2013 esp. 238-240.

[34] Nela se leria, segundo a proposta de Untermann (MLH IV L.3): OILAM TREBOPALA INDI PORCOM LABBO COMAIAM ICCONA LOIMINA OILAM VSSEAM TREBARVNE INDI TAVROM IFADEM REVE TRE[---].

[35] Distintas interpretações posteriores em Untermann 1987 64-66; Curado 1989 351-353; Búa 1999 321-326; Prósper 200257-68.

[36] Sobre as diferentes leituras e interpretações desta inscrição v. Carneiro et alii 2008; Prósper - Villar 2009; Ribeiro, 2010.

conservação do *p, como se torna manifesto no exemplo clássico de *porcom*. Dado que uma das outras peculiaridades é a tendência para a sonorização das oclusivas[37], não surpreende que se registem casos *Bletisama*, no qual o grupo *pl-* evolui para *bl-*. De resto, a informação desta vertente da língua é particularmente reduzida e problemática e, por isso, não é fácil definir alguns traços caracterizadores da língua lusitana. Entre estes se tem considerado a perda da aspiração na série sonora aspirada proto indo-europeia (*b^h, *d^h, *g^h e *g^{wh} > *b, *d, *g e *g^w respetivamente) que a teonímia e antroponímia parecem confirmar[38].

Aparentemente, os dados de que dispomos parecem um pouco mais claros no domínio morfológico, em particular no que toca a algumas particularidades flexionais dos nomes. O acus. sing. apresenta genericamente a desinência *-m*, como se podem verificar nos diferentes temas, através de exemplos *oilam* e *taurom ifadem*, recolhidos na inscrição do Cabeço das Fráguas.

O dativo parece apresentar, na flexão nominal temática, a desinência *-i*: deste modo, ocorre nos temas em *-a* como *-ai* (*Crougeai, Ioveai*), e nos temas em *-o* como *-oi* ou suas variantes gráficas *-ui*, *-oe*, por exemplo em *Caeilobricoi* ou *Macareaicoi* - todos exemplos retirados da epígrafe rupestre de Lamas de Moledo. Note-se que vestígios desta flexão revelam uma tendência para a perduração na epigrafia latina, de modo particular nas dedicatórias votivas, como a de *Reve Langanidaeigui* (AE 1961, 353, de Medelim, Idanha-a-Nova).

Na perspetiva de A. Tovar, a inscrição do Cabeço das Fráguas documentava uma forma peculiar de dativo, em *-a*, correspondente à sequência *Iccona Loimina*. Esta interpretação não foi, contudo, seguida por muitos investigadores, que propuseram interpretações muito diversificadas, mas também elas pouco consensuais. Untermann[39], na sequência de Maggi e de Best, considera *Trebopala* e *Iccona Loimina* nominativos, caso em que estaria igualmente *Labbo*, todos correspondentes a sujeitos de um verbo omitido, com o significado de "sacrificar". C. Búa[40] questiona igualmente a interpretação tradicional dos mesmos nomes, que interpreta como "complementos no concertados" referentes a lugares. Mais recentemente, J. Cardim Ribeiro assume todos os nomes tradicionalmente considerados teónimos (*Trebopala, Labbo, Iccona Loimina, Trebarune* e *Reve*) como vocativos[41].

---

[37] Esta particularidade, bem atestada, ocorre especialmente em posição interior, mas não se regista de uma forma sistemática (Vallejo 2005 282).

[38] Búa 2000 167-168; Vallejo 2005 708; 2013 278-280.

[39] Ultimamente, em Untermann 2002 69-70, onde propõe a tradução seguinte: "A guarda do santuário (tem que sacrificar) uma ovelha e depois um porco; a (ou o) *labbo* (sacrifica) uma *commaia* (uma espécie de cabra?); a *iccona loimina* sacrifica uma ovelha de alta qualidade à deusa Trebaruna e depois um touro (...) a Reve ...".

[40] 1999 320-326.

[41] 2013 239-243, pelo que a inscrição, na sua interpretação, diria: '(Damos-te) esta ovelha, ó *Trebopala*, e (damos-te) este porco, ó *Labbo*! (Damos-te) esta *commaia*, ó *Iccona Loiminna*! (Damos--te) esta ovelha *ussea*, ó *Trebarune*, e (damos-te) este touro consagrado, ó *Reve Tre*[...].

A questão é complexa e, como se vê, sem solução consensual. É patente que formas como *Trebopala, Iccona Loimina* ou *Labbo* não possuem as desinências habituais do dativo lusitano, o que, no plano dos princípios, dá consistência às alternativas propostas à interpretação tradicional. Esta, por sua vez, assenta na existência de alguns casos excecionais de dativos em *-a* em documentação epigráfica latina, como a que ocorre na dedicatória a divindades indígenas *Arant[i]a Ocela[e]ca et A[r]antio [O]celaeco* (RAP 11 de Ferro, Covilhã).

Encontra-se, para além disso, bem atestado o dativo em *-e* (que respeitaria aos temas em *-i* ou consoante), documentado em especial no teónimo *Reve* ou em *Trebarune* (*Triborunni* na inscrição de Freiria, Cascais).

A identificação de plurais é bastante limitada. Mesmo assim, *Veaminicori* tem-se interpretado como nominativo do tema em *-o* e, mais recentemente, a inscrição de Arronches contribui para o repertório com alguns acusativos: *oila* e *ifate*, em ambos caso seguidos do que interpreta como o numeral latino X, o que parece confirmar uma tendência à perda o *-s* final, que se documentaria igualmente no dat. plural, em *-bo* em todos os temas, a julgar pelas sequências *Deibabo Nemucelaecabo* (Avelelas, Chaves) e *Arabo Corobelicobo Talasicobo* (Arroyomolinos de la Vera, Cáceres)[42]. No entanto, o recente exemplo originário da área tradicionalmente integrada no âmbito lusitano, a dedicatória *Deibabor igo Deibobor Vissaieigobor,* proveniente de Viseu, veio chamar a atenção para algumas variações flexionais no Ocidente[43]. Neste caso, dar-se-ia o fenómeno de rotacionismo do *-s*, ao contrário do que sucede em todas as outras atestações similares, em que este último se perde.

Registe-se, como outra marca característica, a partícula copulativa *indi* (< **n-dhi),* atestada tanto nas Fráguas como em Arroyo de la Luz e que revelaria um particular tratamento das nasais no lusitano[44].

A. Tovar sustentara que o sacrifício documentado nesta inscrição, ao incluir um touro, uma ovelha e um porco, recordaria os célebres rituais romanos onde estes mesmos animais se ofereciam, os *suovetaurilia*[45]*,* procurando com isso sublinhar a existência de um fundo cultural comum, que radicaria na circunstância de também o lusitano ser uma língua indo-europeia.

Para além dessa integração linguística genérica, Tovar sustentou que o lusitano se deveria considerar autónomo de qualquer dos grupos conhecidos,

---

[42] Búa 1997 60-61.

[43] Fernandes - Carvalho - Figueira 2009 146; Vallejo 2013.

[44] Tovar 1985 238-239.

[45] Tovar 1985 245-247. Apesar de se repetirem alguns dos animais sacrificados, esta aproximação aos *suovetaurilia* é algo forçada. Na realidade, não se verifica uma verdadeira coincidência com esse sacrifício romano, tendo em consideração que, para além de se apresentarem duas ovelhas, há ainda um outro animal (*comaiam*), de identidade desconhecida, que se inclui no sacrifício. De resto, a circunstância de se oferecerem bois, ovelhas e porcos deve considerar-se habitual, dada a realidade da domesticação neste período, sem que a oferenda destes signifique uma identidade de ritos e tradições culturais.

afastando especialmente a hipótese da sua integração no âmbito das línguas célticas. Esta postura assenta essencialmente em duas particularidades acima referidas: a circunstância decisiva de nela se manter o *p- etimológico em posição inicial, como o demonstrava a palavra *porcom;* e o facto de apresentar a partícula copulativa *indi*.

Embora uma grande maioria dos investigadores partilhem a posição do Tovar, adicionando-lhe pontualmente mais alguns argumentos, J. Untermann[46] sustentou que, dadas as grandes afinidades que se manifestam entre o lusitano e as línguas célticas, se deveria admitir a possibilidade de o lusitano ser uma língua desse grupo, do qual teria divergido antes que a perda do *p- se tivesse dado.

O termo "lusitano", criado por Tovar e aceite pela generalidade dos investigadores, pressupunha que uma série de línguas no Ocidente hispânico, ainda que apresentando afinidades com ela, se deveriam diferenciar. Neste caso se encontrava o falar dos Galaicos, a que ele próprio dedicou um estudo[47]. A falta de inscrições na língua pré-romana local limita a demarcação de particularidades a alguns teónimos e antropónimos, dados que, no seu conjunto, são pouco significativos.

A respeito desta área levantou-se igualmente uma outra questão relativa à eventual coexistência entre o galaico e uma língua céltica, diferenciada dele. Esta perspetiva assentaria num conjunto de particularidades a que pertenceriam, por exemplo, os característicos nomes em *-briga*, especialmente abundantes na região e receberia apoio das informações dos autores clássicos que aí identificam um conjunto de entidades designadas como "célticas"[48].

Esta ideia de uma multiplicidade linguística contrasta com a visão de Untermann, para o qual todos estes elementos pertencem a uma única língua, integrável no grupo céltico[49]. De facto, a amplitude dos elementos comuns - patentes desde logo na toponímia, na antroponímia e nos bem característicos teónimos - alimentou a convicção de que estes povos teriam usado uma língua comum. C. Búa materializou esta ideia, ao cunhar o termo "hispânico ocidental" para designar esta realidade unitária, que envolveria Lusitanos e Galaicos, mas poderia estender-se igualmente para oriente, englobando, pelo menos parcialmente, Ástures e Vetões[50]. Apontam-se, em resumo, como seus principais traços distintivos: manutenção do *p- tanto em posição inicial (*Paramaeco; Petavonius, Pintamus*) como em posição intermédia (*Trebopala, Toudopalandaigae*), no entanto, *pl- > *βl, grafado <BL> (*Bletisama*); dat. do pl. em *-bo*, com a perda do *-s*; a abundância do sufixo *-aiko*, o qual se encontra especialmente

---

[46] Untermann 1987 67-69, Búa 1997 67-74.

[47] Para a análise do panorama linguístico da antiga *Callaecia* v. Schmoll 1959 Tovar 1983; Untermann 1992; de Hoz 1994 e 2005; Búa 1997 e 2000; Búa - Guerra 1995-2007.

[48] De Hoz 2005 24-35.

[49] Untermann 1992 372, 584-387.

[50] Búa 1997, 52-66

documentado nas caraterísticas sequências teonímicas, cuja distribuição poderia ajudar precisamente a delimitar o território que corresponde a esta realidade cultural; a tendência para a perda da aspiração na série sonora aspirada protoindo-europeia.

Levantou-se igualmente a questão paralela da autonomia linguística dos Ástures[51], em relação aos quais, no entanto, os elementos diferenciadores são ainda menos marcados que os da Galécia.

Em suma, neste universo onde a escassez de informação é patente e não há particularidades diferenciadoras marcantes é sempre difícil determinar até que ponto chegam as variações linguísticas regionais.

O panorama dos nossos conhecimentos sobre as línguas pré-romanas da Hispânia revela-se, pois, muito lacunar. Os progressos que lentamente se têm concretizado, em geral impulsionados por novos documentos, e o empenho de um núcleo de investigadores permitem esperar que se vá tornando mais clara a nossa visão sobre essas línguas. Trata-se, enfim, de domínios marcados pelas incertezas e propícios a propostas ousadas, nas quais nem sempre é fácil distinguir o que apresenta alguma consistência do que é pura fantasia.

Bibliografia

Abreviaturas

MLH I, II, III, IV = *Monumenta Linguarum Hispanicarum. I. Die Münzlegenden.* Wiesbaden, 1975; *II: Die Inschriften in iberischer Schrift aus Südfrankreich.* Wiesbaden, 1980; *III: Die iberischen Inschriften aus Spanien.* Wiesbaden, 1990; *IV: Die tartessischen, keltiberischen und lusitanischen Inschriften.* Wiesbaden, 1997.

Estudos

Búa, C. (1997), "Dialectos indoeuropeos na franxa occidental hispanica" in *Galicia fai dous mil anos, I. Historia.* Santiago de Compostela, Museu do Pobo Galego 51-99.
_____ (1999), "Hipótesis para algunas inscripciones rupestres del Occidente peninsular" in F. Villar, – Beltrán, F., *Pueblos. lenguas y escrituras en la Hispania prerromana: Actas del VII Coloquio sobre Lenguas y Culturas Paleohispánicas.* Salamanca 309-327.
_____ (2000), *Estudio lingüístico de la teonimia lusitano-gallega,* tesis doctoral inédita. Salamanca, Universidad de Salamanca.
_____ (2014), "Novedades en la teonimia galaico-lusitana" in *Os Celtas na Europa Atlántica. III Congreso Internacional sobre a Cultura Celta (Narón, 15-17.04.2011).* Lugo 103-144.
_____ – Guerra, A. (1995-2007), "Algunas consideraciones acerca del epígrafe del árula de Madre de Deus, Sintra" in J. C. Ribeiro, ed. *Diis Deabusque: Actas do II Colóquio Internacional de Epigrafia "Culto e Sociedade".* Sintra 79-96.

---

[51] De Hoz 2005 18-24.

Carneiro, A. - Encarnação, J. d' - Oliveira, J. de - Teixeira, C. (2008), "Uma inscrição votiva em língua lusitana", *Palaeohispanica* 8 167-178.
Correa, J. A. (1985), "Consideraciones sobre las inscripciones tartesias" in de J. Hoz, ed., *Actas del III Coloquio sobre Lenguas y Culturas Paleohispánicas*. Salamanca 377-395.
_____ (1989), "Posibles antropónimos en las inscripciones en escritura del SO. (o tartesia)", *Veleia* 6 243-251.
_____ (1992), "La epigrafía tartesia" in D. Hertel & J. Untermann eds., *Andalusien zwischen Vorgeschichte und Mittelalter*, Köln 75-114.
_____ (1994), "La lengua ibérica", *Revista Española de Lingüística*, 24 263–287.
_____ (1996), "La epigrafía del sudoeste: estado de la cuestión" in F. Villar – Encarnação, J. d' eds, *La Hispania prerromana. Actas del VI Coloquio sobre Lenguas y Culturas Prerromanas de la Península Ibérica*. Salamanca 65-76.
_____ (2005), "Del alfabeto fenicio al semisilabario paleohispánico", *Acta Palaeohispanica X. Palaeohispanica* 5, 137-154.
_____ (2009a), "Reflexiones sobre la lengua de las inscripciones en escritura del sudoeste o tartesia" *Acta Palaeohispanica X. Palaeohispanica* 9 295-307.
_____ (2009b), "Identidad, cultura y territorio en la Andalucía prerromana a través de la lengua y la epigrafía" in F. Wulff Alonso – M. Álvarez Martí-Aguilar eds., *Identidades, culturas y territorios en la Andalucía prerromana*. Sevilla – Málaga 273–295.
Correia, V. H. (1996), *A epigrafia da Idade do Ferro do Sudoeste da Península Ibérica*. Porto, ETNOS.
Curado, F. P. (1989), "As inscrições indígenas de Lamas de Moledo (Castro Daire) e do Cabeço das Fráguas, Pousafoles (Sabugal)" in *Actas do I Colóquio Arqueológico de Viseu*, Viseu 349-370.
Fernandes, L. - Carvalho, P. S. - Figueira, N. (2009), "Divindades indígenas numa ara inédita de Viseu", *Acta Palaeohispanica X =Palaeohispanica* 9 143-155.
Gómez Moreno, M. (1949), *Miscelaneas, Historia, Arte, Arqueologia: La antiguedad*. Madrid.
Gorrochategui, J. (1984), *Estudio sobre la onomástica indígena de Aquitania*. Bilbao.
_____ (2009), "Vasco antiguo: algunas cuestiones de geografía e historia lingüísticas", in F. Beltrán Lloris et alii eds, *Actas del IX Coloquio sobre Lenguas y Culturas Paleohispánicas, Palaeohispanica*. 10 539-555.
Hoz, J. de (1994) "Castellum Aviliobris. Los celtas del extremo Occidente continental" in R. Bielmeier – R. Stempel – R. Landsweert, eds, *Indogermanica et Caucasica: Festschrift für Karl Horst Schmidt*. Berlin - New York 348-362.
_____ (1996), "El origen de las escrituras paleohispánicas quince años después", in F. Villar – J. d'Encarnação, eds, *La Hispania Prerromana. Actas del VI Coloquio sobre Lenguas y Culturas Prerromanas de la Península Ibérica*. Salamanca 171-206.
_____ (2001), "Hacia una tipología del ibérico" in Villar, F. - Fernández Álvarez, M. P. eds, *Religión, lengua y cultura prerromanas de Hispania. Actas del VIII Coloquio sobre lenguas y culturas prerromanas de la Península Ibérica*. Salamanca 335-362.
_____ (2005), "Las lenguas del Noroeste peninsular y la relación entre ástures y galaicos", *Larauco* 5 17-38.
_____ (2009), "El problema de los límites de la lengua ibérica como lengua vernácula", *Acta Palaeohispanica* X, *Palaeohispanica* 9 413-433.
_____ (2010), *Historia lingüística de la Península Ibérica, I. Preliminares y mundo meridional prerromano*. Madrid.
_____ (2011a), *Historia lingüística de la Península Ibérica, II. El mundo ibérico prerromano y la indoeuropeización*, Madrid.
_____ (2011b), "Las funciones de la lengua ibérica como lengua vehicular" in C. Ruiz Darasse et E. R. Luján eds, *Contacts linguistiques dans l'Occident méditerranéen antique*, Madrid 27-64.
Hübner, E. (1893), *Monumenta linguae Ibericae*. Berlin.
Humboldt, W. von (1821), *Prüfung der Untersuchungen über die Urbewohner Hispaniens vermittels der Vaskischen Sprache*, Berlin: F. Dümmler (trad. esp. 1990, *Los primitivos habitantes de España*, Madrid: Polifemo).
Jordán, C. (2004), *Celtibérico*. Zaragoza.
Koch, J. T. (2009), *Tartessian: Celtic in the South-west at the Dawn of History*. Aberystwyth, Celtic Studies Publications.

Koch, J. T. (2011), *Tartessian 2*. Aberystwyth, Centre for Advanced Welsh and Celtic Studies.
Lakarra, J. (2009), "Forma canónica y cambios en la forma canónica en la prehistoria de la lengua vasca", *Palaeohispanica* 9 557-609.
Lakarra, J. (2010), "Haches, diptongos y otros detalles de alguna importancia: notas sobre numerales (proto) vascos y comparación vasco-ibérica (con un apéndice sobre *hiri* y otro sobre *bat-bi*)", *Veleia* 27 191-238.
Mitxelena, K. (1961), *Fonética histórica vasca*. Donostia-San Sebastián (2ª ed. 1977).
Orduña, E., (2005), "Sobre algunos posibles numerales en textos ibéricos", in Beltrán Lloris, F. et alii eds., *Actas del IX Coloquio sobre lenguas y culturas paleohispánicas, Palaeohispanica*. 10 491-506.
Orduña, E. (2011), "Los numerales ibéricos y el proto vasco", *Veleia* 28 125-139.
Prósper, B. M. (2002), *Lenguas y religiones prerromanas del Occidente de la Península Ibérica*. Salamanca, Universidad.
Prósper, B. M. - Villar, F. (2009), "Nueva inscripción lusitana procedente de Portalegre", *Emerita* 72 1-32.
Quintanilla, A. (1998), *Estudios de fonología ibérica*, Vitoria-Gasteiz.
Ribeiro, J. C. (2010), "Algumas considerações sobre a inscrição em 'lusitano' descoberta em Arronches", *Serta Palaeohispanica J. de Hoz = Palaeohispanica* 10 41-62.
Ribeiro, J. C. (2013), "'Damos-te esta ovelha, ó Trebopala!' a *invocatio* lusitana de Cabeço das Fráguas (Portugal)", *Palaeohispanica* 13 237-256.
Rodrigues, A. V. (1959-60), Inscrição de tipo "porcom" e aras anepígrafes do Cabeço das Fráguas (Guarda), *Humanitas* 11-12 71-77.
Rodríguez Ramos, J. (2002), "Las inscripciones sudlusitano-tartesias: su función, lengua y contexto socio--económico", *Complutum* 13 85-95.
Rodríguez Ramos, J. (2004), *Análisis de epigrafía ibérica*. Vitoria-Gasteiz, Instituto de Ciencias de la Antigüedad.
Tovar, A. (1961), *Ancient languages from Spain and Portugal*. New York.
Tovar, A. (1966-67), "L'*inscription* du *Cabeço das Fráguas* et la langue des Lusitaniens", *Études Celtiques* 11 237-268.
Tovar, A. (1983), "Lengua y etnia en la Galicia antigua: el problema del celtismo", in Pereira Menaut, G., ed. *Estudos de cultura castrexa e de Historia Antiga de Galicia*. Santiago de Compostela 247-282.
Tovar, A. (1985), "La inscripción del Cabeço das Fráguas y la lengua de los lusitanos", in *Actas del III Coloquio de Lenguas e Culturas Paleohispánicas*. Salamanca 227-253.
Untermann, J. (1962), "Áreas e movimentos linguísticos na Hispania pré-romana", *Revista de Guimarães* 72 5-61
Untermann, J. (1969), "Lengua ibérica y lengua gala en la Galia Narbonensis", *APL* 12 99-161.
Untermann, J. (1987) "Lusitanisch, Keltiberisch, Keltisch" in Gorrochategui, J. – Melena, J. L. –Santos, J., eds. *Studia Palaeohispanica. Actas del IV Coloquio sobre Lenguas y Culturas Paleohispánicas = Veleia* 2-3 1985–1986 57–76.
Untermann, J. (1992), "Anotaciones al estudio de las lenguas prerromanas del Noroeste de la Península Ibérica", in *Galicia: Da romanidade à xermanizació*. Santiago de Compostela, 367-397.
Untermann, J. (2002) "A epigrafia em língua lusitana e a sua vertente religiosa", in Ribeiro, J. C., *Religiões da Lusitânia: Loquuntur saxa*. Lisboa 67-70.
Vallejo, J. M. (2005), *Antroponimia indígena de la Lusitania romana*. Vitoria – Gasteiz. Universidad del País Vasco
Vallejo, J. M. (2013), "Hacia una definición de lusitano", in *Acta Palaeohispanica XI. Palaeohispanica* 13 273-291.
Villar, F. (2000), *Indoeuropeos y no indoeuropeos en la Hispania prerromana*. Salamanca, Universidad.
Villar, F. – Prósper, B. M. (2005), *Vascos, Celtas e Indoeuropeos. Genes y lenguas*. Salamanca, Universidad de Salamanca.
Velaza, J. (1996), *Epigrafía y lengua ibéricas*. Madrid, Arco Libros.
Velaza, J. (2006), "Lengua vs. cultura material: el (viejo) problema de la lengua indígena de Catalunya", in M. C. Belarte - J. Sanmartí eds, *De les comunitats locals als estats arcaics, la formació de les societats complexes a la costa del Mediterrani occidental*. Barcelona 3-80.
Velaza, J. (2012), "El vasco antiguo y las lenguas vecinas según la epigrafía", in I. Igartua ed., *Euskara eta inguruko hizkuntzak historian zehar*, Vitoria-Gasteiz, Eusko Jaurlaritza-Gobierno Vasco 75-84.
Wikander, S. (1966), "Sur la langue des inscriptions Sud-Hispaniques", *Studia Linguistica* 20 1–8.
Wodtko, D. S. (2010), "The problem of Lusitanian" in B. Cunliffe – J. T. Koch, *Celtic from the West*, Oxford, Oxbow 335-367.

2. POVOAMENTO RURAL NA *LUSITANIA*

André Carneiro
Universidade de Évora
ORCID: 0000-0002-0824-3301
ampc@uevora.pt

Sumário: A presença romana no território português constituiu uma profunda viragem nos modos de se viver e trabalhar o campo. Para além das práticas agro-pecuárias que se intensificam, o mundo rural é entendido como um espaço de refúgio e desfrute das elites urbanas, o que levou a investimentos que criaram residências providas de arquiteturas e decorações sumptuosas.

1. Os conceitos: Roma e o mundo rural, entre a *res urbana* e a *res rustica*

Nas mais recentes décadas, poucas áreas de conhecimento evoluíram tanto como o estudo do povoamento rural romano. Para além das recentes descobertas arqueológicas, temos uma distinta leitura dos textos e da vivência da época, que nos permitem novas perspetivas desta realidade. Mas, sobretudo, construiu-se uma intensidade de pesquisa radicalmente distinta, graças à denominada "Arqueologia de território" e/ou de empresa, que nos mostrou como as paisagens romanas foram complexas e multifacetadas a um grau dificilmente imaginável nos finais do milénio anterior.

Em época clássica, campo e cidade são elementos próximos, indissociáveis e complementares, e esta sinergia constitui uma estrutura radicalmente nova para o território português, visto que no mundo indígena pré-romano não existe um padrão de povoamento rural conectado com núcleos urbanos. O campo alimenta a cidade, e esta abastece o campo; mas além da relação meramente utilitária, nos seus códigos éticos, a mentalidade romana considera os valores associados à vivência campestre como estruturantes para o progresso individual, pois o esforço, o despojamento e a perseverança que a agricultura exige são paradigmas transversais no plano cultural latino-itálico. Sendo uma

https://doi.org/10.14195/978-989-26-1782-4_19

civilização da Cidade (*Urbs Romana*) e de cidades, Roma mantém com o campo uma proximidade constante e que se amplia após a conquista dos territórios helénicos, momento no qual a vivência rural passa também a ser encarada como um local de refúgio, convívio e de *otium*, ou seja, onde o cidadão reforçava os seus laços clientelares recebendo os amigos e convivas, propiciando também um espaço para a leitura e reflexão pessoal. Por estes motivos a residência no campo (*villa*) torna-se um edifício semi-público progressivamente mais confortável, ostentatório e luxuoso, provido de todos os requintes de uma casa urbana (*domus*). O campo abastecia a cidade, mas daqui partia a elite buscando os momentos de tranquilidade que só o mundo rural proporcionava, havendo uma inter-relação tão próxima que cidade e campo estavam inseridos no mesmo *desenho* de planeamento territorial feito pelos agrimensores. Compreendem-se assim as recomendações contidas nos textos sobre a proximidade e a facilidade de acesso que deveriam existir entre estes dois mundos[1], ou o modo natural como as mesmas pessoas por eles transitavam.

Este paradigma explica que o investimento na posse da terra fosse desejável e incentivado. Quem não detinha terras estava afastado dos direitos civis e políticos, e até ao governo de Mário estava impedido de servir nas legiões. O protótipo vivencial do cidadão latino, portanto, baseava-se em deter património fundiário, sendo desaconselháveis as propriedades demasiado extensas, cuja gestão poderia ser menos eficaz. Era preferível deter vários domínios, mesmo que em pontos distantes (incluindo em diferentes províncias), do que enormes extensões contínuas. Na época seriam pouco frequentes os latifúndios, ao contrário do presumido na investigação, devido à transposição acrítica da paisagem etnográfico-económica dominante na atualidade (em especial na região alentejana, onde os vestígios romanos estão mais bem conservados) para o momento histórico em causa. Este costume mostra também que não existe uma relação direta entre os ganhos obtidos na exploração da propriedade e o investimento feito nas suas estruturas e elementos arquitetónicos, visto que o proprietário poderia ter outras fontes de rendimento ou, inversamente, direcionar os seus proveitos para outras propriedades ou negócios. Por fim, note-se que, apesar do retrato idílico que os textos nos deixaram da vivência campestre, era na cidade que os jogos de poder e a visibilidade político-social se processavam, pelo que o ideal rural foi mais um paradigma do que uma vivência efetiva.

De forma paradoxal, contudo, tem sido sempre a componente urbana do campo a atrair o olhar dos investigadores, fascinados com a riqueza material e decorativa do seu maior emblema: a *villa*, residência campestre que espelha o poder e influência do proprietário. Trata-se do elemento que materializa e concilia esta junção de opostos que a civilização romana idealizou: entre a *rusticitas* do campo e a *voluptas* da riqueza decorativa, cria-se um espaço arquitetónico de residência ao gosto urbano, com áreas de conforto como termas, jardins e salas de

---

[1] Plínio-o-Jovem, *Ep.* 2.17.2.

banquete (a designada *pars urbana*). A propriedade abarcava também, em geral, um conjunto de lagares, adegas, celeiros[2], armazéns, estábulos e outros espaços consagrados às atividades agro-pecuárias (*pars rustica* ou *fructuaria*) ou económicas, como fornos, forjas ou oficinas de tecelagem. Sabemos ainda que estruturas autónomas como templos e escritórios ou espaços de leitura poderiam encontrar-se no *fundus* (o domínio da exploração), configurando construções arquitetónicas próprias e isoladas, para além de poderem existir estruturas semi-públicas, ou seja, acessíveis aos habitantes das redondezas ou a viajantes. Portanto, a *villa* era um espaço multifuncional, dotado de múltiplas valências, e personalizado ao extremo, na medida em que expressava as ambições e interesses do(s) seu(s) proprietário(s). Emblema por excelência da sociedade que a criou, a *villa* tem polarizado a investigação arqueológica, pela riqueza decorativa e de conteúdos culturais. Desta forma, quando olhamos para a paisagem rural, é a *villa* que sobressai, estando os restantes componentes do tecido de povoamento ainda mal conhecidos.

A *villa* encontra-se numericamente bem representada em todo o atual território português, embora seja evidente uma concentração no sudoeste peninsular, na área que em traços gerais corresponde ao Alentejo central[3]. Esta maior densidade ocorre, não apenas pela intensidade da investigação arqueológica (facilitada pela repartição da propriedade em latifúndios), mas também por ser a região que mais se aproxima das *paisagens ideais* que os romanos tinham como referente. A repartição é, no entanto, desigual, ocorrendo com enorme intensidade em torno a algumas *urbes*, em especial na envolvente de *Pax Iulia* (Beja) e de *Ebora Liberalitas Iulia* (Évora), e espaçando-se em paisagens mais distantes do ideal mediterrânico, como as serranias do litoral, as *terras de areias* da bacia do Tejo ou os ondulados xistosos das serras algarvias. A norte do Tejo, em contrapartida, a investigação arqueológica recente[4] tem comprovado uma ocupação do território rural que, por vezes, apresenta densidades surpreendentes, embora também com apreciáveis desigualdades consoante o tipo de paisagem, a facilidade de acessos e a proximidade a alguma *urbs*.

2. Os produtos e produções: frutos da terra e economia rural

Na investigação sobre a paisagem rural romana existe um paradigma consensual: a omnipresença da agricultura de sequeiro, consubstanciada na *tríade mediterrânica*, ou no privilegiar da exploração baseada nos cereais, no vinho e no azeite. Trata-se de uma visão empobrecedora, como uma simples visão cartográfica da dispersão de barragens, tanques e outras estruturas de contenção

---

[2] Destacando-se o de Freiria (Cascais), que pelas suas dimensões é o maior identificado na Península.

[3] Lopes 2003; Carneiro 2014.

[4] Ver, por exemplo, Carvalho 2007; Bernardes 2007.

de água[5] pode avaliar, mostrando-nos que há muito a fazer na valorização da agricultura de regadio em época romana, uma atividade ainda desconhecida na *Lusitania*. Pela informação arqueológica em outras províncias e textos da época, sabemos que a base de sustento das *villae* era mais ampla e especializada do que a geralmente suposta: desde a produção de reputados perfumes e flores a objetos de artesanato em matérias-primas variadas, da piscicultura ao aproveitamento de filões mineiros ou de pedras de cantaria, o panorama foi variado, propiciando que algumas *villae* tivessem pequenos territórios de exploração, ou não dispusessem de *pars rustica*, ou seja, das infra-estruturas de vocação produtiva. Esta situação pode ser suportada pelas menções literárias à excelência dos tecidos produzidos (e possivelmente também tintados) no atual território português, como no caso das lãs de *Salacia* e dos linhos da região dos *Zoelas*, elementos económicos importantes em época imperial[6], no quadro da exportação para outras regiões do Império.

Todavia, por falta de investigação direcionada para estes casos concretos, é ainda o panorama tradicional que predomina, facilitado por esta ser a paisagem característica do campo português: as searas, as vinhas e os olivais levam a que se transponha para o mundo rural romano o modelo económico vigente. E em boa verdade, os casos que fogem a esta realidade são ainda a exceção: em Casais Velhos (Cascais) os tanques advogam um estabelecimento com amplas oficinas de tinturarias de tecidos, ou em Nogueiras (Borba) poderíamos ter a exploração de mármores. Em Magra (Beja) foi recentemente identificada uma exploração de fornos de cal, enquanto que várias *villae* do litoral do Algarve teriam produções de preparados de peixe associadas a oficinas de produção de contentores cerâmicos (*figlinae*). Mas estes são casos minoritários: seja por falta de investigação direcionada ou pela realidade da época, são os pontos onde se produziram vinho e azeite os que dominam a cartografia, por vezes de modo impressivo, seja pela frequência de pesos de lagar (como na área de Serpa) ou pelas dimensões do espaço de lagar, como em Milreu (Faro), que evidencia uma escala para exportação. Tal pode ser comprovado a partir da dispersão de prensas e elementos de lagar[7], com uma interessante coincidência entre as áreas de concentração de complexos de produção vitivinícola/oleícola com as áreas atuais, embora também se registem curiosas ausências[8]. Esta agricultura de sequeiro com base extensiva era menos exigente na angariação e preparação de mão-de-obra, o que ajudou a manter baixos custos de exploração. Desta forma, a produção de cereais, azeite e vinho dominou a base económica rural da *Lusitania* embora, como foi referido,

---

[5] Quintela, Cardoso e Mascarenhas 1987.

[6] Plínio-o-Velho, *Nat. Hist.* 8,191 e 19,10.

[7] Consulte-se o extenso inventário realizado por Yolanda Peña Cervantes (2010).

[8] Por exemplo, o eixo de Estremoz e Borba, região de afamados vinhos e azeites, onde em época romana apenas os sítios de Santa Vitória do Ameixial e de Herdade da Coelha apresentam evidências de produção, no caso, de *torcularium* de azeite.

existam interessantes *nichos de mercado* a explorar, que uma investigação aprofundada certamente virá a revelar.

3. As pessoas: do desfrute do *otium* rural às forças vivas de trabalho

Os dados de cariz paleo-económico são escassos, mas não custa supor a grande diversidade nos regimes de exploração da terra, quer na extensão da propriedade, quer nas produções obtidas. Infelizmente, vários elementos de análise nos faltam quase por completo: a epigrafia e o mundo funerário. No primeiro caso, raros são os elementos cuja onomástica pode ser inequivocamente atribuída a uma exploração: o célebre caso de *villa Cardilius* (Torres Novas), onde um mosaico regista uma inscrição com nome e representação figurativa dos prováveis proprietários[9], ou Torre de Palma (Monforte), onde *Marcus Coelius Celsus* dedicou uma ara a Marte enquanto divindade benfazeja da agricultura[10], são exemplos raros. Embora indireto, outro dado interessante assoma em inscrição desta área regional: a epígrafe de Ervedal[11] (Avis) que menciona *Threptus*, auto-denominado *servus* de *Caius Appuleius Silo*, ou seja, o seu *villicus* ou capataz da exploração (sendo que o nome denuncia a sua condição de escravo) encarregue de a gerir em nome de um proprietário absentista.

Quanto aos dados provenientes do universo funerário, alguns mausoléus foram identificados[12], alguns elementos arquitetónicos descontextualizados denunciam a sua presença[13], e em outros casos temos placas monumentais que deixam antever a sua existência[14], mas os dados continuam a ser lacunares. Veja-se, por exemplo, que raros são os estabelecimentos rurais com necrópole identificada, e menos ainda são os casos em que ambos os espaços foram simultaneamente escavados. Na região de Elvas, a década de 50 do século XX

---

[9] VIVENTES CARDILIVM ET AVITAM FELIX TVRRE, inscrição aposta como legenda dos dois bustos, que surgem separados por uma foice, um interessante indicador de cariz produtivo.

[10] Encarnação 1984: nº 568. Note-se que pode existir uma relação entre este dedicante e *Q. Coelius Cassianus*, duúnviro olisiponense relacionado com as termas dos Cássios e que também tinha propriedades na área de Dois Portos (Torres Vedras).

[11] Encarnação 1984: nº 437.

[12] O mais bem conservado será o de Quinta da Romeira de Baixo (Loures), mas destaquem-se os casos de Pisões (Beja), Cerro da Vila (Vilamoura), Milreu (Faro) ou Torre de Palma (Monforte). A frequência de mausoléus deveria ser maior do que geralmente julgado, em especial no Algarve ou em torno a *Olisipo*, dada a existência de epígrafes funerárias de carácter monumental.

[13] Veja-se o *pulvinum*, um componente decorativo da terminação de um mausoléu em forma de altar, proveniente de Quinta da Fórnea (Belmonte), como único exemplo provincial em meio rural: Santos, Carvalho 2008.

[14] Por exemplo, a de São Pedro de Almuro, da família *Preccia* (Monforte, Encarnação 1984: nº 595a). Merece destaque o epitáfio de N. Sr.ª da Tourega (Évora, *idem* nº 382), por testemunhar duas famílias (*Iulia* e *Calpurnia*) de relevantes cargos públicos em outras províncias do Império.

assistiu a intervenções arqueológicas de emergência em necrópoles rurais, promovidas por Abel Viana e António Dias de Deus, mas que não foram suficientemente correlacionadas com as *villae* nas imediações. Todavia, a principal impressão que fica é a de que as necrópoles escavadas, pela sua extensão e relativa monotonia de espólio, poderão corresponder a trabalhadores livres que prestassem serviço nas *villae* envolventes, e não tanto aos sepulcros dos donos dos estabelecimentos. Tendo este panorama presente, não custa assumir que, apesar dos progressos da investigação, detemos um curioso paradoxo: conhecemos melhor os espaços de vida das elites do que os sítios modestos - individuais (casais agrícolas) ou coletivos (aldeias e povoados) - onde viviam os trabalhadores, mas no mundo funerário é precisamente o panorama inverso que temos, ou seja, os sepulcros identificados são algo pobres e monocórdicos, deixando perceber que as derradeiras moradas dos *domini* não foram, salvo raras exceções, identificadas.

Eram precisamente estes grandes senhores da terra que levavam a cabo, nas suas residências de campo, uma vida que era, também, paradoxal e contrastante. A *villa* era o local de retiro do bulício da cidade, para onde sazonalmente (primavera-verão) a família se deslocava, de modo a beneficiar dos prazeres da vida no campo: o sossego, os convívios com amigos e convidados, com os quais se fruíam os banquetes, as caçadas ou os banhos nas termas. Em resumo, o *otium* que consolidava relações de amizade ou de aliança político-económica. Desta vivência temos abundante documentação, desde a presença de ossos de gamo e veado em lixeiras de São Pedro (Fronteira), Torre de Palma (Monforte) e Quinta das Longas (Elvas)[15], até às conchas de ostra frequentes nas *villae* do interior português, que mostram a ocorrência de banquetes de grande fausto, para os quais se construíram estruturas arquitetónicas cada vez mais monumentais e ricamente decoradas. Juntando os dois universos, a vida do campo com os prazeres da cidade, a *villa* é o elemento fundamental que domina os padrões de povoamento. Embora geralmente se associe esta estrutura fundiária à região alentejana, dados os (errados) paralelos etnográficos com os *montes* e herdades, nos últimos anos a geografia das *villae* ampliou-se substancialmente, desde os territórios transmontanos (como o sítio de Rumansil, em Freixo de Numão) até às serranias da Beira Interior (como Prado Galego, em Pinhel), mostrando como a *villa* funcionou enquanto arquétipo civilizacional que se espalhou até aos limites da área sob domínio romano. Mostra também como, mesmo em regiões onde o tecido urbano era mais rarefeito, as *villae* se assumiam como locais de ostentação dos gostos cosmopolitas e como pontos de emanação dos valores ecuménicos para as comunidades envolventes, funcionando como marcos territoriais e elementos estruturantes da *romanidade*.

---

[15] Neste sítio identificaram-se ossos de perdiz-vermelha, certamente no âmbito de práticas de *venatio* (caçadas): ver Almeida e Carvalho 2005.

4. Os sítios: viver no campo na *Lusitania*

Do ponto de vista estritamente numérico, a *villa* é o elemento que domina a paisagem romana, suplantando largamente outras unidades de povoamento. Todavia, defini-las em perspetiva conjunta é uma tarefa complexa, dada a tremenda diversidade de planos arquitetónicos e programas decorativos. Esta situação não é exclusiva da *Lusitania*, podendo afirmar-se que, por serem estruturas tão personalizadas ao gosto do proprietário (mesmo que um *dominus* detivesse várias[16]), não existem duas *villae* idênticas em todo o território do Império romano, quer no âmbito planimétrico, quer no programa decorativo.

Um elemento, contudo, é comum: a busca pelas *paisagens ideais*, conforme definido nos tratados de agricultura romanos. A estrutura construída procura a plena integração na paisagem, fundindo-se de modo harmónico na ordem cosmogónica que a envolve, constituindo-se como um espaço privilegiado para a fruição do panorama. Para tal, a estrutura deve implantar-se em pontos suficientemente elevados para que desfrute de amplos horizontes[17], sem contudo se encontrar no topo, onde ficaria exposta aos ventos frios: o terço superior de uma encosta será o indicado[18]. Orientada a Sudoeste, para beneficiar da máxima exposição solar, deve dispor de abundantes aquíferos, sob a forma de mananciais ou de um ribeiro *domesticado* com um tanque ou barragem, formando um agradável espelho de água que, para mais, pode represar água útil para o edifício termal ou para a agricultura[19]. Por fim, na envolvente deve existir uma ampla variedade de classes de solos[20], desde os solos pesados e férteis que propiciam culturas hortícolas de elevado rendimento, até extensas áreas apropriadas para olivais, ou o *saltus* que servia para atividades de caça (*venatio*), pastoreio ou recolha de lenha. Registe-se também que existe sempre uma distância prudente entre a *villa* e um troço viário principal: assim se compatibilizava o fácil e cómodo acesso para que o *dominus* chegasse da *urbs* onde residia, e o afastamento evitava os perigos e incómodos causados pelos viajantes em trânsito[21].

---

[16] A título de exemplo, relembre-se o caso de Cícero: o grande tribuno chegou a deter nove *villae* em simultâneo, estando três delas na mesma província (a Campânia): *Cumanum, Pompeianum* e *Puteolanum* e, em cada uma, escreveu cartas e alguns discursos (Cic. *de Orat.* 2,9,10).

[17] A contemplação da paisagem envolvente provoca o desfrute da *amoenitas* envolvente. Para tal recorrem-se a várias soluções, como o banco corrido que acompanha a fachada oeste de Torre de Palma (Monforte), a varanda de São Cucufate (Vidigueira) ou os torreões: quadrangular em *villa Cardilium* (Torres Novas) e octogonal em Cerro da Vila (Vilamoura).

[18] Col. *R.r.* 1,5; Varr. *R.r.* 1,12.

[19] Col. *R.r.* 1,5; Varr. *R.r.* 1,11.

[20] Palad. *Opus Agr.* 1,7; Varr., *R.r.* 1.12.

[21] Em média, as *villae* estão implantadas com distâncias de quinhentos metros a um quilómetro de um itinerário, beneficiando de um *diverticulum*, um caminho privado que muitas vezes ainda se nota na paisagem. Columela (*R.r.* 1,3;1,5) e Varrão (*R.r.* 1,16) alertam para as perturbações da ordem e barulhos que os viajantes podem causar.

O jogo harmonioso entre a paisagem envolvente e a estrutura construída prossegue no seu interior: através de artifícios por vezes espetaculares, procura-se que os elementos da Natureza sejam trazidos para o ambiente doméstico. Desde estuques pintados com paisagens até à utilização de jardins e fontes ou quedas de água em espaços concretos (por exemplo, o peristilo), procura-se uma *imitatio* da paisagem natural. Infelizmente, para a *Lusitania* estes ambientes são ainda mal conhecidos (por questões de conservação das estruturas), mas alguns casos existem, como o ninfeu na Quinta das Longas (Elvas), onde a água corria livremente pela sala, criando complexos jogos de luz no pavimento, ou as soluções em Santa Vitória do Ameixial (Estremoz), um sítio muito destruído, mas onde teriam existido cascatas em patamares, decorados com canteiros para plantas, acompanhando o desnível topográfico da elevação, criando assim pequenas cascatas ao longo das plataformas da residência.

A compreensão do que foram as *villae* da *Lusitania* está comprometida por uma deficiência de base: por enquanto, são poucas as *villae* escavadas na totalidade, o que não permite uma leitura satisfatória das planimetrias estruturais e dos espaços de vivência quotidiana. Mas pelos exemplos conhecidos, predomina o tipo de casa organizado em torno de um peristilo, um pátio colunado que pode ter um tanque ou jardim no centro, e que demonstra o modo como se impõem os protótipos helénicos na construção doméstica a partir do século I d.C.. A maioria das *villae* define um percurso axializado que parte do vestíbulo (sala de receção) para o peristilo e que encaminha o visitante para uma sala principal em abside ou tripla abside. Vários sítios fogem a esta tipificação, ou porque adotam outros planos (como a *villa* de São Cucufate, com o bloco de construções emoldurado por dois torreões laterais), ou porque não têm qualquer divisão que assuma a centralidade da casa, ficando esta com pequenas divisões, como no caso de Pisões (Beja), onde temos o átrio de tradição itálica. Esta diversidade "infinita" dos planos[22] com respeito pelos valores da simetria e equilíbrio clássicos, não inclui estruturas rurais que, pela dimensão, constituem verdadeiros palácios em meio rural, como as identificadas na Meseta espanhola, tendo em Carranque (Toledo) e Noheda (Cuenca) exemplos paradigmáticos. Todavia, a proximidade de La Cocosa (Badajoz) faz crer que nos campos portugueses existam exemplos semelhantes.

No interior, estes espaços apresentavam-se com uma rica e elaborada decoração que servia como referente comunicacional dos valores ecuménicos do *dominus* da propriedade. Os pavimentos de mosaicos mostram imagens que remetem para valores da própria exploração, como as representações dos célebres "cavalos vencedores" de Torre de Palma (Monforte), ainda hoje implantada no centro de uma região de reconhecida tradição coudélica, mas note-se no mesmo local surgem requintadas representações de cenas mitológicas[23]. Outros

---

[22] Gorges 1979 115.

[23] O nome atribuído a cada um dos cavalos remete para complexos panoramas mitológicos que evidenciam a grande carga cultural e conhecimento do dono da exploração e que se articulam

mosaicos mostram valores de proveniências bem distantes, como a representação de Orfeu em Arnal (Leiria), evidenciando influxos culturais do Oriente, em paralelo aliás com o que se conhece para o território da Extremadura espanhola. A maioria dos elementos decorativos, contudo, perderam-se para sempre ou infelizmente chegaram até nós truncados. É o caso das esculturas, onde os escassos exemplos preservados dão uma pálida imagem da riqueza cénica dos ambientes onde estavam inseridas: o programa escultórico da Quinta das Longas (Elvas) decorava o ninfeu, onde a água circularia livremente, enquanto em Milreu (Faro) o conjunto de bustos de membros da casa imperial mostra como a família desta *villa* mantinha uma perceção estreita dos rostos que exerciam o poder em Roma. O quadro existente mostra como as *villae* da *Lusitania* tinham um aparato arquitetónico e decorativo que em nada ficava a perder para as outras províncias do Império. Mostram também como o conceito da *villa* enquanto local de fruição e de *otium* é levado ao limite, constituindo-se como células de urbanidade em meio rural.

Por contraponto, os outros sítios que compunham a paisagem rural da *Lusitania* não apresentam indícios de cosmopolitismo. Conhecemos poucos exemplos de aldeias, mas um caso interessante foi escavado em contexto de salvamento: em Monte da Nora (Elvas), encravado em pleno território das *villae* próximas da capital emeritense, temos uma aldeia que evolui em continuidade durante quase um milénio. Inicialmente um pequeno povoado indígena com sistemas defensivos (duas linhas de fossos com um portão central de acesso), que em momento imperial são condenados, em parte por estruturas de produção rústica (dois fornos cerâmicos, além de um lagar e dois tanques), reveladoras de um certo grau de auto-suficiência produtiva. O local é habitado até, pelo menos, ao século V, altura em que se instala uma necrópole após o abandono dos espaços de vida[24]. Até então, os padrões cerâmicos mostram como a população de Monte da Nora (camponeses livres que geriam as suas terras? Ou que prestavam serviço nas *villae* em volta?) estava plenamente inserida nos circuitos de troca, dada a frequência de materiais de importação. Outros sítios revelaram moradias unifamiliares: nos últimos anos têm sido escavadas algumas, como em Terlamonte 1 (Covilhã) e Sardos (Monforte), onde junto à casa de habitação temos pequenos espaços produtivos com funções agro-pecuárias ou de fiação, e que mostram como pequenos casais agrícolas ocupavam as paisagens menos propícias para o estabelecimento de *villae*, albergando uma *classe média* rural que organizava o seu próprio sistema produtivo.

---

com a riqueza das cenas representadas em outros mosaicos (o triunfo báquico, as Musas, Apolo e Dafne, a luta de Teseu com o Minotauro, Hércules e Medeia). Desta forma temos um jogo de correspondências entre as temáticas eruditas de uma profunda mundividência e os emblemas da produção local, mostrando como estas elites fundiárias conseguiam criar um *ornatus* estético rico em valores e mensagens.

[24] Teichner 2008.

5. Os tempos: evolução e transformações na paisagem romana da *Lusitania*

A chegada e instalação de Roma trouxe um completo rasgar de horizontes no modo como *cidade* e *campo* eram vivenciados. Da geografia pré-existente pouco ficou, ou *ficou apenas o que Roma quis*, fosse por se encontrar em territórios periféricos, fosse por não apresentar interesse do ponto de vista da exploração económica. Deve, contudo, salientar-se (embora seja exterior ao âmbito temporal do presente texto) que a colonização romana foi antecedida por dois séculos de contatos comerciais e de presenças esporádicas com agentes da *urbs* latina e, anteriormente, com quase um milénio de trocas com diversas gentes do mundo mediterrânico, que foram criando novos modelos de organização social e económica em distintas regiões da península.

O contributo de Roma para a criação de uma nova paisagem centra-se em dois universos: a escala, de um alcance inteiramente novo, pois a *Lusitania* integra-se agora nos circuitos de troca que vão das ilhas britânicas ao Próximo Oriente, assumindo uma grande centralidade nas rotas atlânticas; e uma nova estrutura territorial, assente em cidades e aglomerados urbanos que conectam com o mundo rural envolvente, criando uma *aceleração* nas dinâmicas quotidianas e nas relações campo/cidade. Todavia, e no limite, o processo foi ainda mais radical, pois criou uma *geografia humana* com a fundação de cidades, a deslocação de gentes, a chegada de contingentes populacionais, os intercâmbios de ideias e as possibilidades de promoção social que trouxeram horizontes completamente novos às populações deste território, estruturando um inédito "mapa cognitivo" à escala imperial[25]. De *Salacia*[26] à *Ammaia*[27] vemos como as elites indígenas aproveitam as oportunidades, movimentando-se com grande à-vontade dentro dos padrões clássicos. Esta dinâmica é instituída em tempo de Júlio César, que fundou *urbes* situadas em pontos nevrálgicos, com a rede viária interligando estes pólos e colocando-os em interatividade com os campos envolventes e com outras cidades. Augusto aprofunda este processo, criando uma estratégia de pacificação e reconciliação, visível na denominação oficial das fundações urbanas, promovendo a colonização rural pela concessão de terras aos legionários, que serão os agentes privados de dinamização económica e os fundadores de uma sociedade provincial, através das alianças matrimoniais com as elites indígenas. Assim, com novas gentes, infra-estruturas, técnicas e produções, estabelece-se de modo gradual uma nova *paisagem rural*.

Os dados cerâmicos e os registos trazidos pelos naufrágios no Mediterrâneo mostram como a dinâmica económica em meio rural se implementa de modo rápido e seguro, podendo afirmar-se que no imperialato de Tibério já a *Lusitania*

---

[25] Nicolet 1996.

[26] Encarnação 1984 nº 184; 185; 186; 187.

[27] Encarnação 1984 nº 604; 615; 618

se encontra plenamente integrada na geoestratégia romana. Também nos campos surgem, ainda na viragem da Era, as primeiras *villae*, com planimetrias de tipo itálico recorrendo aos módulos em torno de um átrio de entrada, mas já diferenciadas dos blocos compactos de inspiração militar designados (de modo pouco correto) como os *castella* do Sudoeste, ou das quintas republicanas sem núcleos distintivos identificadas na Andaluzia. O principal problema, para a investigação arqueológica, reside na dificuldade de leitura que alguns sítios apresentam, como se torna bem patente no exemplo de Castelo da Lousa (Mourão), que pela sua planimetria arquitetónica foi tendencialmente interpretado como de função militar, embora tenha tido uma vinculação à exploração agro-pecuária do território envolvente, como recentes reavaliações deixam claro[28].

A existência das primeiras *villae* ainda está mal documentada do ponto de vista arqueológico, mas existem casos emblemáticos, como a designada "*villa* I" de Quinta das Longas (Elvas), cujas estruturas sobreviveram sob as paredes da "*villa* II" construída no século III, além de exemplos na envolvente de São Cucufate (Vidigueira)[29]. Este processo torna-se imparável ao longo dos séculos I e II d.C., com o alastramento das *villae* por todo o atual território português (a par do arroteamento de solos e da expansão da área cultivada), tendo tido uma inesperada vitalidade, com os sítios da Vidigueira a mostrarem um intenso ritmo de abandonos, reformulações e transferências de proprietários, e iniciando-se assim o processo de concentração fundiária que reflete o reforço das elites. A senhorialização dos campos intensifica-se no século III, o momento em que se inicia a construção de *villae* áulicas e monumentais, emulando os protótipos das arquiteturas palatinas, como no exemplo de São Cucufate. Em alguns casos temos *villae* construídas de raiz, como em Quinta das Longas, onde a nova *pars urbana* se ergue sobre o que até então fora uma área produtiva, mas o fenómeno mais frequente é a progressiva ampliação das áreas construídas (o que talvez indique a persistência da propriedade na posse da mesma família), quer em extensão, como em Torre de Palma (Monforte), quer em altura, como em São Cucufate. Se alguns dos sítios evoluem dentro do quadro dos protótipos arquitetónicos convencionais, outros transferem para a região inesperados exemplos de originalidade e vanguardismo, como em Rabaçal (Penela), Horta da Torre (Fronteira) ou Abicada (Portimão), que mostram como as elites fundiárias estavam atentas à evolução dos morfotipos arquitetónicos e decorativos em experimentação no Império.

O momento de apogeu na monumentalização da paisagem rural da *Lusitania* ocorre no século IV, com a criação de espaços de representação da imagem e mundividência cultural do proprietário que apresentam grande ostentação e riqueza decorativa, como nas salas de receção, nos peristilos e nos edifícios termais. Entramos então na última fase de vivência nas *villae*, e em simultâneo,

---

[28] Alarcão, Carvalho, Gonçalves 2010.
[29] Mantas 1998; Mantas e Sillières 1990.

a de maior esplendor: as estátuas, os ornamentos, os mosaicos, a profusa utilização de mármores e de estuques pintados, ou o recurso a jogos de água combinam-se em salas com imponentes abóbadas, vãos colunados e soluções arquitetónicas inesperadas, como os peristilos em *sigma*, as salas de tripla abside, os espaços hexagonais ou assimétricos, para criar ambientes sumptuosos e personalizados ao limite, de modo a que o *dominus* surja perante os seus convidados como alguém que emula os protótipos cerimoniais de ostentação que Constantino introduziu na corte imperial. As *villae* ganham por isso um protagonismo fundamental na paisagem, correspondendo à deslocação das sedes de poder do mundo público urbano em decadência para os pólos semi-privados, sejam as moradas urbanas (incluindo as da elite eclesiástica em ascensão) ou as residências no campo. A religião cristã toma um papel fundamental no processo, inicialmente incentivando a construção de espaços religiosos – basílicas e baptistérios – e em segunda fase, como detentora de terras que assume em gestão direta ou através dos bispos. Este é o último momento das *villae*[30]: nos finais do século V e, sobretudo, ao longo do VI, o paradigma altera-se de modo decisivo. A religião cristã traz uma progressiva austeridade em favor de uma vivência despojada e humilde. A erudição literária pagã, onde os ornamentos visuais e decorativos ilustram as mitologias e referências greco-romanas, é substituída por uma vivência rigorista: as termas são fechadas e reaproveitadas como locais de culto ou de tumulação e as residências são habitadas de forma modesta ou abandonadas em definitivo. Na sociedade laica, o paradigma altera-se para uma apresentação mais militarizada, de acordo com as estéticas vigentes, por vezes trazidas por imigrantes e invasores das comunidades ditas *bárbaras*. Outros fenómenos ocorrem: o abandono de propriedades, anexadas por outras mais vastas, ocorrendo um processo de concentração fundiária do qual a própria Igreja participa. Por isso, a *villa* deixou de ser o ponto que simboliza o gosto urbano e a vivência do *otium* e da *amoenitas*: é agora uma unidade de produção agro-pecuária extensiva, ou foi abandonada e depois transformada em local de sepultamento, ou tornou-se a sede de um local de culto cristão que polariza as comunidades em volta. A gramática decorativa pagã, que demonstra a mundividência e cosmopolitismo do Império, apagou-se e foi substituída por uma estética rigorista, onde dominam os arquétipos próprios da linguagem cristã. A *villa* pólo de cultura é substituída por uma *villa-basílica* que na sua função de local de culto aglutina as comunidades que trabalham o campo do *dominus* ou do agente eclesiástico.

Ao longo do século VI as *villae* alteraram de modo radical o seu papel. A generalidade foi abandonada ao longo da centúria anterior, e as poucas que apresentam sinais de presença humana estão distantes do paradigma vivencial clássico: são zonas de atividade económica, transformadas em adegas, lagares ou armazéns (por vezes com silos ou talhas) sendo englobadas no domínio de

---

[30] Chavarría Arnau 2007.

outras ou de agentes que vivem nas cidades. Temos uma reconfiguração da paisagem rural, com o incremento da base económica de sítios que anexam propriedades vizinhas e as transformam em espaços de laboração. A maioria foi abandonada, ficando apenas fenómenos de ocupações pontuais, os designados *squatters*: lareiras, compartimentações de espaços áulicos, buracos de poste de cabanas para acolhimento de pessoas e animais. Abrigando-se entre ruínas, estas comunidades vão pilhar e espoliar os sítios faustosos ao abandono, retirando placas de mármore, esculturas e aparatos decorativos, procurando refúgios que deixam poucas evidências materiais: alguns fragmentos cerâmicos de pouca qualidade e restos de fauna, na maior parte das situações, documentam uma realidade que só nos últimos anos foi identificada graças a escavações mais rigorosas. Neste processo, contudo, duas situações emergem com maior expressão material, ambas testemunhando a vivência cristã: por um lado, a utilização destes espaços como local de tumulação, testemunhando uma radical transformação no modo como as estruturas são entendidas, pois de espaço de vida convertem-se na última morada das comunidades[31]. As tumulações entre ruínas são bem conhecidas e espalham-se por toda a *Lusitania*, por regra no edifício termal, mas também em antigos templos ou na própria residência doméstica. Por outro lado, verifica-se a construção de espaços religiosos cristãos, que na fase inicial ocorre no interior da residência (como em Monte da Cegonha, Beja) para depois se transferir para as imediações da *pars urbana* da *villa*, como em Torre de Palma (Monforte), neste caso sobre um anterior espaço de necrópole.

Esta diversidade de soluções no terreno ilustra uma tendência comum no espaço lusitano, que se manifesta de modo claro nos finais do século V e, de forma cada vez mais vincada, nas duas centúrias seguintes: a *villa* pode continuar a registar presença humana, mas de modo completamente diferente da sua raiz vivencial clássica. Existe uma reformulação completa de vivências, de significados e de conteúdos simbólicos nestas presenças, que nada têm a ver com aquilo que a *villa* significava na paisagem de época imperial. O modo como estes locais expressavam uma autoridade de cariz civil, cultural e político modificou-se para um plano religioso cristão, levando a que a perceção do espaço construído seja radicalmente distinta. Estas modificações ocorrem sem um padrão único, mas com cambiantes nos diferentes lugares, às vezes dentro da mesma área regional, mostrando como as generalizações são sempre tentadoramente perigosas. Neste aspeto, os séculos V e VI mostram no espaço lusitano o cruzamento de múltiplas influências, desde a marca cristã às presenças visigóticas e aos influxos culturais bizantinos, criando uma sociedade com distintos códigos e ambientes de vida e de morte. Os velhos campos da *Lusitania* são habitados de outras formas, continuando um processo de transformação que em breve irá conhecer outros atores: os colonizadores islâmicos.

---

[31] Este fenómeno parece ser bem delimitado no tempo, em torno aos fins do século IV e inícios do seguinte, pois nos momentos posteriores as necrópoles irão localizar-se junto dos edifícios de culto cristão que irão funcionar como elementos polarizadores das paisagens rurais.

Fig. 1 - Villa romana da Horta da Torre no final dos trabalhos de 2017 (Fronteira) - créditos: ortofotogrametria por Carlos Carpetudo, @Cromeleque

Fig. 2 - Villa romana de S. Cucufate (Vidigueira) - créditos do autor

Fig. 3 - Villa romana de Pisões - Imagem obtida por voo drone no decurso de projecto de levantamento ortofotogramétrico promovido pela Universidade de Évora (2017)

Fig. 4 - Villa romana de Torre de Palma (Monforte) - área de laboração do lagar.
Créditos do Autor

Tábula cronológica

[a partir de meados do século I a.C.] - Início da criação de uma *paisagem rural romana*, com evidências de uma sistemática produção agrícola

25 a.C. - Fundação de *Augusta Emerita* (Mérida), futura capital provincial da *Lusitania*, consolidando o processo de incremento da atividade agrícola

15/5 a.C. - Marcas de oleiro de terra sigillata itálica recolhidas em sítios próximos como Torre de Palma (Monforte) e Horta da Torre (Fronteira) sugerem que a construção de unidades de exploração agro--pecuária se encontra perfeitamente estabelecida.

[meados do século I d.C.] - Inversão da tendência: o registo anfórico mostra-nos como, de importadora, a *Lusitania* passa a exportar vinho e azeite

31 d.C. - Em Juromenha, o Pacto de hospitalidade coloca os clientes locais sob a proteção do legado imperial *Lucius Fulcinius Trion*. O tratado pode estar relacionado com a expedição de produtos agrícolas e cargas de mármore a partir daquele porto do Guadiana.

[meados do século III] - processo de reformulação na arquitectura das *villae*, que se irão tornar cada vez mais monumentais e elaboradas nos seus programas decorativos, iniciando uma exploração ainda mais intensiva do território.

[inícios do século IV] - primeiros indicadores da presença cristã nos campos, como no caso do compartimento 9 da *villa* da Quinta das Longas (Elvas). Durante esta centúria, assiste-se à construção de templos cristãos fora do edificado principal.

[Finais do século IV] - Início do processo de abandono ou reconversão das *villae* para outros fins.

407 - Início do processo de instalação de populações germânicas na Península Ibérica.

[século VI] - Fenómenos de ocupações temporárias (*squatters*) e ocupações em *villae* abandonadas coexistem com unidades em laboração sob controlo da Igreja.

Bibliografia

Alarcão, J. (1988), *Roman Portugal*. Londres, Warminster & Phillips.
Alarcão, J. – Carvalho, P. C. – Gonçalves, A. (coord.) (2010), *Castelo da Lousa - Intervenções arqueológicas de 1997 a 2002*. Mérida, MNAR (*Studia Lusitana* 5).
Alarcão, J. – Étienne, R. – Mayet, F. (1990), *Les villas romaines de São Cucufate (Portugal)*. Paris, E. de Boccard.
Almagro-Gorbea, M. – Alvarez Martinez, J. M. (ed.) (1999), *Hispania. El legado de Roma*. Mérida, Museu Nacional de Arte Romano.
Almeida, M. J. – Carvalho, A. (2005), "*Villa* romana da Quinta das Longas (Elvas, Portugal): a lixeira baixo-imperial", *Revista Portuguesa de Arqueologia* 8 (1) 299-368.
Bernardes, J. P. (2007), *A ocupação romana na região de Leiria*. Faro, Universidade do Algarve (*Promontoria Monográfica* 6).
Carneiro, A. (2014), *Lugares, tempos e pessoas. Povoamento rural romano no Alto Alentejo*. Coimbra (*Humanitas Supplementum* nº 30).
Carvalho, P. C. (2007), *Cova da Beira. Ocupação e exploração do território em época romana*. Fundão/Coimbra, Câmara Municipal do Fundão /IAFLUC (*Conímbriga*, Anexos 4).
Chavarria Arnau, A. (2007), *El final de las* villae *en Hispania (siglos IV-VIII)*. Turnhout, Brepols Publishers (*Bibliothèque de l'Antiquité Tardive* 7).
Encarnação, J. d' (1984), *Inscrições Romanas do Conuentus Pacencis*. Coimbra, IAFLUC.
Fabião, C. (1993), "O passado proto-histórico e romano" in Mattoso, J. ed, *História de Portugal*, Vol. I. Lisboa, Editorial Estampa 79-299.
Gorges, J.-G. (1979), *Les Villas Hispano-Romaines: inventaire et problématique archéologiques*. Paris, E. de Boccard (*Publications du Centre Pierre Paris*, 4).
Lancha, J. – André, P. (2000), *Corpus dos mosaicos romanos de Portugal. II – Conventvs Pacensis. 1 – A* villa *de Torre de Palma*. Lisboa, Instituto Português de Museus, 2 volumes.
Lopes, M. C. (2003), *A cidade romana de Beja. Percursos e debates acerca da "civitas" de Pax Iulia*. Coimbra (*Conímbriga Anexos* 3).

Mantas, V. (1986), "Implantação rural romana em torno da villa de S. Cucufate (Vidigueira)", *Arquivo de Beja*, 2ª série, 3, 199-214.

Nicolet, C. (²1996), *L'inventaire du Monde. Géographie et politique aux origines de l'Empire romain*. Paris, Hachette.

Peña Cervantes, Y. (2010), Torcularia. *La producción de vino y aceite en Hispania*. Tarragona, Institut Català d'Arqueología Clàsica (*Documenta* 14).

Quintela, A. – Cardoso, J. L. – Mascarenhas, J. M. (1987), *Aproveitamentos Hidráulicos Romanos a Sul do Tejo: contribuição para a sua inventariação e caracterização*. Lisboa, Ministério do Plano e da Administração do Território.

Santos, F. – Carvalho, P. C. (2008), "Aspectos do mundo funerário romano na Beira Interior. As estruturas monumentais da Quinta da Fórnea II (Belmonte)", *Conímbriga* 47 127-143.

Teichner, F. (2008), *Entre tierra y mar. Zwischen Land und Meer. Architektur und Wirtschaftsweise ländlicher Siedlungsplätze im Süden der römischen Provinz Lusitanien (Portugal)*. Merida (*Studia Lusitania* 3).

3. URBANISMO E ARQUITETURA NA LUSITÂNIA IMPERIAL

Vasco Gil Mantas
Universidade de Coimbra
Centro de Estudos Clássicos e Humanísticos
Academia Portuguesa da História
ORCID: 0000-0002-6109-4958
vsmantas@gmail.com

Sumário: A introdução do urbanismo romano na península Ibérica, acompanhado de novas técnicas, modelos e materiais de construção, constituiu uma autêntica revolução cultural, dando lugar gradualmente a uma paisagem urbana onde se evidenciava a marca de Roma e as suas práticas políticas e sociais. Do fórum às termas e edifícios de espetáculo, tanto como das muralhas às casas, ricas ou modestas, o impacte do domínio romano e das construções que o materializam no quotidiano lusitano é todo um mundo, agora verdadeiramente urbano, repleto de novidade e cujos restos subsistem ainda nos traçados de várias cidades portuguesas e espanholas e nas ruínas que as enobrecem de uma respeitável e autêntica antiguidade. Urbanismo e arquitetura contribuíram, finalmente, para criar um ambiente cultural com o qual, apesar do tempo e da história, facilmente nos identificamos[1].

Sem querer minimizar a importância de outros setores relevantes da civilização romana, em especial daqueles que representavam atividades sobre as quais, em larga medida, se sustentava a vida urbana e as suas amenidades, é obrigatório reconhecer o valor essencial do elemento urbano nessa entidade complexa que era o Império Romano, o qual Pierre Grimal interpretou como uma grande confederação de cidades (Grimal 1988 261), naturalmente gravitando em torno de Roma. Na verdade, rede urbana e rede viária, ambas imprescindivelmente

---

[1] Trabalho realizado no âmbito do Projeto *Rome our Home: (Auto)biographical Tradition and the Shaping of Identity(ies)* (PTDC/LLT-OUT/28431/2017). Agradecemos cordialmente ao Dr. Luís Madeira o desenho dos mapas e o tratamento das figuras deste artigo.

https://doi.org/10.14195/978-989-26-1782-4_20

complementares, constituem o núcleo de uma estrutura de poder a todos os níveis, inspirada por modelos relativamente simples, e cuja aparente uniformidade, gradualmente infiltrada por influências regionais, não deixou de suscitar incompreensão, tanto como desmedida admiração.

A cidade na Hispânia, ou pelo menos o seu modelo mediterrânico, sem o qual não se concebia a vida civilizada, foi um indiscutível resultado da romanização, decorrente de um longo processo cujo desenvolvimento pleno só se afirmou com o advento do Império, depois de uma reduzida expressão no período republicano (Ramallo Asensio 2003 101-150), em particular no território ora português. Ainda no âmbito desta problemática devemos considerar a questão do urbanismo provincial, condicionado por fatores históricos e sociais, obrigatoriamente divergentes consoante as regiões e que não podem ser analisados recorrendo de forma prioritária e, por vezes, quase exclusiva, a avaliações do grau de romanização da região. Se os modelos ideais permanecem (Alarcão 2006 175-188), tanto mais que respondem a idênticas funções urbanas, devemos considerar esta circunstância com alguma flexibilidade, sobretudo num ambiente provincial como o lusitano sobre o qual resta ainda muito trabalho a efetuar.

Parte integrante da *Hispania Ulterior*, a região que viria a constituir a província lusitana foi durante décadas um setor militar caracterizado por uma dinâmica de fronteira, o que explica a raridade de centros urbanos dignos dessa classificação durante um longo período. É certo que as influências mediterrânicas sentidas no litoral e ao longo das vias fluviais que facilitavam o acesso ao interior do território, muito anteriores à presença romana, estimularam o desenvolvimento de núcleos populacionais de alguma importância, facilitando as primeiras experiências de urbanização, de que temos testemunhos em sítios como Alcácer do Sal, Lisboa ou Santarém (Arruda 2014 513-535).

Antes que possamos considerar a existência de verdadeiras cidades romanas, ou à romana, entendendo-se neste caso que se introduziram elementos típicos do urbanismo itálico em povoações pré-existentes, a romanização caracteriza-se pela proliferação de campos militares, prestigiosos antepassados de algumas cidades lusitanas, como os que Q. Cecílio Metelo Pio levantou sobre o traçado de estradas romanas bem conhecidas na época imperial: *Metellinum* (Medelin), que será colónia sob Augusto, e *Castra Caecilia*, origem da *Colonia Norba Caesarina* (Cáceres), deduzida nos últimos anos da República. Com efeito, no período das Guerras Civis do século I a.C. verifica-se já algum progresso na urbanização das regiões meridionais da Hispânia, verificável também na fachada atlântica da futura Lusitânia imperial.

Nesse cenário continuamos a aceitar que Alcácer do Sal foi distinguida por Sexto Pompeio, a quem deverá a substituição do seu topónimo indígena pelo que se lhe conhece na época romana, republicano e aludindo justificadamente a uma divindade marítima: *Urbs Imperatoria Salacia* (Mantas 2010 211-213). Não sabemos ainda em pormenor o que se passou em *Olisipo*, cidade onde é aceitável admitir alguma intervenção cesariana, talvez no mesmo horizonte da concessão do estatuto municipal a *Gades*, sem que consideremos a sua invulgar posição nas cidades privilegiadas lusitanas, como município de cidadãos romanos, iniciativa do ditador. Sem que o possamos garantir, cremos ter existido na cidade um núcleo de cidadãos romanos suficiente para justificar a constituição de um *Conventus civium romanorum*, como outros que se conhecem[2], nomeadamente na época de César (Reid 2014 199-201; Wilson 1966 13-26). Seja como for, estamos convictos de ter sido obra de Octaviano a promoção municipal, pouco antes de 27 a.C., como se deduz do topónimo oficial atribuído à cidade, *Felicitas Iulia Olisipo*, passando os cidadãos olisiponenses a integrar a tribo Galéria.

Outras cidades com os cidadãos inscritos na tribo Sérgia, pelo menos na fase da fundação ou refundação, refletem criações em parte programadas por Júlio César mas apenas concretizadas postumamente, por altura do Segundo Triunvirato, como a colónia de *Norba Caesarina* e a colónia de *Scallabis*, que Plínio diz ter-se chamado *Praesidium Iulium* (Plínio *NH* 4.117), criada no sítio de uma importante povoação pré-romana. Os vestígios da época republicana vão surgindo em Santarém, nem sempre de fácil interpretação (Arruda – Viegas 2014 242-255), mas favorecendo uma iniciativa pré-augustana. Torna-se evidente que a área meridional do que viria a ser a Lusitânia imperial conheceu uma urbanização mais rápida, evidente nos primeiros anos do governo de Augusto, com os cidadãos inscritos nas tribos Sérgia, Papíria e Galéria. A fundação, em 25 a.C., da *Colonia Iulia Augusta Emerita*, destinada a capital da província lusitana, em detrimento de cidades já existentes, algumas de estatuto colonial (Le Roux 2010 69-91; Marcos 2011 1-25), representou um momento de viragem na urbanização da província.

A tímida política da República, cujo Senado mostrava pouco interesse e alguma desconfiança pela criação de cidades romanas nas províncias, foi alterada com o advento do Império. A dinâmica urbanizadora foi, na época, facilitada ou, talvez melhor, pressionada pelos enormes contingentes de tropas desmobilizadas no final das Guerras Civis e das operações na Hispânia, para as quais foi necessário encontrar terras, que a breve trecho, deixou de ser possível obter na Itália. O ano da fundação de *Emerita Augusta*, colónia para a qual existe uma proposta de fundação cesariana (Canto 2017 341-392), assiste à dedução de outras colónias, em larga medida povoados por soldados licenciados, como *Augusta Praetoria* (Aosta), na Itália (Wheeler 1964 43-44). A estes licenciados haverá que somar pelo menos uma parte dos efetivos das legiões de Marco António, após a derrota deste, alguns dos quais poderiam ter sido estabelecidos em *Pax Iulia* (Beja), topónimo que concorda perfeitamente com a política que as legendas monetárias divulgam (Grant 1968 18-26; Étienne 1970 90-100).

O processo de urbanização da Lusitânia reveste-se de aspetos ainda não totalmente esclarecidos e foi, seguramente, conduzido com pragmatismo e de

---

[2] Talvez representado pelo militar *L. Lavius Tuscus*, natural da cidade e inscrito na tribo Emília (*AE* 1953 268).

acordo com as condições específicas de cada região, em grande parte pouco aberta à vida urbana, no que contrastava fortemente com a vizinha Bética. A cidade romana inseria-se numa hierarquia perfeitamente estabelecida, quase uma espécie de *cursus honorum* urbano, que permitia alterações de estatuto. Todas elas, estivessem ou não integradas juridicamente no grupo de *civitates* privilegiadas com algum tipo de direito romano, tinham funções de capitalidade, ou seja, de centros político-morais de uma comunidade organizada, romana ou peregrina.

Recordamos a lista de entidades administrativas lusitanas referidas por Plínio-o-Velho, 37 ao todo, o que representará cerca de 50% das que existiriam. Nesta lista encontramos cinco colónias, *Scallabis*, *Norba Caesarina*, *Mettelinum*, *Emerita* e *Pax Iulia*, um município de cidadãos romanos, *Olisipo*, três cidades latinas, *Ebora*, *Myrtilis* e *Salacia* (Fig. 1), cabendo a todas as restantes a condição de cidades peregrinas. Muitas destas receberam posteriormente, com os júlio-cláudios e os flávios, o direito latino, com os seus cidadãos inscritos na tribo Quirina, o que não implicaria uma promoção automática ao estatuto municipal, ainda que tal tenha acontecido em determinados casos, como em *Capara* (Ventas de Cáparra), cidade cujo rigoroso planeamento ortogonal, determinado pela via *Emerita-Asturica*, parece anterior à promoção. Que o cômputo está incompleto, como Plínio reconhecia ao escrever *Stipendariorum quos nominare non pigeat*, verifica-se, por exemplo, pela ausência de *Seilium* (Tomar) e de *Salmantica* (Salamanca), esta última importante *mansio* da via *Emerita-Asturica* (Mantas 2012 139-142).

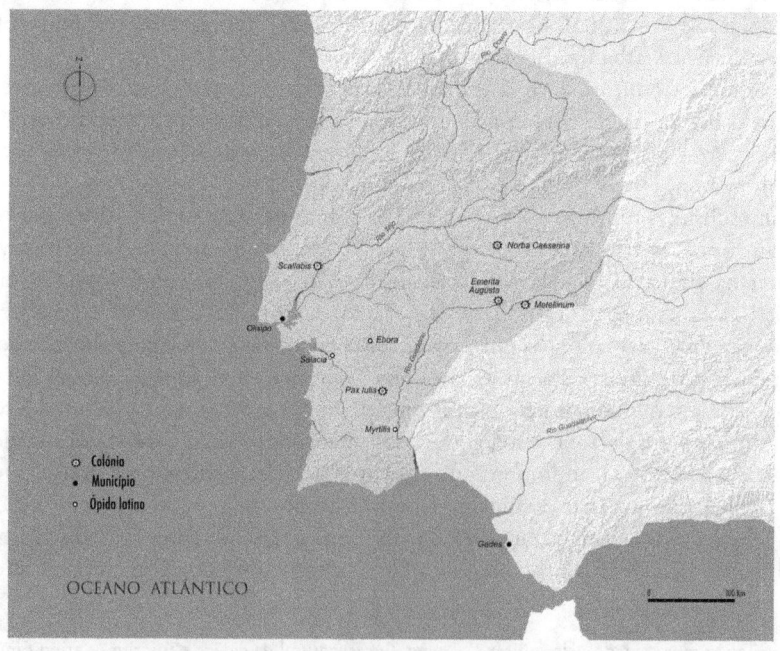

Fig. 1 – As raras cidades privilegiadas da Lusitânia nos finais do século I a.C.

O primeiro grande projeto de urbanização da Lusitânia insere-se no programa de Augusto para a reorganização da província, programa que incluía o reordenamento populacional gradual através da criação de *civitates* com território bem definido, organizadas em torno de um centro urbano. Em muitos casos era uma povoação de tão modestas dimensões, quando comparado com certos *oppida* indígenas, como Las Merchanas e Yecla de Yeltes, na zona de Salamanca, que se pode considerar, sobretudo em áreas do interior lusitano, a existência de *civitates sine urbe* (Carvalho 2010 125-138; Oller Guzmán 2014 89-110), cuja capitalidade se afirmava através de um pequeno fórum e pouco mais, à imagem das *Ventae* e *Fora* de outras áreas de incipiente urbanização, como o que se conhece na sede da *Civitas Cobelcorum* (Almofala), do qual restou o templo consagrado a Júpiter (Frade 2010 47-68). É possível que a estação arqueológica do Mileu, na Guarda, que parece reunir características de centro mercantil e administrativo, corresponda, na realidade, à sede dos *Lancienses Transcudani* (Guerra 2007 173-177; Pereira 2010 34-35).

Muitos destes pequenos centros urbanos evoluíram, alguns rapidamente, como aconteceu na capital da *Civitas Igaeditanorum* (Idanha-a-Velha), pequeno estabelecimento no início do Império, a crer nos testemunhos epigráficos augustanos, mas que no início do século II ganhara o estatuto municipal (Mantas 2006 49-92), mais difícil de confirmar para outras *civitates* assim classificadas na célebre inscrição da Ponte de Alcântara (*CIL* II 760). Recordamos que a cidade é, antes de mais, um centro administrativo e, como tal, símbolo de uma comunidade política sob a hegemonia romana, onde os testemunhos do culto de Júpiter antecedem ou acompanham o desenvolvimento do culto imperial, muitas vezes albergado nos templos daquela divindade. Como centro moral, reflexo da ordem romana e do lealismo provincial, motor de uma romanização desejada, a cidade não exige população numerosa nem atividades produtivas especiais, embora naturalmente não as repudie, justificando-se a pequena dimensão de muitas delas. Uma relação das *mansiones* citadas quer no *Itinerário de Antonino*, quer na *Cosmografia do Anónimo de Ravena*, mostra que a maior parte das grandes cidades lusitanas estão aí representadas (Mantas 2012 232-233), circunstância que reflete a natural interdependência entre rede urbana e rede viária, quase todas ilustrando a continuidade de um padrão de povoamento anterior ao período romano, como geralmente demonstra a toponímia (Guerra 2017 155-178).

Mas as *mansiones* rurais, em áreas isentas de cidades, vulgares na Lusitânia central e setentrional, tiveram também uma função dinamizadora do processo de integração bastante significativa. Um simples olhar à lista de *mansiones* da via *Emerita-Asturica* sublinha de imediato essa circunstância. Todavia, não foram apenas as *mansiones* viárias, por vezes estabelecidas junto a um povoado indígena, a contribuir para esta urbanização de segunda linha, pois os estabelecimentos termais medicinais, como os de *Aquae Sulis* (S. Pedro do Sul) ou *Aquae Caparenses* (Baños de Montemayor), constituíram ativos polos de divulgação do estilo de vida romano (Frade – Moreira 1992 515-544; González Soutelo 2013 223-236), mesmo que colocados sob a tutela de alguma divindade indígena, mais ou menos romanizada, o que tornava o processo de aculturação mais eficiente, tanto mais que estes estabelecimentos mostravam com frequência uma arquitetura cuidada.

Como já se disse muitas vezes, a arquitetura é a melhor expressão de uma sociedade, o que a civilização romana comprovou de múltiplas formas. O modelo ideal de cidade romana implicava a existência de um cenário urbano mais ou menos completo, que não dispensava monumentos públicos, religiosos e profanos, uma praça principal, o *Forum*, assim como um traçado ortogonal, na verdade nem sempre respeitado, por razões de topografia ou existência de um plano anterior. Claro que, nas fundações de raiz ou que levaram à destruição da estrutura preexistente, como em *Emerita Augusta* e em *Pax Iulia* (Beja), respetivamente, o modelo definido pelo *Kardo* e pelo *Decumanus* foi aplicado dentro do possível, mesmo adaptando-o a locais de relevo difícil, o que não deixaria de impressionar os indígenas, tanto mais que esta situação se identifica independentemente do estatuto urbano.

Em Mérida, o ritual de fundação foi evocado em emissões monetárias cunhadas com anversos representando *Ataecina*, o rio *Ana* e, finalmente, o retrato de Augusto, verificando-se uma interessante presença de tópicos locais (Cebrián 2013 78-83). As mudanças de estatuto refletem-se com frequência no traçado urbano e através de programas de construção mais ambiciosos. Todavia, estes indícios devem ser considerados com alguma cautela. Na cidade de *Ammaia* (S. Salvador de Aramenha), dotada de um rigoroso plano ortogonal (Corsi 2012 139-148), este parece corresponder à atribuição do direito latino na época de Cláudio (Fig. 2), ainda que haja provas de trabalhos importantes no início do século II. Já em *Conimbriga*, onde no principado de Augusto se desenvolveu um importante programa construtivo, este não pode atribuir-se, uma vez que na época era uma cidade peregrina, à atribuição de um estatuto jurídico romano, devendo relacionar-se com a própria criação da *civitas* de que foi a capital. A transformação do fórum num grande santuário do culto imperial (Alarcão 1988 67-69, 72-73), pelo contrário, parece consequência de uma mudança de estatuto sob o governo dos Flávios, como sugere o nome oficial da cidade a partir desse período, *Flavia Conimbriga*, tal como sucedeu em *Capara*, denominada *Municipium Flavium Caperensis*.

Outras situações são mais complicadas, como a de *Pax Iulia*. Nesta colónia de direito itálico, embora os testemunhos epigráficos sempre concordem com o topónimo *Pax Iulia*, acontece que Estrabão a nomeia como *Pax Augusta* (Estrabão 3.2.15), a par de *Emerita Augusta* e *Caesaraugusta* (Saragoça), sugerindo uma intervenção posterior a 27 a.C., o que parece muito difícil face aos dados reunidos nos últimos anos (Lopes 2018 17-24). Como explicar esta discrepância? Ou a colónia se designava *Pax Iulia Augusta* e o último elemento terá caído, o que não cremos, ou Estrabão refere, possivelmente, uma situação decorrente de uma alteração de estatuto, talvez cerca de 2 a.C., no caso a atribuição da condição colonial a uma cidade que anteriormente não a teria, sugerindo uma comunidade dupla (*IRCP* 233).

Fig. 2 – Planta da cidade de *Ammaia* resultante de prospecção geofísica. Apud C. Corsi

A rede urbana da Lusitânia ficou praticamente definida durante o longo governo de Augusto e dos seus sucessores júlio-cláudios. É certo que a data da atribuição do direito latino e eventualmente do título municipal é mais difícil de precisar. Em *Salmantica* achados recentes sugerem a criação de uma *civitas* logo na época de Augusto, o que se coaduna com a importância viária do local (Salinas de Frías 2018 553-577), ainda que a integração na hierarquia das cidades juridicamente romanas possa ter ocorrido mais tarde, como julgamos ter acontecido com *Mirobriga* (Ciudad Rodrigo), cuja promoção corresponderá ao governo de Domiciano (*CIL* II 862), na sequência da concessão do direito latino alargado às cidades peregrinas da Hispânia que o desejassem.

O modelo urbano definido pelo cruzamento do *Kardo* e do *Decumanus*, com o *Forum* estabelecido, na intersecção destes eixos diretores ou junto a ela, nem sempre é fácil de identificar e, em certas ocasiões, a praça ocupou uma posição menos central, à imagem de algumas fundações augustanas dos primeiros anos do Império, de que a cidade italiana de *Augusta Praetoria* é um bom exemplo. Na província lusitana os *Fora* de *Norba Caesarina* e de *Pax Iulia* ocupavam também uma situação excêntrica na malha urbana (Cerrillo – Nogales 2010 137-168; Lopes 2010 189-200), no caso de Beja para lhe conferir comandamento sobre a cidade, o que torna possível admitir a presença inicial de um capitólio. O caso de *Aeminium* (Coimbra) é particularmente interessante, pois o fórum foi levantado em local difícil, entre duas colinas, obrigando à construção de uma poderosa infraestrutura, aparentemente para garantir a centralidade do monumento, de origem augustana e renovado sob os júlio--cláudios (Carvalho 1998).

Mais importante que o traçado ortogonal ideal, por vezes adaptado à topografia urbana, casos de *Aeminium* e de *Olisipo* (Fig. 3), por exemplo, era o equipamento urbano que caracterizava a cidade romana, constituído por monumentos religiosos, cívicos e de lazer, assim como toda uma série de outras edificações destinadas à sustentabilidade do aglomerado populacional, como aquedutos e redes de distribuição de água, cloacas, armazéns (*horrea*), mercados (*macella*), pontes e viadutos. Como é evidente, a longa duração do domínio romano garantiu mudanças, por vezes sensíveis, no cenário das cidades lusitanas. Por outro lado, não é raro confirmar-se a permanência, sem grandes alterações, de monumentos remontando ao início do Império, independentemente de trabalhos pontuais de manutenção ou pequenas reformas.

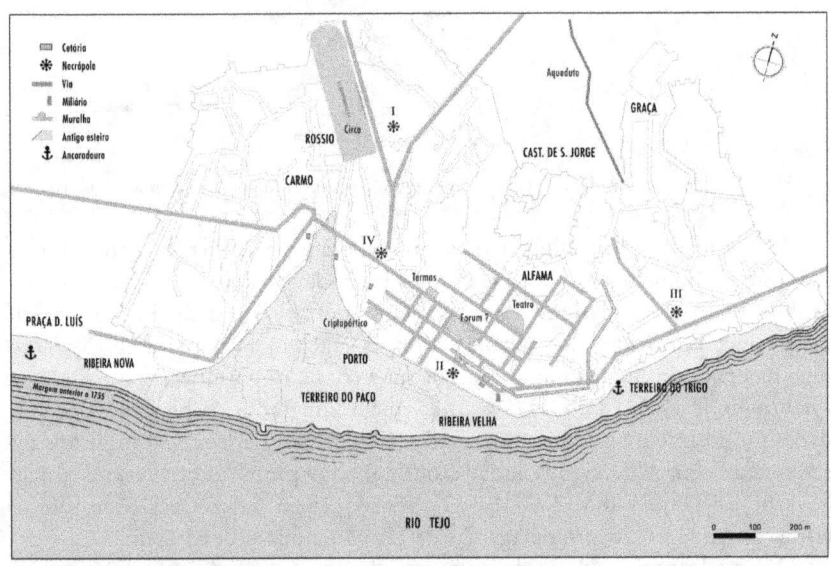

Fig. 3 – Esboço do urbanismo de *Olisipo* traçado sobre planta do século XVII.

Ainda que alguns fóruns tenham sido profundamente renovados, sobretudo no período entre Cláudio e Trajano, o que em parte pode relacionar-se com a progressão do culto imperial e de alterações de estatuto, os edifícios de lazer parecem ter merecido constante atenção das autoridades e dos mecenas que durante grande parte do Alto-Império contribuíram generosamente para as políticas edilitárias urbanas (Andreu 1999 31-64). Como exemplos recordamos a reforma levada a cabo no teatro de *Olisipo* (Fernandes 2015 203-224), na época de Nero (*CIL* II 193, 196), ou, na mesma cidade, a reconstrução, por ordem do governador provincial, das Termas dos Cássios (*CIL* II 191), assim como o teatro de *Emerita* sofreu diversos melhoramentos depois da sua edificação por Agripa e o circo da capital lusitana foi reconstruído em 337, também por ordem do governador da província, um ano depois das termas da cidade do Tejo.

A evolução da sociedade romana determinou gostos e modas, como em todos os tempos, desenvolvendo-se os circos em detrimento dos anfiteatros e as termas em prejuízo dos fóruns, a partir do século II. A quebra do mecenato privado e as dificuldades do erário romano, evidentes no século III, contribuíram decisivamente para significativas alterações no urbanismo, que incluíram abandono de determinados monumentos públicos, como o anfiteatro de Bobadela ou o teatro de *Olisipo*, no decurso do século IV, mesmo antes da necessidade de recorrer a edifícios devolutos para encontrar material disponível e barato para as muralhas tornadas necessárias pela insegurança generalizada, interna e externa.

Com maior ou menor riqueza, recorrendo a materiais locais ou importados, os monumentos públicos das cidades lusitanas respondiam bem aos modelos que os gostos estéticos e o ambiente político do centro do poder inspiravam. O monumento simbólico por excelência da ordem romana era, naturalmente, o *Forum*. Praça pública onde inicialmente se reuniam as principais funções religiosas, políticas e comerciais, evoluiu no sentido de uma especialização, todavia não observada na totalidade dos casos conhecidos. Infelizmente, alguns fóruns de importantes cidades lusitanas, como *Metellinum* ou *Olisipo*, são praticamente desconhecidos e, em certos casos extremos, nem sequer se podem localizar, como sucede em *Scallabis* e *Colippo* (S. Sebastião do Freixo), enquanto outras estruturas se prestam a dúvidas de interpretação, como no Cabeço do Vouga (Mantas 2012 193-197), sítio relacionado pela maioria dos investigadores com *Talabriga*, identificação que mantemos *sub judice* por contrariar os dados miliários.

Embora se note uma tendência precoce para o modelo do chamado fórum--bloco, os dados disponíveis para os mais antigos sugerem que os conjuntos forenses do início do Império possuíam uma estrutura menos orgânica, que não deixa de apresentar problemas de interpretação um tanto complexos. Está neste caso o fórum de *Pax Iulia*, objeto de sucessivas alterações e, provavelmente, o de *Igaedis* (Idanha-a-Velha), que remonta ao principado de Augusto (Carvalho 2009 115-131). Neste caso, mesmo admitindo modificações posteriores, não é fácil traçar-lhe um plano que insira a basílica e as *tabernae*. Outro exemplo, um pouco posterior, é o do fórum de *Capara*, onde a disposição dos edifícios é ortogonal mas pouco integrada (Cerrillo 2010 127-136). Como explicar tais diferenças? Uma das hipóteses é a de que se trate, em parte, de uma herança de modelos da época republicana, um tanto arcaizantes, influenciados pelas condições locais. Naquelas situações em que a regularidade do fórum-bloco se adivinha ou surge plenamente desenvolvida é possível considerar uma maior intervenção do poder central ou de algum patrono à altura dos custos da construção e, por vezes, das expropriações necessárias. Na capital lusitana, a construção do fórum provincial, um imponente santuário do culto imperial (Mateos 2007 369-394), obrigou à demolição de quatro quarteirões existentes na área.

O modelo clássico do fórum-bloco foi reproduzido em várias cidades, apenas com alterações de pormenor (Fabião 2010 343-360). Concebido em torno de um eixo longitudinal, ostentava numa das extremidades o templo, por vezes numa plataforma mais elevada, ocupando a basílica o lado oposto, dispondo-se outros espaços, como a *curia* e as *tabernae* ao longo dos pórticos da praça. É este o modelo que encontramos no fórum colonial de *Emerita* (Fig. 4), pelo menos na sua fase flaviana (Ayerbe – Barrientos – Palma 2011 209-228), em *Ebora* e em *Ammaia*. Menos usual é a presença de três templos na cabeceira do fórum, como se verifica em *Capara*. Em certas situações privilegiadas é possível acompanhar várias fases da evolução do fórum. Em *Conimbriga* (Correia 2010 89-106), na primeira fase, augustana, não havia templo, construído na segunda fase, júlio-cláudia, no local da basílica, que passou a ocupar uma posição lateral. Tudo isto desapareceu com a edificação do santuário do culto imperial, na transição do século I para o II. Esta circunstância obriga a considerar em aberto o problema da localização do fórum da cidade depois desta última alteração. O imponente fórum de *Aeminium*, também renovado no período júlio-cláudio, não terá possuído templo, pois o elemento principal era a basílica (Alarcão – Carvalho – Silva 2017 131-146). Talvez o templo se levantasse no declive que conduz ao largo da Sé Nova, solução algo parecida com a que se reconheceu no fórum de *Bilbilis*, perto de Calatayud, também júlio-cláudio (Luís Jiménez – Martín-Bueno 1983 69-78; Mantas 1992 504-509).

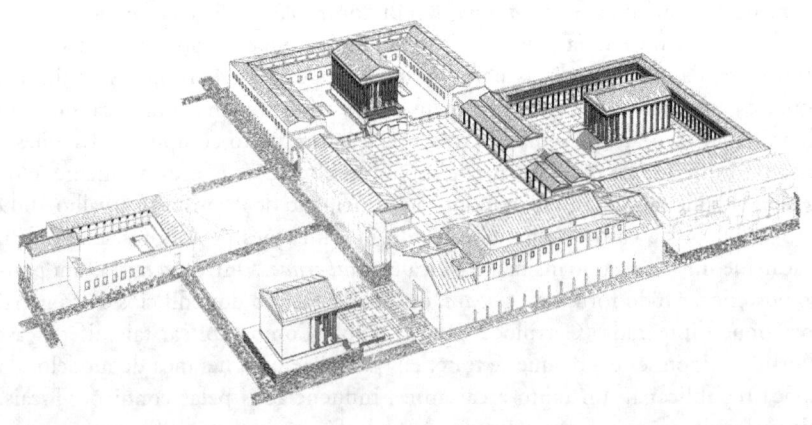

Fig. 4 – O fórum colonial de *Emerita Augusta* e os seus anexos.
Apud R. Ayerbe, T. Barrientos e F. Palma.

A maior parte dos templos de que restam ruínas na Lusitânia pertenceram aos fóruns, ainda que subsistam alguns situados em ambiente rural, quase sempre de arquitetura mais exótica, consagrados a divindades indígenas, como o de Santana do Campo (Arraiolos). Os templos de arquitetura clássica na Lusitânia são maioritariamente tetrástilos e pseudoperípteros, por vezes prostilos (Fig. 5), como o templo principal de *Augustobriga*[3], edificados sobre pódio com acesso por escadarias frontais ou laterais (Hauschild 2002 15-22), neste último caso dotados de uma plataforma na fachada. A ordem coríntia foi largamente utilizada, embora também ocorram outras, alternando por vezes o material dos fustes com o das bases e capitéis. Frequentemente as colunas eram estucadas e pintadas, como sucedeu no templo do fórum colonial de *Emerita*, um dos raros templos perípteros da província, tal como o de *Ebora* (Álvarez Martínez – Nogales Basarrate 2003; Hauschild 2010 27-36). Outro elemento que ocorre com alguma frequência na Lusitânia são os tanques ou espelhos de água ladeando o pódio (Reis 2010 285-314), presentes em *Emerita*, *Ebora* e *Ossonoba* (Faro), normalmente relacionados com o culto imperial.

Fig. 5 – O templo de Augustobriga (Talavera la Vieja) em 1806. Gravura de A. de Laborde.

---

[3] A povoação de Talavera la Vieja ficou submersa pelas águas da barragem de Valdecañas em 1963. O templo principal e alguns fustes de outro, também visível na gravura de Laborde, foram deslocados para um local próximo, em Bohonal de Ibor, junto à albufeira.

As basílicas mais antigas, como as de *Conimbriga* e *Aeminium* possuíam duas naves, embora o modelo usual, posterior, possuísse três naves, uma central, mais larga e duas laterais, por vezes com a fachada aberta, de influência helenística, como em *Seilium*. A entrada no fórum podia fazer-se por um arco monumental, a exemplo dos arcos honoríficos, como em Bobadela, provável capital dos *Interanienses*, arco construído aquando da renovação do monumento pela flamínica *Iulia Modesta* (*CIL* II 397). Em *Emerita* o chamado Arco de Trajano, inicialmente um monumento isolado do período augustano, foi depois convertido em imponente entrada do fórum provincial. O único arco honorífico urbano razoavelmente conservado na Lusitânia é o quadrifronte de *Capara*, levantado junto ao fórum (Nünnerich-Asmus 1996), sobre o *Decumanus Maximus*, coincidindo aqui com a via *Emerita-Asturica* (Fig. 6). Existiu outro em *Aeminium*, sobrevivendo até ao século XVIII como parte da Porta de Belcouce. Em Lisboa, a chamada Porta do Ferro, que seria provavelmente a porta monumental do fórum olisiponense, foi reutilizada na Cerca Moura, de acordo com fontes islâmicas. Pelo contrário, o muito citado arco monumental da Praça do Giraldo, em Évora, na verdade nunca passou de uma *vue d'esprit* erudita (Bilou 2010 92-98).

Fig. 6 – O arco tetrápilo de Capara construído sobre a via Emerita-Asturica.
Foto TripAdvisor

Outro monumento típico e essencial do urbanismo romano eram as termas ou balneários públicos. Muito numerosos na Lusitânia, quase todos são de dimensões relativamente modestas. As plantas de muitos dos que se conhecem denotam algumas limitações na funcionalidade e poucos possuem *natatio*, presente por exemplo, nas chamadas Termas do Sul, em *Conimbriga*, flavianas na sua segunda fase, notáveis também pela sua monumental *palestra*. Muito bem conservado, embora pequeno, como pequena era a cidade, são as termas de *Mirobriga*, nos arredores de Santiago de Cacém, ainda que, mais uma vez, o percurso dos banhistas não fosse ideal.

As pequenas dimensões destes edifícios devem-se, sobretudo, a uma certa economia no planeamento e ao facto de existirem vários à disposição dos habitantes. Na capital lusitana conhecemos agora seis termas públicas; em *Ebora*, identificaram-se restos de um desses edifícios sob a Câmara Municipal (Sarantopoulos 1994 273-286), perto do local onde se situaria o *castellum aquae* do aqueduto romano; *Conimbriga* conta, por ora, com três; em *Capara*, as termas junto ao fórum ocupam uma *insula* com 33 x 36 metros, valores que correspondem às dimensões normais das *insulae* de outras cidades lusitanas. Nunca será demais sublinhar a importância das termas no processo de romanização, como veículo de hábitos e de práticas culturais, onde o poder político esteve muito presente. O grande consumo de água e a sua monumentalização nas cidades romanas obrigava à construção de aquedutos e de barragens de que os grandes aquedutos de *Emerita* (Nogales 2002 89-111), sobretudo o de Los Milagros (Fig. 7), e os de *Conimbriga* e de *Olisipo* são bons testemunhos (Mascarenhas – Bilou – Neves 2012 239-264). Alguns deles foram reconstruídos muito mais tarde, como sucedeu em Coimbra e Évora, no século XVI.

Fig. 7 – O monumental aqueduto dito de Los Milagros, em *Emerita Augusta*.

Os monumentos destinados a espetáculos também não faltam na Lusitânia, teatros, anfiteatros e circos, alguns apenas vagamente identificados, como em

Aeminium e *Pax Iulia*. O melhor exemplo que possuímos deste conjunto de três edifícios especializados é, mais uma vez, de *Emerita*, onde todos remontam ao início da colónia (Nogales – Álvarez Martínez 2014 209-247), embora tenham sido submetidos a reformas importantes ao longo do tempo. O teatro, com capacidade para 6000 espectadores, responde ao modelo dos teatros romanos construídos com alguma preocupação de economia no lançamento da *cavea*, vulgar nos teatros mais antigos, mas recebeu um proscénio muito elaborado na época de Trajano. O anfiteatro, construído pouco depois, em 8 a.C., podia acolher 14000 espectadores. Foi construído segundo a mesma técnica, tendo perdido as bancadas do anel superior, a *summa cavea*. O circo, com 400 metros de extensão e capacidade para cerca de 30000 espectadores, conserva ainda os alicerces da *spina*, estrutura muito decorada que dividia a pista (Fig. 8).

Fig. 8 – Vista aérea das ruínas do circo de *Emerita Augusta* (foto CCMM).

Nem todas as cidades possuíam estes três edifícios. Muito perto de *Emerita*, na colónia de *Metellinum*, foi construído um belo teatro (Mateos – Picado 2011 373-410), aproveitando o declive da encosta sobre o Guadiana, mas não se conhecem, por ora, vestígios de anfiteatro e de circo, de esperar numa cidade de estatuto colonial. Terão existido em *Olisipo*, onde subsistem vestígios importantes do teatro e do circo, aguardando-se a confirmação do anfiteatro (Martins 2014 162-173). Em *Conimbriga* e em *Capara* as ruínas do anfiteatro são significativas, assim como em Bobadela, este de construção muito simples, dotado de bancadas de madeira. Em *Balsa* (Luz de Tavira) conhecemos um circo, testemunhado epigraficamente (*IRCP* 76-77), datável do século II, mas difícil de identificar, cuja construção deve atribuir-se a vários mecenas. Ainda visível no terreno é o circo de *Mirobriga*, apesar de muito delapidado. A *spina* conserva as fundações e alguma coisa sobreviveu dos *carceres*, local de onde os carros partiam para as corridas, situado no topo mais afastado da *spina*. As características especiais desta cidade (Barata 1999 51-67), importante centro de culto de Esculápio e de Vénus, justificavam a presença deste circo.

A tipologia dos circos e dos anfiteatros condicionavam a sua localização nas cidades, encontrando-se normalmente fora do perímetro urbano ou nos seus limites, o que nem sempre acontecia com os teatros. Todos eles eram calculados para receber espectadores em número superior ao dos habitantes locais, ainda que em certos casos, como em *Emerita*, cidade que teria uns 50000 habitantes e que no Baixo-Império chegou a ser a capital da *Diocesis Hispaniarum* (Étienne 1982 201-208; Arce 2002 501-506), os *ludi* se repetissem. Muitos dos teatros e anfiteatros eram polivalentes, servindo para diferentes tipos de espetáculo, tornados possíveis pela existência de empresários que disponibilizavam turmas de gladiadores ou grupos teatrais, normalmente ao gosto do público romano. Pelas suas dimensões e com a evolução da sociedade romana muitos destes edifícios foram abandonados e serviram para fornecer materiais de construção para os mais diversos usos. Assim aconteceu em *Conimbriga* com o anfiteatro, aparentemente abandonado antes da construção da muralha tardia. Tal como acontecia com as termas, os edifícios de espetáculo tiveram lugar importante na vida política, chegando o imperador, no século IV, a ser comparado a um auriga conduzindo o Império.

Entre o equipamento urbano devemos incluir, pelo menos nas grandes cidades, mercados (*macella*) e armazéns (*horrea*). Não temos na Lusitânia muitos testemunhos deles como edifícios públicos. Estes últimos existiram seguramente nas cidades portuárias, como *Olisipo*, *Salacia* ou *Myrtilis*, mas não deixarão de se identificar noutros locais. Alguns investigadores apontam os criptopórticos dos fóruns, como o de *Aeminium*, como locais de armazenamento, embora neste caso a sua localização não o sugira. Quanto aos mercados, as cidades pequenas dispensavam a sua existência, pois a praça do fórum e as suas *tabernae*, ou simples bancas, supriam perfeitamente as necessidades locais. Uma epígrafe achada em Lisboa, consagrada a Mercúrio Cohortalis sugere a existência de grandes *horrea* estatais (Mantas 1990 168), enquanto na cidade de *Ammaia* os restos de um edifício localizado junto à porta meridional, dotado de vasto pátio com entrada por um largo portão, corresponderão ao mercado, ainda não escavado. Não esqueçamos a importância atribuída ao abastecimento das cidades por parte das autoridades, apresentando-se o imperador como seu garante, através dos magistrados e mecenas locais, como uma inscrição de *Pax Iulia* comemora (*IRCP* 239).

Apesar das radicais transformações que o domínio romano introduziu na Hispânia a nível da monumentalização dos espaços urbanos, talvez o seu impacte na arquitetura doméstica, pois esta é a do quotidiano generalizado, tenha sido ainda mais profundo. Como a população urbana era relativamente reduzida, não se registam nas cidades lusitanas grandes *insulae* com vários andares, predominando as casas térreas ou com um único andar. Devemos admitir que este é um problema de natureza arqueológica, pois na maior parte dos casos pouco sabemos sobre a elevação dos edifícios privados[4]. Como é natural, nos grandes povoados indígenas que persistem na época romana, assistiu-se à convivência entre a arquitetura tradicional e as novidades de origem mediterrânica, menos visível nos *vici*.

Onde foi possível escavar áreas significativas de zonas habitacionais, como em *Emerita* ou *Conimbriga* (Corrales 2014 193-206; Correia 2013), verifica-se uma certa diversidade construtiva ditada normalmente por razões espaciais e económicas, embora predominem os modelos itálicos, destacando-se a casa de peristilo central, a *domus* clássica do período imperial. Banhos, mosaicos e pórticos constituem o elemento mais visível destas casas, diferindo das habitações mais modestas, bem representadas, por exemplo, em *Conimbriga* (Fig. 9), pelas casas da *Insula* dita do Vaso Fálico, (Alarcão 1988 188-191). Muitas destas casas populares albergavam lojas, tabernas e pequenas oficinas. Algumas vezes alojavam sedes de corporações profissionais, nem sempre fáceis de identificar, o que já não sucede quando as *scholae* ocupavam edifícios de construção mais rica e melhor decoração, como o edifício do mosaico de Oceano (*IRCP* 35), em *Ossonoba*, que consideramos ser sede de uma corporação.

Fig. 9 – Planta perspectivada da ínsula do Vaso Fálico, em Conimbriga. Apud J. Alarcão.

---

[4] O que sugere bastante cautela em relação a reconstituições muito pormenorizadas quando a escavação não facultou ou não pode aduzir elementos suficientemente seguros.

As praças e as ruas principais, mais largas, eram lajeadas, mas a terra batida ou a gravilha terá sido utilizada com frequência nos arruamentos secundários e até em áreas monumentais, como terá sucedido no primeiro fórum de *Conimbriga*. Sob o traçado das ruas corriam as cloacas, destinadas a evacuar as águas residuais procedentes da chuva e dos usos domésticos, das fontes, das termas e das latrinas. A rede de cloacas da cidade de *Aeminium*, pela sua topografia complicada, presta-se a um estudo de maior interesse, a efetuar em conjunto com o do abastecimento de água, ainda por fazer. Na província lusitana as cloacas de *Emerita*, *Conimbriga* e *Pax Iulia*, razoavelmente conhecidas (Acero Pérez 2013 402-409), mostram a sua relação com os arruamentos principais. Não esqueçamos também o problema da evacuação dos lixos, normalmente regulados pelos edis locais, identificando-se em *Emerita* lixeiras e aterros fora da muralha da cidade, muitas vezes junto a áreas industriais.

Também as necrópoles ficavam fora do perímetro urbano, o que levantava problemas quando as cidades se desenvolviam e ultrapassavam os limites iniciais. Ainda assim, a sua localização é um excelente indicador da extensão máxima da área urbana. Normalmente estendiam-se ao longo das estradas, constituindo um elemento forte da paisagem romanizada. Havia grande variedade de monumentos funerários, desde o simples cipo, até aos mausoléus, passando pelas aras e *cupae*, estas de dois tipos e cronologias diferentes. Todos representam um excelente indicador do grau de romanização da população local e do latim falado. Monumento relativamente vulgar nas cidades lusitanas, confirmado em *Emerita*, *Ammaia*, *Caurium* e *Igaedis*, é a ara monumental, decorada com *pulvini* e ostentando uma epígrafe monumental (Beltrán 2004 101-141). Os *columbaria* também estão presentes nas cidades lusitanas, desde logo em *Emerita*, ocorrendo também em aglomerações secundárias, como no *vicus* industrial de Tróia. Alguns destes monumentos refletem influências não itálicas, sobretudo orientais e africanas, concorrendo com gostos mais particularistas, apontando mais uma vez para a pluralidade e complexidade da romanização (Encarnação 1984 810-815, 821-829; Beltrán 2017 791-808).

As cidades luso-romanas possuíam normalmente muralhas, quase sempre difíceis de datar recorrendo apenas a critérios tipológicos. Assim sucede com as muralhas de *Ebora*, *Caurium* e *Conimbriga*, que possuem torres de planta quadrangular quando se impõem no Baixo-Império os bastiões semi-circulares, presentes em *Capara*, em *Olisipo*, onde a muralha romana tinha maior perímetro que o da Cerca Moura, e em *Veseo* (Viseu), mas também anteriormente em *Emerita*, muralha que cercava um espaço de cerca de 72 hectares, significativamente reforçada no Baixo-Império. Muitas destas muralhas tiveram apenas funções honoríficas, no Alto Império, caso, por exemplo, das muralhas de *Ammaia* e de *Pax Iulia* (*FE* 29 131), esta construída em 2 a.C., uma data a ter em conta quanto a alterações nos estatutos urbanos. Noutros locais, como em *Balsa*, não foi possível ainda identificar muros defensivos, o que pode ter contribuído para a decadência dessas cidades no período tardio.

A diminuição das áreas urbanas, quando confirmada arqueologicamente, como em *Conimbriga*, ajuda a datar muros de construção mais tardia. Em *Conimbriga* a primeira muralha, talvez augustana, com uma porta vagamente monumental, era um muro mais extenso, com funções honoríficas. As discussões em torno da cronologia das muralhas lusitanas ilustram-se bem através do caso de *Igaedis*, onde a muralha que hoje se pode ver parece, em parte, obra medieval (Fig.10), tal como em *Pax Iulia*, onde apenas algumas das portas coincidem com a muralha da Reconquista. Com estas rápidas referências às defesas urbanas da Lusitânia imperial estamos já a entrar no mundo um tanto ambíguo da Antiguidade Tardia, ao qual pertencerão muitos dos restos destas muralhas (De Man 2011).

Fig. 10 – A Porta Norte da muralha de Idanha-a-Velha (foto @Wikimedia Commons).

Muitos temas importantes foram aqui vagamente tratados, ou mesmo ignorados, atendendo à economia do texto e ao seu objetivo principal, definir as grandes linhas do urbanismo romano na Lusitânia, onde apenas se conhecem três arquitetos, *Severus Vituli f.*, *Gaius Sevius Lupus* (*CIL* II 2559) e *Caius Iulius Lacer* (*CIL* II 761), os dois últimos indiscutivelmente de primeiro plano. A título de conclusão reproduzimos o que Jorge de Alarcão escreveu sobre o assunto: "É lógico, pois, que a profunda transformação de instituições causada pela conquista romana tenha determinado uma verdadeira revolução arquitectónica. Mais do que isso: a arquitectura surge em Portugal com os Romanos" (Alarcão 1988 181). Em resumo, falamos não tanto de romanização, mas sim de civilização, sem ambiguidade ou receio.

Bibliografia

Fontes antigas

AE = *L'Année* Épigraphique. Paris.
CIL II = *Corpus Inscripcionum Latinarum*, E. Hübner (1869-1892). Berlim.
FE = *Ficheiro Epigráfico*. Coimbra.
IRCP = *Inscrições romanas do Conventus Pacensis*, J. d'Encarnação (1984). Coimbra.
Estrabão, *The Geography of Strabo*, 2, H. L. Jones, ed. (1960). Londres.
Plínio-o-Antigo, *Naturalis Historia*, 1-6, L. Jan-Mayhoff, ed. (1967). Estugarda.

Estudos e obras literárias

Acero Pérez, J. (2013), "Provincia Lusitania" in F. Escudero – M. Galve, eds *Las cloacas de Caesaraugusta y elementos de topografía y urbanismo de la ciudad antigua*. Saragoça 402-409.
Alarcão, J. de (1988), *O domínio romano em Portugal*. Mem Martins.
_____ (2006), "Os modelos romanos e os traslados provinciais na Lusitânia" in D. Vaquerizo – J. Murillo, coords *El concepto de lo provincial en el mundo antíguo*. Córdova 175-187.
Alarcão, J. de – Carvalho, P. – Silva, R. (2017), "The Forums of Conimbriga and Aeminium: comparison and summary of the state of the art", *Zephyrus* 80 131-146.
Álvarez Martínez, J. M. – Nogales Basarrate, T. (2003), *Forum Coloniae Augustae Emeritae. Templo de Diana*. Mérida.
Andreu, J. (1999), "Munificencia publica en la provincia Lusitana: una síntesis de su desarrollo entre los siglos I y V d.C.", *Conimbriga* 38 31-64.
Arce, J. (2002), "Hispalis o Emerita? A propósito de la capital de la Diocesis Hispaniarum en el siglo IV d.C.", *Habis* 33 501-506.
Arruda, A. (2014), "A Oeste tudo de novo. Novos dados e outros modelos interpretativos para a orientalização do território português" in *Fenícios e Púnicos por Terra e Mar* 2. Lisboa 513-535.
Arruda, A. – Viegas, C. (2014), "Santarém durante a época romano-republicana", *Cira* 3 242-255.
Ayerbe, R. – Barrientos, T. – Palma, F. (2011), "Los complejos monumentales forenses de Augusta Emerita. Arquitetura y urbanismo" in J. M. Álvarez Martínez – P. Mateos, coords *Actas Congreso Internacional 1910-2010: El Yacimiento Emeritense*. Mérida 209-228.
Barata, F. (1999), "As habitações de Miróbriga e os ritos domésticos romanos", *Revista Portuguesa de Arqueologia* 2 (2) 51-67.
Beltrán, J. (2004), "Monumentos sepulcrales en forma de altar con pulvinos de los territorios hispanorromanos: revisión de materiales y estado de la cuestión", *Archivo Español de Arqueología* 75 101-141.
_____ (2017), "El mundo funerario augusteo en la Hispania meridional. Una aproximación arqueológica", *Gerión* 35 791-808.
Bilou, F. (2010), *A refundação do aqueduto da Água da Prata em Évora*. Lisboa.
Canto, A. (2017), "Treinta años de reflexiones sobre la Emerita Cesariana: de lo que Dión Cássio nunca dijo, a la alienación astronómica de la ciudad y los auspicia de César" in T. Nogales Basarrate, ed. *Lusitania Romana: del pasado al presente de la investigación*. Mérida 341-392.
Carvalho, P. (1998), *O forum de Aeminium*. Lisboa, Ministério da Cultura.

Carvalho, P. (2009), "O forum dos Igaeditani e os primeiros tempos da Civitas Igaeditanorum", *Archivo Español de Arqueologia* 82 115-131.
Carvalho, P. (2010), "A caminho do Douro na época romana. Da capital da Civitas Igaeditanorum aos territoria dos Lancienses, Aravi, Meidobrigenses e Cobelci", in *Arqueología, Patrimonio, Prehistoria e Historia Antigua de los Pueblos "Sin Pasado"*. Salamanca 125-138.
Cebrián, M. A. (2013), "Emerita Augusta y sus imágenes monetales", *OMNI* 6 78-83.
Cerrillo, E. (2010), "El foro de Capara", in T. Nogales Basarrate (coord.), *Ciudad y Foro en Lusitania Romana*. Mérida 127-136.
Cerrillo, E. – Nogales, T. (2010), "Un posible complejo forense de la colonia Norbensis Caesarina" in T. Nogales Basarrate (coord.), *Ciudad y Foro en Lusitania Romana*. Mérida 137-168.
Corrales, A. 2014), "La casa romana de la Alcazaba (Mérida): una lectura arqueológica y urbanística", *Revista Portuguesa de Arqueologia* 17 193-216.
Correia, V. H. (2010), "O forum de Conimbriga e a evolução do centro urbano" in T. Nogales Basarrate (coord.), *Ciudad y Foro en Lusitania Romana*. Mérida 84-106.
Correia, V. H. (2013), *A arquitectura doméstica de Conimbriga e as estruturas económicas e sociais da cidade romana*. Coimbra.
Corsi, C. (2012), "A layout, street grid and public monuments" in C. Corsi – F. Vermeulen, *Ammmaia I: The Survey. A Romano-Lusitanian Townscape Revealed*. Ghent 139-148.
De Maan, A. (2011), *Defesas urbanas tardias da Lusitânia*. Mérida.
Encarnação, J. de (1984), *Inscrições romanas do Conventus Pacensis*. Coimbra.
Étienne, R. (1970), *Le siècle d'Auguste*. Paris.
Étienne, R. (1982), "Mérida, capital du vicariat des Espagnes", in *Homenaje a Sáenz de Buruaga*. Badajoz 201-207.
Fabião, C. (2010), "Modelos forenses nas cidades da Lusitânia: balanço e perspectiva" in T. Nogales Basarrate (ed.), *Ciudad y Foro en Lusitania Romana*. Mérida 343-360.
Fernandes et alii, L. (2015), "Paisagem urbana de Olisipo: fatias de história de uma cidade", *Revista Portuguesa de Arqueologia* 18 203-284.
Frade, H. – Moreira, J. (1992), "A arquitectura das termas romanas de S. Pedro do Sul" *Espacio, Tiempo y Forma, serie 2, Historia Antigua* 5 515-544.
Frade, H. (2010), "Os fora de Bobadela e da Civitas Cobelcorum", in T. Nogales Basarrate (coord.), Ciudad y Foro en Lusitania Romana. Mérida 47-68.
González Soutelo, S. (2013), "El balneario romano de Baños de Montemayor (Cáceres). Descripción arqueológica de un complejo termal salutífero de época romana", *Zephyrus* 71 223-236.
Grant, M. (1968), *Roman history from coins*. Cambridge.
Grimal, P. (1988), *A civilização romana*. Lisboa.
Grupo Mérida (2003), *Atlas antroponímico de la Lusitania romana*. Mérida-Bordéus.
Guerra, A. (2007), "Sobre o território e a sede dos Lancienses (Oppidani e Transcudani) e outras questões conexas", *Conimbriga* 47 161-206.
Guerra, A. (2017), "Nomes de povos e de lugares da Lusitânia: 25 anos de investigação" in T. Nogales (ed.), *Lusitania Romana: del pasado al presente de la investigación*. Mérida 155-178.
Hauschild, Th. (2002), " Templos romanos na província da Lusitânia", *Religiões da Lusitânia. Loquuntur Saxa*. Lisboa 215-222.
Hauschild, Th. (2010), "Algumas observações nas construções do foro de Ebora Liberalitas Iulia" in T. Nogales Basarrate, ed. *Ciudad y Foro en Lusitania Romana*. Mérida 27-36.
Le Roux, P. (2010), "Les colonies et l'institution de la province romaine" in J.G. Gorges – T. Nogales Basarrate, eds. *Naissance de Lusitanie Romaine (Ier av.-Ier ap. J.C.)*. Toulouse-Mérida 69-91.
Lopes, M. C. (2010), "O recinto forense de Pax Iulia (Beja)" in T. Nogales Basarrate, ed. *Ciudad y Forum en Lusitania Romana*. Mérida 189-200.
Lopes, M. C. (2018), "O busto de Júlio César de *Pax Iulia*. Percursos e debates em torno da fundação de Pax Iulia", *Arqueologia Medieval*, 14 17-24.
Loyzance, M. F. (1986), "À propos de Marcus Cassius Sempronianus Olisiponensis, Diffusor Olearius", *Revue des Études Anciennes* 88 (1-4) 273-285.
Luís Jiménez, J. – Martín-Bueno, M. (1983), "*Municipium Augusta Bilbilis*: un nuevo ejemplo de adopción de esquemas preconcebidos en la arquitectura romana altoimperial", *Mélanges de la Casa de Velázquez* 19 69-78.

Mantas, V. G. (1990), "As cidades marítimas da Lusitânia", in *Les Villes de Lusitanie Romaine*. Paris 149-205.
Mantas, V. G. (2006), "*Cidadania e estatuto urbano na Civitas Igaeditanorum (Idanha-a-Velha)*", *Biblos* 4 49-92.
Mantas, V. G. (2010), "Atlântico e Mediterrâneo nos portos do Sado", *Revista Portuguesa de História* 41 195-221.
Mantas, V. G. (2012), *As vias romanas da Lusitânia*. Mérida.
Mantas, V. G. (1992), "Notas sobre a estrutura urbana de Aeminium", *Biblos* 68 487-513.
Marcos, S. (2011), "Les colonies lusitaniennes du conventus emeritensis", *Cahiers Mondes Anciens* 2 1-25.
Martins, P. (2014), "O anfiteatro romano de Lisboa. Hipótese de localização através de uma leitura tipo-morfológica do tecido urbano", *Rossio. Estudos de Lisboa* 4 162-173.
Mascarenhas, J. M. – Bilou, F. – Neves, N. (2012), O aqueduto romano de Olisipo: viabilidade ou utopia? Ensaio de traçado apoiado em modelação geográfica", *Revista Portuguesa de História* 63 239-264.
Mateos, P. (2007), "El conjunto provincial de culto imperial de Augusta Emerita", in T. Nogales – J. González (eds), *Culto Imperial: política y poder*. Roma 369-394.
Mateos P. – Picado, Y. (2011), "El teatro romano de Metellinum", *Madrider Mitteilungen* 52 373-410.
Nogales Basarrate, T. (2002), "Aquae Emeritenses. Monumentos e imágenes del mundo acuático en Augusta Emerita", *Empuries* 53 89-111.
Nogales Basarrate, T. – Álvarez Martínez, J. M. (2014), "Colonia Augusta Emerita. Creación de una ciudad en tiempos de Augusto", *Studia Historica. Historia Antiqua* 32 209-247.
Nünnerich-Asmus, A. (1996), *El arco cuadrifronte de Cáparra (Cáceres). Un estudio sobre la arquitectura flavia en la Península Ibérica*. Anejos de Archivo Español de Arqueología 16. Madrid.
Oller Guzman, J. (2014), "La civitas sine urbe y su función de vertebración en el territorio provincial hispano", *Pyrenae* 45 (1) 89-110.
Pereira, Vítor (2010), "O povoamento romano no concelho da Guarda", *Iberografias* 6 27-43.
Ramallo Asensio, S. (2003), "Las ciudades de Hispania en época republicana: una aproximación a su "monumentalización", in L. Abad Casal (ed.), *De Iberia in Hispaniam: la adaptación de las sociedades ibéricas a los modelos romanos*. Alicante 101-150.
Reid, J. (2014), *The Municipalities of the Roman Empire*. Cambridge.
Reis, M. P. (2010), "Tanques, fontes e espelhos de água nos fora lusitanos", in T. Nogales Basarrate (coord.), *Ciudad y Foro en Lusitania Romana*. Mérida 285-314.
Salinas de Frías et alii, M. (2018), "Personaje togado y espacio público en Salmantica", in C. Márquez – D. Ojeda (eds), *Escultura Romana en Hispania VIII*. Córdova 553-577.
Sarantoupolos, P. (1994), "Os banhos públicos da Liberalitas Iulia Ebora: algumas notas sobre o seu estudo", *Trabalhos de Antropologia e Etnologia* 34 (3-4) 273-286.
Wheeler, M. (1964), *Roman Art and Architecture*. Londres.
Wilson, A. (1966), *Emigration from Italy in the Republican Age of Rome*. Manchester.

4. AS VIAS DE COMUNICAÇÃO TERRESTRES, FLUVIAIS E MARÍTIMAS DA HISPÂNIA ROMANA

Vasco Gil Mantas
Universidade de Coimbra
Centro de Estudos Clássicos e Humanísticos
ORCID: 0000-0002-6109-4958
vsmantas@gmail.com

Sumário: É um lugar-comum recorrente considerar a importância das vias de comunicação na génese e afirmação do poderio romano e do Império, com um especial enfoque nas vias terrestres e na sua função militar. A realidade era, todavia, um pouco diferente. Na Hispânia, as vias terrestres, fluviais e marítimas contribuíram eficazmente para o sucesso da romanização, em parte resultante da mobilidade que ela estimulou e permitiu, direta ou indiretamente[1].

A Península Ibérica é com frequência considerada um território excêntrico, dificilmente relacionado com o centro do mundo antigo e onde os problemas decorrentes da romanização, tal como a entendemos, são vulgarmente atribuídos a um efeito de finisterra que todavia nos parece ter sido mais intenso em épocas posteriores. Na realidade, os contactos por via terrestre e através da navegação, de cabotagem ou de longo curso, entre a Hispânia e outras regiões do Império foram intensos, ainda que em certos períodos possam ter sido menos ativos, em parte devido a uma inferior e mais tardia urbanização, sobretudo nas regiões atlânticas. É certo que Roma teve a consciência das diferenças geográficas e culturais existentes na Hispânia, termo que utilizamos de forma alargada, sem esquecer que a administração romana sempre distinguiu duas *Hispaniae*, só alterando o conceito por questões administrativas, com a tardia criação da *Diocesis Hispaniarum* (Martínez; Maza; Huesma 2007 43-86), cuja

---
[1] Trabalho realizado no âmbito do Projeto *Rome our Home: (Auto)biographical Tradition and the Shaping of Identity(ies)* (PTDC/LLT-OUT/28431/2017).

capital parece dever situar-se em Mérida (Étienne 1982 201-208; Arce 2002 501-506), englobando um total de sete províncias[2].

Parece significativo que, dividida a Península em *Hispania Ulterior* e *Hispania Citerior*, ambos os territórios tenham englobado áreas mediterrânicas e áreas atlânticas, onde, nos inícios do principado, as diferenças civilizacionais se faziam sentir, como Estrabão frisou, recorrendo largamente a dados em parte obsoletos, privilegiando de forma compreensível as regiões meridionais (Abascal; Espinosa 1989 11-37). Mas logo neste momento encontramos uma referência reveladora quanto ao tráfego marítimo, quando o geógrafo menciona serem os navios idos da Turdetânia não só os maiores, o que se relaciona com os seus portos de armamento no Atlântico, em especial *Gades* (Cádis), mas em número quase idêntico aos restantes que frequentavam o porto de *Puteoli* (Pozzuoli), então o mais importante da Itália (Estrabão 2.6; 3.1). Continuar a favorecer uma visão isolacionista para a Hispânia não parece sustentável, considerando a sua importância na economia romana, desde períodos anteriores ao advento do regime imperial.

O cuidado com as comunicações por via terrestre revelou-se cedo, por evidentes razões estratégicas, dado que numa fase inicial do domínio romano os aspetos militares foram dominantes. A primeira notícia sobre a colocação de miliários numa via hispânica, a *Via Domitia*, que unia a *Provincia* à *Hispania Citerior*, foi-nos transmitida por Políbio: "Os Romanos arranjaram esta estrada e marcaram-na cuidadosamente com marcos de oito em oito estádios, quer dizer, de milha em milha" (Políbio 3.39.8). Os mais antigos miliários peninsulares conhecidos são os de *Q. Fabius Labeo*, datados de 114-110 a.C., registados em Aragão e na Catalunha (*CIL* II 4924, 4925, 4956). A rede viária romana na Península Ibérica sucedeu, em parte, a caminhos proto-históricos, quase sempre com características regionais. Na maior parte eram itinerários com reduzida ou nenhuma intervenção humana, simples pistas que a logística romana obrigou a renovar, começando pelos grandes eixos existentes antes do início da conquista, como o caminho referido na *Ora Maritima*, unindo a foz do Tejo à região tartéssica, ou a mítica *Via Heraklea* (Avieno *Or. Mar.* 178-182; Sillières 1990 338, 537-539), ambas relacionadas com o comércio dos metais e seu transporte por via terrestre até aos *ports-of-trade* ou colónias fenício-púnicas e gregas situadas no litoral.

A *Via Domitia* e, em parte, a *Via Heraklea*, deram lugar nos primeiros tempos do Império à *Via Augusta* (Fig. 1), denominação globalmente atribuída ao principal eixo viário hispânico entre os Pirenéus e o porto de *Gades* e cujo traçado serviu de alguma forma como linha de partida da conquista para o interior (Sillières 1990 260-382, 584-586), seguindo os grandes eixos de penetração que fixaram o esquema geral da rede viária romana. Esta via comunicava Roma com Cádis, com um percurso bem conhecido através de vestígios arqueológicos e epigráficos (Fig. 2), entre os quais destacamos os célebres vasos de Vicarello (Roldán Hervás 1975 149-160; Sánchez 2013 3-21). No mundo romano a

---

[2] Tarraconense, Bética, Lusitânia, Calécia, Cartaginense, Mauritânia Tingitana e Baleárica.

construção ou manutenção de vias mereceu sempre um particular relevo político e esta estrada surge na propaganda de Augusto com especial destaque, interpretada como a estrada que conduzia aos confins do mundo: *Gallias et Hispanias provincias item Germaniam, qua includit occeanus a Gadibus ad ostium Albis fluminis pacavit* (Cooley 2009: *R.G.* 26.2). Esta orgulhosa referência ao domínio do litorais ocidentais repete-se no texto dos miliários da *Via Augusta* (*CIL* II 4701, 4703, 4712, 4715, 4716: *ad Oceanum*).

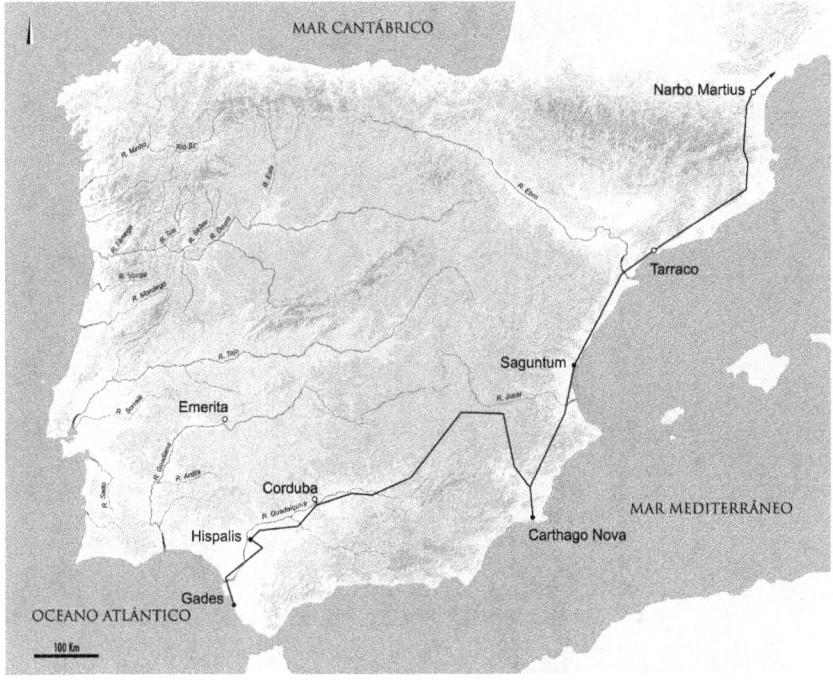

Fig. 1 – Traçado geral da Via Augusta entre *Gades* e *Narbo Martius*.

Inicialmente, como dissemos, estas vias tinham funções militares, tanto mais que a urbanização romana da Península Ibérica no período republicano foi muito reduzida, o que permitiu que a rede viária que se foi desenvolvendo se contentasse com estradões capazes de garantir o abastecimento das tropas em operações, o que nem sempre aconteceu da forma desejada, como se verificou durante a campanha contra os Cântabros e Ástures, quando em 26 a.C. o exército de Augusto teve de ser abastecido por mar a partir da Aquitânia (Estrabão 3.4.18; Morillo; Domínguez 2010 145-146). Algumas destas vias, depois de melhoradas, conservaram algo da sua primitiva função, como sucedeu com a via *Asturica Augusta - Burdigala* (Bordéus), em parte devido à necessidade de proteger os importantes distritos mineiros do Noroeste peninsular e vigiar uma região difícil, particularmente rica em testemunhos epigráficos (Rodríguez Colmenero; Ferrer Sierra; Álvarez Asorey 2004). Porém, a maior parte das estradas, ainda que por vezes designadas nos miliários como *viae militares*, teve na época imperial funções mais pacíficas relacionadas com o quotidiano da mobilidade existente no mundo romano. A urbanização crescente das províncias hispânicas não só desenvolveu a utilização da rede viária como contribuiu para o seu alargamento, multiplicando-se as estradas secundárias e os caminhos vicinais, hoje quase sempre de difícil localização.

Fig. 2 – Um dos vasos de Vicarello (CIL XI 3283. Museu Nacional Romano, Roma).

As características geográficas da Península Ibérica levantaram problemas ao lançamento de estradas, sobretudo na travessia de cadeias montanhosas, muito numerosas, e de rios caudalosos, de regime muito irregular. Algumas das vias, sobretudo aquelas que serviam o *cursus publicus* instituído por Augusto e desenvolvido durante a época imperial (Suetónio 2.49; Kolb 2001 95-105), mereceram atenção especial, quer na construção, quer no equipamento, pois exigiam garantias de utilização durante todo o ano, levando à construção de calçadas de estrutura espessa (*agger*), mais vulgarmente recobertas de gravilha ou pedra miúda do que lajeadas (Chevallier 1972 93-95; Mantas 2012 52-54), cuidadosamente balizadas com miliários, dotadas de pontes onde necessário e de estações viárias de diversa categoria (*mansiones, mutationes*), situadas em meio urbano ou rural. A velocidade das viagens variava bastante, consoante os meios utilizados, como é evidente, podendo um correio cobrir em média 50 milhas por dia (Procópio *H.S.* 30.3.5).

A integração progressiva da Hispânia na estrutura administrativa romana, evoluindo de um conjunto de áreas militarizadas para um sistema provincial predominantemente civil, com notável crescimento do número de *civitates*, sobretudo nas regiões meridionais e mediterrânicas, multiplicou as estradas destinadas a servir os novos ou refundados centros urbanos. O custo da construção e da manutenção destas estradas, de interesse sobretudo regional, recaía principalmente sobre as cidades, ainda que o Estado pudesse contribuir de alguma forma quando a sua importância no sistema de comunicações se evidenciasse. Exemplo desta situação é a construção da ponte de Martorell, perto de Barcelona, na qual participaram militares, de acordo com testemunhos epigráficos, ou da ponte sobre o Guadiana, na capital lusitana, *Emerita Augusta*, que terá sido uma das primeiras obras da colónia (Durán Fuentes 2005 120-125; Álvarez Martínez 2006 221-251).

No primeiro caso podemos referir a construção da formidável ponte de Alcântara, sobre o Tejo, terminada em 105 e subsidiada por 11 cidades lusitanas (*CIL* II 760), ou da ponte de *Aquae Flaviae* (Chaves), esta subsidiada pelos aquiflavienses (*CIL* II 2478), também durante o principado de Trajano (Fig. 3), assim como outro trabalho anterior, sob Vespasiano, concretizado pela *Legio VII Gemina* (*CIL* II 2477=5616), na altura a principal força militar atribuída à Hispânia, e por 10 cidades da região, talvez uma primeira ponte ou outros trabalhos viários de envergadura (Tranoy 1981 181, 213-214). É claro que a intervenção de técnicos facultados pelos governadores, como decerto aconteceu em Alcântara, podia ocorrer sem que tal implicasse que a administração sustentasse o custo das obras. Para além destas soluções normais, o recurso a doações e legados, tal como viria a suceder na Idade Média, supriu as dificuldades orçamentais das cidades, pelo menos durante o Alto Império, período áureo do mecenato cívico (Melchor Gil 1992 121-137; 1999 219-263).

Eis dois exemplos hispânicos deste tipo de atuação, o primeiro de *Ercavica* (Cañaveruelas, Cuenca): *Ex reditu pecuniae quam C(aius) Iulius Celsus rei publicae legavit decreto ordinis mun(icipii) Er(cavicensis) via facta HS C m(ilia) p(assuum) VIII* (*CIL* II 3167. A segunda epígrafe (*CIL* II 6339), de *Oretum* (Granátula, Ciudad Real), diz o seguinte: *P(ublius) Baebius Venustus P(ublius) Baebi Veneti f(ilius) Baesisceris nepos Oretanus petente ordine et populo in honorem domus divinae pontem fecit ex sest(ertii) XXC circensibus editis dono d(edit) i(demque) d(edicavi*t). A mão-de-obra necessária era obtida através de corveias, conhecidas pela legislação colonial e municipal de várias cidades hispânicas (Mangas 2001; Goffaux 2001 257-270), tornando-se particularmente rigorosa no Baixo-Império a regulação relacionada com os trabalhos viários, de acordo com a documentação recolhida no *Código de Teodósio* (Pharr 2008: *Cod. Theod.* 15).

Fig. 3 – A ponte de Trajano, sobre o rio Tâmega, em *Aquae Flaviae* (Chaves).

Com os progressos da romanização a rede viária evoluiu gradualmente, em parte como causa e consequência desse mesmo progresso. Os poucos traçados existentes no início do Principado, a *Via Augusta*, a estrada *Emerita - Salmantica - Asturica*, depois conhecida como *Vía de la Plata*, a que unia *Olisipo* a *Bracara*, vulgo Via XVI, um grande itinerário estratégico lançado por Augusto em 23 a.C., que de *Emerita* seguia para o Norte pela Serra da Estrela (Mantas 2012 235-253), da qual o miliário de Alfaiates é um importante testemunho (Fig. 4), e a via que da costa, de *Tarraco* (Tarragona) acompanhava o curso do Ebro em direção a *Caesaraugusta* (Saragoça) e *Pompaelo* (Pamplona), foram rapidamente acrescentados com muitas outras estradas, cujas funções são essencialmente administrativas e económicas. A criação dos conventos jurídicos, de datação ainda discutível, talvez anterior aos flávios, contribuiu também para o desenvolvimento de parte da rede viária, pois os governadores e outros grandes funcionários deviam deslocar-se regularmente das capitais provinciais, *Tarraco*, *Corduba* e *Emerita*, a que se juntaram depois da reforma de Diocleciano *Bracara* e *Carthago Nova* (Ozcáriz-Gil 2012 557-579), a fim de presidirem a atos judiciais nas capitais conventuais ou em viagens de inspeção. Como existiram 14 capitais conventuais, todas exigindo vias convenientemente traçadas e mantidas para possibilitar a boa execução destas e de outras tarefas administrativas, inclusive de ordem fiscal, podemos calcular a influência que tal circunstância teve no esquema geral da rede viária.

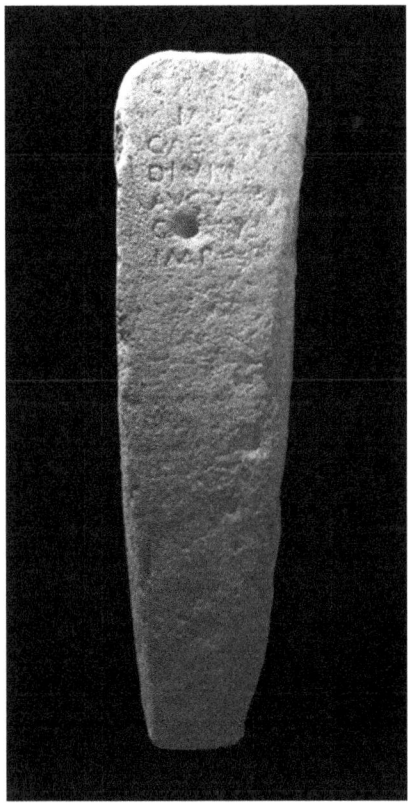

Fig. 4 – O miliário augustano de Alfaiates (Museu Nacional de Arqueologia).

Nas fontes itinerárias disponíveis para o território hispânico encontramos quatro referências à presença de *praetoria*, neste caso sem qualquer conotação militar, pois se trata de estações viárias onde se alojavam os altos funcionários e os governadores, edifícios de assinaláveis dimensões, por vezes dotados de basílicas destinadas ao funcionamento do tribunal, infelizmente ainda sem vestígios identificados. Todas se encontram situadas sobre vias de primeira categoria: *Praetorium*, na *Via Augusta* (It. 398.3), *Precorium*, na via entre o Mediterrâneo e *Pompaelo*, por *Caesaraugusta* (PP. 310.10), *Preterion*, na via *Emerita - Asturica* (PP 319.2) e *Aritio Praetorio*, na via *Olisipo – Abelterium - Emerita* (It. 418.8). Conservámos a grafia dos topónimos tal como ocorrem, deturpada em dois dos casos, mas reconhecível. Os vestígios arqueológicos das estações viárias constituem um dos pontos fracos da arqueologia hispano-romano, embora nos últimos anos se tenham identificado algumas, pois pela sua arquitetura, quase sempre modesta, podem ser confundidas com estabelecimentos rurais ou passar desapercebidas (Chevallier 1972 213-217).

O sistema viário hispânico diferia da solução radial que caracterizava a rede de estradas da Gália, recordando o da Britânia, onde as primeiras vias foram lançadas para unir os portos de invasão aos centros militares, desenvolvendo-se um esquema circundando a ilha até à Muralha de Adriano. A rede viária da Península Ibérica desenvolvia-se em torno do litoral, apoiando-se nas três estradas que atravessavam os Pirenéus, como eixos orientadores de todo o sistema viário peninsular, como propôs Konrad Miller, em centros portuários, da seguinte forma: 1 - De *Olisipo* a *Benearno*, por *Emerita, Toletum* e *Caesaraugusta*; 2 - De *Olisipo* a *Benearno*, por *Bracara, Asturica* e *Pompaelo*; 3 - De *Gades* a *Roma*, por *Tarraco*. Como se verifica, trata-se de um esquema muito simples, constituído por um itinerário interior e dois itinerários litorais circundando praticamente toda a Península (Miller 1916 149; Chevallier 1972 176-179). A função marcadamente castrense, na origem, das vias romanas peninsulares parece refletir-se também nas mesmas estradas, pois estas conduzem a centros urbanos com características militares: *Legio VII, Asturica Augusta* e *Castulo* (Linares, Jaén). Esta teoria não deixa de ser atraente, (Roldán Hervás 1975 36-37) mas julgamos que deve ser considerada com prudência, pois que a natureza básica das vias não deixa de se projetar em qualquer compilação das mesmas. Seja como for, se eliminarmos os principais focos viários interiores, *Emerita, Corduba, Toletum, Complutum* (Alcalá de Henares), resta uma rede de estradas envolvendo o território. É claro que não podemos esquecer as estradas secundárias que completavam a rede.

As fontes disponíveis para o estudo das comunicações da Hispânia romana são relativamente abundantes, desde logo fontes arqueológicas, em terra e no mar, e fontes escritas, epigráficas ou literárias. Entre as primeiras devemos destacar os restos viários propriamente ditos, menos numerosos do que normalmente se pretende, os vestígios de instalações portuárias, fluviais ou marítimas, e os materiais facultados em número crescente pela arqueologia subaquática, restos de navios e, sobretudo, dos seus carregamentos. Entre as fontes escritas os miliários têm um valor muito especial, quer para definir traçados viários, quer para esboçar a cronologia da rede de estradas (Mantas 2012a 139-169), mas os documentos de maior interesse são os diversos roteiros que chegaram aos nossos dias. O mais importante é o denominado *Itinerário de Antonino*, documento completado pelo *Itinerário Marítimo* indicando algumas rotas entre a Hispânia e a Mauritânia (Wesseling 1735; Roldán Hervás 1975 19-142).

Na parte terrestre o *Itinerário* indica um total de 34 itinerários para as províncias hispânicas (Fig. 5), na maioria constituídos por troços de várias estradas cuja indicação de distâncias, como provam os miliários, se reiniciava dentro de cada *civitas*, com algumas exceções, como a via *Emerita - Asturica*, a *Via Augusta* no seu percurso bético e a via *Bracara - Cale* (Puerta Torres 1995 23-35, 92-95; Sillières 1990 108-120; Mantas 2012 196) Aproveitamos para recordar que a enumeração das vias tal como ocorre vulgarmente nos estudos viários peninsulares nada tem de antiga, apenas referindo a ordem pela qual foram inseridas na edição clássica de Petrus Wesseling. O roteiro parece remontar ao século III, com interpolações mais recentes, mas utilizou material anterior, mostrando com frequência erros na indicação das distâncias, em parte resultantes das sucessivas cópias a que o original foi sujeito, sendo o manuscrito conhecido mais antigo o *Escorialensis*, do século VII. Embora alguns investigadores defendam a existência na Península Ibérica de medidas diferentes para a milha verifica-se que, quando é possível confirmar no terreno as indicações do *Itinerário*, o valor métrico da milha romana é o normal, ou seja, 1481,50 metros.

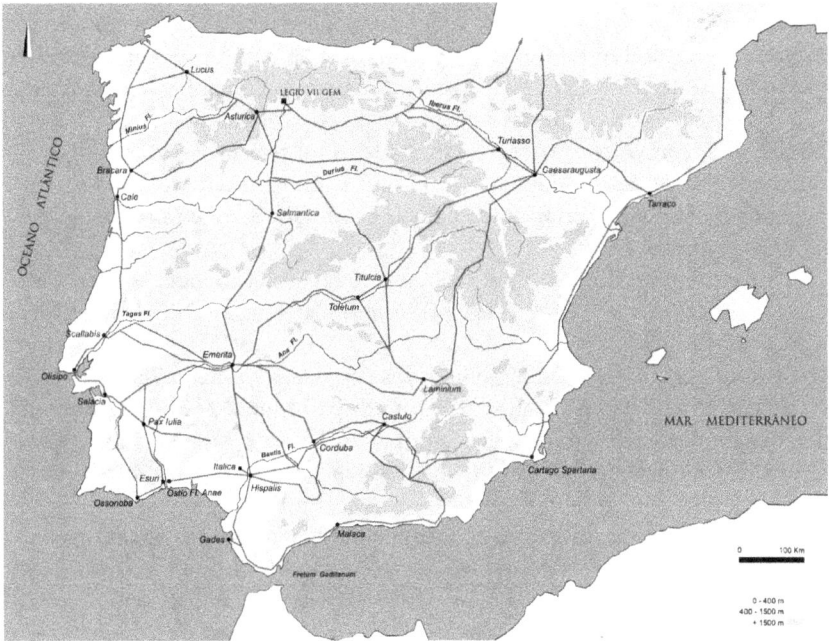

Fig. 5 – A rede viária hispânica indicada pelo *Itinerário de Antonino*.

Outro documento viário importante, embora desprovido da indicação de distâncias entre estações, é a *Cosmografia* do Anónimo de Ravena (Pinder; Parthey 1860), talvez do século VII, cujo manuscrito mais antigo, do século XIII, é o da Biblioteca Vaticana. Recolhe, na parte referente à Hispânia (PP 300.42-325.15; 341.9-344.15), muita informação do *Itinerário*, deturpando significativamente a toponímia e concentrando as estradas em longas séries de caminhos nem sempre de forma coerente. Indica, todavia, algumas estradas não incluídas no *Itinerário*, ou estações que este ignorou (Roldán Hervás 1975 111-142), como as discutidas *Statio Sacra* (PP 306.11), no Algarve, e *Arae Augusti* (PP 308.1), na Galiza. Não citamos aqui outros documentos de menor interesse, por nada acrescentarem à reconstituição da rede viária romana da

Península Ibérica, ainda prejudicada pela incerteza que subsiste na localização de muitas das *mansiones* e de povoações apenas conhecidas pela toponímia ou por ignotos vestígios no terreno.

Um dos testemunhos epigráficos que mais polémica tem provocado quando se trata de estudar as vias hispano-romanos é o chamado *Itinerário de Barro de Astorga*, constituído por quatro pequenas placas de argila, em mau estado, achadas obscuramente na região de Astorga, e que descrevem algumas vias do Noroeste peninsular. Consideradas falsas por uns, autênticas no todo ou em parte por outros, este discutido documento voltou a ganhar notoriedade muito recentemente (Ochoa; Cerdán; Sendino, 2012, 151-179), quando uma datação por termoluminescência lhe atribuiu uma cronologia entre finais do século III e inícios do IV. Sendo assim, torna-se ainda mais difícil explicar as enormes discrepâncias que existem nos dados das placas em relação quer ao *Itinerário de Antonino*, quer às distâncias reais no terreno, parecendo-nos insuficiente a explicação através do uso de uma milha diferente, para a qual é impossível definir um valor único para as cinco estradas incluídas neste incómodo documento.

As fontes geográficas antigas referentes à Hispânia romana são raras e de difícil utilização. A *Tábua de Peutinger*, conhecida cópia medieval de um mapa viário romano não apresenta interesse para a Península Ibérica, apesar da reconstituição artificial de Miller, pois apenas conserva a zona pirenaica (Roldán Hervás 1975 106-110). Quanto ao muito discutido mapa em papiro atribuído a Artemidoro cuja autenticidade continua *sub judice* (Kramer; Kramer 2000 309-322; Canfora 2013 157-179), mostra um esboço de parte da Península, com indicação de alguns rios, um dos quais será o Douro, mas sem quaisquer legendas, o que nada adianta ao conhecimento da rede viária. Finalmente, não podemos deixar de lembrar a *Geografia* de Cláudio Ptolomeu, cujos dados referentes às províncias hispânicas permitem identificar (Ptolomeu 2.4-6), através do sistema de coordenadas, determinados traçados viários, desde que se use de prudência (Müller 1883 162; Dilke 1983 72-86) As obras de Estrabão e de Plínio-o-Velho facultam também dados importantes para a reconstituição das comunicações hispânicas, terrestres, fluviais e marítimas.

A cronologia geral da rede viária peninsular pode estabelecer-se *grosso modo* a partir dos miliários, ainda que a irregular distribuição destes monumentos possa deturpar o quadro, sem esquecer que a balizagem não era sistemática em todas as estradas, incidindo sobretudo nas grandes vias administrativas. Foi Augusto que lançou as bases do sistema viário hispânico, envolvendo literalmente o território com uma série de vias mais ou menos paralelas ao litoral e ligando por outras estradas os portos às zonas mineiras e militarizadas, trabalho continuado pelos júlio-cláudios. Com os flávios foram construídas diversas vias importantes, como a *Via Nova* de *Bracara* a *Asturica* (Fig. 6), ou uma transversal entre *Emerita* e *Caesaraugusta*, importante porto fluvial (Aguarod; Erice 2003 143-155), por *Augustobriga* (Talavera la Vieja) e *Segontia* (Siguenza).

Fig. 6 – Ninho de miliários de Bico da Geira, na *Via Nova*, construída por Vespasiano.

Com Trajano e Adriano houve de novo intensa atividade construtora e renovadora, situação que voltamos a encontrar com Caracala. De forma um tanto surpreendente miliários de Maximino e de Décio comprovam a atenção pelas vias ao longo do século III, período no qual se notam alterações na frequência de certas estradas. No final deste século inicia-se o último período de atividade viária significativa, por iniciativa dos tetrarcas e da dinastia constantiniana, multiplicando-se entretanto os miliários honoríficos, que perturbam a interpretação, sem que esqueçamos o facto de que as cidades podem ter dedicado ao imperador a realização de trabalhos viários. Atendendo às rigorosas e reiteradas determinações do *Código de Teodósio* a propósito da obrigatoriedade sem isenções desses trabalhos, julgamos a hipótese muito provável. O miliário hispânico mais recente, pertencente a Teodósio e Honório (Aguilera 1985 86-89), foi achado perto de Gerona, no traçado da *Via Augusta*.

Não podemos referir aqui toda a rede de estradas romanas peninsulares, apenas parte da qual se encontra no *Itinerário de Antonino*, que ignora itinerários de grande importância como o que unia *Emerita* a *Bracara* pela ponte de Alcântara. Algumas vias foram estabelecidas para ligação com portos fluviais ou marítimos, por exemplo a de *Segisamo* (Sasamon) a *Portus Blendium* (Suances), através da Cordilheira Cantábrica, ou a via *Pax Iulia - Baesuris* (Castro Marim), por *Myrtilis* (Mértola), unindo a capital conventual a um porto fluvial e a outro flúvio-marítimo, onde se situava o *traiectus* da estrada que conduzia a *Onuba* (Huelva) e *Hispalis* (Sevilha). Também a existência de traçados duplos merece ser destacada, como acontece com a via ao longo do Guadalquivir entre *Corduba* e *Castulo*, ou com a *Via Augusta* entre *Barcino* (Barcelona) e *Aquae Voconiae* (Caldes de Malavella?). Algumas destas variantes resultaram da importância das atividades económicas desenvolvidas na região, ou da necessidade de possuir caminhos alternativos durante a invernia. Estas estradas, ou ramais a partir das vias principais (*deverticula*), destinavam-se também a facilitar o acesso a portos fluviais, pois a rede hidrográfica, em grande parte navegável (Schulten 1959 65-89; Campbell 2012 247-262), foi muito utilizada para o tráfego de mercadorias, considerando a diferença do custo do transporte e da capacidade de carga das embarcações, muito mais caro ou simplesmente impossível por via terrestre (Sillières 990 749-754; Soto; Carreras 2009 303-324), circunstância que devemos alargar a uma intensa cabotagem, quer no Mediterrâneo, quer no Atlântico.

A construção de estradas teve um impacte muito relevante na evolução do povoamento na época romana. Parece-nos muito interessante o caso de *Sabora* (Cañete la Real, Málaga), onde os habitantes, através dos seus magistrados, pediram a Vespasiano autorização para fundar uma nova povoação num local mais acessível, nas proximidades da via *Hispalis-Malaca*. Eis a resposta do imperador: "O imperador César Vespasiano Augusto, pontífice máximo, investido no poder tribunício pela nona vez, saudado imperador pela oitava vez, pai da pátria, envia a sua saudação aos quadrúnviros e decuriões de Sabora. Como me informais que a vossa fraqueza é oprimida por numerosas dificuldades, permito-vos a construção na planície, como desejais, de uma povoação com o meu nome" (*CIL* II 1423). Por outro lado, o estabelecimento de estações viárias em zonas de fraca urbanização atraiu o povoamento e deu origem a *vici*, contribuindo para a dinâmica romanizadora, como a densidade de dedicatórias aos *Lares Viales* no Noroeste peninsular sugerem (Tranoy 1981 323-324; Filgueiras 1984 153-181).

Em parte pelas razões já invocadas a propósito da circulação de bens na Península Ibérica, o transporte marítimo teve relevante papel na vida económica (Fig. 7), depois de, numa primeira fase ter sustentado a ocupação do território, a partir de portos como Ampúrias, Tarragona, Sagunto, Cartagena, Cádis, Alcácer do Sal (*Imperatoria Salacia*) e Lisboa. Na época imperial o litoral hispânico contava com uma multiplicidade de portos possibilitando a reunião de cargas e a exportação e importação, neste caso muitas vezes através de fretes de retorno[3]. Se inicialmente o produto da exploração mineira predominava, destacando-se neste comércio as sociedades estabelecidas nos portos meridionais (Ballester 1998 249-262), encontramos em seguida atividades de grande amplitude relacionadas com a *annona*, subordinadas ao abastecimento da Itália e dos exércitos, durante o Alto Império controlada pelo Estado mas exercida por armadores privados.

---

[3] Prática normal e que as características do comércio marítimo peninsular estimulavam, uma vez que a maioria do movimento de exportação era constituído por matérias-primas, sem importação equivalente. Para evitar a navegação em lastro aceitavam-se cargas de materiais baratos, destacando--se os materiais de construção cerâmicos.

Fig. 7 – Navio tipo *corbita* figurado numa estela funerária (CIL II 4065) de *Dertosa* (Museu de Tortosa).

Entre esses artigos, concentrados nalguns portos, destacam-se os cereais, o azeite, o vinho e os preparados piscícolas, que tinham em Tróia um dos seus principais centros produtores (Alarcão 1990 428-429; Barrios 2001 60-63), sem esquecer, mais tardiamente, a exportação de equinos. A existência de corporações profissionais ligadas ao movimento portuário, em *Hispalis* (Sevilha), por exemplo (*CIL* II 1180, 1182), comprova a importância destas atividades, nas quais os corretores, como o olisiponense *M. Cassius Sempronianus*, identificado numa epígrafe de *Oducia* (Tocina), na Bética (González Fernández 1983 183-191) desempenhavam uma função relevante. O porto predominante durante o Alto Império, continuando uma situação anterior à conquista romana, foi *Gades* (Rodríguez Neila 2009 307-335), cidade cujos notáveis contavam com lugares reservados no Coliseu, em Roma. O comércio marítimo foi um dos grandes motores da promoção social na Hispânia romana, em parte através da presença de numerosos *liberti* de significativa intervenção na vida das províncias peninsulares (Guerra 2013 51-176). As atividades marítimas não se circunscreviam ao Estreito e ao Mediterrâneo, pois a rota atlântica, herdada da navegação fenício-púnica, foi naturalmente muito ampliada na época romana. Dela diz Plínio: "A partir de Gades e das Colunas de Hércules e ao redor da Hispânia e da Gália, todo o Oceano Ocidental é atualmente navegado"[4]. Primeiro as necessidades militares e depois o desenvolvimento das províncias setentrionais promoveram a navegação atlântica, beneficiando os portos lusitanos e os do

---

[4] *A Gadibus columnisque Herculis Hispaniae et Galliarum circuitu totus hodie navigatur occidens* (Plin. *Nat.* 2.167-168)

norte da Península Ibérica, como *Brigantium* (Corunha), *Portus Blendium* (Suances) e *Flaviobriga* (Castro Urdiales). Apesar dos perigos envolvidos e dos limites mais rigorosos do *mare clausum* no Atlântico, a diferença dos custos em comparação com o transporte pelo Mediterrâneo e pelos rios gauleses justificava o recurso a esta rota para atingir a Britânia e a Germânia (Greene 1986 40-41; Cunliffe 2001 412,446).

Os portos romanos (*portus, positio*) dividiam-se por várias categorias, para além dos abrigos ou fundeadouros (*statio, refugium, plagia*) que serviam pequenas povoações ou estabelecimentos privados, normalmente dotados de um equipamento sumário, quando o tinham. Grande parte dos portos peninsulares eram flúvio-marítimos, com reduzido equipamento, cais, pontões em madeira e os imprescindíveis armazéns (*horrea*). Alguns portos, sobretudo na área mediterrânica, contaram com obras defensivas mais complexas, estruturas de difícil construção na área atlântica, mas que são referidas por Estrabão na foz do Minho (Estrabão 3.3.4), e que existiram noutros locais, como *Brigantium* e *Balsa*, cidade nas cercanias de Tavira (Mantas 2000 36-37), estruturas recentemente identificadas no importante sítio de Boca do Rio, também no Algarve[5]. A navegação noturna, de longo curso, obrigou à construção de faróis, desaparecidos na maior parte, como os de Cádis, Chipiona ou Outão, conservando-se em funcionamento a célebre Torre de Hércules, na Corunha (Fig. 8), obra de um arquiteto lusitano eminiense (*CIL* II 2559 = 5639).

Fig. 8 – O farol romano da Corunha (*Brigantium*), restaurado no século XVIII.

---

[5] Este achado, efetuado por uma equipa das universidades do Algarve e de Magdeburgo, reforça a possibilidade das ruínas de Boca do Rio corresponderem a um *vicus*.

As relações com o Norte de África, intensas na zona do *Fretum Gaditanum* e que se estendiam até bastante a sul, pelo menos até às Canárias (Álvarez; Gaspar 2014 773-777; Cabo; Martín; Gímenez 2014 185-228), sublinham a vocação marítima dos hispano-romanos, pelo menos de alguns. Quanto aos produtos peninsulares, como o *garum* e o azeite, começam a surgir no Mar Vermelho, a sul de *Berenike*, na rota do comércio indiano do mundo romano (McLaughlin 2014 100).

O valor das atividades marítimas envolvendo a Hispânia reflete-se nas tarifas de transporte incluídas no Édito Máximo (Giachero 1974: *Ed*.35.1), tanto como nas referências aos *naviculari hispani* na legislação do século IV reunida no *Código de Teodósio* (Pharr 2008: *Cod. Theod*. 13.5.4; 5.8), continuando a Península Ibérica na Antiguidade Tardia a oferecer boas oportunidades de negócio (Paládio *H.L.* 15; Herrero 2011 136-149). No Baixo-Império é muito claro o aumento das relações com o Oriente e com o Norte de África (Blázquez 1990 187-204), evidenciado pelos materiais arqueológicos e pela visível presença de comunidades de comerciantes com essa origem. Não devemos esquecer também as circunstâncias culturais relacionadas com a mobilidade terrestre e marítima, em particular no aspeto religioso, sobretudo assinalável no que se refere a religiões de origem oriental, helenizadas ou não. A rota atlântica conheceu também incremento ao longo do século IV, como os materiais, sobretudo anfóricos, recuperados no mar e em escavações em terra vão confirmando. Com o colapso da administração romana na Península Ibérica, ao longo do século V, quando as estradas facilitaram a rápida movimentação dos grupos bárbaros, as ligações marítimas e as atividades comerciais sofreram um acentuado decréscimo, sem que tenham desaparecido por completo (Cassiodoro *Var.* 5.35.1), mesmo na zona atlântica (Fabião 2009 25-50; Fernández 2014 402-456).

A duração das viagens variava, mesmo no período normal de navegação. Os ventos, o estado dos navios e o tipo de cargas determinavam que assim fosse. A maior parte da informação disponível refere-se ao Mediterrâneo, onde uma viagem entre Óstia e a Hispânia podia durar, em condições de rapidez, entre quatro e sete dias, segundo Plínio-o-Velho, dependendo da rota se dirigir a Tarragona ou à zona do Estreito (Plínio *N.H.* 19.3-4). Referindo-se às viagens entre Itália e o Golfo de Cádis, o poeta Horácio refere que se efetuavam por ano três ou quatro viagens comerciais (Horácio *Carm*.1.31.13-15), o que permite uma estimativa em baixa para as viagens ao longo do litoral atlântico. Se desejássemos sublinhar quantitativamente o valor da participação hispânica no abastecimento da Itália basta considerar as dezenas de milhões de ânforas depositadas no Monte Testaccio (Rodríguez Almeida 1984 118; Johnson 2012 124-126), junto ao porto fluvial de Roma, e o movimento marítimo que assim se comprova. Os progressos da arqueologia subaquática não deixarão de facultar novos dados para o conhecimento das relações marítimas da Hispânia romana, sobre as quais o contributo da epigrafia vai lançando luz regularmente. Os mesmos progressos em terra, infelizmente acompanhados de muita destruição, permitiram já aperfeiçoar um quadro mais exato da rede viária, indiscutivelmente um dos elementos fundamentais da paisagem cultural romana, consequência de uma romanização estimulada pela mobilidade, na qual vias e portos serviam um império centrado no uso do mar.

Bibliografia

Fontes Antigas e Medievais

CIL = *Corpus Inscripcionum Latinarum*. Berlim, Georgium Reimerum.
Avieno, *Orla Marítima*, J. R. Ferreira, trad. (^{2}1992). Lisboa, Instituto Nacional de Investigação Científica.
Cassiodoro, *Variae*, J. B. Barnish, trad. (1992). Liverpool, Liverpool University Press.
Estrabão, *The Geography of Strabo*, 2, H. L. Jones, trad. (1960). Cambridge-Londres, Harvard University Press.
Horácio, *Oeuvres*, 1, H. Villeneuve ; F. Villeneuve, trads. (1929). Paris, Les Belles Lettres.
Paládio, *La Storia Lausiaca*. A cura di G. B. Bartelink (1974). Milão, A. Mondadori.
Plínio-o-Velho, *Histoire Naturelle*, 2, J. Beaujeu, trad. (^{2}2003). Paris, Les Belles Lettres.
Políbio, *Histoires*, R. Weill ; Cl. Nicolet, trads. (1977). Paris, Les Belles Lettres.
Procópio, *Historia Secreta*, J. Signes, trad. (2000). Madrid, Editorial Gredos.
Ptolomeu, *Claudi Ptolomaei Geographia*, K. Müller (1883). Paris, Firmin Didot.
Suetónio, *Vie des douze Césars*, H. Ailloud, trad. (1931). Paris, Les Belles Lettres.
Cooley, A. E. (2009), *Res Gestae Divi Augusti*. Cambridge, Cambridge University Press.
Giachero, M. (1974), *Edictum Diocletiani et Collegarum de Pretiis Rerum Venalium in Integrum Restitutum e Latinis Graecisque Fragmentis*, 1-2. Génova, Istituto di Storia Antica.
Pharr, C. et alii (^{10}2008), *The Theodosian Code and Novels and the Sirmodian Constitution*. Clark, The Lawbook Exchange.
Pinder, M.; Parthey, G. (1860), *Ravennatis Anonymi Cosmographia*. Berlim, Aedibus Friderici Nicolai.
Wesseling, P. (1735), *Vetera Romanorum Itineraria, sive Antonini Augusti Itinerarium*. Amesterdão, J. Wetstenium & J. Smith.

Estudos e obras literárias

Abascal, J. M. – Espinosa, U. (1989), *La ciudad hispano-romana. Privilegio y poder*. Logronho, COAATR.
Aguarod, M. C. – Elice, R. (2003), "El puerto de Caesaraugusta" in G. P. Berlanga – J. P. Ballester, eds *Puertos fluviales antiguos: ciudad, desarrollo e infraestructuras*. València, Universitat de València 143-155.
Aguilera, F. P. (1985), *La vía Augusta en Cataluña*. Barcelona, Universidad Autónoma de Barcelona.
Alarcão, J. de (1990), "A produção e a circulação dos produtos" in J. de Alarcão, ed. *Nova História de Portugal*, I. Lisboa, Editorial Presença 409-441.
Álvarez Martínez, J. M. (2006), "Los accesos al recinto de la Colonia Augusta Emerita. La Puerta del Puente" in Th. Schatner – F. V. Fernández, *Stadttore. Bautyp und Kunstform*. Mogúncia, Phillippe Von Zabern 221-251.
Álvarez, E. C. – Gaspar, A. T. (2014), "Las evidencias arqueológicas sobre la presencia romana en las Islas Canarias y su problemática" in J. M. Álvarez Martínez – T. N. Basarrate – I. Rodà de Lanza, eds *Centro y Periferia en el Mundo Clásico*, I. Mérida, Museo Nacional de Arte Romano 773-777.
Arce, J. (2002), "¿Hispalis o Emerita? A propósito de la capital de la Diocesis Hispaniarum en el siglo IV d.C.", *Habis* 33 501-506.

Ballester, J. P. (1998), "El portus de Carthago Nova: sociedad y comercio tardo-helenísticos", in J. P. Ballester – G. P. Berlanga, eds *Puertos antiguos y comercio marítimo*. València, Universitat de València 249-262.
Barrios, L. L. (2001), *La producción de salsas y conservas de pescado en la Hispania romana (II a.C. - VII d.C.)*. Barcelona, Universitat de Barcelona.
Blázquez, J. M. (1990), *Aportaciones al estudio de la España Romana en el Bajo Imperio*. Madrid, Akal.
Cabo G. E. – Martín, A. M. – Gímenez, R. G. (2014), "Puntos de escala romanos en Canarias: Punta del Teno", *Canarias Arqueologíca* 20 185-228.
Campbell, J. B. (2012), *Rivers and the power of Ancient Rome*. Chapel Hill, The University of North Carolina Press.
Canfora, L. (2013), "The so-called Artemidorus papyrus. A reconsideration", *Museum Helveticum* 70 157-179.
Chevallier, R. (1972), *Les voies romaines*. Paris, Armand Colin.
Cunliffe, B. (2001), *Facing the Ocean: The Atlantic and Its Peoples 8000 BC-AD 1500*. Oxford, Oxford University Press.
Dilke, O. W. (1983), *Greek and Roman Maps*. Londres, Thames & Hudson.
Durán Fuentes, M. (2005), *La construcción de puentes romanos en Hispania*. Santiago de Compostela, Xunta de Galicia.
Étienne, R. (1982), "Mérida capitale du vicariat des Espagnes" in J. Arce, ed *Homenaje a Sáenz de Buruaga*. Madrid, Diputación Provincial de Badajoz 201-208.
Fabião, C. (2009), "O Ocidente da Península Ibérica no século VI: sobre o Pentanummium de Justiniano I encontrado na unidade de produção de preparados de peixes da casa do governador da Torre de Belém", Lisboa, *Apontamentos de Arqueologia e Património* 4 25-50.
Fernández, A. F. (2014), "El comercio tardoantiguo (ss. IV-VII) en el Noroeste Peninsular a través del registro cerámico de la Ría de Vigo", *Roman and Late Antique Mediterranean Pottery* 5 402-456.
González Fernández, J. (1983), "Nueva inscripción de un difusor olearius de la Bética" in J. M. Blázquez Martínez – R. Remesal Rodríguez, eds *Producción y comercio del aceite en la Antigüedad*. Madrid 183-91.
Filgueiras, M. P. (1984), "Los dioses Lares en la Hispania romana", *Lucentum* 3 153-181.
Goffaux, B. (2001), "Municipal Intervention in the Public Construction of Towns and Cities in Roman Hispaniae", *Habis*, 32 257-270.
Greene, K. (1986), *The Economy of the Roman Archaeology*. Berkeley, University of California Press.
Guerra, L. H. (2013), *Los libertos de la Hispania romana. Situación jurídica, promoción social y modo de vida*. Salamanca, Universidad de Salamanca.
Herrero, M. G. (2011), "The Possibilities for Financial Gain in Lusitania During Late Antiquity" in D. Hernández de la Fuente, ed. *New Perspectives on Late Antiquity*. Cambridge, Cambrige Scholars Publishing 136-149.
Johnson, P. S. (2012), *Economic evidence and changing of urban space in Late Antique Rome*. Barcelona, Universitat de Barcelona.
Kolb, A. (2001), "Transport and communication in the Roman State: the Cursus Publicus" in C. Adams, R. Laurence, eds *Travel and Geography in the Roman Empire*. Londres - Nova Iorque, Routledge 95-105.
Kramer, B.; Kramer, J. (2000), "Iberia, Hispania und das neue Artemidor-Fragment" in A. Altenhoff – F. H. Mustschler, eds *Hortus Litterarum Antiquarum: Festschrift für Hans Armin Gärtner*. Heidelberga, Universitätsverlag 309-322.
Manjares, J. M. (2001), *Leyes coloniales y municipales de la Hispania romana*. Madrid, Arco Libros.
Mantas, V. G. (2000), "Portos marítimos romanos", *Memórias da Academia de Marinha*, 30 5-69.
Mantas, V. G. (2012), *As vias romanas da Lusitânia*. Mérida, Museo Nacional de Arte Romano.
Mantas, V. G. (2012a), "Os miliários como fontes históricas e arqueológicas", *Humanitas*, 64 139-169.
Martínez, P. D.; Maza, C. M.; Huesma, F. S. (2007), *Hispania tardoantigua y visigoda*. Madrid, Ediciones Istmo.
Mclaughlin, R. (2014), *The Roman Empire and the Indian Ocean*. Barnsley, Pen & Sword Books.
Melchor Gil, E. (1992), "Sistema de financiación y medios de construcción de la red viaria hispana", *Habis* 23 121-137.
Melchor Gil, E. (1999), "Élites municipales y mecenazgo cívico en la Hispania romana" in J. F. Rodríguez Neila – F. Navarro Santana, eds *Élites y promoción social en la Hispania romana*. Pamplona, Ediciones Universidad de Navarra 219-263.

Miller, K. (1916), *Itineraria Romana. Römische Reisewege an der Hand der Taula Peutingeriana*. Estugarda, Strecker und Schöder.

Morillo, A. – Domínguez, J. S. (2010), "El aprovisionamiento del ejercito romano en Hispania. Transporte, almacenaje y redistribución" in J. Palao Vicente, ed. *Militares y civiles en la Antigua Roma*. Salamanca, Ediciones Universidad de Salamanca 135-164.

Ochoa, C. F. – Cerdán, A. M. – Sendino, F. G. (2012), "El Itinerario de Barro. Cuestiones de autenticidad y lectura", *Zephyrus* 70 151-179.

Oscáriz-Gil, P. (2012), "Divisiones administrativas conventuales y realidades etno-territoriales" in J. S. Yanguas – G. C. Andreoti, eds, *Romanización, fronteras y etnias en la Roma Antigua: El caso hispano. Anejos de Veleia*. 12 557-579.

Puerta Torres, C. (1995), *Los miliarios de la Vía de la Plata*, I. Madrid, Universidad Complutense.

Rodríguez Almeida, E. (1984), *Il Monte Testaccio: ambiente, storia, material*. Roma, Quasar.

Rodríguez Colmenero, A. – Ferrer Sierra, S. – Álvarez Asorey, R. (2004), *Miliarios e outras inscricións viarias romanas do Noroeste hispánico*, Santiago de Compostela. Consello de Cultura Galega.

Rodríguez Neila, J. F. (2009), "Los Cornelios Balbos. Política y mecenazgo entre Gades y Roma" in D. Bernal – A. Arévalo, eds *El Theatrum Balbi de Gades.*. Cádis, Universidad de Cádiz 307-333.

Roldán Hervás, J. M. (1975), *Itineraria Hispana. Fuentes antiguas para el estudio de las vías romanas en la Península Ibérica*. Madrid, Universidad de Valladolid.

Sánchez, J. S. et alii (2013), "Nomenclatura viária antigua. La vía de los Vasos de Vicarello: una vía Augusta de Hispania", *El Nuevo Miliario* 15 3-21.

Schulten, A. (1959), *Geografía y etnografía antiguas de la Península Ibérica*. Madrid, Consejo Superior de Investigaciones Cientificas.

Sillières, P. (1990), *Les voies de communication de l'Hispanie méridional*. Bordéus-Paris, Publications du Centre Pierre Paris.

Soto, P. de – Carreras, C. (2009), "La movilidad en época romana en Hispania: aplicaciones de análises de redes (SIG) para el estudio diacrónico de las infraestructuras de transporte", *Habis* 40 303-324.

5. Circulação de cerâmica romana na Hispânia

Rui Morais
Universidade do Porto
Centro de Estudos Clássicos e Humanísticos
ORCID: 0000-0002-5052-7164
rmorais@letras.up.pt

Sumário: A cerâmica romana como fonte de informação cultural, social, económica e tecnológica. Breve panorama sobre a presença das cerâmicas no contexto da conquista e da ocupação romana na Hispânia. Os estudos e as principais categorias de cerâmicas romanas conhecidas.

1. As cerâmicas: os materiais mais usados na vida diária...

As cerâmicas estão entre os materiais arqueológicos mais significativos pelo fato de proporcionarem dados crono-tipológicos e ocuparem um lugar incomparável como fontes de informação cultural, social, económica e tecnológica, e permitirem uma visão do passado mais completa e documentada possível. São fósseis diretores de maior importância, fundamentais para o conhecimento da história das civilizações pretéritas. Mas, como proclamava Nino Lamboglia (1950), o seu estudo não deve ser um fim em si mesmo, mas antes um meio ao serviço do progresso científico. As questões que se colocam são variadas, pois a presença maciça destes materiais nos registos arqueológicos e o modo como aparecem são alguns dos problemas com que se deparam os arqueólogos. O achado ou ausência de determinados tipos de cerâmica, assim como a frequência em que aparecem, permitem extrair uma série de dados arqueológicos suscetíveis de proporcionar uma informação histórica muito importante. As cerâmicas destinavam-se a satisfazer a procura e a competir com outros materiais como a madeira, o vidro e o metal.

A presença romana na península a partir de finais do século III a.C. levou à mudança de hábitos alimentares e de consumo que se repercutiram no panorama das cerâmicas. Apesar da produção oleira romana se caraterizar pela padronização, casos houve em que se mantiveram as tradições peninsulares, quer ao nível formal, quer nas modalidades decorativas, como sucedeu com algumas cerâmicas pintadas ainda fortemente influenciadas pelas tradições ibéricas, de que nos servem de exemplo as produções augustanas de *Ilici*. Simultaneamente, alteram-se algumas tradições oleiras e criaram-se novos centros produtores, como se documenta em Lugo, Braga, Leão, Irún, La Rioja, Saragoça, Barcelona, Tarragona, Ampúrias, Valencia, Alicante, Cartagena, Cádis, Sevilha, Granada, Córdova, Mérida, Segóbriga, Beja, Lisboa, Santarém, Conímbriga....

No tema em análise, sobre a circulação das cerâmicas romanas na Hispânia, podemos destacar algumas problemáticas de especial interesse. Este é o caso das produções de âmbito militar, como as do acampamento da *legio III Macedonica*, em Herrera de Pisuerga. Aí trabalhou um *figlinarius*, chamado *L. Terentius*, que assinou formas lisas de *terra sigillata local de tradição itálica* com o seu nome, acrescentando-lhe a referência da respetiva unidade militar. Escavações realizadas na cidade de Leão, nos níveis correspondentes ao do acampamento da *legio VI vitrix*, permitiram dar a conhecer outro ambiente produtor de *terra sigillata local de tradição itálica*. O nome mais bem documentado é o de *C. Licinius Maximus*, ainda que se conheça o nome de outros oleiros[1]. Igualmente interessante é a questão da migração de artesãos na Hispânia que teria implicado a abertura de verdadeiras sucursais e permitido uma maior difusão das tradições e técnicas oleiras. Uma das consequências deste fenómeno foi, muito provavelmente, a celebração de contratos jurídicos (de tipo *locatio-conductio*) entre as oficinas produtoras de cerâmicas e as cidades ou províncias. Este parece ter sido o caso documentado nas cidades romanas de *Bracara Augusta* (Braga) e de *Caesaraugusta* (Saragoça)[2].

2. Cerca de mil anos de consumo...

O estudo da circulação de cerâmica romana na Hispânia deve levar em consideração duas questões intimamente relacionadas: a cronologia das produções em si mesmas e as datas atribuídas a partir de contextos de utilização e abandono. No primeiro caso, a finalidade principal é aquela de atribuir um valor cronológico de acordo com as mudanças técnicas, formais e decorativas. No segundo caso, deve considerar-se a análise da estratigrafia através

---

[1] Todavia, ao contrário do que aconteceu com *L. Terentius*, estamos possivelmente perante libertos de condição civil que trabalharam para abastecer, quer o corpo militar aqui estabelecido, quer a população civil assentada nas *canabae*. No momento em que terminam as produções de *Terentius* nos finais do período de Augusto, dá-se o início da produção de *Licinius* que perdurará pelo menos durante o reinado de Tibério (Morillo & Garcia Marcos 2001 155; Morillo 2006 44; 2008 275-293).

[2] Este tipo de contactos, bem conhecidos em papiros encontrados no Egito, pressupunha que as cidades ou províncias ocupariam o papel de *locator*, arrendando um terreno público ou locais de extração das argilas a um *officinator/conductor*.

do estabelecimento de sequências relativas atribuindo-lhes uma datação. Por vezes, este estudo é dificultado pela duração de vida das cerâmicas, pela sua raridade ou por aspetos intrusivos pós-deposicionais.

Em síntese, podemos dizer que as produções de cerâmica romana se distribuem por um lato período de tempo que abarca cerca de mil anos, desde o final do século III a.c., com a chegada dos exércitos romanos no início da Segunda Guerra Púnica, até um momento avançado do século VII d.C. que termina com a chegada das últimas produções de cerâmicas finas, de cozinha e de ânforas, provenientes de África (em particular da zona tunisina) e do Oriente (Fócida, ilhas do Egeu, Chipre, Síria, Palestina e Egito). Saliente-se, no entanto, que grande parte das produções romanas começam a decair no último quartel do século V d.C., data coincidente com a ocupação dos Visigodos da última província romana da Hispânia, a Tarraconense, apenas alguns anos antes da queda do Império Romano do Ocidente em 476 d.C..

3. Os estudos sobre cerâmica na Hispânia

A bibliografia especializada tem aumentado exponencialmente nos últimos anos, sob a forma de guias de cerâmica, de grandes sínteses, de monografias, de simples catálogos e notícias, devedores de escolas e tendências de investigação e de mentalidades distintas. Acrescem ainda os estudos laboratoriais dedicados à caracterização mineralógica e físico-química das pastas e dos resíduos orgânicos obtidos por cromatografia gasosa com espectrometria de massa, estes últimos fundamentais para o reconhecimento dos conteúdos orgânicos conservados na porosidade das argilas e para um melhor conhecimento da alimentação no mundo antigo.

Os primeiros estudos sobre cerâmica romana na Hispânia remontam ao século XIX, ainda que escassos, e irão aumentar progressivamente a partir de meados do século XX. Refira-se, a título de exemplo, o volume editado a propósito da mesa redonda sobre cerâmica de *Conimbriga*: À propos des céramiques de Conimbriga (1976) e os volumes das *Fouilles de Conimbriga* sobre as cerâmicas. Como apoio dos jovens investigadores e arqueólogos foi fundamental a publicação, em 1978, da obra "*Cerâmica romana. Tipología y clasificación*" de Miguel Beltrán Lloris, atualizada e ampliada no "*Guía de la cerâmica romana*", em 1990.

Para o estudo dos modos de produzir a cerâmica têm-se recorrido a estudos etnoarqueológicos. A este respeito refiram-se as obras de D. P. S. Peacock (em particular, 1982) que elaborou uma série de modelos produtivos através de uma leitura de tipo económico de casos etnográficos e arqueológicos.

Nas primeiras décadas do presente século, verificou-se um aumento exponencial dos estudos sobre cerâmica romana, situação que impulsionou a criação de uma associação de estudos denominada "*Sociedad de Estudios de la Cerámica Antigua en Hispania*" (SECAH), criada em 2009, e que já organizou, para além de cursos, excursões e conferências, quatro congressos internacionais, ocorridos em Cádis

(2011); em Braga (2013); em Tarragona, (2014); e em Valência (2017). Entre outras obras publicadas, algumas das quais resultantes de congressos e de cursos de formação de arqueólogos em Alcalá de Henares, salientem-se ainda dois livros intitulados *Cerâmicas Hispanorromanas*, dedicados às produções cerâmicas romanas na Hispânia (Bernal e Ribera 2008 e 2012) e as monografias publicadas no âmbito dos "Cursos de Formación Permanente para Arqueólogos" organizado pelo "Museo Arqueológico Regional de la Comunidad de Madrid" e o "Colegio de Doctores y Licenciados em Filosofia y Letras y en Ciencias de la Comunidad de Madrid".

4. As principais categorias cerâmicas

O estabelecimento e consagração das principais categorias cerâmicas – "campanienses", "*sigillatas*", "paredes finas", "lucernas", "ânforas", "cerâmicas comuns" (incluindo as variedades pintadas e as engobadas de vermelho ou branco), etc., - permite-nos atentar num estudo global sobre a sua circulação na Hispânia. Regra geral, o estudo das cerâmicas por categorias e, consequentemente, a formulação de quadros sinópticos e tipológicos deve levar em consideração a conjugação de aspetos relacionados com a cronologia, produção, proveniência, função, distribuição, transporte, consumidores, conhecimentos técnicos, etc..

Nesta exposição, por uma questão de método, torna-se necessário apresentá-las separadamente pelas categorias acima referidas de modo a permitir ao leitor reconstituir e inferir as relações de contemporaneidade de algumas destas produções, bem como o seu tempo de vida funcional e os circuitos comerciais em que estiveram inseridas. Alerta-se, todavia, que estas produções não devem ser estudadas isoladamente mas antes integradas nos respetivos contextos arqueológicos e em direta relação com as sequências estratigráficas relativas e associadas a outros elementos da cultura material, como os vidros, os metais e as moedas, ou mesmo aos restos faunísticos, de modo a determinar a natureza dos contextos.

As diferentes categorias cerâmicas acima enunciadas podem ser incluídas em três grandes grupos funcionais: baixelas finas de mesa, contentores de transporte, utensílios de cozinha, à parte, naturalmente, de outros grupos mais especializados, como as candelas e as lucernas ou as miniaturas e os materiais de construção.

No âmbito da difusão das cerâmicas romanas na Hispânia é usual distinguir-se as produções destinadas a um comércio interprovincial e provincial daquelas produzidas para consumo regional e local, com difusão mais reduzida. Devem ainda considerar-se as cerâmicas importadas de outras regiões do império, difundidas na Hispânia a partir das zonas costeiras, por via marítima e fluvial, ainda que naturalmente usufruíssem de uma redistribuição por via terrestre, acompanhando outras mercadorias. De modo a estudar estas distintas realidades pode recorrer-se a mapas de distribuição, apesar do maior ou menor grau de precisão que estes possam apresentar. Estes mapas devem, sempre que possível, fazer referência a valores percentuais das diferentes categorias de cerâmica (ou diferentes tipos dentro de cada categoria) e compará-los com mapas de outros sítios. Tal tarefa poderá permitir estudar a modalidade de distribuição em função da distância relativamente ao(s) centro(s) de produção, e considerar, separadamente, as vias terrestres e aquáticas (fluviais e marítimas).

5. Breve enquadramento sobre a circulação da cerâmica romana na Hispânia

As cerâmicas romanas na Hispânia apresentam pautas de difusão muito distintas. Após uma presença das cerâmicas áticas ao longo dos séculos VI a IV a.C., dá-se uma substituição destas pelas baixelas campanienses de produção itálica[3] (e suas imitações) que se difundem de forma paulatina a partir de finais do século III a.C. na costa levantina e que rapidamente invadem toda a península, em particular as zonas costeiras. Estas cerâmicas, caracterizadas por possuir um engobe negro mais ou menos brilhante, eram produzidas em série para serem comercializadas por via marítima, como se evidencia pelo repertório formal, que se restringe aos tipos abertos (pratos, copos e variantes), mais fáceis de empilhar nas embarcações.

A partir de meados do século I a.C. temos a presença de outras baixelas finas de mesa também provenientes da Península Itálica, conhecidas por *terra sigillata*[4]. Numa primeira fase estas produções acompanham os exércitos e os comerciantes que os seguiam, mas rapidamente se difundem por toda a Hispânia. Cumprindo os requisitos do gosto da época, adotam-se novos métodos de cozedura, passando agora estas cerâmicas a ter um engobe vermelho/acastanhado, em substituição do engobe negro das cerâmicas anteriores. A par das produções lisas de *terra sigillata* junta-se, por volta do ano 15 a.C., a criação de uma produção decorada com motivos em relevo, obtida por meio de moldes, segundo um procedimento já utilizado na cerâmica de Mégara, o que confere ao repertório decorativo destas produções uma extraordinária qualidade nos relevos e uma maior padronização. As formas correspondem às necessidades da mesa: fabricavam-se verdadeiros serviços em que predominam os pratos e as taças para consumo de alimentos e bebidas. Na Hispânia, a maior parte destas produções itálicas provém de Arécio, seguidas pelas produções de Pisa, Putéolos e do Vale do Pó. Como se documenta pela difusão destas cerâmicas, bem cedo a produção e exportação atingiram

---

[3] Na península itálica, onde estas cerâmicas são originárias, conhecem-se diferentes produções, de acordo com os centros de fabrico e as características morfológicas (sobre este assunto ver Morais 2012 95-96).

[4] Este termo latino foi adotado pelos eruditos modernos e aplicado a vasos feitos em moldes, lisos ou decorados com figuras em relevo (*sigilla*) e, por extensão, a toda a cerâmica fina de mesa de superfície vermelha e brilhante da época imperial. Neste breve excurso não nos vamos referir à chamada *terra sigillata* Oriental A, pois, apesar de uma especial concentração na zona sudeste da península (em particular nos finais do século II e os inícios do século I a.C.), não teve uma especial difusão na Hispânia.

dimensões consideráveis, à semelhança da já referida cerâmica campaniense. Mas, contrariamente a esta, a *terra sigillata* itálica não é uma mercadoria anónima: frequentemente se imprimia a marca, quer no fundo interno dos vasos lisos, quer nos moldes das peças decoradas. A marca era a do oleiro que fabricava a peça (homem livre ou escravo) ou a do proprietário da oficina. Na península ibérica esta cerâmica teve uma ampla difusão, especialmente nas áreas costeiras, mas também se encontra em número considerável em áreas interiores da meseta norte, em concreto nos acampamentos militares de Herrera de Pisuerga, Astorga e Leão (Perez Gonzalez 1989). As vantagens comerciais da *terra sigillata* itálica impulsionaram a criação de sucursais nas províncias, como a de *Ateius* em La Muette (Lyon, França), e, inclusivamente, a criação de produções regionais em âmbitos militares (como foi o caso de *L. Terentius*, em Herrera de Pisuerga) ou civis (em especial a cerâmica bética de "tipo Peñaflor"), que devem ser conceptualmente designadas pelo termo de *"terra sigillata local de tradição itálica"*.

A partir de finais do período de Augusto e durante o reinado de Tibério, dá-se uma mudança nos registos arqueológicos: a *terra sigillata* itálica vai sendo paulatinamente substituída por produções do sul da Gália, oriundas de centros como La Graufesenque, Montans e Banassac. A *terra sigillata* gálica, sobretudo a de La Graufesenque, invade os mercados peninsulares, sendo particularmente abundante nas áreas costeiras. Seguem-se, em número, as produções de Montans, bem difundidas na parte nordeste da península. Menos abundantes são as produções de Banassac, ou mesmo os produtos provenientes de centros produtores do centro da Gália, como o caso de Lezoux.

Mas, depois de um período de auge nos meados do século I d.C., a difusão de *terra sigillata* do sul da Gália decai. Este momento coincide com a ascensão das *sigillatas* hispânicas, cujos maiores centros de produção estão documentados na Tarraconense, em *Tritium Magallum*, e na Bética, em *Isturgi* (Andújar, Jáen) e Granada, com um auge de produção no último quartel do século I e um período de decadência no decorrer da primeira metade do século II d.C.. Estas produções difundem-se por toda a Hispânia, mas também alcançaram outros mercados, nomeadamente a região do sudoeste francês, a Grã-Bretanha, a Itália e o Norte de África. Depois de um período de aparente decadência situado no século III d.C. dá-se uma retoma nos sécs. IV a VI d.C., com a chamada *terra sigillata* hispância tardia (TSHT) produzida nos vales dos rios Ebro e Douro.

Um último fenómeno de produção e de exportação de *terra sigillata* a grande escala verificou-se a partir dos finais do século I d.C., e de forma intensiva sobretudo entre os séculos III e V d.C., na África Proconsular, e, em particular, na área coincidente com a atual Tunísia. A produção africana inclui vasos de mesa, lisos ou decorados, sendo as decorações, por vezes, de excecional requinte[5]. A produção da cerâmica fina africana, ainda que afetada pelo impacto da

---

[5] A técnica decorativa de relevos aplicados, conhecida desde o século II d.C., generaliza-se na primeira metade do século IV d.C., ainda que mais desorganizada e repetitiva.

invasão dos Vândalos, e depois pela conquista bizantina, perdurou ainda no século VII d.C.. Na península temos representadas no registo arqueológico todas estas fases da *terra sigillata* africana, ainda que naturalmente esta seja mais abundante nos séculos IV e V d.C..

À Hispânia chegaram ainda algumas produções tardias de *sigillata* fabricadas na Gália e no Mediterrâneo oriental. As produções gálicas, conhecidas por "*dérivées des Sigillées Paléochrétiennes*" (DSP) ou simplesmente "*sigillatas gálicas tardias*", provém de três áreas produtoras: o grupo Provençal (maioritariamente fabricadas na área de Marselha), o grupo Languedocense ou Narbonense (maioritariamente fabricadas em Narbona e em Carcassone) e o grupo Atlântico (com possível centro principal em Bordéus.). Na Hispânia, as duas primeiras produções estão relativamente bem representadas no litoral mediterrânico até o sul da península (em particular aquelas do grupo provençal), seguindo a direção natural norte/sul. As do grupo Atlântico têm uma difusão mais acentuada na costa cantábrica e no sul da Galiza (em particular, Vigo). As produções orientais estão particularmente bem representadas pelas chamadas "sigillatas foceenses" (*Late Roman C*), maioritariamente fabricadas na Fócida (atual Turquia ocidental), entre Esmirna e Pérgamo, de finais do séc. IV d.C. a meados do séc. VII d.C., e da menos abundante produção cipriota (*Late Roman D*)[6], do 3º quartel do séc. IV d.C. a finais do VII ou inícios do VIII d.C.. Como no alto-império, a cronologia rigorosa que pode atribuir-se a estas baixelas finas de mesa faz delas o mais útil instrumento dos arqueólogos para a datação dos sítios que escavam.

Se compararmos os mapas de dispersão das *sigillatas* africanas (em particular do fabrico D) e foceenses relativamente à da *terra sigillata* hispânica tardia, constata-se uma presença destacada das duas primeiras ao longo do litoral mediterrâneo, atlântico e cantábrico e, em menor medida, no interior, em particular nas áreas beneficiárias das vias fluviais mais importantes: Guadalquivir, Ebro, Douro e Tejo; como vimos, em situação inversa está a *terra sigillata* hispânica tardia com uma natural concentração nas áreas de produção dos vales do Ebro e Douro. A sua presença no interior da península está ligada a um peculiar horizonte cultural cujo maior expoente são as *uillae* e as necrópoles tardo-romanas da Meseta e do curso superior do Ebro.

Para além das *sigillatas* faziam parte das baixelas finas de mesa as cerâmicas de "paredes finas". Tal designação alude à característica finura da parede (entre 0,5 e 2,5 mm) de vasos usados para beber, em particular copos e taças (*vasa potoria*). Alguns vasos produzidos em oficinas do norte da Itália e do sul da Península Ibérica possuem uma parede particularmente fina, donde o nome de "casca de ovo". As argilas desta cerâmica são muito variáveis e de diferentes graus de depuração, consoante os lugares de produção. É também característico destas

---

[6] Recentemente documentou-se uma zona de produção de Late Roman D nas costas da atual Turquia. A ausência de fornos escavados em Chipre deixa aberta a possibilidade de que esta produção seja originária da zona Turca (Panfília).

cerâmicas o especial tratamento da superfície externa, de acordo com diferentes técnicas: buriladas, incisas, com aplicações arenosas, de tipo rugoso, com diversos tipos de polimento, aplicações variadas de barbotina ou de engobes de diferentes consistências. Estas produções começaram no séc. III a. C. e atingiram o auge entre as últimas décadas do período tardo-republicano e o séc. I d.C., podendo, todavia, chegar até ao século IV d.C.. Os centros de fabrico mais antigos situam-se na Itália, mas a cerâmica de paredes finas foi também fabricada nas províncias a partir do reinado de Augusto. Assiste-se então a uma grande diversidade formal, que continua nos períodos de Tibério e Cláudio e até aos finais do século I a. C., data em que a produção diminui drasticamente, devido à concorrência dos vasos de beber fabricados em vidro. Na Hispânia as peças mais antigas provêm península itálica (em particular da Etrúria e do Vale do Pó), acompanhadas por outras cerâmicas com a mesma proveniência (i.e. *sigillatas*, lucernas, ânforas e cerâmicas de engobe vermelho), seguindo um circuito marítimo e fluvial. A partir dos finais do período de Augusto estas importações vão sendo substituídas por produções peninsulares que se impõem nos mercados.

Além das baixelas finas de mesa faziam parte da vida diária das populações o uso de lucernas, geralmente fabricadas em argila (mas também, por vezes, em metal ou vidro), usadas na iluminação. Como no caso das *sigillatas* e das paredes finas acima referidas, as lucernas mais antigas que chegam à península são de origem itálica. Estas aparecem em contextos dos sécs. III a I a.C. e inspiram-se em modelos helenísticos. Caracterizam-se por possuir um reservatório pequeno e um bico comprido e direito, por vezes decorado com cabeças de ave, enquanto o disco é ornado com motivos vegetais, conchas ou pérolas. Na Hispânia (como de resto em todo o mundo romano) estas lucernas vão sendo substituídas no período de Augusto por exemplares com volutas no bico. Estas novas lucernas possuem um bico triangular ou arredondado e os discos exuberantemente decorados (em particular as do tipo Loeschcke I, var. a, b, c). Por vezes, as asas são substituídas por motivos em forma de folhas, máscaras, crescentes ou placas triangulares (Loeschcke III). A partir do século I d.C., os bicos são normalmente redondos, mais curtos, e desaparecem as volutas dando lugar às chamadas lucernas de disco (i.e. Dressel 20 e 28) e de canal (i.e. Loeschcke X), ainda que desta vez maioritariamente fabricadas em território peninsular. Na Hispânia a tradição de produção de lucernas perdura no período baixo-imperial, a par com algumas importações provenientes do norte de áfrica, em particular da região tunisina. À semelhança das cerâmicas de mesa (*sigillatas* e paredes finas) as lucernas são importantes para o estabelecimento da cronologia dos sítios que os arqueólogos escavam, mas também para identificar importações e mercados, sobretudo quando representam, no fundo externo, marcas de fabricante.

Uma outra categoria cerâmica presente nos contextos arqueológicos são as ânforas, contentores utilizados desde a mais alta antiguidade, para o transporte de vinho ou azeite, molhos e conservas várias (*garum*; *muria*; *halec*), cereais e frutos. As ânforas, como contentores de transporte de produtos sólidos ou líquidos, permitem inestimáveis informações sobre a vida económica, social e até política dos habitantes do império romano. A maior parte parece ter sido fabricada nos (ou perto dos) locais de produção do conteúdo. Depois de vazias, as ânforas podiam ser destruídas. Em Roma, junto ao porto fluvial da cidade, o Monte Testaccio, com cerca de 50m de altura, não é mais do que uma enorme acumulação de restos de ânforas, em grande parte hispânicas olearias do tipo Dressel 20, fabricadas no vale do Guadalquivir[7]. Na Hispânia as primeiras ânforas romanas datam dos finais do período republicano e destinavam-se maioritariamente ao transporte dos afamados vinhos itálicos (i.e. Dressel 1). Como as outras categorias cerâmicas de proveniência itálica acima analisadas, estas ânforas estão maioritariamente concentradas nas zonas costeiras da península e nas áreas interiores, beneficiárias dos cursos fluviais. Apesar de conhecermos produções tardo-republicanas de ânforas fabricadas na península anteriores aos meados do século I a.C., sabemos que a partir desta data a produção é intensificada, com particular destaque na província da Bética, conhecida por ter sido precocemente romanizada e possuir fortes tradições agrícolas e pesqueiras. Nesta província cabe destacar a região ao longo do vale do Bétis, entre Sevilha, Córdoba e Écija, em particular em torno da produção olearia organizada pelos *mercatores olearii*, *difusores* ou *negotiatores*, e as áreas costeiras andaluzas dedicadas ao fabrico de preparados piscícolas[8].

Por fim, depois de distinguirmos algumas categorias de cerâmica fina (como a cerâmica campaniense e a *terra sigillata*) e outros grupos perfeitamente caracterizados como as lucernas e as ânforas, falta referirmo-nos às chamadas cerâmicas comuns. Estas produções abarcam uma grande diversidade de categorias de cerâmicas nem sempre fáceis de individualizar e que por vezes transcendem a mera classificação tipológica e funcional. A maior parte destinava-se a cobrir as necessidades de recipientes para comer, cozinhar, armazenar, transportar ou lavar; por vezes serviam ainda como mobiliário funerário. Como se poderá supor estas cerâmicas faziam parte da vida diária das populações e foram produzidas em praticamente todas as regiões da Península em época romana. Apesar de se destinarem a mercados geralmente reduzidos, por vezes podiam integrar circuitos de dimensão considerável, como foi o caso das cerâmicas comuns de engobe vermelho pompeiano nos finais do período tardo-republicano e os inícios do período flávio e das cerâmicas comuns béticas de pasta calcária, datáveis do período imperial, que chegaram a mercados longínquos. Igualmente conhecidas são as produções de cerâmica comum africana que acompanharam o comércio das *sigillatas* africanas e das ânforas (para além do comércio de cerais). Hoje sabe-se,

---

[7] Mas as ânforas também podiam ser reutilizadas: encaixadas umas nas outras, serviam de condutas de água ou como armação de abóbadas; cortadas, serviam de sarcófagos de crianças ou mesmo como urnas cinerárias; quando fragmentadas serviam para serem reutilizadas em terraplanagens, na construção de muros e na preparação de *opus signinum*.

[8] Conhecem-se outros focos importantes de produção de ânforas situados em toda a zona costeira do levante espanhol e na costa portuguesa.

graças à identificação de *tituli picti* e de análises químicas por cromatografia de gases que algumas destas cerâmicas, principalmente bilhas e pequenos potes, serviram de contentores de transporte e de armazenamento de produtos e, em alguns casos, faziam parte de um mecanismo militar de redistribuição, talvez como contentores de rações individuais.

Bibliografia

AAVV (1976), *A propòs des céramiques de Conimbriga*. Separata de *Conimbriga*, vol. XIV. Coimbra: Instituto de Arqueologia.
Alarcão, A. M. (1981), *A cerâmica romana em Portugal – reflexões sobre o seu estudo e publicação*. Viseu, Centro Juvenil de Arqueologia e Etnografia de Viseu.
Beltrán Lloris, M. (1978), Ceramica romana: tipologia y classificacion. Zaragoza.
_____ (1990), *Guia de la cerámica romana*. Zaragoza, Libros Pórtico.
Bernal, D. – Ribera, A., eds (2008), *Cerámicas hispanorromanas. Un estado de la cuestión*. Cádiz, Universidad de Cádiz.
Bernal, D. – Ribera, A., eds (2012), *Cerámicas hispanorromanas. II, Producciones regionales*. Cádiz, Universidad de Cádiz.
Fernández Ochoa, C. – Morillo, A. – Zarzalejos, Mar, eds. (2015), *Manual de cerámica romana II. Cerámicas romanas de época alto-imperial en Hispania. Importación y producción*. Alcalá de Henares, Museo Arqueológico Regional.
Lamboglia, N. (1950), "Gli scavi di Albintimilium e la cronologia della cerâmica romana. Parte prima. Campagne di scavo 1938-1940". *Collezione di Monografie Preistoriche ed Archeologique*. I-II. Bordighera, Istituto Internazionale di Studi Liguri.
Morais, R. – Fernández, A. (2013), "Difusión y comercio. Nuevos yacimientos, estructura comercial y evolución de la misma, expansión y contracción de mercados", in EX OFFICINA HISPANA. *Cuadernos de la SECAH, vol. 1* (Mesa Redonda "La Terra Sigillata Hispánica Tardia y sus contextos: estado de la cuestión". *Homenaje a Manuela Delgado*). Madrid, Ediciones La Esgastula, 47-64.
Morais, R. (2012), Ânfora. *Dicionário de Arqueologia Portuguesa* (Jorge de Alarcão e Mário Barroca, orgs.). Porto, Figueirinhas 29-30.
Morais, R. (2012), "Cerâmica campaniense", *Dicionário de Arqueologia Portuguesa* (Jorge de Alarcão e Mário Barroca, orgs.). Porto, Figueirinhas 95-96.
Morais, R. (2012), "Cerâmica de paredes finas", *Dicionário de Arqueologia Portuguesa* (Jorge de Alarcão e Mário Barroca, orgs.). Porto, Figueirinhas 107-108.
Morais, R. (2012), "Cerâmica grega", *Dicionário de Arqueologia Portuguesa* (Jorge de Alarcão e Mário Barroca, orgs.). Porto, Figueirinhas 96-97.
Morais, R. (2012), "Lucerna", *Dicionário de Arqueologia Portuguesa* (Jorge de Alarcão e Mário Barroca, orgs.). Porto, Figueirinhas 202-203.
Morillo, A. – García Marcos, V. (2001), "Producciones cerámicas militares de la época augusteo-tiberiana en *Hispania*", *Rei Cretariae Romanae Favtorum Acta* 37. Lyon 147-155.
Morillo, A. (2006), "Abastecimiento y producción local en los campamentos romanos de la región septentrional de la península ibérica", A. Morillo, ed. *Arqueología Militar Romana en Hispania: Producción y abastecimiento en el ámbito militar*. León 33-74.
Morillo, A. (2008), "Producciones cerámicas militares en *Hispania*", D. Bernal – A. Ribera, A. *Cerámicas Hispanorromanas. Un estado de la cuestión*. Cádiz 275-293.
Peacock, D. P. S. (1982), *Pottery in the Roman World: An Ethnoarchaeological approach*. Londres, Longman Archaeology Series.
Ribera, A. ed. (2013), *Manual de cerámica romana. Del mundo Helenístico al Imperio Romano*. Alcalá de Henares, Museo Arqueológico Regional.
Roca Roumens, M. – Fernández García, M. I. coords (2005), *Introducción al estúdio de la cerámica romana. Una breve guía de referencia*. Málaga, Universidad de Málaga.

Nomes e conceitos[1]*

a rationibus – 90
Acaia – 115; 353
Áccio, batalha de – 19; 44; 55; 62; 76; 150; 151; 299; 507
Administração – 20; 23; 30; 32-37; 42; 61-62; 80; 82; 85; 88-89; 98; 112; 114; 117; 121-3; 126-7; 137-8; 161; 164; 176; 178; 180; 182; 186; 188; 190; 194-5; 196; 199; 207; 209; 210; 233-5; 253; 264; 267; 275-6; 277; 278; 304; 313-6; 321-3; 330; 331-4; 339; 348; 353; 354; 365; 398; 427; 474-5; 493; 497-8; 502; 507
adoção – 14; 15; 31; 39; 44; 52; 68; 76; 81; 83; 88; 90; 93; 100; 108; 117; 164; 177; 178-81; 185-7; 192; 193; 198-200; 201; 202; 205; 207; 211; 212; 317; 318; 238; 241; 315; 317-8; 397
Adriano – 175; 176; 177; 178; 179; 180; 181; 184; 187; 192-8; 199-201; 204; 207-9; 210; 211; 212; 239; 240; 241; 251; 398; 427-8; 430; 503
Adrianópolis, 1ª batalha (324 d.C.) – 320; 2ª batalha (378 d.C.) – 307; 322; 353; 360; 363; 377; 389
adulatio — 143; 167-8;
adultério — 38; 40; 53; 65; 67; 71; 85; 134; 136; 151
Aécio – 357; 370-2; 380; 381; 390
aerarium – 36; 89; 169; v. *fiscus*
aerarium militare – 31; 33; 44; 300
Afrânio Burro, Sexto – 90-1; 152
África – 16; 17; 21; 82; 98; 121; 123; 164; 166; 182; 196; 220; 237; 239; 244; 250; 254; 255; 271; 275; 276; 283; 284; 291-2; 294; 302; 304; 314; 319; 339; 340; 344; 349; 353; 370; 371; 373-4; 377; 380; 383-4; 385; 390; 396; 429; 507; 513; 516-7; 518; 519; África Proconsular – 319; África, reconquista séc. VI d.C. – 400-2; 404
Agostinho, Santo – 371; 380; 383; 390

Agripa – 14; 17; 18; 19; 20; 21; 23; 24; 26-8; 29; 36; 39-40; 41; 44; 80; 81; 160; 300; 410; 479
Agripa Póstumo – 39-40; 44; 81
Agripa II – 131; 132
Agripina Maior – 40; 80; 83; 84; 85;
Agripina Menor – 40; 84; 88; 90-1; 93; 98; 146; 149; 151-2; 160; 164; 179; 208
Agirtes – 419-20; 421
Alanos – 166; 371; 378; 380; 389
Alarico – 368-9; 379-80; 382-4; 389
ala(s) (tropas auxiliares romanas) – 288; 293; 301
Alba – 169
Albanos, Jogos – 169
Alcibíades – 418
Alcmaeon (papéis desempenhados por Nero) – 147
Alexandre, Severo – 8; 243; 245-6; 247; 249; 257
Alexandre Magno – 161; 190; 274; 289; 424-6
Alexandria – 19; 43; 115; 132; 144; 153; 167; 250; 253; 268; 348; 349; 350-1; 352; 359; 360; 428
alfabeto – 438
Alicante – 512
alimenta – 66; 186; 191; 195
Alpes – 27-8; 300; 320
Amando 316
amante – 55; 57; 59; 63; 64; 67; 149; 170
Amiano Marcelino – 190; 312; 389
amica – 57; 67
amicitia – 49; 60
amor – 49; 53; 54; 55-57; 59; 61; 63; 65; 66; 131; 197. *servitium amoris* – 64. *amor socialis* – 56
Ampúrias – 504; 512
Andaluzia – 438; 439; 441; 463
Andújar – 516
Aneu Lucano, Marco – v. Lucano
Aneu Mela, Lúcio – 152
Aneu Novato – 152

---

[1] * Que ocorrem no corpo principal do texto.

Anfiteatro Flávio – 127; 129; 130; 140; 165; 172; 231; 235; 505; 534
Anglos – 379
Aniceto – 122
annona – 25; 34; 36; 51; 239; 253; 254; 327; 330; 333; 334; 504; v. *praefectus annonae*
anomia – 60; 64
Antémio – 366; 375; 373; 374; 384; 389; 390
Antigone (papéis desempenhados por Nero) – 147
Antínoo – 197; 212; 427
Antíoco IV de Comagene – 131
Antologia Palatina – 58
Antónia (esposa de Pompeio) – 87
Antónia Cénis – 113
Antónia Maior – 87
Antónia Menor – 84; 87; 113
António Primo, Marco – 106; 115; 116
António Saturnino, Lúcio – 135; 140; 184
António, Marco – 14; 15-9; 27; 30; 44; 80; 113; 115; 131; 159; 160; 299; 473
Antonino Pio – 175; 176; 177; 179; 180; 181; 198-200; 201; 204; 207; 210; 212; 430
Antoninos – 7; 41; 175- 212; 233; 234-5; 236; 237; 238; 240; 241; 247; 250; 316
Anulino – 319
Apelares, ator trágico – 427; 430
Ápio Júnio Silano – 87; 88
Apolo – 42; 54; 56; 162; 164; 350; 412; 420; 425; 461; Templo de – 41; 60; 144; 425
Apolodoro de Pérgamo – 144
Apolodoro de Damasco – 189
Apolónia – 14; 144
Apolónio (biógrafo) – 147
Apolónio Mólon – 144
Apolónio de Rodes – 147; 408
Apolónio de Tíana – 139; 246
Apro, Marco – 155; 156
Apuleia Varila – 71
Aquiles *mousikos* – 407-30
Ara Pacis, Templo da Paz – 28; 29; 41; 44; 56; 74; 76; 127,140; v. paz
Arcádio – 356; 363-9; 378; 389; 403
Arco de Constantino – 320; 341
Arco de Tito – 128; 132; 140
Arécio – 515
Arelate (Arles) – 341; 349; 369; 373
Aretusa – 56
Areu – 144
Arévacos – 443
Argileto – 128
arianismo – 346; 351; 352; 357; 385
Ário – 321; 349; 351; 352
Aristóbulo – 312
aristocracia – 13; 22; 25; 34; 35; 44; 49; 64; 68;
79; 80; 85; 86; 88; 91; 92; 105; 108; 112; 116; 143; 144; 145; 181; 182; 208; 210; 221; 222; 226; 235; 239; 241; 242; 243; 265; 296; 372; 373; 375; 384; 387; 407; v. *boni*
Aristogíton – 427
Aristóteles – 425
Arménia – 18; 26-7; 29; 30; 80; 188; 190; 194; 202; 257; 300
Arménia Menor – 122
Arrecina Tertula (mulher de Tito) – 131; 139; 140
Arrecino Clemente, Marco – 131
Arronches – 445; 448
Arróniz – 429
Arroyo de la Luz, Cáceres – 445; 446; 448
Arroyomolinos de la Vera, Cáceres
Arrúncio Estela – 169
ars – 65; 68; 71; 149; 150
Artemidoro – 169; 502
artes liberais – 149; 166
Ásia Menor – 26; 115; 127; 137; 164; 169; 198; 250; 259; 260; 267; 314; 339
asianismo – 171
Asínio Polião, Gaio – 15; 54; 60; 144; 150; 158
Astorga – 502; 516
astronomia – 61; 147
Ástures – 23; 445; 449; 450
Átalo – 369; 383; 389
Átalo III (de Pérgamo) – 90
Atanásio – 351; 360
Atenas – 69; 71; 193; 196; 203; 251; 260; 279; 410; 423
Aténion de Maroneia, pintor – 410
Ático – 60
Átila – 370; 371; 375; 380; 381; 390
ator – 53; 136
Atrium Libertatis – 144
Augusta Treverorum (Trier) – 379; 389
Augusto – 7; 8; 13-44; 47-76; 80-1; 83; 84; 85; 87; 88; 89; 90; 93; 98; 103; 107; 108; 112; 116; 117; 118; 120; 121; 124; 127; 136; 144-6; 150; 151; 153; 160-2, 163; 165; 172; 176; 179; 181; 187; 188; 191; 199; 200; 204; 220; 231; 234; 241; 278; 283-4; 299; 300-1; 303; 304; 307; 317; 318; 323; 330; 345; 363; 364; 462; 472; 473; 475; 476; 477; 479; 495; 496; 498; 502; 504; 516; 518
Augustus (título) – 21; 56; 76; 203; 266; 341
aula Caesaris – 80; 89; 244; 246
Aulo Gélio – 62
Aureliano – 254; 259; 261; 264; 266; 267; 269; 270; 271-7; 278; 305; 313; 321; 332; 382
Aurélio Victor, Vitor – 93; 184; 187; 193; 240; 251; 275
aurum tironicum – 306

Avelelas, Chaves – 448
Avito, Epárquio – 372; 380; 390
Badajoz – 445; 460
bailarino (educador de Nero) – 147
Balbino – 254; 271; 278
Balbo (Teatro de) – 52
Banassac – 516
banquetes (*cenae*) – 63; 102; 103; 105; 154; 244; 422; 458
barbeiro (educador de Nero) – 147
barbotina – 518
Barcelona (*Barcino*) – 497; 504; 512
basco (antigo) – 436; 437-8; 440; 441
Basílica Emília – 127-128
Bébio Massa – 170
Beja, *Pax Iulia* – 455; 456; 460; 465; 473; 476; 477; 512
Belisário – 400-3; 404
Belos – 443
Berberes – 371
Berenice – 131-3; 134; 140; 166
Bética – 21; 181; 187; 330; 474; 505; 516; 519
biblioteca – 41; 58; 60; 68; 144-5; 167; 191
Bílbilis – 165; 170; 480
biografia – 8-9; 22; 102; 103; 104; 107; 130; 133; 139; 147; 153; 154; 166; 193; 200; 206; 208-9; 246; 251; 348
bondade – 162-3; 224
boni – 49; v. aristocracia
Bordéus, *Burdigala* – 495; 517
Botorrita, Zaragoça – 443
Boudica – 92
Braga – 512
Britânia, Bretanha, *Britannia* – 59; 86; 88; 92; 93; 114; 126; 131; 138; 169; 176; 194; 196; 199; 212; 236; 240; 242; 255; 265; 300; 306; 317; 318; 326; 339; 353; 369; 379; 389; 390; 403; 436; 500; 506; 516
Britânico – 87; 90; 147; 152; 164
Bruto, Marco (cesaricida) – 15; 16; 38; 44; 69; 154; 157; 159
burocracia, burocrático – 61; 249; 315; 322; 323
Cabeço das Fráguas, Guarda – 446-8
Cádis, *Gades* – 473; 494-5; 500; 50-6; 507; 512; 513
Caesaraugusta – 28; 373; 476; 498; 499; 500; 502; 512
caetra (armamento hispânico) – 292
calendário – 32; 349
Calígula, Gaio – 53; 76; 83-8; 90; 93; 95; 98; 100; 103; 134; 139; 145; 150; 151; 161; 162; 163; 172; 178; 208; 209; 210; 211
Campânia – 62; 81; 130; 219; 373; 375
campesino, campo – 73-74

campidoctores – 305
Campo de Marte – 104; 144; 199; 410
Campos Cataláunicos (batalha) – 370; 390
canabae – 300
Canace parturiens (papéis representados por Nero) – 147
Cânio Rufo – 168
canto – 145; 147; 162; 407; 422-3
Capadócia – 122; 200; 203; 259; 261; 268
Capitolinos, Jogos – v. Jogos
Capitólio – 106; 116; 127; 167; 384
Capri – 83; 84; 93
Caracala (Lúcio Septímio Bassiano) – 206; 238; 240-5; 247; 253; 284; 305; 312; 333; 503
Caráusio – 316-8
caricatura (v. retrato físico e moral) – 146; 149; 164
Cáriclo – 408
Carino, M. Aurélio – 261; 275; 278; 312; 317
Carnéades – 74
Caro, Métio – 156; 169; 170; 171
Caro, M. Aurélio – 258; 261; 263; 274; 278; 312
Carondas – 149
Carpos – 259
carroballistae – 302
Cartagena – 371; 504; 512
Cartago – 157; 273; 289-90; 371; 380; 390; 404
cartas – 98; 101; 102; 144; 159; 167; 188; 200; 283; 329
Casa Dourada – v. *Domus Aurea*
casa Romuli – 75
casamento – 38; 39; 40; 53; 63; 65-7; 74; 85; 88; 89; 90; 132; 136; 180; 200; 239; 241; 304; 373; v. matrimonial, matrimónio
Cássio Longino, Gaio (cesaricida) – 15; 16; 48; 68; 70; 154
Cássio Longino, Lúcio – v. Lúcio
Cássio Severo – 55; 72; 76; 151
casus – 68; v. *fortuna*
Catão de Útica – 66; 69; 154; 155; 158; 159; 169
Catão-o-Censor – 112
Catos – 166; 169
Catulo – 48-9; 63; 65; 70; 75
cavalaria – 105; 207; 238; 275; 285; 288; 289; 292; 294; 295; 296; 297; 298; 299; 301; 307; 315; 322; 402
cavalos (carros de) – 145; 460
Celtibéria – 443
celtibérico – 442-5; 446
ânfora(s) – 221; 328; 330; 331; 334; 507; 513; 514; 518-9
bilha(s) – 520
Campaniense (cerâmica) – 514; 515
cenatio rotunda – 150

523

censor, censório, censura – 20; 26; 68; 120; 129; 134; 140; v. repressão
cerâmica de cozinha – 513
cerâmica de Mégara – 515
cerâmicas de engobe vermelho – 515; 518; 519
cerâmicas finas – 513
César, Gaio Júlio – 13-5; 16; 19; 23; 27; 38; 39; 44; 48; 51; 53; 60; 64; 66; 68; 70; 76; 179; 231; 284; 296; 298; 299; 462; 473
cesaricidas – 14; 151; 155; 159
cesarismo – 75; v. César
Cevino – 153
Cevo Mémor – 168
Cherchel, Argélia – 416
Chipre – 191; 212; 513
Cícero – 13; 16; 49; 50; 52; 53; 57; 60; 63; 69; 73; 74; 75; 76; 143; 364
cidadania – 26; 38; 62; 63; 65; 66; 119; 123; 137; 144; 176; 195; 242-3; 284; 285-6; 301; 302; 304; 346-7; 357; 387; 388; 454; 473-4; v. cívico
cidade – 8; 41; 74; v. campesino
Cilícia – 122; 212; 268; 348; 354
Cina, Lúcio – 160
cinismo – 50; 63; 358
Cipião Africano – 289-90; 291-4; 299
Cipião Emiliano – 51
Cipiões – 69
círculo literário – 54; 59; 68
cítara – 197; 409; 415; 418; 419; 424; 429; 430
citaródia – 427; 429; 430
citharoedus – 147
cívico – 58; 313; 367; 478; 497
clássico, anti-clássico – 44; 75; 76; 355
classis Pontica – 123
classis Siriaca – 123
Cláudia (*gens*)
Claúdia Acte – 90
Cláudio Gótico – 251; 261; 263; 268; 271; 278
Cláudio, imp. – 80; 86; 87-90; 93; 98; 100; 103; 112; 114; 117; 127; 134; 145; 146; 150; 151; 152; 159; 160; 161-4; 168; 169; 172; 179; 181
clemência, *clementia* – 22; 37, 64; 66; 106; 159; 163; 164; 165; 237; 269; 270
Cléon, citaredo – 425
Cleópatra VII – 18-9; 44; 131; 132; 299
clientela – 37; 54; 112; 121;138; 189; 454; 468
Clito – 427
Clódia – 16
Clodiano (militar do tempo de Domiciano) – 139
Clódio Albino – 236; 238; 241; 247
Clódio Turrino – 158
Clutório Prisco – 71; 76
Gneu Cornélio Lentulo Getúlico – 85-6; 98

Gneu Domício Corbulão – 92; 136; 164
Cocceii – 139
Código de Teodósio – 219; 231; 341; 370; 390; 497; 503; 507
Colino – 169
Coliseu –V. Anfiteatro Flávio
Comagene – 122
comitatenses – 306; 315; 322
comitia centuriata – 25; 82
comitia tributa – 82
Cómodo – 7; 85; 175; 176; 178; 179-81; 200; 203; 204-5; 207-8; 209-11; 212; 234; 236; 238; 239; 241; 245; 247
concórdia – 102; 272; 349; 352; 359
concordia ordinum – 49
Concórdia, templo da – 29
confarreatio (casamento por) – 67
confiscação – 71; 273
Conimbriga – 476; 480; 482; 483; 484; 485; 486; 487; 488; 512; 513
conjura – 16; 31; 64; 72; 92; 139; 194; 203; 205; 212; 236; 239; 245; 246; v. oposição
consilium principis – 33; 81; 82; 176; 194; 198; 207; 246
Constâncio Galo – 323; 353
Constâncio I – 317
Constâncio II – 323; 340; 342; 352; 353-4; 358; 360
Constante I – 323; 353; 360
Constantino I – 7; 8; 271; 275; 301; 306; 311; 315; 318; 319-23; 331; 333; 335; 339; 340; 342-52; 353; 354; 355; 356; 359; 360; 365; 370; 379; 399; 464
Constantino II – 323; 353; 360
Contantino III – 368; 379
Constantinopla – 321; 340; 342; 347; 349; 351; 352; 355; 359; 360; 366; 367; 369; 370; 372; 375; 376; 377; 378; 380; 381; 384; 396; 397; 398; 400; 401; 403; 404
cônsul(es), consulado – 13; 14; 15; 16; 17; 20; 21; 23; 24; 25; 27; 28; 29; 30; 33; 34; 36; 37; 44; 51; 52; 70; 76; 81; 82; 84; 85; 87; 88; 90; 91; 98; 113; 114; 116; 129; 139; 139; 152; 155; 158; 159; 164; 169; 184; 187; 193; 194; 198; 201; 203; 207; 266; 288; 289; 291; 294; 295; 312; 317; 364; 366; 397; 401
consul suffectus – 25; 30; 34; 84; 139; 164; 169
conteúdos orgânicos (cerâmica) – 513
contubernium – 301; 303; 304
convicium – 64
copo(s) (cerâmica) – 221; 515; 517
Corduba, Córdova – 158; 498; 500; 504; 512
Cornélia (mãe dos Gracos) – 59

Cornélio Galo (poeta) – 19; 23; 49; 54; 76
Corpus Iuris Civilis – 399
Corrector totius Orientis – 258; 267; 269
corregência, corregente – 51; 129
Córsega – 17; 162; 172; 381
corte – 53; 80; 83; 86; 89; 103; 119; 132; 134; 135; 136; 152; 170; 183; 193; 242; 243; 244-7; 258; 265; 273; 365; 366; 367; 369; 370; 379; 383; 389; 399; 418; 430; 464
coorte, *cohors* – 35; 36; 84; 104; 292; 293; 294; 295; 297; 297; 301-2
costumes – 37-8; 48-9; 51; 66-7; 98; 156; 195; 243; 307; 355; 358; v. moral, *praefectura morum*
Crasso, Marco Licínio (aliado de César) – 23; 27; 56; 81; 158; 296; 297; 298
Crasso, Marco Licínio, cons. de 30 a.C (neto do anterior) – 23
Cremona – 102; 104; 106; 116; 140
Cremúcio Cordo – 69; 70; 72; 76; 151; 172
crimen – 64; 350
crise republicana – 7; 8; 31; 47; 48-58
Crisópolis – 320
cristão, cristianismo – 8; 119; 120; 135; 169; 183; 188; 201; 219; 224; 250; 251; 272; 273; 274; 305; 315; 318; 318-21; 323; 331; 339-61; 364; 366; 381; 383; 386; 387; 388; 398; 401; 429; 464-5; 468
cromatografia gasosa – 513; 520
culto da personalidade – 169; v. divinização
culto imperial – 35; 42-43; 52; 144; 166; 205; 304; 476; 478; 480; 481
cultos religiosos – 8; 20; 161; 164; 197; 243; 272; 274; 305; 319; 321; 323; 342; 345; 346; 348; 350; 354; 359; 382; 389; 464-5; 475; 485
cultura, cultural – 7; 8; 44; 47-76; 83; 87; 131; 132; 143-72; 176; 196-7; 217-232; 235; 236; 298; 323; 326; 328; 349; 354; 358; 364; 369; 377; 385; 386; 389; 404; 407-30
Cumas – 17; 153
cura annonae – v. annona
curator aquarum – 36;169
curator operum publicum – 36
curator riparum – 36
curator viarum – 35
curatores – 33; 34; 35
Cúrcio Montano – 154; 265
Curiácio Materno – 155
cursus honorum – 35; 164; 169; 187; 193; 474
cursus publicus – 36; 186; 496
Dácia – 168; 176; 188-192; 193; 194; 195; 233; 259; 260; 261; 264; 300; 365
Dácios – 138; 140; 188-192; 259
dados (jogo de) – 145; 146; 169
Dáfnis – 427

Dalmácia – 17; 19; 31; 88; 260; 271; 284; 375; 376
damnatio memoriae – 139; 167; 183; 205; 211; 238
dança – 145
Danúbio – 114; 115; 122; 189; 194; 202; 204; 256; 259-60; 283; 284; 300; 302; 306; 311; 316; 352; 353; 364; 366; 370; 377; 378; 380; 403
decadência – 49; 75; 160; 171; 235; 250; 251; 256; 364; 381; 385-6; 388; 389; 464; 487; 516
Decébalo – 138; 140; 189-90
Décimo Bruto – 15
Décio – 259-60; 263-4; 271; 272; 273; 274; 277
deditio – 61
degredo – 48; 72; v. exílio, *relegatio*
Deidamia – 407-8; 418; 430
delator, *delator* – 154; 164; 165; 170; 171
Delfos – 425
demografia, demográfico – 48; 61-9; 253; 256; 344; v. natalidade, procriação
deus, deuses – 41; 42; 52; 57; 84; 107; 120; 134; 161; 162; 195; 196; 203; 205; 207; 230; 243; 272; 273; 274; 290; 300; 304; 319; 320; 321; 343; 346; 349; 350; 351; 354; 355; 358; 359; 395; 396; 397; 398; 399; 401; 402; 423; 458; v. divinização e evemerismo
Déxipo de Atenas – 251; 260; 279
diatribe – 52; 57; 161; 162; 205; 207; 243; 244; 320; 321; v. cinismo
dictator, ditador – 14; 51-2; 76; 144; 150; 296; 299; 473
Dídio Juliano – 236-7; 247
Dido – 63; 67
Diocleciano – 7; 8; 260; 261; 270; 271; 275; 276; 277; 278; 284; 306; 311-19; 322; 323; 331; 332; 333; 335; 339; 340; 360; 364; 415; 498
Diodoro, citaredo – 430
Díon Cássio – 21; 24-5; 27; 38; 43; 84; 86; 87; 90; 120; 129; 132; 134; 139; 144; 145; 146; 147; 152; 162; 166; 170; 171; 178; 182; 184; 186; 187; 190; 192; 193; 200; 201; 203; 204; 206; 208; 209; 210; 234; 238; 240; 242; 244
Díon Crisóstomo – 69
diplomacia – 26; 29; 74; 90; 115; 116; 187; 194; 268; 373
direito – 123; 137; 166; 194; 235; 240; 290; 304; 341; 346; 398-399; 474; 476-7; v. legislação; legislação moral, *lex*
Dirráquio – 63
Discurso(s) – 21; 60; 62; 74; 84; 108; 117; 129; 152; 155; 156; 167; 171; 175; 185; 199; 202; 211; 229; 231; 233; 237; 284; 354; 399; 403
divus, divi – 19; 42; 252
divindade – 15; 54; 74; 162; 166; 274; 320; 321; 350; 359; 399; 446; 457; 472; 475

525

divinização – 42; 50; 56; 322; v. culto da personalidade
doctus – 65
Domícia Lépida – 87; 90
Domícia Longina (esposa de Domiciano) – 124; 133; 136; 139; 140; 170
Domiciano – 89; 93; 106; 108; 111; 113; 116; 128; 129; 133-40; 156; 164; 165-6; 167-70; 171; 172; 177; 178; 179; 182-3; 184; 185; 186; 189; 205; 206; 208; 209; 211; 239; 284; 304; 477
Domício Corbulão, Gneu – 92; 136; 164
Domício Aenobarbo, Gneu – 17
Domício Aenobarbo, Lúcio – v. Nero
Dominado, regime do – 311; 313; 322; 323
dominus – 56; 134; 181; 322; 323; 334; 335; 459; 460; 464
Domitila Menor (filha de Vespasiano) – 113; 117; 139; 140
domus Augusta(na) – 87; 89; 181
domus Aurea – 92; 101; 127; 150
domus Caesaris – 67
domus Tiberiana – 89
donatismo – 344; 346; 357
donzela – 53; 57-9
doublespeak – 156
Douro – 443; 445; 502; 516; 517
Druso, Nero Cláudio (irmão de Tibério) – 27; 28-29; 33; 39; 40; 44; 81; 87; 300
Druso (filho de Tibério) – 39; 40; 68; 83
Druso (filho de Germânico) – 83; 85
DSP – 517; v. *sigillata*
eácida – 408; 424; 429
Ebro – 443; 498; 516; 517
Écija – 519
editor – 52; v. jogos
édito(s) – 98; 129; 167; 194; 212; 246; 272; 273; 314; 319; 320; 332; 341; 342; 344; 354; 359; 360; 364; 507
Édito de Décio – 272-3
Édito de Milão – 320; 360
Édito de Tessalonica – 264; 359; 360; 364
Eécion – 409; 413; 417
Éfeso – 139
Egídio – 373
Egito – 18; 19; 21; 23; 29; 34; 37; 44; 106; 115; 121; 170; 190; 191; 196; 197; 199; 203; 212; 243; 268; 269; 339; 351; 513
Elagabal – 243
Elba – 29; 31; 300
elegia, elegíacos – 48; 49; 55-7; 58; 59; 61; 63; 68; 74; 75
Élia Gala – 59
Eliano – 316

Eliano, Caspério – 184; 185; 187
Élio César – 179; 180
Élio Aristides – 175; 177; 178; 182; 199; 202; 206; 212; 233
Élio Pláucio Lâmia Eliano, Lúcio – 136
elogio – 14; 64; 67; 69; 71; 73; 74; 149; 151; 156; 162; 168; 171; 175; 178; 184; 199; 212; v. panegíricos
eloquência – 145; 156; 160; 167; 422; 423
Émesa – 243; 244; 269; 274
Emília Lépida – 85
Emiliano – 260; 278
Emílio Escauro, Mamerco – 151; 172
enciclopedismo – 60; 164
Eneias – 41; 67; 153; 291
engenho – 165
engobe – v. cerâmicas de
Énio, *pater Ennius* – 57; 59; 75
Epicteto – 169
Epicuro, epicurismo, epicurista – 48; 49; 50; 52; 63; 75; 358
epigrafia – 218; 226; 252; 437; 438; 443; 444; 445; 447; 457; 507; v. grafitos de parede; lápides funerárias
Epiro – 148; 288-289
Éprio Marcelo – 154; 155; 156; 165; 166
equestre, cavaleiros, *equites* – 13; 16; 19; 33; 34-7; 38; 49; 55; 60; 63; 67; 68-9; 84; 87; 88; 91; 92; 98; 104; 105; 108; 112; 116; 120-1; 134; 137; 164; 176; 182; 194; 195; 204; 206; 207; 238; 239; 245; 275; 285; 286; 300; 301; 302; 305; 311; 328
error – 72
escravatura, escravo – 18; 31; 35; 38; 63; 66; 80; 88; 92-3; 153; 154; 156; 166; 225; 245; 300; 333; 334; 345; 347; 355; 383; 385; 457; 516
Escribónia – 86
escultura – 58; 147; 465; v. artes liberais
Esmirna – 203; 517
Esopo, cantor de tragédia – 422
Esparta – 290
espetáculo – 148; 220; 225; 421; 485
esposa, *uxor* – 55-6; 65
esposo, *vir* – 65; 67
Esquiro – 407; 408; 410; 411; 416; 418-21; 424; 428; 429
Estábias – 130; 140; 164
Estácio – 167-9; 171; 202; 420; 430
Estéfano – 139
Estertínio Avito, Lúcio – 169
Estilicão – 366-8; 372; 379; 380; 382; 389
estilo – 167; 197
estoicismo – 49-50; 63; 144; 154; 156; 159; 165; 169; 171; 182; 201; 239; 358

Estrabão – 476; 494; 495; 502; 506
Etrúria – 199; 219; 518
Eudóxia – 366; 370; 372
Euforião – 145
Eufrates – 59; 122; 190; 194; 238; 283
Eusébio de Cesareia – 318; 320; 342
Eutrópio – 187; 193; 197; 251; 266; 366
evemerismo – 50
exército – 7; 8; 15; 18; 19; 20; 21; 26; 27; 40; 67; 81; 82; 87; 92; 93; 97; 98; 100; 102; 103; 106; 107; 108; 115; 117; 121; 122; 134; 178; 183; 184; 185; 186; 187; 188; 189; 191; 192; 193; 196; 204; 205; 208; 210; 235; 241; 243; 257; 261; 262; 263; 265; 266; 269; 271; 272; 275; 276; 283-307; 312; 313; 315; 318; 321; 322; 323; 328-31; 334; 340; 341; 353-4; 360; 364; 370; 372; 373; 385; 386; 389; 396; 401; 402: 403; 495; 504; 513; 515; v. legião, recrutamento, soldo, veterano
exílio – 30; 40; 50; 53; 56; 71; 72; 84; 88; 90; 98; 136; 154; 156; 160; 162; 166; 182; 206; 312; 339; 350; 357; v. degredo, *relegatio*
expansionismo – 48; 249; 285; v. imperialismo
Fénix – 425
Festo – 251
ficção republicana – 48; 69; 364
fides – 290-1
Filipe, o Árabe – 254; 257; 259-60; 262; 274-5; 277; 278
Filipos, batalha de – 16; 44; 55; 62; 63; 76; 151
Filodemo de Gádaros – 48
filosofia – 48; 50; 63; 124; 143; 146; 147; 149; 150; 323; 354; 358; 423
Filóstrato – 131; 147; 246; 416
fiscus – 88; 89; v. *aerarium*
fiscus Alexandrinus – 125
fiscus Asiaticus – 125
fiscus Iudaicus – 125; 186
fisiognomonia – 164
Flávia Domitila (mulher de Vesp.) – 113; 139
Flávia Domitila (neta de Vesp.) – 135; 139; 139; 168
Flaviales Titiales – 166
Flávio Clemente, Tito – 135; 140
Flávio Josefo – 119; 128; 129; 135; 150; 283; 302
Flávio Liberal – 113
Flávio Sabino Vespasiano, Tito (irmão de Vesp.) – 106; 112; 114; 116; 139; 140
Flávio Sabino, Tito (pai de Vesp.) – 112
Flávios – 7; 97; 106; 107; 111 – 140; 164; 165; 168; 171; 239; 474; 476; 498; 502
Floriano – 271; 278
Fócida – 513; 517
Fonseca, Busto – 124

Foro de César – 41
Fortuna – 39; 68; 107; 321; v. *casus*
Fortuna Redux, templo da – 27
Francos – 259; 260; 261; 265; 307; 312; 316; 340; 353; 369; 375; 381; 390
Freiria, Cascais – 448
frugalitas – 148
Fúrio Bibáculo – 70
Gaio Calígula – v. Calígula
Gaio Calpúrnio Pisão – 92; 93
Gaio César (neto de Aug.) – 29-30; 31; 39; 40; 44; 51; 81
Gaio Salústio Passieno Crispo – 88
Gaio Suetónio Paulino – 92
Gala Placídia – 369-72; 389; 390
Galácia – 122; 261
Galaicos – 445; 449
Galba, Sérvio Sulpício – 86; 92; 97-101; 103-4; 105; 106-8; 109; 114; 125; 140; 296
Galécia – 450
Galério Maximiano – 317-9; 339-41; 343; 360
Gália(s) – 16; 17; 21; 27; 29; 43; 81; 82; 86; 104; 121; 125; 137; 158; 181; 196; 198; 202; 237; 238; 252; 255; 259; 260; 261; 263; 265-7; 275; 278; 298; 299; 306; 307; 312; 316; 323; 328; 339; 352; 353; 360; 368; 369; 370; 372; 373; 374; 375; 379-81; 388; 389; 390; 403; 500; 505; 516; 517; v. Império das Gálias
Gália Bélgica – 138
Gália Cisalpina – 14; 15; 16; 81
Gália Lugdunense – 29; 86; 92; 98
Gália Narbonense – 16; 26; 105; 164; 265; 369; 380; 517
Gália Transalpina, Comata – 14; 15
Galieno – 249; 254; 256; 258; 260; 263; 265; 266; 267; 268; 272; 273; 274; 275; 278; 305; 311; 314; 317
Galiza – 501; 517
gens Iulia – 54
Genserico – 371-2; 380-1; 384; 390; 401
geografia – 60; 261; 458; 462; 502
geometria – 147; v. artes liberais
Germânia – 27; 29; 31; 41; 81; 82; 86; 97; 98; 102; 103; 105; 109; 122; 131; 135; 138; 158; 164; 168; 185; 187; 188; 193; 196; 202; 255; 265; 340; 352; 368; 379; 381; 389; 403; 495; 506
Germânia Inferior – 100; 103; 138
Germânia Superior – 85; 99; 100; 138; 170; 185; 187; 266
Germânico Júlio César – 30-32; 33; 39-41; 44; 64; 68; 81; 82; 83-4; 85; 87; 90; 93; 300
Germânicos – 166; 258-61; 332; 378
Geta – 233; 238; 240; 242; 245; 247

Gláucio de Corinto, pintor – 410
gladiadores, combates de — 104; 129; 204; 208; 216-231; tipos de — 221
Glicério, Flávio – 375; 390
globalização – 52; 265; 266; 275; 277
glória – 50; 158
Godos – 251; 257; 259; 260-1; 262; 263; 267; 269; 306; 352; 353; 364; 365; 366; 368-9; 377-9; 383; 385; 386; 389; 398; 400; 402; 403; 404; v. Ostrogodos, Visigodos
Gordiano I – 278
Gordiano II – 278
Gordiano III – 234 ; 252; 254; 257
governação *ex Augusti praescripto* – 152
governante ideal – 50; 52; 54; 56; 57; 157
Grã-Bretanha – 326; 516; v. Britânia
Graciano, Flávio – 352; 353; 355; 359; 360
Gracos – 59; 63; 64; 112
grafitos de parede – 220; 221; 226-9
gramática – 147; 354; 422; 464 v. artes liberais
gramáticos – 145
Granada – 512; 516
Grécia – 92; 93; 114; 140; 147; 196; 260; 285; 339; 401; 408; 429
grego: língua e cultura – 145; 196; 197; 251; 290; 291; 295; 335; 350; 365; 422; 423; 425; 426; 428; 443; 444; 445
Gregos – 92; 135; 144; 145; 165; 195; 197; 288; 291; 292; 334; 409; 410; 414; 421; 422;
Guadalquivir – 330; 504; 517
guerra civil – 19; 20; 25; 41; 92-93; 97; 102; 104; 114; 117; 153; 159; 182; 185; 186; 298; 299; 306; 307; 318; 323; 331
Guerra Social – 286
Guerras Púnicas – 47; 157; 289; 290; 292; 295
Harmódio – 427
hastati – 287; 288; 293; 294
Heféstion – 427
Helesponto – 425
Heliodoro – 170
Heliogábalo – 233; 243; 246; 247; 254; 274
Helvécios – 112; 298
Helvídio Prisco – 121; 154; 155; 156; 170; 172
Héracles – 418. v. Hércules
Herculano – 130; 140; 410; 411; 412; 427; 429
Hércules – 147; 168; 205; 274; 317; 350; v. Héracles
Hercules insanus (papéis desempenhados por Nero) – 147
Herénio Senecião – 156
Herénio Etrusco – 260; 275
heresia – 344; 349; 401
Herodes Agripa – 131; 132
Herodes-o-Grande – 128; 132
Herodiano – 178; 182; 200; 201; 203; 204; 206; 207; 209; 210; 233; 234; 237; 245; 251
Herrera de Pisuerga – 512; 516
Higino – 60
hippotoxotai (arqueiros partos) – 296
Hírcio – 160
Hispânia – 9; 14; 16; 21; 23; 27; 28; 98; 100; 108; 121; 125; 164; 187; 195; 228; 229; 255; 260; 265; 266; 284; 291; 299; 322; 339; 340; 353; 368; 369; 371; 372; 373; 374; 380; 381; 385; 386; 388; 389; 390; 400; 435-520
Hispânia Tarraconense – 82; 87; 97; 98; 373; 513; 516
História Augusta – 8; 177; 192; 193; 196; 197; 198; 200; 204; 205; 206; 208; 209; 210; 240; 251; 274; 275; 311
História Secreta (obra de Procópio) – 396-7
historiografia – 9; 70; 81; 84; 87; 93; 168; 176; 178; 210; 218; 219; 222; 224; 225; 227; 230; 235; 236; 243; 247; 250; 266; 277; 404; 435
histrionismo – 52
Homero – 167; 413
homoerótico, homoerotismo – 63; 68; 196; 209; 426
Honório – 356; 363; 365; 367; 369; 371; 382; 383; 389; 403; 503
hoplómaco — 221; v. gladiadores
hoplon (escudo grego) – 284
Horácio – 41; 49; 54-5; 58; 60; 61; 62; 65; 67; 68; 73; 75; 76; 151; 291; 386; 507
humanitas – 423; 428; 429
Hunos – 366; 370; 371; 373; 377; 378; 379; 380; 381; 390; 402
ibérico, língua – 435; 438-40; 441
Ibéricos – 293
Idácio – 371; 373
idade do ouro – 54; 73; 74; 149; 153; 163; 274; 350
identidade – 9; 44; 80; 90; 98; 137; 218; 226; 227; 266; 272; 303; 404; 423; 429; 437
ideologia – 29; 54; 58; 176; 178; 206; 210; 359
ideologia do Principado 54 – 386; v. Principado
imortalidade – 50; 60
imperador – *passim*
imperatrix – 64
imperialismo – 74; 191; v. expansionismo
Império – *passim*
Império das Gálias, *Imperium Galliarum* – 122; 265-7; 275; 278
Império de Palmira – 267-70; 278
imperium – 15; 20; 21; 24; 30; 31; 33; 37; 39; 84; 101; 118; 183; 186; 188
imperium consulare – 25-6
imperium proconsulare – 24; 28; 76; 81; 87; 90; 200; 292

incêndio de Roma (64 d.C.) – 92; 93; 147
incêndio da biblioteca de Domiciano – 167
infantia – 160
ingenii arbitrium / i. iudicium – 60
innocentia – 163
instita longa – 58
intelectuais – 53; 55; 72; 75; 117; 246; 303; 316; 350; 422; 428; i. gregos – 135; 144; 151
Irún – 512
Isturgi – 516
Itália – *passim*
Itália, reconquista de – 395; 402-3
Italiae laudes – 74
Itálica, Espanha – 187; 192;
iudicium – 60; 163
ius trium liberorum – 66; 166; 167
iustitia – 22; 37; 148
Iuvenales – 91
iuventus Neroniana – 66
Jaén – 500; 516
Jano, templo de – 19; 42; 56; 73; 74; 76
Javé – 125; 128
Jerónimo, São – 360; 383
Jerusalém – 116; 125; 128; 129; 140; 167; 195-6; 302; 347; 348; 384
Jesus Cristo – 319; 321; 350
João "o Lídio" – 283; 306
Jogo de Troia, *lusus Troiae* – 66
jogos – 7; 30; 34; 35; 41; 44; 52; 53; 91; 152; 165; 167; 169; 205; 208; 217-31; 274; 389; v. *editor*, espetáculo
Jogos Capitolinos – 169
Jogos Olímpicos – 364; 389
Jogos Seculares – 41; 44; 73
Josefo – v. Flávio
Jotapata – 119; 140; 302
Joviano, Flávio – 352; 360
Júcar – 443
judaísmo – 119; 125; 135; 196; 354; 358; 366
Judeia – 37; 88; 114; 115; 118; 119; 121; 122; 128; 140; 166; 190; 195; 196; 212
Judeus – 118; 119; 120; 125; 127; 128; 129; 132; 135; 166; 186; 191; 195; 196; 272; 303; 355; 369
Júlia (filha de Augusto) – 29; 30; 39-40; 44; 81
Júlia (neta de Augusto) – 40; 44
Júlia Berenice – v. Berenice
Júlia Domna – 240; 242; 244
Júlia Drusila – 86
Júlia Flávia, Júlia *Titi* (filha de Tito) – 124; 131; 136; 140
Júlia Livila – 84; 85; 88; 93; 151
Juliano, Flávio Cláudio, o apóstata – 307; 323; 345; 352-4; 355; 360; 424; 425; 427; 428; 430

Júlia Mesa – 242
Júlio Agrícola – 138; 156; 184
Júlio Agripa, Marco (Herodes Agripa) – 131; 132
Júlio Alexandre, Marco – 132
Júlio Alexandre, Tibério – 106; 115; 132
Júlio César – v. César e cesarismo
Júlio Civil – 92
Júlio Frontino, Sexto – 169
Júlio Nepos – 375; 376; 390
Júlio Secundo – 155
Júlio Vindex – 92; 98; 99; 100
Júlio-Cláudios – 40; 79-93; 97; 99; 103; 111; 112; 116; 121; 124; 130; 168; 180; 183; 209; 210; 212; 250; 314; 474; 477; 480; 502
Júnio Silano, Lúcio – 88
Júpiter – 52; 56; 56; 57; 153; 196; 205; 207; 274; 317; 475
Júpiter Capitolino – 125; 169; 384
justiça – 37; 42; 57; 70; 74; 88; 89; 98; 101; 146; 148; 176; 184; 201; 357; 407 v. *iustitia*
Justiniano – 7; 8; 220; 374; 395-404
Juvenal – 67; 147; 154; 167-8; 170; 171; 220; 222
juventude – 66
kardiophylax (proteção) – 287
La Graufesenque – 516
La Muette – 516
La Rioja – 512
Labieno, Tito – 55; 151; 157
Lactâncio – 156-7; 314; 316; 318; 340; 342; 386
Lamas de Moledo, Castro Daire – 445; 446; 447
Languedoc – 438; 517
Laodamia – 56
lápides funerárias – 220; 221; 226; 227; 228; 229; 230
lascívia – 53
Leão Magno (Papa) – 370; 372; 380-1; 384
Leão, imp. – 372
leges Iuliae sumptuariae – 124
legião, legiões – 15; 19; 31; 37; 44; 62; 81; 85; 86; 105; 107; 108; 109; 114; 115; 118; 121; 122; 123; 138; 189; 184; 195; 203; 235; 236; 237; 238; 239; 241; 242; 243; 261; 262; 263; 275; 284-307; 315; 316; 332; 454; 473; v. exército
legião de coortes – 293
Legião II *Augusta* – 114
Legião III *Augusta* –121; 304
Legião VII *Gemina* – 121; 386; 497
Legião X *Fretensis* – 121; 122
legião manipular – 287-8; 289; 293
legislação – 37; 67; 71; 176; 194; 220; 240; 242; 246; 322; 341; 344; 346; 347; 348; 354; 360; 369; 372; 388; 398; 497; 507; v. leges, leis, *lex*
legislação moral – 37-38; 40; 65-6

529

legitimação – 47; 48; 51; 52; 67; 116-20; 153; 243; 262; 428
Lei das Doze Tábuas – 69
leis – 24; 37; 38; 53; 66, 70; 124; 134; 149; 157; 163; 178; 188; 207; 240; 246; 290; 345; 347; 357; 358; 370; 398; 399; v. *lex*
leituras públicas, *recitatio(nes)* – 60; 155; 166; 168
Lépido, Marco Emílio – 15-8; 28; 44
lesa-majestade – 69; 82; 84; 183; v. *maiestas*
lex Aelia Sentia de manumissionibus – 66
lex Cornelia de iniuriis – 70
lex Cornelia de maiestate – 70; 76
lex de imperio Vespasiani – 108; 118
lex Fufia Caninia de manumissionibus – 66
lex Iulia de adulteriis coercendis – 65; 76
lex Iulia de maiestate – 70; 76; 152
lex Iulia de maritandis ordinibus – 65; 76
lex Manciana – 123
lex Paedia de interfectoribus Caesaris – 76
lex Papia Poppaea – 65; 76
lex rogata – 118
lex Scantinia – 134
Lezoux – 516
libelo difamatório, *libelli famosi* – 70; v. panfleto
liberdade de expressão – 69; 143; 150-6; 161; v. opinião
liberdade religiosa – 339; 342-3; 348; 355; 360
libertos, *libertus* – 31; 35; 38; 68-69; 80; 122; 311, 505
libertos imperiais – 67; 69; 80; 86; 87-9; 90; 9; 99; 101; 105; 134; 139; 151; 162; 170; 182; 194; 197; 204; 205; 245
Líbio Severo – 373; 390
Lícia – 122
Licínio, co-imp. – 320; 321; 333; 340; 341; 342; 343; 344; 349; 360
Licínio Crasso, Lúcio – 143
Licínio Crasso, Marco – v. Crasso
Licínio Muciano, Gaio – 114; 115; 116; 156
Licínio Sura, Lúcio – 171
Licomedes – 410; 415; 416; 418-20; 430
Licurgo – 149
limes – 121; 122; 125; 127; 138; 190; 194; 196; 202; 233; 256; 259; 322; 327; 369; 379
limitanei – 306; 315; 322; 332; 377
Linares – 438; 500
línguas célticas – 436; 445; 449
Lino – 418
lira – 407; 408; 409-16; 417-20; 422; 423; 425; 426; 428
Lisboa – 472; 482; 485; 512
Lisímaco de Acarnânia – 425
literacia – 47; 58-61

Lívia Augusta – 17; 25; 28; 39; 40; 81; 84; 98; 160; 179
Lívia Drusila – v. Lívia Augusta
Livila – v. Júlia
locatio-conductio – 512
lorica segmentata – 297; 298
lorica squamata – 297
lorica hamata – 297
Lucano – 61; 76; 92; 152; 153; 158; 159; 172
lucerna(s) – 514; 518-9
Lucílio, poeta sat. – 58; 59; 60; 62; 65
Lúcio Aneu Séneca – v. Séneca
Lúcio António – 17
Lúcio Camilo Escriboniano – 88
Lúcio Bruto – 48
Lúcio Calpúrnio Pisão Frugi Liciniano – 100-1; 108
Lúcio Cássio Longino – 85
Lúcio César (neto de Aug.) – 13; 29-30; 39; 40; 44; 51; 81
Lúcio Domício Aenobarbo – v. Nero
Lúcio Élio Lamia – 82
Lúcio Élio Sejano – v. Sejano
Lúcio Júnio Torquato Silano – 88
Lúcio Vero – 175; 179; 180; 198; 200-2; 203; 204; 212; 247; 317
Lucrécio – 48; 49; 52; 58; 65; 74; 75
Luculo – 60
Lugdunum (Lyon) – 87; 201; 238; 381
Lugo – 373; 512
Lusitânia – 98; 126; 453-68; 471-89
lusitano, língua – 435; 443; 445; 446; 448-9
Lusitanos – 292; 445; 449
Lusões – 443
Lyra – v. lira
Macrino, M. Opélio – 233; 242; 243; 247
Macro, Pompeu – 70
Magallum – 516
magia, mágico – 151
magister – 67
magister militum – 366; 372; 373; 375; 390
magistratura – 15; 16; 20; 22; 24; 25; 33; 34-5; 36; 51; 66; 69; 70; 71; 82; 86; 169; 187; 193; 272; 485; 504
magistratura extraordinária – 51
maiestas – v. lesa-majestade, *lex maiestatis*
Majoriano, Flávio Júlio Valério – 372-4; 381; 390
Manílio – 74
Mânio Lépido – 71
Mar Negro – 122; 123; 257; 260-1; 267; 269; 302; 403
Mar Mediterrâneo – 181; 233; 290; 293; 293; 302; 380; 403; 404; 462; 499; 504; 505; 506; 507; 517; v. M. Oriental e M. Ocidental

Marcelo – 23; 25; 39; 44
Marcelo, Teatro de – 41; 52; 127; 430
Márcia Furnila (mulher de Tito) – 131; 140
Marcial – 130; 165; 166; 167; 168; 169; 170; 171; 172; 183; 220
Marciano – 370; 372; 373; 380
Marco António Palas – 88; 89; 90
Marco Aurélio – 175; 176; 177; 179; 180; 181; 184; 197; 198; 199; 200-3; 204; 207; 208; 210; 212; 233; 234; 236; 239; 241; 242; 247; 251; 258; 317; 331
Marco Emílio Lépido – v. Lépido
Marco Licínio Cássio Frugi – 86-7
Marco Vipsânio Agripa – v. Agripa
Marcomanos – 138; 176; 202; 204; 212; 247
Marco Aneu Lucano – v. Lucano
Mardónio, professor – 424; 425
Mariame (rainha dos Judeus) – 131
marido – v. *vir*, esposo
Mário – 14; 33; 294-6; 299; 300; 303; 454
Marselha – 364; 517
Mársias – 427
Marte Vingador (*Mars Vltor*), Templo de – 27; 30; 41; 56
Masada – 128; 140
masculino, masculinizado – 63; 64; 227; 229; 231; 426
Materno – 154-5; 156; 168
matrimonial, matrimónio – 16; 63; 65; 66; 89; 113; 180; 304; 317; 384; 462; v. casamento
matrona, *matrona* – 53; 58; 59; 65; 360
Mauritânia – 37; 196; 199; 243; 266; 371; 373; 380; 500
Mauritânia Caesariense – 89
Mauritânia Tingitana – 89
Maxêncio – 301; 307; 318; 319; 320; 340; 341; 343; 360
Maximiano – 316; 317; 318; 399
Maximino Trácio – 243; 247; 251; 259; 262; 270; 271; 278; 503
Maximino Daia – 318; 319; 320; 339; 340; 341; 360
Máximo (liberto) – 139
Mecenas – 14; 29; 54-5; 68; 76; 145; 160
mecenatismo – 52; 53; 54; 55; 61; 76; 145; 161; 478; 479; 485; 497
Medelim, Idanha-a-Nova – 447
médico(s) – 54; 65; 245; 246; 407
Mediterrâneo Ocidental – 302; 380; 390
Mediterrâneo Oriental – 293; 302; 517
Melanippe (papéis desempenhados por Nero) – 147
meretrício (amor), *meretrix* – 57; 65
Mérida, *Augusta Emerita* – 28; 473; 474; 475;
476; 479; 480; 481; 482; 483; 484; 485; 486; 487; 494; 497; 498; 499; 500; 502; 503; 512
Meseta – 460; 516; 517
Mésia – 102; 113; 138; 139; 189; 259; 260; 263; 271; 284; 385
Mésia Inferior – 138; 260
Mésia Superior – 138
Mesomedes, compositor – 428; 430
Messala Corvino, Valério – 35; 36; 54; 55; 145; 151
Messalina, Valéria – 87-8; 89; 151; 162
mestre das milícias – 307
metais – 125; 191; 317; 494; 514
Metelos – 70
Métio Caro – v. Caro
metis – 290; 291; 292
Mijares, rio – 439
Milão – 260; 320; 339; 341; 365; 380
Milónia Cesónia – 86
mito, mitologia – 58; 60; 61; 76; 145; 153; 175; 177; 350; 364; 407-30; 460; 464, 504
Mitra, mitraísmo – 164; 272; 320
mobilidade social – 68; 275; 325
mobilidade no Império – 380; 493-508
Módena, Mútina – 15; 103; 160
moderação, *moderatio* – 37; 101; 104; 148; 159; 183; 199; 207
monocracia – 51; 345; 349
monoteísmo – 272; 274; 350
Montans – 516
Monte Pélion – 414
Monte Testaccio – 507
moral – 37-8; 40; 47; 49; 50; 57; 65; 66; 68; 100; 148; 157; 160; 164; 182; 198; 201; 218; 225; 251; 348; 358; 377; 381; 397; 418; 425; 426; 428; 475
moral tradicional – 55; 145; 210; v. *mos maiorum*
mortalidade – 61; 304
mos maiorum – 243; v. moral tradicional
mousike – 426; 428
mousikos aner – 423; 428
Muciano – v. Licínio
mulher, estatuto, papel – 47; 49; 59; 69; 63-4; 67; 70; 80; 84; 86; 88; 113; 124; 149; 170; 208; v. feminino
multiculturalismo – 386; v. cultura
Munácio Planco – 15
município, municipal – 66; 91; 116; 121; 123; 300; 315; 334; 473; 474; 475; 476; 477; 497
Musas – 74; 168; 416; 422; 423-4; 428; 429; 430
música – 147; 169; 407-30; v. artes liberais
Musónio Rufo – 169
Narbona – 517
Narciso (liberto) – 245

Narses – 402; 403; 404
natalidade – 61; 62; 65; 66; v. demografia, procriação
natura – 149
Neápolis, Nápoles – 130; 147; 302; 375; 411; 412; 429
Neoptólemo – 408; 418; 420
neotérico – 48; 49; 50; 53; 58
Nereidas – 408; 409
Nero (Nero Cláudio César) – 8; 53; 79; 80; 85; 86; 87; 88; 89; 90-3; 97; 98; 99; 100; 101; 103; 104; 107; 109; 111; 113; 114; 117; 118; 119; 123; 124; 125;127; 130; 131; 140; 146; 147-8; 149-50; 152-5; 160; 162; 162-4; 165; 166; 167; 168; 169; 170; 171; 172; 178; 179; 182; 184; 190; 196; 205; 208; 209; 210; 211; 312; 427-8; 429
Neronia – 91; 152; 427
Nerva – 108; 139; 140; 156; 169; 170; 171; 172; 175; 176; 177; 178; 179; 180; 182-7; 188; 191; 195; 206; 207; 210; 211; 262
Névio – 70
Nícias, pintor – 410
Nicomédia – 312; 339; 347; 351
Ninfídio Sabino – 92; 100
Norte de África – 123; 255; 276; 283; 291; 292; 294; 304; 404; 507; 516; 518
Norte de Itália – 102; 108; 389
notitia dignitatum – 322; 386
Numeriano, M. Aurélio – 278; 312; 317
ócio, *otium* – 156; 222; 223; 454; 457; 458; 461; 464
Octávia, Otávia (irmã de Augusto) – 17; 18; 44
Octávia, Otávia (esposa de Nero) – 87; 88; 90; 91
Octávia, Otávia, pórtico de – 144
Octávio, Otávio – v. Augusto
Odenato – 258; 260; 263; 267; 268; 269
odeão – 421; 422
Odiel, rio – 441
Odoacro – 253; 372; 375-6; 381; 390
Oedipus exsul (papéis desempenhados por Nero) – 147
Olíbrio, Anício – 373; 374; 375; 384; 390
Olimpos – 427
onager – 302
opinião – 47; 48; 61; 69-73; v. liberdade de expressão
oposição – 53; 66; 72; 80; 121; 134-5; 151; 154; 159; 171; 243; 348; 372; 380; v. conjura
optimus princeps – 188; 191; 207; 234
oratória – 75; 144; 145; 156; 168
Orestes, Flávio – 375; 390
Orestes matricida (papéis desempenhados por Nero) – 147

orientalizante – 243; 244
Orósio – 369
Óstia – 369; 375; 382; 384; 507
Ostrogodos, – 373; 379; 381; 402; 403 – v. Godos, Visigodos
Otão, M. Sálvio – 97; 98; 100; 101-3; 104; 105; 106; 108; 109; 113; 114; 115; 140
othismos (táctica da falange hoplita) – 285
otimismo – 47; 54; 73-6
Ovídio – 40; 44; 48; 49; 50; 52; 53; 55; 56; 57; 58; 59; 60; 61; 64; 65; 68; 69; 71; 72; 74; 75; 76; 145; 147; 149
Pã – 427
Palatino – 28; 41; 60; 75; 79; 89; 128; 144; 170; 245; 246; 247; 384
Palestina – 191; 196; 347; 358; 383; 513
Pampônio Hilas – 410; 423; 430
Pandatária, ilha – 139; 140
panegírico(s) – 156; 175; 187; 206; 316; 318; 366; 396; v. elogio
Panfília – 122
panfleto, panfletário – 70; v. libelo
Panónia – 26; 29; 31; 81; 106; 185; 203; 205; 236; 259; 260; 263; 271; 284; 339; 372; 375; 380
Pansa – 160
pantomimo(s) – 168; 170
pão e circo – 222-3; 226
Papínio Estácio – v. Estácio
paredes finas (cerâmica) – 517; 518
Páris, pantomimo – 168; 170
paródia – 146; 153
parsimonia – 148
Parténio, poeta – 61; 145
Parténio, *cubicularius* de Domiciano – 170
Partos – 17; 18; 27; 30; 56; 90; 92; 122; 166; 176; 190; 193; 202; 212; 238; 239; 242; 247; 296; 297; 298; 353
passado, retorno ao – 22; 48; 65; 74; 75
pater patriae – 206
patrono(s) – 119; 165; 167; 169; 171; 191; 425; 479
Pausilipo de Tessalonica, ourives – 418
pax Augusta, pax Romana – 13; 29; 49; 73; 175; 300; 476(topón.); v. *pax*, *Ara Pacis*
pax, paz – 19; 41-2; 43; 56; 74; 83; 122; 126; 127; 156; 176; 177; 178; 188; 189; 190; 192; 201-2; 204; 206; 242; 257; 260; 277; 295; 303; 306; 335; 340; 342; 346; 348; 353; 360; 377; 388; 399; 400; 401; v. *Ara Pacis, pax Augusta*
pax deorum – 272
pederastia – 63; 426; 427
Pelêndones – 443

Peleu – 408
Peñalba de Villastar, Teruel – 444
Penélope – 149; 170
Península Ibérica – 123; 290; 292; 293; 300; 429; 436; 437; 438; 441; 471; 493; 494; 495; 496; 500; 501; 502; 504; 506; 507; 516; 517; v. Hispânia
perduellio – 71
Pérgamo – 90; 144; 517
peritus – 65
Pérsia – 249; 252; 256; 257-8; 259; 260; 270; 277; 300; 307; 315; 354; 403
perseguição religiosa – 201; 273; 318-9; 344; 360
Pertinaz, Hélvio – 202; 205; 212; 236-7; 247
pessimismo – 47; 73-6
Petílio Cereal, Quinto – 117; 123
Petrónio (Árbitro) – 153-4; 172; 220
pietas – 14; 16; 22; 37; 38; 39; 41; 42; 148; 166; 199
Petrónio Máximo – 372; 390
pilum – 287; 295; 297; 299
pintura – 58; 60; 61; 147; 150; 221; 410-12; 423; 424; 427; 429; v. artes liberais
Pirra – 418
Pisa – 515
Pitágoras de Régio, escultor – 425
Plautii – 112
plautino – 57
Plínio-o-Moço, o Jovem – 89; 130; 164-5; 170; 171; 175; 178; 181; 182; 187; 188; 191; 205; 206; 207; 211
Plínio-o-Velho, o Antigo, o Naturalista – 60; 74; 123; 159; 164; 167; 220; 292; 410; 411; 473; 474; 502; 505; 507
Plutarco – 8, 100; 106; 108; 178; 182; 206; 212; 289; 290; 425
poder – *passim*
poder pessoal – 13; 25; 49; 234
poesia – 58, 59, 144, 145; 147; 154; 166-8; 169; 408
poeta(s) – 23; 27; 40; 48; 53; 54; 55; 60; 61; 65; 72; 76; 92; 145; 166; 167; 168; 169; 170; 183; 246; 291; 395; 422; 430; 507
poetae novi – 48; 145
Pólemon II – 122
Política – *passim*
pomerium – 24; 29
Pompeia, Pompeios – 130; 140; 217; 220; 226; 227; 231; 410; 411-2; 423; 424; 427; 429; 519
pompeiano, de Pompeu – 48; 66; 298
Pompeio, Pompeu Magno, Gneu – 51; 52; 53; 62; 76; 87; 158-60; 296; 298
Pompeio, Sexto – 15; 16; 17; 18; 44; 472

Pompeu Macro – 70
Pompeu, Teatro de – 52
Pomponii – 112
pontífice máximo – 18; 28; 44; 504
pontífice (papa) – 359
Ponto – 72; 122; 296; 339
Popeia Sabina – 91; 91
popularidade – 53; 83; 92; 145; 184; 426; 427; 428
Porsena – 158
porto(s) – 191; 382; 468; 494; 500; 502; 503; 504-8; 519
Posidónio – 148; 149; 163
Póstumo, usurpador – 263; 265-7; 317
pote(s) – 520
praefectura morum – 51; 76; v. costumes, moral
precedente – 51; 58; 64; 65; 69; 71; 108; 344
preceptor, *paeceptor* – 65; 152; 160; 168
praefectus annonae – 36
praefectus vigilum – 35
prefeito do acampamento – 301
prefeito da cidade – 27; 34; 35; 106; 113; 369
prefeito do Egito – 19; 23; 37; 115
prefeito da marinha – 302
prefeito do pretório – 30; 36; 67; 90; 92; 99; 100; 101; 121; 129; 131; 140; 152; 184; 185; 187; 204; 205; 236; 239; 242; 305; 312; 315; 366
triunvirato – 13; 15-9; 20; 44; 51; 63; 72; 150; 159; 296; 298; 299; 473
princeps, príncipe – 13; 19-20; 23; 24; 26; 32; 37; 39; 41; 44; 50; 56; 64; 69; 71; 79; 81; 82; 86; 87; 89; 91; 93; 98; 101; 104; 107; 111; 112; 114; 116; 117; 118; 123; 126; 129; 131; 133; 134; 135; 136; 145; 149; 150; 152; 153; 154; 161; 163; 165; 166; 167; 168; 169; 170; 170; 171; 176; 177; 178; 180; 181; 185; 188; 194; 199; 201; 207; 209; 234; 236; 244; 245; 246; 273; 300; 322; 333; 342
princeps civitatis – 51
pinceps iuventutis – 30; 90
princeps senatus – 30; 182
Principado, ideologia do – 13; 20; 37; 54; 58; 69; 70; 73; 80; 87; 89; 116-7; 153; 175-7; 182; 183; 270; 315; v. ideologia
principes, 2ª linha de soldados – 287; 288; 293; 294
Prisco Átalo – 369; 383; 389
probatio – 303
Probo, Marco Aurélio – 254; 261; 271
procônsul, proconsulado – 292; 314; 319; 398; v. *imperium proconsulare*
Procópio de Cesareia – 383; 396; 397; 400-1; 402; 403; 404; 497
procriação – 63; v. demografia, natalidade

progresso – 76; 88; 148; 436; 450; 453; 458; 472; 498; 507; 511; 534
propaganda – 14; 18; 20; 41-3; 52; 61; 128; 130; 145; 317; 320; 331; 495
Propércio – 49; 56; 63; 65; 68; 74; 75
proscrições, proscritos – 16; 27; 61; 63; 151; 160; 231; 312
providência – 62; 119
província, provincial – 13; 16; 20; 21; 22; 23; 24; 26; 33; 34; 35; 36; 37; 42; 66; 68; 76; 80; 81; 82; 84; 86; 88; 89; 92; 98; 99; 103; 107; 108; 115; 116; 117; 121; 122; 123; 125; 136-7; 138; 158; 159; 176; 181-2; 184; 187; 195-6; 199; 202; 203; 206; 234; 235; 237; 239; 240; 241; 243; 254; 259; 261; 265; 269; 271; 275; 300; 301; 302; 305; 306; 307; 312; 314; 315; 316; 320; 322; 328; 330; 333; 340; 341; 348; 353; 358; 359; 363; 368; 369; 385; 388; 398; 403; 428; 429; 445; 454; 456; 461; 462; 468; 472; 473; 475; 477; 479; 481; 482; 487; 489; 494-7; 498; 500; 502; 505; 512; 513; 514; 516; 518; 519
público (leitor, espetador) – 49; 58-60; 61; 68; 85; 93; 147; 155; 218; 219; 220; 223; 227; 485
puella – 57; 228
Pulquéria – 366; 370
Pupieno, Clódio – 254; 271; 278
Putéolos – 43; 515
Quados – 138; 353
quincunx – 287
quinquennium Neronis – 91; 152; 172
Quintiliano – 145; 165; 166; 167; 168; 171
Quintilo – 271; 278
Quinto Cecílio Metelo Macedónico – 62
Quinto Fábio Máximo – 291
Quíron – 407; 408; 410; 411-8; 421; 422; 423; 424; 425; 426; 428; 429-30
Ravena – 302; 349; 365; 369; 370; 371; 373; 375; 379; 380; 382; 383; 387; 389; 399; 400; 403; 475; 501
Reate – 112
recrutamento – 31; 35; 61-2; 92; 121; 239; 286; 291; 294; 299; 301; 303; 305; 306; 307; 311; 385; v. exército, soldo, veterano
rector – 50; 51
recusatio – 54
Régulo, M. Aquílio – 165; 171
relegatio – 64; 68; 69 – v. degredo, exílio
religião – 8; 13; 20; 21; 28; 42-3; 52; 56; 106-7; 115; 119; 132; 135; 177; 205; 218; 219; 220; 225; 250; 251; 272; 273; 274; 290; 291; 304; 305; 318-9; 320; 333; 339-60; 363; 364; 375; 381; 387; 386; 396; 398; 399; 401; 402; 403;

464; 465; 476; 478; 479; 507
Reno – 29; 31; 81; 86; 117; 187; 188; 194; 256; 259; 260; 261; 263; 265; 283; 284; 298; 300; 306; 316; 341; 353; 377; 378; 380; 389
repressão – 16; 47; 48; 71; 92; 145; 168; 195; 212; 342; 358; 368; v. censura
República, republicano – 8; 13; 16; 20; 21; 22; 32; 33; 36; 39; 42; 48-58; 60; 61; 64; 66; 67; 69; 70; 72; 73; 74; 75; 76; 79; 83; 85; 86; 108; 112; 116; 143; 152; 153; 155; 157; 158; 158; 159; 178; 179; 181; 183; 187; 219; 283; 284; 285; 287; 289; 291; 294; 295; 296; 299; 315; 364; 387; 399; 407; 410; 421; 463; 472; 473; 479; 495; 518; 519
retor, retóricos – 144; 168; 201
retórica – 50; 60; 61; 74; 143; 144; 165; 171; 201; 206; 354; 395; 399; 422
retrato físico – 124; 146; 163-4
retrato moral – 130; 133; 134; 171; 206-11
Riano – 145
Ricímero – 372; 373; 374; 375; 384; 390
riqueza – 136; 165; 191; 192; 284; 285; 286; 313; 354; 426; 454; 455; 461; 463; 479
Rodes – 29-30; 39; 44; 81; 145; 147; 408
Roma – *passim*
Romae laudes – 74
Rómulo – 41; 57; 112; 156
Rómulo Augústulo – 283; 375; 390
Róscio, cantor de comédia – 422
Rutílio Namaciano – 389
sabedoria, sábio – 32; 49; 50; 148-9; 178; 198; 291; 349; 400; 422
Sabina, Vívia: esposa de Adriano – 192; 198
Sabina, região – 109; 112
Sabinas – 149
Salonica – v. Tessalonica
salpinx, trombeta – 420
Salústio (historiador) – 49; 60; 66; 74; 220
Salústio Crispo, Gaio – 88
salutaris – 54
Santarém – 373; 472; 473; 489; 512
Sapor I – 252; 257-8; 260; 265
Saragoça – vide *Caesaraugusta*
sarissa – 289; 294
Sármatas – 138; 169; 194; 247; 259; 339
Sassânidas – 243; 252; 256; 257-8; 260; 267; 269; 305; 306; 332; 339; 353; 366
sátira – 58; 60; 146; 162; 220
Saxões – 379; 389
scholae palatinae – 301; 307
Secundo, Júlio – 155
seditio Gracchana – 150
Segóbriga – 512
Sejano – 68; 83; 85; 93

senado, senador, senatorial – 14; 15; 16; 19; 20; 21; 22; 24; 25; 26; 28; 30; 32-4; 35; 36; 37; 38; 41; 43; 51; 63; 64; 66; 67; 71-2; 76; 79; 81-2; 83; 84; 85; 86; 87; 88; 89; 90; 91; 92; 97; 98; 99; 101; 102; 103; 107; 108; 109; 112; 114; 116; 117; 118; 120; 121; 128; 129; 133; 134; 139; 143; 145; 146; 149; 150; 151; 152; 154; 155; 156; 158; 161; 165; 171; 175; 176-7; 178; 180-4; 185-6; 187; 188; 189; 190; 191; 192-5; 196; 198-9; 203; 204-5; 206-12; 220; 234; 235-7; 238-9; 241; 242; 243; 245; 261; 262; 264; 270; 271; 272; 275; 294; 295; 298; 300; 301; 305; 306; 311; 314; 315; 316; 318; 321; 322; 332; 341; 353; 354; 372; 373; 375; 376; 382; 383; 473
senatus consulta – 82
senatus consultum ultimum – 25
senatus consultum Claudianum – 88
Séneca, Lúcio Aneu (Séneca-o-Velho) – 145; 150; 151; 157; 160; 161
Séneca, Lúcio Aneu (o filósofo) – 74; 87; 90; 91-2; 145; 146; 147; 148; 149; 151-2; 156-64; 165; 168; 171; 172; 220; 222; 224; 421
saepta Iulia – 410; 411; 429
Septímio Severo – 205; 206; 233; 235-41; 244; 245; 247; 249; 304; 305; 331; 334
Servílio – 151
Sérvio Sulpício Galba – v. Galba
Setúbal – 445
Severo Alexandre – v. Alexandre
Severo II – 339; 340
Severos – 8; 180; 205-6; 209; 233-47; 251; 277; 305; 315; 387
Sevilha – 330; 371; 503; 505; 512; 519
sexo, sexual – 47; 65; 131; 149; 150
Sexto Afrânio Burro – v. Afrânio
Sexto Empírico – 426
Sexto Pompeio – v. Pompeio
Siágrio – 375; 390
sicários – 118; 132
Sicília – 16; 18; 26; 80; 144; 237; 289; 369; 373; 376; 380; 381; 401
Sidónio Apolinário – 372; 373; 374
sidus Iulium – 51; 56
sigillata – v. *terra*
Sila, Sula – 51; 63; 76
Sília – 154
Sílio, Gaio – 89
Sílio Itálico – 164; 165; 157; 171
Sílures – 169
sincretismo, sincrético – 50; 304
Síria – 15; 21; 82; 114; 115; 118; 122; 123; 185; 190; 191; 193; 196; 203; 236; 237; 238; 243; 257; 267; 295; 339; 370;

Soemo de Émesa – 131
Sol – 163; 164; 274; 320; 321; 350; 354
Sol invictus, templo – 274
soldo – 62; 239; 240; 241; 242; 284; 304; 305; v. exército, recrutamento, veterano
soliferrum – 292; v. exército, recrutamento, veterano
Sólon – 149
speculum principis – 143; 149
sucessão, sucessor 7; 23; 24; 30; 39; 51; 60; 68; 80; 81; 83; 90; 100; 111; 117; 120; 128; 139; 170; 175; 178; 179; 182; 183; 184; 186-7; 188; 190; 192-3; 197; 198; 200; 203-4; 207; 236; 238; 240; 241; 243; 247; 250; 257; 260; 261; 262; 268; 275; 284; 300; 312; 315; 315-6; 317; 318; 331; 340; 352-60; 365; 367; 369-70; 372; 477
Suetónio – 21; 22; 25; 29; 32; 37; 38; 39; 43; 83; 84; 86; 87; 90; 91; 92; 99; 100; 102; 103; 104; 105; 106; 107; 114; 118; 119; 120; 125; 129; 130; 131; 132; 133; 134; 136; 139; 145; 147; 151; 161-2; 165; 166; 167; 171; 178; 184; 206; 209-10; 211; 212; 220; 496
Suetónio Paulino – v. Gaio
Suevos – 371; 373; 378; 380; 389
suicídio – 8; 19; 23; 64; 76; 92; 93; 99; 102; 103; 109; 119; 151; 152; 154; 207
Surena, general dos Partos – 297
taça(s) – 515; 517; v. cerâmica
Tácito – 8; 9; 39; 43; 53; 60; 67; 70; 71; 83; 87; 88; 90-1; 92; 93; 99; 100; 102; 104; 105; 106; 107; 108; 112; 117; 147; 150; 151; 152; 153; 154; 155; 156; 159; 164; 165; 166; 171; 177; 178; 179; 181; 182; 184; 206; 209; 211; 212; 220; 284; 301; 322
Tácito, Marco Claúdio – 261; 278
Tarquínios – 48; 112
Tarraconense – v. Hispânia
Tarragona – 498; 504; 507; 512; 514
tartéssico-turdetano – 441-2; 494
teatro – 41; 48; 52-3; 57; 139; 219; 355; 397; 422; 478; 479; 483; 484; 485
Tebas – 425
Tejo – 443; 455; 479; 494; 497; 517
Templo da Paz, *Templum Pacis* – v. Ara Pacis
Teodora, esposa de Constâncio Cloro – 318
Teodora, esposa de Justiniano – 395
Teodósio I – 8; 93; 339; 352; 352; 355; 358 -60; 363; 364; 365; 367; 370; 377; 389; 390; 403; 497; 503; 507
Teodósio II – 366; 369; 370; 387; 389; 390
Terêncio, terenciano – 57; 59; 65
Terpno, citaredo – 427; 429; 430
terra sigillata africana – 517

terra sigillata cipriota – 517
terra sigillata foceense – 517
terra sigillata hispânica tardia – 516; 517
terra sigillata itálica – 468; 515-6
terra sigillata local de tradição itálica – 512; 516
Tertula, avó de Vespasiano – 113;
Tessalonica – 311; 359; 364; 418; 419; 421; 430
Tétis – 150; 407; 409; 418
theriodes – 74
Thyestes (papéis desempenhados por Nero) – 147
Tibério Cláudio Nero César – 13; 26; 27; 28-9; 30-2; 33; 39-40; 44; 52; 53; 61; 64; 68; 69; 70; 71; 76; 79; 80-5; 93; 117; 145; 150; 151; 159; 161-2; 167; 172; 178; 179; 284; 300; 301; 462; 516; 518
Tibério Cláudio César Britânico – v. Britânico
Tibério Cláudio Nero (1º marido de Lívia) – 40
Tibério Gemelo – 85
Tibre – 29; 36; 116; 202; 372
Tibulo – 49; 61; 63; 68; 74; 75
Tigelino – 100; 101; 152; 153
Timgad (cidade do Aurès) – 304
tirano – 14; 48; 83; 92; 101; 106; 133; 152; 154; 157; 161; 162; 183; 208; 234; 320; 342; 401
Tito Flávio César Vespasiano – 93; 111; 113; 114; 115; 116; 119; 121; 125; 126; 128-34; 136; 139; 140; 150; 164; 165; 166; 167; 172; 179; 182; 195; 302; 317
Tito Flávio Domiciano – v. Domiciano
Tito Labieno – 55; 151; 157
Tito Lívio – 49; 60; 74; 75; 151; 179; 219; 231
Tito Tácio – 149
titulatura – 51
tolerância religiosa – 319; 339; 341; 342; 354; 360
Torre de Palma – 429; 430; 457; 458; 460; 463; 465; 467
tragédia, trágico – 55; 63; 144; 148; 151; 152; 154; 164; 168; 202; 364; 380; 381; 389; 422
tragoedus – 148
Trajano, M. Úlpio Nerva – 122; 156; 165; 170; 171; 172; 175; 176; 177; 178; 179; 180; 181; 182; 185-92; 193; 194; 195; 197; 198; 202; 204; 206-7; 210; 211; 212; 233; 241; 300; 304; 305; 478; 482; 484; 497; 498; 503
Trásea Peto – 121; 154; 156; 169; 172
Treboniano Galo – 256; 257; 260; 262; 274; 278
triarii – 287; 288; 293-4
tribunicia potestas, tribuno, tribunício – 19; 24; 28; 29; 30; 32; 33; 35; 37; 39; 44; 49; 51; 76; 81; 87; 90; 118; 129; 140; 187; 200; 266; 504
tribunos militares – 237; 302
tribuno *angusticlavius* – 102; 301
tribuno *laticlavius* – 301; 305

tribuno *sexmentris* – 301
triplex acies – 287; 288
Tritium Magallum – 516
Tunísia – 390; 403; 516
Turdetano – v. tartéssico
Túria – 443
Turno, poeta – 168
Ulisses – 290; 291; 410; 420; 421
Úlpio Trajano, Marco – v. Trajano
univira – 66
Útica – 63; 66; 154
Vaca – 153
Vaceus – 443
Vale do Douro – 443; 445; 516; 517
Vale do Ebro – 443; 498; 516; 517
Vale do Pó – 515; 518
Valencia – 512; 514
Valente, Flávio Júlio – 352; 353; 360; 385
Valentiniano I – 352; 353; 355; 360
Valentiniano II – 352; 353; 360
Valentiniano III – 370; 371; 372; 373; 381; 384; 389; 390
Valéria – 318
Valéria Messalina – 87
Valeriano – 257; 258; 260; 261; 263; 265; 267; 269; 273; 274; 275; 278; 313; 317
Valério Flaco – 147; 167
Valério Máximo – 61; 145; 159; 161
Valério Messala Corvino – v. Messala
Valério Sorano – 70
Vândalos – 261; 368; 369; 371; 372; 373; 375; 376; 378; 380; 381; 384; 385; 389; 390; 398; 400-1; 403; 517
Varrão, Marco Terêncio – 60; 62; 74; 75; 144; 363
Vatínio – 154
vectigal urinae – 125-6
Vegécio Renato, Flávio – 295; 302; 307
Veientão – 165
Veleio Patérculo – 145; 159; 161; 162
velhice – 157; 160; 242
velites – 287; 288; 302
Vénus – 56; 58; 195; 195; 291; 348; 485
Vénus *Genitrix* – 48
Vénus *Victrix* – 48
Verónica – 120
Vespásia Pola (mãe de Vespasiano) – 112; 113
Vespasiano, Tito Flávio – 92; 93; 97-8; 106; 107; 108-9; 111; 112- 28; 129; 130; 131; 132; 136; 137; 138; 139-40; 150; 154; 155; 164-5; 166; 171; 172; 179; 182; 302; 317; 427; 429; 430; 497; 503; 504
Vesta, vestais – 28; 56; 84; 134; 389
Vesúvio – 130; 140; 226; 231

veterano – 16; 17; 20; 36; 62; 68; 295; 300; 304;
v. exército, recrutamento, soldo
Vetões – 445; 449
Via Sacra – 128
Víbio Crispo, Quinto – 165; 166
Víbio Máximo – 168
vidros – 514
Vigo – 517
violência – 63; 148; 205; 218; 221; 222; 223; 224; 225; 226; 231; 316; 348; 384
Vipsânia Agripina – 80
Vipstano Messala – 165
vir – 65; 187; v. esposo, marido
Virgílio – 27; 37; 42; 50; 54; 55; 62; 63; 68; 73; 74; 75; 76; 153; 167
virtude, *virtus* – 22; 37; 38; 48; 49; 54; 75; 108; 158; 160; 163; 178; 188; 201; 223; 225; 245; 254; 255; 263; 266; 299; 317; 423

Viseu – 448; 487
Visigodos – 371; 373; 374; 375; 380; 381; 385; 389; 390; 403; 513 – v. Godos, Ostrogodos
Vitélio, Aulo – 92; 97; 100; 102; 103-6; 108; 109; 112; 114; 115; 116; 121; 140; 164; 167
Vitelli – 112
Vitrúvio Polião – 298
vitae – 58
vituperatio, vitupério – 64; 69; 70
Vologeso I – 122
voluptas – 49; 454
Zaleuco – 149
Zelotas – 118; 132
Zenóbia – 261; 264; 266; 267-70; 274
Zósimo – 252; 315

www.ingramcontent.com/pod-product-compliance
Lightning Source LLC
Chambersburg PA
CBHW050300010526
44108CB00040B/1904